中国人民公安大学法学教材

程 华／总主编

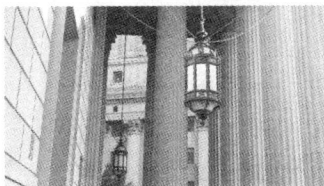

警察法学

JINGCHA FAXUE

主 编／高文英 邢 捷

副主编／李 蕊 徐伟红 史 烨

撰稿人 （按撰写章节先后排序）

高文英 田 江 杨玉生 叶晓川

史 烨 苏 宇 李 蕊 徐伟红

郑 新 姚永贤 邢 捷

中国政法大学出版社

2017·北京

图书在版编目（ＣＩＰ）数据

警察法学/高文英，邢捷主编.—北京：中国政法大学出版社，2017.4（2025.1 重印）
ISBN 978-7-5620-7465-6

Ⅰ.①警… Ⅱ.①高… ②邢… Ⅲ.①人民警察法－法的理论－中国－高等学校－教材
Ⅳ.①D922.111

中国版本图书馆 CIP 数据核字(2017)第 087010 号

出 版 者	中国政法大学出版社
地　　址	北京市海淀区西土城路 25 号
邮寄地址	北京 100088 信箱 8034 分箱　邮编 100088
网　　址	http://www.cuplpress.com (网络实名：中国政法大学出版社)
电　　话	010-58908285(总编室) 58908433（编辑部）58908334(邮购部)
承　　印	固安华明印业有限公司
开　　本	720mm×960mm　1/16
印　　张	36.25
字　　数	590 千字
版　　次	2017 年 4 月第 1 版
印　　次	2025 年 1 月第 4 次印刷
定　　价	76.00 元

中国人民公安大学警察法教研室是在学校领导和院领导的关怀下于 2012 年 4 月重新组建的。警察法教研室的前身是 1985 年中国人民公安大学法律系的"公安法规教研室"（后改为"行政法教研室"，再后来与宪法教研室合并，成为"宪法行政法教研室"），教研室一直开设行政法和公安法规两门课程。在警察法领域，教研室老师主编或者参与出版过《公安法规教程》（中国人民公安大学出版社 1988 年第 1 版）、《公安法规基础理论》（中国人民公安大学出版社 1989 年第 1 版）、《警察法学教程》（中国人民公安大学出版社 1998 年第 4 版）、《警察法学理论研究综述》（群众出版社 1998 年第 4 版）、《警察法学教程》（中国人民公安大学出版社 1998 年第 4 版）、《警察法学教程》（全国高等教育自学考试公安管理指定教材，警官教育出版社 1999 年 3 月版）、《中国警察法学》（群众出版社 2002 年 1 月版）等一系列警察法学教材和著作，对警察法学的学科建设作出过卓越的贡献，后由于学校课程体系的调整，警察法学课程锐减。

近年来，随着警察法学课程在公安类院校的逐步开设，警察法学学科建设也越来越受重视，于是各种版本的《警察法学》教材、专著也开始在市面出现。在教学过程中，我们发现，当前警察院校的警察法学教学普遍存在一个问题：过于偏重本部门法学理论知识的系统讲授，与警察执法实践紧迫需要解决的实践问题，比如执法规范化、警察调解、"两法衔接"等联系不紧密，针对性不强。这种对警察法一般知识的讲授，使学生在实习期间或毕业后在公安部门接触具体案件时，对知识的实际运用往往会感到无所适从。基于上述考虑，本教材在编写过程中除了对警察法学主要基础知识作介绍和阐述外，还设置了若干专题，尽管这些专题对警察执法实践而言只是冰山上的一角。此外，本教材的体例设置和编写还力图做到：

第一，本书的定位与体例编排科学合理，突出警察法的学科特色。全书分警察法学基础和警察法学专题两大块，共九章、八个专题：分别是警察法概述，警察法的历史发展，警察法的渊源、效力与分类，警察法基本原则，警察法主体，警察行为，警察执法程序，警察执法证据，警察执法监督救济；《中华人民共和国人民警察法》（修订草案稿）立法建议、警察调解制度、警察出庭作证制度、警务公开运行机制、治安违法行为与犯罪行为的竞合、公安机关执法规范化建设、警察执法权威与权益保障以及环境警察制度八个专题。

第二，作为一部专业教材，本书的编写以警察法的基本理论为依托，具有鲜明的警察法学科特色。在内容上，本书力求学术性与实用工具性的有机统一，既涵盖学科的重要基础理论内容，又对涉及警察执法的规范内容作尽可能详细的整合与解释，方便学生掌握法学理论的同时，通过引导案例和引导问题，培养分析、处理警察执法实际问题的能力。

第三，本书的编写注重与其他相关教材的衔接与统一。根据警察法的学科特点，为合理设置教材的体例、逻辑框架，我们对与《警察行政法》《刑事诉讼法》等相关教材重复的内容进行了合理取舍。同时，为了突出教材的特色及实用性，我们加入了一些警察执法实例以及相关知识拓展部分，以便扩大学生相关问题的视野。

本书编写大纲由主编拟定，参加编写的人员具体分工如下：

高文英（中国人民公安大学法学院教授、博士生导师、法学博士，撰写编写说明第四章、第五章、第八章第一至第三节、专题二）

田江（中国人民公安大学法学院讲师，撰写第一章）

杨玉生（中国人民公安大学出版社编审，撰写第二章第一节）

叶晓川（中国人民公安大学法学院讲师、法学博士，撰写第二章第二节）

史烨（中国人民公安大学法学院讲师，撰写第三章）

苏宇（中国人民公安大学法学院讲师、法学博士，撰写第六章、第九章）

李蕊（中国人民公安大学法学院副教授、法学博士，撰写第七章、专题七）

徐伟红（中国人民公安大学法学院副教授，撰写专题六）

郑新（中国人民公安大学2015级博士研究生，撰写第八章第四节、专题三、专题五）

　　姚永贤（北京警察学院讲师，中国人民公安大学 2016 级博士研究生，撰写专题一、专题四）

　　邢捷（中国人民公安大学法学院教授、副院长、法学博士，撰写专题八）

　　全书由主编高文英教授、邢捷教授统稿，最后定稿。

　　受水平和时间所限，书中存有错误与不足在所难免，请广大同仁不吝指教，以便我们不断改进。需要特别说明的是，本书在编写过程中参考了国内外相关研究成果，在此一并致谢！

《警察法学》编写组

2017 年 1 月 17 日

目 录
CONTENTS

警察法学基础篇

第一章
警察法概述

【内容提要】

从法律的视角理解警察和警察权的概念，认识警察任务的法定性对警察和警察权的主导和制约意义，结合社会实践掌握警察任务中各个关键词的内涵和各项警察任务之间的内在联系；熟悉广义和狭义警察法的区别，了解警察法的主要内容和警察法的特点，把握警察法在法律体系中的地位和与其它法律部门的关系，正确理解警察法的本质，对其所含各种价值的精神实质和相互关系有基本的认知。

【重点提示】

1. 警察特点与警察概念
2. 警察权的概念、警察权与警察任务的关系
3. 警察法的概念和特点
4. 警察法本质的各种价值及相互关系

第一节　警察和警察权

【引导案例】

案例1　2011 年 10 月 5 日晚 6 点 40 分许，夜色刚刚降临，在温州市鹿城区双屿街道牛岭村金灶自然村温化码头附近，一场突如其来的惨剧让人猝不

及防：一名男子在大街上疯狂地见人就砍，接连砍了 12 人。这场惨剧中，1 人被砍身亡，11 人不同程度受伤。接到报警后，仅几分钟时间，第一批警力就赶到现场，随后，派出所、特警等增援力量也先后赶到现场。除了疏散群众外，警方最初用棍子来围堵行凶男子，该男子见状竟挥舞着刀冲向警车，不仅砍了警车，还疯狂地向现场民警冲过来。警方开了 4 枪示警仍未能阻止行凶男子，于是民警果断开枪击中其腿部，将行凶男子制服。[1]

案例 2　2016 年 3 月 6 日晚，东明县公安局城区派出所民警接辖区李某报案称遭遇家暴，请求救助。值班民警迅速赶往事发地点。据报案人李某讲述，当晚 7 时许，李某和丈夫王某二人因琐事发生争吵，随着矛盾升级，王某掀翻桌子，碗碟水杯等碎满一地，李某也开始摔东西，期间，王某用不知名的物体砸到了李某的眼睛，并抓住头发将李某按倒在地，周围邻居和两个孩子闻声赶来劝架，李某准备离家时被王某掐住脖子拖回卧室，直到李某亲属闻讯赶来后，李某才得以脱身。随后，李某和亲属一起拨打 110 报警。经鉴定，李某的伤情构成轻微伤。3 月 14 日，东明警方在为李某、王某夫妻二人调解无果的情况下，依法对王某作出行政拘留 3 天的治安管理处罚。[2]

案例 3　某市维稳及综治委于 2006 年 4 月初召开第一季度治安形势分析会，该市警方通报，全市发案最集中的地域分别是居民区、主干道和商业区。从地图上看，两条南北犯罪弧形带已基本形成，且几乎相连。

该市市委副书记、政法委书记张某某就本季度的治安工作做出部署，明确下达"军令状"，要求 2006 年"两抢案"[3]务必下降至两位数。全市要全力遏制"两抢案"，这是本季度的治安工作重点。近期警方的"红棉"行动将直指发案重点部位，在打击"两抢案"时，要切实提高见警率和盘查率，确保全市每日有 3000 名警察在街面巡逻。每个警察一天盘查 5 人，每天全市就能盘查 1.5 万人。这些警力不能固定在单一地段和时段，全市将全面启动动态布警，将警力整合投放到案件多发时段、路段和人员密集场所。对持刀抢劫的凶犯，必要时警方要果断开枪；此外，各区市要尽快组建便衣大队，全力遏制"两抢案"。[4]

---

〔1〕载凤凰网资讯，最后访问日期：2011 年 10 月 7 日。
〔2〕载大众网菏泽，最后访问日期：2016 年 3 月 15 日。
〔3〕"两抢案"是抢夺犯罪案件和抢劫犯罪案件的俗称。
〔4〕载南方新闻网，最后访问日期：2006 年 4 月 5 日。

【引导问题】

1. 如何理解警察的概念？
2. 警察的任务是什么？
3. 何为警察权？

类似上述三个案例的情况，在我们见到的新闻报道中常常出现，它们涉及警察法学的基础问题：什么是警察和警察权？这三个案例涉及几个相关的概念：警察、警察任务和警察权。

一、警察的概念

（一）实质意义上的警察概念

第 1 个案例是警察为了维护公共安全，通过使用武器制服行凶男子；第 2 个案例是警察为了保护人身安全，通过限制违法者的人身自由，使其受到法律制裁。两个案例中警察执法的内容不同，性质也有区别，但有一点是共同的，那就是为维护公共安全和社会秩序，通过使用暴力手段使相对人服从于警察。从案例中看到的暴力手段，是使用警械、武器（杀伤手段）和限制人身自由（羁押手段）。这两类暴力手段，其他国家机关及其工作人员无权直接使用，此乃警察机关及其工作人员区别于其他国家机关及其工作人员的突出特征。据此特征，我们对警察的概念做出如下定义：所谓警察，是指在一国领域范围内有权使用暴力手段维护国家安全和社会秩序的国家机关及其工作人员。这一概念可简称为"手段说"，就此概念有如下几点解释：

首先，这是从实质意义上理解警察。从学理上说，究竟何为警察的实质，有相当多的观点，依据这些不同观点自然就有相当多的警察概念。有学者归纳梳理，国内学理上有关警察的概念有十种以上。[1]其中流行最广、影响最深的是 1957 年 6 月 25 日颁布的《中华人民共和国人民警察条例》（以下简称

---

[1]　参见吕绍忠等：《中外警察法治若干问题比较》，中国人民公安大学出版社 2009 年版，第 12~19 页。

《人民警察条例》）（已失效），依据该条例第 1 条对人民警察的定性，[1]有学者给警察做出定义，认为"警察是武装性质的维持社会秩序的专职人员。是阶级专政的重要工具之一。"[2]此概念简称为"工具说"，在相当长的时期里，"工具说"既是我国警察的法定概念也是权威概念，时至今日，在我国行政系统该定义仍获广泛认可，公安机关更是将这一概念视为镇店之宝。[3]

1995 年国家颁布施行的《中华人民共和国人民警察法》（以下简称《人民警察法》）取代实施 30 多年的《人民警察条例》，因《人民警察法》中没有沿用《人民警察条例》第 1 条的内容，故"工具说"失去法律依托。从政治学角度来看，警察是阶级专政的重要工具，是武装性质的国家治安行政力量；但从法学角度看，警察不是工具，是执法主体，警械、武器和各种剥夺人身自由的方式方法才是工具。又因 20 世纪 90 年代改革开放的社会风貌与此前"以阶级斗争为纲"的社会状况相去甚远，随着民主法制的发展和警察法学研究的兴起，"工具说"以其权威性统领学术江湖的局面被打破，学理上对警察的实质分析呈百花齐放的局面，警察的概念也就出现多种理解、多种定义，其中孰优孰劣至今仍不能定于一尊。有学者认为，警察法学以警察法律现象为研究对象，法学视角的警察概念应该符合法理逻辑。在百家争鸣的各概念中，上述"手段说"比"工具说"更适合在警察法学中应用，因为"手段"其实就是"行为"的另一种表达，法律是以国家强制力为后盾的行为规则，关注的是人类行为。"手段说"按照行为方法和方式定义警察，最符合法学逻辑，适合在警察法学中作为起点概念进行分析和研究。[4]

其次，"手段说"是一个比较概念，是在警察机关与其他国家机关之间进行比较，用经验来判断二者之间的区别，再按照这种区别进行分类。比如说警察与工商人员比较，他们之间既有联系又有区别，这里的区别至关重要，是获取比较概念的关键。警察和工商人员的区别太多，其中最根本的区别是

---

[1]《人民警察条例》第 1 条：中华人民共和国人民警察属于人民，是人民民主专政的重要工具之一，是武装性质的国家治安行政力量。

[2] 法学词典编辑委员会编：《法学词典》，上海辞书出版社 1980 年版，第 874 页。

[3]《公安机关组织管理条例》第 2 条：公安机关是人民民主专政的重要工具，人民警察是武装性质的国家治安行政力量和刑事司法力量，承担依法预防、制止和惩治违法犯罪活动，保护人民，服务经济社会发展，维护国家安全，维护社会治安秩序的职责。

[4] 参见高文英主编：《警察行政法》，中国政法大学出版社 2016 年版，第 11 页。

什么呢？就是执行任务的手段不同，警察有权使用羁押手段和杀伤手段，工商人员则无权这么做。也就是说，谁有权使用暴力手段谁就是警察，警察的定义就是经过如此类比得出的。警察与其他国家机关及其公务员的区别，主要不是因为他们承担的任务有什么不同，而是各自为完成任务所使用的手段不同，"手段说"在国家机关及国家公务员群体中十分清晰地分离出了警察类别。

再次，"手段说"将暴力提升到一定高度，并不是忽略警察的服务和管理等功能，只是因为各行各业的服务和管理具有共同性，无法体现警察的独特性。暴力手段是警察的特殊符号，但绝不是一切手段都是暴力，不是唯暴力论。警察拥有暴力又要将暴力化为无形，不战而屈人兵者是上上策，常规之下，必须慎用警械武器、慎用强制措施，在暴力手段的发动上更要慎之又慎。由于社会还不能避免非法暴力，更无力自行杜绝非法暴力，所以要保有合法暴力。上述案例 3 中，"两抢案"频发，扰乱社会秩序，给人民群众的生命财产造成威胁，若警方不以重拳出击，必要时不使用武器，就难以遏制非法暴力的嚣张气焰。警察以暴制暴、以暴止暴就是除暴安良，这是警察的天职。哪里有暴力、有危险，哪里就有警察。

最后，为了使"手段说"的内涵更加清晰，有必要释明概念中"暴力手段"的含义。暴力通常被视为强制力量，具体理解可分两个层面：一是阶级暴力，主要用来指阶级与阶级之间的强力手段，可分为革命暴力和反革命暴力。"国家就是一种有组织的暴力，即军队、警察、法庭、监狱等，是统治阶级用以镇压其阶级敌人的暴力工具。"[1] 这种对暴力的理解属政治范畴；二是社会暴力，是指社会生活中存在的侵犯他人人身和财产的各种强暴行为，如警察使用武器、羁押罪犯和社会成员间发生的抢劫、绑架及杀人，等等，这种理解接近法律范畴。"手段说"中所谓的"暴力手段"特指羁押手段和杀伤手段，这是警察依法控制于手中的具体暴力，不是政治意义上阶级压迫的抽象暴力。

实质意义上的警察概念又称为学理上的概念，也称为广义上的概念，是学者们按认识对象的独特性将其区分为特定类别成为一个思想单位，目的是便于识别和分析。警察活动是一种复杂的社会现象，社会科学的多门学科关注和研究警察现象，因立场、观点和方法及角度的不同，警察概念才如此纷

---

〔1〕　参见法学词典编辑委员会编：《法学词典》，上海辞书出版社 1980 年版，第 727 页。

繁多样，从实质意义上得出一个权威性的警察概念是一件较为困难的事情。

（二）形式意义上的警察概念

因实质意义上的警察概念争议颇多，又因各种实质意义的警察概念无法克服其广义性，若将实质意义的警察概念应用于现实，有时会出现违背常识的情况。如案例 3 中下达"军令状"的张某某，无论是以"工具说"还是以"手段说"为准，依其所作所为当属警察无疑，但就我国常识来说，张某某只是中共地方党委的领导而非警察。为避免这种理论与常识的背离，也为了让法律从最少争议的概念出发，故又有形式意义上的警察概念。

所谓形式意义上的警察又称机关意义上的警察或组织意义上的警察，是依据警察机关组织形式来界定警察，侧重于机关组织形式而不论其实质。形式意义上的警察是相对于实质意义上的警察而言的，形式意义上的警察概念不像实质意义上的警察概念，有那么多剪不断理还乱的争议，且形式意义上的警察在实务中清晰可辨、界限分明，故又称为狭义的警察概念。

依据我国《人民警察法》第 2 条第 2 款的规定，〔1〕形式意义上的警察是指公安机关、国家安全机关、监狱、劳动教养管理机关的人民警察和人民法院、人民检察院的司法警察。〔2〕就这一法律条文所界定的警察概念，有如下几点说明：

1. 公安机关在我国是警察的主要构成部分，依据《中华人民共和国宪法》（以下简称《宪法》）《中华人民共和国国务院组织法》（以下简称《国务院组织法》）《中华人民共和国地方各级人民代表大会和地方各级人民政府组织法》（以下简称《地方各级人民代表大会和地方各级人民政府组织法》）及《公安机关组织管理条例》的规定，公安机关实行双重领导体制。所谓双重领导是指在公安系统纵向关系中，地方和行业公安机关之上设置两个领导机关，如县公安局，既受县级人民政府领导也受上级公安机关领导；再如铁路公安局，既受交通部领导也受公安部领导。在这种领导体制下，政府首长、行业部门首长无疑对所辖公安机关享有一定监督指挥权，以实质意义的警察

---

〔1〕《人民警察法》第 2 条第 2 款：人民警察包括公安机关、国家安全机关、监狱、劳动教养管理机关的人民警察和人民法院、人民检察院的司法警察。

〔2〕 2013 年 12 月 28 日全国人大常委会通过《关于废止有关劳动教养法律规定的决定》，自此劳动教养管理机关的人民警察已终止存在。

概念观之，可将这些政府首长和部门首长视为警察，但以形式意义上的警察概念判断，没有人将县长和交通部部长作为警察对待。我国公安机关还接受中国共产党各级党委领导，同理，我们不宜将县委书记、部门党委书记视为警察。案例 3 中的张某某尽管有权对公安机关下达"军令状"，因其不符合"形式意义上的警察"要求，所以张某某不属警察。

2. 武装警察组建于 1982 年，是我国警察的一个特殊类别。全国人大常委会于 2009 年 8 月 27 日通过《中华人民共和国人民武装警察法》（以下简称《人民武装警察法》），我国立法实践将人民警察和武装警察用两个法律文件分立，凸显了人民警察与武装警察的不同。我国《人民警察法》确立的形式意义上的警察概念不含武装警察，本教材研究的警察法律现象，以《人民警察法》为蓝本，以公安机关的警察为重点，研究内容不包括武装警察。但在武装警察序列中有一类机构符合形式意义上的警察概念，依据我国《人民警察法》第 6 条规定，消防、警卫和国（边）境治安属公安机关的职责，[1]因此武装警察序列中的消防、警卫和国（边）境管理机构须接受公安部领导，在公安部内设置武装警察现役编制的消防局、警卫局和边防管理局，故这类机构及其工作人员虽属现役武装警察编制，但仍可归类为公安机关的人民警察。[2]

3. 依照法律规定，我国检察机关既是法律监督机关也是犯罪侦查机关。[3]据此，检察机关中设置了其所辖犯罪案件的侦查机构，这类机构与公安机关、安全机关的侦查机构在性质上一致，若以实质意义的警察概念观之，检察机关中的侦查机构应属警察性质，他们像警察一样有权直接使用暴力手段。尽管如此，仍须以形式意义上的警察概念为准，不宜将检察机关中的侦查机构及其工作人员视为警察。

---

[1] 《人民警察法》第 6 条：公安机关的人民警察按照职责分工，依法履行下列职责：……（四）组织、实施消防工作，实行消防监督；……（七）警卫国家规定的特定人员，守卫重要的场所和设施；……（十）维护国（边）境地区的治安秩序；……

[2] 参见国务院办公厅《关于印发公安部职能配置、内设机构和人员编制方案的通知》（国办发〔1994〕45 号）。

[3] 《中华人民共和国刑事诉讼法》（以下简称《刑事诉讼法》）第 18 条第 2 款：贪污贿赂犯罪，国家工作人员的渎职犯罪，国家机关工作人员利用职权实施的非法拘禁、刑讯逼供、报复陷害、非法搜查的侵犯公民人身权利的犯罪以及侵犯公民民主权利的犯罪，由人民检察院立案侦查。对于国家机关工作人员利用职权实施的其他重大的犯罪案件，需要由人民检察院直接受理的时候，经省级以上人民检察院决定，可以由人民检察院立案侦查。

全面、正确把握警察概念，既要从实质意义上也要从形式意义上理解。本教材采用的警察概念，以形式意义上的警察概念为准，以实质意义上的警察概念为参考。

二、警察的任务

我国《人民警察法》第 2 条第 1 款规定："人民警察的任务是维护国家安全，维护社会治安秩序，保护公民的人身安全、人身自由和合法财产，保护公共财产，预防、制止和惩治违法犯罪活动。"这一规定从法律上规范了警务活动的目的、内容和范围，以法定方式对警察任务作出界定，确立了警察法律地位的根基，既有助于明晰警察机关的职责权限，也有助于防范警察机关滥用职权或玩忽职守。

所谓警务活动，是指警察机关为执行警察任务所从事的各种公务活动的总称，警务活动也可简称为警务。在现实世界里，警务活动复杂多变、千差万别，但其中有一种类似万有引力的现象，就是各种警务活动中总是蕴含始终不变的警察任务。警察任务中一些关键词所包含的精神实质，需要我们结合实践不断深入领会和把握。

（一）国家安全

关于国家安全的概念，学理上众说纷纭，一直没有通说。较流行的观点认为，"国家安全，一般是指国家在政权、主权、社会制度和领土等方面不受内、外的威胁、破坏、侵犯而保持稳定有序的状态。"[1]这个定义说明了国家安全的两个方面，即国际和国内的和平、和谐、稳定及有序。所有的国家都要维护自己的生存和发展，对来自国际国内的危险、威胁等不安全因素要全力进行防范和铲除，不断控制、降低和消除安全风险。国家安全的范围广泛，学理上将其划分为公民安全、公共安全、领土安全、主权安全、政治安全、军事安全、经济安全、文化安全、科技安全、环境安全、信息安全等领域。

近年来随着国家安全的形势变化，特别是美国遭受"9·11"恐怖袭击后，又按照国家安全遭受危险、威胁的手段和方式，将国家安全分为"传统国家安全"和"非传统国家安全"两种类型。前者"主要是指政治安全和国

---

〔1〕公安学基础教程编写组编著：《公安学基础教程》，中国人民公安大学出版社 2012 年版，第 71 页。

防（军事）安全。政治安全，是指国家的政治制度和政治形势保持稳定，不受国内外敌对势力的破坏和颠覆。国防（军事）安全，是指国家的领土、领海和领空安全，不受外来军事威胁和侵犯"；后者"是指人类社会过去没有遇到或很少见过的不很突出的安全威胁，是除军事、政治和外交冲突以外的其他对主权国家及人类整体生存与发展构成威胁的因素。主要包括恐怖主义、贩毒、严重传染性疾病、海盗活动、非法移民、环境安全、经济金融安全、文化安全和信息安全等方面"。[1]

在警务实践中，我国对国家安全还有公开和隐蔽之分。"所谓公开领域的国家安全，通常是指国家的政治、经济、军事、文化以及外交、司法、科学、新闻、社会公共治安和国家行政管理等领域的安全"，这一类是公开渠道中表现的国家安全，也称为大国家安全。"隐蔽领域的国家安全，则是指一个国家的情报、反间谍及安全保卫等特殊领域的国家安全，即是由专门的国家安全机关通过情报与反情报、间谍与反间谍、窃密与反窃密等活动来维护国家安全，也称小国家安全。"[2]

2015 年 7 月 1 日全国人大常委会通过《中华人民共和国国家安全法》（以下简称《国家安全法》）取代 1993 年颁布的《国家安全法》，新《国家安全法》第 2 条对国家安全作出界定："国家安全是指国家政权、主权、统一和领土完整、人民福祉、经济社会可持续发展和国家其他重大利益相对处于没有危险和不受内外威胁的状态，以及保障持续安全状态的能力。"这是我国首次以法律形式确认国家安全的基本含义，这一概念吸纳了理论和实践中有关国家安全概念的合理内涵。将"国家政权、主权、统一和领土完整、人民福祉、经济社会可持续发展"作为国家安全的首要内容，突出了国家安全重点所在；使用"国家其他重大利益"的表述，体现了适应性和灵活性，符合国家安全不断发展变化的规律；"相对"一语表明没有绝对的国家安全，对国家安全要时刻保持警惕性和临战性；安全的内涵为"处于没有危险和不受内外威胁的状态"，既包括国内安全也包括国际安全，还包括传统安全和非传统安全；使用"保障持续安全状态的能力"的表述，反映维护国家安全的持续

---

〔1〕　公安学基础教程编写组编著：《公安学基础教程》，中国人民公安大学出版社 2012 年版，第 72 页。

〔2〕　赵云：《危害国家安全犯罪及国家安全机关刑事执法论》，北京市国家安全局内部发行，第 2 页。

性、长期性和艰巨性。

(二) 社会治安秩序

治安秩序是治安和秩序两个概念组合的次生概念，究竟什么是治安？什么是秩序？什么是治安秩序？至今仍有较多争议。简而言之，治安意为通过治理获得安宁、安全，秩序意为有条理不混乱的有序状态，治安秩序则意为通过治理保证的安宁、安全基础上的稳定有序状态。从法学视角看，社会治安秩序是社会秩序的一个具体方面，两者之间是部分与整体的关系。从现象上说，社会秩序表现为持续不断的有序状态；从实质上说，社会秩序是社会关系的表现形式，是在一定目标引导下促成人际关系趋于习俗化、规则化和可预见化。社会治安秩序，是指以公民的人身安全、人身自由及财产安全和社会的公共秩序及公共安全为内容的一类社会秩序。

社会治安秩序与政治稳定、社会安宁、经济发展、国强民富密切联系。构建民主法治，公平正义，诚信友爱，充满活力，安定有序，人与人之间、人与自然之间和谐相处的美丽中国，需要祥和稳定的社会环境。稳定首先就是社会治安秩序的平稳有序，社会治安秩序混乱，盗贼遍地、劫匪猖獗，生命财产没有安全保障，处于这种混乱状态下的人无法将足够的精力用于追求更高的生活目标，更谈不上实现其利益需求。治安秩序中的"治"主要是警察之治，只要是人类社会就不可能杜绝混乱与危险，预防、制止和平复混乱与危险，打击、惩治危害社会治安秩序的不法之徒是警察之治的核心内容，需要警察投入大量的财力、物力、精力。社会的良好之治首先要有良好的警察之治，社会的和谐安宁是从社会治安秩序稳定有序开始的。从这个意义上说，社会治安秩序不仅是社会秩序的一部分，还是整个社会秩序的一个前提条件。

(三) 生命、自由和财产

世界各国各民族有不同的传统、文化和习俗，政治经济制度也千差万别，不同国家和社会不管有何特色、有何追求，生命、自由和财产都是全人类追求的共同目标。生命、自由和财产不但是人类社会存在的前提，也是国家存在的主要根据，保护生命、自由和财产是国家的基本目标，所有国家的警察均须执行法律和采取措施以保证基本目标的实现。

1. 所谓人身安全，通俗地说就是身体安全，指公民的生命权和健康权，公民在遭受危险、威胁和不法侵害时人民警察须提供保护。人身安全是生命存在的前提条件，没有人身安全，人的生存、发展和需求根本无从谈起。保护人身安全遍及全社会每一个人，是警察机关维护公共安全和社会治安秩序的基本前提。

2. 所谓人身自由，"亦称身体自由。公民的基本权利之一。指人身不受拘捕和不受侵害的自由。包括住宅不受侵犯的权利。"[1] 还有人认为人身自由也包括人格尊严不受侵犯的自由。[2]

人身安全、人身自由是我国《宪法》及法律规定的公民人身权的两个方面，前者保护的是生命和健康，后者保护的是意志自由基础上的行为自由。人身权是与人身不可分离的诸法律权利的集合概念。从我国对公民人身权的立法来看，它主要包括：人身自由权、生命健康权、人格权、姓名权、肖像权、名誉权、荣誉权、监护权、代理权、住宅不受侵犯权、通信自由和通讯秘密权、知识产权、环境权等。其中知识产权具有人身权和财产权的双重属性。

3. 所谓财产权，是人身权的对称。"指具有经济内容的权利。"[3] 我国法律确认的财产权除上面提到的知识产权外，还有物权和债权。警察任务中提及的公民的合法财产就是我国《宪法》和民事法律所规定的私有财产。私有财产是指物权属私人所有的财产，公共财产是私有财产的对称，是指社会全体成员或集体、公共团体所拥有的财产。《中华人民共和国刑法》（以下简称《刑法》）第91条和第92条分别列明了公共财产和私有财产的具体范围。[4] 在国家、团体和个人对其占有物享有确定和稳定的财产权时，社会秩序和社会关系才有可能稳定有序，人民才有可能安居乐业，即所谓"有恒产者有恒心"。

---

〔1〕 法学词典编辑委员会编：《法学词典》，上海辞书出版社1980年版，第12页。

〔2〕 参见冯锐主编：《现代法律词典》，学苑出版社1999年版，第2页。

〔3〕 法学词典编辑委员会编：《法学词典》，上海辞书出版社1980年版，第330页。

〔4〕《刑法》第91条：本法所称公共财产，是指下列财产：（一）国有财产；（二）劳动群众集体所有的财产；（三）用于扶贫和其他公益事业的社会捐助或者专项基金的财产。在国家机关、国有公司、企业、集体企业和人民团体管理、使用或者运输中的私人财产，以公共财产论。第92条：本法所称公民私人所有的财产，是指下列财产：（一）公民的合法收入、储蓄、房屋和其他生活资料；（二）依法归个人、家庭所有的生产资料；（三）个体户和私营企业的合法财产；（四）依法归个人所有的股份、股票、债券和其他财产。

（三）预防、制止和惩治违法犯罪

世界各国的警察各有特色，但有一点是共同的，就是负责预防、制止和惩治违法犯罪。所谓预防，就是提前做好准备，警惕和防范各种危险、混乱和引发危险、混乱的违法犯罪；所谓制止，就是对已经发生的危险、混乱及引发危险、混乱的违法犯罪予以限制、阻止和铲除；所谓惩治，就是在查明事实的基础上，对违法犯罪行为人进行惩罚治罪。这三个方面是一个完整的链条，涵盖事前、事中和事后三个环节，各环节既独立又相互联系，具有牵一发而动全身的联动效果。事前没有防范或防范不足，则事中、事后的麻烦频发；事中不能及时铲除危险、混乱，不能将违法犯罪人缉拿归案，则发生"破窗效应"，引起进一步危险、混乱；事后不能查明真相，缺乏公平公正的惩罚治罪，则伤害人类良知和是非观念，使以后的预防工作防不胜防。预防、制止和惩治三个方面需要警方均衡施力发力，不能出现短板，不能搞厚此薄彼、有所偏废。执法实践中存在的轻预防重打击、轻服务重管理、轻教育重强制的倾向，损害警察执法权威，影响警察执法效率，长此以往会出现警方疲于奔命、动辄得咎、处处被动的局面，最终影响治安秩序和社会稳定。正确认识预防、制止和惩治三者间的关系，平衡预防、制止和惩治的客观需求，是警察正确、合法和有效从事警务活动的必要前提。

预防、制止和惩治违法犯罪这项任务与维护国家安全，维护社会治安秩序，保护公民的人身安全、人身自由和合法财产，保护公共财产等任务相比较，应当说前者是基础性任务。所谓基础性意为前者是后者的前提条件，没有前者的基础，后者只是空中楼阁，即使信誓旦旦也是一句空话。如案例3中提及的"两抢案"，警方若无力制止，不能及时破案，未将违法犯罪分子绳之以法，还谈何人身安全、人身自由和合法财产，人心惶惶，谈"抢"色变，又岂能奢求稳定的社会治安秩序。可见，基础性任务是警察任务中的重中之重，警察唯有通过胜任预防、制止和惩治违法犯罪，才能维护国家安全和社会治安秩序，才能保护人身安全、人身自由和合法财产。

基础性任务也是铸成警察职业特点的大熔炉，警察职业不同于其他职业的特点可简称为"三专一体"：第一专，就是警察是运用暴力的专家，作为警察不善于使用警械、武器，不能铲除危险、威胁，无法制服不法之徒，就枉为警察，有辱警察职业；第二专，就是警察是查明事实的专家，因为惩治违法犯罪以查明违法犯罪事实为前提。作为警察要比常人更能发现有价值的蛛丝马迹，善于收集和运用各种证据，具备忠实于事实排除主观臆断的专业素养；第三专，就是警察是执法的专家，警察应该比常人更熟悉法律，遇事遇案能够有理有据的明理释法，言谈话语中体现的公平正义令人信服，在严格执法与灵活掌握方面有丰富的经验和高超的技巧，可以将个案公平与社会效益无缝对接；所谓"一体"，是指警察要将有效运用暴力、客观对待事实和专业表达观点融贯于一身。有专门任务才能孕育出专业人才，为履行预防、制止和惩治违法犯罪的任务，警察需要有激情但更需要有理性，正是因为客观上存在和需要这类专业人士，所谓警察职业化才有可能推行和加强。

此外，就预防、制止和惩治违法犯罪这项任务，学理上有人主张，其中涉及侦查犯罪的任务，应属刑事范畴，而查处违法的任务，应属行政范畴。这种两分法，是因为我国制度设计上，历来采取刑事规范和行政规范共同管控警察权的模式。在此有必要说明的是，就立法文理判断，我国立法上是将预防、制止和惩治违法犯罪作为整体对待，因为现实中违法犯罪交织于一体，违法不制止就会怂恿犯罪，犯罪不制裁就会刺激违法，在大量共同作案的案件中，既有行政违法人也有刑事犯罪分子，且许多行政违法和刑事犯罪在警察介入初期也难以判明。从实际出发，将预防、制止和惩治违法犯罪作为一项完整的任务赋予警察机关，有利于警察机关有效维护国家安全和社会治安秩序。所以理论上的两分法应该不合立法原意，也不利于警察机关全面开展工作。

三、警察权

警察权在社会科学领域受到较多学科关注，有关警察权的概念也有多种提法，不同的学科视角对认识对象有不同结论。我们以我国现行法律为依据，遵循法学理论和法理逻辑，力求客观界定警察权的概念。

（一）警察权的属性

在我国警察法学界，有学者将警察权与警察职权比较，"这是两个有着密切关联但又不完全等同的概念。警察权是一种抽象的国家权力，在现实生活中，为保证警察权依法、有效、正确地得以行使，就必须通过法律明文规定，将警察权具体化并分散配置于不同层级、不同种类、不同地域的警察机关，这种被依法配置到具体警察机关的权力即为警察职权。因此，警察职权是警察权的具体配置和转化形式，两者之间是具体与抽象的关系。"此一分析指出了权力与职权的一定区别，但因其结论将两者归结为具体与抽象的关系，所以"警察权力是实现警察职能，履行警察职责的重要保证。"[1]仍将权力和职权相互混用。类似的观点还有，"警察权是警察机关依法进行警务活动的权力，它涉及的权力内容多，可以认为是各种警察职权的集合体；警察职权则是具体警察机关所拥有的权力，它与警察机关的法律层级地位、职责和任务相适应，是警察机关实施警务活动的资格和权能，也是警察权的具体配置和转化形式。"[2]还有学者更直截了当地指出："警察权限，是指由国家法律赋予警察机关履行职责，进行警务活动时依法采取的权威性措施和手段的范围。简而言之，警察权限就是警察权力的范围。有时对警察权限和警察权力二者不加区分，可互相替代使用。"[3]这种将权限与权力等同、职权和权力混用的提法，在警察法学界较为流行。我们认为职权、权限和权力之间不能随意画等号，职权、权限是标准的法律概念，天然具备权利属性，应归入权利范畴而不是权力范畴。

所谓权利，是指权利主体自己为一定行为或不为一定行为和要求他人为一定行为或不为一定行为的可能性。权利的落脚点之所以为"可能性"，是因为权利存在于特定的法律关系中，需要义务主体的相应配合，若义务主体予以配合，权利就得以实现，义务主体不予配合，权利就受到损害。所以权利在法律关系中只能以"可能性"的形态存在，一旦权利得以实现，则法律关系归于消灭；一旦权利受到损害，权利主体依法可以获得救济。权利的这种机理同样适用于职权，职权中的权限其实是权利的同义词，只是在公法领域习惯上称国家机关的权利为权限。之所以如此，有三个原因：其一，是因为国家机关的职权是法律赋予的，要受法律限制；其二，是因为各国家机关的职权有相互平衡和限制的功能，如公、检、法机关依据刑事诉讼法相互制约；其三，还因为公民权利具有抵抗国家机关不当侵害的功能，故公民权利构成国家机关各种职权的边缘限制。正因为国家机关的职权有此三重限制，故称

---

〔1〕 许韬等：《中外警察法比较研究》，中国检察出版社 2009 年版，第 5 页。
〔2〕 惠生武：《警察法论纲》，中国政法大学出版社 2000 年版，第 128 页。
〔3〕 吕绍忠等：《中外警察法治若干问题比较》，中国人民公安大学出版社 2009 年版，第 137 页。

其权利为权限十分合适。由于公民权利有"天赋人权"理论支撑，其权利从理论上说不由法律赋予而由法律认可，尽管公民权利也受法律限制，但习惯上没有人将公民权利称之为权限。

在社会科学文献中，权力概念有几百种甚至几千种，争议层出不穷。多数人认为，权力是人与人之间的一种关系，"是某些人对他人产生预期效果的能力"。[1] 所谓预期效果，指某些人让他人按其要求行动的结果，这种体现支配与服从关系的宽泛定义，使人们在使用权力一语时有广泛的随意性，在法学领域，对权力还没有一种普遍接受的规范化概念。

上述权利和权力的概念有一些共同点，它们都是指人与人之间的一种社会关系，关系的内容都呈现一定的支配与服从色彩。这些共同点并不能促成两者混用，它们的区别是十分明显的。第一个区别是，权利和权力定义中所包含的支配与服从的原因不同，权利的支配与服从源自法律，须依据法律，权力的支配与服从并非仅出自法律，可能源自知识、经济、暴力或者经验及智力或组织体系等等；第二个区别是，权利一概规定于现行法律中，均可在法律条文里找到根据，权力在现行法律中一般未予规定，尤其在有关行为规则的条文中，从未用过权力一词。如我国《宪法》规定国家机关拥有各种职权，而不是规定其享有各种权力；第三个区别是，权利在任何时候都是合法的，不存在非法权利。权力则不同，有合法权力也有非法权力，如邪教组织的教主对其组织及成员有控制力，这种权力即为非法权力。总之，权利是一个规范的法学概念，权力则不是法学概念，是社会科学领域共用的概念，在法学领域使用权力一语时，应抱持谨慎态度，对其含义须做出一定限制性解释。如有人说，"使人民对于政府有服从义务之法律上之强制力，谓之权力。"[2] 此定义将宽泛的权力含义限定为法律上的服从义务和强制力，这实际上是依权利的定义理解权力，在这个意义上，权利和权力当然可以画等号。然而这种定义一定会招致大多数哲学、政治学、经济学、社会学和管理学学者的反对，他们会按照生活常识举出权力不依赖法律照常运行的无数实例。

将警察权作为一种权力对待，是政治学、行政学及社会学等学科的研究

---

〔1〕 ［美］丹尼斯·朗：《权力论》，陆震纶、郑明哲译，中国社会科学出版社 2001 年版，第 3 页。

〔2〕 郑兢毅：《法律大辞书》，商务印书馆 2012 年版，第 1999 页。

视角，警察法学不能脱离现行法律讨论警察权，故本教材所言警察权，首先是一个法律概念，具有权利属性。现代社会，国家权力均须接受国家宪法和法律约束，国家权力经过宪法和法律分类整合到具体的国家机关就脱胎换骨为职权，而不再是权力。所以对国家机关而言，法律面前只有职权，没有权力。我国《宪法》规定，国家权力属于人民，国家机关依《宪法》规定享有一定职权。[1]职权、权限与权利具有同一性，它们由法律设定并受法律限制。将职权、权限与权力等同，在我国《宪法》中找不到依据，若称某国家机关拥有某种国家权力，这种说法可能合乎政治学惯例，但与《宪法》规定并不吻合。从法理上说，警察机关具有法律上的人格，其享有的职权与自然人享有的权利都受法律保护和限制，法律面前人人平等，警察机关除法律赋予的职权外，不应该也不可能还有法外之权。

（二）警察权的范围

警察权与警察任务密切相关，为执行警察任务，警察机关除需要物质保障外，尚须赋予其完成警察任务所需要的职责和权限。我国《人民警察法》首先根据《宪法》确定警察任务，然后再将警察任务分解为具体职责，再依据职责授予警察机关权限。有什么任务，就赋予什么职责，有什么职责，就授予什么权限。任务、职责和权限从抽象演进到具体，在实践中最终表现为具体行为。由此可见，警察任务是警察权的基础和根据，警察权是警察任务的表现形式和实现手段，两者均受宪法和警察法的制约。

我国《人民警察法》第二章以"职权"为标题，内容分为职责和权限两个方面，可见所谓职权，就是职责和权限的统称。本教材所称的警察权即为法律规定的这种职权，包括但不限于我国《人民警察法》所规定的职权，我国《国家安全法》《刑事诉讼法》《中华人民共和国监狱法》（以下简称《监狱法》）《中华人民共和国反恐怖主义法》（以下简称《反恐怖主义法》）和《中华人民共和国治安管理处罚法》（以下简称《治安管理处罚法》）《中华人民共和国道路交通安全法》（以下简称《道路交通安全法》）《中华人民共

---

[1]《宪法》第2条第1款：中华人民共和国的一切权力属于人民。第3条第4款：中央和地方的国家机构职权的划分，遵循在中央的统一领导下，充分发挥地方的主动性、积极性的原则。第62条：全国人民代表大会行使下列职权：（略）。第89条：国务院行使下列职权：（略）。第99条第3款：民族乡的人民代表大会可以依照法律规定的权限采取适合民族特点的具体措施。

和国集会游行示威法》（以下简称《集会游行示威法》）及《公安机关组织
管理条例》等等一系列法律、法规和规章中规定的警察职权均属警察权范围。
总之，但凡法律、法规和规章规定的警察职权一概归入警察权。

（三）警察权的定义

对警察权的属性和范围有所澄清后，再来说明其概念就易于理解。所谓
警察权，是指警察机关为维护国家安全、社会治安秩序和保护生命、自由、
财产及预防、制止、惩治违法犯罪所依法享有的职责和权限的总称。简单地
说，警察机关基于警察任务依法享有的职责和权限即为警察权。为便于理解
这一概念，尚有如下几点说明。

1. 警察权是有关警察机关的职权。警察任务的活动内容复杂庞大，涉及
社会生活的方方面面，而且总是处于不断的发展变化中。以警察任务为基础
和根据的警察权，需要响应复杂的社会需求，所以警察权是一系列警察职权
的集合体。警察权类似于一座仓储宝库，里面摆放着各种武器装备，有传统
的也有现代的，警察机关以自己的需要可以在职权宝库中挑选到最好的装备。
警察权是贯穿于警察任务中的职权，与警察任务实际是一体两面。为适应执
行警察任务的复杂需求，在警察权的概念中，国家安全、社会治安秩序等概
念既是具体的又是抽象的，既是确定的又是不确定的，正是这类语词的模糊
性，给警察权增加了弹性，随着社会生活和社会关系的发展变化，警察权为
自己的扩张和瘦身都留下余地。

2. 警察权是法律赋予警察机关的职权。在世界各国，警察机关都是该国
维护社会秩序的中坚力量，其力量的源泉来自警察权。警察权是警察机关享
有和行使的职权，但并不等于说警察机关可以自行创设警察权，警察权这座
仓储宝库是由法律构筑的，其规模、形式及改扩建事宜都以法律规定为准，
警察机关只不过是这座宝库的管理人和使用人，在法律范围内，其最多只能
对这座宝库进行若干小修小补。警察机关依法取得警察权是其正确行使警察
权的前提和基础，本教材在相关章节，就警察权的设定、取得、委托及行使
等将有详细的分析介绍。

3. 警察权的特点在公法学界有广泛的论述，分别有国家性、法定性、权
威性、强制性、公共性、不可处分性等一系列归纳。[1]所谓特点是指一事物

---

[1] 高文英、严明主编：《警察法学教程》，警官教育出版社1999年版，第12页。

与同类事物相比较的特别属性，以此为准分析警察权的特点，不难看出其他国家机关的职权也具有国家性、法定性、权威性、强制性、公共性等特点，警察机关和其它国家机关的职权中具有共性的东西不应当视为警察权的特点。警察权相比较其它国家机关职权，其特点有两点：一是警察权中既包括行政职权，也包括刑事职权，这是其它国家机关的职权中所不具备的，这一点我们称为综合性；二是警察权可以使用武力和限制人身自由，即杀伤手段和羁押手段，这是警察权之外的其它国家机关职权中不具备的，我们将其称作特殊的强制性。这里的特殊，意指国家机关的职权均有强制性，唯警察权在强制性上还有独特性。

4. 警察权的性质之争在公法学界由来已久。性质本来是指某事物的本质属性，所谓警察权的性质之争，是将警察权置于行政权和司法权实质划分的基础上，讨论警察权只有行政性质呢？还是行政性质与司法性质兼具？凡主张前者的，称之为"单一性说"；主张后者的，称之为"双重性说"。近年来，"单一性说"逐步体现出要求将警察机关拥有的涉及剥夺、限制人身自由的刑事职权回归给司法权的倾向，以此坐实警察权的行政定位；[1]"双重性说"侧重警察机关拥有刑事职权的客观性、正当性，以现行法律为依据立证警察权双重性合乎客观实际；也有学者认为性质之争的本意是为了规范警察权，但由于长期争执不休反而喧宾夺主，忘记了如何规范警察权的初心，应当放弃争论，另辟蹊径寻求规范警察权的良策。[2]我们界定的警察权概念是现行法律规定的警察机关所有职权的总称，警察任务的完整性决定警察权的统一性，统一的警察权本身并不具有双重性，依据警察机关的行政属性，警察权应属行政权性质。由于警察权的重要性和复杂性，需要行政法律和刑事法律进行双重管控，这种双重管控模式不会改变警察权的性质，只是给警察权添加了形式上的综合性特点。

警察、警察任务和警察权是警察法的基本概念，理解这三个概念离不开现行警察法相关规定和法学理论，在我们尚未学习警察法概念前，这三个概念已经将我们领入警察法的世界，为下一节了解警察法的概念提供了必要的理论准备。

---

〔1〕 参见许韬等：《中外警察法比较研究》，中国检察出版社2009年版，第7页。
〔2〕 参见王洪芳："对学界关于警察权性质认识的思考"，载《行政与法》2008年第5期。

第二节　警察法的概念

【引导案例】

2006年3月3日凌晨3时许，被害人刘某洲路过甘肃省天水市麦积区桥南伯阳路农行储蓄所门前时，遭到罪犯苏某堂、吴某强、佟某的拦路抢劫。刘某洲被刺伤后喊叫求救，个体司机胡某、美容中心经理梁某听到呼救后，先后用手机于4时02分、4时13分、4时20分三次拨打"110"电话报警，"110"值班人员让他们给"120"打电话，"120"让他们给"110"打电话。梁某于4时24分20秒（时长79秒）再次给"110"打电话报警后，"110"值班接警人员于6时23分35秒电话指令桥南派出所出警。此时被害人刘某洲因失血过多已经死亡。经法医鉴定：被害人刘某洲系被他人持锐器刺破股动脉，致失血性休克死亡。天水市麦积区人民法院于2007年3月23日作出（2007）麦刑初字第4号刑事判决，认定麦积分局"110"值班民警高某犯玩忽职守罪，免予刑事处罚。高某上诉后，二审维持原判。

天水市中级人民法院作出（2006）天刑一初字第24号刑事附带民事判决，判决被告人苏某堂、吴某强、佟某赔偿刘某洲相应的死亡赔偿金等。在民事判决执行过程中，因被告人苏某堂已被执行死刑，无财产可供执行；被告人吴某强、佟某服刑前靠父母养活，暂无财产可供执行，天水市中级人民法院于2008年6月3日以（2008）天执字第29号民事裁定终结执行。被害人刘某洲的近亲属张某华、刘某一、刘某二、刘某议、张某仙五人于2009年1月16日以公安机关行政不作为为由向天水市公安局麦积分局提出行政赔偿申请，该局作出不予行政赔偿的决定。张某华等五人遂以该局为被告，向法院提起行政赔偿诉讼，请求判令被告赔偿刘某洲死亡赔偿金和丧葬费498 640元、被扶养人生活费26 959.95元。

裁判结果：天水市麦积区人民法院一审认为，《中华人民共和国国家赔偿法》（以下简称《国家赔偿法》）第34条第1款第（三）项规定，侵犯公民生命健康权的，赔偿金按照下列规定计算：（三）造成死亡的，应当支付死亡赔偿金、丧葬费，总额为国家上年度职工年平均工资的二十倍。对死者生前扶养的无劳动能力的人，还应当支付生活费。本案天水市公安局麦积分局应当按国家规定支付死亡赔偿金、丧葬费总额的 20% 份额。故判决：一、由该局按照 2008 年全国在岗职工年平均工资 29 229 元×20 倍×20% 的标准，在判决生效之日起十日内给张某华等五人赔偿刘某洲死亡赔偿金和丧葬费 116 916 元；二、驳回张某华等 5 人关于要求赔偿被扶养人生活费的诉讼请求。

一审宣判后，张某华等 5 人认为判决以 20% 承担赔偿责任太少、被告天水市公安局麦积分局则认为不应予以赔偿，双方均不服提出上诉。在天水市中级人民法院二审期间，经该院主持调解，双方当事人于 2014 年 4 月 25 日达成调解协议：一、天水市公安局麦积分局在 2014 年 6 月 10 日前一次性给张某华等 5 人支付刘某洲死亡赔偿金 20 万元。二、张某华等 5 人放弃要求天水市公安局麦积分局支付被扶养人生活费及刘某洲丧葬费的诉讼请求。[1]

【引导问题】

1. 什么是警察法？
2. 警察法的主要内容是什么？
3. 警察法有哪些特点？
4. 如何理解警察法的本质？

一、警察法的概念

在引导案例中，被害人刘某洲因抢劫失去生命，这一不幸事件引发其家属与公安机关对簿公堂。公安机关何以会做出赔偿？该案为什么得以入秉法院？回答这些问题，需从警察法的概念入手，方可获得一个满意答案。

（一）广义和狭义的警察法

我们所称的警察法，不像《宪法》《刑法》和《刑事诉讼法》及《中华人民共和国民法通则》（以下简称《民法通则》）那样以法典的形式存在，人们是通过理论思考，将现行有关警察机关的各种法律、法规和规章集合为一体称之为警察法。学理思考出来的警察法，也不像宪法、刑法、民法和行

---

〔1〕 载中国法院网"案例报道"，最后访问日期：2015 年 1 月 15 日。

政法那样在法律体系里是一个独立的法律部门,[1]尽管有学者主张警察法应该是一个独立的法律部门,但现实中的警察法毕竟还是散见于宪法、行政法、刑法、刑事诉讼法和行政诉讼法及一些专门法等法律中。

由于警察法是理论思考出来的一个法域,所以对警察法的概念自然就有较多争议,各种警察法定义自成一说,均有一番道理。当前学界盛行两种概念,一是广义的警察法概念,认为"警察法是调整在行使警察权或是实现警察职能中发生的与警察主体相关的各种社会关系的法律规范的总和。"[2]二是狭义的警察法概念,"此说认为警察法是行政法的一个分支",[3]是指调整警察行政关系的法律规范的总和。两个概念的区别,主要是前者包括警察行政法与警察刑事法,后者"排除刑事法后,即为狭义警察法",[4]"狭义说"的学者认为,"由于警察刑事法已划属刑事法领域,警察行政法乃成为警察法之核心领域。"[5]"广义说"的学者认为,"凡与警察履职有关的法律规范都应进入其研究视野,都应属于警察法的范围。……如果认为警察刑事法部分已划入刑事法领域,那么同样道理,警察行政法部分亦应属于行政法领域,如此一来,警察法学就丧失了研究对象,也就没有存在的必要了。"[6]

本教材所言警察法包括警察行政法和警察刑事法,不过上述广义警察法定义过于抽象,不利于初学者掌握,更因为以法的调整对象为某种法律下定义是独立的部门法特用之方法,警察法只是学理上的一个法域,并非独立部门法,所以无须遵循调整对象来定义警察法。为便于理解概念,我们以这一法域的主要内容为标志下定义:警察法是指规定警察法律地位和依法警务并对警务中的不当及违法行为进行救济的法律规范的总和。这里的法律地位,意为由法律上权利义务所表现的人们在社会关系中所处的位置。警察法律地位,由警察任务、职责权限和义务纪律构成,反映警察机关在社会关系中受法律保护和制约的基本状态,警察法律地位中的核心内容是警察权;所谓依

---

〔1〕 法律部门:构成法律体系的基本单位,是法学上对一国现行法律规范按其所调整的社会关系的不同所做的基本分类,凡调整同一种类的社会关系的法律规范的总和,就构成一个独立的法律部门。

〔2〕 师维、高文英:《警察法学》,中国人民公安大学出版社2014年版,第9页。

〔3〕 徐武生、高文英主编:《警察法学理论研究综述》,中国人民公安大学出版社2013年版,第83页。

〔4〕 李震山:《警察行政法论》,元照出版有限公司2014年版,第10页。

〔5〕 李震山:《警察行政法论》,元照出版有限公司2014年版,第9页。

〔6〕 徐武生、高文英主编:《警察法学理论研究综述》,中国人民公安大学出版社2013年版,第86页。

法警务，是指警察机关按照自己的法律地位如何开展警务活动的问题，任何警务活动必须依法并要有法律根据；所谓救济，一方面是指对警察机关不当或违法的情形进行救治，另一方面是指受到该不当或违法行为侵害的受害者可获得法律上的救济。

警察法概念中的三项内容，在引导案例中均有体现：首先，该案涉及警察法律地位，报警事由是否在警察职权范围内？当值警察是否有违反义务纪律的情形？确认这些问题，需要依据警察法律地位的相关规定甄别判断；其次，该案的当值警察对人命关天的紧急情况的处理是否合法恰当？确认这一问题，需要了解依法警务的相关规定及法律原则；最后，该案中警方与受害者的索赔争议通过行政赔偿诉讼得以妥善解决，即为受害者的权利获得法律救济。要想正确回答本节开始就该案件提出的问题，离不开对警察法概念的理解。在实践中，警察遇事遇案都应该有三问：第一问，是否在自己的职权范围内？第二问，应该如何行使警察权？第三问，行使警察权有误怎么办？这三个问题都事关警察法的主要内容，警察处理的案件中总是存在各种各样的具体情况，这些情况最终都可归纳为这三个方面的问题，处理好这三个问题就基本上做到了依法警务。对警察法的学习要具备举一反三的能力，学会将概念、原则引领到更广阔的社会实践中去。

（二）警察法的特点

学理上有关警察法特点的论述可谓五花八门，分别有"主体特定性""内容广泛性""形式多层次性""手段复合性"和"特殊强制性"及"实体程序一体性"等，[1]对这些特点进行分析有利于认识和理解警察法。不过进一步深究，就会发现其它部门法，如刑法、行政法、民法、经济法等，除"特殊的强制性"外，也都有类似特点。警察法究竟与其它法律有什么区别，这才是警察法的特点所在，就此我们认为警察法不同于其它法律的地方，主要表现为如下几点：

1. 暴力规范性

警察法有大量内容用于制止、打击或规范、约束社会中存在的各种暴力。暴力是人类社会长期存在的客观现象，人们偏好使用暴力处理纠纷的习惯性

---

[1] 徐武生、高文英主编：《警察法学理论研究综述》，中国人民公安大学出版社 2013 年版，第89 页。

和面对暴力所表现的脆弱性，以及暴力对秩序和稳定的破坏性，促使人类形成了规范暴力的共同理念。任何国家的法治首先是从依法规范和约束暴力起步的，对暴力不能依法予以严密的控制，法治也就无从谈起。国家通过警察法的规定，将暴力分为合法暴力和非法暴力，合法暴力是指有法律根据做出的各种侵犯他人人身和财产的强制行为，如依法拘留、开枪及扣押等；非法暴力是指没有法律根据做出的侵犯他人人身和财产的强制行为，如殴打、抢劫及杀人，等等。警察在什么情况下使用暴力手段是合法的抑或是非法的？这是本教材在其他章节中将深入分析的问题，我们大部分论述就是要阐明合法暴力和非法暴力的界限。从总体上说，合法暴力须符合三个要求：一是要有法律依据，接受法律限制；二是被动响应，没有须用暴力制止的违法事由发生就不得行使暴力；三是要适可而止，危险、威胁平复或暴力反抗被制服或反抗停止后，警察的暴力也要收手。所以就警察使用暴力来说，将其形容为"带着镣铐跳舞"是再恰当不过的。警察法对合法暴力予以规范、约束并保护，对非法暴力予以制止、打击并制裁。如引导案例中对抢劫犯的制裁，还有杀人、绑架、殴打及警方的刑讯逼供和滥用警械、武器等属警察法打击范围；正当防卫、扭送违法犯罪嫌疑人、依法暴力铲除危险或威胁等属警察法保护范围。警察法对暴力进行分类规范，有些予以打击、有些予以保护的内容，是不同于其它法律的一个显著特点。

2. 秩序的基本法

任何法律都是在一定的价值理念指导下产生的，警察法本身以人民须享有公秩良序为目的而存在，与其它法律比较，唯有警察法是为秩序而生、为秩序所用的法律。社会秩序在任何国家、任何社会都受到极大重视，即使现代国家以公民自由为立国之本，也需要维持良好的社会秩序，没有秩序的自由只是空谈，生活于混乱和暴力丛生的社会只有恐惧、得不到任何自由。警察法产生的意义就是保障和维护社会秩序，尤其是社会治安秩序，这是与公民人身安全、人身自由及财产安全和社会的公共秩序及公共安全相关联的基本秩序。警察法以设立警察机关、赋予警察权的方式保障社会治安秩序，通过警察行使警察权开展警务活动维护社会治安秩序。从总体上说，警方多一项职权，社会可能就多一份秩序，且警方维护的治安秩序是其它社会秩序的基础，由此可以说警察法是秩序的基本法，这是其它法律所不具备的特点。

3. 反射规范性

学理上将警察法归类为强行法，各种警察法律、法规和规章也的确多为命令法和禁止法。一般而言命令法和禁止法必定需要制裁性规范配套，制裁性规范其实也是授权性规范，因为所有的制裁首先要确认一个实施制裁的主体。如《治安管理处罚法》为禁止法，其中的制裁性规范即为行政处罚，该项行政处罚同时也是对公安机关授权，所以禁止的范围有多大则警方的职权范围就有多大。由此可见，警察法中的行为规则，一方面规范社会秩序，适用对象是社会大众，另一方面也规范警务活动，适用对象是警察机关，一项规定在两个对应方向上发挥行为规范的效果即为我们所称的反射规范性。在引导案例中，发生抢劫伤害案件，对社会而言有人触犯刑律、有人身处危险，对警方而言须出警履职，该案中社会与警方的互动源自警察法的反射规范性。违法犯罪频率与警方履职成正比关系，道高一尺魔高一丈，警察抓强盗的故事总在循环往复。凡有关打击违法犯罪的规定同时也是约束警务活动的规定，警察法一方面授权警察维护治安秩序，另一方面也约束警务活动。在实践中，不能只关注警察法治理社会秩序的一面而忽视其管控警务活动的另一面，我们说警察法就是管控和约束警察权的法律是十分符合警察法概念之内涵的。

我们定义的警察法在范围上有所收窄，将警察法的内容概括为三个方面也有挂一漏万之虞，有关警察法特点的说明亦不尽如人意，希望有志于警察法学的研究者提出更周详的概念，对其特点有更符合实际的分析。

二、警察法与相关法律部门的关系

(一) 警察法与行政法的关系

警察法与行政法有密切的相关性，依据形式意义上的行政观念，警察机关属行政机关，法律赋予警察机关的警察权是一种行政权，所以行政法的原理、原则无保留地贯穿于警察法。主张狭义警察法概念的学者干脆就认为"警察行政法与行政法是一种从属关系，警察行政法是行政法的一个分支，是行政法体系中的一个组成部分。"[1]实际上两者之间的关系并非如此简明，所谓调整行政关系的行政法还没有一部独立的行政法典存在，适用于行政法各领域的原理、原则和概念散见于各种具体的行政法规范中，这种不成文法形

---

〔1〕　聂福茂、余凌云主编：《警察行政法学》，中国人民公安大学出版社 2005 年版，第 7 页。

式的普通行政法与警察法的关系，在学理上应该是一般与个别的关系，行政法不能脱离警察法而存在，警察法受行政法的一般原理、原则的制约；在实践中，处于同一位阶上的各种行政法律、法规和规章与警察法律、法规和规章之间，相互没有从属关系，有一并适用还是优先适用的问题。就广义的警察法概念而言，警察法的特点与行政法并不吻合，法律赋予警察机关侦查犯罪的职权也不适用行政法，而是适用刑法和刑事诉讼法。

（二）警察法与宪法的关系

宪法是国家根本大法，在国内法中具有最高效力，普通法律须根据宪法制定，不得与宪法相冲突。我国《人民警察法》《国家安全法》《监狱法》和《反恐怖主义法》等法律均属直接依据宪法制定的普通法律，是宪法原则、规定的发展和落实，也是宪法精神、价值的延伸和体现。就此意义上说，这些警察法律与宪法是子法与母法的关系。母法和子法的划分，是以两种法律的渊源关系为准所做的分类。在母子法关系中，母法一定先于子法存在，母法发生变更也可能会影响到子法，子法的内容一般会比母法的内容具体周详，是对母法的补充。在警察法体系中，类似这种母子关系的法律比较多见，如《人民警察法》是《宪法》的子法，但《人民警察法》又是《公安机关组织管理条例》的母法。

（三）警察法与刑法、刑事诉讼法的关系

警察法与刑法、刑事诉讼法均属公法范畴，三者是相互配合相互制约的关系。从学理上看，警察法是理论思考出来的一个法域，不可能成为构成法律体系的基本单位，而刑法、刑事诉讼法是独立的法律部门。可见，警察法和刑法、刑事诉讼法在法律体系中的地位是不同的。在实践中，这种不同地位并不影响三者之间相互配合相互制约的关系。另外，从法律效力来源看，我国《刑法》《刑事诉讼法》和《人民警察法》并无区别，都是以《宪法》为母法的子法。

三者之间的相互配合，一是表现为都是维护国家安全和社会治安秩序的法律，二是表现为都是惩治违法犯罪的法律，三是表现为刑法和刑事诉讼法直接授予警察机关刑事侦查权，如按照警察法双向规范性特点，警察权的范围有很大一部分是依据刑法有关犯罪的规定来确认的。三者在各自的领域分别以不同的手段，相互配合以实现共同目标；三者之间的相互制约，一是表现为警察机关行使的侦查权，其管辖范围受刑法罪名规定的制约，二是表现为刑事诉讼法规定了行使刑事侦查权的法定条件，三是表现为对犯罪的追诉大部分由警察机关启动，但最终结果由人民法院审判裁决。在刑事领域，警察机关的角色，其实就是刑事诉讼的守门人，专门负责甄别什么人应该进入刑事审判的殿堂。

（四）警察法与民商法的关系

警察法与民商法有公法与私法之别，也有强行法与任意法之分，故相互之间主要是互为前提互为条件的关系。民法是调整平等主体之间财产关系和人身关系的法律规范的总称，其实质在于平等保护私人利益和私人生活的独立性、自主性和自我创造性，使社会成员的个性、自由和尊严得到真正的尊重和发扬，保证人的聪明才智在自择的正当追求中可以发挥到极致，以实现社会财富的增长和社会文明的进步。警察法规定的警察权和警务活动同样涉及财产关系和人身关系，但属于公法上的财产关系和人身关系，采取的调整手段以命令服从、令行禁止为特征。私法确认的财产权和人身权是警察法发生作用的前提和条件，同时私人权利的领域，也是警察权非请莫入的王国。比如说，企业、公民之间履行业已订立的买卖合同，警察权不得介入，但如果有证据证明一方有合同诈骗嫌疑的，则警察权可依据事实开展刑事侦查行为。

上述事例中，合法合同里面包括的财产权和人身权关系，警察权有消极不作为的义务，私权有自主的范围和领域。但出现违法犯罪事由，私权无力达成其目标，则公权出手提供保护，涉及的财产权和人身权转化为公法关系，由此才能维护正常的私法秩序。公权要保证社会成员对私权效力有正确的预期，私权领域才能有良性互动，即私法确认的平等主体之间的人身关系和财产关系才能稳定。实践中，私法为公法提供前提和条件，公法为私法提供保障和安全。反之也可以说，保障和安全是私法秩序的前提和条件。

（五）法律体系的发展与警察法

在一国法律体系中如何实现各个部门法的有序互动是一个有待深入研究的宏大课题，以上仅扼要说明警察法与相关法律部门的关系，以加深对警察法的理解。客观地说，法律部门划分本身是相对的、不全面的和形式上的，随着社会实践的发展，还会有法律部门分类的新方法新手段产生。在法律体系的发展中，有一个问题与警察法有关，值得关注。目前人权法的发展，直接涉及警察执法环境，迟早也会影响到警察行政法的内容。所谓人权法，"是主权国家通过法律、法规与判例或国际法主体之间通过条约与习惯等法的形式规定或认可的有关保障人权的原则、规则或制度的总称。"[1]人权法理论尚有多种争议，属国际法还是国内法，是公法还是私法，与现有法律部门的关系及人权实现的途径和方法等问题目前并无定论，但人权法无论如何发展，都会直接牵扯到警察法的实施。

三、警察法的本质

本质和现象相对应，警察法的本质，是指其本身所固有的根本属性，它对警察法的存在和发展具有决定意义。遵循法律的本质是国家意志的原理，警察法的本质也不外乎如此。这里需要探讨的是，警察法体现的国家意志究竟是一种怎样的意志，其具体内容是什么？这些具体内容也就是警察法的价值所在，或者说，警察法的价值就是国家意志的具体内容。

（一）安全、秩序和稳定

安全、秩序和稳定是人类生存的基本需求，也是国家的基本目标，是一种不可或缺的国家意志。国家制定警察法就是要实现安全、秩序和稳定的目标。因此可以说，警察法从娘胎里出来就被赋予安全、秩序和稳定的价值，这三种价值是警察法本身天然固有的价值。

通常所说的安全、秩序和稳定，均指一种状态。安全与危险对应，泛指免于危险、威胁，没有恐惧的状态；秩序与混乱对应，泛指免于混乱、争斗，没有失衡的状态；稳定与动荡对应，泛指免于动荡、撕裂，没有风险的状态。安全、秩序和稳定在一般情况下是一致的，但有时也可能不一致，甚至还会有冲突。比如在气象灾害下为了安全，需要临时关闭机场，但随着滞留旅客的增加，候机楼的秩序会迅速失衡，稳定也会变得很脆弱。反之，如果为了稳定不关闭机场，候机楼的秩序和稳定尚可无虞，但飞行安全将面临极大威胁。

警察法上所说的安全、秩序和稳定，指国家安全、治安秩序和社会稳定。警察法为实现自身的这些价值，需要确立保障国家安全、维护治安秩序和保持社会稳定的法律原则、规则、体制等一系列制度安排。国家安全、社会秩序和社会稳定，在任何时代任何国家，都是国家政权的首要任务，只是由于

---

[1]　李步云：《人权法学》，高等教育出版社 2005 年版，第 102 页。

各国的历史传统、发展阶段和社会环境不同，因而在实现任务的手段和方法等制度安排上各有特色。各国不论有何特色，有一点是共同的，即由国家暴力执行保障国家安全、维护社会秩序和保持社会稳定的任务。近现代以前的各国领导人可以直接使用暴力，如君主以诏书、敕令和口头命令的形式就能调动官吏、军队和警察；在现代国家，领导人无权直接使用暴力，均须通过法律间接使用暴力。由法律约束国家暴力已经是现代各国的通例，是否属法治国家，首先看其国家暴力是否在法律约束之下。

为国家暴力的行使确定目标，是法律约束的起点。我国警察法以保障国家安全、维护社会秩序和保持社会稳定为其自身固有价值，一方面是要合法、正确和有效地行使国家暴力，另一方面，也是要约束、规范和限制国家暴力，防止滥用国家暴力的情形发生。警察机关在行使警察权开展警务活动的过程中，需要自觉以警察法的固有价值为导向，为实现国家意志而不懈努力。

（二）自由、公平和正义

自由、公平和正义也是人类生存的基本需求，国家存在和发展的目的，就是要保障自由，实现公平和体现正义，这三种价值同样存在于国家意志之中，是警察法追求和促进的基本价值。

人生而为人即有自由，现代意义的自由是指公民权利不受国家和他人干预或侵害。一个人的自由不能损害他人的自由，这就需要抑制人的恣意妄为，为社会建立秩序，否则自由无法实现；公平"既是个法学概念，也是个道德范畴。"[1]法律上的公平，一是指人人平等，二是指利益得失，如私法中的平等互利原则，公法中的公正原则；"正义作为一种理念，是最高层面的道德衡量标准，在社会制度安排上具有重要导向作用。"[2]可见，正义是一种观念形态。"正义的概念可以从主观和客观意义上来理解。主观意义上的正义就是个人的美德。也就是人的诚实正直与受人尊敬。客观意义上，正义是指社会共同生活的正直的、道德上合理的状态和规则。"[3]自由、公平和正义有时是一致的，有时也有冲突。例如现今社会伴随着自由扩大，贫富差距也在拉

---

〔1〕 宋希仁、陈劳志、赵仁光主编：《伦理学大辞典》，吉林人民出版社1989年版，第176页。

〔2〕 陆树程、刘萍："关于公平、公正、正义三个概念的哲学反思"，载《浙江学刊》2010年第2期。

〔3〕 ［德］魏德士：《法理学》，丁晓春、吴越译，法律出版社2005年版，第176页。

大，这在客观上就使公平受到损害；再如城乡户籍划分，可能是正义的，在一定条件下有利于经济发展，但不一定公平；又如劫匪们之间分配赃物，可能很公平，这叫盗亦有道，但绝非正义。

究竟需要怎样的自由，何为公平、何为正义？历来有无数观点，自由、公平和正义也被分解成多种类型。自由天然有扩张的本能但又以社会为前提，秩序天然有限制的冲动但又以保证自由为目的。社会可以接纳怎样的自由，怎样的秩序最有利于自由？这既是法律实施的困惑也是学理上争议的难题。不过在法律与自由、公平和正义的关系上，意见还是高度一致的，大多数人认为法律的目标是为了保障自由、实现公平和体现正义，这是法律被遵守、被服从的根本原因。警察法的权威从本质上说，不是源于其强制力，而是源于警察法体现出来的自由理念和公平与正义的感召。

自由、公平和正义始终贯穿于我国警察法中。如《人民警察法》有关约束警察权的规定、有关义务纪律的规定，就是为了保障公民自由；《人民警察法》第20条涉及公平，人民警察要做到秉公执法，办事公道；还有模范遵守社会公德以及清正廉洁的要求。在警察程序法中也构筑了程序正义的途径，程序中的回避制度、权利告知和听证制度、警务公开制度等，反映出程序的独立、中立、公开和程序中表达自由的正义价值。

（三）本质的内在关系

警察法自身具有安全、秩序和稳定的价值，是为了保证国家和社会实现自由、公平和正义。由此可见，安全、秩序和稳定是警察法本身固有的价值，自由、公平和正义是警察法追求和促进的价值。自由、公平和正义是目的，安全、秩序和稳定是手段。警察法赋予警察机关警察权，不惜以暴力手段维护安全、秩序和稳定，根本原因乃安全、秩序和稳定是警察法固有的价值；对警察权必须予以管控、约束和限制，根本原因乃警察法追求和促进自由、公平和正义的价值。警察法需要处理好目的与手段的关系，前三者与后三者之间在警察法中应当保持某种平衡。这些不同的价值之间如何保持平衡是一个令人困惑的问题，在安全与稳定或正义与秩序或公平与自由等等之间，不一而足，相互之间是否会发生冲突？为何会发生冲突？发生了冲突怎么办？这些问题迄今为止还没有令人满意的答案，对这类疑问我们的解释是：

首先，摆正自由、公平和正义这三者与安全、秩序和稳定之间的关系，前三者是目的，后三者是手段，不能为了加强手段而损害目的，也不能盲目追求目的而忽视手段。例如为了安全、秩序和稳定，限制公民经商、旅行和娱乐，这就是本末倒置损害自由、公平和正义；反之，为了公民经商、旅行和娱乐，任由黄、赌、毒泛滥成灾，不但危害安全、秩序和稳定，最终也会葬送自由、公平和正义。

其次，无论是目的价值还是手段价值，从普遍性、长期性的角度看，警察法理应全面促进其发展，因为它们有益于社会进步和生活质量提高。但我们无力在这些价值中做出规范的排列组合，不能确定一种价值就一定优先于另一种价值，它们之间是相对的关系而不是绝对的关系。但有一点可以肯定，就是在任何情况下都应当满足程序正义的要求。

再次，在具体境况和事实中，可以依据执法目的在这些价值中做出优先选择。例如北京过去在"两会"期间，为保证会议车辆安全快速通过，在长安街上有临时交通管制，这是以会议代表的"安全"和"自由"为优先，在临时管制之下，正常的交通秩序因此出现波动，"稳定""秩序"都受到影响，同时社会车辆的"自由"也受到压缩，社会车辆驾驶员在"公平"上亦有不平之感，但人们仍然认为管制是"正义"的。近年来改变了往年的做法，不再为会议车辆进行交通管制，这又是以日常"秩序""稳定"为优先，以牺牲会议车辆的"安全""自由"为代价，同时人们认为这是"公平"的，也是"正义"的。由此可见，在具体境况下，安全、稳定、秩序、自由及公平和正义，只要有一项优先就会有各种情形的冲突，警察执法无论做出怎样的抉择，都可能有益于一方而有损于另一方。警察法的关键是如何做到在受损方不情愿的情况下仍然能够同意接受警察的执法决定。

最后，警察法的根本目的，是满足人民日益增长的正当需求。自由扩大，秩序也会改变，但秩序改变可能会引起波动，也可能引起公平问题。如何在具体事实中确定优先目标又能将各种冲突控制在社会秩序可接受的范围内，是警察法面临的主要挑战。警察法本质中涉及的安全、稳定、秩序、自由及公平和正义是一套概念工具的集合，在具体的执法活动中应当利用这些工具来澄清法律追求的各种价值到底何者优先，以这种方式平衡思想多元化背后不同利益群体的需求，更容易提高警察执法结果的可接受性，能够比使用强制力更好地增强警察法的权威性。

警察法的本质由上述既有联系又有区别且还时有冲突的六种价值构成，

是当前日益复杂化、多样化的社会现实在法律上的反映。警察法并不是万能的，但复杂的现实需要警察法具备这种对立统一的本质结构，才能满足不同利益群体的各种正当需求，才能不断自我优化地扩展适应性、包容性和权威性，才能在任何情况下将国家意志贯彻于社会全体成员。警察法为纷繁复杂的社会提供维护安全、秩序和稳定的规则，也追求自由、公平和正义的目标，如何平衡这些不同方面的关系永远是警察法的主题。对生命、自由和财产的保护规则和方式，是安全、秩序和稳定的元规则，国家安全、社会有序稳定的基础就是对生命、自由和财产的尊重和保护。当今我国的改革开放正在向更广更深的范围和层次上推进，国家取得了举世瞩目的发展成就。但由于社会、经济、政治正处在转型时期，社会治安秩序并不容乐观，改革开放和经济发展培育了市场、增加了财富并扩展了自由，但也带来了环境恶化、贫富差距和官员腐败。人们为提高自己的生存能力、发展能力不断地给自己寻求机会，在相对丰富又有限的资源条件下，一方面合作越来越普遍，另一方面分歧也没完没了。在让每个人都成为赢家的市场社会出现前，人与人之间的冲突在所难免。这即是自由带来的秩序问题，自由的扩展有利于社会创新，人民的聪明才智转化为社会上的创造技能愈来愈快速和频繁，但也无可避免地给国家安全、社会秩序和社会稳定带来压力。就国家安全、治安秩序和社会稳定来说，如今更不可能有一劳永逸的和谐有序，其不稳定性、不完善性及脆弱性构成警察法的现实基础，作为秩序之基本法的警察法要认清自己所面临的巨大挑战，应该根据这些挑战的特点做出反应，为警务活动划定范围、指明方向。在我国政治、经济和社会转型时期，警察法应当为转型期的平稳过渡提供制度上的保证；在社会出现危机和极端的情况下，警察法应当有办法化解冲突，为社会生存和发展提供有效的制度资源。

【本章思考题】

1. 如何理解警察和警察权的概念？
2. 警察法的主要内容和特点是什么？
3. 警察法的本质中包含什么价值，各价值之间有何关系？

【本章参考文献】

1. 吕绍忠等：《中外警察法治若干问题比较》，中国人民公安大学出版社2009年版。

2. 高文英主编:《警察行政法》,中国政法大学出版社 2016 年版。

3. 公安学基础教程编写组编著:《公安学基础教程》,中国人民公安大学出版社 2012 年版。

4. 许韬等:《中外警察法比较研究》,中国检察出版社 2009 年版。

5. 惠生武:《警察法论纲》,中国政法大学出版社 2000 年版。

6. 〔美〕丹尼斯·朗:《权力论》,陆震纶、郑明哲译,中国社会科学出版社 2001 年版。

7. 郑兢毅:《法律大辞书》,商务印书馆 2012 年版。

8. 高文英、严明主编:《警察法学教程》,警官教育出版社 1999 年版。

9. 王洪芳:"对学界关于警察权性质认识的思考",载《行政与法》2008 年第 5 期。

10. 师维、高文英:《警察法学》,中国人民公安大学出版社 2014 年版。

11. 徐武生、高文英主编:《警察法学理论研究综述》,中国人民公安大学出版社 2013 年版。

12. 李振山:《警察行政法论》,元照出版有限公司 2014 年版。

13. 聂福茂、余凌云主编:《警察行政法学》,中国人民公安大学出版社 2005 年版。

14. 李步云:《人权法学》,高等教育出版社 2005 年版。

15. 宋希仁等:《伦理学大辞典》,吉林人民出版社 1989 年版。

16. 陆树程、刘萍:"关于公平、公正、正义三个概念的哲学反思",载《浙江学刊》2010 年第 2 期。

17. 〔德〕魏德士:《法理学》,丁晓春、吴越译,法律出版社 2005 年版。

18. 〔美〕奥斯丁·萨拉特编:《布莱克维尔法律与社会指南》,高鸿钧等译,北京大学出版社 2011 年版。

- - - - - - - - - - - - - - - - ● 知 识 拓 展 ● - - - - - - - - - - - - - - - -

警察与警务〔1〕

在原初的意义上,"警务"(policing)要求执行人能够使用强制力来规制行为和控制公共秩序。在大多数情况下,执行警务的人不需要使用武力,尽管它们可以这样做。……

"警察"是指那些由他们所隶属的集团授权,有权使用暴力以规制该集团

----

〔1〕 〔美〕奥斯丁·萨拉特编:《布莱克维尔法律与社会指南》,高鸿钧等译,北京大学出版社 2011 年版,第 139 页。

成员之间关系的人。

……

警察的首要任务就是维持秩序，各国都是如此。在民主社会，警察被要求依据法治原则来维持秩序。对警察来说，这种遵守法治原则的义务是更进一步的职责。法治的可问责性原则要求警官们承担起更多职能，扮演好多种主要角色：规则的执行者，社会服务者，道德家，以及街头勇士。警官们必须清楚在何种情况下扮演何种角色。

例如在美国，对犯罪嫌疑人的程序保护就对警察的调查权构成了限制，警察必须遵照程序的规定来执行法律。表面看来，维持秩序似乎意味着把所有已知的违法者抓起来。但是，程序保护对羁押罪犯的方式作出了限制。例如在美国，如果警察只是怀疑某人犯罪的话，尚无权实施拘捕，除非警察坚定地确信该嫌疑人实施了犯罪行为。维持秩序与执行法律有时会有冲突。

警察工作之所以具有复杂性，不仅由于其任务目标的含糊不清，而且因为他们所执行的法律之内容的含糊不清。这种含糊不清有些体现在过分繁琐的条文中，这些条文使得行为束手束脚。另一些含糊不清是由于书面的法律与社会习惯或意愿相冲突。例如那种过时的法律，即由于立法机构之不作为而仍然停留在书面上的法律，以及像禁止通奸这样的法律。执行这样的法律会违反公众意愿。

维持秩序与执行法律之间的紧张，也使得对警察的民主监督变得更加困难。社会对警察难以监督，一方面由于大部分的警察行为都难以被看到，另一方面在于警察在大部分的工作时间中可以行使自由裁量权。例如在美国，如果巡逻警察不遵守法律——例如决定不开交通罚单，因为上诉和复议的程序很复杂——在很多时候是很难被发现的。所以，即使法律对某种情况规定得很清楚，警察还是能够以自由裁量的方式规避法律。

警察还有权自由裁量是否使用暴力。尽管如本章所述，有权使用暴力是警务的重要因素，但大部分警察还是尽量控制对暴力的使用。研究显示警察很少使用暴力。例如，由国际警察首长协会主持的对暴力使用研究显示，美国警察所有警务服务中使用暴力的比例少于0.5%。警察使用暴力的典型情景是在实施拘捕的时候。该研究还发现警察使用暴力大多数是指对嫌犯的推挤行为，而很少使用枪械。

有两种重要的警务模式被许多城市所采用，这两种模式对警察使用暴力采取不同的视角。第一种模式是社区警务，强调社区与警察以合作的方式维持秩序。社区警务旨在推动公民与警察共同维护公共秩序，其中包括增强警察的全方位可问责性，包括对暴力的使用。另一种模式为进攻型警务，有时也称"破窗"模式，是指通过增强对区域内有关"生活品质"犯罪——包括公开饮酒、故意破坏公物以及其它破坏秩序的行为——的打击，来达到减少犯罪的目标。对犯罪和执法的过分强调和关注，使得官方在实施进攻型警务时更倾向于使用或滥用暴力。

武器会扮演何种角色，注定与执行警务的背景密切相关，特别是与国家公民权的性质、警察与军队的关系以及某种程度上公民对抗国家权威的程度相关。例如，爱尔兰诸城市以及大英帝国的其它前殖民地的警察，与伦敦的都市警察以及英格兰和威尔士的其他城市警察，在武器的制度化方面形成了强烈的对比。在爱尔兰的城市中警察允许携带武器，其历史渊源在于殖民地时代的大英帝国政府为实施殖民地法律以及镇压潜在的叛乱所做的准备。相反，伦敦的大部分警察都不携带武器，伦敦居民在警务发展的时代就已经是自由公民。

第二章
警察法的历史发展

【内容提要】

19 世纪初，近代职业警察诞生于欧洲，确定警察组织建构和规范警察职权的立法始终是欧洲国家法治建设的重要内容之一。由于历史和文化传统的不同，各国的近代警察制度的形成有着不同发展轨迹，因而形成了不同的警察法立法模式。中国近代警察制度是世界警察制度的重要组成部分，经历了清朝末年、南京临时政府时期、北洋政府时期的历史发展后，到南京国民政府时期，中国警察制度和警察立法已经比较完备。这为新中国的警察事业发展提供了重要思想资源和制度资源。

第一节　国外警察法的历史发展

【引导案例】

"9·11"事件之后的电子数据缉捕案（Rasterfahndung nach dem 11. September）
2000 年 9 月 11 日，美国本土发生了一次严重的恐怖袭击事件。该事件发生后，整个西方世界都被恐怖主义的阴云所笼罩。作为美国的重要盟友，德国感到了恐怖主义袭击的现实危险。所以，"9·11"事件之后不久，德国立即采取各种措施，以防止同样的袭击在德国发生。为了将潜在的恐怖分子挖掘出来，德国警方在整个德国范围内采取一次大规模的恐怖分子的清查或搜寻行动。这次行动是通过数据采集和计算机分析技术展开的。在联邦政府的协调下，各州警方从高等院校、居民登记部门和移民局采集海量数据，根据性别、年龄、民族、宗教信仰和出生国这几个标准（具体的标准是：男性大学生或已离校的男性大学生，具有伊斯兰宗教信仰，年龄在 18 岁至 40 岁之间，来自阿拉伯国家）进行筛查，得到一个包括了 30 000 人的数据库，再同联邦刑事总局所掌握的数据进行比对，从而形成重点嫌疑对象，并最终把所谓的"潜伏者"（Schlaefer）挖出来。这次行动持续了 20 个月，涉及的范围之广，持续的时间之长，都是很少见的，警方共采集了 800 万组个人信息，仅在后来形成诉讼的北莱茵-威斯特法伦州就采集了 500 多万组个人信息。

一位来自摩洛哥并信仰伊斯兰教的青年，当时正在杜伊斯堡大学读书，他认为，这项警察措施侵犯了他个人和其他很多人的信息自决这项基本权利，因而向杜塞尔多夫的中等法院提起诉讼，要求宣布这项警察措施非法。其诉讼请求遭到驳回后，又上诉到州高等法院，仍无果而归。最终，该青年向位于卡尔斯鲁的联邦宪法法院提起了宪法诉愿。

联邦宪法法院第一庭审理了该案，经审理认为，北莱茵-威斯特法伦州警方的电子数据缉捕措施，侵害了宪法诉愿人的基本权利，是非法的。其判决的论证要点如下：第一，只有当存在着对高位阶保护法益的具体危险时，比如联邦和州的存在或一个人的身体、生命或自由遭受危险时，1990 年北莱茵-威斯特法伦州警察法第 31 条所规定的预防性电子数据缉捕才与信息自决这项基本权利协调一致。在危险防御的准备阶段，这样的电子数据缉捕应予排除。第二，2001 年"9·11"事件一直持续存在的一般性危险形势，或者是对外政策方面的紧张局势，并不是实施电子数据缉捕的充足依据。除此而外，还需要有更多的事实说明存在着具体的危险，比如准备或实施恐怖主义袭击的行动，这是实施电子数据缉捕的前提条件。判决认为，北莱茵-威斯特法伦州警察法第 31 条的规定电子数据缉捕措施设置了比较高的门槛，是符合宪法要求的，只是在适用方面存在问题。同时，判决还暗示，其他联邦州警察法的相关规定如果没有达到这样的标准，应当进行修改。这个判决是针对北莱茵-威斯特法伦州做出的，但对整个联邦具有约束力。

德国的联邦宪法法院成立于 1951 年。该机构的总体功能就是对与基本法相关的争议做出裁决。与基本权利侵害的相关争议无疑是重中之重。警察立法和警察执法都可能对公民基本权利造成不法侵害，公民认为，发生了这种侵害，就可以诉诸司法寻求救济。当穷尽了所有法律途径，仍没有得到满意的结果时，公民便可以向联邦宪法法院提起"宪法诉愿"（Verfassungsbeschwerde）。纵观西方近现代史，警察法本身的发展和完善始终是与整个国家宏观法治环境的改善同步前行的。没有良好的国家整体法治环境，警察法治是无从谈起的。联邦宪法法院的判决中涉及警察立法和执法的内容，无疑对警察法的完善发挥过促进作用，并成为人们正确理解和运用警察法律规范的最终依据。

该判决对德国警察法治的发展具有重大意义。第一，通过该判决，联邦宪法法院再一次向社会昭示，任何公权力机关都必须在法治的框架内行使自己的权力，即便是为了社会公众的利益所采取的措施，也不能超过一定限度。判决承认：国家必须有效地对抗恐怖主义的威胁，并且警察机关也可以发展出新手段，以应对新的危险，但同时强调，警察手段只能以法治国家的方式为限。"自由与安全之间的平衡只能由立法者来加以调整，警察机关不可以从根本上使重心发生偏移。"第二，目前，"危险"（Gefahr）是德国警察法上的一个重要概念。德国警察法学中，以"危险"为基点已形成一个概念体系。"具体危险"则是启动一般警察权的前提。该判决对"具体危险"进行权威性的诠释，对人们正确理解和把握其含义，具有重要的指导意义。该案例也因此成为德国警察法学教课中的一个经典案例。

【引导问题】

1. 什么是"电子数据缉捕"？
2. 联邦宪法法院认为警察电子数据缉捕措施违宪的理由是什么？
3. 电子数据缉捕案判决的意义是什么？
4. 警察法的发展与整个国家法治环境的改善是怎样一种关系？

一、西方警察概念的历史起源及传承

"国家的本质特征，是和人民大众分离的公共权力。"[1]这种超越于个人之上的公共权力，其最初和最基本的职能就是维护社会秩序。正是在这个意义上，恩格斯说，"警察是和国家一样古老的……"。也就是说，作为国家机构的一种功能，警察随国家的产生而产生，这在世界各国都是如此，警察并不是西方国家独有的。但是，现代职业警察以及与其紧密相连的、人们今天

---

〔1〕《马克思恩格斯选集》（第4卷），第167页。

所熟知的"police"这个概念，却是地地道道的西方文明的产物，更确切地说是欧洲文明的产物。18世纪中叶以后，领先于世界其他地区率先步入工业化社会和都市化进程的欧洲国家，为了控制现代社会所带来的新的社会冲突，解决日益突出的社会治安问题和犯罪问题，首创了以控制犯罪、维持治安秩序为核心任务，高度专业化和职业化的国家组织——现代职业警察。欧洲是现代职业警察的发源地。欧洲国家之所以使用"police"来对这种国家组织进行命名，决不是偶然的，是历史文化传承的结果。

古希腊文明无疑是欧洲文明的摇篮。"警察"这个词最初词源是希腊语中"politeia"，这个词原义为亚里士多德所说的"良好有序的国家制度"，同时也是整个国家机构的代名词。我们还可以将其理解为"国家机构的协作"以及"国家功能的协调"的状态。[1]古希腊思想家柏拉图的《理想国》一书的书名就是这个词，单就词义本身而言，其中完全没有"理想"意思，但是就整本书的内容来说，确实阐述了一个柏拉图心目中的理想国家。所以说中文版的译者使用《理想国》这个译名，在某种程度上是一种意译或转译。正因为如此，柏拉图这部著作目前的通行译名为《国家篇》。在现代欧洲，人们通常也是这样来为这部著作命名的，比如德文版的《理想国》就直接译为"国家"（Staat）。我国古希腊名著的著名翻译家吴寿彭先生曾经在亚里士多德《政治学》一书的中译本中将这个希腊语词汇的含义概括为四个方面：（甲）公民和城邦间的关系，（乙）由这种关系形成全邦的"政治生活"，（丙）把这种关系和生活厘定为全邦的政治制度，即"宪法"，（丁）有时就径指该邦的"政府"。[2]可见，古希腊这个词本身就是一个以国家为核心的多义词。

然而，古希腊和古罗马是前后相继的两个文明时代。在某种程度上，古希腊文明是通过古罗马文明这个中介，而成为欧洲文明的起源的。罗马共和国时期的著名思想家西塞罗将这个希腊词汇引入到拉丁语中，开始有了拉丁语的"politia"这个词。[3]其基本含义没有多大变化，仍然以国家为核心，涉及方方面面的内容。以希腊语为源头产生的"警察"这个词汇，也是首先产生于经历过系统化的"罗马法复兴"的欧洲大陆国家，如法国和德国。法文

---

〔1〕 Robert Harnischmacher, Arved Semerak, Deutsche Polizeigeschichte: Eine allgemeine Einfuehrung in die Grundlagen, Verlag W. Kohlhammer 1986, S. 1.

〔2〕 参见［古希腊］亚里士多德：《政治学》，吴寿彭译，商务印书馆1965年版，第10页。

〔3〕 Friedrich Wilhelm, Die Polizei im NS-Staat, Ferdinand Schoeningh 1999, S. 14.

中的"da Police"大约是在 14 世纪就产生了，而德语中的"Polizei"最早见于 1476 年的维尔茨堡（Würzburg）城大主教的一项规章。1530 年，神圣罗马帝国又颁布了一部包含了这个词的法律——帝国警察规章（Reichspolizeiordnung）。虽然不列颠也曾经被罗马帝国统治过，但总的来说，罗马法在那里没有产生过系统化的影响。正如法国著名法学家勒内·达维德指出的，"事实上，英国法不曾发生由罗马法引起的更新，也不曾经历由法典编纂而引起的变革，而这些正是法国法及罗马日耳曼法系各国法的特点。"[1]因此，作为现代职业警察发源地的英国，其政治和法律语汇中一直没有从希腊语"politeia"演变而来的"police"一词，据说直到 18 世纪，才从法国引进这样的词汇。今天，这个从希腊语传承下来的"警察"概念已经是西方社会，乃至全世界的共同财富，但英美法系的国家在用语方面仍然保留自己的传统和特点，并不是在任何场合下都使用"police"。比如，在英国，在 18 世纪以前，在不列颠的民族语言中与"police"具有相同含义的词汇是"constable"，我国通常翻译成治安官。至今，"constable"仍然在英国警察系统是一个重要词汇，某些级别的警官，就使用这个词，如《1964 年警察法》中确认的三角形领导体制中（内政大臣、各警区的警察委员会、首席警官）的首席警官就是"Chief Constable"。并且，至今，英国警察的有些职权还是源自普通法授予"Constable"的权力。英国在初创职业警察时，一反传统从欧洲大陆借鉴这个对不列颠来说完全陌生的"外来词"来命名这种新型的警察组织，就是要表达对传统的治安组织自治性的一种否定，从而突出新警察组织的国家性。美国著名比较警察法学者贝莱曾提出现代警察不同于传统的三个特征：公共性、专业化和职业性。[2]贝莱在这里所说的"公共性"，其实就是国家性，这恰恰是"police"一词的核心内容，与其相对的是"私人性"和"自治性"。纵观英国发展史，虽然在警察制度的整个发展过程中明显可以看到国家主导性的逐步加强，特别是在治安法官这个制度普遍实行以后，地方治安受国家控制的特征愈加明显，但总的来说，19 世纪之前，英国警察制度的性质是自治或半自治性的，治安维护组织的主体是民间性的。同时，与此相联系的是，治安

---

〔1〕 [法] 勒内·达维德：《当代主要法律体系》，漆竹生译，上海译文出版社 1984 年版，第 292 页。

〔2〕 转引自 R. I. Mawby, *Comparative Policing Issues: the British and American System in International Perspective*, Unwin Hyman 1990, p. 19.

维护组织是非职业性的组织。治安官、守夜人都不是或不完全是以维护治安为生的职业人员，更不用说基层参与治安维护的其他人员了。而19世纪初在英国所创建的新警察是国家机构（内政部）直接领导下的，以维护治安为全部工作内容的职业警察组织。虽然它当时还不完全具备贝莱所说的现代警察的另一个特征，即专业化，但它无疑是对英国传统的历史性突破，对整个欧洲乃至世界警察制度的发展方向起到了引领性的作用，正因为如此，英国被人们普遍看作是现代职业警察的摇篮。

二、英美法系国家警察法的发展：以英国为例

（一）英国中世纪以来警察制度的演变

人们不能不承认，公元前不列颠社会以血亲复仇为重要特征的原始部落习惯法时期以及后来的罗马征服者按照自己的模式在这里建立的"带有浓厚军事化色彩的社会治安维持体系"，是英国警察发展史的重要组成部分，也无法完全否认其对后世的影响，但从警察法的角度来考察，真正对后世警察制度的发展产生实质性影响的则是罗马人的统治被推翻后，盎格鲁-撒克逊时代逐步形成的，以国王为首的中央政府以及郡、百户区、十户区从上至下层层负责的地方社会管理体制，而治安维护是其最主要的功能。百户区这个层级还设有法院，来处理民间纠纷、审判犯罪，行使司法权。如果说百户区是承担着多项社会管理职能的一级政府组织，在百户区之下逐渐形成的太兴制（Tything）则是一种专门的治安防范的社会组织。在社会的最基层，每10户为一个太兴，在太兴长的领导下维护地方的治安秩序。按照当时的惯例，当发生偷盗、抢劫等犯罪时，最先发现者必须高声呼喊捉拿罪犯，附近居民听到喊声，也有义务参加抓捕的行动。正因为如此，有的学者将这种"十户区"称作"英国中世纪警察制度最重要的载体"。[1]

诺曼征服，在英国开启了一个新的历史时期。在政治方面，最为突出的表现就是王权得到了进一步加强。随着王权的不断加强，太兴制被逐步升级为一种"十户联保制"，在这种加强版的太兴制中，人们不仅要共同承担抓捕

---

〔1〕　参见李温：《英国警察法：历史发展与当代改革研究》，黑龙江人民出版社2009年版，第20页。

罪犯的义务，而且在没有成功地将罪犯捕获的情况下，还要承担连带责任。[1]而后的"治安官"以及"治安法官"制度是与中央王权介入地方事务以及为应对地方治安形势恶化所产生的需求密切相关的。"治安官"继承了传统的维护基层治安的责任和权力，但最重要的不同是，其身份发生了实质性的变化，他不再仅仅是社区选出的代表，而且同时也是政府的官员。[2]而"治安法官"则更是由国王亲自任命的官员。

(二) 旧式警察法的主要立法

相对于原始部落时期和盎格鲁-撒克逊时代初期所盛行的血亲复仇来说，上述所有发展无疑是一种历史性的进步，至少产生两种实质性的改变：一是国家权威得到承认，自力救济在多数场合下被排除，因此国家要提供和组建新的治安维护模式，自治型警务模式是在国家认可和支持下形成的。二是维护治安逐渐成为一种国家赋予的责任，单个个体不能只考虑自身的安全。"这种义务将整个社会作为责任主体，每个社会成员都应当根据法律规定对犯罪作出相应反应。"[3]在从太兴制到"十户联保制"再到"治安官"以及"治安法官"制度的发展历程中，我们可以看到王权或者说国家因素的不断加强。王权加强的另一个表现就是通过中央立法来确认和健全已有的制度。11世纪以来，英国中央政府颁布了一系列包含有社会治安维护内容的立法。在英国警察法发展史上具有举足轻重地位的是以下两部。

1285年颁布实施的《温彻斯特法》（Statute of Winchester）是英国警察法历史上的一个重要的立法文件。《温彻斯特法》使原有的治安责任制度得到了巩固和完善。它进一步强调了抓捕罪犯、维护地方治安秩序是地方政府必须履行的法定职责，"任何人不得以任何理由疏于履行"。[4]此外，《温彻斯特法》不仅确认并强化了现有的"十户联保""呐喊追捕"等治安维护制度，并且根据城市的特点规定了诸如城市守夜人等一系列治安管理制度，使其得到丰富和发展，以适应各类地区的需要。最后，《温彻斯特法》还以立法的形式

---

〔1〕 参见李温：《英国警察法：历史发展与当代改革研究》，黑龙江人民出版社2009年版，第28页。

〔2〕 参见夏菲：《论英国警察权的变迁》，法律出版社2011年版，第17页。

〔3〕 李温：《英国警察法：历史发展与当代改革研究》，黑龙江人民出版社2009年版，第24页。

〔4〕 参见李温：《英国警察法：历史发展与当代改革研究》，黑龙江人民出版社2009年版，第30页。

确认并完善了治安官制度。"治安官"原本是军事组织中的一个头衔，最初王权赋予本来具有治安管理的太兴长等社区代表一定军事职能，并将其称为治安官。后来其范围逐步扩大，很多被村民选出的承担同样职责的人也使用这个头衔。1252 年颁布一项《武装法》首次使用"治安官"的概念，该法授权"治安官"召集人们进行武装，制止社会骚乱，并将犯罪人送交给郡长。

1361 年的《治安法官法》（Justices of the Peace Act 1361）是将英国警察法律制度推向高峰的又一重要立法。治安法官起源于治安维持官。最初只是查理一世时期国王委任一定人员处理地方上的紧急事务的特定人事安排，后逐步成了一种固定化的职位设置，其权力也从单纯的治安维护扩展到司法审判。到 14 世纪中期时，治安维持官在各地已经非常普遍。1361 年的《治安法官法》将这种制度法定化，并正式将名称从治安维持官改成治安法官。[1]治安法官的社会地位较高，一般由社会名流担任，由国王亲自任命，是一个地区治安维护任务的领导者。

总之，这两部立法在英国警察发展史上具有里程碑的性质。这两部立法对在百户区、十户区框架下逐步发展起来的治安法官领导下的治安官治安维护模式进行了确认和总结。从 14 世纪开始，这种警务模式在英国存续了好几百年，直到 19 世纪初逐步被现代警察制度所取代。然而，中世纪警察立法是国王通过颁布法律来介入地方事务管理以强化王权统治的一种方式，与 19 世纪以后在自由、民主理念指导下由现代立法机关制定的警察立法具有完全不同的性质。正是在这个意义上，我们可以将其称为"旧式的警察法"。

（三）英国现代警察法律制度及其历史演变

1. 英国现代职业警察产生的历史背景

历史证明，上述那种"以社区自治为基础、中央王权监督的治安模式"具有很强的生命力，它在英国存续了好几个世纪。然而，现代警察首先产生于英国绝不是偶然的。工业革命和由此带来的社会变革是现代职业警察得以出现的催生剂。而英国却是工业革命的先锋。从 18 世纪中期开始的工业革命使英国社会发生了翻天覆地的变化，从根本上改变了英国的社会结构和社会

―――――――――

〔1〕 参见顾荣新："12 世纪~19 世纪英国治安法官的起源与流变"，载《法律文化研究》2007年第 1 期。

关系。一方面，工业革命及其社会变革极大地增加和激化了社会矛盾和社会冲突，造成了普遍的社会动荡，另一方面，作为工业革命直接后果的城市化进程，使得城市人口激增，人员的流动性增加，控制违法犯罪难度也大幅度增加。18 世纪末 19 世纪初，在英国特别是在大城市犯罪率普遍提升，社会骚乱频仍的事实证明了，那种"以社区自治为基础、中央王权监督为特征"的、在数百年的时间里都行之有效的传统治安模式，已无力应对英国社会所面临的严重的社会治安问题，一种新型的警察制度便应运而生了。

2. 现代警察组织法的立法进程

创立新型警察的努力是通过一系列警察立法逐步实现的。从 19 世纪到 20 世纪这 100 多年的时间里，英国颁布了数十部立法，采取渐进的方式，从不同方面一点一滴地构建起新型的警察制度。其中有很多立法并不属于警察法的范畴，比如《1835 年市自治体法》（The Municipal Corporations Act 1835）、《1888 年地方政府法》（The Local Government Act 1888），但对新警察制度的形成也产生过局部性的影响。具有里程碑性质的警察立法是以下几部：

第一，《1829 年都市警察法》（Metropolitan Police Act 1829）。从 17 世纪末开始，经过持续多年的建立新型警察的尝试和努力，1829 年 7 月英国议会终于通过了《1829 年都市警察法》（Metropolitan Police Act 1829）。它是第一部在名称中包含 "police" 一词的中央警察立法。[1]首先，这部现代警察法的开篇之作确定了新型警察机关的合法地位，该法案规定，中央政府有权建立新的警察机关，以维护伦敦都市及周边地区的安全，有权任命新警察机关的领导者，在政府大臣的直接领导下从事警察的管理工作。此外，该法案对新型警察机关的活动范围、人员招募、组织管理和执法保障等，都做了详尽规定。法案还授权新警察的领导人制定警察的行为标准。据此，在当时的内政大臣罗伯特·皮尔的参与下，内政部颁布一个《警察训令》（Police Instruction），提出了新警察应遵循的 9 项基本原则，即"皮尔原则"。其中，警察应当扎根于民众之中以及暴力强制手段要尽可能保持在最低限度的思想，至今对警察队伍建设仍具有指导意义。在某种程度上，《警察训令》可以被看作是该法案

---

〔1〕 "police" 正式成为立法的名称是在 1800 年，即《格拉斯哥警察法》，它属于地方立法，无法与《1829 年都市警察法》相提并论，参见李温：《英国警察法：历史发展与当代改革研究》，黑龙江人民出版社 2009 年版，第 6 页注释 1。

的附属文件，与这部法案一起，为与传统警察有着本质区别的新型警察的形成奠定了基础。

第二，《1856 年郡、市警察法》（The County and Borough Police Bill 1856）。大都市警察机关建立以后，又有一系列立法涉及新型警察组织在地方上推广的问题。但是，由于各地情况不同，形成了新型警察组织在各地的发展状况参差不齐的局面，甚至有些地方出现了抵制建立新型警察组织的现象。因而中央政府下决心再出台一部强有力的立法，全面推广和建立新型警察制度。《1856 年郡、市警察法》就是在这样的背景下出台的。《1856 年郡、市警察法》规定，所有郡、市都要建立警察机关，警察的管理权由各地的地方政府行使。同时，法律还规定，中央政府有权通过颁布全国性立法和指导性文件以及对地方警察局长任命时的批准权等方式对地方警察进行指导和监督。正是通过这部立法，新型警察制度在全国范围内得以确立，并且为延续至今的集中与分散相结合的警察体制奠定了法律基础。"英国的新型警察制度是由 1829 年《都市警察法》和 1856 年《郡、市警察法》两部法律所共同创制并完成的。"[1]到 19 世纪中期已经成型的英国新警察制度一方面一反英国自治性警务模式的传统，及时地适应了工业化背景下的社会治安维护的实际需求，提出了职业警察的概念，另一方面，又塑造了这种职业警察的合法性、非军事性和亲民的职业形象，以有别于以法国宪兵为代表的欧洲大陆的旧式警察。正是由于以上这两方面的特征，使英国警察成了欧洲现代警察，乃至世界现代警察的先驱者。

第三，《1964 年警察法》（Police Act 1964）。20 世纪以后，英国还有几部警察法出台，比如《1919 年警察法》《1964 年警察法》《1976 年警察法》，这些警察立法都非常重要，无疑对推动英国警察的组织完善具有重大意义。其中英国职业警察建立以来"改革力度最大的一部"是《1964 年警察法》。这部立法的一个重要内容就是规定各地方警察按照统一的原则进行重组，打破了传统上警察与地方政府一对一的格局，实行跨地区的警察工作模式，使原有的警区数量大幅度减少。该部立法还通过重新规定内政大臣的职责，使中央政府领导和控制地方警察的权力得到实质性的加强。特别是，该立法还首创警察侵权的责任制和投诉处理机制，为警察制度注入了新的法治化要素和

---

〔1〕　李温：《英国警察法：历史发展与当代改革研究》，黑龙江人民出版社 2009 年版，第 60 页。

自我约束的保障。正是基于此，有的学者将该立法称为"英国现代警察组织的宪章"。[1]

3. 英国现代警察的职权立法

上面我们述及的几部警察法就主题而言均属于组织法的范畴，粗线条地展现了英国现代职业警察的组织发展脉络。但到 20 世纪 80 年代为止，警察职权一直只依赖普通法中的依据，而缺少制定法的基础。在 20 世纪 70 年代和 80 年代初爆发的学生运动和劳资纠纷，使警察成为社会关注的焦点，在社会冲突中警察是否正确地履行了职权成为一个突出的问题，原来普通法的规定毕竟零散、抽象，让执法警察难以把握，也让警察执法的合法性和正当性饱受质疑。正是在这样的背景下，《1984 年警察与刑事证据法》（Police and Criminal Evidence Act 1984）出台，英国警察法的发展在内容上出现了由组织法向职权法的转向。

该法首次尝试以制定法的形式将英国历史上分散、零星、不确定的警察权力变得相对集中、统一和更具确定性，为警察权力的行使构建起基本的法律框架。该部法律由一部国会立法（即《1984 年警察与刑事证据法》和若干个由内政部制定的实施细则共同构成，对警察在刑事侦查过程中的几项主要权力作出了具体规定，如盘查权、逮捕权、居留权、讯问权以及逮捕后的人身搜查权和人体检查权等。根据该法的规定，盘问检查必须建立在"合理怀疑"的前提之下。实施细则 A 对于"合理怀疑"的解释是："盘问检查不能在没有可靠的情报信息或者某些特定行为的情况下，仅仅凭警察个人因素决定进行，例如，一个人的种族、年龄、外貌或者具有犯罪前科，这些因素都不能作为盘问检查的理由；同样，对于某一特定群体具有某种犯罪倾向的固有观念也不能作为盘问检查的理由。"[2]该部法律在对上述警察权力的行使提供合法依据的同时，也设定了必要的限制。比如，警察对犯罪嫌疑人进行讯问时，必须遵守一系列的程序规则，使嫌疑人的权利也得到充分的法律保护。此外，正如其名称所表明的，该部法律还规定了一系列刑事诉讼证据的规则，比如证据排除规则。根据该法规定的证据排除规则，如果某一项供述是出自于折

---

〔1〕　参见李温：《英国警察法：历史发展与当代改革研究》，黑龙江人民出版社 2009 年版，第 84 页。

〔2〕　参见叶秋华、李温："论 1984 年英国《警察与刑事证据法》的立法背景及其法律价值"，载《河南省政法管理干部学院学报》2008 年第 6 期。

磨、非人道的或不尊重的对待、使用暴力威胁以及其他容易产生不可信供述的环境，法庭有权力拒绝采纳；此外，该法还授权法院可以拒绝采用任何一种证据，如果这种证据的采信将会导致对于公平诉讼的负面效应。[1]

总之，《1984 年警察与刑事证据法》使警察在刑事侦查中的主要权力得到了制定法的规范，因而被人们称作"现代英国警察权力的宪章"。这部"宪章"在规范警察权力的同时，还为后续持续不断的刑事司法改革奠定了法制基础。

《1984 年警察与刑事证据法》只涉及警察侦查方面的权力，其实施以后，警察处置治安事件的权力由普通法调整的状况仍然没有得到改观。为了进一步推进警察权力制定法化的进程，英国国会又通过了《1986 年公共秩序法》（Public Order Act 1986）。该法用两个制定法上的新罪名，即骚乱罪和暴力扰乱罪，取代了长期存在的普通法上的骚乱罪。"前者是指，12 人以上，聚集在一起，出于共同目的，使用或威胁使用非法暴力，其行为足以使一个在场的正常人为自己的人身安全感到担忧。"[2]暴力扰乱罪只是在聚集的人数要求方面有所降低，其他内容与骚乱罪完全一致。该法第二个主要内容是重新规范警察集会游行领域中的权力。法律在授予警察广泛管理权的同时，还为集会游行的组织者和参加者设定许多义务，如果不服从警察管理，或者没有履行法律义务，则会构成各类的非法游行集会罪。在此之后，英国还制定了《1994 年刑事司法与公共秩序法》（Criminal Justice and Public Order Act 1994），其中有很多条款涉及警察职权，但主要是对《1984 年警察与刑事证据法》相关规定的修改。其中，对沉默权加以限制的法律规定，最为人们所关注。

总之，到 20 世纪 90 年代，英国警察职权的制定法已实现了历史性的突破，并具有了一定的数量规模，但其在系统性和全面性方面仍然无法与大陆法国家相比。

---

〔1〕 参见叶秋华、李温："论 1984 年英国《警察与刑事证据法》的立法背景及其法律价值"，载《河南省政法管理干部学院学报》2008 年第 6 期。

〔2〕 夏菲：《论英国警察权的演变》，法律出版社 2011 年版，第 112 页。

二、大陆法系国家警察法的发展：以德国为例

(一) 德意志历史的开端

"德意志"民族的起源当然可以追溯到很遥远的年代。不过，公元前日耳曼部族时期以及后来的法兰克王国前期，最多也只能算是德意志国家的"前史"。"德意志"（Deutsch）一词大约始见于公元 8 世纪，起初仅仅表示在法兰克帝国东部地区使用的一种语言。公元 9 世纪，法兰克王国发生了分裂，出现了东部帝国与西部帝国。后经过长时间的岁月洗礼，生活在东部帝国，并使用"德意志"语言的人们逐渐凝聚成一个具有民族认同感的群体。"德意志"一词从指称一种语言，转为指称讲这种语言的人，最后才用以称谓这些人所居住的地区。德意志人在德意志领土上所形成的政治组织形式即是德意志国家。公元 911 年登上王位的法兰克公爵康拉德一世被看作是第一位德意志国王。真正的德意志历史，是以此为起点的。公元 962 年，后来的德意志国王奥托一世，得到教皇的加冕，从而获得了"罗马皇帝"的称号。这样德意志王国就成了一个帝国，它后来被人称为"神圣罗马帝国"，13 世纪时又被加上了"德意志民族"这个关键词，即"德意志民族神圣罗马帝国"。

"神圣罗马帝国"以原来的"罗马帝国"继承者自居，但其实它与"罗马帝国"在统治方式上有着本质的差别。罗马帝国实行的是官吏制，而法兰克王国从一开始就采取采邑制。采邑制就是国王将土地分封给臣下的制度，受领者以提供军役为义务，拥有采邑的领主在自己的土地内享有完全的行政、司法、军事和财政权。这种制度的存在和发展从根本上削弱了皇权。这对德国的历史产生了重大影响，而且在很大程度上决定了后来德国警察体制的基本特征。

(二)"警察"概念的出现及"警察国家"

15 世纪，从古希腊语经拉丁语产生的"Polizey"（与今天的拼写略有差别）便进入德意志民族的政治生活。此时，这个词更多地用于指"良好的国家（管理）秩序"（gute Polizey）。1492 年通过的一项纽伦堡的城市规章就开宗明义地规定：该规章的目的就是要"保持良好的国家秩序"（Zu Bestaendigkeit guter Polizey）。1530 年，神圣罗马帝国议会通过了一项"Reichspolizeiordnung"，可以直译为"帝国警察规章"，但译成"帝国秩序规章"可能更准确。这是一

个包罗万象的法典，除了有刑事处罚方面的规定外，还有各个生活领域中的秩序规范，也包括程序方面和有关私法方面的规则。比如，亵渎神明、酗酒、缺斤短两都被看作是不道德的，特别是放高利贷、离婚、乞讨等均要受到某种惩罚，还包含有各个生活领域中的必须要遵循的规则，如宗教活动、饮酒、着装、经济交往，等等。[1]

这部帝国立法后来于1548年、1551年、1577年分别修订过。自此以后帝国层面的立法就终结了。它在实际生活中的效果如何，是很值得怀疑的。因为帝国对下辖的各个邦国的管辖权一直是很有限的，领主在自己的领地内有实实在在的统治权。随着皇权的进一步衰落，国家权力越来越集中到各邦国君主手中，其中也包括立法权。各邦国君主通过发布规章的形式制定该邦国的管理规则。17~18世纪，德意志民族步入了专制主义时代。神圣罗马帝国已完全是形同虚设的空架子，在这片土地上出现了几百个各自为政的"邦君权国"。就整体而言，德意志民族共同体是极度分散的，但就每个邦国而言，权力又是高度集中的。在一个邦国内部，王侯的权力是至高无上的，王侯的命令就是法律的渊源，或者是法律本身。这就是专制主义最突出的特征。不过，国家权力已经开始了分化，军事、财政、外交、司法成为单独的国家事务领域，原本代表全部国家机构、活动和秩序的"Polizei"，越来越集中地只表述国家内务行政。"Polizei"在内容上有所收缩，在强度上却得到了提升。同时，国家内务行政的管辖领域又是十分宽泛的，涉及社会生活的方方面面，所有上述国家专门事务领域以外的事情，都由"Polizei"负责，在某种意义上讲，国家就是"Polizei"，对民众而言，"Polizei"就是国家最直观的代表。当时，绝大部分国家内务行政部门都冠以"警察"这个名称，比如当时就存在着建筑警察部门（Baupolizei）、工商警察部门（Gewerbepolizei）以及卫生警察部门（Gesundheitspolizei）等。[2]另外，警察权力的行使不受限制，特别是不受司法的限制。也就是说，当时已经比较发达，并在民事审判中已获得较高独立性的普通法院，对国家行政行为完全没有管辖权。正像德国著名行政法学家哈特穆特·毛雷尔所指出的："专制国家又称福利国家或警

〔1〕 Robert Harnischmacher, Arved Semerak, Deutsche Polizeigeschichte: Eine allgemeine Einfuehrung in die Grundlagen, Verlag W. Kohlhammer 1986, S. 1.

〔2〕 Volkmar Goetz, Allgemeines Polizei- und Ordnungsrecht, Verlag C. H. Beck 2008, S. 2.

察国家（当时警察涵盖所有内部行政）。行政的特点不仅表现为其广泛性和强度，而且表现为不受法律约束。"[1]被誉为德国行政法之父的奥托·迈耶将这种国家形态命名为"警察国家"（Polizeistaat）。历史进入 18 世纪后，特别是腓特烈大王的开明专制主义时期，在自由民主思想和法律理性观念的影响下，应当经由法律对国家进行统治，王侯也不得干预司法独立的理念已经深入人心，并在一定程度上成了现实，一般的刑事、民事审判由普通法院审理，国王也不得随意干涉。但国家行政行为，却完全游离于法律监督之外。当时的"警察国家"的理论家们是通过"公法不是法"的口号以及国库理论，使这种不符合时代精神的现实获到合理性基础的。在奥托·迈耶看来，国家行政行为可以不受法律限制，只听命于王国的命令，是"警察国家"最主要的特征，也是从"警察国家"到"法治国家"最需要解决的核心问题。此后，德国警察法治化的进程主要是围绕这个主题展开的。

这个法治化进程的开端还要追溯到开明专制主义时期。所谓开明专制主义时期指的是 19 世纪中期，欧洲专制君主受启蒙思想的影响在某些领域中开始实施一定符合进步理念的政策，从而使专制主义制度发生一定改变。在德意志历史上赫赫有名的普鲁士国王腓特烈二世就是当时最著名的开明专制君主。他主政时期倡导法律面前人人平等的理念，废除了刑事审判中的酷刑。在法制领域，他最为突出的贡献就是主持制定了《普鲁士一般邦法》（das Preussische Allgemeine Landrecht）。《普鲁士一般邦法》是一个包罗万象的法典，将当时的各个法律领域尽收其中，内容涉及一般民法、家庭法、地方法、国家法、教会法、警察法、刑法等，其条款多达 19 000 余条。在法典中有关警察的条款反映了先进的法治理念，对警察的任务范围做出了限定，特别是排除了所谓"促进臣民福利"的内容。[2]

（三）走向警察法治的历程

《普鲁士一般邦法》第一章第二节第 17 条规定："采取必要的措施，以维护公共安宁、安全和秩序，帮助社会或其成员免受来临的危险，是警察的职

[1] ［德］哈特穆特·毛雷尔：《行政法学总论》，高家伟译，法律出版社 2000 年版，第 15 页。
[2] 注：首先，这里的"福利"（Wohlfahrt）同第二世界大战后在北欧形成的"福利国家"中的"福利"，是同一个德语词，但含义却很不相同。警察国家意义上的"福利国家"，反映了专制主义的一种理念，也是一种统治方式。正是通过"促进臣民福利"这项国家职责，警察国家将对民众生活的干预和控制推向了极致。

责。"虽然这项法律规定并没有立刻改变警察国家的现实，但它毕竟是将警察的任务只限定为"危险防御"（Gefahrenabwehr）的第一次立法尝试，具有重大的历史意义。后来柏林高等行政法院作出的具有划时代意义的"十字山判决"，就是依据这个条款作出的。

以自由和统一为目标的 1848 年革命在内外反动势力的合围下，遭到了失败。旧势力重新控制住了局面。从"警察国家"向"法治国家"的迈进出现了停滞，甚至是倒退，这在警察立法方面也得到了反映。1850 年，通过了一个《普鲁士警察行政法》（Preussisches Polizeiverwaltungsgesetz），第 6 条采取列举的方式详细规定了地方警察的任务，包括的内容非常多，其中的最后一项是一个兜底条款，"其他所有根据乡镇政府和其居民的利益必须由警察进行管理的事务"都属于警察的任务。[1]这无疑是对《普鲁士一般邦法》限制警察任务原则的一种否定。然而，从"警察国家"向"法治国家"的迈进并没有因此而停止。

从 19 世纪中叶开始，德意志的一些小邦国制定了宪法，实行法律优先和法律保留原则，将行政置于法律的控制之下。1849 年，在法兰克福召开的国民议会通过第一部超越各邦国的帝国宪法，在德意志历史上第一次规定了公民基本权利和司法权对国家行政行为的约束。虽然这部宪法很快就遭到破产，但这些内容成为引领德意志迈向法治国家的旗帜，并为后来的《魏玛宪法》和《基本法》所采纳并发扬光大。[2]此后，将国家行政行为置于司法监督之下的目标是以各个邦国为单位逐步实现的。1863 年，在实力比较强盛的德意志邦国巴登建立了德意志历史上第一个独立的行政法院。随后，独立的行政法院在普鲁士、黑森、符腾堡以及巴伐利亚等各邦国纷纷建立。至 19 世纪末 20 世纪初，通过行政法院实施全面的司法监督的目标，已在德意志得到普遍化的实现。无可置疑，行政法院的普遍化建立以及对国家行政行为所实际形成的监控，标志着德意志完成了从"警察国家"向"法治国家"转变的最关键一步。

1882 年，在刚刚统一不久的德意志帝国首都柏林发生一个具有深远影响

---

〔1〕　Robert Harnischmacher, Arved Semerak, Deutsche Polizeigeschichte: Eine allgemeine Einfuehrung in die Grundlagen, Verlag W. Kohlhammer 1986, S. 1.

〔2〕　Diether Raff, Deutsche Geschichte: Vom Alten Reich zur Zweiten Republik, Max Hueber Verlag 1985, S. 87.

的法律事件：柏林高等行政法院在一个诉讼案件中判决柏林警察局败诉。这个具有里程碑性质的判决，揭开了德国警察发展史上新的一页，这个判决在历史上被称作"克罗伊兹贝格判决"（我国台湾地区学者将其翻译成"十字山判决"）。克罗伊兹贝格当时是柏林的一个区。在此之前，柏林警察局曾发布过一项规定：在克罗伊兹贝格地区，建筑物不得超过某个特定的高度。因为建筑物超高，既妨碍人们观瞻1821年已矗立在该区的一座胜利纪念碑，也妨碍人们在纪念碑上欣赏城市景色。[1]一位该地区土地所有者提出的建设申请被当局依据该规定驳回。该土地所有者因此向柏林高等行政法院提起诉讼。最终，该诉讼以原告胜诉而告终。柏林高等行政法院法官依据《普鲁士一般邦法》第二部分第10条第17款的规定，判决柏林警察局的这项规定是无效的，因为警察的职责是"防御危险"，无权为市容规划发布规定。克罗伊兹贝格判决被看作是专制主义的"警察国家"的终结者。因为该判决确立了这样一种原则：警察的任务仅在于"防御危险"（Gefahrenabwehr），长期以来一直构成警察重要工作内容的"福利工作"（Wohlfahrtspflege）一劳永逸地从警察任务中被排除。人们对这个判决的历史意义给予了很高的评价，把它称为"哥白尼式的转折"或"定音鼓"。[2]总之，在德国学术界，人们普遍认为，以这个判决为标志，德国从19世纪80年代进入了法治国家时代。

　　但在第一次世界大战以前，警察立法的法治成就仅表现为将警察的任务只限于"防御危险"，从而为后来的警察法中一般授权提供法律基石。此时，警察法中还没有详尽的关于警察职权的规范，更没有任务和职权规范的区分，而这些在以巴伐利亚邦的警察立法为代表的南德模式中已初露端倪。[3]

　　不过，在警察立法上对法治国家的理论和原则进行系统总结和体现，又让人们等待了半个世纪。此间经历了资本主义世界的经济危机、欧洲列强的冲突、第一次世界大战和战后初期的混乱和动荡，直到魏玛共和国的后期，真正现代意义上的警察法才得以问世。1931年6月颁布（10月1日实施）的

---

〔1〕　Volkmar Goetz, Allgemeines Polizei-und Ordnungsrecht, Verlag C. H. Beck 2008, S. 2.

〔2〕　Stefan Naas, die Entstehung des Preussischen Polizeiverwaltungsgesetzes von 1931, 2003 J. C. B. Mohr, S. 4.

〔3〕　Wolfgang Heckenberger, Aufgaben und Befugnisse der Vollzugpolizei in England und Deutschland: Ein Vergleich in der Polizeirechtssysteme 1997, S. 21.

《普鲁士警察行政法》（Preussisches Polizeiverwaltungsgesetz）是德国警察法治发展史上的又一个里程碑。首先，《普鲁士警察行政法》重申了最早由《普鲁士一般邦法》提出并经"十字山判决"确认的警察任务单一化的原则，该法第 14 条规定，"警察机关可以根据现行法律采取经符合职责要求的裁量认为必要的措施，以使公众和个人免受可能损害公共安全或公共秩序的危险"。也就是说，防御"可能损害公共安全或公共秩序的危险"是警察任务的唯一内容，只有当这种危险出现时，警察才能采取措施加以干预。《普鲁士警察行政法》还以立法的形式确认了比例原则。该法第 41 条第 1 款规定，只有出于防御一个在具体条件下存在的，损害公共安全或公共秩序的危险的目的，警察处置（Polizeiliche Verfügungen）才是有效的。这实际上是比例原则中适合性原则的体现。第 41 条第 2 款规定了狭义的比例原则。此外，该法对管束、进入住宅、传唤等职权的实施条件、强制措施、警察行为所造成的损害赔偿等问题均做了规定，并提出了警察法上的责任人概念。总之，1931 年的《普鲁士警察行政法》比较全面地体现法治国家原则，形成德国现代警察法的基本框架，第二次世界大战后，这部警察法成了联邦德国消除纳粹影响、重新制定警察法的基础。因此，《普鲁士警察行政法》被看作是"今天所有的警察法之父"。[1] 此后，许多邦都纷纷效仿，将其写入各自的警察法中。在魏玛共和国时期，符合法治国家原则的警察法律体系已基本形成。

1933 年至 1945 年是近代德国历史上最黑暗的时期。1933 年，希特勒登上了国家权力的顶峰。德国的法治进程全面停滞，并出现了明显的倒退。1933 年 2 月 28 日颁布的《保卫人民和国家法令》，取消宪法所规定的公民基本权利，使警察法的现行规定失去了依托。同时，新的政治观念赋予那些原有的法律条款以完全不同的内容。实际上，作为德国法治发展史上的一个里程碑的《普鲁士警察行政法》并没有被废止。然而，法治国家的要素从宏观层面被摧毁后，用不着修改或废止原有的警察法条款，就可以掏空它的实质内容。比如，"安全"是警察法上一个重要概念，而当"民族社会主义"的国家观念成为主导意识形态时，所有违背"民族社会主义"原则的行为甚至思维都是对"国家安全"的干扰，都是警察机关加以干预的。这说明，整个

---

〔1〕　Stefan Naas, die Entstehung des Preussischen Polizeiverwaltungsgesetzes von 1931, 2003 J. C. B. Mohr, S. 4.

法治环境和政治环境如何，比警察法的具体条文可能更加重要。

（四）战后德国警察法的发展

1945 年，第二次世界大战以反法西斯联盟的胜利而告终，从而为铲除纳粹主义，使德国重新延续法治国家传统，创造了前提条件。战后，德国警察制度以魏玛共和国所奠定的法治基础为出发点，获得了进一步的发展。其中最突出的一项内容就是"公共行政部门的非警察化"。在第二次世界大战前，德国完成从"警察国家"向"法治国家"转变，其核心的标志就是将原本十分宽泛的警察任务只限定为"危险防御"，以此为标准去定义警察，所有以"危险防御"为工作内容的公共行政机关，如建筑项目、工商企业审批与监督以及卫生防疫管理等，都归属于警察机关，"由于以危险防御为内容的国家行政任务具有多样性的特点，所以当时就形成了许多以'警察'为前缀的次级警察概念，如建筑警察、消防警察、工商警察、公墓警察、青少年管理警察、外国人管理警察、渔业警察等。"而战后通过"公共行政部门非警察化"，这些部门纷纷从警察机关中分离出来，成了独立的部门，并被称作"秩序机关"（Ordnungsbehoerde）。不过，在大多数联邦州，警察机关和秩序机关进行活动的规则都来自同一部法规，正因为如此，此类法规的名称往往是"警察与秩序法"[1]，而不是以前的"警察法"。[2]从这个意义上可以说，从 19 世纪下半叶开始的德国警察现代化的进程在魏玛共和国时期只完成了一部分，而另一部分是第二次世界大战以后完成的。为了将这种真正意义上的警察同广义上的警察区分开来，在德国有一个"执行警察"（Vollzugpolizei）的概念。

德国是一个联邦制国家。1949 年 5 月颁布的《德国基本法》将警察立法权赋予了参加联邦的各个州。因此，目前，德国的每个州都有只在本州内适

---

〔1〕　由于对于背景了解得不够，有些中文出版物中将"警察与秩序法"译成"警察（法）与治安法"。具体可参见王彦吉主编：《加强国际交流合作建设一流警察大学——中国人民公安大学外事出访报告集》，中国人民公安大学出版社 2008 年版，第 155 页，以及许韬等：《中外警察法比较研究》，中国检察出版社 2009 年版，第 51 页。这种译法容易使人产生误解，似乎除了警察法以外，还有一部作为警察执法依据的"治安法"，同时容易使人把它同我国《治安管理处罚法》联系起来。

〔2〕　目前在德国，有四个联邦州、市（巴登·符腾堡、不来梅、萨尔和萨克森），没有采取警察机关和秩序机关分立的体制，在这些地方依旧只有一个将所谓"秩序机关"包括在内的警察机关，但在这个警察机关内部，以治安警察和刑事警察为主体的现代意义上的"执行警察"是独立的部门，工作内容、权限和方式也是特定的。Reinhard Rupprecht（Hrsg.），Polizei Lexikon, Kriminalistik Verlag 1986, S. 381.

用的警察法。联邦中央也拥有自己管辖的"联邦警察",但联邦警察只能在联邦事务范围内行使警察权,原则上不能直接介入各州的事务。并且,联邦警察法也只适用于联邦警察自身。德国各州的警察法的具体名称各不相同,[1]规定也有所差别,但总的来说,共性远远大于差异性,实质内容是基本一致的。特别是,为了进一步实现法治的统一性,20世纪70年代开始,在联邦中央的倡导和推动下,德国内政部长联席会议提出要致力于制定一部普遍适用于各联邦州以及联邦的警察组织的统一的法律草案。经过长达5年的反复磋商和讨论,终于在1977年11月通过了《联邦及各州统一警察法示范草案》(Musterentwurf eines einheitlichen Polizeigesetzes des Bundes und der Laender)。这部示范法律草案并不是具有法律效力的规范文件,只是为人们制定和修改警察法提供一个标准和指导。但是,它毕竟是在各个联邦州参与下制定的,对全德国的各个层面的警察法都会产生实际的影响。1990年两德统一后,原民主德国的五个联邦州(萨克森、萨克森-安哈尔特、梅克伦堡-前波莫瑞、图林根以及布兰登堡)在制定警察法时,都有意识地参考了《联邦及各州统一警察法示范草案》所确定的原则,因而它对全面和深入了解德国的警察法,还是非常有价值的。但需要强调的是,这是一部纯粹的"职权法",丝毫没有警察组织法的内容。在德国,警察法最核心的功能就是有效、合理使警察权得到限制,正因为如此,整个警察法的条款都是围绕警察职权的规范化行使展开的。任务和职权的规定是警察法最主要的内容。

按照德国警察法学理论,警察权规范一般可以分成"任务指派"(Auf-gabenzuweisung)规范和"职权授予"(Befugnisermaechtigung)规范两个组成部分,这种划分是战后德国警察法发展的一项重要内容,是进一步实现警察权法治化的重要环节。在某种程度上,任务指派可以理解为管辖权,就是上面所说的管哪些事。不过,管辖权只是警察职权的一个组成部分,其核心部分是干预措施的授权。"管辖权是行政机关活动的基础和范围",但"管辖权不包括采取某一个执行行政任务所必要或者合目的性的措施的权力。对公民权利的侵害需要法律(另行)授权。"[2]关于这个问题,德国学界的逻辑是

---

[1]　杨玉生:"德国警察法律概况",载《现代世界警察》2010年第4期。

[2]　参见[德]哈特穆特·毛雷尔:《行政法学总论》,高家伟译,法律出版社2000年版,第514页。

这样的：法律赋予警察对某些事情的管辖权，警察也就自然而然有权从事某些活动，以完成这些任务。但这些从管辖权中推导出来的"某些活动"，不包括对公民具有侵害性的活动，要从事对公民具有侵害性的活动，必须有法律的单独授权，这就是警察法中"职权授予"规范所要解决的问题。比如，法律将维护社会安全的任务赋予警察，就意味着警察为了完成这项任务，可以进行巡逻，能够采取预防犯罪的宣传等措施。但警察却还不能根据警察法中"任务指派"规范，对公民实施管束、人身搜查、物品搜查等措施。也就是说，"任务指派"规范只为非侵害性的执法活动提供了充足的法律基础，但这样的法律基础不能说明侵害性的执法措施的正当性。[1]从警察权法治化和保护公民合法权利的角度看，职权授予规范的意义更为重大。所以，关于任务的规定比较概括和简单，关于干预措施的规定具体和翔实。以德国《联邦及各州统一警察法示范草案》为例，该草案只用第 1 条共 4 款，概括性地为警察设定了四项任务：危险防御、保护私权、为其他机关提供执行协助和执行其他法律委托的任务。而该草案第二章用一整章的篇幅共列出 41 条具体地规定了警察为了完成自己的任务所能采取的措施及其适用的条件。另外，整个法律草案共有 67 个条款，除了第二章外，还有很多条款也间接地规定了职权"，比如，第四章是关于强制的规定，与职权的行使直接相关，共用了 17 个条款，详尽地规定了各种强制手段的适用条件，特别是射击武器的使用问题。可见，在德国警察法中，职权条款占有绝对优势。警察法中规定的职权，也叫作干预措施（Eingriffsmassnahme），既包括长久以来各国通行的警察措施，如身份确认、证件查验、询问、传唤、清场（或驱离）、居留禁止、住宅留用、管束、人身搜查、物品搜查、保管与扣押，等等，也包括 20 世纪 80 年代以后，根据 1983 年德国联邦宪法法院关于人口普查的判决所创设的与公民信息自决权息息相关的干预措施，比如个人信息的提取、保留、传递、利用，等等。

另外，战后出台的警察法不仅继承了魏玛共和国时期的传统，详细地规定了的比例原则，并在此基础上有所创造和发展。德国大多数州的现行警察法以及联邦警察法，都用基本相同措辞规定了比例原则。第一，当有几个可能的、适合的措施可供选择时，警察必须采取那种预计对个人和公众损害最

---

〔1〕　Volkmar Goetz, Allgemeines Polizei- und Ordnungsrecht, Verlag C. H. Beck 2008, S. 2.

小的措施。第二，不允许一项措施产生与其追求的利益明显不成比例的负面结果。第三，只要一项措施的目的已经达到，或有事实表明，这个目的已经无法达到，应立即停止实施。第一点和第二点可以概括为最小损失原则和狭义的比例原则，值得注意的是传统比例原则的第一条适合性原则已作为前提被涵盖在第一点之中了，而第三点被警察法学者称为"禁止时间上的过度"，这项内容在一般行政法的比例原则中是没有的，是战后警察法的新发展。

四、国外警察立法模式的主要类型及其特征

大陆法系与英美法系是世界上影响最大的两个法系。在这两个法系中，法律规范在结构和形式方面的特征对警察法的立法模式不可能不对其产生一定影响，从而形成两种各有特点的警察立法模式。英国是英美法系警察立法模式的典型代表，德国则是大陆法系警察立法模式的典型代表。两种模式的区别主要表现如下：

1. 警察立法的法律渊源不同

在英美法系中，除制定法外，判例是法律的一个重要渊源，甚至是主要渊源。上级法院，尤其是最高法院的判决对下级法院具有约束力。"遵循先例"是这一法系的一项重要原则。正因为如此，长期以来，警察行使权力主要依据的不是制定法，而是普通法。20世纪后半期开始，这种情况有所改观，英美法系国家也出台了一系列规范警察职权的制定法，但普通法的规定一直发挥着不可或缺的规范作用。大陆法系则不同。一般来讲，其判例不是法律的一种渊源，下级法院不受上级法院判决的约束。由民主选举产生的立法机关所颁布的制定法，是警察执法的唯一根据。虽然最高司法机关的判决会规范人们对法律的理解，从而影响警察日后的执法行为，但法官的判决始终不是法律的渊源。因此，警察执法方面存在哪些漏洞和空白，都必须通过修改或重新出台制定法的方式来加以解决。西方社会进入法治时代以后，某类警察行为长期缺少制定法依据，这对大陆法系国家而言是不可思议的事情，而这在英美法系国家在很长一段时间内却是警察立法的现实。比如，至今，在英国，对警察在何种情况下可以开枪，就一直没有制定法的规范，而主要靠普通法的原则来调整。

虽然制定法在英美法系中并不享有那种"至尊"的地位，但这绝不是说

英美法系国家在警察领域中的制定法数量就一定比大陆法系国家少，有时可能会恰恰相反。这是因为其中有很大一部分是组织法方面的警察立法，组织立法一般是无法通过遵循"先例"来解决的，另外，英美法系中的一项立法通常只是局部性地解决警察权力的规范问题，需要出台多部制定法，而在大陆法系国家，往往会用统一的刑事诉讼法和警察法集中规定警察权力的主要问题。

2. 警察立法的具体形式不同

大陆法系国家继承罗马法的传统，"倾向于法律规范的抽象化，即倾向于将全部法律领域作为充分组织条理化的体系看待，并且最后完全按照这种法律结构的思想方法行事。"[1]以公法与私法的区分为基础，法律规范被分成若干个法律部门，立法者总是试图在一定法律部门中将某类警察行为给予全面的规定，并强调各个法律部门之间的协调和逻辑关系。与此不同的是，在英美法系国家，公法与私法的分野以及成体系的法律部门都是不存在的。有关警察职权的规范都是以单行法的形式出现的，如上文提到过的《1984年警察与刑事证据法》《1985年犯罪起诉法》《1986年公共秩序法》《1994年刑事司法和公共秩序法》。立法机关只注重一部立法的实际作用，不考虑其门类所属的问题，不习惯于为一部立法贴上部门类别的标签。一个单行法只解决某一方面的职权问题，并不试图对警察职权做出系统、完整的规定。

3. 具有不同的警察法概念

与我们上面讲到的法律规范是否具有体系化、法典化特征直接相关的是，在大陆法系国家，通常都有一部集中规定警察刑事职权的刑事诉讼法典，而刑事侦查领域之外的警察职权则主要集中规定在警察法中。在这两种职权之间有一条比较明确的界线。在实际中，刑事侦查活动依据刑事诉讼法典规定的职权，而刑事侦查活动以外的执法则主要依据警察法规定的职权。因此，警察法往往指的是警察行政法。相反，在英美法系国家，警察法并不是一个界定明确的法律领域，"英国法中没有专门的关于警察法的概念界定，一般而言，在法律名称中包含有警察二字的法律，都被认为是警察法的范畴。"[2]这样的警察法概念远比大陆法系国家的警察法概念要宽泛得多。一方面，不仅在大陆法系归属于刑事诉讼法范畴的警察刑事侦查职权规定，被全部纳入警察法的概念之中，并且有些刑法规范（设定某些行为为犯罪，并规定处罚的规范），也构成警察单行立法的重要内容，比如英国《1964 年警察法》中有妨碍警察执行职务的行为的处罚规定。在执法实践中，警察刑事侦查规范与刑事侦查以外的执法规范的界限也不十分分明，"在英国，警察权主要是指警察在刑事侦查中所具有的权力，……警察在从事治安工作时一旦遇到危害社会秩序的违法行为，可以依据刑事法律对行为人采取措施，……"〔1〕

　　此外，除了一个国家法律规范体系的特征外，国家结构形式也是影响警察立法形式的一个因素。在联邦制国家中，由于联邦的成员单位通常也享有一部分立法权，所以，警察法也通常分为联邦的警察法和各个州的警察法。而在单一制的国家中，警察立法一般只由联邦中央负责，警察法只有一部，在全国范围内有效。有时，单一制国家也将一定立法权授予地方，比如，日本的地方自治机构拥有颁布与警察相关的条例的权力。但是，这种立法权的层级分配具有与联邦制国家完全不同的性质。单一制国家中的中央立法与地方立法，是上位法与下位法之间的关系，而在联邦制国家中，联邦的警察法和各个州的警察法，其效力具有同等性，只是适用的范围不同罢了。

第二节　我国警察法的历史

【引导案例】

　　1900 年，八国联军攻占北京，1901 年 9 月 7 日，清政府与列强签署《辛丑条约》，其中规定：八国联军除留一部常驻京津、津榆两线，其余撤兵回国。八国联军驻军京津，慈禧不敢回北京，临时驻跸保定。为了保障京畿安全，慈禧接受军机大臣荣禄提议，任命袁世凯署理直隶总督，接管天津防务，并即赴保定迎銮。按照《辛丑条约》规定，八国联军交还天津以后，中国政府不得在距离天津租界 20 公里范围以内驻扎军队。中国的军队不能在天津驻扎，则无法实施对天津的管理权，租界区的外国军队时刻威胁京城安全。袁

---

〔1〕　夏菲：《论英国警察权的变迁》，法律出版社 2011 年版，第 106 页。

世凯考量一番后，决定以警察代替军队，名正言顺地进驻天津。

　　袁世凯是晚清新政的领袖人物之一，平常很留意东西洋法律制度，知道英国的警察制度很管用。晚清"西学东渐""西政东渐"，驻英公使馆发挥了重要作用。于是，袁世凯给驻英使馆发电报，请使馆立即用电报将英国警察制度全部发回来。袁世凯拿到英国警察制度文本，"抄袭"了世界上最完备的警察制度框架，但是，官吏和机构称谓、训练、管理等细节问题难以对接"国情"。袁世凯想到近邻日本也移植了英国警察制度，于是，袁世凯组织人员"抄袭"了日本《警察法》中的许多称谓和适合汉语说法的条款。汉语"警察""巡警""巡长""警察局""警察厅"等词汇就是袁世凯直接"抄袭"日本《警察法》来的。袁世凯及天津警察厅长赵秉钧带着天津警察部队开进天津，要求与八国联军换防时，联军司令一看，袁世凯带来的是警察，不是军队，条约不许清朝驻军，但没说不能驻警察，无可奈何，八国联军只好乖乖交接天津防务，天津的主权由此回归清政府。

　　建立警察队伍基本制度后，袁世凯继续组织力量配套、细化、完善警察职责、管理、教育、训练、执勤、赏罚等具体规章。为此，袁世凯派人赴日本学习，仿照日本模式建立警察学堂，翻译外国警务书籍，编译警察教材，请日本教习任教，培养中国警察教官，出版警察专业学术杂志，全方位移植外国警察制度并使之本土化、规范化。

　　袁世凯"抄袭"外国警察制度，既解决了主权和外交难题，也改善了内政管理，更重要的是，现代警察制度的建立，替代了自商鞅变法以来沿袭2 260多年的基层社会管理军事化的"保甲制度"，根除了公权与私权不分、族权与皇权一体的积弊，改变了自秦王朝建立以来2 120多年城市社会管理军警不分的保卫制度、军事机构与司法机构职责不清的治安制度。

【引导问题】

　　1. 袁世凯基于什么原因建立中国近代警察制度？

　　2. 为什么袁世凯能够建立中国近代警察制度以及他对中国近代警察制度发展有何影响？

一、中国近现代警察制度的产生及发展

(一) 晚清时期警察制度的产生

随着国家的出现，作为国家机器重要组成部分的警察也一同出现，警察职能是伴随着国家的产生而产生，但是中国真正的近现代意义的警察机构和警察职业的产生仅有 100 多年的历史。

1894 年中日甲午战争的失败，宣告了洋务派领导的、以向西方学习器物技术为主的洋务运动的破产，中国陷入前所未有的民族危机。当时中国的先进知识分子和部分开明的满清官员，开始将学习西方的视角转向西方的制度层面，一场以维新派主导的维新运动登上了历史的舞台。作为西方制度文明的重要组成部分，西方的近代警察制度，进入了维新派的视线。维新派对于警察制度寄予厚望，既将警察制度作为代替绿营制度、保甲制度的新型的、维护社会稳定的工具，又将警察制度作为推动宪政改革、发展民权的手段。于是中国最早的近代意义上的警察机构——湖南保卫局，在维新派的倡导下于 1898 年在长沙建立。

湖南保卫局成立后，颁布了《湖南保卫局章程》作为保卫局开展业务的依据，在该章程中明确了保卫局的职责："去民害，卫民生，检非违，索罪犯"。湖南保卫局是官绅合办的地方警察机构，它的存在时间仅仅为 3 个多月，随即被保守派取缔，这说明警察制度在当时尚未被上层统治者所认可，虽然存续时间不长，但这是对近代警察机构的尝试，为以后警察制度的发展提供了经验。

八国联军侵华之后，清廷开始对警察制度有了新的认识，清廷深切感到旧有的绿营、保甲制度难以维持京师和地方的秩序，各地的官员们纷纷上书奏请设立警察制度。1901 年清廷下诏，要求各省裁汰绿营，改设巡警。袁世凯作为近代警察制度创立的奠基者，于 1902 年在天津设立南段警察局，成效显著。1905 年五大臣出洋考察被炸事件发生后，清廷在震惊之余，立即在中央设立巡警部，管理全国警政事务，自此中国近代警察的最高领导机构诞生了。

大清中央巡警部（后改为民政部警政司）成立后即着手警察法规的制定。清廷制定的警察法规的主要表现形式是：章程、条例和办法。按照这些法规所涉及的内容可以划分为四类：总务类，主要涉及警察的任用、奖惩、机构

设置、考核、服制等事项；行政类，主要涉及户籍、交通、治安、外事、正俗、护卫等事项；司法类，包括刑事、警法；卫生类，主要包括清洁、保健、防疫、化验、戒烟等事项。以1906年为分界线，前后两个时期颁布的警察法具有不同的特点：1906年以前颁布的主要是组织法，如1906年颁布的《内外城巡警厅试办章程》；1906年之后颁布的主要是行为法，如1908年颁布的《违警律》《调查户口章程》。

伴随着清廷对警察制度认识的转变，清廷在警察教育方面也给予了越来越多的重视。1901年八国联军撤离之后，作为清廷重臣的庆亲王奕劻即与日本人川岛浪速订立合同，筹办北京警务学堂。随后各地也开始兴办警察教育，1902年袁世凯在保定、天津开办两所巡警学堂，在州县设立"巡警传习所"。清廷诏谕各省效法直隶，建立省州县各级警察教育机构，到1908年各地的高等巡警学堂达20余所，近代警察教育蓬勃发展。

清末开启了中国近代警察制度之先河，具有一定的进步意义。但是清末警察制度存在一些问题：

清末建警虽然是在维新派的极力倡导下进行的，但是维新派的建警思想并未融入清廷建警的目的当中，维新派所倡导的将警察制度建设作为推行宪政的先导、作为保障民权的工具的思想并未得到统治者的认可。清廷在全国推行大规模的建警运动的目的只有一个：用新式的警察制度代替旧有的绿营、保甲制度，挽救风雨飘摇的封建统治，镇压一切民主革命运动。警察所具有的保民权、护民生的色彩被抹杀殆尽。

清末建警在措施和制度上依然未摆脱旧有的封建腐朽思想的束缚，从根本上讲，只是旧有的绿营、保甲制度以新的名义发挥作用。清廷关于警察招募的制度规定，依然将原有的绿营官兵作为主要的警察招募来源，并且在某些省份，直接是将绿营换个名字而已，对其实际的职权未做任何的变动。这种做法，将绿营、保甲旧有的恶习带入了新式的警察队伍当中，使得新式警察队伍一开始就显现出极大的腐朽性。与此同时在警察队伍的经费来源上，即使像黄遵宪这样的开明官员也认为警察可以"就地抽捐"，这不仅仅为新式警察搜刮民脂民膏、贪污腐化提供了捷径，而且也严重损害了新式警察在人民心目中的形象，致使人民对新式警察评价不高。

（二）北洋政府时期的警察制度

辛亥革命胜利之后，中国并未走向人们所期望的自由、平等的民主共和国，北洋军阀篡夺了革命的胜利果实，专制、独裁、战乱仍然困扰着中国。袁世凯是清末警察制度建立的倡导者，他在天津创建的新式警察，曾经给他带来了较高的声望，之后他更加热衷于建立新式警察。

袁世凯在警察制度的建设方面颇有建树，他的建警方案也独具特色。在他当政后，对于警察制度的发展主要体现在：改组京师警察机构、统一地方警察机构、颁布警察法规、开展警察教育。

1. 改组京师警察机构

晚清时期京师警察机构是内、外城巡警总厅。袁世凯执政以后将内外城巡警总厅合并为京师警察厅，作为京师的警察机构，直接隶属于内务部，统一管理京师的警察事务。1914 年北洋政府颁布《京师警察厅官制》，袁世凯在原有的内外城巡警总厅的基础上，继续扩大了京师警察的规模：人员构成上，最高长官是总监，总监之下依次设置都尉、警正、警佐、技正、技士，与此同时还设立办事员、雇员、巡官、巡长、巡警；职能分工上，京师警察厅分为总务处、行政处、司法处、卫生处、消防处、勤务督察处，在各处之下分设若干科执行具体事务。在京师警察机构内部，袁世凯将警察按照职能划分为保安队、侦缉队、消防队、交通队、巡逻队。这些队又实行三级体制，建立了庞大的警察队伍。在京师所辖的基层地区，又设立基层的派出所和分驻所，管理基层警务。

2. 统一地方警察机构

在地方警察机构整顿之初，先是颁行相关的法令制度作为统一地方警察机构的标准。1913 年北洋政府颁布《划一地方警察官厅组织令》，1914 年颁布《地方警察厅官制》，1915 年又颁布《各省整顿警政办法大纲》。根据这三部法令，袁世凯从两个方面对地方警察机构进行整顿和统一：第一，建立三级警察体制，在省会、重要商埠设立警察厅，取代晚清巡警道，在次要商埠设立警察局，在县里设立警察事务所取代晚清巡警署；第二，明确地方警察机构的权力制约关系，形成警务"双重领导"体制，各级警察机构首先都受本级政府的行政首长节制，省会警察厅与重要商埠警察厅互不隶属，各级警察机构之间没有直接的隶属关系，但是都受省警务处节制，警务处是直属于省长的警察主管机关，领导全省警务。

3. 颁布警察法规

袁世凯在加强警察组织建设之外，还注意运用法律强化对警察的管理。

这些法律既包括警察组织法、警察行政法、警察刑事法，又包括警务保障法。这些法律涉及警察机关设置、组成、职责、办事章程、勤务规则、录用、培训、奖惩、户籍管理、交通管理、营业管理、危险物品管理、建筑、消防、卫生管理、出版物管理等诸多方面。具有代表性的法律是《京师警察厅官制》《京师警察厅分科职掌规则》《巡官长警赏罚章程》《治安警察条例》《违警罚法》《报纸条例》《出版法》。

4. 开展警察教育

北洋政府时期非常重视警察教育。袁世凯于 1912 年 10 月裁撤各省原有警察学堂，改高等巡警学堂为"警察学校"，直接受内务部管理。1914 年在中央设立"地方警察传习所"，训练地方警察，1916 年停办，但是要求各地自己设立警察传习所。1917 年北洋政府内务部又设立警官高等学校。

袁世凯统治时期的北洋政府在警察制度建设上取得了一定的成就，全国警政基本实现统一，各项制度基本完善，对于近代警察制度的发展起到了重要的推动作用，袁世凯死后的北洋军阀混战时期，虽然仍然重视警政建设，但是各派军阀轮流执政，导致警政建设混乱不堪，破坏了袁世凯时期建立的较为统一的警察体系。北洋政府的警察制度建设虽然较晚清有所发展，但是其发展并非朝着追求民主、保护人权、维护民生的方向进行的，而是以维护专制独裁统治、镇压民主进步人士、镇压革命为目标的，这是其最大的局限性。

（三）南京国民政府时期的警察制度

1927 年南京国民政府正式成立，东北易帜之后，南京国民政府形式上统一了中国。在国民党统治的前十年，国民政府既面临着机遇又面临着挑战。当时西方资本主义国家陷入了经济危机，一定程度上减轻了对中国的控制，使得中国民族资本主义在一定程度上迎来了"黄金时期"，中国逐渐形成了几个工业城市，政府的城市管理和经济管理能力也有了一定程度的提高，城市警察的职能也随之发生一定程度的改进。但是，国内的地方军阀依然存在，中央与地方的斗争不曾休止，同时对国民政府造成最大威胁的是中国共产党领导的中国工农红军。为了镇压红色革命，国民党政府组织了大量的军队和警察对红色政权进行骚扰，逮捕杀害了一大批优秀的革命志士，所以这个时期国民政府的警察制度建设既有明显进步的一面，也具有恐怖残暴的一面。

抗日战争发生之后，国共两党开展了第二次合作，当时全国各族人民最大的敌人是日本帝国主义侵略者，因此国民政府警察制度建设又增添了打击日伪汉奸、防止日伪对国统区的渗透的任务。抗日战争胜利后，国民政府妄图继续独裁专制，打击进步民主人士，大批国民党警察、特务对民主进步人士进行迫害，这时期的警察制度建设主要以打击进步民主人士、维护独裁专制为目标。

1. 民国警政建设思想

蒋介石非常重视警察制度建设，他曾经将警察与军队并称为飞机之两翼：军队主要是对外，抵御外侮；警察主要是对内，维护社会治安，整肃社会风化。蒋介石非常看重警察在国家政治生活中的作用。

蒋介石对于地方警察制度建设也有自己的独特思路，他强调地方警察制度要与地方治安组织相结合，于1932年，在地方设置保甲组织，作为警察机关的辅助机构，在没有建立警察机关的广大农村地区则由保甲制度代行警察机关之职能。

蒋介石作为当时国民政府的政治领袖，他的警察建设思想直接影响着国民政府警察制度的发展。与此同时，民国警察教育家李士珍的思想也对国民政府警察制度建设产生了重要影响。李士珍的建警思想主要体现在警察队伍专业化上，他主张警察要与特务、军队和地方保安组织相分离，优化警察队伍构成，推动警察制度走向专门化，在广大乡村地区裁撤旧的保安团，建立乡村警察，强化警察教育、提高警察的整体素质、吸收优秀青年加入警察队伍，提高警察的社会地位和各项待遇。

2. 民国警察机构设置

在中央先后设立警政司和警察总署，他们都隶属于内政部，作为统管全国警察事务的主管机关。警政司在设立之初，其管辖范围包括治安警察、民团、出版物、礼制、宗教，保护名胜古迹，禁烟等事务，其后职能几经变化。警察总署是抗战胜利后，取代警政司而成立的警察主管机关，警察总署的地位略高于警政司，权力较警政司更大，并且对内政部的依附性更小一些，这也标志着警察机关地位的提高。

首都警察厅是直属于内政部的首都警察机关，内设总务科、司法科、保安科和督察处、训练处。外部按照其所辖地域分设警察局、警察分驻所、警察派出所、守望及巡逻区，并且将首都警察厅的警务人员划分为：保安警察队、消防警察队、侦探警察队、警士教练所、警察医务所。

根据民国的行政区划，地方各行政单位都设置了相应的警察机关。但是省级的警察机关在很长一段时间内并不统一。1929年国民政府颁布的《省警务处组织法》规定各省在民政厅下设警务处作为本省水陆警察的主管机构，这一法令在各省落实的效果并不理想，很多省份没有按照本法令施行，东北地区设立直属于省政府的公安管理处管理全省警务，江苏、浙江等省份设立直属于省政府的保安处，这些机构的地位都要高于警务处。鉴于此，1937年国民政府再次颁布《省警务处组织法》，将警务处直辖于省政府，提高警务处的地位，扩大其职权，然而仍有省份没有贯彻执行。抗战胜利之后，国民政府设立军警合一的警保处作为省级警政管理机关。在中央行政院辖市设立直辖于市政府的警察局，在省会设立直辖于民政厅或者警务处的公安局，在省辖市设立直接隶属于市政府的公安局，在县设置县警察局，在乡镇设立隶属于县政府或者县警察局的警察所，另外在某些地方还设立特种公安局。

以上警察机关都是普通行政警察机关，在国民政府时期，特别是"黄金十年"期间，中国的经济、社会、文化发展达到了自鸦片战争以来的最高水平，汽车、飞机、船运等交通方式迅速发展，城市工业发展迅速，电力、冶金、燃料、制造业都有不同程度的发展，在近代化的过程中迈出了一大步。但随之而来的是各种安全隐患，交通安全、消防安全等问题因此被纳入警察制度建设之中，专业警察队伍如消防警察、驻卫警察、税务警察、盐务警察、矿业警察、渔业警察、森林警察、铁路警察、交通警察、公路警察、航空警察、政务警察、卫生警察等都得到了加强和发展。

3. 国民政府颁布的警察法令

国民政府时期颁布的警察法令特点是：数量巨大、层级众多、变更频繁、执行性差。形成这种局面的原因主要是国民政府时期警察机关层级较多，各级警察机关都会颁布各自的警察法令，国民政府统治下的各派军阀在自己的势力范围内，也会颁布自己的警察法令，因而警察法令的制定主体是多种多样的，并且层次也是多样的。由于长期的战乱和地方的军阀势力割据，很多中央法令对地方很难形成实际的约束力，地方在执行方面并不是很得力。由于国民政府时期，政治局势多变，社会环境也处于动荡之中，警察法令的立法环境很不稳定，警察法令也会出现不稳定的状况。

这一时期具有代表性的警察法令有《违警罚法》《各级公安局编制大纲》

《维持治安紧急办法》《非常时期维持治安紧急办法》《假释管束规则》《保护管束规则》《警察奖励条例》《中华人民共和国国籍法》（以下简称《国籍法》）《户籍法》《中华人民共和国戒严法》（以下简称《戒严法》）《首都警察厅组织法》《省警务处组织法》。这些警察法令既有警察组织法，又有警察行政法、警察刑事法，可见国民政府时期的警察立法较为全面。

4. 国民政府时期警察教育

国民政府时期警察的教育制度建设比北洋政府统治时期更加健全，形成了警官高等教育、警官教育和警士教育三级教育体制。

高等警官教育是以中央警官学校为中心展开的。高等警官教育规定了三年学制和40多门课程，必修课主要包括：①党义，②警察学类，③政治法律类，④武装警察学类；选修课包括：①行政学类，②卫生警察学类，③刑事警察学类，④外国语文类，⑤武装警察学类。在警官高级教育的招生制度方面，规定了严格的入学年龄、入学考试、体质与品行、考生学历资格等限制，这对于优化生源起到了很好的作用，一定程度上改善了警察队伍的素质。在警官高等教育过程中也规定了严格的考试制度，并且制定了《内政部警官高等学校毕业考试委员会章程》，可见当时对于警官高等教育的重视。接受警官高等教育之后要进行一定时间的实习，以便熟悉警务工作。

与警官高等教育一样，在警官教育和警士教育当中，也有类似的在入学资格、课程设置、考试制度和实习制度方面的规定。

纵观国民政府时期的警察制度建设，在当时已经达到了一个较高的水平，无论是法令制定，还是警官的培养，抑或是在机构设置、组织职能分工方面，都已经有了质的飞跃，警察的社会服务职能也在一定程度上受到重视。但是，作为大资产阶级、大地主阶级统治工具的国民政府警察机构，不可能脱离其阶级统治本质，特别是国民政府时期军警特三者相结合的制度，对于镇压爱国民主人士、镇压红色革命志士方面存在抹不去的污点。

（四）新中国成立前中国共产党领导的政权的警察制度

中国共产党领导下的警察制度建设发端于大革命时期。1927年蒋介石发动"四一二"反革命事变之后，开始大规模屠杀中国共产党党员，为了应对国民党反动派的迫害和党内叛徒的出卖，保卫我党的安全，1927年成立中央特科，由周恩来同志负责。1931年11月，中华苏维埃共和国临时政府在江西瑞金成立，同时组建国家政治保卫局，负责当时的军队保卫和社会治安工作，隐蔽性、高度集中及铁的纪律性成为其重要特征。抗日战争爆发之后，国共实现第二次合作，陕甘宁革命根据地改为陕甘宁边区政府，在边区政府之下设立保卫处和延安市警察队，各个根据地也相继建立公安局、保安处。1939年中国中央在延安设立社会部。中央社会部的主要任务是防止汉奸和敌对分子的破坏和侦查；对根据地群众进行安全教育，提高警惕；努力培养保卫干部。解放战争时期，在中国共产党的领导下，各解放区的人民民主政权建设有了一定的发展，各解放区在中央的统一领导下，根据自己的实际情况开展了大量的军队保卫、社会治安、锄奸活动，各个解放区也建立了各自的警察机关。解放战争时期警察工作的主要任务包括：①开展肃清国民党特务斗争，配合军队接管城市；②接管国民党警察机关，改造旧警察；③加强警察队伍建设，开展城市治安管理等业务工作。在机构和制度建设方面的成就主要表现在：1945年9月中共中央东北局社会部成立；1946年2月晋察冀豫边区公安总局发布了《关于统一机构名称的决定》，规定了不同层级的警察机关的名称，以及各级公安机关职能机构的设置。1948年8月，中共中央华北局发布了《关于保卫工作的决定》，强调要大力培养保卫干部，当年便成立华北保卫干部学校；1948年中共中央华北局社会部成立，这是中华人民共和国公安部的雏形，之后在华北局社会部的基础上成立中央军委公安部，最后新中国成立后变成中华人民共和国公安部。

1. 新中国成立以前中国共产党在警察制度建设方面的理论方针

（1）双重领导体制。公安工作的"双重领导"体制，是现行我国警察制度建设的重要原则。这一原则是在抗日战争时期警政建设当中提出的。早在土地革命战争时期，中华苏维埃共和国临时政府设立的国家政治保卫局就实行"垂直领导"，在垂直领导体制下，公安工作被神秘化，加之在苏区肃反工作扩大化，别有用心之人利用肃反的机会，滥用国家政治保卫局的职能，随意调查，大搞刑讯逼供，杀害了一批优秀的革命指战员，对党的政治工作和军事工作造成了严重的破坏。鉴于此，在抗日战争时期，中国共产党调整警察工作领导体制，建立"双重领导"体制，即在党中央对公安工作领导的同时，责成同级党委和政府对公安工作进行双重领导，即公安机关在对党委和上级报告工作的同时，也要向同级政府报告工作。

（2）坚持群众路线。群众路线是毛泽东思想活的灵魂之一，是中国共产党领导中国革命胜利的重要的路线方针，也是新中国成立前指导公安工作重要的理论之一。1939年10月10日，中国共产党颁布了《中央关于反奸细斗争的决议》，要求"十倍的提高党员的警惕性；党与军队的负责人，要在各种干部会议中、党员会议中、军人大会中，公开讲锄奸的重要性，动员全党全军，担负反奸细的斗争；有政权的地方，则要动员全体革命人民学校学生进行锄奸运动"。

（3）宽严相济政策。在公安工作中，我们长期坚持"坦白从宽、抗拒从严"的方针政策，这项政策源于我国新民主主义革命时期的警政制度建设。宽严相结合的思想在新中国建立以前的警政建设中主要体现在两个方面，第一，锄奸工作中，对于那些造成重大破坏的敌特分子、日伪汉奸要进行坚决打击，对于敌人中摇摆不定或者被迫参加破坏活动的人员可以宽大处理。毛泽东在《论政策》一文中明确指出："应该坚决地镇压那些坚决的汉奸分子和坚决的反共分子，非此不足以保卫抗日的革命势力。但是决不可多杀人，决不可牵涉到任何的无辜的分子。对于反动派中的动摇分子和胁从分子，应该有宽大的处理。"第二，解放战争时期对国民党人员区别对待，1947年毛泽东同志提出"首恶者必办，胁从者不问，立功者受赏"的方针，以此作为对待国民党人员的指导思想。在这一思想的指导下，解放军进入大中城市之后，对于国民党人员中危害新生政权的、拥有武器装备的散兵游勇、反动团体给予严厉的打击，而对于其中的一般成员，则不予登记。宽严相结合的政策，在当时的环境下，可以集中有限的警卫力量打击国民党反动骨干，同时缩小打击面，缓和社会矛盾，稳固新生政权的统治基础。

2. 警察法律法规

在土地革命战争时期，中共和根据地政权颁布的警察法主要包括警察组织法、警察刑事法、警察行政法。警察组织法主要有《中华苏维埃共和国国家政治保卫局组织纲要》《国家政治保卫局特派员工作条例》《鄂豫皖区苏维埃政府革命法庭组织与政治保卫局的关系和区别》《西北政治保卫局暂行组织纲要》《中华苏维埃共和国地方苏维埃暂行组织法（试行）》等；警察刑事法主要包括《中华苏维埃共和国惩治反革命条例》《中央执行委员会第26号训令——关于惩治贪污浪费行为》等；警察行政法主要有《中华苏维埃共和国临时中央人民政府人民委员会命令第42号——为检查和取缔私人枪支禁止冒穿军服事》《中央人民政府委员会命令第37号——为严禁出境行人事》等。

根据警察组织法的规定，此时警察组织体制模仿苏联，实行垂直领导，脱离同级政府的领导和监督；警察刑事法和行政法主要是为了配合公安保卫工作而制定的，在社会管理方面的内容规定较少。

抗日战争时期颁布的警察法在形式上也是包括警察组织法、警察刑事法和警察行政法三类，但是在内容上较土地革命战争时期的警察法有了很大的变动。警察组织法主要包括《晋察冀边区行政委员会组织条例》《晋察冀边区县、区、村组织条例》《公安局暂行条例》《关于改变公安机关及其工作范围的决定》等。根据以上法律法规的内容规定，此时的警察组织体制已经摒弃之前的"垂直领导体制"，而实行"双重领导体制"，使警察机关成为同级政府的组成部门，接受上级领导的同时，也受同级政府的领导和监督。此时除了建立警察机关之外，还建立了群众自治的治安组织——锄奸小组，协助警察机关保卫根据地。警察刑事法主要包括《太行区战时紧急处理敌探汉奸暂行办法》《山东省战时锄奸条例》《苏中行政公署、苏中军区司令部关于处理汉奸军事间谍办法》《陕甘宁边区锄奸工作指示》，这些警察刑事法具有地方特色，是各根据地根据自己的实际情况颁布的警察法规，同时又与军事相结合，是具有战时特色的警察刑事法，法律重点打击危害军事安全的敌特、汉奸、间谍活动。警察行政法主要包括以下三个方面的规定：①毒品管理，②武器管理，③警察行政程序。代表性的警察行政法有《晋察冀边区行政委员会关于严禁播种罂粟的命令》《陕甘宁边区查禁鸦片毒品暂行办法》《陕甘宁边区禁烟禁毒条例（草案）》《陕甘宁边区武器登记给照暂行条例》《违警处罚暂行办法》等。

解放战争时期，中国共产党的政权建设逐步走向成熟，为新中国成立后政权建设积累了宝贵经验。在警察法制建设方面的成就主要体现在：①警察组织法规逐步实现统一，改变了抗日根据地时期不统一的现象；②警察刑事法律适用范围扩大，将战争犯等新型犯罪行为纳入到警察刑事法律的管辖之中；③警察行政法的涉及面扩大，治安职能进一步强化，社会管理职能也逐步加强，赌博、反动会道门、出入境等方面内容都纳入到警察行政法的调整范围。这时期的主要警察法有《华北人民政府关于县市公安机关与司法机关处理刑事案件权责的规定》《禁止赌博的指示》《关于处理一道贯等封建会道门中几个具体问题的指示》《华北区战时出入境管理办法》等。

纵观新中国成立前中国共产党领导的警察法制建设，不难发现，很大一部分警察法具有政策性、暂时性、应急性、不稳定性等特点，这是由当时的社会环境所决定的。随着国家政权建设的逐步成熟，警察法律制度建设也逐步走向成熟和稳定。

（五）新中国成立后的警察法制

1. 新中国警政发展概览

新中国成立之后，警察制度建设经历了初步建立、巩固发展、破坏瘫痪、调整改革发展等四个阶段。

1949 年 11 月 1 日，中华人民共和国公安部成立，并在全国范围内建立了各级公安机关，逐步建立了铁路、森林、航运等专门的公安部门，逐步形成了治安、户籍、交通、消防、铁路、司法等十几个警种。

从五十年代中期开始到六十年代中期，是我国公安机关巩固发展的阶段，这一时期警察机构不断扩大，警察组织日益健全，公安武装进行了多次的整编和体制调整。

"文革"时期是我国警察制度遭到严重破坏的时期。"文革"时期，以权力高度集中的革命委员会代行国家政治权力，公检法机关遭到严重的破坏，法律随意被践踏，大批的公安机关工作人员被错误地打倒，此时我国的警察制度建设处于瘫痪状态。

1978 年十一届三中全会之后，以邓小平为核心的第二代党的领导集体，平反了"文革"期间的冤假错案，改变了"以阶级斗争为纲"的错误的指导思想，确立了"以经济建设为中心"的党中心任务，提出建设社会主义法治国家的奋斗目标，恢复公检法部门的正常工作，开展大规模的新时期立法工作，恢复停滞已久的法学研究工作，警察制度建设也迎来了新的发展阶段。

改革开放之后，我国警政制度建设取得了巨大进步，警务改革取得了显著的成果，警务风格有了实质性的转变，警务监督得到了切实的执行，警务保障得到有效的落实，并且中外警务合作逐步开展，中外警务理论交流也逐步走向深化。

2. 警察法律法规制定

新中国成立后，废除了国民党时期的以"六法全书"为代表的全部旧法，开始制定新中国法律。新中国成立伊始，对于警察立法便非常重视。出于当时镇压反革命的需要，警察立法主要以警察刑事法、行政法为主，警察组织法、警务保障法、警察监督法等相关立法数量较少。警察刑事法主要有《政务院、最高人民法院关于镇压反革命活动的指示》《惩治反革命条例》《关于没收反革命罪犯财产的规定》《管制反革命分子暂行办法》；警察行政法主要有《城市户口管理暂行条例》《城市旅栈业暂行管理规则》《公共娱乐场所暂行管理规则》《印铸刻字业暂行管理规则》《城市陆上交通管理暂行规则》《枪支管理暂行办法》《关于严禁鸦片烟毒的通令》《进出口船舶、船员、旅客、行李检查暂行通则》《进出口列车、车员、旅客、行李检查暂行条例》《进出口飞机、机员、旅客、行李检查暂行通则》《外国侨民出入及居留暂行规则》等；警察组织法方面规定较少，主要包括《治安保卫委员会暂行组织条例》。

新中国成立初期的警察法大多是条例、通则、办法，这些法律形式具有暂行性、基础性的特点，并且以实体法为主，缺少程序法方面的规定，这是由新中国成立初期警务工作特点和初创国家法制的特点所决定的。

五十年代中期到六十年代中期，中国法制建设有了明显的进步。1954 年《中华人民共和国宪法》颁布，这为其它领域内的立法提供了依据和指南，宪法确定的指导思想、宪法中关于公民权利与义务、国家机关的权力与责任的规定等都成为这一时期警察立法的依据。这一时期警察组织法有了明显的进步，1954 年 12 月 31 日通过了《公安派出所组织条例》、1957 年 6 月 25 日，通过了《中华人民共和国人民警察条例》，这是警察组织法方面的重要法律文献，系统阐述了警察所具有的十九项职责和六项权限，以及关于警察待遇、奖惩等方面的内容。在警察刑事法方面，1979 年 2 月 23 日通过了《中华人民共和国逮捕拘留条例》、1956 年 11 月 16 日通过了《关于宽大处理和安置城市残余反革命分子的决定》，这两部法律都受宪法原则和相关条文的影响，突出了依法办案和保障公民权益的思想。1957 年 8 月 1 日，通过了《国务院关于劳动教养问题的决定》；1986 年 9 月 5 日，通过了《中华人民共和国治安管理处罚条例》；1957 年 11 月 30 日，通过了《中华人民共和国消防监督条例》；1965 年 4 月 30 日，通过了《中华人民共和国边防检查条例》。在制定新法的同时，警察行政法修改方面也有了很大的进步，如 1955 年 8 月 19 日，以《城市交通规则》取代《城市陆上交通管理暂行规则》；1958 年 1 月 9 日，以《中华人民共和国户口登记暂行条例》取代《城市户口管理暂行条例》和《关于建立经常户口登记制度的指示》。

这一时期警察法制发展突破了新中国成立初期警察法律制度暂时性、分散性的缺陷，逐步实现法律位阶高层次、法律规定稳定化、法律规范统一化的法律模式。

　　1966 年到 1976 年是文化大革命时期，法制建设遭到全面破坏。十一届三中全会之后，对过去的警察法规进行了清理和修订，并制定了一系列新的法律规范。警察法制建设重新步入正轨。1992 年 7 月 1 日颁布实施《中华人民共和国人民警察警衔条例》（以下简称《人民警察警衔条例》）；1995 年 2 月 28 日颁布了《中华人民共和国人民警察法》；1997 年 6 月 20 日颁布了《公安机关督察条例》（2011 年 8 月 24 日修订）；2005 年 8 月 28 日颁布了《中华人民共和国治安管理处罚法》。一个以《中华人民共和国人民警察法》为核心，由国家法律、行政法规、部门规章、地方性法规和规章组成，以公安刑事法规、治安保卫法规、行政管理法规、组织人事法规、警务保障法规、监督法规和国际警务合作法规为主要门类的公安法规体系已基本形成，公安工作的主要方面已基本实现了有法可依。

【本章思考题】

1. 清末警察法的主要内容及其特点。

2. 袁世凯对中国近代警察法制建设的贡献。

3. 南京临时政府时期警察法制建设的成就。

4. 南京国民政府时期警察法的特点及其原因。

5. 改革开放以来我国警察法的创新和发展。

6. 简述西方警察概念的起源。

7. 英美法系警察法的主要特征是什么？

8. 大陆法系警察法的主要特征是什么？

【本章参考文献】

1. 万川：《中国警政史》，中华书局 2006 年版。

2. 安政：《中国警察制度研究》，中国检察出版社 2009 年版。

3. 师维：《警察法若干理论问题研究》，中国人民公安大学出版社 2012 年版。

4. 《袁崇镇条陈》，中国第一历史档案馆馆藏档案。

5. 《内务部规定巡警学校及教练所章程咨各省都督文》（1912 年 4 月 1 日），《临时政府公报》，第 54 号。

6. 高文英：《警察法学教程》（修订本），中国人民公安大学出版社 2005 年版。

7. 韩延龙、苏亦工等：《中国近代警察史》，社会科学文献出版社 2000 年版。

8. 陈晋胜：《警察法学概论》，高等教育出版社 2002 年版。

9. 郭宗：《警政论丛》（代序部分），（旧）警学编译社 1947 年版。

10. 《违警罚法讲义》，（旧）中央警官学校第四分校甲级总队 1947 年印制。

11. 苏寿祖：《总裁警训体系》，《上海警察》1946 年创刊号。

12. ［法］勒内·达维德：《当代主要法律体系》，漆竹生译，上海译文出版社 1984 年版。

13. ［德］K. 茨威格特等：《比较法总论》，潘汉典等译，法律出版社 2003 年版。

14. 李温：《英国警察法：历史发展与当代改革研究》，黑龙江人民出版社 2009 年版。

15. 夏菲：《论英国警察权的变迁》，法律出版社 2011 年版。

16. Volkmar Goetz, Allgemeines Polizei– und Ordnungsrecht, Verlag C. H. Beck 2008, S. 2.

17. Robert Harnischmacher, Arved Semerak, Deutsche Polizeigeschichte：Eine allgemeine Einfuehrung in die Grundlagen, Verlag W. Kohlhammer 1986, S. 1.

18. Stefan Naas, die Entstehung des Preussischen Polizeiverwaltungsgesetzes von 1931, 2003 J. C. B. Mohr, S. 4.

19. ［德］哈特穆特·毛雷尔：《行政法学总论》，高家伟译，法律出版社 2000 年版。

---------------- 知 识 拓 展 ----------------

英国警察投诉机构的演变

对警察投诉的程序首次由《1964 年警察法》提出。这个法定程序依赖于警务部门的调查与裁定，因为缺乏独立的因素而受到很多批评。《1964 年警察法》设立了一个独立的警察投诉部门（Police Complaints Board）来裁决对警察的投诉。这并没有获得公众的信任。《1984 年警察与刑事证据法》又规定设立警察投诉署（Police Complaints Authority），以取代先前的警察投诉部门。一项对警察投诉署的评估显示，警察投诉署能够有效地扮演监督角色，但仍不能取得公众的信任。1999 年《警察行为规则》通过把证据标准从"排除合理怀疑"改为"权衡可能性"，提高了投诉者的地位。《2002 年警察改革法案》又设立了一个独立性更强的处理投诉机构，即独立警察投诉委员会（Independent Police Complaints Commission）。这达到了长期以来公民自由权利提倡者的核心要求，但这个机构的具体工作成效仍然有待进一步观察，它依赖于投诉的实体化以及公众对这种体系的信任。其他国家的经验表明，对投诉的独立调查并不是规范警察不法行为的灵丹妙药。无论是谁进行调查，对警察的投诉都很难继续，因为警察与犯罪嫌疑人的会见透明性很低。这将大多数投诉案件变成一种证据的正面冲突，在这种冲突中警察往往占便宜。

"人口普查案判决" 与警察法的修改

1982 年 3 月，德国联邦国会通过了《联邦人口普查法》，规定对德国的人口和社会结构收集全面的统计资料。该法案不但要求提供基本的个人信息，且要求公民填写详细表格，包括其收集来源、职业、教育背景、工作时数、交通方式等有关事务，《人口普查法》的规定和人口普查的计划遭到了一些人的质疑，并向联邦宪法法院提起了违宪诉讼。经过数月的审理，联邦宪法法院在最终的判决中确认，《人口普查法》的许多规定和人口普查的计划没有充足的理由说明其正当性，显著地侵犯了公民的基本权利，因而是违宪的、无效的。联邦宪法法院还进一步确认，对公民个人信息的提取、储存及使用必须有特别理由来论证其正当性，并对这个判决中依据基本法"人性尊严"之条款以及"人格自由发展"条款创设了一项新的基本权利——信息自决权（informationelles Selbstbestimmungsrecht）。"人口普查案"是德国个人信息保护制度发展历程中具有重大意义的转折性案件，"人口普查案判决"也因此被誉为"德国数据保护法发展上的大宪章"。

这个判决对德国立法的影响是巨大的，但在我国人们一般只关注到由此而来的联邦及各州《信息保护法》的修改浪潮。事实上，警察法对这个案件作出的反应更为迅捷，首先是不来梅州在《人口普查法》违宪诉讼还未得出结论前就率先修改警察法，将提取和使用个人信息作为一项特别授权规定在警察法中，并制定相应的程序条款加以规范。《德意志联邦共和国基本法》第一条第三款明确规定，基本法所规定的基本权利（Grundrechte）对立法、行政和司法具有直接的约束力。对立法约束力最直接的表现就是"法律保留"的要求。也就是说，公权力对公民基本权利的限制，必须要有法律的明确授权，并且立法还需要对这种限制的内容、适用条件乃至程序作出规定。"人口普查案判决"之前，警察收集和使用公民个人信息一直被认为是一种非侵害性的措施，然而在信息自决权作为一项基本权利得到确认后，这种警察措施的性质发生根本性的变化，立法必须要对这种侵害性的措施作出规定。因此，1983 年 12 月，联邦宪法法院作出正式判决后的几年内，各州的警察法均作出了相应的修改。修改的规模之大，在德国警察法发展史上是前所未有的。以《联邦及各州统一警察法示范草案》为例，修改后，共增加了 13 个条款，其中绝大部分专门为公民数据的提取、储存、使用等事项设立。

第三章
警察法的渊源、效力与分类

【内容提要】

通过本章的学习，从宏观角度进一步了解警察法这一规范体系，警察法律规范的发源既有制定法渊源又有非制定法渊源，基于这些渊源形成的警察法，其效力既包含着上下有序、高低分层的效力等级，又在时间、空间、对象上有着不同的效力范围，所有现行的警察法律规范根据不同标准分类组合形成一个有机的系统，从而成为法治国家建设中警察权规范运行的基础。

【重点提示】

1. 制定法渊源和非制定法渊源
2. 法的效力等级
3. 我国警察法理论中各种法的分类

【引导案例】

王某某因公安交通行政处罚并要求履行换发小车驾驶证法定职责一案，不服一审判决，向二审法院提起上诉。

2008 年 6 月，原告王某某因实施未随车携带机动车驾驶证和驾驶已达报废标准的摩托车上道路行驶的交通违法行为被平某市公安局交警支队直属大队开具并送达扣留该车的行政强制措施凭证。2014 年 11 月，原告到交警大队承认违法事实并接受处理。被告（平某市公安局交警支队）根据《道路交通安全法》、福建省实施办法的相关规定作出罚款 520 元；吊销原告 C1E 机动车驾驶证，且2年内不得重新取得机动车驾驶证的行政处罚。原告不服诉至法院，请求判决撤销《公安交通管理行政处罚决定书》，准予原告的小车驾驶证办理换证手续。

原审法院认为，争议的主要焦点是：被告对原告驾驶报废摩托车的违法行为时将准驾C1车型资格一并吊销的处罚决定是否合法，认定处罚决定符合法律规定。同时根据《道路交通安全违法行为处理程序规定》的规定，认定处罚决定未对两种违法行为分别处罚存在一定的瑕疵，应予纠正。遂驳回原告王某某的诉讼请求。

王某某不服，上诉到二审法院称：①本案处罚决定适用的法律是《道路交通安全法》，并未提及国务院法制办秘书行政司《对有关条款适用问题的意见》，引用其对《道路交通安全法》的解释超出了一般国民的预测可能性，未遵循合理行政原则中的比例原则，国务院法制办秘书行政司不具备立法主体资格，被上诉人吊销上诉人C1驾驶证无法律依据。②本案被上诉人告知的救济渠道和复议机关不全面，上诉人有权申请平某市人民政府进行复议。

被上诉人称已根据《公安机关办理行政复议案件程序规定》，告知了上诉人可以向平某市公安局申请复议。

二审法院根据最高人民法院《关于行政诉讼证据若干问题的规定》，认定上诉人提交的体检证明及申请表、暂住证等证据属逾期举证，不能作为定案证据，但承认被上诉人未依法建立登记簿制度。由此认定了"上诉人申请了小车驾驶证换证手续"的事实。

二审法院认为：①根据《中华人民共和国行政许可法》（以下简称《行政许可法》），上诉人取得准驾车型C1和E是依据前述法律规定分别取得，应当属于两种不同的行政许可。②《中华人民共和国行政处罚法》（以下简称《行政处罚法》）规定，设定和实施行政处罚必须以事实为依据，与违法行为的事实、性质、情节以及社会危害程度相当。被上诉人驾驶摩托车违法，上诉人将其准驾小车C1和E的资格一并吊销，处罚决定不符合前述法律规定，与行政处罚的基本原则"过罚相当原则"相违背，未遵循合理行政原则。③根据《中华人民共和国立法法》（以下简称《立法法》）：法律的规定需要进一步明确具体含义的，由全国人民代表大会常务委员会解释。对"吊销驾驶证"是否需要"吊销全部的准驾车型"的解释权应属全国人民代表大会常务委员会，国务院法制办秘书行政司《对有关条款适用问题的意见》第一条属不具有法律授权的解释，故不能作为本案处罚依据，上诉人主张该文解释超出一般国民预测可能性不能作为处罚依据的理由成立。

最终，二审法院依照《最高人民法院关于执行〈中华人民共和国行政诉讼法〉若干问题的解释》和《中华人民共和国行政诉讼法》（以下简称《行政诉讼法》）的规定，撤销了初审判决；撤销了《公安交通管理行政处罚决定书》；责令被上诉人交警支队对上诉人王某某申请办理小车驾驶证换证手续的请求在三十日内作出答复。

【引导问题】

1. 本案涉及的法的渊源有哪些？

2. 本案二审法院认为"上诉人主张该文解释超出一般国民预测可能性不能作为本案处罚依据的理由成立"的理由是什么？与法的效力原理有何种联系？

3. 本案涉及的法律依据分别属于警察法的哪些类别？

第一节　警察法的渊源

一、警察法渊源的概念

法治国家的进程中，警察作为法律职业共同体中的重要组成部分，无疑要研究一个重要的主题，即警察行为应当遵循何种规范，这一主题引导我们探究警察法的渊源问题。法的渊源简称法源。渊源，本意指水的发源之处，也泛指事物的根源、来源。法的渊源，意即法的根源、源头、来源。法的渊源是个多义的概念，可以指称不同意义上法的来源，如法的历史渊源、法的理论渊源、法的形式渊源、法的效力渊源、法的实质渊源、法的本质渊源，等等。法的历史渊源，指引起特定的法律原则、法律规范产生的历史事件和行为，如英国普通法起源于 11 世纪至 14 世纪英国法官在审理案件时所形成的判例，罗马法起源于《十二铜表法》，中华法系的成文法起源于春秋战国的"刑书"和"法经"。法的理论渊源，指对一定的法律原则的产生和发展发生重大影响的理论学说，如自然法学说、功利主义哲学等理论。法的形式渊源，指法的效力渊源，包括法的创制主体、创制方式及其所具有的外部表现形式，如正式意义上的法律、法规、判例，非正式意义上的正义标准、观念、权威法学论断，等等。法的实质渊源，指法的内容导源、派生于何处、发生原因为何，如源于社会、经济、道德、科技等。法的本质渊源，指法律现象产生、存在和发展的根本原因，如认为法起源于人的理性、人性，起源于自然法则，起源于神的意志、君主的意志或人民的意志，起源于社会物质生活条件。种种意义的法的渊源并不是非此即彼、界限绝对，而是相互交叉、相互联系、相互补充的。在法学理论中，主流观点一般认为法的渊源指的就是法的形式渊源。

　　归纳学界理论主要有以下几种观点。一是法存在形式说，认为法源就是法存在的形式，这些存在形式可以是成文法，也可以是判例、习惯、法理。二是法原动力说，认为法源是产生法的原动力，有的人认为原动力是人的或神的意志，有的认为是社会需求，还有认为是自然。三是法原因说，认为法源是产生法的原因，一国的法源于其历史文化、民族精神、社会意识、时代思想、政治制度、典章规范、风俗习惯、经济基础，这些社会、经济、文化、政治的环境决定着法的形成与变迁。四是法制定机关说，认为法源为法的制定机关，是代议机关、行政机关（制定和授权产生行政法规和规章等）、法院（形成和确立判例）等。五是法前规范说，认为法源为法制定前调整相应事项的原有规范，如习惯、内部规则、判例等。六是法事实说，认为法源为导致法规范产生的各种事实，包括经济、社会、政治、哲学、伦理、道德以及各种社会科学和自然科学的研究成果，等等。同样的，各种学说也存在着交叉、补充、联系的关系。

　　综上，法的渊源不外乎两个层面，一是行为规范的根本来源，二是行为规范的表现形式。我们认为，要将源头理论和形式理论有机结合，而不宜偏废。我们采取学界通说，亦即主要以形式作为研究角度出发，涵盖源头理论和形式理论，着重研究法的不同来源所呈现出的不同的外部表现形式，由此我们在这里可以这样认为，法源指依据不同的来源而取得不同的法律效力或产生不同的作用与影响的法的外在表现形式。与此相应，法的渊源通常表现为正式渊源和非正式渊源两种类型，也有学者称为制定法法源和非制定法法源。一般认为，出自法律创设机关、可以直接作为处理法律问题的根据的法律渊源为正式渊源。这种法源来自权威的国家机关，反映着国家的意志，具有法的正式形式，因此，它能够产生法的效力，能够直接约束法律活动参加者的行为。非正式渊源指的是，非出自法律创设机关、一般不能作为处理法律问题的必要和充分的根据，但对法律活动具有一定影响力的法的渊源。尽管这种非正式渊源不具有法的正式形式，对法律活动的参加者并无必然的约束力即法的效力，但却具有不同程度的说服力和参考作用，对法律活动是有意义的，在法的局限之处甚至能发挥出更为积极的作用。

与此相应，警察法的渊源可有如下的分类。警察法的法源包括警察法的制定法法源和警察法的非制定法法源两大类。以下，将以此为线索对警察法法源进行分述。

二、我国警察法渊源的具体内容

（一）我国警察法的制定法法源

警察法的制定法法源是指那些由国家权力机关制定认可的，具有成文形式的并以正式法律文件形式表现的，与警察相关的规范性法律文件。警察法的制定法法源通常包括宪法、法律、行政法规、地方性法规和与警察相关的立法。虽然制定法在不同国家的警察法法源中所占地位各有不同，但都无例外的成为警察法的法源之一。

我国是成文法国家，制定法法源成为我国警察法法源的重要组成部分，按照法的创制机关的地位高下和与此相应的法的效力的高低不同，这些制定法法源包括宪法、法律、行政法规、部门规章、地方性法规、地方政府规章、自治条例、单行条例、法律解释、国际条约等。以下分述我国警察法的各制定法法源。

1. 宪法

宪法是国家的根本大法，是规定国家和社会生活中最基本最重要的问题的基本法。宪法具有最高的法律地位和法律效力，是制定一切法律、法规等规范性法律文件的最高依据，一切法律、法规和其它的规范性文件都不得与宪法相抵触，否则无效。警察法的制定必须以宪法为最高依据，符合宪法的精神与内容，凡与宪法相抵触或违背宪法精神、违反宪法内容的警察法无效。

我国宪法作为警察法的法源主要表现在以下三个方面。

（1）《宪法》序言和总纲中的有关规定，是警察法立法的指导思想。比如，总纲第5条规定："中华人民共和国实行依法治国，建设社会主义法治国家。国家维护社会主义法制的统一和尊严。一切法律、行政法规和地方性法规都不得同宪法相抵触。一切国家机关和武装力量、各政党和各社会团体、各企业事业组织都必须遵守宪法和法律。一切违反宪法和法律的行为，必须予以追究。任何组织或者个人都不得有超越宪法和法律的特权。”第 13 条第 1 款规定：“公民的合法的私有财产不受侵犯。”

（2）《宪法》中有关国家机关及国家机关工作人员、国家机构的规定，是我国警察组织法的立法依据。如第 27 条规定：“一切国家机关实行精简的原则，实行工作责任制，实行工作人员的培训和考核制度，不断提高工作质量和工作效率，反对官僚主义。一切国家机关和国家工作人员必须依靠人民的支持，经常保持同人民的密切联系，倾听人民的意见和建议，接受人民的监督，努力为人民服务。”

（3）《宪法》中有关公民基本权利和基本义务的规定，是我国警察立法的立法依据和执法准则。如第 35 条、第 36 条、第 37 条、第 38 条、第 39 条分别规定了中华人民共和国公民有言论、出版、集会、结社、游行、示威的自由；有宗教信仰自由；人身自由不受侵犯（任何公民，非经人民检察院批准或者决定或者人民法院决定，并由公安机关执行，不受逮捕。禁止非法拘禁和以其他方法非法剥夺或者限制公民的人身自由，禁止非法搜查公民的身体）；人格尊严不受侵犯（禁止用任何方法对公民进行侮辱、诽谤和诬告陷害）；住宅不受侵犯（禁止非法搜查或者非法侵入公民的住宅）等。

2. 法律

法律在此的含义不是指广义的法，而是指狭义的法律，即全国人民代表大会及其常务委员会制定的规范性法律文件的总称。法律的效力仅次于宪法，是我国法的形式体系中的二级大法。法律在我国分为两个层次，即基本法律和基本法律以外的其他法律（也称一般法律、非基本法律、专门法）。基本法律是指由全国人民代表大会制定的调整国家和社会生活中基本性和普遍性社会关系的规范性法律文件的统称。如刑法、民法等。基本法律以外的其他法律是由全国人民代表大会常务委员会制定的调整国家和社会生活中某一方面社会关系的规范性法律文件的统称，与基本法律相比，其调整范围较狭窄、内容较具体，如国家赔偿法、居民身份证法等。这两个层次的法律中，凡是规定有与警察机关、警察人员、警察活动相关的，涉及警察权的行使、警察法律关系的设定以及警察行使职权行为等的规则均构成警察法的渊源。

法律中的警察法渊源在表现形式和内容上有两类：一是整体上具有警察法的性质，如《人民警察法》《治安管理处罚法》《中华人民共和国出境入境管理法》（以下简称《出境入境管理法》）《集会游行示威法》《中华人民共和国枪支管理法》（以下简称《枪支管理法》）等；二是只是部分内容上涉及警察行为，如《中华人民共和国土地管理法》《中华人民共和国文物保护法》《中华人民共和国水法》《中华人民共和国森林法》（以下简称《森林法》）等。[1]如《森林法》第 20 条第 1 款规定："依照国家有关规定在林区设立的森林公安机关，负责维护辖区社会治安秩序，保护辖区内的森林资源，并可以依照本法规定，在国务院林业主管部门授权的范围内，代行本法第 39条、第 42 条、第 43 条、第 44 条规定的行政处罚权。"

3. 行政法规

行政法规是指最高国家行政机关国务院根据宪法和法律制定和颁布的关于国家行政管理方面的规范性法律文件的总称。在法律效力上，行政法规低于宪法、法律，高于部门规章和地方法规。在内容上，行政法规是有关行使行政权力，履行行政职责的规范性文件，并涉及政治、经济、教育、科技、文化、外事等各方面。在制定上，行政法规的制定主体是国务院，国务院根据宪法和法律的授权，经过法定程序制定。在形式上，行政法规一般以条例、办法、实施细则、规定等名称出现，发布行政法规需要国务院总理签署国务院令。

行政法规当中有关警察行为和警察组织方面的规范性法律文件成为警察法的重要渊源。全国人民代表大会及其常委会制定的相关方面的法律需要国务院制定相应的行政法规予以具体化。以行政法规形式出现的警察法渊源数量很多。如《公安机关组织管理条例》《中华人民共和国人民警察使用警械和武器条例》（以下简称《人民警察使用警械和武器条例》）《大型群众性活动安全管理条例》《强制戒毒办法》《娱乐场所管理条例》《旅馆业治安管理办法》《废旧金属收购业治安管理办法》《城市道路管理条例》《民用爆炸物品安全管理条例》《计算机信息网络国际联网安全保护管理办法》《互联网上网服务营业场所管理条例》《互联网信息服务管理办法》《计算机信息系统安全保护条例》等。[2]

---

[1] 高文英、姚伟章主编：《警察法学教程》，中国人民公安大学出版社 2005 年版，第 17 页。
[2] 国务院法制办公室编：《中华人民共和国公安法典》（第 2 版），中国法制出版社 2011 年版。

4. 地方性法规

地方性法规是省、自治区、直辖市以及设区的市和自治州的人民代表大会及其常务委员会，根据宪法、法律和行政法规，结合本行政区域的具体情况和实际需要，在不与宪法、法律、行政法规相抵触的前提下制定的，其效力不能及于全国，而只能在地方区域内发生法律效力的规范性法律文件的总称。在当代中国，地方性法规是数量最大的法律渊源。

地方性法规中有关警察活动的法律规范是警察法的法律渊源。如北京市人民代表大会常务委员会发布的《北京市消防条例》。

5. 自治条例和单行条例

自治条例是民族自治地方的人民代表大会依照当地民族的政治、经济和文化的特点制定的全面调整本自治地方事务的综合性规范性文件。单行条例是民族自治地方的人民代表大会依照当地民族的政治、经济、文化的特点制定的调整本自治地方某方面事务的规范性文件。自治条例集中体现民族自治地方的自治权，具有民族自治地方总章程的性质。单行条例是民族自治地方行使某一方面自治权的具体规定，单行条例应当遵循自治条例的规定。

制定自治条例和单行条例都是地方立法行为，条例的法律地位相当于地方性法规，属于地区性和局部性法规，其法律效力仅限于自治权管辖的范围。自治区的自治条例和单行条例，报全国人民代表大会常务委员会批准后生效。自治州、自治县的自治条例和单行条例，报省、自治区、直辖市的人民代表大会常务委员会批准后生效。自治条例和单行条例中有关警察活动的规范是警察法的渊源。

6. 规章

规章分部门规章和地方政府规章。部门规章是国务院各部门、各委员会、中国人民银行、审计署和具有行政管理职能的直属机构，根据法律和国务院的行政法规、决定、命令，在本部门的权限范围内制定和发布的，调整本部门范围内的行政管理关系的、并不得与宪法、法律和行政法规相抵触的规范性文件。其主要形式是命令、指示、规章等。其效力低于宪法、法律、行政法规。公安部是国务院所属部门，公安部在其权限范围内制定和发布的调整本部门范围内的警察管理关系的规范性文件就成为警察法的重要渊源。如《公安机关办理刑事案件程序规定》《公安机关办理行政案件程序规定》《公安机关行政许可工作规定》《公安机关办理行政复议案件程序规定》《临时居民身份证管理办法》《机动车登记规定》《普通护照和出入境通行证签发管理办法》等。部门规章作为警察法的渊源还有一种表现形式，即中央警察机关与其他部委联合制定的有关警察事务的部门规章。如公安部与卫生部联合制定的《吸毒成瘾认定办法》、公安部与交通部联合制定的《港口治安管理规定》（已废止）、公安部与外交部联合制定的《外国人在中国永久居留审批管理办法》等。

地方政府规章是指省、自治区、直辖市和设区的市、自治州的人民政府，根据法律、行政法规和本省、自治区、直辖市的地方性法规所制定的适用于本地区的规范性文件的总称。地方政府规章中有关警察活动的法律规范也是警察法的渊源。如北京市人民政府发布的《关于不得举行集会游行示威场所周边范围的规定》。

根据《立法法》第91条的规定，部门规章之间、部门规章与地方政府规章之间具有同等效力，在各自的权限范围内施行。

7. 法律解释

法律解释是指一定的解释主体根据法定权限和程序，按照一定的标准和原则，对法律的含义以及法律所使用的概念、术语等进行进一步说明的活动。法律解释因解释主体和解释的效力不同可以分为正式解释与非正式解释两种，是否具有法律上的约束力是区别正式解释与非正式解释的关键。正式解释通常也叫法定解释，是指由特定的国家机关或其他有解释权的主体对法律作出的具有法律上约束力的解释。正式解释有时也称有权解释。根据解释的国家机关的不同，法定解释又可以分为立法、司法和行政三种解释。非正式解释，通常也叫学理解释或无权解释，一般是指由学者或其他个人及组织对法律规定所作的不具有法律约束力的解释。

在我国，法律解释权属于全国人民代表大会常务委员会。全国人民代表大会常务委员会的法律解释同法律具有同等效力。《立法法》第45条第2款规定："法律有以下情况之一的，由全国人民代表大会常务委员会解释：（一）法律的规定需要进一步明确具体含义的；（二）法律制定后出现新的情况，需要明确适用法律依据的。"国务院、中央军事委员会、最高人民法院、最高人民检察院和全国人民代表大会各专门委员会以及省、自治区、直辖市的人民代表大会常务委员会可以向全国人民代表大会常务委员会提出法律解释要求。最高人民法院、最高人民检察院作出的属于审判、检察工作中具体应用法律的解释，应当主要针对具体的法律条文，并符合立法的目的、原则和原意，并应报全国人民代表大会常务委员会备案。

因非正式解释不具法律效力，它不能成为我国警察法的正式渊源。

8. 国际条约

国际条约是指国际法主体之间以国际法为准则就政治、经济、贸易、法律、文化、军事等方面的问题确立其相互权利和义务关系而缔结的书面协议。国际条约的名称很多，有条约、公约、协定、协定书、宪章、签约和宣言等。我国同他国缔结或我国加入并生效的国际法规范，具有与国内法同样的法律效力，对我国公民、法人和其他组织有法的约束力，成为我国的法律渊源。其中有关缔约国警察的法律规范成为我国警察法的渊源。如《国际刑事警察组织章程与规则》《中华人民共和国和蒙古国引渡条约》《中华人民共和国和菲律宾共和国引渡条约》《中华人民共和国和吉尔吉斯斯坦共和国引渡条约》，等等。

（二）警察法的非制定法法源

警察法的制定法法源无疑是警察法的主要渊源，是为警察活动提供依据的主题要素和主导要素，但它受法本身所具有的局限性的影响，在对警察权的监控和警察行为的规范中不可避免地存在缺陷。如立法中的空白地带，执法中自由裁量权的行使依何原则，法律规则表述上的规范性（抽象、概括、定型）使其在涵盖和适应千姿百态、不断变化的社会生活中的具体案件时受到局限，等等。对于这些问题，有成文规定的警察法的制定法法源是无能为力的，这时那些没有明文规定的警察法的非制定法法源就成为必要，通过这些警察法的非制定法法源，我们可以把握立法者的意图，领会法律的精神，以应对空白和变化，实现其警察法法条空白的弥补功能、警察自由裁量权的参考系功能、警察管理新规则的促生功能和警察执法的超前指导功能。[1] 警察法的非制定法法源主要包括习惯与惯例、判例、法理、政策、道德准则、正义标准等。以下分述之。

1. 习惯与惯例

习惯与惯例作为法源使用时，指两种不同的法源形式。习惯主要指在长期的历史实践中一种行为方式因不断重复而被人们习以为常地接受并自觉遵

〔1〕　参见关保英：《行政法教科书》，中国政法大学出版社 2005 年版，第 123~124 页。

守的行为规范。惯例是无明文规定的但在处理先前案件时一贯遵循的做法。作为社会调整手段，当法存在漏洞或意思不明晰时，习惯和惯例可以作为非正式的法源，引导人们找到解决法律问题的方法。需要注意的是，习惯与惯例的使用，必定以法律作为前提条件，与相关的制定法渊源相结合。

2. 判例

判例是指可以作为先例据以决案的法院判决。作为判例的法院判决所确立的一般规则不仅拘束法院本身，也拘束着职能机关，职能机关在履行职责时也须遵循判例确定的原则。

判例在英美法系国家普遍是法源，我国是成文法国家，素有成文法传统，判例虽不具有法的效力，但最高人民法院在《最高人民法院公报》上公布的案例在实质上对审判实践和执法实践具有重要的指导功效。

3. 法理

法理尽管不是法的正式渊源，但是，理论学说、法律学说、权威法学著作中所蕴含的法理，仍然是法律实践中必不可少的组成部分。这些法理能够帮助法律职业者包括警察思考法律问题，并为其进行法律论证和法律推理提供理论依据。法理广泛存在于教科书、学术刊物、权威论著、法律条文释义、法律百科全书、法律辞典中。中外历史上都曾有将某些权威学者著述奉为法律据以判案的情况。在我国的法治进程中，法律学说的影响不容忽视。在法学理论中，法理具有原理的论证性，能得到理论上的共同接受，指导法制的建设，并存在于法制之中，是法制的灵魂。无疑也成为警察法的重要的非制定法渊源。

法理之于警察法的重要意义，在于以权威法学著作、学说确立的原理、原则，尤其是中外法学者大多特指的"一般原则"，成为警察法理论中的重要基本理论，即警察法的基本原则。

法理中的法律原则有的是由宪法和制定法加以确立成为法条的（实际成为制定法条款）；也有的是没有宪法、制定法依据，只存在于一些著述、判决乃至社会公众意识中，由法学家加以阐发，并获得法律职业共同体相当程度的认可的。关于后者的理论成为警察法的非制定法渊源。综合学界阐述及我国实践需要，这些基本原则呈现多样性，如诚意原则、比例原则、平等原则、正当程序原则、信赖保护原则、应急性原则，等等。

4. 政策

警察权是一项重要的国家权力，警察行使职权的活动被认为是对国家意志的执行。政治是国家意志的一种表达，它通过执政党的一系列政策来加以体现。执政党的政策与警察行使职权的活动具有天然的联系，警察行使职权的活动是承担贯彻执行政策的方式和途径之一。当施加于警察活动的执政党的政策尚未被立法机关和享有行政立法权的行政机关以法律、法规、规章形式认可时，执政党的政策就成为警察法的一种非制定法渊源，为警察活动所遵循，并弥补规范性法律文件存在的空白与不足。需注意的是，政策的遵循依然要以法律为前提条件，政策不能凌驾于法律之上，需在法之下发挥弥补功能。

5. 道德准则

如果说把学说作为法律渊源是把法律委身于专家，把政策作为法律渊源是把法律委身于政府当局，把法律原则作为法律渊源是把法律委身于法律职业共同体，那么把公共道德作为法律渊源是把法律诉诸公众的情感和信念。[1]道德可以评价法律条文确立的规则，证明其正当性，争辩其应有的含义，甚至可以以道德的理由影响制定法的适用。

公众普遍认同的社会道德准则，是人们日常行为的观念依据，也是影响人们行为的心理因素。行为选择、行为比较、行为决定等都与行为人所持的道德准则密切相关。警察行为是由警察人员来实施完成的，警察行为必然受到实施警察行为的警察人员的道德观念的影响。警察人员在警察活动中如其所持道德准则与社会公众认可的道德准则一致，具有较高道德观念，其在执法权限内就会择善而为，其行为就会更符合公意，更易于被相对人所接受。

6. 正义标准

法的普遍本质中包含秩序与正义，秩序侧重社会制度的形成结构，而正义关注法律规范与制度安排的内容，两者均影响着人类的幸福与文明的建设。正义所体现的这种重大影响，无疑使正义标准成为警察法的非制定法渊源。这些正义标准对警察活动的影响可以包括：警察行为中的合理化，警察行为中的平等倾向，警察行为中的有恒化，警察行为的福利与安全倾向。另外，

---

〔1〕　参见姜明安主编：《行政法与行政诉讼法》，北京大学出版社、高等教育出版社2004年版，第81页。

自由、宽厚、果断亦是正义标准。

第二节　警察法的效力

一、警察法的效力概念

法的效力，是指有法律意义的约束力和强制力。学界一般有广义和狭义两种含义。广义的法的效力泛指有法律意义的约束力和强制力，它既包括规范性法律文件的效力又包括非规范性法律文件的效力。规范性法律文件是国家制定和认可的由国家强制力保障实施的对行为人有普遍的法的约束力和强制力的法文件。非规范性法律文件是指那些相关主体依法制定的只针对具体的事、具体的人有特定的法的约束力的法文件，如判决书、调解书、逮捕证、公证书、结婚证、驾驶执照、违章罚款单、民事或经济合同书，等等。狭义的法的效力仅指国家制定和认可的由国家强制力保障实施的规范性法律文件所产生的普遍性的法的约束力。[1]法学理论一般更多地在此狭义上对法的效力进行进一步深入研究，包括了法的效力的层次和范围，亦即不同的规范性法律文件的效力的高低和规范性法律文件在什么时间、在什么空间、对什么人产生效力，本章亦在此意义上对警察法的效力进行研究。与此相应，警察法的效力即是指由国家制定认可的调整警务关系、规范警察权的设置与运行的规范性法律文件的约束力和强制力。

通过之前对法的渊源理论的学习，我们了解到，法源的研究方向之一在于，不同的法的来源具有不同的法律效力或产生的不同的作用与影响，法的外在表现形式的不同其实质在于法制定者的地位不同从而使得法的效力不同。其中的正式渊源（或称制定法法源）即规范性法律文件。这些规范性法律文件出自国家的权威法律创设机关，具有法的正式形式，是处理法律问题的根据，产生法的效力，能够直接约束法律关系主体的行为。我国警察法的正式法源正是按照法的创制机关的地位高下不同和与此相应的法的效力的高低不同，由与警察相关的规范性法律文件构成的，这些规范性法律文件自上而下包括宪法、法律、行政法规、地方性法规、自治条例、单行条例、部门规章、

---

〔1〕　参见张文显主编：《法理学》，法律出版社 2004 年版，第 75 页。

地方政府规章、法律解释、国际条约等。

二、警察法的效力层次以及警察法效力冲突的解决机制

（一）法的效力层次的概念

法的效力层次，学界通说为，在一国法律体系中由于各种法的渊源制定的主体、程序、时间和适用范围的不同而使得其法的效力不同，这种效力差别所形成的法的效力等级体系称为法的效力层次。因此，法的效力层次有时也被称为法的效力等级或法的效力位阶。

世界各国的法都各自形成自己的法律体系。大陆法系国家的法律体系中大多以制定法为法的渊源，这些制定法渊源又大多形成以宪法为最高渊源的金字塔形的法的等级体系。英美法系国家虽然没有一个以制定法为主的法律体系，但在以法院判决形成的判例法为主要渊源的法律体系中，也存在因法院审级不同而形成的法的等级体系。[1]当代中国，已形成以宪法为核心的法律体系，其中各种法的渊源间也构成了法的等级体系。法的等级体系反映着法的效力层次。构成我国警察法体系的各种警察法渊源亦有着相应的效力层次。

（二）法的效力规则及警察法效力冲突的解决机制

影响法的效力层次形成的主要因素有法的制定主体、制定程序、制定时间和适用范围等，这些因素成为判断法的效力高下和解决法的效力冲突的标准，形成法的效力的规则。这些规则一般分别简称为：上位法优于下位法，后法优于前法，特别法优于一般法，法律文本优于法律解释。其中上位法优于下位法是法的效力规则中的第一规则，也有理论称其为法的效力层次的一般规则，而将其余的效力规则称为效力层次的特殊规则。一般规则适用于不同地位的制定主体制定的不同效力级别的法之间，特殊规则一般适用于同一制定主体制定的效力同级的法之间。我国警察法效力冲突的解决机制亦应依此规则为基础而形成。以下分述之。

1. 上位法优于下位法

这一规则的影响要素主要是法的制定主体的地位，不同地位的立法主体

---

〔1〕　参见张文显主编：《法理学》，法律出版社 2004 年版，第 75 页。

制定的法律规范有不同的法的效力等级，一般而言，地位高的立法主体制定的法效力等级高于地位低的立法主体所制定的法。换言之，立法主体在国家机关体系中的地位越高，由其制定的法律规范的效力层次也越高。当不同层次的法律规范在内容上发生抵触时，以地位高的立法者所制定的法律规范为准。需要注意的是，如果上级机关授权下级机关制定法律规范，这时下级机关制定的法律规范与上级机关制定的法律规范处于同一效力层次。

在我国，全国人民代表大会是最高权力机关和立法机关，由其制定的宪法具有最高的法律效力，其它所有的规范性法律文件的效力都要服从宪法的效力，其内容要符合宪法的规定和精神并不得与之相抵触，发生冲突时必然以宪法为准。而同样由全国人民代表大会制定的法律，因其制定程序普通，与制定程序更加严格和修订规格更高的宪法相比，其效力较低，但高于其它的规范性法律文件。国务院是国家最高行政机关，由其制定的行政法规的效力低于全国人大制定的法律，高于地方的规范性法律文件。省、自治区、直辖市、设区的市、自治州等地方国家机关，地位低于中央机关，由其制定的地方性法规、自治条例和单行条例、规章等不得与宪法、法律和行政法规相抵触，其效力服从于中央立法。由此基本形成当代中国法的效力等级体系，即宪法为效力层次的最高等级，向下依次为法律、行政法规、地方性法规、部门规章和地方政府规章。在宪法的效力统摄下，上一级法的效力均高于下一级任何一种法的效力，因此，当下位法与上位法发生抵触，效力产生冲突时，不能适用下位法，而应适用效力等级高的上位法。《立法法》第87条、第88条、第89条、第91条规定，宪法具有最高的法律效力，一切法律、行政法规、地方性法规、自治条例和单行条例、规章都不得同宪法相抵触；法律的效力高于行政法规、地方性法规、规章；行政法规的效力高于地方性法规、规章；地方性法规的效力高于本级和下级地方政府规章；省、自治区的人民政府制定的规章的效力高于本行政区域内的设区的市、自治州的人民政府制定的规章；部门规章之间、部门规章与地方政府规章之间具有同等效力，在各自的权限范围内施行。

在警察法的体系中亦是如此。警察法渊源的不同，其法律地位和效力也不同，当不同的规范性文件对同一事项都有规定时，若彼此的规定不一致，效力就会产生冲突，此时应首先遵循上位法优于下位法的效力规则，适用上位法，从而导致下位法的不适用或无效。

2. 特别法优于一般法

这一规则的影响要素主要是法的适用范围。同一制定主体所制定的效力同级的法，对所调整的同一领域的社会关系既有一般性立法又有特别立法，两者的规定产生冲突时，应优先适用特别法。因为特别法一般总是针对特别的人、特别的事、特别的时间或特别的地域而专门制定，其内容是一般法没有涉及或虽有涉及但却较原则、笼统和抽象的。《立法法》第 92 条规定："同一机关制定的法律、行政法规、地方性法规、自治条例和单行条例、规章，特别规定与一般规定不一致的，适用特别规定；新的规定与旧的规定不一致的，适用新的规定。"

比如警察法中，在涉及警察行政处罚时，《行政处罚法》属于一般法，《治安管理处罚法》属于特别法，若两者对同一事项有不同规定而产生冲突时，应优先适用后者。

3. 后法优于前法

也称新法优于旧法。这一规则的影响要素主要是法的制定时间。同一制定主体所制定的效力同级的法，对所调整的同一领域的社会关系先后有不同规定的，后制定的新法的效力优先于先前制定的旧法，应优先适用新法。法律依据见上述《立法法》第 92 条之规定。

这里有两种情况：一是，新法颁布后，旧法被废止而失去效力，自然适用新法；二是，新法颁布后，旧法并未被废止而依然有效，如两部法所涉及的内容有相同或相似时，应适用新法。一般而言，新法总是在时代的发展、新的社会需求的呼唤下应运而生的，新法取代旧法，往往因为旧法已不能更好地适应新的发展变化和新的形势要求，因此，用新法来规范新法颁布生效后所发生的事件和行为。比如在警察法中，对违反铁路治安管理的行为，如果先颁布的《中华人民共和国铁路法》与后颁布的《治安管理处罚法》有规定不一致而产生冲突，此时应优先适用后者。需要注意两种情况：一是，如果是对新法生效之前所发生的行为，在新法生效之后处理的，应当按照法不溯及既往的原则从旧兼从轻处理之。二是，如果前法是特别法，后法是一般法，则不能适用这一规则。

4. 法律文本优于法律解释

一般认为，在解释主体等级相同的情况下，法律解释与被解释的法律规范具有同等的法的效力，这在法律解释符合法律文本的内容和精神的情况下是成立的。然而在法律解释实践中常出现法律解释与被解释的法律文本在内容和精神上发生抵触，或法律解释超越解释权限而变为"造法"时，则应维护法律文本的效力，以法律文本的规定为准。《立法法》第 45 条第 1 款规定："法律解释权属于全国人民代表大会常务委员会。"第 46 条规定："国务院、中央军事委员会、最高人民法院、最高人民检察院和全国人民代表大会各专门委员会以及省、自治区、直辖市的人民代表大会常务委员会可以向全国人民代表大会常务委员会提出法律解释要求。"第 50 条规定："全国人民代表大会常务委员会的法律解释同法律具有同等效力。"法律解释中，凡涉及警察法的法律解释与警察法的法律文本有冲突时，亦应遵循此规则。

在警察法的实施中，会遇见纷繁复杂的法律现象，且社会总是在不断发展变化，警察法不可能涵盖这些千姿百态、不断变化的法律实践，实践中面对警察法的法律冲突时，依然应首先在法律框架内谋求解决之道。《立法法》是我们解决警察法法律效力冲突的法律参照。

根据《立法法》，法律之间对同一事项的新的一般规定与旧的特别规定不一致，不能确定如何适用时，由全国人民代表大会常务委员会裁决。行政法规之间对同一事项的新的一般规定与旧的特别规定不一致，不能确定如何适用时，由国务院裁决。地方性法规、规章之间不一致时，由有关机关依照下列规定的权限作出裁决：一是同一机关制定的新的一般规定与旧的特别规定不一致时，由制定机关裁决；二是地方性法规与部门规章之间对同一事项的规定不一致，不能确定如何适用时，由国务院提出意见，国务院认为应当适用地方性法规的，应当决定在该地方适用地方性法规的规定；认为应当适用部门规章的，应当提请全国人民代表大会常务委员会裁决；三是，部门规章之间、部门规章与地方政府规章之间对同一事项的规定不一致时，由国务院裁决。根据授权制定的法规与法律规定不一致，不能确定如何适用时，由全国人民代表大会常务委员会裁决。

依照《立法法》，法律、行政法规、地方性法规、自治条例和单行条例、规章有下列情形之一的，由有关机关依照《立法法》规定的权限予以改变或者撤销：超越权限的；下位法违反上位法规定的；规章之间对同一事项的规定不一致，经裁决应当改变或者撤销一方的规定的；规章的规定被认为不适当，应当予以改变或者撤销的；违背法定程序的。有权改变或者撤销法律、行政法规、地方性法规、自治条例和单行条例、规章的权力机关有：一是全国人民代表大会有权改变或者撤销它的常务委员会制定的不适当的法律，有权撤销全国人民代表大会常务委员会批准的违背宪法和立法法第 75 条第 2 款规定的自治条例和单行条例；二是全国人民代表大会常务委员会有权撤销同宪法和法律相抵触的行政法规，有权撤销同宪法、法律和行政法规相抵触的地方性法规，有权撤销省、自治区、直辖市的人民代表大会常务委员会批准的违背宪法和立法法第 75 条第 2 款规定的自治条例和单行条例；三是国务院有权改变或者撤销不适当的部门规章和地方政府规章；四是省、自治区、直辖市的人民代表大会有权改变或者撤销它的常务委员会制定的和批准的不适当的地方性法规；五是地方人民代表大会常务委员会有权撤销本级人民政府制定的不适当的规章；六是省、自治区的人民政府有权改变或者撤销下一级人民政府制定的不适当的规章；七是授权机关有权撤销被授权机关制定的超越授权范围或者违背授权目的的法规，必要时可以撤销授权。

三、警察法的效力范围

（一）法的效力范围的含义

法的效力范围是指法律规范的约束力和强制力所及的范围，这里的范围包括三个维度：对象、时间和空间，即法对何种人、在何种时间及何种空间内有效。

法是以国家强制力为保障并通过权利和义务调整人们社会关系的行为规范，这些规范因需要调整纷繁复杂的社会关系从而形成一国庞大的法律体系，但并非其中所有的法在所有的时间、所有的空间对所有的人都有效，这些法往往在对象、时间、空间上的效力范围是有限的，确定其生效范围具有重要意义，对于法律职业共同体的活动尤为重要，在司法、执法、守法、法律监督等运用法律的实践环节中，需要根据法在对象、时间、空间上的有效范围来比对具体案件中具体的人、具体的时间和具体的空间，以确定法能否适用从而产生效力，如此方能合法、正确和及时地处理好具体案件。

（二）我国警察法的效力范围

警察法的效力同样包括警察法体系中的各种规范性法律文件在对象、时间和空间三种范围上的生效规定。警察的治安行政管理和刑事司法活动目标在于维护公共利益、公共秩序和打击惩治违法犯罪、保护公民人身与财产安全，实现目标的过程中相对人或嫌疑人的相关权利必然会受到影响。因此在实践中应准确把握以上三个效力范围，严格依法办案、规范执法司法行为，在实现目标的同时保障人权。

1. 法的时间效力范围

法的时间效力范围，是指某一规范性法律文件何时开始生效和何时终止效力以及法的溯及力。

（1）法律规范的生效时间。我国法开始生效的时间，一般根据法律文件的具体性质和实际需要来决定。主要有以下几种形式：一是自法颁布之日起生效。如《人民警察法》第 52 条规定："本法自公布之日起施行……"二是法颁布后并不立即开始生效，而是明文规定经过一定时间后开始生效。如 2007 年 8 月 30 日通过并公布的《中华人民共和国突发事件应对法》第 70 条规定："本法自 2007 年 11 月 1 日起施行。"三是法本身并无明文规定开始生效的时间，而由其他法律文件宣布其生效。如 1982 年 12 月 4 日通过的《宪法》，同时由全国人民代表大会发布公告公布施行。

（2）法律规范的失效时间。我国法的效力终止的时间，一般通过明示废止或默示废止两种形式来表示，主要有以下几种方式：一是新法公布实施后，原有同类旧法随即自动丧失效力。如 1982 年 12 月 4 日通过并公布实施《宪法》后，原有的 1978 年 3 月 5 日通过的《宪法》随即自动失效。二是新法取代原有法，同时在新法中明文宣布旧法废止，旧法随即丧失效力。如 2005 年 8 月 28 日通过的《治安管理处罚法》第 119 条规定："本法自 2006 年 3 月 1 日起施行。1986 年 9 月 5 日公布、1994 年 5 月 12 日修订公布的《中华人民共和国治安管理处罚条例》（以下简称《治安管理处罚条例》）同时废止。"三是由有关的国家机关颁布专门的法律文件（如决议、决定），宣布某法或某法的某条款在特定时间废止或失效。例如，2009 年 6 月 27 日全国人民代表大会常务委员会通过《全国人大常委会关于废止部分法律的决定》，宣布废止的法律和有关法律问题有：1954 年 12 月 31 日全国人民代表大会常务委员会通过的《公安派出所组织条例》、1993 年 9 月 2 日全国人民代表大会常务委员会通过的《全国人民代表大会常务委员会关于加强对法律实施情况检查监督的若干规定》、1994 年 3 月 5 日全国人民代表大会常务委员会通过的《全国人民代表大会常务委员会关于严惩组织、运送他人偷越国（边）境犯罪的补充规定》，等等，并在决定最后明示"本决定自公布之日起施行"，使得所列法律文件自决定公布之日失效。另外，有的法因本身规定的有效期限届满又无延期规定而自动失效，还有的法因完成历史任务而自行失效。

（3）法的溯及力。法的溯及力，又称法溯及既往的效力，是指新的法颁布生效后，对其生效前发生的行为和事件的适用。如果适用，则新法有溯及力；如果不适用，则新法没有溯及力。法是规范人们行为的准则，人们只能根据现行法来规范自己的行为，而难以预见自己的行为是否会符合未颁布的法的要求。因此，一般而言，法的效力始于生效之日，终于失效之时，法不应对其生效前发生的行为和事件加以适用，不应溯及既往，也即法不应有溯及力。但也并不绝对，法律实践中也有因历史条件和社会发展作出法在一定情势下有溯及力的规定。

法的溯及力有两种情形。一种情形是新法公布前不存在同类的旧法。这种情形下，西方各国通行"法不溯及既往"的原则，不承认法具有溯及既往的效力，也有的国家在历史上某阶段因需要在法中作出法有溯及力的规定。另一种情形是新法颁布前存在同类的旧法，这种情形下，各国学界出现过五种不同主张。①从旧原则，即新法无溯及力，对新法生效前发生的行为和事件适用旧法。②从新原则，即新法有溯及力，对新法生效前发生的行为和事件适用新法。③从轻原则，即新法是否有溯及力取决于新法和旧法哪个处理的更轻，对新法生效前发生的行为和事件适用处理得更轻的法。④从旧兼从轻原则，即新法原则上没有溯及力，适用旧法，但如果新法处理得更轻则适用新法。⑤从新兼从轻原则，即新法原则上有溯及力，适用新法，但如果旧法处理得更轻则适用旧法。现代各国刑法中，通例是采取从旧兼从轻原则，即新法原则上无溯及力，适用旧法，从旧，但新法不认为是犯罪或新法虽然认为是犯罪但处罚较轻时，则使用新法，兼从轻。[1]

我国也实行法无溯及力原则，在遵循这一原则的前提下，也存在根据政治、经济和社会发展的需要及具体情况决定某项法律规范的溯及力问题。在刑法方面，我国也采取从旧兼从轻原则，1997年《刑法》第12条就是按照此原则对刑法溯及力的规定："中华人民共和国成立以后本法施行以前的行为，如果当时的法律不认为是犯罪的，适用当时的法律；如果当时的法律认为是犯罪的，依照本法总则第四章第八节的规定应当追诉的，按照当时的法律

---

〔1〕　参见张彩凤、程华主编：《法理学》，群众出版社2007年版，第284页。

追究刑事责任，但是如果本法不认为是犯罪或者处刑较轻的，适用本法。"[1]现行《立法法》第93条规定："法律、行政法规、地方性法规、自治条例和单行条例、规章不溯及既往，但为了更好地保护公民、法人和其他组织的权利和利益而作的特别规定除外。"

在我国警察实践中，应不断适应建设法治国家的要求，严格依法行使警察权力、履行警察职责，遵循法关于溯及力的规定，深刻理解法不溯及既往原则、从旧兼从轻原则对于保护公民的权利与自由和维护社会稳定的重要意义。

2. 法的空间效力范围

法的空间效力范围，是指某一规范性法律文件在哪些地域及空间范围内发生效力。任何国家都是根据主权、领土完整和法制统一的原则来确定法的空间效力范围的，我国亦是如此，并分为四种不同情形。

（1）在全国范围内有效。即法在国家主权所及的全部领域内有效，全部领域是指包括我国的全部领陆（陆地表面和底土）、领水（内水、领海及底土）、领空（领陆和领水的上空）以及延伸意义上的领土（我国驻外使领馆和境外的我国船舶和飞行器）。这种法一般是中央立法而不是地方立法，包括全国人大及其常委会制定的宪法、法律、国务院制定的行政法规和其所属各部委制定的规章以及其他规范性法律文件，除法本身有特殊规定外，都在全国范围内有效。

（2）在局部区域内有效。即法只在国家的局部范围内有效。一种是中央立法本身明确规定其适用范围只在特定区域，如中央国家机关关于经济特区和特别行政区的立法。另一种是地方立法，是地方国家机关根据本地区实际情况制定的仅适用于本地区的法，包括地方各级人大及其常委会和地方各级人民政府制定的法规、规章等规范性法律文件。

（3）在领域外也有效。即法不仅在国家主权领域内有效，特定情况下还具有域外效力。我国刑法、民法、行政法、经济法、婚姻法等法律部门的许多规范性法律文件都在特定情况下有域外效力，如1997年《刑法》第7条属人管辖权和第8条保护管辖权都明确了我国刑法的域外效力。

（4）国际条约和协定的空间效力范围。我国缔结或参加的国际条约和协

---

[1] 参见周农、张彩凤主编：《法理学》（第3版），中国人民公安大学出版社2013年版，第48页。

定在我国亦产生法的约束力，但我国声明保留的条款除外。如我国警察法法源中的《国际刑事警察组织章程与规则》。

3. 法的对象效力范围

法的对象效力范围，也称法对人的效力范围，指某一规范性法律文件适用于哪些人。这里的"人"，包括自然人和法所拟制的人（组织）。

法对人的效力范围与人所拥有的国籍和人所处的空间密切相关，法对人的效力与法的空间效力相互联系。世界各国法在对人的效力范围上主要有以下四种主张：

（1）属人主义。即主张凡是本国人，不论在国内或国外，都受本国法的约束和保护；本国法对所有外国人均无约束力，即使他处于本国领域内。

（2）属地主义。即主张本国法对本国领域内的一切人有效力，不论是本国人还是外国人；如果不在本国领域内，即使是本国人，也不受本国法的约束和保护。

（3）保护主义。即主张以保护本国利益为原则，不论是本国人还是外国人，也不论是在本国领域内还是领域外，只要侵害到本国利益，都应适用本国法追究。

（4）结合主义。也称综合或折中主义，即以属地主义为基础，以属人主义和保护主义为补充的结合主张。

近代以来，大多数国家采用第四种主张，我国现行法律制度也采用了这一主张以更好地维护主权。按照结合主义主张，我国法对人的效力包括两个方面：

第一，我国法对中国人的适用。分为两方面：一是我国的法对我国领域内的一切公民、法人、社会组织和国家机关都有效，我国的宪法、刑法、民法和三大诉讼法等都明确规定了"法律面前人人平等""适用法律上人人平等"。二是我国公民、组织在国外，仍受我国法的约束与保护，同时应遵守所在国的法，当应适用的中国法与所在国的法发生冲突时，要区别不同的情况和具体的国际条约、协定和国际惯例以及中国国内法的规定，来确定和解决。

第二，我国法对外国人的适用。也分为两方面：一是对在我国境内的外国人、无国籍人和法人组织，除法另有规定外，均适用中国法。所谓另有规定，一般是指法律上有明确规定不适用中国法的情形，如涉及婚姻、家庭、特殊犯罪等的特别规定的情形和享有外交特权和豁免权的情形。外交特权和豁免权是一国的外交代表所享有的权利和待遇，包括不受所在国法律的追究。享有外交特权和豁免权的人，包括使馆大使、外交官、行政人员、技术官员及随身家属，还包括出国访问的国家元首、政府首脑、高级官员及出席国际会议、执行特定外交任务或参加典礼活动的外交代表。〔1〕二是对在我国境外的外国人，这种情况比较复杂。在刑事犯罪上，我国刑法明确规定，外国人在境外针对我国或我国公民的犯罪，按我国法律规定可判3年以上有期徒刑的，可以适用我国刑法，但是按照犯罪地的法律不认为是犯罪的除外。

以上四种主义从宏观角度出发，将国家的法作为一个整体来研究国别差异对于对象效力范围的影响。

从微观角度出发，构成这一法整体的各类法之间和构成某类法的具体法之间也存在对象效力范围上的差异。

首先是在各类法之间。我国在全国范围内有效的中央立法一般对我国领域内的全体公民和组织都有效。我国警察法中的中央性立法也是如此。地方性或区域性立法等只在局部区域生效的法，其对象效力范围可以结合前述宏观角度的四种主义的原理和管辖权原理进行研究和理解。在我国警察法的地方性立法中，法的对象效力范围会受到警察法律关系主体中警察主体的所属地、警察行为对象的行为发生地、行为人户籍所在地和行为人居住地等等因素的影响。

其次是在某一具体法的内部，法的对象效力范围由法对法律关系主体资格的规定加以明确，影响主体资格的因素有法所规定的年龄、精神状态、权限职责、身份以及其他的法定资格条件。例如，1995年制定、2012年修正的《人民警察法》第2条第2款规定："人民警察包括公安机关、国家安全机关、监狱、劳动教养管理机关的人民警察和人民法院、人民检察院的司法警察。"

第三节　警察法的分类

法的分类，是指从不同的角度，按照不同的标准，将法划分为若干不同的种类。通过对法的分类理论的学习，我们能更清晰地掌握法律发展中的规律性问题，从而更理性地开展法的理论研究和实践活动。

---

〔1〕 参见周农、张彩凤主编：《法理学》，中国人民公安大学出版社2013年版，第46页。

一、法的一般理论中法的分类

法按照不同的标准划分，可以有不同的分类，不同标准下的分类间会有交叉和重合。如以法调整的社会关系内容为标准，可以将法划分为宪法、民法、行政法、经济法、婚姻法、环境法等；以法的形式为标准，可以将法划分为宪法、法律、行政法规、地方性法规、地方政府规章等。在法的一般理论中，往往对世界各国的法有如下的分类。

1. 成文法与不成文法

这是以法的创制方式和表达方式不同为标准进行的分类。成文法，是指由特定的国家机关制定和颁布的并以规范化的条文形式出现的法，因此也称制定法。不成文法，是指由国家认可其法律效力但又不具有规范化的条文形式的法。不成文法一般指习惯法和判例法，习惯法往往不具有明确的表达方式，其规范性技术较弱。判例法，是指法院通过判决所确定的判例和先例，这些判例和先例连同它所反映出的法律原则和法律规则会对其后的同类案件产生普遍的约束力。

2. 根本法与普通法

这是以法的地位、效力、内容和制定主体、程序的不同为标准进行的分类。这种分类通常只适用于成文宪法制国家。在成文宪法制国家，根本法就是宪法，它在一国享有最高的法律地位和法律效力，它的内容具有根本性和基本性、制定主体地位最高、制定及修改的程序最严格。普通法指根本法以外的法，是在宪法统摄下的其它法，其法律地位和法律效力低于宪法，其制定主体和制定及修改程序都不同于宪法，内容一般仅涉及调整某一类社会关系，如民法、行政法、诉讼法，等等。

3. 实体法与程序法

这是以法的内容侧重的方面不同为标准所作的分类。实体法是指以规定和确认权利和义务、职责和职权为主的法，如民法、刑法、行政法等等。程序法是指以保障实体权利义务得以实施、职责职权得以履行的有关程序为主的法，如民事诉讼法、刑事诉讼法、行政诉讼法、立法程序法，等等。此分类是就其内容所侧重的主要方面而言的，有的实体法内容会涉及程序性的规定，有的程序法中也会到涉及某些权利、义务、职责、职权的规定。

4. 一般法与特别法

这是以法的适用范围不同为标准进行的分类。一般法指的是对一般人、一般事、一般时间、在全国普遍适用的法。特别法是指针对特定的人、特定的事、特定时间、在特定地区适用的法。例如，对人而言，民法典对的是一般人，而继承法针对的是特定的人（继承人和被继承人）；对事而言，民法典规范一般的民事法律行为和事件，而收养法则针对收养这一特殊的民事法律行为和事件；对时间而言，民法、刑法等法在其生效后和废止前总是有效力，而戒严法仅在特定时间内发生效力；对空间范围而言，宪法、法律、行政法规等一般是在全国范围内普遍适用的法，而地方性法规、地方政府规章、自治条例和单行条例、特别行政区和经济特区的法等仅适用于特定地区。这里的一般法和特别法是相对而言的。

5. 国内法与国际法

这是以法的创制主体和适用主体的不同为标准进行的分类。国内法是指由特定国家机关创制的只在本国主权所及范围内适用的法。国际法是指由参与国际关系的不同主权国家或类似国家的政治实体或国际组织创制的一般适用于认可此国际法的国家、政治实体和国际组织的法。

6. 公法与私法

这是通行于大陆法系国家的法的一种分类。对于公法私法的划分标准，学界一直没有统一的认识。古罗马法学家将公法界定为有关国家利益的法，而将私法界定为有关个人利益的法。现代法学一般认为，凡涉及公共利益、公共关系、上下级关系、管理关系、强制关系的法即为公法，凡涉及个人利益、个人权利、自由选择、平权关系的法即为私法。例如，宪法、行政法、刑法等属于公法，而民法、婚姻法、商法等属于私法。劳动法、环境保护法等属于公法与私法的混合法，有人称之为社会法。

7. 普通法与衡平法

这是普通法法系国家法的一种分类。这里的普通法是专指英国在 11 世纪后由法官通过判决形式逐渐形成的适用于全英格兰的一种判例法。衡平法是指英国在 14 世纪后对普通法的修正和补充而出现的一种判例法。

8. 联邦法和联邦成员法

这是实行联邦制国家的法的一种分类，单一制国家没有这种分类。联邦法是联邦中央制定的法，联邦成员法是联邦成员制定的法。各联邦制国家的内部结构和法律关系各不相同，因此其联邦法和联邦成员法的法律地位、适用范围、效力等没有统一的模式，均由各联邦制国家的宪法和法律来规定。

二、我国警察法理论中对法的分类

我国警察法的分类符合法的分类的一般理论，在此前提之下亦形成其特有的分类方式。

学者们一般在警察法体系的语境中研究警察法的分类。法的体系，有时也称为"法律体系"或"法体系"，是指一国现行的全部法律规范按照法律部门的不同分类组合而形成的一个体系化的有机联系的统一整体。基于我国警察法研究者的相关理论，我们认为，警察法体系是指，将我国现行的所有警察法律规范以法调整的社会关系、法的效力层次和范围等为标准，分类组合而形成的有机联系的统一系统，又称警察法的内部结构体系。这里的"类"是集合概念，每一类都包含着一定数量的内容相关的规范性法律文件。

（一）我国警察法理论中各种法的分类

学者们从不同的角度根据不同的标准对警察法的体系做了如下分类。

第一，以警察法调整的社会关系和警察职能为标准，分为警察行政法和警察刑事法。警察行政法指所有涉及警务行政管理关系的警察法律规范，警察刑事法是指调整警察机关及人民警察行使警察刑事职权过程中所引起的警务关系的法律规范的总和。

第二，以警察法涉及的警务内容的不同为标准，分为警察组织法、警察行政管理法、警察刑事执行法、安全防范法、警务保障法、警察监督法等。

第三，以警察法适用的警种为标准，分为公安警察法、国安警察法、司法警察法、监狱警察法等。

第四，以警察法调整的是实体还是程序为标准，分为警察实体法和警察程序法。以规定警察机关的权利义务和职责职权为主的法是警察实体法，如《人民警察法》；以规定保障警察机关的权利义务得以实现和职责职权得以履行的有关程序为主的法是警察程序法，如《公安机关办理行政案件程序规定》和《公安机关办理刑事案件程序规定》；现行警察法中，往往实体法与程序法合为一体，如《治安管理处罚法》等。

第五，以警察法制定主体为标准，分为中央警察法和地方警察法。全国人民代表大会及其常务委员会、国务院、公安部制定的警察法是中央警察法，地方权力机关和政府制定的警察法规范是地方警察法。

第六，以警察法的适用范围为标准，分为一般警察法和特殊警察法。一般警察法适用于一般时间、一般人和全国范围，绝大部分警察法属于一般警察法。特殊警察法适用于特定时间、特定地区、特定人，如戒严法、戒严时期有权机关发布的决定和命令、民族自治地区的警察法等。

第七，以警察法体系的纵横向构成为标准，分为纵向构成的警察法和横向构成的警察法两个序列。纵向构成的警察法是指按照法的制定机关、适用范围和效力层次分类而形成的警察法序列，依效力等级从高至低又分为：宪法、警察法律、警察行政法规、警察部门规章、地方性的警察法规等。横向构成的警察法是指根据法的调整对象和调整范围分类而形成的警察法序列，包括警察组织法、警察刑事法、警察行政法、警务保障法、警察监督法、警察救济法等，其中是否包含有警察民事法和国际警务合作法尚无定论。

也有学者将警察法的体系构成作直接列举分类，代表性的分类有三种。第一种是分成四大类：警务基本法、警察组织法、警察职能活动法（警察刑事法和警察行政法）、警务保障与救济法（警务保障法、警务监督法和警务救济）；第二种分成七大类：警察组织法、警察行政法、警察刑事法、警察民事法、警察救济法、警察监督法、警务保障法；第三种是分成六大类：警察基本法、警察组织法、警察刑事法、警察行政法、警务保障法、警察监督法。[1]

(二) 我国警察法理论普遍的法的分类

学界普遍将我国警察法体系的构成划分为如下几类。

1. 警察基本法

警察基本法是指根据宪法并由最高国家权力机关制定的确立警务活动的性质、任务、原则以及警察组织的基本职权、管理体制、管理原则等警务活动的基本法律规范。《人民警察法》是警察法体系中在宪法统摄之下级别最高的、效力最广的对其他各类警察规范性法律文件起统领和制约作用的法律。由于在警察法体系的总体结构上有《人民警察法》的存在，从而保证了数量众多的警察规范性法律文件在体系内部的有机联系，保证了警察规范性法律

[1] 参见徐武生、高文英主编：《警察法学理论研究综述》，中国人民公安大学出版社 2013 年版，第 101 页。

文件在整体上的统一性和完整性。

2. 警察组织法

警察组织法是规范有关警察机关的性质、地位、任务、职责、权限及各项管理措施，及其内部管理过程中的职权和职责、权利和义务的法律规范的总和。警察组织法由两大部分组成：一类是规范警察机关的设置、体制、权限、编制方面的法律规范，可称为警察组织机构法；另一类是规范警察的录用、选拔、奖惩、辞退等方面的法律规范，可称为警察人员管理法。如《人民警察警衔条例》《公安机关组织管理条例》《公安机关人民警察奖励条例》《公安机关人民警察辞退办法》等。

3. 警察行政法

广义的警察行政法是指涉及警务行政关系的警察法律规范，包括警察对外管理和对内组织管理两大方面；狭义的警察行政法仅指警察机关及其人员对外行使警察行政管理职权的法。这里采用狭义的警察行政法的概念。

警察行政法是警察法的主要部门，其内容广泛，涉及社会生活的诸多方面，分为以下几类。

（1）行政管理综合类的法。是指对所有的行政行为具有普遍约束力的法。警察行政是国家行政管理中的一个分支，警察行政法与所有其他特别行政法一样同一般行政法保持着特别和一般的关系，[1]警察行政管理必然以一般行政法为重要的法律依据。主要的规范性法律文件有：《行政许可法》《行政处罚法》《中华人民共和国行政强制法》（以下简称《行政强制法》）等。

（2）户政管理法。可分为国籍管理法、户籍管理法、居民身份证管理法和流动人口管理法等。规范性法律文件如：《国籍法》《中华人民共和国户口登记条例》（以下简称《户口登记条例》）《中华人民共和国居民身份证法》（以下简称《居民身份证法》）《暂住证申领办法》等。

（3）社会治安秩序管理法。可分为集会游行示威管理法、公共场所治安管理法、禁止赌博、毒品、淫秽物品以及卖淫嫖娼的法等。规范性法律文件如：《集会游行示威法》《治安管理处罚法》《戒严法》《全国人民代表大会常务委员会关于严禁卖淫嫖娼的决定》《娱乐场所治安管理办法》等。

（4）危险物品和特种物品管理法。可分为枪支弹药管理法、刀具管理法、

---

〔1〕　参见高文英主编：《警察行政法》，中国人民公安大学出版社 2016 年版，第 25 页。

危险物品管理法、毒品和淫秽物品管理法等。规范性法律文件如：《枪支管理法》《危险化学品安全管理条例》《民用爆炸物品安全管理条例》《易制毒化学品管理条例》《麻醉药品和精神药品管理条例》等。

（5）特种行业治安管理法。对应公安机关的特行管理职能，可分为保安、旅馆、印刷、旧货、拍卖和典当行业的法等。规范性法律文件如：《旅馆业治安管理办法》《废旧金属收购业治安管理办法》《印刷品承印管理规定》《典当管理办法》等。

（6）道路交通管理法。以道路交通法为核心，可分为车辆管理法、驾驶员管理法、道路交通管理秩序法、道路交通事故处理法等。规范性法律文件如：《道路交通安全法》《报废汽车回收管理办法》《公安部关于印发〈交通警察道路执勤执法工作规范〉的通知》《机动车驾驶证申领和使用规定》《道路交通事故处理程序规定》等。

（7）出入境管理法。是指调整出入境产生的行政管理关系的法，可分为中国公民出入境法、外国人无国籍人入境出境管理法等。主要的规范性法律文件如：《中华人民共和国护照法》《出境入境管理法》《国籍法》《中华人民共和国引渡法》《外国人入境出境管理法实施细则》等。

（8）边防管理法。是指调整出边防行政管理关系的法，可分为边境管理法、海上治安管理管理法、边境检查管理法等。规范性法律文件如：《出境入境边防检查条例》《公安机关海上执法工作规定》《公安派出所执法执勤工作规范》等。

（9）消防管理法。以消防法为核心可分为消防管理法、消防监督法、消防器材设备管理法、消防技术法、消防组织管理法等。规范性法律文件如：《中华人民共和国消防法》（以下简称《消防法》）《森林防火条例》《火灾事故调查规定》《高层建筑消防管理规则》等。

（10）安全保卫类的法。是指调整保卫要害部门及重点工程的安全过程中产生的行政管理关系的法，可分为警卫工作法、计算机信息和网络安全及网络监督法、安全技术防范法等。规范性法律文件如：《全国人民代表大会常务委员会关于维护联网安全的决定》《计算机信息网络国际联网安全保护管理办法》、《安全技术防范产品管理办法》等。

（11）行政强制和处罚法。调整行政强制和行政制裁中发生的行政管理关系的法。主要的规范性法律文件如：《行政处罚法》《治安管理处罚法》《行政强制法》等。

4. 警察刑事法

警察刑事法是指调整警察机关及人民警察行使警察刑事职权过程中所引起的警务关系的法律规范的总和。包括刑法和刑事诉讼法等法律规范。警察刑事法分为两大类。一是刑事实体法类，指与警察履行职责相关的有关罪与刑的规定，主要的规范性法律文件有：《刑法》。二是刑事程序法类，包括：①关于警察立案以及行使侦查权的法，如《刑事诉讼法》《公安机关办理刑事案件程序规定》等；②关于警察行使监所管理权、羁押权和看守权的法，如《监狱法》《中华人民共和国看守所条例》《拘留所条例》等；③关于警察执行剥夺政治权利、管制、缓刑、假释等刑罚的规范性法律文件。

5. 警察民事法

关于警察法的横向构成中是否应包含警察民事法，学界仍有分歧。持否定意见的学者认为，警察法属于公法范畴，调整的是"权力"与"权力"或"权力"与"权利"的关系，即便警察调解民事纠纷或者处理民事案件，也是以公权力的形式介入的，双方地位不具有对等性。持肯定意见的学者认为，警察法包括了警察执法过程中所使用的一切规范性法律文件，警察民事法是指其中所运用的民事法律规范的总称，随着公安改革和执法理念的转变，公安执法工作的外延逐步扩大，公安执法对民事纠纷的介入和对民事法律的运用越来越频繁，民事法律规范中有关公安执法的依据不断增加，警察法理论也应当适应警务实践规律，完善和丰富警察民事法理论。[1]

6. 警务保障法

警务保障是指为实现依法执行警察职务对警察机关给予的条件和提供的保证。警务保障法是调整因警务保障引起的社会关系的法律规范的总和，它规定了警察执行公务保障、后勤保障、人民警察福利及抚恤等内容。警务保障法可分为：①保障警察因职务行为不受妨碍和人身侵害的法，如《人民警察法》《人民警察使用警械和武器条例》等；②关于人民警察的劳保、福利待遇和抚恤的法，如《公安机关人民警察抚恤优待办法》等；③后勤保障法，如《公安派出所装备标准试行规定》等；④警察业务科技方面的法，如《公

---

〔1〕　参见徐武生、高文英主编：《警察法学理论研究综述》，中国人民公安大学出版社 2013 年版，第 101 页。

安部科学技术成果鉴定办法》《公安部科学技术奖励办法》等。

7. 警察监督法

警察监督，是指有监督权的法律主体对警察主体行使权力、履行职责和遵纪守法行为的检查、督导和促进。[1]警察监督法是监督警察权运行的规范性法律文件的总和。加强对公权力的规范、监督和限制，防止公权力滥用是法治国家的要求。警察监督法可分为：①警察督查的法律规范，如《公安机关督察条例》等；②警察执法监督的法律规范，如《公安机关人民警察执法过错责任追究规定》等；③警察受理控告、申诉的法律规范，如《公安机关办理行政复议案件程序规定》等。

8. 警察救济法

警察救济法是调整因警察权行使造成公民、法人或其他组织的合法权利受侵害而给于补救所引起的复议、诉讼和赔偿等法律关系的法律规范的总和。警察救济法可分为：①警察行政复议法律规范，如《中华人民共和国行政复议法》（以下简称《行政复议法》）《公安机关办理行政复议案件程序规定》等；②警察行政诉讼法律规范，如《行政诉讼法》等；③警察行政赔偿法律规范，如《国家赔偿法》；④警察信访法律规范，如《信访条例》《公安机关信访工作规定》等。

【本章引导问题参考答案】

1. 提示：参考"法的渊源"原理，包括制定法渊源与非制定法渊源。

2. 提示一：《道路交通安全法》的解释权应属全国人民代表大会常务委员会，国务院法制办秘书行政司《对有关条款适用问题的意见》第 1 条属不具有法律授权的解释。

提示二：参考"法的渊源"中的"法律解释"和"法的效力规则及警察法效力冲突的解决机制"中的"法律文本优于法律解释"等章节的原理。

3. 提示：参考"我国警察法理论中对法的分类"理论，比对分析本案涉及的法律依据按不同标准分属于哪些不同类别。

---

〔1〕　参见师维、高文英主编：《警察法学》，中国人民公安大学出版社 2014 年版，第 174 页。

【本章思考题】

1. 我国警察法的制定法渊源有哪些？
2. 为何法理能够成为警察法的非制定法渊源？
3. 我国警察法的效力层次是怎样的？
4. 你认为警察法体系中的警察行政法如何分类更合理？

【延伸阅读书目】

1. 余定宇：《寻找法律的印迹》，法律出版社 2004 年版。
2. ［美］博登海默：《法理学——法律哲学与法律方法》，邓正来译，中国政法大学出版社 2004 年版。
3. ［意］切萨雷·贝卡里亚：《论犯罪与刑罚》，黄风译，北京大学出版社出版 2008 年版。
4. 邓子滨：《斑马线上的中国》，法律出版社 2015 年版。
5. 何海波：《实质法治：寻求行政判决的合法性》，法律出版社 2009 年版。
6. 季卫东：《法律程序的意义》，中国法制出版社 2012 年版。
7. 高文英：《我国社会转型期的警察权配置问题研究》，群众出版社 2012 年版。
8. 徐武生、高文英主编：《警察法学理论研究综述》，中国人民公安大学出版社 2013 年版。
9. 胡锦光、韩大元：《当代人权保障制度》，中国政法大学出版社 1993 年版。

【本章参考文献】

1. ［美］博登海默：《法理学——法律哲学与法律方法》，邓正来译，中国政法大学出版社 2004 年版。
2. 张文显主编：《法理学》，法律出版社 2004 年版。
3. 张彩凤、程华主编：《法理学》，群众出版社 2007 年版。
4. 周农、张彩凤主编：《法理学》，中国人民公安大学出版社 2013 年版。
5. 高文英、姚伟章主编：《警察法学教程》，中国人民公安大学出版社 2005 年版。
6. 师维、高文英主编：《警察法学》，中国人民公安大学出版社 2014 年版。
7. 徐武生、高文英主编：《警察法学理论研究综述》，中国人民公安大学出版社 2013 年版。
8. 高文英主编：《警察行政法》，中国人民公安大学出版社 2016 年版。

9. 和洪主编:《警察行政法教程》,中国人民公安大学出版社 2012 年版。

10. 聂福茂、余凌云主编:《警察行政法学》,中国人民公安大学出版社 2005 年版。

11. 姜明安主编:《行政法与行政诉讼法》,北京大学出版社、高等教育出版社 2004 年版。

12. 关保英:《行政法教科书之总论行政法》,中国政法大学出版社 2005 年版。

13. 国务院法制办公室编:《中华人民共和国公安法典》(第 2 版),中国法制出版社 2011 年版。

14.《人民警察常用法律法规全书》(第 2 版),中国法制出版社 2013 年版。

第四章
警察法基本原则

【内容摘要】

警察法的基本原则具有统摄警察执法活动的功能，对警察执法或者警察权的行使具有指导意义。我国警察法基本原则体系虽然与一般行政法和刑事诉讼法的原则体系有共同的一面，但也有自己的特征，这些警察法基本原则的确立与贯彻，与我国的历史传统和国情相适应。本章选择了警察法中较有特色的尊重和保障人权的原则、依靠群众与专群结合原则、比例原则、公正公开原则、公共性原则和权宜原则展开分析，期待这样的研究对于丰富我国警察法基础理论有所裨益。

【重点提示】

1. 警察法基本原则体系
2. 依法行使职权原则
3. 尊重和保障人权原则
4. 依靠群众与专群结合原则
5. 公共性原则
6. 比例原则

第一节　警察法基本原则概述

【引导案例】

某日，一木材厂的职工按时到厂上班。厂财务科会计李某第一个来到办公室，开门后发现保险柜被打开，并丢失现金及支票若干。他立即向厂保卫科报告。保卫科派员来现场查看，经初步了解被盗现金有 10 万元。厂领导立即报案。公安机关在接到报案后答复木材厂：公安机关正处于打黑除恶的攻坚阶段，警力严重不足，你厂保卫科力量很强，现将此案侦查权授予你厂保卫科，请你们组织力量，按《刑事诉讼法》的规定对此案进行侦查，我们将大力协助你们。

【引导问题】

1. 厂保卫科有权按《刑事诉讼法》的规定对此案进行侦查吗？
2. 如何理解打黑除恶与依法行使职权原则的关系？
3. 如何理解打黑除恶与权宜原则的关系？

一、警察法基本原则的概念和意义

警察法基本原则，是指履行警察职责、行使警察权力应当遵循的基本行为准则，它贯穿于整个警察执法过程或主要执法阶段，对警察权的行使具有普遍指导意义。我国警察法的基本原则反映了中国警察法的基本内容和特征，它对于保证警察执法的顺利进行、达成警察机关的任务，有重要意义。

（一）有利于警察法制的统一、协调和稳定

警察执法领域的广泛性、多样性和复杂性，决定了警察法律、法规的数量多、内容广、体系庞杂。但是这样广泛、多样、庞杂的警察法律规范中所体现的基本原则是统一的。警察法基本原则是制定和认可各种警察法律规范的基本依据，对于警察立法具有纲领作用，同时由于警察法律体系的庞杂，也只有以基本原则为指导的立法，才能使警察法体系和谐统一。

（二）有利于在实践中贯彻和掌握警察执法的各项制度和程序

警察法基本原则是对警察执法中重要问题的概括和总结，警察法律法规中关于警察职责权限和执法活动和程序的规定，是基本原则的具体化。因此，领会警察法基本原则的精神，便于理解关于具体执法行为和执法程序规定的立法原意，便于理解、掌握和遵守警察法的具体制度和程序。

（三）弥补现行法律法规的不足，便于解决警察执法中出现的新问题

虽然警察法律法规条文多，但一些应该规定的问题没有规定，而且条文

与条文之间不太协调的现象仍然存在，因而在警察执法实践中，肯定会存在无法用具体条文解决的新问题，出现需要适用法律而无具体条文可资利用的尴尬情况。在这种情况下，遵守警察法基本原则所规定的精神，就能够在一定程度上解决新的问题和矛盾。因此，警察法基本原则可以弥补现行法律、法规的不足，可以作为执法人员解释法律法规的依据，从而可以更准确地把握具体规定精神，从而有利于更好地执法。

二、警察法基本原则的体系

警察法基本原则是指导有关警察立法和实施的根本原理或基本准则，其核心内容是有关警察权的配置与运行过程中应当遵循的基本规则。因此，警察法基本原则体系的构建应当是以警察权行使的基本原则为核心，是国家法律规范警察权运行的基础和依据。

我国警察法基本原则体现在《宪法》《人民警察法》《刑事诉讼法》《治安管理处罚法》等法律的相关规定中，是由多项原则组织而成的规范体系。宪法是国家的根本大法，它规定了警察权行使的基本原则。我国《宪法》规定的有关警察权行使原则有：依靠群众原则（第 27 条）；尊重和保障人权原则（第 33 条）；公、检、法三机关分工负责，互相配合，互相制约原则（第 135 条）等。《人民警察法》第 3 条至第 5 条规定了警察权行使的基本原则，即群众路线、[1] 依法行使职权、[2] 依法执行职务受法律保护[3] 等原则。《刑事诉讼法》第 3 条至第 17 条规定了我国刑事诉讼中的基本原则和制度，涉及警察权行使方面的基本原则主要包括：侦查权、检察权、审判权由专门机关依法行使；严格遵守法律程序；依靠群众；以事实为根据，以法律为准绳；公、检、法分工负责，互相配合，互相制约等。

关于警察法基本原则的体系有不同观点。有的学者认为警察法基本原则包括公共原则、比例原则、救济原则和警察责任原则、正当程序原则，并从完善角度提出警察权行使原则还应当包括警察权的司法控制原则、及时高效

---

〔1〕《人民警察法》第 3 条：人民警察必须依靠人民的支持，保持同人民的密切联系，倾听人民的意见和建议，接受人民的监督，维护人民的利益，全心全意为人民服务。

〔2〕《人民警察法》第 4 条：人民警察必须以宪法和法律为活动准则，忠于职守，清正廉洁，纪律严明，服从命令，严格执法。

〔3〕《人民警察法》第 5 条：人民警察依法执行职务，受法律保护。

和有效原则、法定原则、平等对待原则、制约原则和权力救济原则等。还有学者认为警察权原则应当包括合理原则、比例原则、公正原则、正当法律程序原则、公开原则、效率原则以及维护社会秩序与公共安全和保障公民权利原则等。笔者认为，我国警察法基本原则应当是我国警察执法长期经验的总结，反映出我国警察执法制度的基本特点，它必须对于保证警察执法质量，实现警察机关的任务，具有重要意义。基于此，笔者认为，警察法基本原则包括依法行使职权原则、人权保障原则、公正公开原则、比例原则、公共原则、权益原则和责任原则。

警察法的各项基本原则是一个互相关联、互相统一的整体，其中任何一项原则遭到忽视，必然影响对其他有关原则的贯彻；违背其中任何一项原则，都是对警察法治的严重破坏。因此，对于警察法的各项基本原则，必须准确理解，认真贯彻执行。

第二节　警察法的基本原则

【引导案例】

某日深夜，×市东城区派出所副所长胡某和民警小王驾警车在其辖区内巡逻。在郊外远离居住区的偏僻处发现一辆车灯关闭着停在路边的卡车。发现车内一男一女，胡某下车欲行盘问。未等其靠近，卡车突然发动，想要逃避盘查。胡某和小王一看，以为有重大嫌疑，忙驾车追赶。卡车直接开往附近的高速公路，警车亦紧追不舍。两车的这种追击状态持续了十几分钟，行程达几十公里。然而，当卡车行至一岔路口时因拐弯不及时，撞在路旁的树上。司机当场死亡，车上另外一名女子也深受重伤。后经查明，卡车司机系一年仅19岁的建筑工人，车内的女子是他的女朋友。当问及为何不接受警方的盘查，而驾车逃跑时，其女友回答说，主要是怕惹麻烦，多一事不如少一事。还有就是他们怕被送到派出所挨打。

车祸发生后，当事人家属认为，胡某超越职权，违法追击，是导致当事人死亡的直接原因。因此，当事人家属向法院提起行政诉讼，同时要求追究胡某等人的刑事责任。

【引导问题】

如何理解警察执法过程中的比例原则?

通常认为,警察权的行使包括警察行政权和警察刑事权两个主要部分,因此行政法与刑事诉讼法中的部分基本原则同样也是警察法的基本原则。但正是由于警察权的双重属性以及警察权本身特有的特殊强制性,使得警察法的基本原则又具有了自身的特点。

一、依法行使职权原则

(一) 本原则的基本含义

依法行使职权原则也称警察法的法治原则,是法治原则在警察执法领域的体现。法治原则要求:职权的设立和运行必须由法律授权,并依据法律规定进行。法治原则的主要内容包括职权法定、行为及其内容法定、程序法定和责任法定。职权法定,通常是指权力的来源与行使都必须具有明确的法律依据,否则越权无效。行为及其内容法定,是指行使的权力的类别和形式必须由法律严格规范,比如,法律法规对权力的行为条件、行为方式、行为度以及行为时空范围等行为要素均有明确的规定,同时为了兼顾法律法规的统一性与社会生活的复杂性,授予执行机关一定的自由裁量权。程序法定,是指权力的行使必须严格按照法律规定的程序,尤其是涉及对他人的人身、财产和权利自由的限制与剥夺时,必须听取当事人的意见。

根据法治原则的精神,警察法中依法行使职权原则的含义,具体可以表述为:警察机关及其人民警察必须在法律规定的职权范围内,依法全面履行职责,接受执法监督,并依法承担不执行法律的法律责任。这一概念包括了以下几层含义:一是行使职权的主体是警察机关及其人民警察,其他任何单位和个人在没有法律授权的情况下都没有警察执法权;二是警察机关及其人民警察必须依法履行职责,既要严格遵守实体法,也要严格遵守程序法;三是警察机关及其人民警察必须全面履行职责,既不能越权作为,也不能失职不作为或者消极作为;四是警察机关及其人民警察的执法活动必须接受监督;五是警察机关及其人民警察必须承担不严格执行法律的责任。

（二）本原则在警察执法中的具体要求

依法行使职权原则的前提条件是"有法可依"。亚里士多德认为，法治的基本要素有两个：一是要有完善的、良好的法律体系，二是全体社会成员要有法律至上的理念，法律得到严格的遵守。法律是警察权主体据以活动和人们对该活动进行评价的标准。在警察执法实践中，依法行使职权原则至少包括以下几个方面的具体要求：

第一，主体资格合法，执法者素质合格。[1]主体资格合法要求执法者必须具备执法主体资格，不允许不具有执法主体资格的人员从事执法活动，这是职权法定原则的具体体现。警察权主体必须严格按照法律的授权执法，法律没有授权的事项，就没有执法权，法律规定由其他执法机关负责的事项，就不能越权。越权执法在实践中主要包括超越职能管辖和超越地域管辖两大类：超越职能管辖是指警察执法主体对于不属于本部门管辖的事项行使管辖权；超越地域管辖是指警察执法主体对于属于本部门管辖但是不属于本单位管辖的事项行使执法权。对执法人员而言，必须具有合格的执法人员身份，同时必须在其职责范围内执法。

第二，遵守法律规定，实体法和程序法并重。依法行使职权原则要求：警察机关及其人民警察严格依照法律规定办事，这里的法律规定既包括实体法也包括程序法。实体法与程序法是有机统一的整体，严格遵守法定程序是实现实体正义的重要保障。在执法实践中，存在着片面追求实体结果合法、漠视执法结果的求证过程，缺乏程序意识、证据意识等情况。如应当通知相对人的不通知，应当告知相对人权利的不告知，没有严格遵守执法记录等。遵守法律规定，实体法和程序法并重要求执法人员的每个执法行为严格依法进行，做到执法行为统一、规范。

第三，积极履行法定职责，防止不作为和消极作为。依法行使职权原则不仅要求警察权主体的职权、行为和程序严格依据法律的授权，遵守法律的规定，不越权，同时也要求执法人员要主动积极履行法定职责，积极作为，防止不作为和消极作为。

依法行使职权原则，总的来说，就是要求警察严格依法办事，警察执法

---

〔1〕 参见公安部人事训练局和公安部法制局编著：《公安机关执法规范化建设基础教程》，群众出版社2009年版，第29页。

活动应有法可依，严格按照法律规范进行，违背法律规定的行为要受到法律追究并承担相应的法律责任。值得注意的是，这里所讲的"法律"，是广义上的概念，不仅包括全国人民代表大会及其常务委员会制定的宪法、法律，还包括国务院制定的行政法规，有权的地方人民代表大会及其常务委员会制定的地方性法规、自治条例和单行条例，国务院各部委及其一些直属机构制定的规章，以及省、自治区、直辖市和设区的市的人民政府制定的规章。

二、尊重和保障人权的原则

（一）本原则的法律依据和主要内容

1991 年 11 月 1 日，国务院新闻办公室发表了《中国的人权状况》白皮书，首次以政府文件的形式正面肯定了人权概念在中国社会主义法治发展中的地位。2004 年 3 月 14 日，第十届全国人民代表大会第二次会议通过宪法修正案，在现行《宪法》第 33 条增加"国家尊重和保障人权"的内容，作为本条的第 3 款。现行《治安管理处罚法》第 5 条也明确规定了"尊重和保障人权，保护公民的人格尊严"。2012 年 3 月 14 日，第十一届全国人民代表大会第五次会议通过的《关于修改〈中华人民共和国刑事诉讼法〉的决定》，把"尊重和保障人权"加入《刑事诉讼法》第 2 条。目前，我国根据宪法规定而制定的同人权有关的法律文件约有 1000 余件，它们为人权的实现提供了具体的立法保障。

人权是一个社会历史范畴，不同社会、不同阶级有不同的人权观。在人权的内涵与标准方面，西方社会与发展中国家常常存在分歧。西方社会谈论人权问题，往往聚焦于维护个人权利的层面，并以此作为人权的普遍标准。包括中国在内的广大发展中国家认为权利实现是一个不可分割的整体，其中生存权、发展权是最基本的人权，并且各个国家由于其社会历史条件不同，在人权的价值认知和排列以及人权的实现方式上，势必呈现出不同特点和个性。根据我国宪法的规定，公民享有的人权主要有：平等权、选举权和被选举权、言论、出版、集会、结社、游行、示威权，宗教信仰自由权、人身自由权、人格尊严权、住宅不受侵犯权，通讯自由权、批评建议权，劳动权、休息权，社会保障权，受教育权，文化自由权，婚姻自由权等。我国《宪法》第 33 条规定的"国家尊重和保障人权"，表明了我国对人权的基本态度，它要求在国家和社会生活的各个领域，都必须尊重和保障人权，这当然也包括与人民群众生活息息相关的警察执法领域。

根据《宪法》《治安管理处罚法》和《刑事诉讼法》等法律的规定，尊重和保障人权原则对警察执法活动的主要要求包括：[1]

第一，保障人民群众共同的普遍人权。生存权和发展权是首要的基本人权，反映到警察执法活动中，就是要切实保障人民群众的生命健康权和财产权，具体来说就是要做到：一是及时有效地预防和打击各种违法犯罪活动；二是公平公正、及时有效地处理人民群众的权益争议。

第二，尊重和保障个人人权。执法机关在执法、管理和办案中要依法办事，尊重和保障当事人的合法权利，发挥执法机关对社会主义人权保障事业的推进和保障作用。具体而言，就是要保障相对人的合法权利，保障违法犯罪嫌疑人、被告人、罪犯的合法权利，保障被害人的合法权利。

第三，保障特殊群体的人权。我国《刑法》《刑事诉讼法》《治安管理处罚法》等法律也为保护特殊群体人权作出特别规定。例如《刑事诉讼法》规定，对于不满十八周岁的未成年人犯罪的案件，在讯问和审判时，应当通知犯罪嫌疑人、被告人的法定代理人到场；应当逮捕的犯罪嫌疑人、被告人，如果患有疾病，或者正在怀孕、哺乳自己婴儿的妇女，可以采取取保候审或者监视居住的办法。执法机关在执法时，应当严格遵守有关规定，对特殊群体给予更多关爱，使他们权利得到切实保障。

（二）本原则在警察执法中的意义

尊重和保障人权在警察治安行政处罚和刑事侦查活动中非常重要。警察治安行政处罚和刑事侦查活动，主要是公安机关在当事人和其他相关人的参加下，依照法定程序揭露违法犯罪、证实违法犯罪，确定违法犯罪嫌疑人违法或法律责任的有无和大小，并对应当负法律责任的人处以应得行政处罚或移送起诉的活动。警察治安行政处罚和刑事侦查措施是一柄双刃剑，它是保护权利最得力的工具，也常常是侵犯人权最厉害的手段。为使这柄"双刃剑"有利而无害，必须对它加以严格的约束。在警察治安行政处罚和刑事侦查活动中，甄别有无违法犯罪、违法犯罪人与无辜者，是最重要的内容。因此，

---

〔1〕 本部分参阅公安部人事训练局和公安部法制局编著：《公安机关执法规范化建设基础教程》，群众出版社 2009 年版，第 55~58 页。

作为规定治安行政处罚和刑事侦查程序的法律，既应当有打击违法犯罪、保护社会秩序的功能，也应当有尊重和保障人权的功能；既应当有保证警察机关及其人民警察依法行使职权的功能，也应当有避免因警察权的滥用而使当事人，尤其是违法犯罪嫌疑人的合法权益受到侵害的功能。因而，人权保障是警察法的主要功能之一。

三、依靠群众与专群结合原则

（一）本原则的法律依据以及基本含义

警察执法必须依靠群众，是指警察机关在执法过程中，要坚持群众路线和群众观点，注意借助群众的智慧和力量，采取向群众进行调查研究等工作方法，完成警察法规定的任务。警察执法本身的特性决定，警察执法必须坚持专门工作与群众路线相结合。特别是在维护社会治安秩序、打击违法犯罪过程中，健全社会治安组织动员机制，实行社会治安群防群治，推动社会治安社会化治理。我国《人民警察法》第3条规定："人民警察必须依靠人民的支持，保持同人民的密切联系，倾听人民的意见和建议，接受人民的监督，维护人民的利益，全心全意为人民服务。"我国《刑事诉讼法》第6条规定："人民法院、人民检察院和公安机关进行刑事诉讼，必须依靠群众"，这是依靠群众与专群结合原则的法律依据。

依靠群众进行警察执法，是由我们国家的性质决定的。我国《宪法》第27条第2款明确规定，一切国家机关和国家工作人员必须依靠人民的支持，经常保持同人民的密切联系，倾听人民的意见和建议，接受人民的监督，努力为人民服务。依靠群众进行警察执法，是警察执法工作自身的需要。维护社会治安秩序，揭露证实违法犯罪是一项十分艰巨、复杂的工作。违法犯罪嫌疑人混迹于社会中，公安机关要将他们从广大群众中分辨出来，的确是一件不容易的事情。但是，正是由于违法犯罪嫌疑人生活于群众中，其实行的违法犯罪行为及违法犯罪前后的可疑举动，必然难逃群众的耳目。只要坚持依靠群众，深入群众调查研究，就有利于发现违法犯罪线索，取得违法犯罪证据，尽快查清案件事实。同时，在警察执法中依靠群众，倾听群众意见，接受群众监督，还有利于正确适用法律。

（二）本原则在警察执法中的具体要求

在警察执法实践中，正确理解和贯彻执行依靠群众原则，必须注意以下几点：

第一，要具有相信群众的观念，学会做群众工作的方法。人民警察深入群众，要根据被调查者的具体情况，采取相应的方法和策略。对于有思想顾虑的证人或其他知情人，要做耐心的思想工作；如果调查事关被调查者的隐私，应当注意保守秘密；对于群众提供的情况，应当采取分析的态度，善于去粗取精、去伪存真，既不能完全不信，亦不能盲目相信。

第二，严格依法办事，在执法过程中妥善处理依靠群众与进行专门工作的关系。只有严格依法办事，才能取信于民，得到他们的支持，公安机关如果有法不依、执法不严，就会损害其在群众心目中的地位和威信，最终会失去人民的拥护。公安机关是行政和刑事执法的主体之一，它们享有广泛的职权，如立案、许可、处罚、侦查、执行及采取一系列的强制措施等。在执法过程中依靠群众，绝不意味着让群众代替公安机关去进行这些活动，也不意味着把公安机关的职权交给群众行使，而是要把公安机关的专门性工作和依靠群众巧妙结合起来，既要保证治安处罚、强制措施、侦查权由公安机关行使，又要发挥群众参与、监督警察执法的主动性、积极性，保障公安机关及人民警察的执法行为少犯错误，提高办案质量。

四、比例原则

（一）本原则的产生与发展

比例原则最早产生于十九世纪德国的警察法，是为限制警察权力的行使而提出的。起源于德国警察法的比例原则的最初涵义，是指警察权力的行使只有在必要时才能限制人民的权利，也即警察在对人民作出任何不利之处分时，都必须以侵害人民权利最小方式为之。所以，比例原则又被称为"最小侵害原则""禁止过度原则"。比例原则虽然最初产生于警察法，但此后不断向行政法学扩展。德国行政法学家麦耶（Otto Mayer）于1895年出版的《德国行政法》第一册即主张"警察权力不可违反比例原则"。1923年同书第三版认为"超越必要性原则即属违法的滥用职权行为。" 20世纪另一位德国行政法学者弗莱纳（F. Fleiner）在其《德国行政法体系》一书中提出名言："不可用大炮打小鸟"，用以比喻警察行使权力的限度。随后德国的行政立法和行政司法实践对比例原则都有明确的规定和适用。如1931年6月1日的《普鲁

士警察行政法》规定，警察处分必须具有必要性方属合法，同时于第 14 条对
必要性予以定义："若有多种方法足以维护公共安全或秩序，或有效地防御对
公共安全或秩序有危害之危险，则警察机关得选择其中一种，惟警察机关应
尽可能选择对关系人与一般大众造成损害最小方法为之"。[1]此规定后被德国
各邦广泛采纳。除德国外，一些国家也将此基本原则以法律明文规定。如
《荷兰行政法通则》第三章第 4 条规定："某个行政命令对一个或更多的利害
关系人产生不利后果，这不利后果须与命令的目的相当。"[2]在法国，行政
法院对警察权力行使过程中如何平衡公共秩序的需要和公民自由的保障从多
方面予以监督，其中有关目的性、必要性和比例性的监督则属典型的比例原
则。《葡萄牙行政程序法典》第 5 条规定："行政当局的决定与私人权利或受
法律保护的利益有冲突时，可在对拟达致的目标系属适当及适度的情况下，
损害这些权利或利益。"[3]

比例原则在大陆法系国家的行政法中有着极其重要的地位。同样在我国
的台湾地区比例原则也得到了立法、司法和学术上的广泛适用和重视。在立
法上，如 1999 年通过的"行政程序法"规定："行政行为应依下列原则为之：
（一）采取之方法应有助于目的之达成；（二）有多种同样能达成目的之方法
时应选择对人民权益损害最少者；（三）采取之方法所造成之损害不得与欲达
成目的之利益显失均衡。"在司法中，我国台湾地区已有援引比例原则进行司
法审查的判例。在学术研究中，比例原则在多个行政法、警察法的学术著作
中有较多的介绍。比如我国台湾地区学者李震山在其译著《西德警察与秩序
法原理》中就警察行为之原则写道："警察于行使选择裁量时，受到一般性原
则之拘束，即合法性、必要性、合比例性及确定性原则，警察法通常都将这
些原则以明文规定。"为支持这一观点，李震山先生还援引《普鲁士行政法》
第 41、49 条的规定作为法律依据和方法选择。第 41 条的规定为："非依警察
命令或依特别法所作之警察处分，惟有是为排除公共安全或秩序上之滋扰或
具体案件上为防御即对公共安全或秩序造成之危害，属必要时，方为有效。"
第 49 条规定为："为排除公共或秩序上之滋扰或为有效防御警察危害有多种

---

〔1〕 皮纯协主编：《行政程序法研究》，中国人民公安大学出版社 2000 年版，第 95~97 页。
〔2〕 皮纯协主编：《外国行政程序法汇编》，中国法制出版社 1999 年版，第 457 页。
〔3〕 皮纯协主编：《外国行政程序法汇编》，中国法制出版社 1999 年版，第 475 页。

方法时，警察官署采行为其一为已足，其处分应选择对关系人或大众，危害最小之方法，若关系人请求使用另一同样能有效防御危害之方法时应允许之，请求应在未提起行政诉讼前之期间内行之。"所以我国台湾地区学者陈新民先生认为，比例原则是拘束行政权力违法最有效的原则，其在行政法中的角色如同"诚信原则"在民法中的角色一样，二者均可称为相应法律部门中的"帝王条款"。[1]

(二) 本原则在警察执法中的具体要求

比例原则在我国的警察法律文件中常被表述为"权力行使适度原则"，[2]或者如《人民警察使用警械和武器条例》第 4 条："人民警察使用警械和武器，应当以制止违法犯罪行为，尽量减少人员伤亡、财产损失为原则。"在警察法领域，目前有关比例原则的通说认为，警察机关实施警察行为应兼顾执法目标的实现和保护相对人的权益，如果为了实现执法目标可能对相对人权益造成某种不利影响时，应使这种不利影响限制在尽可能小的范围和限度，使二者处于适度的比例。也就是说，实施警察权的手段和行使警察权的目的之间应存在一定的比例，警察机关的警察行为除符合执法目的不得超越必要范围外，尚须与达成的执法目的之间保持一定的比例，否则便属于滥用警察权的违法行为。概言之，比例原则在警察执法中的具体要求体现在以下三个下位原则中：[3]

第一，妥当性（适当性）原则。妥当性原则是指警察执法行为对于实现执法目的、目标是适当的。妥当性原则是从执法目的上来规范警察权力与警察执法主体所采取的措施之间的比例关系。如果警察权力的行使不是为了达到法定目的，或者达不到法定目的，则违反了妥当性原则，也就违反了比例原则。

第二，必要性（最小侵害）原则。必要性原则是指警察执法行为应以达到警察执法目的、目标为限，不能给相对人权益造成过度的不利影响，即警察权的行使只能限于必要的度，以尽可能使相对人权益遭受最小损害。必要

---

〔1〕　陈新民：《行政法总论》，三民书局 1995 年版，第 64 页。

〔2〕　如，2016 年 12 月《人民警察法（修订草案稿）》第 8 条（权力行使适度原则）：人民警察行使权力应当与已经或者可能造成的危害的性质、程度和范围相适应；有多种措施可供选择的，尽可能选择对公民、法人或者其他组织合法权益造成最小侵害的措施。

〔3〕　参阅陈新民：《行政法总论》，三民书局 1995 年版，第 62 页。

性原则是从法律结果上来规范警察权力与其所采取的措施之间的比例关系。所以，必要性原则的运用必须满足一个前提和一个条件。前提是妥当性原则首先运用，条件是存在着多个能达成目的的手段。在执法目的与执法手段符合比例的情况下，在符合比例的手段中必须选择对人民权利最小损害的方法。也可以说，已经没有任何其他方法能给人民造成更小侵害的措施来取代该项措施了，正如中国人常说的"杀鸡焉用宰牛刀"。

第三，比例性原则。指警察执法行为的实施应衡量其目的达到的利益与侵及相对人的权益两者孰轻孰重，只有前者重于后者，其行为才具合理性，警察执法行为在任何时候均不应给予相对人权益以超过执法目的、目标本身价值的损害。比例性原则是从价值上规范警察权力与采取警察措施之间的比例关系。换言之，警察机关即使采取了适合且最小侵害手段以试图完成其追求的目的，但是若是该手段所侵害的人民的利益，与所追求之目的下所保护的公共利益相比，受侵害的人民的权利所彰显的法益显然大于警察机关所欲加以保护的公共利益时，警察机关的该项措施则仍因违反比例原则构成违法。

（三）比例原则在警察权行使中的功能

比例原则在警察权行使中的功能主要表现在五个方面：

第一，正义功能。比例原则是从法治国原则中演绎出来的。比例原则要求警察机关在行使警察权行为时，通过公共利益与个人利益、公共秩序与个体义务的斟酌、平衡，既实现法律的目的、目标和宗旨，又使相对人的利益得到最大保护，充分体现法律的正义价值。

第二，规制功能。比例原则的提出主要源于限（规）制自由裁量权的考量（虑），自由裁量权的正当行使，会极大地提高警察执法行为的效率，产生较好的效果，但如果滥用，则会给社会公共利益或个人利益带来损害。比例原则对自由裁量权的规制功能要求：警察机关在行使自由裁量权时要仔细斟酌、综合平衡，充分实现公共利益与个人利益的协调，以实现法律赋予的自由裁量权的真正价值。

第三，效益功能。比例原则要求行使警察执法权时，要以最小的投入，收到最大的效果。所以警察机关在执法时，应当以最适当、最快捷的程序求得最大的效率。

第四，秩序功能。比例原则以牺牲相对人较小利益求得最佳执法效益的精神，必然会消除相对人的不满情绪，增强公民对政府的信任，社会关系也会更加融洽。

第五，保护功能。比例原则所具有的保护功能可以从三个方面理解：一是在立法方面可以避免过分追求执法目的而忽视公民私人利益的法律、法规出台，从而从立法上实现比例原则的保护功能。二是在警察权行使方面可以控制和减少违法和自由裁量权的滥用，从而从执法上实现比例原则的保护功能。三是在法制监督方面可以为具有监督权的机关提供监督的标准，从而使法制监督落实到实处，从法制监督上实现比例原则的保护功能。

比例原则虽然产生并发展于外国，但其具有的功能以及所反映出的科学性是无国界的。比例原则所体现的法律的正义价值、体现的法律目的和执法宗旨、体现的公共利益的价值和对公民个人权利的保护等，必然能够适应我国依法治国、建立法治国家的需要。因此，我们在探讨我国警察法基本原则时，考虑比例原则在我国警察执法领域中的适用性十分必要。

五、公正公开原则

（一）公正原则

1. 本原则的含义和主要内容

简单地说，公正就是"公平正直，没有偏私"。公正原则体现在警察权行使的全过程，内容包括权力行使目的公正、权力行使的过程公正和权力行使的结果公正等。目的公正是指警察权行使的目的和动机要符合立法目的和精神，符合公平正义等法律理性，还应当注意社会效果。执法过程公正是指警察权行使行为要遵守正当法律程序，在尽可能扩大当事人参与的程度和范围、最大限度地保障当事人的各种法律权利的前提下，还要力求警察权行使行为的及时高效，避免因权力懈怠而对当事人合法权益造成的危害。结果公正是指警察权行使的结果要在以事实为依据、以法律为准绳的前提下，做到过罚相当、合理考量、平等对待、合乎比例、诚实信用。

公正原则作为警察权行使的另一具有特性的基本原则是基于警察权行使的特性考虑的。警察机关在警察权行使中虽然也拥有自由裁量权，但由于警察权行使直接关系到公民的切身利益，因此实践中警察的自由裁量权往往受到严格的限制。这种限制主要体现在近些年开展的警察执法规范化建设，细化警察执法程序方面。因此，笔者认为，在警察权行使中，树立正确的执法理念，明确执法的公正原则具有十分重要的现实意义。

2. 本原则在警察执法中的体现

公正原则应当体现在警察执法的全过程，其中如何衡量结果公正、如何处理实体公正和程序公正、个案公正和社会公正的关系尤为重要。从理论而言，结果公正一般要求警察处理好以下两个方面的关系：一方面对待相对人应当公平，一视同仁，相同情况同样处理，不同情况不同处理；另一方面还要正确把握公正的判断标准，在做出具体行为时，要充分考虑千差万别的具体情况、具体细节和背景，在综合分析的基础上力求执法结果适当、公正，确保执法质量。当然这就涉及判断方法问题。执法实践中比较的方法、普通人认知和是否避免了偏私和偏见是三种常见的有效方法。比较方法通常有横向和纵向两种。横向比较是不同地区、不同执法主体同样执法行为之间的比较；纵向比较方法，即在同一地区同一执法主体的不同执法行为之间进行比较。由于不同地区执法者素养、具体情形差异较大，因此普遍认为使用纵向比较方法较为科学。运用普通人认知标准，是指当多数具有普通认知标准的公众认为一个执法行为的结果不公平时，这个执法结果就是不公平的。如何避免偏私和偏见两种情形？多数人认为，偏私可以通过法律程序中的回避制度有效避免，但偏见问题在法律程序制度设计上尚无有效方式。执法实践中，地域之间的偏见、阶层之间的偏见还时有发生。

此外，如何处理实体公正和程序公正、个案公正和社会公正的关系在警察执法实践中也十分重要。一般而言，实体公正和程序公正两者是辩证统一的关系，实体公正是程序公正的价值追求，程序公正是实体公正的重要保障。因此，警察执法实践中，要避免"重实体、轻程序"的现象，严格按照警察权行使的程序开展执法，但也要避免矫枉过正的情况，不能机械走程序来敷衍程序公正的要求。在处理个案公正和社会公正方面，社会公正属于一般公正，个案公正属于个别公正，社会公正反映了立法活动的意志，个案公正是执法活动的具体追求，通常两者是统一的。但由于法律自身的局限性，个别公正与社会公正有时也可能存在冲突。因此，警察执法活动中，首先要严格依法办事，不得以一般公正否定法律。如果法律确实有违一般公正，从而导致执法过程中个案的不公正，应当通过立法活动来纠正，而不应当通过具体职权行使活动来纠正。因为，公正具有抽象性，难以把握，容易因执法者的差异而产生争论。如果每个人都用一般公正来否定法律，法治就会失去秩序。

之所以将公正原则作为警察法的一项原则，主要是由于警察权行使对象的特殊复杂性。当前社会治安形势的日益复杂，新的违法行为的形式也不断出现。面对复杂的治安形势，立法机关已很难有足够的时间和经验来制定详尽、周密的法律，不得不在法律上和事实上承认警察机关有一定程度的行为选择权。一方面是实现警察执法的目的，必须允许一定程度的行为选择权，另一方面对警察行为选择权又不能不加以适当的约束，否则这种行为选择权就会被滥用。正是这种需要，公正原则得以产生。在面临行为选择时，必须使其行为内容符合立法目的，遵守警察权运行的基本原则。

（二）公开原则

1. 本原则的含义和主要内容

公开原则，亦称公民知情原则。这是指对于警察作出的对外行为，任何受到其影响的个体都应当有机会获得相关的信息。这些信息的获得对于公民而言是至关重要的，它直接关系到公民对程序的参与，关系到公民意见的表达，关系到公民实体权利的保障。没有知情权，警察主体与相对人之间会由于缺少沟通和交流而更多地表现为一种直接对立关系，这将影响相对人对警察职权行使的合作。此外，公民知情原则无论对公民个人权利保障，还是对于约束和限制警察权的滥用都是必要的。当然公开原则也存在一些例外，例如对涉及国家秘密或个人隐私、商业秘密的内容不得任意公开，这在各个国家都是通例。公民知情原则要求警察权行使所采取的公开方式是有效的，能保证公民及时获得相关信息。对社会公众普遍需要知晓的信息，有效的方式包括媒体报道、刊载、公告、网络发布等。对特定相对人需要知晓的信息，有效的方式包括阅览卷宗、表明身份、告知、说明理由等。

2. 本原则在警察执法中的具体要求

通常而言，警察执法中的公开原则包括四个方面的内容，即依据公开、职权主体和具体执法人员身份公开、程序公开、结果公开。

第一，执法依据公开。警察权行使严格依法，这里的法是广义的法，包括法律法规和规章，也包括上级机关制定的各种规范性文件。但警察机关内部的适法意见是否应当公开，是有争议的。警察权行使实践中，为了规范警察权行使行为、帮助警察更好地理解和适用法律，通常会制定一些法律适用意见等文件，这些文件有一个特点，即往往是在法律法规的基础上，对警察做出了更为严格的要求，且对执法警察具有约束力。对此部分人认为，这些适法意见仅是作为一种内部工作指导，并非直接来源于所要依据的法律法规，加之对执法警察的约束力也是基于上下级隶属关系，如果公开很可能额外增加了警察权行使行为中的法律义务，对警察机关带来不必要的麻烦，因此不宜公开。

第二，职权主体和具体执法人员身份公开。职权主体和执法人员身份公开是保证执法结果公正的前提条件，也是法律规定的申请回避制度得以实现的一种程序保障。职权行使实践中，职权主体的公开有多种方式，通常有法律文书中公章的适用、通过告知程序进行告知等。具体执法人员身份公开则主要通过落实程序中的表明身份制度来实现，但什么样的形式才属于法律规定的表明身份的方式，法律法规没有统一规定。通常认为，具体执法人员表明身份有以下几种方式：一是身穿制服。身穿制服本身表明其具有执法资格，因此不需出示工作证件；二是工作证件，认为法律规定表明身份的方法主要是出示工作证件，并没有通过制服来表明身份的规定，因此即使执法人员身着制服也必须出示工作证件。笔者认为，警察执法表明身份主要应当出示工作证件，原因有二：一是目前公安机关有关于执法资格考试的规定，未获得执法资格的警察不能执法；二是一些警察由于单位性质使其在身份上不具有执法资格，如公安院校的教师、在校学生等。因此身着制服并不代表其一定具有执法资格。另外，由于警察执法遇到的情形较为复杂，严格按照出示工作证件再执法有时并不现实，比如遇有需要即时采取措施的情形。因此对于警察执法的某些岗位，如交警、巡警等，一旦身着制服上岗执勤，其本身就隐含具有执法资格，但为了避免遭受争议，身着制服从事执法的警察在条件允许的情况下都应以出示工作证件的方式表明执法身份。由于目前警察的工作证件没有统一的格式，按照公安部的解释，这里的工作证件主要是指人民警察证。

第三，执法程序公开。执法程序公开主要是执法过程信息的公开。执法程序公开并不是要求警察机关将整个执法过程都让公民参与了解，而是在执法过程中对相对人的合法权益有影响的阶段，让相对人有参与了解的机会。

第四，执法结果公开。警察机关对相对人合法权益作出有影响的决定时必须向相对人公开，从而使相对人获得申辩和救济的权利和机会。

六、公共性原则[1]

(一) 本原则的含义和主要内容

一般而言，警察权的行使除依据法律法规明确授权外，还应当遵循警察公共性原则，也就是说，警察权的行使除必须遵守合法、公正原则外，还须具有一定的目的性和边界性，即警察权的行使以维护公共秩序为必要，除此之外，警察权不得随意干涉。警察公共性原则主要涉及三个方面的规则：一是私人生活不可侵犯；二是私人住宅不可侵犯；三是不干涉民事关系。警察公共性原则的实质是如何处理公权与私权的关系问题。

公权，也叫公共权力，简单地说，是指国家行使的权力。从本源上讲，权力来源于权利。我国《宪法》第2条第1款规定："中华人民共和国的一切权力属于人民。"国家权力只有以公民权利为轴心，为公民权利的实现提供保障，才能得到巩固和发展。私权，也叫私权利，通俗地讲，就是公民、法人和其他组织依法享有的私人权益。私权一般包括公民财产权、人身权、社会组织的财产权等。私人应当能自主、独立地、相互平等地交往，从而构成一个私权社会。宪法作为一个国家的根本大法，是有关国家权力与公民基本权利以及国家权力之间的法。从我国宪法所规定的公民基本权利来看，确认的公民基本权利当中有相当一部分是公民的自由权。所以，从宪法等有关公权与私权关系的法律来看，公权与私权的关系其实也可以说是秩序与自由关系的一种法律表达。因为在国家权力行使与公民权利保障之间，必然要求限制公民的某些基本权利，但限制的目的是为了维护社会秩序、保障国家安全和维护公共利益。因为一个人只有在不损害国家、社会、集体和他人利益的前提下，才能行使自己的基本权利和自由。同时，现代法治精神又要求国家权力的主导价值应当是保障公民的基本权利和自由，因为只有公民的权利（私权）得到切实而充分的保障和实现，才能真正有利于维护和实现国家权力（公权）。

(二) 本原则在警察执法中的适用

公共原则在警察权行使中的具体适用一定要注意把握好警察权介入私权利的度。警察权在"私权争执"中本无介入的余地，但如果某些"私权争

执"具有急迫性，而司法公权力又无力及时应对时，这种争执如果再不及时解决，大多会演变成为公法事件，甚至聚众事件，比如，由于劳资纠纷引起围厂堵路抗议等，于是此类问题的解决就与警察权有了相当的关系。我国警察有"维护社会治安秩序""保护人民"的职责，这种职责除与公共安全与社会秩序有关的公共性危害外，也应包括私权引发的公共危害在内。

1. 公共性原则的例外

公共性原则是指警察权行使具有一定边界，即以维护公共秩序为必要，除此以外，警察权不得干涉，即警察权行使应当尊重"私生活自由原则"与"不介入私权争执原则"。换言之，警察权的行使应以防止与公共秩序或社会秩序有关危害为原则，非公共性的危害，则非警察权行使范围。在传统警察法学内，公共性原则确实有约束制约警察任意扩张其任务与职权至私法领域的功用，这在以消极干预为警察工作主要内涵时期是不可或缺的。但若毫无例外地遵守公共性原则，反而授予警察在许多应当积极保障公民权利的情况下，有不作为的借口。因此，有条件放宽公共性原则，关注公共性原则的例外是时势所趋。

第一，警察保护私权的范围。虽然私法范围适用私法自治与契约自由的原理，但作为公共性原则的例外，基于宪法保护人民财产权的基本精神和警察任务的根本目的，警察或可介入私权争执或为私权提供保护的范围包括：一是传统上可由警察依法介入的私法领域。例如：警察依法介入家庭暴力事件；二是当私权争执已衍生为具体"公共性"危害时，警察可依据相关法律法规的具体授权，或依据概括性条款介入处理；三是私权争执的紧急情况。第三种情形是最难把握的，一般而言，立法者授权警察权介入私权争执，大多因私权争执双方的社会、经济地位较不平等作为切入点，例如在劳动或行政给付领域，为实现实质上的社会正义，为禁止滥用权利违背公共利益等，于是部分民事行为引发的争议也就有了警察权介入的理由。

第二，警察保护私权的条件。警察介入私权保护一般要符合下列要件：一是不可迟延性。警察决定是否有保护私权的必要性时，必须以私权危害的防止是否具有不可迟延性为考量基础。应当指出的是，即使具体危害已经构成，若警察不予以协助，该私权的恢复或行使并无显然困难时，警察也无权介入私权争执。二是辅助性。私权遭到危害后，须在无法即时获得司法保护时，警察方有协助的可能。换言之，若私权遭到危害，可即时获得司法救助，例如，债权人为保全将来进行的强制执行，依民事诉讼法的规定，申请财产保全，警察就无理由应被申请人的请求协助保护其私权。三是被动性。权利人对其权利遭受损害，是否请求警察协助有自由决定的权利。若未经请求，警察没有必要主动介入，因此，为避免警察恣意行使警察权，警察介入私权保护，以权利关系人有请求为宜。我国《人民警察法》第21条中规定的"立即救助""给予帮助"等可以作为介入私权保护的依据并可启动警察权。

综上，基于对公共性原则的考量，启动警察权前必须审慎地斟酌所谓危害防止的不可迟延性、辅助性和被动性三大原则，三项原则必须同时成立，缺一不可。这些原则既是警察介入私权之争的基准，也可以避免警察权的滥用。

2. 尊重公民的私权利是启动警察权的前提

民法学家梁慧星曾言，公权与私权之间的界线，不是靠行政法来确定，而是靠私法来确定。"私权"所在，"公权"所止！警察权本质上属于公权力中的行政权力，其本身不具有裁判和设定公民私权的功能。相反，警察权的配置和行使最终目的是保护每个公民的私权。警察权作为公权的典型代表，与公民权这种私权具有不同的性质和属性。相对于私权来讲，警察权的最大特性在于其可伸缩性和与公民权的不可调和性。可伸缩性表现为：当公民知法守法时，警察权处于一种收缩状态，它不会去干预公民的人身与财产；当公民违法时，警察权则处于一种膨胀状态，它会出于对国家、集体利益的考虑，最大限度地发挥其功能去预防和纠正公民的违法行为。公民权的不可调和性表现为：警察权的行使会侵犯到公民的人身权，也就是说，作为公民与生俱来的生命、自由权利都有可能由于警察权的行使而被限制或侵犯，所以警察权与公民权在一定情景下可以说是不可调和的。如同公权力的来源和目的决定了其与私权在本质上理应而且是可以统一的一样，警察权既然来源于公民权，那么警察权的配置和运行也应以保障公民权的实现为目的。

七、权宜原则[1]

（一）本原则的含义和主要内容

权宜原则（又称权变原则或随机应变原则），是指有权主体可以根据法律

---

[1]　本部分参阅高文英主编：《警察行政法》，中国政法大学出版社 2016 年版，第 54~57 页。

赋予的判断余地或裁量余地，根据具体情况灵活决定是否介入某一案件、是否采取某种措施的原则。便宜原则最早源自刑事诉讼法领域，通常而言，权宜原则包括介入裁量和措施裁量；也包括检控上的裁量。就警察职权行使而言，权宜原则的含义是法律授权警察执法者在特殊情形下，可以超越刚性的法律约束运用裁量权进行执法。权宜原则不同于比例原则，后者仅仅要求执法者应该在法定的裁量幅度内合乎比例地运用裁量权，而前者则意味着执法者直接可以跳过成文法的处罚种类、幅度的限制，直接裁量是否处罚或处罚幅度。

权宜原则不适用于出现严重侵害的情况，通常适用于不牵涉公共利益的轻微违法。德国学者 Steiner 主张于警察权的概括条款的构成要件被满足之际，警察仍然具有决定裁量之权限，得判断是否采取必要措施。他在所著《特别行政法》一书中指出："当警察法或秩序法的概括条款的构成要件被满足时，并不意味着警察机关或秩序机关因此负有采取措施之义务。权宜原则在概括条款所适用的范围内对于警察机关或秩序机关因应危险防御而采取的措施而言，具有决定性。而且在通常情况下，权宜原则也作为警察法之特别授权的基础。权宜原则的适用不同于追缉罪犯的任务领域中的警察行为……（应依据）法定原则。"[1]

权宜原则是针对机械执法可能会带来的偏差而设置的一个有力的纠偏渠道，它使得执法者可以根据具体情况，针对个案的特点，作出实事求是的处理，从而避免了机械执法可能带来的个案不公正，以提升警察职权行为的可接受性，因此权宜原则是合法性原则的必要补充。目前，大陆法系行政法中一般都规定了权宜原则。在德国，权宜原则已被普遍接受并适用于行政处罚领域。德国《违反秩序罚法》第 47 条第 1 项前段规定："违反秩序之追诉，属追诉官署本于合义务之裁量。"[2]在我国台湾地区，基于权宜原则，对符合法律规定的行政处罚要件的违法行为是否加以追诉及处罚，属于行政机关裁量权的范围，行政机关可以衡量具体情况审酌决定对违法行为人不予追诉及处罚。[3]在美国，关于金钱上的处罚很多也是通过和解的方式加以解决的。

---

〔1〕　Steiner, "Besonderes Verwaltungsrecht", 6. *neuberabeitete Auflage*, 1999, pp. 207–208.

〔2〕　参见洪家殷：《行政罚法论》，五南图书出版股份有限公司 2006 年版，第 61 页。

〔3〕　参见廖义男：《行政罚法》，元照出版有限公司 2008 年版，第 72~73 页。

（二）本原则在警察执法中的适用

权宜原则在我国警察权行使中的体现主要有：《治安管理处罚法》第 9 条："对于因民间纠纷引起的打架斗殴或者损毁他人财物等违反治安管理行为，情节较轻的，公安机关可以调解处理。经公安机关调解，当事人达成协议的，不予处罚。……"第 14 条："盲人或者又聋又哑的人违反治安管理的，可以从轻、减轻或者不予处罚。"此外，《行政强制法》第 16 条第 2 款："违法行为情节显著轻微或者没有明显社会危害的，可以不采取行政强制措施。"将权宜原则作为我国警察权行使的基本原则之一，其理由主要包括：

第一，由于警察任务本身的复杂性和时效性，加之警力资源有限，为了实现警察权行使的最大公益性和目的性，法律法规授权警察在职权行使中一定的自由裁量权，也就是赋予警察机关在现场执法或具体案件中拥有立即与妥当采取相应措施的判断权，给予警察机关是否发动与是否持续采取措施的决定权。尤其是当职权行为与法益发生了冲突时，允许其判断何为重要，从而先采取何种行动，或为了防止发生更大损害而暂时不采取何种行动来保护较大法益的裁量权，从而真正实现维护公共安全的目的。

第二，在特别的情形下，违法行为的社会危害性如此微不足道，以至于加以追诉及处罚是不必要的，也是不适当的，故应例外地不予追诉及处罚。加之，实施治安处罚的目的在于维护治安管理秩序，而处罚仅系实现这一目的的一种手段，倘若用其他的手段进行管制效能更高，成本更低，也更有利于警察权行使的目的，或者采取较为缓和的更能为当事人接受的其他手段，亦不影响警察行为目的的达成时，处罚既非必要、也非适当的手段。

第三，当警察机关对于违法行为的调查与处理上面临巨大的困难，必须付出很高的执法成本，甚至超过践行该程序预期能够产生的利益时，基于程序经济与效率的理性考量，警察机关应可斟酌不予处罚或者改用其他较为适当的手段。

在我国，警察权行使的权宜原则一方面可以缓和由于法定原则过于苛刻而带来的不利后果；另一方面也可以较为务实地实现警察权行使，特别是特定治安违法行为，如民间纠纷引起的打架斗殴行为等的治安处罚目的。因此，警察权行使中引入权宜原则有其必要性。

应当指出的是，在某些具体情况下，出于对基本人权的保护，权宜原则所涉及的行为选择权可能被限缩到只有一种选择：假如此时只是一种决定没有裁量瑕疵，其他的决定皆有裁量瑕疵时，警察机关就有义务要选择该项没有瑕疵的决定，即所谓裁量收缩理论。也就是说，如果危害可能对于人民的生命、身体健康或是重大财产价值造成损害，警察机关唯有采取措施才无裁量瑕疵，此时人民有请求警察及警察机关干涉介入的权利。因此，笔者认为，在警察权行使领域，凡是构成"重大法益之重大危害"，如涉及危害公民的生命健康等，就构成裁量收缩的情形。

【本章思考题】

1. 如何理解警察法基本原则的作用？

2. 如何理解依法行使职权原则？

3. 如何理解比例原则？

4. 如何理解警察公共性原则？

5. 在警察执法领域如何落实尊重和保障人员原则？

6. 在警察执法中如何体现公正公开原则？

【本章参考文献】

1. 胡锦光、韩大元：《当代人权保障制度》，中国政法大学出版社 1993 年版。

2. 陈新民：《行政法学总论》，三民书局 1995 年版。

3. ［英］约翰·洛克：《政府论》，瞿菊农、叶启芳译，商务印书馆 1964 年版。

4. ［英］约翰·密尔：《论自由》，许宝骙译，商务印书馆 1998 年版。

5. ［美］约翰·罗尔斯：《正义论》，何怀宏等译，中国社会科学出版社 1988 年版。

6. 陈兴良："限权与分权：刑事法治视野中的警察权"，载《法律科学》2001 年第 2 期。

7. 李健和："论我国警察权力配置的原则与优化路径——警察权力专题研究之三"，载《中国人民公安大学学报（社会科学版）》2007 年第 26 期。

8. 莫于川：《行政法与行政诉讼法》，科学出版社 2008 年版。

9. 公安部人事训练局公安部法制局编：《公安机关执法规范化建设基础教程》，群众出版社 2009 年版。

10. 高文英：《警察行政法》，中国政法大学出版社 2016 年版。

·············· 知识拓展 ··············

无罪推定原则

无罪推定原则，指在刑事诉讼中任何被怀疑犯罪或者受到刑事指控的人在未经司法程序最终确认有罪之前，在法律上应推定或假定其无罪，或者说不得被认定为有罪。

无罪推定是资产阶级针对封建专制时期的有罪推定而提出来的。最早提出无罪推定思想和概念的是意大利著名法学家贝卡利亚。1764年，他在其名著《论犯罪与刑罚》一书中指出："在法官判决之前，一个人是不能被称为罪犯的，只要还不能断定他已经侵犯了给予他公共保护的契约，社会就不能取消对他的公共保护。"作为立法形式，最早采用无罪推定的当属法国1789年的《人权宣言》，该宣言第9条规定："对任何人，凡未宣告为有罪以前，皆应视为无罪。"此后，各国纷纷效仿法国，相继在宪法或法律中对无罪推定作出规定，使无罪推定成为刑事诉讼的一条重要原则、宪法性公民权利中的重要组成部分。

1948年12月，联合国大会通过的《世界人权宣言》首次对无罪推定原则作出规定：凡受刑事控告者，在未经获得辩护上所需的一切保证的公开审判而依法证实有罪之前，有权被视为无罪。此后，联合国大会通过的多个法律文件和国际性学术会议决议又重申了无罪推定原则，如1966年12月的《公民权利和政治权利国际公约》，1994年9月在巴西召开的世界刑法学协会第十五届代表大会通过的《关于刑事诉讼中的人权问题的决议》，都再次确认了无罪推定原则。这些文件和决议使无罪推定原则成为世界范围内被广泛认可的刑事诉讼原则。

尽管各国在法律上对无罪推定的表述不尽一致，但基本思想是一致的，即任何人未被依法确定为有罪以前，应当推定或者假定其无罪，其核心意义在于保护被告人的合法权益。无罪推定原则主要包含三层意思：其一，对任何人有罪决定的宣告，只能由法院确定，其他任何机关、个人、团体没有这个权力；其二，法院判决被告人有罪，必须是在控方有充足的证据证明被告人有罪的基础上，强调的是证据裁判主义；其三，在判决生效以前，被告人是无罪的，不能因为其被逮捕、被起诉、被审判而认为其有罪。西方国家，从无罪推定中进一步引申出一些诉讼规则，如被告方不负举证责任、享有沉默权、疑罪从无等。

第五章
警察法主体

【内容提要】

警察法主体也称警察法律关系主体。警察法律关系涉及的范围广，不仅包括行政法律关系领域，也包括部分刑事司法领域，所以，警察法主体与其他法律关系主体相比有自己的特色。警察主体是警察法主体或警察法律关系主体的重要组成部分，它是警察权的主要实施者。人民警察作为国家公务员的一种，代表警察主体依法行使警察权力、执行公务，与警察主体有着密切的联系。随着社会治安辅助力量参与社会治安综合治理，辅警等协助警察机关及其人民警察实现治安目标更为常态化。本章在主要阐述作为警察主体的公安机关的同时，还将阐述人民警察的性质、职责权限等，同时对警务辅助人员的法律地位等进行探讨。

【重点提示】

1. 警察法主体的内涵
2. 公安机关的设置和任务
3. 人民警察的职责和权力
4. 人民警察的组织管理和警务保障
5. 警务辅助人员的法律地位

第一节　警察法主体概述

【引导案例】

刘某与赵某两家相邻，平素常常因为一些鸡毛蒜皮的小事吵架，积怨较深。一日，刘某之妻王某发现自家的小鸡死在院里，想起前日晚间曾与赵某拌嘴，怀疑小鸡被赵某毒死。王某遂来到赵某家门口不指名谩骂，赵某之妻孙某不忿，从屋内冲出与王某理论。两人越吵越凶，不久，刘某和赵某闻声也加入战团，四人情绪激动，扭打成一团，后来经过其他邻居劝架，两对夫妇方才罢手。过后，四人到县医院检查，均被诊断为轻微伤。

当地派出所接到报案后，由于当时人手不够，于是指派警务辅助人员姜某对刘某等涉案人员进行了讯问，最后以刘某、王某、赵某、孙某殴打他人致轻微伤为由，依据《治安管理处罚法》的有关规定，对刘某、王某分别治安拘留10天、5天，对赵某及其妻孙某予以警告。刘某等4人均不服，向市公安局申请复议，市公安局经过复议，维持了县公安局的处罚决定。刘某等还是不服，于是向人民法院提起行政诉讼。

【引导问题】

1. 警务辅助人员参与警察行政处罚、行使公安机关的调查取证职权的行为是否合法？
2. 警务辅助人员是否具有执法主体资格？

一、警察法律关系的概念和特征

(一) 警察法律关系的概念

什么是警察法律关系？从不同的角度有不同的表述。归纳起来主要有三种：一是从警察法律关系的内容上看，认为警察法律关系是指由警察法律规范所调整的权利义务关系。二是从警察法律关系的主体和内容上看，认为警察法律关系是指警察机关及其警察人员在其职权范围内，与其他国家机关、企业事业单位、社会团体和公民之间依照警察法律规范所形成的权利和义务关系。三是从警察权力、警察法律关系主体和内容上看，认为警察法律关系是指为警察法所确认和调整的警察机关在行使警察权的过程中，警察机关之间以及警察机关与其他国家机关、企业事业单位、社会团体、公民之间发生的权利义务关系。无论从上述哪个角度表述，我们认为有一点是共同的，就是警察法律关系是由警察法律规范所确认和调整的，具有警察法上权利义务内容的社会关系。

警察关系是一种古老的社会关系。自国家产生之日起，统治阶级为了建立和维护自己的统治，就要进行相应的警察管理行为，行使相应的国家权力。于是，统治阶级就与被管理者产生了社会关系。由于这种社会关系的主体一方为具有警察职能的国家机关，双方主体的地位具有不对等性的特点，因而被称为警察关系。警察法律关系则是伴随警察法律规范的产生而出现的，是警察法律规范调整特定的社会关系的结果。没有警察法律规范确认和调整，也就没有警察法律关系，警察法律关系是警察关系在法律上的反映，因此不能把警察法律关系理解为是一种独立于警察法调整对象以外的社会关系。所以，警察法律关系的概念可作如下表述：由警察法律规范调整的代表国家的警察机关与公民、法人、其他组织在维护国家安全与社会治安秩序过程中形成的权利与义务关系。破坏警察法律关系必将受到警察法的制裁。

（二）警察法律关系的特征

警察法律关系同其他法律关系相比，具有如下特征：

1. 在警察法律关系的当事人中，警察机关或警察人员是不可缺少的一方。也就是说，在警察法律关系中，如果没有警察机关或警察人员参与，那么警察法律关系就不能成立。这是因为警察法律关系是由警察法律规范所调整的社会关系，而这种社会关系之所以由警察法调整，就在于它是国家警察机关或警察人员与对方当事人之间客观存在的一种社会关系。但也有例外情况，就是当国家法律授权警察机关或警察人员以外的其他机关，或者警察机关委托警察机关以外的组织行使某种警察职权时，就会产生没有警察机关或人民警察参与的警察法律关系，比如《治安管理处罚条例》[1]就规定，在农村没有公安派出所的地方，乡、镇人民政府代行警告、50 元以下罚款的裁决权。当然，这种例外情况是受严格限制的，也就是必须有国家法律的规定，并且

〔1〕　1986 年 9 月 5 日通过、1987 年 1 月 1 日施行、2006 年 3 月 1 日废止的《中华人民共和国治安管理处罚条例》第 33 条的规定。

还要有严格的委托手续。

2. 警察法律关系中当事人的地位具有不对等性。与民事诉讼法律关系双方当事人的特点不同，在警察法律关系中，作为当事人一方的警察机关处于主导地位，可支配对方当事人，具有不对等性。这种不对等性表现在以下几个方面：第一，警察机关作出的警察行为，可以引起警察法律关系的发生、变更和消灭，而无须征得对方当事人的同意。如公安机关对违反治安管理的人依法实施治安管理处罚。第二，双方当事人所处的地位不平等。国家警察机关行使的警察权力具有强制性，当相对当事人一方不履行义务时，警察机关以国家强制力为后盾，可以采取强制措施。与此相反，对警察机关的行为，即使是违法或不当，相对一方当事人也不能自行否定其效力，只能通过申诉、复议或诉讼途径解决。

3. 警察法律关系的当事人、权利和义务都是国家警察法事先确定的，警察机关和对方当事人没有自由选择的余地。例如因消防监督而发生的消防监督关系只能发生在公安消防机关和负有消防监督义务的组织之间，并且权利义务是事先规定的，与民事关系不同，双方当事人是不能选择或变更的。再比如，治安拘留权，根据我国《治安管理处罚法》的有关规定，只能由县级以上的公安机关行使，法律规定以外的其他机关则不能行使这一治安处罚权，否则违法。

4. 在警察法律关系中，罪与非罪两种性质均有。引起警察法律关系产生、变更和消灭的行为，有合法行为和违法行为。就违法行为来说，有一般违法行为，也有犯罪行为。如果只是违反治安管理法规，尚不构成刑事处罚的，这种行为就属于一般违法行为引起的警察法律关系。如果构成了犯罪，由公安机关进行立案侦查的，就属于由犯罪行为引起的警察法律关系。可见，在警察法律关系中，违法行为具有犯罪和非罪两种性质，这一点使其既不同于一般行政法律关系，也不同于一般刑事法律关系。所以，在警察法学中，探讨行刑衔接的关系十分重要。

二、警察法主体的含义与种类

(一) 警察法主体的含义

警察法主体又称警察法律关系的当事人，是指在警察法律关系中，依法享有权利和承担义务的自然人和组织。任何一项警察法律关系的存在，必须同时有两个方面的参加人，他们在法律关系中构成权利、义务的双方。警察法律关系涉及的范围广，不仅包括行政法律关系领域，也包括部分刑事司法领域，所以，警察法律关系的主体与其他法律关系主体相比有自己的特色。

（二）警察法主体的种类

根据警察法主体的地位不同，警察法主体可以分为警察主体和警察相对人两大类。具体到我国，警察法律关系主体包括：

1. 公安机关和人民警察

公安机关和人民警察是警察法律关系最主要的主体。无论任何警察法律关系，一般来说必有一方是公安机关和人民警察，否则警察法律关系难以发生。因为警察法律关系是公安机关及其人民警察在依法行使警察权力的过程中，与对方当事人发生的一种关系，在这种关系中，一方必须是有国家警察权的公安机关及其人民警察或法律授权的组织。对于那些不属于公安机关或人民警察管理范围内的人和事也不可能产生警察法律关系。例如企业之间的经济纠纷等。

2. 其他国家机关、企业事业单位、社会团体等组织

公安机关及其人民警察在行使警察职权时，免不了要同其他国家机关、企业事业单位和社会组织发生各种各样的警察法律关系，从而使这些组织成为警察法律关系的主体。比如根据《消防法》的规定，各个国家机关、企事业单位和社会团体，均应采取消防安全措施，做好防火工作，公安消防部门有权对企业进行消防监督，一旦发现火险隐患，有权要求其限期整改。于是在公安消防机关和其他国家机关之间、公安消防机关和企业事业单位之间、公安消防机关和社会团体之间发生了警察法律关系。

3. 我国公民

我国公民是警察法律关系中又一较为常见的主体。许多警察法律关系往往一方是公安机关或人民警察，另一方便是公民个人。可以这样说，在我国公民一出生便要与国家公安机关发生警察法律关系，并且这种警察法律关系一直持续到公民死亡。如依照《户口登记条例》第7条的规定，婴儿在出生后一个月内，就由户主、亲属、抚养人或者邻居向婴儿常住地户口登记机关申报出生登记。《户口登记条例》第8条又规定，公民死亡的，城市在葬前，

农村在一个月以内，由户主、亲属、抚养人或者邻居向户口登记机关申报死亡登记，并注销户口，在我国，户口登记工作由各级公安机关主管。[1]出生登记是该公民与户口登记机关发生户籍管理关系，而死亡登记，则是该公民机关已存在的户籍管理关系归于消灭。另外，在公民出生后，死亡前，还会发生户口迁出、迁入、变更等情况，从而与公安机关发生警察法律关系。所以我们说，公民是警察法律关系中一个较为常见的主体。

4. 申请入境的外国人或已经来华的外国人

警察法律关系的当事人不限于我国公民，有时也包括一部分外国人。比如，根据《出境入境管理法》的规定，外国人来我国必须办理入境签证，进入我国口岸必须接受边防检查站的进出境边防检查，进入我国境内后，还必须办理户口登记，遵守我国的法律，比如实施了违反治安管理的行为，公安机关就要依法进行治安管理处罚，从而使外国人与公安机关发生了警察法律关系。

三、警察主体

（一）警察主体的基本概念

1. 警察主体的概念和特征

人们通常认为，国家警察权力由国家警察组织行使，但如果仔细研究就会发现，并非所有警察组织都具有法律上的主体资格；也就是说，作为一个警察主体应具有独立的对外行使警察权力，并履行国家警察管理职能和承担警察职责。所以，警察法学与警察学或警察管理学不同，警察法学研究警察组织应从警察组织的法律意义上加以研究，也就是研究警察组织在法律上的主体资格。警察主体是指享有国家警察权力，能以自己的名义从事警察活动，并能独立地承担由此所产生的法律责任的组织。根据这一定义，警察主体具有下列特征：

（1）警察主体是享有国家警察权力，实施警察活动的组织。这里包含两个意思：第一，警察主体首先是一种组织，而不是警察本人。作为公职人员的警察虽然是警察权力的具体实施者，但并不是我们这里的警察主体。第二，警察主体还须是享有警察权力的组织，不享有警察权力的其他国家机关、社会组织也不是我们讲的警察主体。应该明确一点的是，在我国，人民检察院

〔1〕《户口登记条例》（1958年）第3条的规定。

根据有关法律的规定，可以行使部分侦查权，但仅限于职务犯罪，这是人民检察院享有的检察权的一部分，与警察主体享有的警察权力是不同的。

（2）警察主体是以自己的名义实施警察活动的组织。所谓以自己的名义实施警察活动，是指警察主体必须具有独立的法律人格，能独立地对外公布决定和命令，独立采取措施，独立地参加复议、诉讼活动等。也就是说，不能以自己的名义独立地对外实施警察活动的组织不能成为警察主体。例如公安机关中的法制部门大多负责起草一些警察法律规范，组织行政复议和准备行政诉讼等，但警察法律规范是以所属公安机关的名义发布的，所以公安机关内的法制部门不是警察主体。又比如，刑事侦查行为大多由公安机关内的刑事侦查部门具体实施，但有关刑事拘留等刑事强制措施必须以所属公安机关的名义作出，所以刑事侦查部门也不是独立的警察主体。再比如，治安行政处罚大多由公安机关中的治安部门具体实施，但处罚决定书必须以所属公安机关的名义作出，所以公安行政诉讼中，出庭应诉的是所属的公安机关，而不是治安部门，即使由治安部门的人员出庭，也只能以所属公安机关的名义应诉，因为治安部门不能独立地以自己的名义对外实施警察管理行为，不是警察主体。

（3）警察主体是能够承担实施警察活动所产生的责任的组织。如果一个组织仅仅实施警察活动，但并不承担由此而产生的法律责任，那么这个组织也不能称为警察主体。这种情况主要有两种：一是发生在委托中。比如根据我国行政处罚法的有关规定，行政处罚可以委托某些组织实施，按照这一规定，公安机关委托某个从事公共事务活动的组织实施治安行政处罚，但该从事公共活动的组织并不承担由此产生的法律后果，它仅仅以委托的公安机关的名义实施治安处罚，产生的法律后果也由委托的公安机关承担。二是发生在公安机关和不能以自己名义独立地对外行使警察职能的所属的警察机构中。如前例中的刑事侦查部门和治安管理部门。

2. 警察主体与相关概念辨析

警察主体是警察法学上的一个基本概念，警察主体在法律关系中的定位不仅关系到警察主体的法律地位，也关系到警察主体与相关警察组织、警察人员特别是与相对人的关系问题。

（1）警察主体与警察法主体。警察法主体也称警察法律关系主体，是指在警察法律关系中享有权利和承担义务的双方当事人，它由警察机关和警察相对人构成。也就是说，警察法律关系主体除了警察主体外，还包括在警察法上享有权利和承担义务的其他国家机关、企业事业组织、公民、社会团体等。可见，警察法律关系主体的范围大于警察主体的范围，警察主体一定是警察法律关系主体，但警察法律关系主体并不一定是警察主体。警察主体与警察机关有着密切的联系。这种联系不但体现在两个概念的外延上，也体现在两个概念的内涵上。在外延上，警察机关是主要的警察主体。在内涵上，警察主体和警察机关都是指从事警察活动的组织，两者都享有一定的警察权力。但两者也有区别，主要体现在：第一，具有警察主体资格的警察机关并非在任何场合都是警察主体。警察机关在法律上具有多重身份，当警察机关对外运用警察权力，行使警察职权，以自己的名义对外承担法律责任时，这时的警察机关为警察主体，但当警察机关以民事主体的身份从事民事活动时，这时的警察机关则不是警察主体，因为它没有运用自己的警察权力从事警察职责。比如，警察机关与施工单位签订建筑施工合同、警察机关租用办公用房及购买办公用品等，在这些场合下，警察机关不是警察主体。第二，警察机关并非是唯一的警察主体，在某些场合下，非警察机关也可以成为警察主体。这种情况主要是指法律授权。在我国警察机关是国家权力机关的执行机关，国家权力机关有权通过法律将部分警察权力授予非警察机关，在这种情况下，非警察机关也就有了部分警察权力，能够以自己的名义对外行使警察权力，独立地承担由此而产生的法律责任。

（2）警察主体与警察人员。警察主体与警察人员不同，但两者也有密切联系，在某种情况下，两者不可分割。体现在：警察活动是由警察人员实施的，是通过警察人员的公务行为得以实现的，警察人员是警察主体的组成人员，警察主体是一个个警察人员的集合概念，但两者有不同。警察人员不是警察主体，因为警察人员所实施的职务行为不是以自己的名义而是以国家警察机关的名义实施的，警察人员只是具体的操作者。由于警察人员的职务行为而产生的法律后果和法律责任，由警察人员所属的警察机关承担，如果警察人员有过错致使职务行为违法，且给他人的合法权益造成损失的，警察人员所属的警察机关代表国家履行赔偿义务后，再根据警察人员的过错程度行使追偿权。警察人员同国家警察机关的关系，只是一种职务上的隶属关系，与警察主体具有不同的法律特性。

（3）警察主体与社会治安辅助。由于不同国家警察的概念范围不同，所理解的社会治安辅助也就不同。比如英国人将社会治安辅助统称为辅警，大致可以分为"special constable"和"Police Community Support Officer"两部分。此外，也有学者将警察局内部的文职人员和社会上的保安机构也纳入英国的辅警范围，将英国辅警分为"文职雇员"（Civilian）、"志愿（兼职）警察""special constable"和"保安人员"（Security Guard）等。我国《人民警察法》对警察的范围有明确的规定，因此社会治安辅助多指警务活动中除职业警察以外的其他参与力量。与英国等不同，在我国社会治安辅助力量参与社会治安活动，除少数法律授权组织外大多不是警察主体，是辅助警察执行警务的组织或者人员。

（二）警察主体的分类

1. 职权性警察主体和授权性警察主体

根据警察主体警察职权的产生方式不同，可以将警察主体分为职权性警察主体和授权性警察主体。职权性警察主体，是指根据宪法和有关组织法的规定，在警察机关依法成立时就当然获得警察职权的组织。按照这种划分，取得警察职权主体资格的法律依据是宪法和警察组织法规，比如《国务院组织法》《地方各级人民代表大会和地方各级人民政府组织法》《人民警察法》《公安机关组织管理条例》等。由此看来，职权性警察主体只能是从中央到地方的能独立对外行使职权的各级警察机关。授权性警察主体，是指根据有关法律、法规规定的授权而获得警察主体资格的组织。按照这种划分，取得授权性警察主体资格的依据是有关的法律、法规。比如《治安管理处罚法》《道路交通安全法》《消防法》《出境入境管理法》等。

授权性警察主体与职权性警察主体的最大区别就在于两者取得警察主体资格的方式不同。前者来源于宪法和有关组织法的直接规定，后者来源于单行法律规范的授权。另外，两者在组织性质、职权范围上也有不同，在组织性质上，前者大多为警察机关，而后者为警察机关的内设机构或警察机关以外的组织；在职权范围上，前者行使的警察职权具有一定的综合性，而后者的警察职权具有专项性。

2. 地域性警察主体和专业性警察主体

根据警察主体行使警察权力和实施警察活动所针对的对象不同，可以将警察主体分为地域性警察主体和专业性警察主体。地域性警察主体，是指以地域为警察主体的构成基础，有权对职权管辖范围内的一切人和事实施管理的警察主体。在我国，主要是指从中央到地方的各级公安机关。比如市公安局有权对其行政区域范围内的所有属于公安管理范围内的人和事行使警察权力。专业性警察主体，是指以某项警察事务为对象实施警察管理的警察主体。目前，在我国，专业警察主体主要包括铁路公安机关、民航公安机关、海关缉私公安机关、交通航运公安机关、林业公安机关等专业领域的警察力量。在国外，专业警察机关还包括邮政警察、校园警察、公园警察等更多的专业警察主体。

地域性警察主体与专业性警察主体的主要区别在于，前者是综合性的警察主体，它不仅仅针对某一警察管理事务行使警察权力，而后者仅仅具有某项专门管理权限，如警察机关中的警察职能部门。

应当明确的是，这种划分只具有相对性。因为任何警察主体都以一定的地域为其构成基础，完全离开地域范围的专业性警察主体是不存在的，只不过是专业性警察主体更加偏重于某一项警察事务，因此两者的划分具有相对性。

除了以上两种分类外，还有人根据警察主体实施警察权力的范围，将警察主体分为外部警察主体和内部警察主体两种。所谓外部警察主体，是指有权按地域对社会上的一方当事人实施警察管理的警察主体。所谓内部警察主体，是指按隶属关系限于对内部的一方当事人实施警察管理的警察主体。但我们认为，这种划分与我们讲的警察主体的概念不一致。我们认为，如果一个组织不能对外行使警察权力，不能以自己的名义对外独立承担法律责任，那么我们就认为这个组织不是警察主体。

（三）警察主体资格的取得、变更和丧失

1. 警察主体资格的取得

警察组织或社会组织只有具有警察主体资格才能成为警察主体，才能具有警察法上的主体地位。所谓警察主体资格，就是指符合法定条件的警察组织和社会组织，经过法定程序而获得的警察主体的法律地位。不同类型的警察主体取得警察主体资格的方式不同，以职权主体和授权主体为例：

（1）职权警察主体资格的取得。职权警察主体在我国主要是指各级公安机关，其资格的取得应当符合下列条件：①公安机关的成立已经有关机关批准。比如，根据《国务院组织法》以及《国务院行政机构设置和编制管理条例》的原则规定，国务院设立、增加、减少或者合并哪些部、委、行署等，由最高国家权力机关批准。公安部是国务院所属部门，其设置的权限与程序适用上述法律法规的规定。再比如，根据《地方各级人民代表大会和地方各级人民政府组织法》的规定，省、地、县三级公安机关的设立由本级人民政府决定，报上一级人民政府批准，并报本级人民代表大会常务委员会备案。②已由组织法或组织章程规定了职责、权限。比如国务院组织法中，规定了公安部的职责、权限。地方组织法规定了地方政府所属公安机关的职责、权限等。③已有法定编制，并按编制配备了人员。④有独立的活动经费预算。⑤已设置了办公地点和必要的办公条件。⑥已经政府公报公告其成立。公告的内容包括：该组织成立的时间、地点、级别、任务、职权、组织章程、组织的办公地点和时间等。

（2）授权警察主体资格的取得。授权警察主体在我国主要有两种：一种是警察组织以外的其他社会组织，一种是公安机关内的警察机构。无论哪种，取得授权警察主体资格必须有组织法以外的法律法规明确、具体的授权，或者根据法律法规而由公安机关决定。比如，根据1998年修订的《森林法》第20条的规定，森林公安机关负责维护辖区社会治安秩序，保护辖区内的森林资源，并可以依照《森林法》的规定，在国务院林业主管部门授权的范围内，代行《森林法》第39条、第42条、第43条、第44条规定的行政处罚权。为了进一步明确授权关系，1998年国家林业局第1号还做出了《国家林业局关于授权森林公安机关代行行政处罚权的决定》，规定授权森林公安机关查处《森林法》第39条、第42条、第43条、第44条规定的行政处罚案件；森林公安局、森林公安分局、森林公安警察大队，查处上述案件以自己的名义作出行政处罚决定；其他森林公安机构查处上述案件，以其归属的林业主管部门名义作出处罚决定。同时要求，森林公安机关查处行政处罚案件，必须持有国家林业局统一核发的林业行政执法证件。通常而言，授权决定应当包括下列内容：授权人和被授权人、授权事项和授权内容、授权依据、授权期限等。另外授权机关依法作出授权决定时，应当符合授权原理，即授权人必须具有所授职权，授权人所授出的职权必须小于或等于自己享有的职权，授权必须明确，不能模糊不清。

2. 警察主体资格变更

警察主体资格的变更又称警察主体资格的转移。主要有两种情况：一是警察主体的分解。是指警察主体分解为两个以上警察主体。例如全国人民代表大会决定成立中华人民共和国国家安全部，将原属于公安部的部分职权划归国家安全部，由此形成两个警察主体。二是警察主体的合并。是指由原来的两个或两个以上的警察主体合并为一个警察主体。无论是警察主体的分解还是警察主体的合并，原警察主体的行为依然有效，其行为的法律后果由分解或合并后的警察主体承担。

3. 警察主体资格的丧失

警察主体资格的丧失，也主要有两种情况：一种是警察主体解散或撤销；另一种是授权机关收回授权或授权已到期限。警察主体的解散或撤销，是指有权机关依法以决定或命令的方式解散或撤销警察主体，使其失去主体资格。例如有权机关依法解散或撤销某一临时警察组织的决定，就使其丧失了警察主体的资格。对于由于授权法的原因使警察主体丧失警察主体资格的，原警察主体在其享有资格期间所为的警察行为仍然有效，其行为的法律后果由其主管警察机关承担。

四、警察相对人

（一）警察相对人的含义

警察相对人是警察法学中的一个重要概念，是与警察主体相对应的，参与各种警察法律关系，并享有相应的权利或履行相应的义务的公民、法人和其他组织。公民、法人和其他组织能够成为警察相对人，在特殊情况下，在我国的外国人、无国籍人、外国组织也可成为警察相对人。

（二）警察相对人的权利和义务

1. 警察相对人的权利

在警察法律关系中，作为与警察主体相对应的一方当事人，警察相对人依法享有权利，也应当依法履行义务。在警察法律关系中，警察相对人享有的权利可以分为以下几类：一是参与权。相对人享有通过合法途径参加警务活动以及参与警察执法程序的权利。二是知情权。相对人有权通过行政公示、告知、询问等渠道了解警察机关管理活动的依据和程序，等等。三是协助权。在法定条件下，相对人可以协助警察主体进行某些管理活动。例如，有权依法将正在实施违法行为者扭送到有关公安机关。四是监督权。相对人有权通过一定组织形式对警察机关及其首长的工作进行评议，享有对警务工作的批评建议权，对不法警务人员的控告揭发权，不服警察行政行为有权申请复议或提起行政诉讼。五是隐私保密权。警察主体在警务活动中，非经法定程序，不得公开相对人的隐私。相对人享有对自己的隐私保密的权利，警察主体有为其保密的义务。六是获得保护权。相对人的人身和财产有权获得警察机关的合法、正当、平等的保护。例如，公民财物失窃报告公安机关，公安机关有义务侦查、破案。七是求偿权。相对人的合法权益受到警察主体合法公务行为的影响时，有权获得补偿；受到警察主体的不法侵害时，有权获得赔偿。

2. 警察相对人的义务

在警察法律关系中警察相对人享有权利，同时亦要承担义务。警察相对人在警务活动中的义务包括以下几方面：①协助公务执行的义务；②提供真实信息的义务；③遵守程序的义务；④接受监督和调查的义务。以上这些义务并不是警察法律关系中警察相对人所要承担的全部义务，实际上现实生活中警察相对人承担的义务是非常多样化的，警察主体也可以在法律的框架内为相对人设定一定的义务，但必须符合法律保留原则，即这种义务的设定不能侵害相对人的合法权益。

由于警察法律关系各方主体的地位往往是动态的，因此在界定警察相对人时，应当首先识别法律关系为何，然后判断该主体在这一法律关系中的地位和作用，而不能单纯根据其外部属性就断然作出结论。比如，警察机关也可能因为在其他管理关系中处于被管理的地位而成为相对人。比如在法制监督关系中，警察相对人往往又是监督主体。因此，要正确认定和辨别警察主体与警察相对人身份，必须划清以下界线：如果当事人享有警察职权并且正在行使行警察职权，这时的当事人属于警察主体；如果当事人没有警察职权，也没有行使其他国家权力，这时的当事人便属于警察相对人。

第二节　警察组织

一、警察组织与警察组织法[1]

警察活动是由警察组织实施的，那么作为规范警察活动的警察法，首先

---

〔1〕　参见高文英：《警察法学理论研究综述》，群众出版社1998年版，第52~55页。

就要对作为警察活动实施者的警察组织加以规范。因此，规定警察组织的法律性质、地位、任务、职责权限等的组织规范也就成了警察法学不可缺少的内容之一。

（一）警察组织的含义和体系

通常而言，组织是指按照一定目的和程序组成的一种权责结构。现代社会，国家为了维持治安与良好的公共秩序，必须设有专门的机关，配置专门的人员，这种专门机关和人员所组成的组织为警察组织，主要包括警察机关。除警察机关之外，一些国家和地区还有其他治安机关。按照《人民警察法》的规定，维护国家安全，维护社会治安秩序，保护公民的人身安全、人身自由和合法财产，保护公共财产，预防、制止和惩治违法犯罪活动是人民警察任务，人民警察包括公安机关、国家安全机关、监狱人民警察和人民法院、人民检察院的司法警察，因此在我国大陆，警察组织就是警察机关，最主要的是各级公安机关（含专业公安机关）。出于维持治安秩序的需要，国内目前尚有一些具有群众自治性质的组织如治安保卫组织会，或者具有有偿服务性质的各类保安公司等，虽然它们也承担了部分维护治安秩序的职能，但由于其不属于国家机关，与作为国家机关的警察机关不同。

警察机关性质上属于行政机关，是实施国家公权力，有权作出行政处分和作出裁罚决定的机关。为达成警察任务，国家必须设置专职警察机关并配置专职的警察人员。理论上讲，作为行政机关的警察机关，须满足四个要件：一是有组织法的规定作为依据；二是配置的人员有法定编制；三是有机关预算；四是有对外独自承担法律责任的能力。我国警察机关分为中央警察机关与地方警察机关，另外还有行业警察机关、司法警察机关和具有武装性质的武警部队。

（二）我国警察组织法的种类和特点

关于警察组织法的种类，从不同的角度可以做不同的分类。一般根据警察组织法规所涉及的内容，将警察组织法规分为两类：一类是警察机关组织法类，主要规定警察机关的性质、地位、机构设置、领导体制、活动原则；另一类是警察人员组织法类，主要规定警察人员的职权、权利义务、组织管理、警务保障、法律责任等，此外对于不同警种的特性问题也属于这类警察组织法研究的范围。总体上，我国警察组织法呈现出以下几个特点：一是在内容上，警察组织法是有关警察机关和人民警察的性质、地位、任务、职责权限以及内部组织管理等方面的法律规定。二是从功能上，警察组织法调整上级与下级警察机关、警察机关与它的工作人员之间在组织管理过程中的权利义务关系，它属于内部法律关系。三是从行为规则的种类上，警察组织法大部分为授权性规范和义务性规范，禁止性规范较少。四是从违法行为引起的法律后果上，违反警察组织法，由警察机关或者其他法定机关追究警察人员的行政责任，给予相应的纪律处分。

警察组织法的性质和地位决定了警察组织法的重要作用，表现在：它不仅是警察机关和警察人员进行自身建设的法律依据，同时也是警察机关和警察人员发挥行政管理职能，打击、预防违法犯罪的基础和保障，是警察行政执法和警察刑事执法的基础和核心。

二、公安机关

警察机关与公安机关并不完全形同，在我国，警察机关包括公安机关、国家安全机关、监狱管理机关等行使警察权力、履行警察职责的国家机关。

（一）公安机关的性质

关于我国公安机关的性质，可以从两个方面理解：

1. 社会主义性质决定了公安机关的性质

从国家的性质上看，我国的社会主义性质决定了公安机关的性质。我国《宪法》第1条明确规定："中华人民共和国是工人阶级领导的，以工农联盟为基础的人民民主专政的社会主义国家。"公安机关作为国家政权的重要组成部分，作为国家权力机关的执行机关，因而也就具有了相应的性质，即公安机关是人民民主专政的工具。公安机关的这一性质在马克思主义国家学说的有关论述中也可以看到。

2. 公安机关具有双重职能

从公安机关的法律地位和所承担的任务来看，我国公安机关具有双重职能，即具有行政职能和刑事职能。所谓行政职能，主要表现在两个方面：第一，我国公安机关是指县级以上人民政府主管公安工作及其人民警察的行政机关。因此公安机关属于行政序列，隶属于县级以上各级政府部门，是县级以上各级政府部门的组成部分。这一点在我国宪法、国务院组织法以及地方组织法中有明确的规定。比如《国务院组织法》在确定公安部的法律地位时规定，公安部是国务院下属的一个职能部门，是掌管社会治安和国内安全保卫工作的专门机关。第二，我国公安机关承担的重要任务之一，就是进行社会治安行政管理。治安行政管理是国家行政管理的组成部分，其管理手段、方式以及所享有的管理职权都是行政管理研究和行政法调整的对象。

公安机关的刑事职能则主要体现在公安机关所承担的刑事侦查和对部分刑事处罚执行的职能上。我国宪法和有关刑事诉讼方面的法律规定，刑事案件的侦查工作主要由公安机关负责。也就是说，公安机关除了进行治安行政管理外，还担负着预防、侦查、打击刑事犯罪和对部分刑事处罚执行的重要任务。《公安机关组织管理条例》第2条也规定，公安机关是人民民主专政的重要工具，人民警察是武装性质的国家治安行政力量和刑事司法力量，承担依法预防、制止和惩治违法犯罪活动、保护人民、服务经济社会发展、维护国家安全、维护社会治安秩序的职责。从公安机关所承担的刑事方面的任务来看，公安机关的刑事职能已显而易见。

据上，公安机关的概念可以表述为：国家为行使警察权力，实现警察职能而设立的，执行和实施国家公安法律、法规，管理国家公安事务的行政机关。公安机关的基本特征：一是公安机关是国家行政机关，这一点使公安机关与国家立法机关和国家司法机关区别开来；二是公安机关是代表国家行使警察权力，履行警察职责的国家机关，这一点又使警察机关与其他行政机关区别开来。

（二）公安机关的机构设置

根据我国宪法、国务院组织法、地方各级人民代表大会和地方各级人民政府组织法以及人民警察法等有关法律的规定，我国公安机构的设置是由中央公安机关、地方各级公安机关、专业公安机关等组成。

1. 中央公安机关

中央公安机关是指公安部。根据国务院组织法及其有关规定，公安部是国务院的有关职能部门，通过国务院对全国人民代表大会及其常务委员会负责。公安部内设办公厅、政治部、法制以及计划装备、政保、保卫、治安、刑事侦查、交通管理、出入境管理、警卫、消防、边防、国际刑警组织国家中心局等工作部门。公安部主管全国的公安工作，是全国公安工作的领导、指挥机关和中央公安事权的执行机关。

2. 地方公安机关

我国地方公安机关的设置原则上应当与地方政府的层次相适应，是一级地方政府的组成部门。根据《人民警察法》《公安机关组织管理条例》等相关法律法规的规定，我国地方公安机关的设置分为：①县级以上地方公安机关。包括：省（自治区、直辖市）级公安机关；省辖市、地区、自治州一级公安机关；县（市、旗）级公安机关。县级以上人民政府公安机关依照法律、行政法规规定的权限和程序设置。②县级以上地方公安机关的派出机构。包括：设区的市公安局根据工作需要设置的公安分局；市、县、自治县公安局根据工作需要设置公安派出所。此外，县级以上人民政府公安机关依照法律、行政法规规定，可以向有关单位派驻专门机构。公安分局和公安派出所的设立、撤销，按照规定的权限和程序审批。

在我国，地方公安机关都是警察法律关系主体，在法定权限内，对外以自己的名义行使警察权，承担相应的法律责任。在管理体制上，县级以上地方人民政府公安机关在上级公安机关和本级人民政府领导下，负责本行政区域的公安工作，是本行政区域公安工作的领导、指挥、执行机关。公安分局、公安派出所由设置的公安机关直接管理，承担着本地区内的公安管理工作，查处治安行政案件，侦查刑事案件。

3. 行业公安机关

从维护国家安全和社会治安的实际需要出发，国家先后在铁路、交通、林业、民航、海关等五个关系到国计民生的重要行业组建了公安机关。五个行业的最高行政领导机关所设立的公安局也列入了公安部业务局序列。行业公安机关是国家派驻相关行业的警察组织，是维护国家安全和社会治安秩序的行政司法和刑事司法力量，实行接受公安和相关行业双重领导的管理体制。

（1）铁路公安机关。铁路公安机关是成立较早的专业公安机关。2009年7月起，全国铁路公安机关从铁路运输企业中全部分离，一次性整体纳入国家司法管理体系，实行铁道部公安局、铁路公安局、公安处三级管理体制，由铁道部、公安部双重领导，党政工作以铁道部领导为主，公安业务工作以公安部领导为主。

铁路公安机关作为国家派驻到铁路行业的警察组织，在治安秩序危害防止任务的分配方面，承担着依法维护车站和列车内的治安秩序的职责。而铁路沿线的治安秩序由地方公安机关和铁路公安机关共同负责。

（2）交通公安机关。交通公安机关（2009年后称为交通运输部公安局）是在新中国成立初期的交通保卫局的基础上成立的。1975年随着国务院机构改革，交通部分为交通部和铁道部，随即成立了交通部公安局和铁道部公安局。2009年3月2日，国务院办公厅《关于印发交通运输部主要职责内设机构和人员编制规定的通知》明确，交通运输部设公安局，"负责指导航运、海事、港口公安工作，管理交通直属公安队伍。公安局列入公安部序列，由交通运输部、公安部双重领导，党政工作以交通运输部领导为主，公安业务工作以公安部领导为主。"

交通公安机关作为国家派驻到交通行业的警察组织，在治安秩序危害防治任务的分配方面，依法承担着水上治安保卫、水上消防、港口道路交通管理、反恐安全防范与港口保安、公路交通公安保卫等工作。

（3）民航公安机关。1981年7月，国务院批准组建民航公安机关。民航系统的公安机关既是民航的一个机构，又是公安部门的派出机关，在民航总局和公安部的双重领导下开展工作。1998年国务院进行机构改革，突出了政企分开，加强政府的安全管理和宏观调控。民航总局公安局强化了民航安全保卫立法、监督、指导的职能。此时，民航公安机关基本形成了总局公安局、管理局公安局、省局（机场）公安机关的三级民航公安管理体制。总局公安局及其派出机构地区管理局公安局，以政府的行业管理职能为主。机场公安机关是具体实施安全保卫工作的执法主体。

新中国成立后，民航安全保卫工作主要经历了三个阶段：一是民航安全保卫工作归属于空军保卫部门，其主要任务是建立防止民航内部人员劫机、驾机叛逃的空中防线；二是民航公安机关成立后，主要任务是预防和处置犯罪分子劫机逃往境外；三是"9·11"事件后，以预防和处置针对民用航空的恐怖主义活动为主。同时，全国民航公安机关在依法履行机场治安管理、刑事侦查、警卫等职责的同时，还充分发挥关口作用，完成了大量的缉毒、追逃等工作。

目前，国务院对民航公安机关的职责予以明确，主要包括：空中安全保卫、机场治安管理、专机和要害部位安全保卫、危害国家安全和其他刑事案件的侦查、机场紧急事件的调查处理等。2001年发生的震惊世界的"9·11"恐怖袭击事件后，民用航空安全保卫工作被提升到国家安全的高度。2003年，国务院批准成立中国民航空中警察队伍。空中警察以航空安全队伍为骨干建立，是我国在民用航空器内进行空中反恐怖的专门国家力量，是我国公安机关的新警种。

（4）森林公安机关。森林公安于1948年在东北林区开始组建，1984年国务院决定将林业公安列入公安机关序列，实行林业和公安双重领导，成立林业部公安局，领导全国林业公安工作。林业公安机关的主要任务是保卫森林资源安全，维护林区社会治安。1998年修订《森林法》将林业公安更名为森林公安，将林业部公安局更名为国家林业局森林公安局。

森林公安组建时，人员编制是林业事业或森工企业编制，经费由林业部门保障。随着国家宏观政策调整，林业经济体制改革的不断深入，2005年国务院下发《关于解决森林公安及林业检法编制和经费问题的通知》，明确将森林公安编制列入政法专项编制序列，经费纳入各级财政预算。2007年，中央编办下发文件，核定了森林公安政法编制数额；明确森林公安继续实行林业和公安部门双重领导的管理体制。截至2008年底，除上海市外，全国其他30个省（自治区、直辖市）和新疆生产建设兵团都建立了森林公安机构，分为国家—省—市—县四级。

在职权配置方面，1985年公安部、最高人民检察院、最高人民法院联合发出《关于盗伐滥伐森林案件改由公安机关管辖的通知》（已失效），将盗伐、滥罚林木等破坏森林资源犯罪案件交由公安机关管辖。1986年林业部和公安部联合发出《关于森林案件管辖范围及森林刑事案件立案标准的暂行规定》，明确了林业公安机关管辖的11种森林刑事案件。1994年，林业部和公安部联合发布《陆生野生动物刑事案件的管辖及其立案标准的规定》，明确了林业公安机关对九种野生动物刑事案件的管辖权。根据1997年修订的《刑法》对破坏森林和野生动植物资源犯罪罪名的补充和调整，2001年，国家林业局、公安部联合发布《森林和陆生野生动物刑事案件管辖及立案标准》，森林公安机关管辖的刑事案件种类调整为19种。后由于《刑法》修正案，截至2008年底，森林公安机关管辖的刑事案件增至21种。2009年修订的《森林法》明确森林公安机关在国务院林业主管部门授权的范围内，代行部分林业行政处罚权。将部分林业行政处罚权授予森林公安机关行使。

（5）海关公安机关。1999年正式组建的缉私警察，实行海关和公安双重领导，以海关领导为主的双重领导体制。缉私警察的职能是对走私犯罪案件依法进行侦查、拘留、执行逮捕、预审的专职刑警队伍，海关总署走私犯罪侦查局既是海关总署的一个内设局，又是公安部的一个序列局，直属海关设走私犯罪侦查分局，同时列入所在地省级公安机关序列，隶属于海关设走私犯罪侦查支局。

2003 年 1 月，走私犯罪侦查局更名为缉私局，增加查处走私、违规行为案件的行政执法职能，走私犯罪分（支）局随职能调整一并更名为所在海关缉私局（分局）。2004 年海关缉私职能进行部分调整，职能调整后的缉私警察在拥有刑事执法权的基础上，又配置了对走私、违规行为进行行政处罚的行政执法权力，职能涵盖走私犯罪侦查、走私和违规行为案件查处、海上缉私、反走私综合治理等多项职责，缉私执法力度、资源和效率得到了合理配置。缉私警察运用刑事和行政两种执法手段，充分发挥缉私职能作用，有利打击走私违法活动。2004 年 9 月，国务院颁布《中华人民共和国海关行政处罚实施条例》又规定："抗拒、阻碍海关侦查走私犯罪公安机构依法执行职务的，由设在直属海关、隶属海关的海关侦查走私犯罪公安机构依照治安管理处罚的有关规定给予处罚"，标志着国家赋予缉私警察部分治安处罚权，进一步丰富了缉私警察职能。

（6）中国海警。"中国海警"这一概念有狭义和广义之分。狭义上的中国海警，是指公安边防海警，全称为中国公安边防海警部队，隶属于公安边防管理局。主要负责近海海上治安问题，编制列入中国人民武装警察边防部队序列，是由公安部领导管理的现役部队。广义的中国海警则是由公安边防海警、中国海监、中国渔政、海关缉私警等四部门整合而成的国家海警局执法人员。广义上的中国海警概念出自 2013 年 3 月 14 日《国务院机构改革和职能转变方案》。

长期以来，我国海上执法力量分散，国家海洋局的中国海监、公安部的边防海警、农业部的中国渔政、海关总署的海上缉私警察等执法队伍各自承担一部分海上执法职能，这种状况不仅导致执法过程中遇到非职责范围内的违法行为无权处理，从而影响了执法效果，而且也导致了重复检查、重复建设，增加了执法成本。为了加强海洋资源的保护和合理利用，维护国家海洋权益，根据中国共产党十八届二中全会会议精神要求，按照新一轮"大部制"改革方案和《国务院机构改革和职能转变方案》提出组建中国海警局。具体为：将国家海洋局及其中国海监、公安部边防海警、农业部中国渔政、海关总署海上缉私警察队伍和职责整合，重新组建国家海洋局，国家海洋局将以中国海警局名义开展海上维权执法，正式提出"中国海警"这一概念。因此，中国海警局是一个新机构，以中国海警局名义开展海上维权执法，接受公安部业务指导，成为一个新的警察机关。目前，中国海警的编制和序列尚未完全敲定，国家关于海洋执法力量的法律法规也尚未出台，但可以预见中国海警这一专业公安机关将会成为一个配置了海上治安执法权和一定海上刑事执法权的警察机关。

(三) 公安机关事权划分[1]

1. 中央与地方警察事权划分模式

中央与地方警察事权划分模式关乎中央与地方警察机关的关系，其所欲解决的主要问题是警察机关内部上下级之间警察职权的分工问题。目前学界普遍认为，中央与地方警察事权划分的基本类型有"中央集权制"和"中央与地方分权制"两种模式。

(1) 中央集权制。所谓中央集权制就是将警察事务完全视为国家事权，由中央立法并执行，地方自治团体或地方政府无权过问；即使地方自治团体或地方政府分享一部分警察事权（一部分的执行权或一部分立法权与执行权)，但也必须接受中央法规或上级机关的指挥与监督。如泰国、日本、韩国、法国等国的中央与地方警察事权划分模式。

(2) 中央与地方分权制。所谓中央与地方分权制就是将警察事务归属于地方政府，中央仅保留监督权。实行分权制警察体制的国家又可以分为三种情形：一是英国。在英国，除伦敦首都警察由中央内政部设立警察机关掌管外，地方警察事务则视为地方自治团体的事权。[2] 二是德国。在德国，中央联邦政府与各邦及地方自治团体分别设立警察机关，执行警察事权，中央联邦政府平时不过问地方警察事务。[3] 三是美国。在美国，联邦政府各部门依其需要设立类似的警察机关，各州及各州的地方自治团体，均有各自的警察机关，相互间完全没有管辖的指挥监督上的关系，而有联系、相互支持的关

---

〔1〕 参见高文英：《我国社会转型期的警察权配置问题研究》，群众出版社2012年版，第225~256页。

〔2〕 参见李震山：《警察行政法论——自由与秩序之折冲》，元照出版公司2007年版，第122页。

〔3〕 李震山："德国联邦与各邦警察权限之划分"，载《警学业刊》1995年第4期。

系。也就是说，美国是一种高度分权制的模式。

一般而言，在中央与地方警察事权划分上采用中央集权制的多为单一制国家，而采用中央与地方分权制的国家多为联邦制国家。如果以组织法上管辖权的观点分析，在单一制国家中，中央与地方警察事权的划分则主要体现出事务管辖优于地域管辖。换言之，中央集权注重的是中央与地方的事权一致性，而为了保持中央与地方在警察事务方面的一致性，地方警察机关就必须配合中央警察机关，因此，地域管辖减弱，而层级管辖增强，其表现特点为上级机关对下属职务上和专业上的监督加强。在联邦制国家中，中央与地方警察事权的划分则主要体现地域管辖优于事务管辖。换言之，优先考虑地域，警察事权不强调统一性，其特点表现为同一性质的警察事务有全国一致性的、有因地制宜、有地方自治的、也有非地方自治事项。因此，在联邦制国家中，层级管辖及对人管辖只有在联邦或各邦领域内被强调，只有在法律另有特别规定的情况下，联邦才有监督、指挥地方的可能性。

随着社会的发展，国家相互借鉴加强，非此即彼的情况在减少。在中央与地方警察事权划分上，中央集权制和地方分权制也都出现不同程度的相互借鉴。另外，在一些地区，中央与地方警察机关警察事权的划分上也体现出两者融合的形式。

2. 我国公安事权的划分

国内学者探讨中央与地方政府关系的不少，但对于中央与地方公安机关公安事权划分探讨极少。从我国公安机关的任务和人民警察职权来看，的确有些公安事权具有一定的"全国性"或者是需要中央政府的协调，如公安机关国家安全保卫、境外非政府组织管理、反恐怖主义、边防管理、出境入境管理、跨国境、跨省重大刑事案件办理、刑罚执行、国际执法合作，以及国家特定人员、目标、活动警卫等警务，应当作为中央公安事权。但也有一些事权呈现出地方性的特点，笔者的这种判断有下列理由：

第一，维护社会治安是地方政府的基本职能。治安是地方政府的主要任务之一，如果地方治安环境不良，则其它施政与建设的举措将会落空。再者，地方公安机关限于职权，无法承担所有社会治安责任，也需要在地方政府的指示下，执行维护社会治安工作或支援相关业务单位执行其任务。这也是为什么在联邦国家中一致认为警察是地方事务，而且这种地方事务与地区的大小无关的理由之一。

　　第二，警察事务的效率性所决定。我们经常诟病地方政府执政品质不高，影响了警察效率和警察形象，而将希望寄托在中央公安机关上。将警察权向上集中，是否就能保证同样的问题不会发生在中央公安机关？问题的症结在于：警察事务完成的效率和警察的权威并不在于中央与地方公安事权划分，关键在于中央与地方警察权是否依法配置与分配，依法配置的警察权是否能被依法实施，警察能否坚持依法履行职权。如果坚持依法行使职权，外力的不当牵制与干预自然会减少，警察事务的效率也会提高。

　　第三，符合警察事务的客观规律。一种制度的建立应当不仅限于解决当下的问题，而是应当优于现实考量，符合事务发展的长远规律。民主是一个人性化的制度，注重共同参与，同时民主也是一种理性化的生活方式。治安权力一旦过度集中，将容易失去控制，社会也会为此付出巨大代价。

　　第四，符合警察事务直接服务人民的需要。目前理论界和实务界在中央与地方警察管理体制方面，"以条为主"的主张颇受青睐。[1]在公安事权的划分方面，基于对地方政府执法品质、地方财政水平和警察权威等担心，主张将公安事权相对集中于一定层次的建议和努力一直没有间断过。这种观点显然过于考量现实性，而忘记了公安事权划分的根本目的和宗旨。我们认为，警察尊严与社会地位，不应当建立在集中权力与极大的管辖上，而是应当建立在一个更稳定的基础上，比如执法能力高，愿意接受人民监督，而不是通过憧憬提高所在公安机关的级别地位，通过中央或者上级公安机关的垂直领导来提高警察权威。其实警察权的威信和地位关键在于取得人民的信任，捍卫人民的基本权利，这需要为人民提供良好的公共安全产品和提供良好的服务。因此在公安事权划分方面，除必须为全国一致性者外，应优先将公安事权配置给地方公安机关，并强化他们的能力，真正实现服务人民，而中央公安机关注重的应该是监督、协调。

　　鉴于警察事务所具有的浓厚地方性质且基本上属于地方事务的分析，在中央与地方公安机关进行公安事权的划分时，除性质上具有全国一致的事务以及需要地方间统一协调者外，公安事权的划分要配合政府的民主法治建设，并且普遍照顾到广大人民的权益。因此，中央应只承担需要全国一致性警察

---

　　[1]　参见孙娟、秦兴强：《中国警察管理理论实践与案例分析》，群众出版社2003年版，第8页。

事权的立法、执行与协调,其余警察事权应下放地方。

三、其他警察组织

(一) 武装警察部队

武装警察部队既是国家的武装力量,又是人民警察的组成部分,由内卫部队和警种部队组成,拥有三大类共八个警种。根据《人民武装警察法》的规定,人民武装警察部队由国务院、中央军事委员会领导,实行统一领导与分级指挥相结合的体制。武装警察的设置是:在中央设立武警总部;在省、自治区、直辖市设立武警总队;在市、州、盟设立武警支队;在沿海的市、县、旗设立武警大队;内地的县设立武警中队。另外,武警部队还设有水电、交通、黄金、森林等专业部队,它们也属于武警序列。武警部队的主要任务和职责是担任首脑机关、重点单位、要害部位、重要桥梁、隧道和看守所、监狱、劳教场所的守卫、看守、警戒、边防检查、守卫、消防监督、灭火救火等任务,以及紧急状态下的平叛、围剿、追击等任务。

武装警察部队作为警察组织之一,根据《人民武装警察法》的规定,负有执行安全保卫任务的职责,其中包括协助公安机关执行逮捕、追捕、押解、押运任务,参加处置暴乱、骚乱、严重暴力犯罪事件、恐怖袭击事件和其他社会安全事件。由于武警部队与公安机关在职责与职能方面的关系,为了能够相互配合,实践中公安机关行政首长往往同时兼任相对应武警部队第一政治委员,在执行任务时,武警部队接受相应公安机关的领导和指挥。但公安机关的人民警察属于公务员,享有公务员的权利,履行公务员的义务;而武警部队人员则是国家现役军人。此外,武警部队中除由公安机关领导的边防、消防、警卫部队外,和公安机关没有直接组织关系,只是在法定情形下配合公安机关行动。

(二) 军队保卫部门

解放军总政保卫部(简称"军保")是解放军总政治部下属的二级部(正军级单位),可以调查各种级别军官遵纪守法情况,因此其地位和威信相当于军中的中纪委。保卫部在大军级单位、军级单位、师级单位和团级单位分别设置的保卫部、保卫处、保卫科和保卫股等下设单位。保卫部除领导全军的保卫工作外,其警察权主要体现在其在军中行使的相当于公安机关的侦查、预审、拘留和执行逮捕的权力。具体包括：一是开展专门的调查工作，如讯问犯罪嫌疑人、询问证人、被害人、勘验、检查、搜查、扣押物证、书证、鉴定、通缉等活动；二是采取有关的强制性措施，如为保证专门调查工作的顺利进行，在必要时采取的拘传、取保候审、监视居住、拘留、逮捕等限制或剥夺其人身自由的强制措施。

军队保卫部门在军中行使刑事侦查权除依据《刑事诉讼法》的相关规定外，1993 年全国人大常委会还颁发了《关于中国人民解放军保卫部门对军队内部发生的刑案件行使公安机关的侦查、拘留、预审和执行逮捕的职权的决定》（以下简称《决定》）。《决定》明确授权了军队保卫部门相关的刑事侦查权。《决定》指出："中国人民解放军保卫部门承担军队内部发生的刑事案件的侦查工作，同公安机关对刑事案件的侦查工作性质是相同的，因此，军队保卫部门对军队内部发生的刑事案件，可以行使宪法和法律规定的公安机关的侦查、拘留、预审和执行逮捕的职权。"为了保障军队保卫部门侦查权的正确行使，中央军委、总政治部分别于 1998 年 7 月和 1999 年 3 月发布施行了《关于军队执行〈中华人民共和国刑事诉讼法〉若干问题的暂行规定》和《军队保卫部门侦查工作细则》。上述法律法规对于保障军队保卫部门依法行使侦查权具有重要意义。

（三）国家安全机关

国家安全机关是国家安全工作的主管机关。根据 2015 年通过的《国家安全法》第 42 条的规定，国家安全机关和公安机关依法搜集涉及国家安全的情报信息，在国家安全工作中依法行使侦查、拘留、预审和执行逮捕以及法律规定的其他职权。国家安全机关是国家行政机关，依法分为：中央国家安全机关（即国家安全部）、地方国家安全机关（即地方的国家安全厅、局）。国家安全部隶属于国务院领导；中央国家安全机关和地方国家安全机关之间实行垂直层级领导制度。此外，根据《国家安全法》第 5 条的规定，中央国家安全领导机构负责国家安全工作的决策和议事协调，研究制定、指导实施国家安全战略和有关重大方针政策，统筹协调国家安全重大事项和重要工作，推动国家安全法治建设。

为保障国家安全机关履行国家安全的职责，国家依法为其配置了相应的警察权。根据《国家安全法》第 42 条、第 52 条和相关法律法规的规定，国家安全机关的职权分为刑事执法权和行政执法权两部分。刑事执法权具体包括：在国家安全工作中依法行使侦查权、拘留、预审和执行逮捕、采取技术侦察措施，对背叛祖国、危害国家安全的犯罪分子的通缉与追捕权，间谍组织和间谍组织代理人的确认权、敌对组织的确认权，法律规定的其他职权。行政执法权具体包括以下四个方面：一是行政调查权，如查验身份证明和调查权、进入有关场所和查阅有关档案、资料、物品权；二是行政优先权，如优先乘坐公共交通工具、优先通行权、优先使用交通工具、通信工具、场地和建筑物权，查验电子通讯、卫星地面接收等设备、设施权，提请海关、边防等检查机关对有关人员和资料、器材免检权，专用间谍器材确认权和没收权，三是行政许可权，如对涉及国家安全事项的建设项目审批的行政许可权，对间谍组织及其代理人、敌对组织的确认权；四是行政强制措施权，如采取封存、扣押、查封、冻结、搜查等行政强制措施权。此外，国家安全机关在国家安全工作中还具有行政命令、行政处罚以及法律规定的其他职权。

我国国家安全机关成立于 1983 年，与公安机关有历史上的渊源。由于维护国家安全的需要，国家安全机关从公安机关分离出来，并被配置了相应的警察权。但国家安全机关须在职权范围内，遵守法律保留原则和正当法律程序，不得越权和滥权，不得侵犯组织和个人的合法权益。

（四）司法警察组织

司法警察是我国人民警察的独立警种之一。与域外国家普遍将司法警察隶属于司法部，主要承担刑事侦查任务的做法不同，我国司法警察隶属于司法机关，是依照法律规定行使特定的警察职权，维护司法场所设施安全与司法活动秩序的执法人员。我国司法警察组织分为人民法院的司法警察组织和人民检察院的司法警察组织两大类。

1. 人民法院的司法警察组织

我国各级人民法院设立司法警察机构。根据《人民法院司法警察条例》以及最高人民法院《关于加强人民法院司法警察队伍建设的若干意见》的规定，人民法院司法警察队伍实行"双重领导，编队体制"。最高人民法院设立司法警察局、高级人民法院设立司法警察总队，中级人民法院设立司法警察支队，基层人民法院设立司法警察大队。人民法院司法警察接受所在人民法院院长和上级人民法院司法警察部门的领导，接受所在人民法院司法警察部门的管理。人民法院司法警察机构的具体职责分工如下：

（1）最高人民法院司法警察局。主要职责包括：研究、起草有关司法警察工作的条例、规定和办法；研究、制定司法警察队伍建设的规划和措施；指导、监督地方各级人民法院司法警察的业务工作；检查、监督司法警察执行法律、法规的情况；指导地方各级人民法院的警衔报批工作；管理警督以上司法警察的警衔；组织司法警察的教育培训；协调跨省、自治区、直辖市的重大警务活动；管理司法警察的装备；完成院长交办的其他任务。

（2）高级人民法院司法警察总队。主要职责包括：组织落实司法警察工作的条例、规定、办法；研究、起草并组织实施司法警察管理的规章制度和细则；指导、监督下级人民法院司法警察的业务工作；检查、监督司法警察执行法律、法规的情况；管理警司以下司法警察的警衔；组织司法警察的教育培训；协调辖区内跨地区的重大警务活动；管理司法警察的装备；完成院长交办的其他任务。

（3）中级人民法院司法警察支队。主要职责包括：组织落实司法警察工作的条例、规定、办法；组织落实司法警察管理的规章制度和细则；制定、实施司法警察工作计划；组织司法警察履行职责；指挥辖区内的警务工作；组织司法警察的教育培训；管理司法警察的装备；完成院长交办的其他任务。

（4）基层人民法院司法警察大队。主要职责包括：组织落实司法警察工作的条例、规定、办法；组织落实司法警察管理的规章制度和细则；制定、实施司法警察的工作计划；组织司法警察履行职责；组织司法警察的教育培训；管理司法警察的装备；完成院长交办的其他任务。

人民法院司法警察的任务是通过行使职权，预防、制止和惩治妨碍审判活动的违法犯罪行为，维护审判秩序，保障审判工作的顺利进行。为了保障人民法院司法警察任务的实行，法律法规明确了人民法院司法警察的职责权限。人民法院司法警察依法行使警察职权的行为受法律保护。

2. 人民检察院的司法警察组织

我国各级人民检察院设立司法警察机构。根据《中华人民共和国人民检察院组织法》（以下简称《人民检察院组织法》）和《人民检察院司法警察条例》的规定，人民检察院司法警察实行编队管理。最高人民检察院设立司法警察局；省、自治区、直辖市人民检察院设立司法警察总队；省、自治区、直辖市人民检察院分院和自治州、省辖市人民检察院设立司法警察支队；县、市、自治县和市辖区人民检察院设立司法警察大队。最高人民检察院领导地方各级人民检察院和专门人民检察院司法警察工作，上级人民检察院领导下级人民检察院司法警察工作。人民检察院司法警察机构的具体职责分工如下：

（1）最高人民检察院司法警察局。最高人民检察院司法警察局管理全国检察机关司法警察工作，其主要职责包括：研究、制定司法警察工作的规划和规章制度；指导、考评司法警察业务工作；监督、检查司法警察执行法律、法规的情况；协调跨省区的重大警务活动；指导、组织司法警察的教育培训；管理司法警察警衔；管理司法警察警用装备；完成检察长交办的其他任务。

（2）司法警察总队和司法警察支队。司法警察总队和司法警察支队管理本级和下级人民检察院司法警察工作，其主要职责包括：组织落实司法警察工作的条例、规定及其他相关文件；指导司法警察队伍建设，制定队伍管理的规章制度；指导、考评司法警察业务工作；组织司法警察履行职责；协调跨地区的重大警务活动；组织司法警察的教育培训；管理或者协同管理警司以下司法警察的警衔；管理司法警察警用装备；完成检察长交办的其他任务。

（3）司法警察大队。司法警察大队管理本院司法警察工作，其主要职责包括：组织司法警察履行职责；落实司法警察工作的条例、规定及其他相关文件；制定本院司法警察管理的规章制度；制定司法警察工作计划；组织司法警察进行训练；管理司法警察警用装备；完成检察长交办的其他任务。

人民检察院司法警察的任务是通过行使职权，维护社会主义法制，维护检察工作秩序，预防、制止妨碍检察活动的违法犯罪行为，保障检察工作的顺利进行。为了保障人民检察院司法警察任务的实行，法律法规明确了人民检察院司法警察的职责权限。人民检察院司法警察依法行使警察职权的行为受法律保护。

（五）监狱警察组织

监狱是国家的刑罚执行机关，监狱警察是我国人民警察的独立警种之一。《监狱法》第 2 条规定，依照刑法和刑事诉讼法的规定，被判处死刑缓期二年执行、无期徒刑、有期徒刑的罪犯，在监狱内执行刑罚。国务院司法行政部门主管全国的监狱工作。监狱的设置、撤销、迁移，由国务院司法行政部门批准。监狱设监狱长一人、副监狱长若干人，并根据实际需要设置必要的工作机构和配备其他监狱管理人员。

根据《监狱法》和《人民警察法》的规定，监狱是狱政管理的主体，监狱警察是狱政的管理人员。狱政管理，是指作为刑罚执行机关的监狱，对在监狱内服刑罪犯监管过程中所实施的各种具体行政管理活动。包括：对罪犯实行分管、分押；戒具和武器的使用；通信、会见；监舍的生活和卫生；对罪犯的奖惩等。监狱警察依法管理监狱、执行刑罚、对罪犯进行教育改造等活动。为了保障监狱警察任务的实行，法律法规明确了监狱警察的职责权限。监狱警察依法行使警察职权的活动，受法律保护。

第三节　人民警察

【引导案例】

张某与李某曾合伙从事海产品经营生意。王某是其供货商之一。在往来业务中，李某因故拒付王某货款 8 万余元。后张某与李某终止了合伙。王某在某市某区法院提起民事诉讼，要求张某、李某共同偿还欠款 13 万余元，后又申请撤诉，获准。不久，王某向某省某县公安局报案，称张某涉嫌合同诈骗。某县公安局以被告涉嫌合同诈骗，刑事拘留张某并羁押（共 51 天）。关押期间，办案人员就张某与王某之间的债务多次进行调解。后张某让人到该局交款 13 万余元，待全部款项结清后，该局以刑事取保候审名义将张某放回。张某诉至曾为羁押地之一的某市某区人民法院，要求被告（县公安局）对其实施的违法行为承担法律责任。

【引导问题】

请分析公安机关及其人民警察是否超越法定职权？

警察人员是警察法学中警察主体研究的一个重要方面。因为警察主体是一种组织，它是由警察人员组成的，其警察活动也是由警察人员具体实施的。

所以有关警察人员的法律地位、警察人员与所属警察机关的关系、警察人员职务行为的认定等，自然也就成为警察法学研究的重要内容。

一、人民警察的性质和种类

（一）人民警察的概念和特征

我国警察法中的警察人员称为人民警察，通常是指在警察机关中依法行使警察职权，履行警察职责，执行警察任务且被授予人民警察警衔的工作人员。人民警察具有以下特征：

1. 任职于警察主体，是警察主体的一个工作人员

这一特征确定了人民警察的范围，即警察主体中的人民警察不仅是指公安机关在职的人民警察，而且还包括其他警察主体中依法行使警察职权，履行警察职责，执行警察任务的人员。比如在我国还应包括国家安全机关的人民警察，法院、检察院、司法机关中的人民警察等其他警察主体中行使警察权力、履行警察职务的人员。

2. 代表国家以警察主体的名义对外行使警察权力，履行警察职责

人民警察作为国家的公职人员，与国家形成国家职务关系。国家赋予人民警察一定的权限和职责，人民警察在职权范围内代表国家，以警察主体的名义对外进行警察活动。

3. 警察主体对人民警察违法的职务行为承担法律责任

人民警察实施警察活动，是以警察主体的名义，代表警察主体实施警察活动，因此产生的法律责任包括违法责任也应由警察主体承担。具体承担方式为：先由警察主体承担过错责任，然后警察主体根据人民警察的过错程度，追究其法律责任，行使追偿权。

（二）人民警察的性质[1]

人民警察的性质是人民警察概念的核心内容。多数人认为，我国人民警察具有多方面性。从阶级性看，人民警察代表广大人民群众的意志和利益，具有人民性。这体现在两个方面：第一，人民警察的权力来自于人民，属于人民；第二，全心全意为人民服务是人民警察活动的宗旨。这种人民性与阶

---

[1] 本部分内容参见高文英：《警察法学理论研究综述》，群众出版社1998年版，第68页。

级性的统一，是我国人民警察与剥削阶级国家警察人员的根本区别。从法律性质看，人民警察从事国家治安行政管理又兼有部分刑事司法职责的执法力量即具有行政性和司法性。同时，人民警察还具有一定的武装性。武装性质主要体现在人民警察的武器装备和职权上。

也有人不同意上述"三性"的观点。提出了二性说、一性说的观点，如认为，警察的性质是"国家行政武装力量"，警察的性质是"阶级专政的重要工具"，等等。还有人认为，要确定警察人员的性质，必须依据马克思主义的国家说，从警察整体、警察与国家的关系上去认识警察的性质，并提出，警察最根本的性质是国家解决国内矛盾的武装队伍的组成部分，是国家力量的主要象征之一。

笔者认为，人民警察性质的定位涉及人民警察在国家政权建设和维护国家安全中的地位与作用。2006 年 11 月 1 日国务院制定的《公安机关组织管理条例》第 2 条明确规定："公安机关是人民民主专政的重要工具，人民警察是武装性质的国家治安行政力量和刑事司法力量，承担依法预防、制止和惩治违法犯罪活动，保护人民，服务经济社会发展，维护国家安全，维护社会治安秩序的职责。"据此，人民警察的性质可以表述为：人民警察是武装性质的国家治安行政力量和刑事司法力量。

（三）人民警察的种类

根据不同的标准，警察人员可以分为不同的种类。我国人民警察按不同的标准，可作以下分类：

1. 公安机关、国家安全机关、司法机关和人民法院、人民检察院的人民警察

根据人民警察所在的机关和组织的不同，可以分为：公安机关（包括各级专业公安机关）中的人民警察、国家安全机关中的人民警察、司法机关中的人民警察、监狱管理机关中的人民警察和中国人民武装警察部队中的人民警察。我国人民警察法采用了这种分类。比如《人民警察法》第 2 条第 2 款规定，人民警察包括公安机关、国家安全机关、监狱、劳动教养管理机关[1]

---

[1]　2013 年 12 月 28 日闭幕的全国人大常委会通过了《关于废止有关劳动教养法律规定的决定》，这意味着已实施 50 多年的劳教制度被依法废止。决定规定，劳教废止前依法作出的劳教决定有效；劳教废止后，对正在被依法执行劳动教养的人员，解除劳动教养，剩余期限不再执行。

的人民警察和人民法院、人民检察院的司法警察。《人民警察法》第 51 条规定：中国人民武装警察部队执行国家赋予的安全保卫任务。

2. 行政机关、司法机关和武装警察部队的人民警察

根据人民警察所在机关和组织的性质不同，可以分为三种：一是行政机关中的人民警察，包括有：各级公安机关（包括各级专业公安机关）中的人民警察、国家安全机关中的人民警察、监狱、劳动教养管理机关中的人民警察。二是司法机关中的人民警察，包括有：人民法院、人民检察院中的人民警察。三是武装警察部队中的人民警察，即武警。

3. 职业制和兵役制人民警察

根据国家人民警察的来源和任用途径的不同，可以分为两种：职业制人民警察，是指在公安机关（包括各级专业公安机关）、国家安全机关、司法机关中的人民警察。他们经过国家公务员录用途径被国家警察机关所录用，是国家公务员的重要组成部分；兵役制人民警察，主要是指依照国家兵役法规定征集、补充到武警部队中的人民警察。他们实行军事化管理，享受部队待遇，按照军人的条件和要求征集，并规定有服役年限和服务年龄，达到服役年限和服务年龄者，一般退出现役。兵役制的人民警察不属于国家公务员。

另外，也有人将我国人民警察的种类分为：属于公安行政编制的警察，比如户籍警察、治安警察、刑事警察、交通警察、外事警察等，由公安机关领导；不属于公安行政编制但享受解放军待遇的警察，比如武装警察、消防警察、边防警察、警卫警察等。

根据人民警察所承担的具体任务和具体职责可以划分不同的警种。目前我国人民警察的警种包括有：户籍警察、刑事警察、治安警察、外事警察、交通警察、边防警察、消防警察、网络警察、铁路警察、航运警察、森林警察、司法警察、巡警、督察、武装警察等。督察与上述警种不同，他不对外行使警察权力，只对人民警察行使监督权。应当指出的是，一个国家的警种不是一成不变的，它随着国家的政治、经济和治安形势的变化而发生变化。这一点可以从警种制度的产生、变化中得到证明。

二、公安机关及其人民警察的职权

（一）警察职权的配置[1]

"职权"指"职务范围以内的权力"。[2]一般而言，任务、职能是一个组织存在的理由和原因，而职权则是指为达成组织任务，实现组织权能而拥有的一种能力。具体到国家机关而言，所谓职权，是指机关履行所授予任务的权力。警察职权也称为警察权能，是指国家通过立法赋予特定国家机关（在我国主要是公安机关）为实现其警察任务的各种权力。进一步而言，警察权配置，其实就是警察权在不同机关和部门转化为各种具体警察职权的过程，这个过程首先涉及这个部门是否拥有这类警察职权，其拥有这类警察职权的范围和强度有多大，当然也涉及这类职权行使的条件、程序和监督救济问题，但警察职权配置最主要解决的问题，还是是否可以以及如何行使涉及公民自由的带有强制性和侵害性的警察权力问题。

根据我国警察法和相关法律的规定，我国警察职权配置有以下三个特点：一是从警察职权配置的法律文件形式来看，作为警察职权配置的法律规范的表现形式不同，效力等级也不一。有宪法、法律、法规、规章，还有政府的规范性文件；二是从警察职权配置法律文件所涉及的内容看，其配置的警察职权大致可以分为行政职权和刑事侦查职权两部分，警察行政职权的具体形态包括治安行政处罚、行政强制措施、行政许可等；警察刑事职权的具体形态包括侦查、刑事强制措施和刑罚的执行三大部分；三是从警察职权配置的内容要求看，强调警察职责和警察权限的统一，并且普遍认为，警察职权就是警察职责与警察权限统一。[3]换言之，我国警察法等相关法律在配置警察职权时，普遍认为警察作为重要的国家行政执法部门应有公共管理权力，但亦要强调该职权的相对性，即警察必须履行的业务职责不容懈怠。警察职责恰是行使权力的前提和基础，同时也是对权力行使的制约，而权力则是履行职责、完成警察任务、实现警察目的的基本保证。

---

[1]　参见高文英：《我国社会转型期的警察权配置问题研究》，群众出版社 2012 年版，第 154~155 页。

[2]　参见《新华词典》，商务印书馆 2001 年版，第 1264 页。

[3]　我国《人民警察法》第 2 章和《人民警察法》（修订草案稿）就是采用了这种立法思想和立法形式。

（二）警察职权的分类

警察职权可以从警察职权内容的分类和具体形式窥视。根据不同的标准，本书将警察职权的内容做如下分类：

1. 固有的职权和授予的职权

根据警察职权的法律来源不同，警察职权的内容可以分为：依组织法配置的固有职权和依单行法配置的授予职权。固有职权是由宪法、政府组织法和警察法等相关方面法律规定的，自相关部门成立起就依法配置有的警察职权。授予职权是由有权机关通过单行法律法规的规定，将特定警察职权配置给某一具体机关或者部门的警察职权，该项警察职权即可通过有权机关依法配置而取得，也可以通过有权机关依法收回配置或者期限届满而取消所配置的警察职权。

固有的警察职权，如我国《人民警察法》第 7 条至第 17 条对公安机关的警察职权进行的原则性规定，条文中涉及的公安机关的固有职权的大体分布为：第 7 条规定了警察行政强制措施和行政处罚权；第 8 条规定了对严重危害社会治安秩序或者威胁公共安全的人员，可以强行带离现场、依法予以拘留或者法律规定的其他措施的权力；第 9 条规定了警察的盘查、检查和继续盘问的权力；第 10 条规定了警察使用武器的权力；第 11 条规定了警察使用警械的权力；第 12 条规定了警察为侦查犯罪活动的需要，可以依法采取的拘留、搜查、执行逮捕或者其他强制措施的权力；第 13 条规定了警察因履行职责的紧急需要的优先通行、优先使用交通工具、通讯工具、场地和建筑物的权力；第 14 条规定了警察对严重危害公共安全或者他人人身安全的精神病人可以采取的保护性约束措施；第 15 条规定了警察实行交通管制的权力；第 16 条规定了警察可以采取技术侦察措施的权力；第 17 条规定了警察对严重危害社会治安秩序的突发事件，可以实行现场管制、强行驱散、强行带离现场或者立即予以拘留的权力。

总体上来看，《人民警察法》对于警察固有职权的规定较为简单、笼统。仅仅规定了警察职权的种类，除此对警察固有职权并没有给出实体性要件、基本程序要求，因此上述警察固有职权如果涉及公民自由、财产安全的，必须有单行法律的具体授权和分配。

授予的警察职权，主要是指通过《人民警察法》等组织法以外，单独配置的警察职权。比如公安派出所根据《治安管理处罚法》取得的治安处罚权、[1]县级以上人民政府公安机关根据《集会游行示威法》取得审批许可权等。值得注意的是，由于警察职权强制性的特点，[2]授予的警察职权的授予对象一般也是国家机关。

2. 警察刑事职权与警察行政职权

根据警察职权与国家权力的对应关系，警察职权可以分为警察刑事职权和警察行政职权。警察刑事职权的内容分为刑事侦查权和刑罚执行权两大部分，其中刑事侦查职权又可以分为刑事侦查职权和刑事强制措施职权。具体而言，刑事侦查职权的具体形式包括：传唤权；讯问犯罪嫌疑人权；询问证人、被害人权；勘验、检查权；搜查权；扣押物证书证权；鉴定权；通缉权；技术侦查权。[3]刑事强制措施职权的具体形式包括：拘传、取保候审、监视居住、拘留、执行逮捕。刑罚执行职权，根据我国《人民警察法》第 18 条的规定，由监狱司法行政机关依照《监狱法》的职权配置行使。

警察行政职权的内容，按照我国《人民警察法》第 6 条"职责"和其他相关法律法规的规定，公安机关警察行政职权的内容涉及治安管理、道路交通管理、消防监督管理、危险物品管理、特种行业管理、集会、游行、示威活动管理、户政、国籍管理、出入境和外事管理、计算机信息系统监督管理、治安保卫指导和监督、法律法规规定的其他警察行政等多个警察治安行政管理领域。

3. 一般警察职权和特殊警察职权

根据警察职权配置机关和警察职权配置内容是否涉及当事人人身自由，警察职权可以分为一般警察职权和特殊警察职权。一般警察职权属于基本警察职权范围，是公安机关和其他承担警察职能的机关，在执行警察任务时均可以依法启动的，对警察职权的主体没有级别上的限制，也不需要有法律特别的授权。一般警察职权的具体形式包括了各类警察治安行政管理职权，如维持交通秩序、处理交通事故、进行消防监督检查、优先乘坐交通工具、优先

---

〔1〕《治安管理处罚法》第 91 条：治安管理处罚由县级以上人民政府公安机关决定；其中警告、500 元以下的罚款可以由公安派出所决定。

〔2〕 笔者认为，我国警察职权的特点除强制性外，还包括单方面性、不可处分性和职责与权限的统一性。

〔3〕 杨玉海、邢曼媛：《公安机关人民警察权力简论》，群众出版社 1999 年版，第 270 页。

通行、优先使用他人的交通工具、通讯工具、场地和建筑物、一般刑事案件的立案侦查职权等。

特殊警察职权是在一般警察职权的基础上，对警察职权主体、警察职权强度和警察职权配置的法律有特殊要求的警察职权。特殊警察职权的具体形式包括实施行政强制措施、行政处罚、继续盘查、使用武器、技术侦察和实施刑事强制措施权等。

4. 实体警察职权和程序警察职权

根据警察职权内容形式和阶段，警察职权可以分为实体警察职权和程序警察职权。实体警察职权是法律配置的实体上的警察职权，这种职权通常须有职权法之授予，方得行使，比如治安管理处罚等。程序警察职权是指法律直接明文配置在程序进行中的警察职权，比如有关听证主持人于主持听证程序时的职权规定等。

（三）我国警察职权的内容

1. 警察职权的法律依据

通过实定法规定警察职权内容，目前主要有两种方式：一是将任务与职权内容规定在一部法律规范中，比如英美法系的国家；二是在警察法中对警察职权做概括性规定，再通过单行法律来具体配置警察职权的内容，设定警察职权行使的各项条件和程序。在我国，警察职权包括了公安机关及其人民警察的职责和履行职责所配置的相应的警察权力（权限）。此外，除《人民警察法》对警察职权内容的规定外，还有大量单行法律法规涉及警察职权，比如，《治安管理处罚法》《刑事诉讼法》《集会游行示威法》《人民警察使用警械和武器条例》《道路交通安全法》《消防法》等。这些法律法规基本上涵盖了警察行政职权和警察刑事职权的各个领域，涉及了绝大多数警察职权的具体形态。

2. 公安机关及其人民警察的职责

职责，通常是指任职者为履行一定的组织职能或完成工作使命，所负责的范围和承担的一系列工作任务，以及完成这些工作任务所需承担的相应责任。根据《人民警察法》及其相关法律法规的规定，公安机关及其人民警察依法履行下列职责：①预防、制止和侦查犯罪活动；②羁押、监管犯罪嫌疑人和被告人，执行刑罚，执行强制医疗；③维护国家安全和社会稳定，防范和打击恐怖主义；④预防、制止和查处违反公安行政管理的行为；⑤监管被行政拘留、被采取行政强制性措施限制人身自由的人，执行强制隔离戒毒；⑥实施道路交通安全管理；⑦监督管理消防工作；⑧管理枪支弹药、管制器具、易燃易爆、毒害性、放射性等危险物品、物质，管理易制毒化学品；⑨管理法律、法规、规章规定的行业和场所；⑩管理集会、游行、示威活动；⑪调解处理民间纠纷；⑫指导、监督单位内部治安保卫工作；⑬指导治安保卫委员会等群众性组织的治安防范工作；⑭负责大型群众性活动的安全管理工作；⑮监督管理保安服务活动；⑯负责警用航空的运行、安全和管理工作；⑰管理户政、国籍、难民、出境入境事务，管理外国人在中国境内停留居留有关事务，管理在中国境内活动的境外非政府组织；⑱维护国（边）境地区、沿海和海域的治安秩序；⑲警卫国家规定的特定人员、目标和活动；⑳守卫重要的场所和设施；㉑监督管理信息网络安全工作；㉒开展国际执法合作，参加联合国警察维和行动；㉓法律、行政法规规定的其他职责。

公安机关及其人民警察除履行上述法定职责外，还应当承担下列责任：①危难救助。公安机关接到溺水、坠楼、自杀、走失、公共设施出现险情等危及公共安全、人身、财产安全的紧急求助，应当立即进行先期处置，同时通报相关部门，并积极参与救助。人民警察在非工作时间，遇有上述危难情形以及职责范围内的紧急情形，应当根据现场情况采取先期处置措施，必要时及时报告，请求支持。②协助义务。公安机关及其人民警察的协助义务分为内部协助和外部警务协助义务。内部协助是指，地方各级人民政府公安机关应当依法在本行政区域内履行职责。公安机关负有互相协助的义务，因履行职责需要请求异地公安机关协作、配合的，有关公安机关应当依照规定予以协作、配合。外部警务协助是指，其他国家机关遇有妨碍其依法履行职责且自身不能排除的情形，请求公安机关协助的，公安机关应当在法定职责范围内提供协助。除紧急情况外，请求协助的机关应当提出书面申请。不予协助的，公安机关应当说明理由。

3. 公安机关及其人民警察在履行职责中的权力（权限）

《人民警察法》职权一章中大体列出了我国警察职权的基本类型，其中的有些职权还规定了较为具体的措施，比如警察盘查权中的"继续盘问"，对应符合的条件、程序启动、时限、法律效果等作出了规范，可见，《人民警察法》职权一章并非完全的组织法，还具有行为法的内容。根据《人民警察法》

和相关法律法规的规定，我国公安机关及其人民警察履行法定职责过程中配置的警察权力包括：

（1）身份证件查验权。人民警察因履行职责的需要，可以依法查验居民身份证或者其他证明身份的证件。

（2）行政强制与行政处罚权。公安机关对违反公安行政管理法律、法规和规章的公民、法人和其他组织，依法可以实施行政强制措施、行政处罚或者法律、行政法规规定的其他措施。公安机关依法作出行政决定后，公民、法人或者其他组织在决定的期限内不履行义务的，公安机关可以采取加处罚款或者滞纳金，拍卖或者依法处理查封、扣押的场所、设施或者财物，排除妨碍、恢复原状，以及代履行等方式强制执行。

（3）传唤权。人民警察对违反公安行政管理法律、法规和规章的行为人需要传唤调查的，经公安机关办案部门负责人批准，使用传唤证传唤。对现场发现的违反公安行政管理法律、行政法规的行为人，经出示工作证件，可以口头传唤，但应当在询问笔录中注明。传唤时，应当将传唤的原因、依据和地点告知被传唤人。对无正当理由拒不接受传唤或者逃避传唤的人，可以强制传唤。人民警察传唤违法行为人后应当及时询问查证，询问查证的时间不得超过八小时；情况复杂，且可能适用行政拘留处罚或者涉嫌构成犯罪的，询问查证的时间不得超过二十四小时。

（4）现场处置权。人民警察对扰乱社会治安秩序、妨害公共安全的行为人，可以根据情况予以劝阻、警告或者制止；对可能造成严重危害或者威胁的，可以采取强行驱散、强行带离现场或者法律规定的其他措施。

（5）盘问检查权。人民警察对认为有违法犯罪嫌疑的人，经出示工作证件，可以当场盘问，当场检查其人身、携带的物品和使用的交通工具；对拒不配合检查的，可以强制检查。

人民警察对认为有违法犯罪嫌疑的人当场盘问、检查后，不能排除其违法犯罪嫌疑，且具有下列情形之一的，可以将其带至公安机关，经公安派出所或者县级以上公安机关负责人批准，进行继续盘问：①被指控有犯罪行为的；②有现场作案嫌疑的；③有作案嫌疑且身份不明的；④携带或者使用的物品有可能是违禁品或者赃物的。继续盘问时间自被盘问人带至公安机关之时起不超过二十四小时，在特殊情况下，经县级以上公安机关负责人批准，可以延长至四十八小时，并应当留有盘问记录。对怀孕或者正在哺乳自己不满一周岁婴儿的妇女、未满十六周岁的未成年人、已满七十周岁的老年人，继续盘问时间自被盘问人带至公安机关之时起不得超过四小时。

对于批准继续盘问的，除无法通知的情形外，应当立即通知其家属或者其所在单位。对于不批准继续盘问的，应当立即释放被盘问人。

（6）检查搜查权。人民警察为履行职责需要，经出示工作证件和检查、搜查证明文件，可以对与涉嫌违法犯罪有关的场所、物品、人身进行检查或者搜查；对确有必要立即进行检查、搜查的，经出示工作证件，可以当场检查、搜查；被检查、搜查人拒不配合的，可以强制检查或者搜查。检查或者搜查应当经县级以上公安机关负责人批准，确有必要立即进行的除外。遇有制止违法犯罪行为、抓捕违法犯罪嫌疑人，或者保护人身、财产安全的其他紧急情形，人民警察经出示工作证件，可以进入公民住所检查、搜查或者实施救助，但事后应当及时向县级以上公安机关负责人报告。

（7）交通工具拦停检查。人民警察对于危害公共安全、人身安全，或者认为与违法犯罪有关的交通工具，有权予以拦停检查；对于有吸食毒品或者饮酒嫌疑的驾驶人员，可以进行毒品检测或者酒精浓度测试。驾驶人员和乘客应当服从人民警察的指令。

（8）人身检查与生物信息采集。人民警察可以检查违法犯罪嫌疑人的身体，采集其面部肖像、指纹、声纹、虹膜图像等个体识别信息和血液、唾液、尿液、毛发等生物样本。违法犯罪嫌疑人拒绝检查、采集的，可以强制检查、采集。

（9）信息收集查阅和调取。人民警察因履行职责需要，按照国家有关规定，可以查阅、调取有关公民、法人和其他组织的相关信息，以及对公共场所、道路、网络公共空间通过技术监控方式收集信息。对获取的相关信息应当审慎保管和使用，不得用于与履行职责无关的事项。

（10）采取刑事措施。人民警察因侦查犯罪活动的需要，可以依法采取侦查措施和刑事强制措施。采取技术侦查措施，应当根据国家有关规定，依法履行严格的批准手续。

（11）履行职责中的优先权。人民警察因履行职责的紧急需要，经出示工作证件，可以优先乘坐公共交通工具，遇交通阻碍时，优先通行。人民警察因履行职责的需要，可以优先使用或者征用公民、法人和其他组织的交通工具、通信工具、场地和建筑物等物品、设施，用后应当及时归还或者恢复原状，并按照国家有关规定支付适当费用；造成损失的，应当依法给予补偿。

（12）保护性约束措施。人民警察对实施危害公共安全、他人人身、财产安全违法犯罪行为或者可能自伤、自残的疑似醉酒人、吸毒人、精神障碍患者，以及其他丧失辨认或者行为控制能力的人，可以采取保护性约束措施，送至医疗机构、救助机构，或者通知其监护人、近亲属领回。需要送往指定的医疗机构、救助机构加以监护的，应当报请县级以上公安机关批准。除无法通知的情形外，应当及时通知其监护人或者近亲属。

（13）交通、现场和网络管制。县级以上人民政府公安机关，遇有自然灾害、事故灾难、公共卫生事件、社会安全事件或者发生上述灾害、灾难、事件的紧迫危险，可以在一定的区域和时间，采取设置路障、划定警戒区，限制、禁止人员、车辆的通行、停留、出入等交通管制或者现场管制措施。必要时，经省级以上人民政府公安机关批准，可以实行网络管制。举行重大活动、大型群众性活动或者警卫国家规定的特定人员、目标时，可以采取前款措施，同时可以实施安全检查、人员审查、电子封控等措施。

（14）警械使用权。人民警察遇有危害国家安全、公共安全、社会治安秩序或者人身、财产安全需要当场制止，以及以暴力方法抗拒、阻碍人民警察依法履行职责、袭击人民警察的情形，经警告无效的，可以使用驱逐性、制服性警械。人民警察遇有违法犯罪嫌疑人、被羁押人可能实施脱逃、行凶、自杀、自伤或者其他危险行为的情形，可以使用约束性警械。

（15）武器使用权。人民警察遇有下列情形之一，经警告无效的，可以使用武器：①实施严重危害国家安全、公共安全行为或者实施该行为后拒捕、逃跑的；②实施危及他人生命安全行为或者实施该行为后拒捕、逃跑的；③在押犯罪嫌疑人、被告人、罪犯骚乱、暴乱、行凶、脱逃，以及劫夺上述人员或者帮助实施上述行为的；④国家规定的警卫、守卫、警戒对象和目标受到暴力袭击、破坏或者有受到暴力袭击、破坏的紧迫危险的；⑤以暴力、危险方法抗拒、阻碍人民警察依法履行职责或者暴力袭击人民警察，危及人民警察生命安全的。按照上述规定使用武器，来不及警告或者警告后可能导致更为严重危害后果的，可以直接使用武器。此外，为了拦截危及公共安全、人身安全且拒不听从人民警察停车指令的车辆，或者为了排除危及人身安全的动物的侵害，可以直接使用武器。持有武器的人民警察遇有违法犯罪行为人拒不听从该人民警察保持安全距离的指令，或者接触其武器时，有权依法使用武器。人民警察遇有下列情形之一的，不得使用武器，但是不使用武器予以制止，将发生更为严重危害后果的除外：①发现实施犯罪行为的人属于明显怀孕的妇女或者儿童；②犯罪行为人处于人员聚集的场所或者存放大量易燃、易爆、剧毒、放射性等危险物品的场所。人民警察遇有下列情形之一的，应当立即停止使用驱逐性、制服性警械或者武器：①违法犯罪行为人停止实施违法犯罪，并服从人民警察命令的；②违法犯罪行为人失去继续实施攻击、拒捕和逃跑能力的。

值得注意的有以下三点：一是人民警察遇有可以使用警械、武器的情形，但未携带或者无法有效使用警械、武器的，可以使用现场足以制止违法犯罪的物品。二是人民警察应当根据违法犯罪行为和违法犯罪人的危险性质、程度和紧迫性，合理判断使用警械、武器的必要限度，尽量避免或者减少人员伤亡、财产损失。三是人民警察使用警械、武器，造成人员身体伤害的，应当及时予以救治，并立即向当地公安机关或者所属机关报告。公安机关接到使用武器造成伤害的报告后，应当及时进行勘验调查，并及时通知当地人民检察院。

三、人民警察的组织管理

（一）警察职务和警衔制度

1. 警察职务

目前人民警察除基本上执行《中华人民共和国公务员法》（以下简称《公务员法》）规定的公务员的职务与级别外，根据《公安机关组织管理条例》的规定，还有自己的特点。公安机关人民警察职务分为警官职务、警员职务和警务技术职务。公安机关履行警务指挥职责的人民警察实行警官职务序列。公安机关领导成员和内设综合管理机构警官职务由高至低为：省部级正职、省部级副职、厅局级正职、厅局级副职、县处级正职、县处级副职、乡科级正职、乡科级副职。公安机关内设执法勤务机构警官职务由高至低为：总队长、副总队长、支队长、副支队长、大队长、副大队长、中队长、副中队长。县级以上地方人民政府公安机关派出机构、内设执法勤务机构和不设区的市、县、自治县公安局根据工作需要，可以设置主管政治工作的政治委员、教导员、指导员等警官职务。公安机关履行警务执行职责的人民警察实行警员职务序列。公安机关及其内设综合管理机构警员职务由高至低为：巡视员、副巡视员、调研员、副调研员、主任科员、副主任科员、科员、办事员。公安机关内设执法勤务机构警员职务由高至低为：一级警长、二级警长、三级警长、四级警长、一级警员、二级警员、三级警员。公安机关从事警务技术工作的人民警察实行警务技术职务序列。警务技术职务的设置，按照国家规定执行。公安机关人民警察的级别，根据所任职务及其德才表现、工作实绩和资历确定。此外，公安机关人民警察任职，还应当符合国家规定的任职资格条件。

2. 警衔制度

警衔是指区分人民警察等级、表明人民警察身份的称号、标志和国家给予人民警察的荣誉。警衔制度起源于西欧，目前世界各国大多实行警衔制度，我国人民警察的警衔制度实行于 1992 年。我国按照警察职务等级编制警衔。根据《警衔条例》的规定，警衔共设五等十三级。即①总警监、副总警监；②警监，1、2、3 级；③警督，1、2、3 级；④警司，1、2、3 级；⑤警员，1、2 级。除总警监、副总警监为第一等，是我国警衔中等级最高的外，还设有高级警衔、中级警衔和初级警衔。我国警衔制度的主要内容包括：评定授予警衔的范围和标准；警衔的晋级；警衔的保留、降级、取消和更换等。

（二）人民警察的任用要件

1. 人民警察的录用

《人民警察法》第 26 条对担任人民警察应当具备政治、年龄、素质、身体、文化等条件做出了规定。按照规定，担任人民警察的要件可以分为一般要件和和消极要件。

（1）一般要件。包括年满十八岁的公民；拥护中华人民共和国宪法；有良好的政治、业务素质和良好的品行；具有履行职责的心理素质和身体条件；具有高中毕业以上文化程度；自愿从事人民警察工作。此外，根据相关规定，经人民警察院校或者专门的培训机构进行初任培训，考试合格，也是人民警察录用的条件之一。

（2）消极要件。有下列情形之一的，不得担任人民警察：曾因犯罪受过刑事处罚的；曾被开除公职、辞退或者限期调离的；国家规定不得录用为人民警察的其他情形。

在《人民警察法》上述规定的基础上，公安部又颁布了《公安机关人民警察录用办法》（以下简称《录用办法》），对录用条件做了较为详细的规定。比如身体条件就具体为：身体健康，体形端正，无残疾，无口吃，无重听，无色盲，裸眼视力在1.0以上。男性身高在1.70米以上，女性身高在1.60以上（南方部分地区由省、自治区、直辖市公安厅、局商录用主管机关可适当放宽）等。此外，该《录用办法》还对不能担任人民警察的情形做了具体规定。

2. 人民警察领导职务的任用要件

担任人民警察领导职务的人员，应当具备下列条件：具有法律专业知识；具有政法工作经验和一定的组织管理、指挥能力；具有大学专科以上学历；经人民警察院校培训，考试合格。

3. 人民警察任用程序

（1）任用权限。公安机关人民警察任职，应当符合国家规定的任职资格条件。公安机关人民警察的级别，根据所任职务及其德才表现、工作实绩和资历确定。县级以上地方人民政府公安机关正职领导职务的提名，应当事先征得上一级公安机关的同意。县级以上地方人民政府公安机关副职领导职务的任免，应当事先征求上一级公安机关的意见。

公安机关内设机构警官职务、警员职务的任免，由本公安机关按照干部管理权限决定或者报批。公安分局领导成员职务以及公安派出所警官职务、警员职务的任免，由派出公安分局、公安派出所的公安机关决定。

根据《人民警察警衔条例》第8条规定，担任行政职务的人民警察实行下列职务等级编制警衔：①部级正职为总警监；②部级副职为副总警监；③厅局级正职1、2级警监；④厅局级副职为2、3级警监；⑤处（局）级正职为3级警监至2级警督；⑥处（局）级副职为1至3级警督；⑦科（局）级正职为1级警督至1级警司；⑧科（局）级副职为2级警督至2级警司；⑨科员（警长）职为3级警督至3级警司；⑩办事员（警员）为1级警司至2级警员。《人民警察警衔条例》第9条规定有专业技术职称的人民警察实行下列职务等级的警衔：①高级专业技术职务为1级警监至2级警督；②中级专业技术职务为1级警督至2级警司；③初级专业技术职务为3级警督至1级警员。

按照规定，总警监以下、2级警监以上，由国务院总理批准授予；3级警监、警督由公安部长批准授予；警司由省、自治区、直辖市公安厅（局）长批准授予；警员由省、自治区、直辖市公安厅（局）政治部主任批准授予。

晋级的期限：2级警员至1级警司，每晋升1级为3年；1级警司至1级警督，每晋升一级为4年；1级警督以上的人民警察的警衔晋级，没有规定晋级期限，在职务等级编制警衔幅度内，根据其德才表现和工作实绩实行选升。

（2）任用程序。录用人民警察，必须按照国家规定，公开考试，严格考核，择优选用。同时，公安机关录用人民警察必须在编制和增干计划内进行，按照人事计划管理程序，申请年度增干指标。录用计划按照《国家公务员（人民警察）录用计划审批表》，按照法定程序报批。上级公安机关和政府人事部门共同负责对下级公安机关录用人民警察工作进行监督检查。

（三）人民警察的权利和义务

这里人民警察的权利和义务，是指人民警察因为具有警察这个公务身份而享有的权利和应当承担的义务。

1. 人民警察的权利

根据我国《人民警察法》和有关的规定，人民警察的权利应当包括以下几个方面：

（1）工作方面的权利。表现为履行职责时所应享有的权利和工作条件。根据我国《人民警察法》的规定，我国警察人员在履行职责时所享有的权利包括：要求公民和组织协助人民警察依法履行职务的权利；要求提供必要的工作设施的权利等。

（2）报酬和津贴方面的权利。根据我国《人民警察法》的规定，人民警察实行国家公务员的工资制度，并享受国家规定的警衔津贴和其他津贴、补贴以及保险福利待遇。

（3）身份保障权利。如非因法定事由和非经法定程序，警察人员不得被免职、辞退和处罚。我国《人民警察法》规定，人民警察认为决定和命令有错误的，可以按照规定提出意见，但不得中止或者改变决定和命令的执行，提出的意见不被采纳时，必须服从决定和命令，但执行决定和命令的后果由作出决定和命令的上级负责。另外，我国《人民警察法》还规定，人民警察对超越法律、法规规定的人民警察职责范围的指令，有权拒绝执行，并同时向上级机关报告。

2. 人民警察的义务

人民警察作为国家的公务员，自然应当履行国家公务员的义务。但人民警察又不同于一般公务员，其在履行一般公务员的义务的同时，又有自己特殊的义务。我国《人民警察法》将警察的义务和纪律合并规定为一章，因此我国人民警察的义务和纪律主要有：

（1）执行职务的义务。我国《人民警察法》第21条第1款规定，人民警察遇到公民人身、财产安全受到侵犯或者处于其他危难情形时，应当立即救助；对公民提出的解决纠纷的要求，应当给予帮助；对公民的报警案件，应当及时查处。

（2）秉公执法、办事公道的义务。

（3）模范遵守社会公德、礼貌待人、文明执勤、尊重人民群众的风俗习惯的义务。

（4）服从命令、听从上级指挥和领导的义务。

（5）积极参加抢险救灾和社会公益工作的义务。

（6）保守国家秘密和警务工作秘密的义务。

（7）不得从事营利性的经营活动或者受雇于任何个人和组织的义务。

此外人民警察还应遵守其他一些职业纪律，比如不得散布有损党和国家声誉的言论；不得参加非法组织，参加非法集会、游行、示威等活动，参加罢工；不得泄露国家秘密、警务工作秘密、商业秘密和个人隐私；不得敲诈勒索，索取、收受贿赂或者接受当事人及其代理人的请客送礼；不得弄虚作假，隐瞒案情，包庇、纵容违法犯罪活动等。

（四）人民警察奖励

根据《人民警察法》和《公安机关人民警察奖励条令》的规定，人民警察个人或者集体在工作中表现突出，有显著成绩或特殊贡献的给予奖励。《人民警察法》第31条及《公安部奖励工作规范（暂行）》规定了人民警察奖励的种类有：嘉奖、记三等功、二等功、一等功、授予荣誉称号。对受奖励的人民警察，按照国家有关规定，可以提前晋升警衔，并给予一定的物质奖励。奖励经费在公安部的公安业务费中支出。人民警察奖励的形式主要有：发布命令、决定、通报。人民警察奖励依照法定的程序审批并依照法定程序进行。

（五）人民警察的辞退

人民警察的辞退应符合一定条件，履行一定程序。《人民警察法》和《公安机关人民警察辞退办法》（以下简称《辞退办法》）规定了应予辞退人民警察的 27 项情形。大致可以分为三大类：一是应予辞退的一般情形；二是经批评教育或经培训试用后仍不合格应予辞退的情形；三是错误比较严重又不适宜给予开除处分而应予以辞退的情形。但警察如果因公致残并确实丧失工作能力的，或者患有严重疾病或负伤正在进行治疗的，或者女警察在孕期、产期及哺乳期内的，不适用上述辞退情形。应当指出的是，被辞退的警察人员对辞退决定不服的，可以按照《公务员法》的规定提出申诉。

第四节　社会治安辅助力量

一、社会治安辅助力量的概念和分类

（一）社会治安辅助力量的概念

有关社会治安辅助力量的概念一直有广义和狭义之分。广义的社会治安辅助力量应当是在编警力以外的所有警察辅助力量，包含了纯民间治安防范力量和半官方性质的治安防范力量。也有人有不同观点，认为社会治安辅助力量应当是狭义上的，应当是指那些没有市场属性，直接由警察机关聘用，协助在编警察履行各项职能的辅助治安力量，也就是人们常说的辅警。在我国，狭义上的社会治安辅助力量名称较多，包括联防队员、协警、协勤、协管员等等。狭义的社会治安辅助力量也是大陆法系国家对警察辅助人员的界定。大陆法系国家普遍认为，政府应对社会安全负起全部责任，因此社会治安辅助力量也应当是由政府参与或者监管的警务辅助力量，不承认有纯民间性质的社会治安辅助力量的存在。比如法国警务辅助力量主要有两种形式：一种叫辅助警察，其前身是法国辅助宪兵，他们全部着装，实行现役制，制式与国家警察相同，但没有警衔标志；另一种是形式的警务辅助力量。他们是不占国家警察编制的行政人员、专业技术人员及其他服务人员。

（二）社会治安辅助力量的分类

广义的社会治安辅助力量可以根据不同的标准分为不同的种类；大致可以分为：

1. 职业化性质的社会治安辅助力量与半职业化或非职业化性质的社会治安辅助力量

根据社会治安辅助力量所从事的治安防范活动是否为其本职工作为标准，

可以将社会治安辅助力量分为职业化性质的社会治安辅助力量与半职业化或非职业化性质的社会治安辅助力量。前者主要是指专门从事辅助公安机关及其人民警察执行警务活动，其行为受公安机关及其人民警察的指挥和监督的人员，也就是人们通常所说的警务辅助人员即"警辅"或者"辅警"，包括治安辅助人员、交通协管员、特勤、文职人员等。后者主要是指接受所在单位委托专门或兼职从事治安防范工作，其行为虽然接受公安机关指导和监督，但不直接受公安机关及其人民警察指挥的人员，主要包括保安服务公司、群防群治、治安承包制等形式的半职业化或非职业化性质的治安辅助群体。

2. 自治性质的社会治安辅助力量和非自治性质的社会治安辅助力量

根据社会治安辅助力量的组织管理形式不同，可以将社会治安辅助力量分为自治性质的社会治安辅助力量和非自治性质的社会治安辅助力量。前者主要是指社会治安辅助力量自发组成的，由志愿者参加的治安辅助群体。包括村居治保组织及其下设的巡逻组、区域联防队、园区联防队、村居护街队、社区守护队、商场看护队、学校护卫队、厂企保卫队等群防组织。后者主要是指由公安机关统一招录并与其建立劳动关系，或者成员所在的组织须接受公安机关及其人民警察的指导和监督的治安辅助群体，包括治安辅助人员、交通协管员、特勤、文职人员、保安服务公司等。其中的警务辅助人员（辅警）作为人民警察的助手，还须在公安机关及其人民警察的统一指挥和监督下履行职责，其依法履行职责的法律后果也应当由公安机关承担。

3. 社会团体形式的社会治安辅助力量、民办非企业单位形式的社会治安辅助力量和基金会形式的社会治安辅助力量

社会团体形式的社会治安辅助力量主要是指即"公民自愿组成，为实现会员共同意愿，按照其章程开展活动的非营利性"的治安辅助群体，主要包括村居治保组织等；民办非企业单位形式的社会安全力量主要是指"企业事业单位、社会团体、专业性团体和其他社会力量以及公民个人利用非国有资产举办的，从事非营利性社会服务活动"的治安辅助群体，包括保安服务公司、自行招用保安员的单位等；基金会形式的社会治安辅助力量主要是指"利用自然人、法人或者非组织捐赠的财产，以从事社会治安服务为目的'非营利性法人'"，如一些社区创建的"社区理事会"等社会治安辅助组织，该类社会治安辅助组织与自我服务、娱乐和公益性的一般社区民间组织有所不同，其存在的目标很明确，即协助公安机关维护本社区的治安秩序。

4. 政府雇员性质的社会治安辅助力量和非政府雇员性质的社会治安辅助力量

根据治安辅助人员与政府（主要是公安机关）之间是否存在劳动合同关系分为政府雇员性质的社会治安辅助力量和非政府雇员性质的社会治安辅助力量。政府雇员性质的社会治安辅助力量主要是指政府部门（主要是公安机关）统一招录并与其建立劳动关系，在公安机关及其人民警察的指挥和监督下辅助履行职责的人员，包括治安辅助人员、交通协管员、特勤、文职人员，统称为辅警或者警辅；非政府雇员性质的社会治安辅助力量是指由企业事业单位、社会团体、专业性团体和其他社会组织以及公民个人出资，以维护本单位、团体和区域社会治安为目的的人员，包括村居治保组织及其下设的巡逻组、保安服务公司、区域联防队、园区联防队、村居护街队、社区守护队、商场看护队、学校护卫队、厂企保卫队等群防组织。

二、警务辅助人员

（一）警务辅助人员的产生与发展概况

随着我国一些大中城市经济的快速发展，流动人口大量增加，这些城市的社会治安压力非常大，但受到公安队伍编制的制约，治安警力则明显不足。为了缓解警力不足的矛盾，在我国的一些城市，如北京、上海、广州、苏州等，纷纷建立了由政府出资、公安部门使用管理的警务辅助人员队伍。这支队伍的建立实现了动态布警、快速反应、协调作战、高效运行的治安巡逻防控网络，治安形势有了根本性的改善。各类警务辅助人员主要分布在治安、交通、社区等岗位，已成为辅助人民警察维护社会治安稳定不可缺少的一支力量。

警务辅助人员队伍在缓解警力不足矛盾、节约行政成本、打击违法犯罪活动、维护社会稳定和谐的同时，也面临着许多迫切需要解决的问题：一是警务辅助人员定位不明确，这是影响警务辅助人员规范管理的一个重要原因。二是职责权限不清晰，这直接影响到警务辅助人员开展工作。三是警务辅助人员保障偏低，这直接影响队伍的稳定和作用的发挥。为解决上述问题，进一步规范警务辅助人员管理，保障其合法权益，充分发挥警务辅助人员在社会治安综合管理中的辅助作用，一些较大市如苏州、杭州、广州、大连、上海等在充分论证和调研的基础上，还通过了诸如《警务辅助人员管理办法》等地方性法规。这些地方性法规对警务辅助人员的定义、录用和管理原则、职责、纪律和权利、招录、培训、考核与保障、责任与处分等相关内容作出了明确的规定。为了落实中共中央《关于全面深化公安改革若干重大问题的框架意见》中关于"规范警务辅助人员"的精神，2016 年 12 月，国务院发布了《关于规范公安机关警务辅助人员管理工作的意见》（以下简称《意见》），该《意见》从警务辅助人员的管理体制、岗位职责、人员招聘、管理监督、职业保障等方面，提出了规范警务辅助人员管理工作的具体措施和要求。

（二）警务辅助人员的法律地位

1. 警务辅助人员的概念和特点

根据国务院发布的《关于规范公安机关警务辅助人员管理工作的意见》第 3 条，警务辅助人员，是指依法招聘并由公安机关管理使用，履行本办法所规定职责和劳动合同约定的不具有人民警察身份的人员，主要包括文职、辅警两类从事警务辅助工作的人员。此外，该条还对警务辅助人员的范围进一步作了明确的界定："公安机关招聘从事膳食、保洁、保卫等工作的后勤服务人员、社会志愿者以及其他群防群治性质的社会治安辅助力量，不纳入公安机关警务辅助人员管理范围。"

根据上述《意见》以及其他相关规定，目前我国警务辅助人员通常具有以下特点：

（1）不具备执法主体资格，警务辅助人员不能直接参与公安执法工作，应当在公安民警的指挥和监督下开展辅助性工作。警务辅助人员依照相关规定履行职责的行为受法律保护，有关单位和个人应当予以配合，但相关法律后果由公安机关承担。

（2）从事辅助性警务工作。《意见》及相关规定对警务辅助人员的工作范围有明确限制，如规定涉及绝密级事项和难以有效防止其直接参与执法的，不得使用警务辅助人员，国内安全保卫、经济侦查、刑事侦查、行动技术侦察、网络侦查、反恐怖部门、警种的涉密或执法岗位，不得使用警务辅助人员；以上部门的非执法、非涉密的综合性岗位，经本级公安机关批准，可以使用警务辅助人员。其他部门、警种的重要涉密岗位，未经本级公安机关批准，不得使用警务辅助人员。

（3）警务辅助人员是一种职业，其与公安机关的法律关系为市场经济下的劳动合同关系，而不是警察队伍的一个新警种。这点在国务院发布的《意见》第1条的规定中也有体现，该条规定："为规范公安机关警务辅助人员管理，确保依法合理使用警务辅助力量，充分发挥其在协助公安民警维护社会治安、打击违法犯罪、开展行政管理和服务人民群众方面的积极作用，依据《人民警察法》《劳动法》《劳动合同法》《公安机关组织管理条例》等法律法规，结合公安机关实际，制定本办法。"

值得注意的是，警务辅助人员辅助的是警务工作，而不是辅助具有警察身份的人。此外，警务辅助人员专业化、职业化的性质有别于保安公司、群防群治、治安承包制等形式的半职业化性质的治安辅助群体。

2. 警务辅助人员的职责和权利与义务

（1）警务辅助人员的职责。警务辅助人员分为文职、辅警两类。

第一，文职警务辅助人员的职责范围。文职人员在公安机关及其人民警察的指挥和监督下，可以从事以下工作：一是协助从事会计、计算机网络维护、通讯保障、医务、心理咨询、新闻宣传、影视制作、翻译、警犬养护、检验鉴定助理、船艇驾驶、船艇轮机与警航设备的辅助维护、展陈设计等技术保障性岗位；二是档案管理、信息管理、接线查询、出纳等辅助行政事务性岗位；三是行政助理、人事助理、文书助理、后勤助理、实验助理、窗口服务助理、证件办理、视频监控等辅助管理性岗位。

第二，辅警人员的职责范围。辅警人员在公安机关及其人民警察的指挥和监督下，按照岗位要求履行下列职责：一是开展治安巡逻和安全防范宣传教育；二是协助维护社会治安秩序和交通管理秩序；协助开展人口信息采集；协助开展治安检查和视频监控；协助维护大型活动现场秩序；协助盘查、堵控有违法犯罪嫌疑的人员；协助开展禁毒宣传教育、戒毒康复人员日常管理服务、公开查缉毒品工作；消防救援；保护案事件现场；制止各类违法犯罪行为；参加抢险救灾；保护公共财产和人民群众人身财产安全；执行公安机关根据实际情况布置的其他非执法性工作任务。

第三，警务辅助人员的禁止事项。根据《意见》和其他相关规定，公安机关及其人民警察不得安排警务辅助人员从事以下工作：一是未经公安机关授权的涉及国家秘密、警务秘密的事项；二是案（事）件的现场勘查、侦查取证、技术鉴定、事故责任认定、执行强制措施、审讯或独立看管违法犯罪嫌疑人等法律、法规、规章规定应当由人民警察担任的工作；三是实施行政许可、行政收费、行政处罚、行政强制措施；四是配备、保管、使用武器、警械；五是法律、法规、规章规定的其他行为。

（2）警务辅助人员的义务和禁止行为。根据《意见》和其他相关规定，警务辅助人员应当履行下列义务：模范遵守宪法和法律；维护国家的安全、荣誉和利益；全心全意为人民服务，接受人民监督；服从公安机关管理，听从人民警察的指挥；保守国家秘密和工作秘密；遵守纪律，模范遵守社会公德，尊重民族风俗习惯；法律规定的其他义务。

根据《意见》第13条的规定，警务辅助人员不得有下列行为：单独执法；玩忽职守，贻误工作；违抗上级命令；弄虚作假，知情不报，欺骗领导；泄露国家秘密或警务秘密；体罚、虐待违法犯罪嫌疑人或其他人员；非法剥夺、限制他人人身自由；敲诈勒索或者索取、收受贿赂；参与色情、吸毒、赌博等活动；在工作时间饮酒，酒后驾驶机动车；参与与履行职责有关的经营活动或者受雇于其他个人、组织；使用武器；其他违法违纪行为。

（3）警务辅助人员的权利。根据《意见》和其他相关规定，辅助人员享有下列权利：获得履行职责必要的工作条件；非因法定事由、非经法定程序，不被解聘；依法获得工作报酬，享受法定福利、保险待遇；接受岗位所需业务知识培训；对本单位工作人员提出批评和建议；依法提出申诉和控告；依法要求解除劳动合同；法律规定的其他权利。

（三）警务辅助人员的组织管理

1. 警务辅助人员的招聘

（1）招聘原则和方式。聘用警务辅助人员应当按照公开、平等、竞争、择优的原则，招聘程序可参照录用人民警察的有关规定执行。

根据国务院的《意见》规定，各地警务辅助人员招聘计划和名额，由各级公安机关提出，报同级政府或有关部门批准，由公安机关会同人社部门统一组织实施。各地可采取招聘、劳务派遣或人事代理管理方式招聘警务辅助人员。文职人员可根据工作需要，会同人事部门采取聘任制公务员或者地方事业编制方式招录。

（2）招聘资格条件。文职人员一般应当具备下列资格条件：年龄为18周岁以上、35 周岁以下；拥护中华人民共和国宪法、遵守国家法律法规、品行端正；具有履行职责的身心条件和工作能力；大专以上文化程度。辅警人员应当具备下列资格条件：年龄为 18 周岁以上、45 周岁以下；拥护中华人民共和国宪法、遵守国家法律法规、品行端正；具有履行职责的身体条件和工作能力；具有高中以上文化程度，具备一定法律知识及岗位需要的工作经历。

但有下列情形之一的，不得担任警务辅助人员：一是受过刑事处罚或者涉嫌违法犯罪尚未查清的；二是曾因违法行为，被给予行政拘留、收容教养、强制戒毒等限制人身自由的治安行政处罚的；三是被国家机关、事业单位开除公职或者辞退的；四是曾因违反公安机关警务辅助人员管理规定，被解聘的；五是家庭成员以及近亲属被判处死刑或者正在服刑的；六是其他不适合从事警务辅助工作的。

公安机关直接聘用警务辅助人员的，应当按照平等自愿、协商一致的原则，签订劳动合同，确定用人单位与警务辅助人员的权利、义务。公安机关采取劳务派遣或人事代理管理方式招聘警务辅助人员的，应由劳务派遣或人事代理机构依法与警务辅助人员签订劳动合同。劳动合同的订立、履行、变更、解除或者终止按照国家有关法律法规和规章执行。

2. 警务辅助人员的待遇保障

警务辅助人员的工资福利、装备保障、社会保险以及日常管理等所需经费，由各级财政部门按照财政体制予以全额保障，不得挤占公安机关经费预算。各级公安机关应会同同级财政、人力资源社会保障部门，参照本地同类岗位人员及社会平均收入水平制定警务辅助人员的薪酬标准。警务辅助人员工资实行动态调整。工资调整根据其从事警务辅助工作年限、考核结果等情况确定。公安机关或者委托劳务派遣及人事代理机构应当依法为警务辅助人员办理各项社会保障服务。

公安机关采取直接聘用方式招聘的警务辅助人员劳动合同订立、终止、解除时，公安机关应当及时为警务辅助人员接转社会保险关系。公安机关采取劳务派遣或人事代理管理方式招聘的警务辅助人员，劳动合同订立、终止、解除时，应由劳务派遣或人事代理机构及时为警务辅助人员接转社会保险关系。

警务辅助人员因工伤残的，根据受伤程度、伤残等级享受工伤待遇。警务辅助人员因公牺牲、因工死亡的，其直系亲属可以参照国家工作人员抚恤有关规定享受抚恤及其他有关待遇。本级财政部门批准并全额保障，公安机关可以设立专项经费，用于补助因训练、执勤以及抢险救灾等受伤、致残的警务辅助人员和死亡的警务辅助人员的直系亲属。

警务辅助人员加班的，应当按照国家有关规定给予相应的补助或者补休。

3. 警务辅助人员的日常管理

（1）日常管理制度。根据国务院的《意见》规定，县级以上公安机关应当建立下列警务辅助人员管理制度：岗位责任制和考核考勤制度；交接班和检查制度；政治业务学习和培训制度；工作情况记载和请示报告制度；涉案财物收缴登记和上交制度；保密制度；奖惩制度。公安机关用人单位应当建立警务辅助人员的人事、工作信息资料档案。

（2）培训和考核制度。公安机关应当对警务辅助人员进行岗前培训。培训合格的，才能安排其履行相应岗位职责。公安机关应当定期对警务辅助人员进行法律知识和岗位技能培训，提高警务辅助人员素质。公安机关应当定期对警务辅助人员的工作绩效、遵章守纪、教育培训等情况进行考核，考核结果作为对警务辅助人员奖惩、续聘、解聘的主要依据，并与工资待遇挂钩。

（3）服装等装备的管理。警务辅助人员应当配发统一的工作证件、服装，工作证件、服装样式、标识由省级公安机关确定。警务辅助人员的工作证件、服装样式、标识应当区别于人民警察。警务辅助人员可以根据工作岗位配置和使用必要的防护装备，但不得持有或者使用武器、警械等警用装备。警务辅助人员离职时，公安机关应当收缴所配发的工作证件、服装、标识以及装备。

（4）奖惩制度。公安机关对工作表现突出、有显著成绩和贡献，或者有其他突出事迹的警务辅助人员，应当给予表彰和奖励。各地在招录人民警察或者事业编制人员时，对表现特别突出的警务辅助人员，可确定一定比例采取定向招录。

公安机关及其人民警察违反本办法规定的，由上级主管机关或者其所在单位对负有领导责任人员和直接责任人员，给予批评教育；情节严重的，依法给予行政处分；构成犯罪的，依法追究刑事责任。

警务辅助人员违反有关法律、法规以及聘用单位工作规定和纪律要求的，视情节给予批评教育、扣发绩效工资、扣发年终奖励等处理；情节严重的，依法解除劳动合同或退回劳务派遣、人事代理机构；违法犯罪的，依法追究法律责任。警务辅助人员违反规定，应当给予处分的，公安机关应当进行调查，并将调查认定的事实及拟给予处分的依据告知本人，警务辅助人员有权陈述和申辩。

（5）解聘。警务辅助人员具有下列情形的，予以解聘：一是年度考核不合格的；二是旷工或者无正当理由逾期不归连续超过 3 天，或者一年内累计超过 7 天的；三是多次违反工作纪律或不履行工作职责，经多次教育不改的；四是违反社会公德，造成社会不良影响的；五是发现违法犯罪嫌疑行为或人员未及时制止或报告的；六是因工作失职导致发生严重刑事案件、重大治安事故的；七是多次受到社会各界或群众投诉，查证属实的；八是多次受到上级通报批评的；九是身心状况不适应继续从事警务辅助工作的；十是由于其他原因不适宜继续从事警务辅助工作的。

公安机关与劳动者发生劳动争议，当事人可以依法申请调解、仲裁、提起诉讼，也可以协商解决。公安机关使用警务辅助人员的，可以按照国家有关规定成立劳动争议调解委员会。

三、其他社会治安辅助力量

（一）保安服务业

保安服务公司是为社会提供专业化、有偿安全防范服务的特殊企业，是协助公安机关维护社会治安，预防和减少违法犯罪的重要力量。根据 2010 年 1 月 1 日起施行《保安服务管理条例》等相关规定，保安服务公司由人民政府公安机关统一领导和管理。公安机关治安管理部门是保安服务公司的主管部门，保安服务公司只能由公安机关组建，其他任何单位、部门、个人不得组建。

保安服务业在服务经济建设、协助公安机关维护社会治安、预防和减少违法犯罪等方面做了大量的工作，发挥了重要的作用。保安服务业不仅缓解了警力不足的矛盾，吸纳安置了城市下岗职工、待业青年和农村剩余劳动力，在一定程度上还缓解了社会就业压力，还直接增加了税源，促进了国民经济和第三产业发展。但我国保安服务业在不断发展的同时也遇到了自身的困境。作为其他警务辅助力量之一，保安服务公司与公安机关的一个很大区别是它的市场化特征，但实际上，保安服务公司从未完全具备过市场化的功能。比如保安服务公司并不完全受公司法的制约，保安市场基本垄断化，谈不上任何的竞争。因此，中国保安服务组织尽管发展很快，但缺乏市场化的洗礼，其服务质量、服务项目和人员素质等，与满足社会安全的实际需求有一定差距，在某些方面还难以与国外同行相比。

（二）群众性安全自治组织

1. 治安保卫委员会

根据《城市居民委员会组织条例》（1954 年 12 月 31 日全国人民代表大会常务委员会通过，目前已废止）的规定，居民较多的委员会，下设常设的治保委员会，领导群众性的治安保卫委员会工作。治保会建立和开展工作后，为协助公安机关维护社会治安起到了极其重要的作用。为了适应改革开放以来的社会治安形势，1988 年，公安部发布了《关于新形势下加强城乡治保会工作的意见》（以下简称《工作意见》）。该《工作意见》确认居（村）委会设立人民调解、治安保卫、公益卫生等委员会，办理本居住地区的公共事务和公益事业，调解民间纠纷，协助维护社会治安，并向人民政府反映群众意见、要求和提出建议。与改革开放前的法律文件相比较，该《工作意见》不仅重新确立了治保会的法律地位，肯定了治保会的作用，并进一步推动了治保会在维护社会治安中充分发挥作用外，还将人民政府的工作部门对居（村）委会的领导关系变为指导关系。应当说，目前我国治保队伍已发展成为当时世界上最大一支群众性治安防范力量。

进入到 21 世纪，中国面临着更多更艰巨的改革和发展任务，治保会在新形势下如何搞好基层治保工作，其承担的主要任务是什么也成为人们关注的话题。笔者认为，与新时期治安保卫委员会上述特点相适应，基于治保会"群众性自治组织"的性质，以及其为公安机关治安工作重要辅助力量的地位，治安保卫委员会的主要任务应当确定为：①宣传、教育群众、增强法律观念和安全防范意识，组织群众开展治安巡逻、安全检查等群防群治工作，落实安全防范措施；②及时向政府及公安机关反映社情动态和有可能危害社会治安的民间纠纷和闹事苗头，并协助政府和有关部门做好教育疏导工作；③对有违法犯罪的人进行帮助、教育、监督、考察；④协助公安机关保护案件现场，积极提供破案线索，对违法犯罪分子进行控制或扭送公安机关；⑤向政府及公安机关反映群众对社会治安管理工作的意见、建议和要求。

另外，应当注意的是，在监管对象的社会改造、刑满释放人员帮教工作中治保委员会已成为公安机关不可或缺的辅助力量。根据《公安部关于管制、

拘役、缓刑、假释、监外执行、监视居住的具体执行办法的通知》（1979 年
12 月 28 日公安部制定颁布）和《公安机关对被监管、剥夺政治权利、缓刑、
假释、保外就医罪犯的监督管理规定》（1995 年 2 月 21 日，第 23 号公安部
令，目前已废止），公安机关"五种人"的管理模式初步形成。"五种人"一
般由被监禁对象居住地派出所协调基层组织或所在单位配合，共同实施。派
出所将对"五种人"的监督管理纳入责任制，在实践中积极探索，逐步形成
了一整套制度，积累了丰富的经验。

目前，治安保卫委员会逐渐成为治安防范工作不可替代的重要力量，是
警务辅助力量的重要组成部分之一。

2. 治安联防队

治安联防是指有关地区、单位、组织联合起来，采取共同行动打击违法
犯罪活动、保障安全、维护秩序的活动。早在新民主主义革命时期的解放区，
很多乡村之间、城乡之间就开展各种形式的治安联防。到解放初期，这种联
防活动得到了进一步的发展。那时的治安联防无固定组织，只是由参与联防
的各单位负责人定期或不定期的开会协商、交流情况、商讨对策，以便开展
统一的联防活动。有固定组织的治安联防是适应新的时期治安工作发展的需
要出现的新事物，是治安联防在新的历史条件下的新的发展。

改革开放以来，随着人财物的大流动，流动人口急剧增加，治安案件和
刑事案件日益增多，使本来警力不足的矛盾日益突出，但在短时间内由国家
大力增加警力是不可能的。因此，组织群众性的治安防范组织就非常必要。
治安联防有固定的组织，有较为稳定的专门从事联防的人员，在维护社会治
安方面发挥了较好的作用，成为城市、集镇和乡村的一支维护治安秩序的重
要力量。治安联防队伍 20 世纪 90 年代发展成为一支由公安派出所直接领导、
指导和指挥的生力军。

针对治安联防队员人员众多、管理松散、经常发生违法违纪事件的问题，
根据《关于加强治安联防队伍建设的通知》（1993 年 5 月公安部下发）要求，
各地结合实际认真清理整顿联防队伍，农村原则上不再组织治安联防队，主
要通过加强农村派出所的治保会建设，采取多种有效形式提高农村群众自管、
自防、自治能力等途径来解决，加强对联防工作的管理指导，严格执行干警
带班制度，进一步明确治安联防队的职责任务，严防发生违法违纪问题，积
极探索新形势下开展治安联防工作的路子。随着公安工作的改革发展，如今，

农村、城市的治安联防逐渐为多种有效的群防群治组织所取代，群防群治工作逐渐向多元化发展。

3. 群众性安全自治组织

由于警力严重不足，在一些区域交界或矿、库、山、城区汇聚之地，流动人口众多、夜间偷盗案件屡屡发生的城镇，开始尝试出现了平安协会、青年志愿者等群众性安全自治组织。平安协会、青年志愿者等基层自治警务模式是基层社会管理模式的一种创新，体现了管理思路由权力本位向公民本位的变化。该模式逐步建立起一套以群众为主体、各界广泛参与、共同化解社会矛盾的治安防范、平安维稳体系，走出了一条"人民治安人民办"的新路子，在最大程度调动群众积极性的同时，也缓解了基层警力不足和资金短缺的弊端。

【本章思考题】

1. 警察法律关系主体的概念和特征。

2. 简述警察主体的分类。

3. 简述警察相对人的权利义务。

4. 简述我国公安机关的设置和任务。

5. 简述我国公安机关及其人民警察的职责和权限。

6. 简述人民警察的组织管理法律制度。

7. 何谓警务辅助人员？如何理解警务辅助人员的法律地位？

【本章参考文献】

1. 中国警察学会编著：《中国警察法学》，群众出版社 2001 年版。

2. 蔡震荣：《警察职权行使法概论》，元照出版公司 2004 年版。

3. 李震山：《警察任务法论》，登文书局 1991 年版。

4. 李震山：《警察法论——警察任务编》，正典出版文化有限公司 2002 年版。

5. 陈兴良："限权与分权：刑事法治视野中的警察权"，载《法律科学》2001 年第 2 期。

6. 李健和："关于公安机关职能问题的思考"，载《公安教育》2003 年第 7 期。

7. 李健和："我国警察权力配置的现状、问题与原因——警察权力专题研究之二"，载《中国人民公安大学学报（社会科学版）》2007 年第 5 期。

8. 李健和："论我国警察权力配置的原则与优化路径——警察权力专题研究之三"，载《中国人民公安大学学报（社会科学版）》2007年第26期。

9. 梁添盛："警察任务与警察权限"，载《警察大学法学论集》1997年第2期。

10. 叶氢、黄辉："警察职能研究的再思考"，载《江西公安专科学校学报》2004年第2期。

11. 高文英主编：《人民警察组织管理规范》，中国人民公安大学出版社2001年版。

12. 高文英：《我国社会转型期的警察权配置问题研究》，群众出版社2012年版。

知识拓展

域外主要国家警察任务（职责）的比较分析[1]

对大陆法系的德国、日本和法国，英美法系的英国和美国等国警察任务的法律规范进行分析后发现，这些国家在警察任务法律根据上有以下共同特点：

首先，在警察任务规定的内容上有主要任务和辅助任务的区分。也就是说，立法在明确警察主要任务的同时，还极为重视警察为民众提供服务的辅助性任务。这点无论在英美法系国家、大陆法系国家还是其他国家，相关条款中都有类似的规定。俄罗斯和乌克兰警察法甚至还将为公民提供帮助作为民警机关的主要任务。[2]

其次，都将侦查犯罪作为警察的主要任务之一。侦查追缉犯罪是警察最早、最主要的职能，近年来，随着法治理念的发展，警察的职能和任务的观念开始发生一些变化，但侦查犯罪仍然是作为警察主要任务之一规定在各个不同国家的警察法等法律规范中。

最后，均有"其他依法令应执行之事项"的规定。这一点也恰恰说明，警察任务设定的法定性，只不过有的国家法律规定的更加严格而已。比如俄罗斯

---

〔1〕参见高文英：《我国社会转型期的警察权配置问题研究》，群众出版社2012年版，第111~119页。

〔2〕《俄罗斯联邦民警法》（1999年3月31日）第2条规定，民警机关的任务是：保障人身安全；预防、制止犯罪和行政违法行为；查明和侦破犯罪；维护社会秩序和保障公共安全；保护私人、国家、市有以及其他所有制形式的财产；在本法规定的范围内，帮助自然人和法人，以保护他们的权利和合法利益。

警察法就规定，只有《俄罗斯联邦民警法》才能赋予民警机关其他任务。[1]

上述国家警察任务法律规范不仅有上述共同的特点，也体现出各自的差异性，这些差异性分析起来突出体现在以下方面：

第一，警察任务法律根据的立法形式不同。英美法系国家的警察法中警察任务、警察职责较为分散，无统一法典。大陆法系国家的警察任务和警察职责则较为明确和统一，有统一法典。比如，英国警察制度产生于普通法系，警察任务以地方性和文职性闻名于世。英国警察体制分为国家警察、自治体（地方）警察和皇宫警察三种，每种体制的警察其具体的任务如上所述，各有所不同。在英国，警察虽然必须置于法律之下，必须向法律负责，并且要保卫法律所提供的自由，但对警察任务没有统一的规定。相反，大陆法系的德国和日本等国却与我国有类似的统一的警察法典，对警察任务有概括性的统一规定。

第二，警察提供私权保护方式的规定不同。德国、俄罗斯等国明确规定，警察在一定条件下负有"保护私权"的任务。比如《俄罗斯联邦民警法》第10条的26项具体职责中就有"根据与自然人和法人签定的合同保护其财产"的规定。德国警察法中警察承担"私权保护"任务，但相对于法院及执行机关的权限而言，警察"私权保护"任务则居于补充的地位。换言之，所谓"警察之补充的权利保护任务"，[2]意味着在比以"假处分"或"假扣押"等民事程序上[3]最迅速之权利保护手段更加快速之场合，可使用警察来保护私权。但此种情形下，警察也仅能采取暂时的保安措施，而且这些措施不得作成最终决定。与之不同的是，英、美警察承担"私权保护"任务似乎是天经地义的，没有主次之分。比如英国的《警察见习官实习指南》中规定的警察职能，除通过执法和预防犯罪来维护安宁外，就是满足公众各种各样的需求。

---

〔1〕　《俄罗斯联邦民警法》第2条规定，只有《俄罗斯联邦民警法》才能赋予民警机关其他任务。

〔2〕　参见李震山：《警察行政法论——自由与秩序之折冲》，元照出版有限公司2007年版，第81页。

〔3〕　假扣押与假处分是民事案件审理程序之一，与普通程序相对而言。德国1877年《民事诉讼法》最先规定特别程序，包括督促程序、证书诉讼、公示催告程序、假扣押、假处分等，此外，日本、美国也有一些此类规定。

第六章
警察行为

【内容提要】

警察行为是警察法学理论体系的重要组成部分，是对警察所进行的一切活动进行法律分析的关键理论基础。本章将学习警察行为的概念与内涵、类型和形式、警察措施、其他警察行为（未形式化警察行为）、警察行为的法律效力等内容，对警察行为理论作一个概貌式的理解。对警察行为进行研究，有助于系统地理解警务活动的法理属性及法律效力，有助于系统地认知和掌握警察行为的特征和机制，有助于建立和完善警察行为法，从而深入推进警察法治建设。

【本章引导案例】

1. 公民李某开车误闯红灯，交警在处罚李某之余，责令李某停车看信号灯变化3分钟，耽误了李某的行程。李某不服欲寻求救济，但首先面临一个疑问，交警责令李某停车看灯的行为是一个什么性质的行为呢？

2. 易某在H市H区红星路菜市场内开设麻将馆。2015年1月1日16时30分许，蒲某因不满其母亲在该麻将馆打麻将牌，与易某发生争执。后蒲某的儿子小蒲到达现场后用手掐住易某脖子导致矛盾升级，易某遂用菜刀砍伤小蒲头部。16时45分，民警接警后赶到现场，在制止蒲某、小蒲与易某侄子小易互相撕打后，用警棍对争夺菜刀的易某和蒲某进行了制止，并当场收缴了菜刀，控制住了场面。民警随即将现场当事人带往湖天派出所处理，易某因腿部受伤行走困难，被民警搀扶上车到达派出所。2015年1月22日，经司法鉴定所鉴定，易某左胫骨平台粉碎性骨折，属外来钝性暴力所致，其损伤程度已构成轻伤一级、九级伤残。易某不服提起诉讼。警察在本案中作出了什么样的警察行为？

第一节 警察行为的概念与内涵

【引导问题】

1. 警察行为的"行为"概念与行政行为的"行为"概念有什么不同？

2. 除了"警察行为"，你是否还能想到公法学中"行为"的含义不同于"行政行为"概念的其他行为概念？

一、警察行为的概念

认识警察行为的概念，首先涉及对"行为"概念的认识。目前我国法律中的"行为"概念主要来源于大陆法系国家，尤其是德国自萨维尼以降的法学研究传统。当前，中国大陆学界使用着多种行为概念，而这些行为概念的原型是不一样的；学界译法的混淆一定程度上导致我们对行为法的研究面临障碍和困惑，必须对此加以正本清源式的审视才能获得清晰的认识。例如，中国大陆学界将 Rechtsgeshäft 和 Rechtsakt 均译为"法律行为"，将 Verwaltungsakt 译为"行政行为"，将 Realakt 译为"事实行为"，将 Polizeihandeln 译为"警察行为"等，而实际上各个"行为"概念的内涵并不相同。在 Handlung 的层次上，"行为"指的是一种活动，是人类各种各样的活动的统称；在 Handeln 的层次上，"行为"的概念更多地偏重指人有意识、有目标的活动；在 Geshäft 和 Akt 的层次上，"行为"更多地指的是一种包含目的意思和效果意思、能够直接引起法律关系产生、变更或消灭的活动，此种层面上的"行为"概念在我国台湾地区有其他的译法，例如 Akt 通常被译为"处分"，这就和我国大陆有明显的区别。此种"行为"在法律上的本义是意思表示，按照法律行为的有关理论，意思表示必须包含行为意思、表示意思（意识）、效果意思和表示举动。行为意思可以被理解为表意人有意作出表示的意思要素，例如在没有知觉的状态下或者身体受他人控制而不能自主的情况下签署的合同就不具备行为意思。[1]这几种"行为"概念的问题域和层面设定相去甚远。因此，要探讨"警察行为"的概念，就要首先确定我们是在何种意义上使用"行为"一词。

从整体上看，我国大陆学界对"行为"概念的使用趋于泛化。即以行政行为而论，学者们在著作中经常将不属于 Akt 或 Geshäft 的行政指导、属于混合行为的行政强制及单列的行政合同等都归之于"行政行为"的范围内，甚至《行政诉讼法》的立法语言中对"行政行为"概念的内涵也采取这种宽泛化的认知方式。学界此前对警察行为的讨论，也多数没有区分出精致的法律意义（即引起法律关系的产生、变更或消灭）层面上的内涵，而是较为笼统地指称警察主体的有意识活动。因此，为与学界习惯上的用法保持一致起见，我们将警察行为中的"行为"定位于有意识活动的层面，这样也可以更密切地与大陆法系国家所谈论的警察行为（Polizeihandeln，我国台湾地区译"警察作用"）联结起来。

由此，警察行为的定义可以表述为"警察主体所进行的有意识的各种活动"。这一定义的表述与通行教科书上对行政行为、法律行为等其它部门法学上常用的行为概念存在差别。这是因为其它部门法学所定义的"行为"主要是定位于 Akt 或 Geshäft 的层面，即包含目的意思和效果意思、能够直接引起法律关系产生、变更或消灭的活动，但是警察行为所定位的层次更抽象一些，既包含 Akt 或 Geshäft 意义上的行为，也包括其它类型的行为。采取这种定位除了更加符合学界的使用习惯外，还有以下一些优势：

1. 能够覆盖更为广泛的活动。警务活动除了包含行政处罚、行政许可、刑事强制措施等包含法律关系的产生、变更或消灭的决定外，还包含大量不属于此种行为概念的活动，如调解、追捕、制服等，严格按照最狭窄意义上的行为概念无法对此类行为的法理属性进行分析。提升行为的概念层次，有助于覆盖更为广泛的警务活动，建构更为完整的警察行为法体系。

2. 能够凸显行为的作用形态而非仅仅法律效力状态，从而更加全面地对警务活动进行分析。传统法学部门使用的行为概念（如法律行为），严格而言，更多的是偏向于 Akt 或 Geschaft 层次的行为概念，更加着重于行为的法律效力状态，主要的着力点是具有法律意义的决定作出时的法律效力分析。但

---

〔1〕　参见［德］维尔纳·弗卢梅：《法律行为论》，迟颖译，商务印书馆2012年版，第53页。

是，在警察法领域，警察的活动经常包含大量的物理性行动，而非仅仅是一种意思表示，此种物理性行动又无法完全为行政强制的概念所包含；也有可能是一次警察活动中涉及多个物理性活动和意思表示行为，这样就要求一个更为广阔、更具弹性的行为概念。在提升行为概念的抽象度以后，分析的着力点就不仅仅限于法律效力一点，而是及于整个作用形态的合法性与正当性，这就大大扩展了警察法学理论研究的问题域和视野。

　　3. 能够为具体的警察措施留下必要的空间。如果一开始就采取过于狭窄的警察行为概念，则容易与警察措施（police measure）产生重叠效应，也可能排斥一部分警察措施，不利于警察法学理论体系的合理配置。如果我们在更抽象一些的层面上定位警察行为，就可以将警察措施设定为警察行为的下位概念，从而为体系化的展开留足空间。

　　因此，选择将警察行为定位于有意识、有目的的活动这一层次是有积极意义的。由于警察行为的范围相对比较广泛，它就可以覆盖警察主体的绝大多数活动。在这一意义上，我们可以认为，警察行为是警察行为法的核心概念，是警察法学理论体系中的重要节点。以此种概念定位为基础的警察行为法，其内容也会与一般行政法学在理论体系上存在一定的差异。需要注意的是，这一概念是一个理论上的概念，对警察主体的绝大多数活动能够起到统一的归纳和整理作用，在实务中，我们面临的司法实践仍然缺乏一种整合的、整体的警察法视角，警察行为仍被分解为行政活动和刑事司法活动（侦查活动）等加以规范。

二、警察行为的内涵

　　我们对警察行为的界定包含以下几层内涵：

　　1. 警察行为的主体是具有警察职能的国家机关或公共组织。此处的"警察"应当从职能的角度上去理解，并不单单指警察机关，而是指国家维护安全和公共秩序的有关职能，相关主体的行为都可以被称为"警察行为"。在这些行为中，以公安机关为保卫公共安全、维护公共秩序进行的活动为主，其它警察机关和法律、法规、规章授权的组织也参与一定的警察行为。

　　2. 警察行为的内容是有意识、有目的的活动，并不必然是引起法律关系产生、变更或消灭的决定。这是由我们对"行为"概念的界定决定的。它可以包括立法活动（含制定规章、规范性文件等），也可以包括狭义上的行政行为、行政合同、行政指导、行政调解，还可以包括通缉、追捕、使用武器或警械、调取证据、拘留、逮捕等刑事侦查活动。相对于行政行为概念而言，它的形态范围非常广泛，但专业领域相对狭窄。

3. 警察行为的内部可以进一步被区分为各种法律作用形态，包括法律行为、事实行为（Realakt）、混合行为、指导、调解、转介（vermiteln）等。这些作用形态在具体行为的层面上又可以被进一步重组为各种成型的警察措施和警察措施以外的未形式化警察行为，对警察行为法的有关领域进行深入而精致的法律调整。

警察行为概念的这种界定方式，是为了最大限度地突出体现这一概念的包容性和广泛性，而将具体区分的工作交给它的下属概念进行。在法理上，警察行为概念专注于主体和目的层面上的区分价值。只有首先确认一种活动属于警察行为，才进入警察法的问题域，也才可能启动整个警察行为法的调整体系。这一区分作用承担了主体层和目的层两个比较根本的层次，不宜再在具体形态层面上承载太多的负荷。审查相关活动的主体合法性与目的合法性，在警察行为的层次上就可以进行，不需要判断具体的警察措施或归纳进其它相关的子概念，这使得整个判断流程更为清晰、简明。因此，准确把握警察行为的内涵，对于运作整个警察行为法的体系具有重要的意义。

【本节引导问题参考答案】

1. 行政行为中的"行为"原属"Akt"层次，为引起法律关系变化的有意识的活动；警察行为中的"行为"属于"Handeln"层次，仅为有意识的、有法律意义的活动，但在目前中国的语境中，由于行为概念的泛化，二者开始逐渐趋同，均指法律主体有意识的、有法律意义的活动。

2. 国家行为、先行行为、违法行为等。

第二节　警察行为的类型和形式

【引导问题】

1. 警察行为的类型和形式有什么不同？
2. 研究警察行为形式的意义是什么？

　　警察行为的类型和形式是对警察行为进行深入研究的基础，是警察行为概念得以细化和精致化的基石。由于人类行为的样态千差万别，对此加以分门别类的研究就甚为必要。警察行为的类型和形式，是对警察行为进行分类研究的两种最重要的进路。

　　警察行为的类型和形式是有一定区别的。所谓警察行为的类型，是指警察行为依据其某一突出的法理特性、按照一定逻辑进行整体划分而组成的完全集合；所谓警察行为的形式，是指对具有同一种或几种外部作用特征和内容的警察行为进行归纳，并就此提出一般性法律要求的不完全集合。警察行为的类型通常采取二分法或三分法，对所有的警察行为进行划分，由于界定标准要求周延性，划分结果对所有的警察行为产生存在非此即彼的关系，一种警察行为可以在多种分类中取得不同的定位（可以同时归属于几种有着不同划分标准的类型），但在每一种分类方式中只能处于非此即彼的一类。警察行为的形式则为数众多，而且由于界定标准不要求周延性，仅仅涵盖警察行为的局部范围；一种警察行为可以不属于任何既有的形式，但理论上一般不能同时属于多种不同的形式。警察行为的类型与形式互不冲突，二者的相互配合，使得对警察行为进行分门别类的精致研究成为可能。

一、警察行为的类型

（一）研究警察行为类型的意义

　　警察行为的类型是指警察行为依据其法理特性而按照一定逻辑进行整体划分而组成的完全集合。对此进行研究是警察行为法之理论研究的一项基础工作。警察行政行为类型存在的意义，主要包括以下几个方面：

　　1. 提供一般性的法理特征及规范要求

　　警察行为千差万别，要对其进行分门别类的梳理，首先需要区分若干主要的类型，以初步确定某一类警察行为的共同法理特征。此种共同法理特征能够对警察行为的规范化提出最基本的要求，并在警察行为形式的具体归纳所不及之处（例如未形式化警察行为）起到重要的基本规范作用。

　　2. 建构完整的警察行为法理基础

　　警察行为概念本身的界定层面较为抽象，这一概念本身并不包含有实质性规范价值的法理内容，但在对警察行为进行分类时，实质性的规范内容就开始介入，并对警察行为的内涵加以深化。因此，警察行为的类型化本身就是在建构它的法理基础，而且由于类型化工作要求逻辑的周延性，其法理基础也藉此得以建构为一个体系，这一体系将对警察行为的展开起到一个初步的指引作用，并对警察形式的理论要素进行补充。

3. 扩展警察行为法的研究视野

警察行为的类型在逻辑上具有周延性，这意味着它不仅要覆盖既有的警察行为，也可能包括未来有可能产生的警察行为。通过探索警察行为类型的不同组合，我们有机会发现尚未被充分挖掘的警察行为空间，从而扩展警察行为法的研究视野，也为未来警察行为法的制度建设与发展奠定基础。

（二）警察行为的具体类型

警察行为的类型是多种多样的，基于不同的分类逻辑，可以存在不同的警察行为类型。对于警察行为类型的划分逻辑，由于其国家公权力的性质和法律作用的形式与行政行为相似，具体类型划分逻辑与行政行为的划分逻辑也基本一致。例如，从警察行为所针对的对象是警察机关或人员自身还是外部的相对人或社会公众出发，可以分为内部警察行为和外部警察行为；从警察行为在法律上的自由度出发，可以分为羁束性警察行为和裁量性警察行为；从警察行为的启动条件出发，可以分为依职权警察行为和依申请警察行为；从警察行为对相对人造成的影响后果出发，可以分为授益性警察行为和负担性警察行为；从警察行为的作用时间和范围出发，可以分为抽象警察行为和具体警察行为；从警察行为的形式要求出发，可以分为要式警察行为和非要式警察行为；最后，基于警察行为的特殊性，从警察行为是否包含武力性内容出发，可以分为和平警察行为与武力警察行为。此外，我们还要特别讨论一下是否存在所谓的"单方警察行为"和"双方警察行为"的可能性。

1. 内部警察行为和外部警察行为

从警察行为所针对的对象是警察机关或人员自身还是外部的相对人或社会公众出发，可以分为内部警察行为和外部警察行为。如果警察行为所针对的对象，亦即行为作用及目的的直接承受者是警察机关或警察人员，则为内部警察行为；如果针对的对象是外部的特定或不特定的公民、法人或其他组织，则为外部警察行为。

内部警察行为和外部警察行为在我国受到不同的法律规范调整，但也有所重叠。例如，调整内部警察行为的法律主要包括《人民警察法》《人民警察警衔条例》《人民武装警察法》等；调整外部警察行为的法律主要包括《人民警察法》《治安管理处罚法》《行政许可法》《行政处罚法》《行政强制法》《道路交通安全法》《刑事诉讼法》等。二者的具体行为形式和救济渠道也有差异。内部警察行为的主要行为形式包括（内部）命令、处分、奖励、给付、辞退、调动、工作评价、晋升警衔等；外部警察行为的主要行为形式则包括行政处罚、行政许可、行政强制、行政命令、行政给付、传唤、讯问、逮捕等。对于前者不服，救济的形式通常为申诉，部分情况下也涉及仲裁；对于后者不服，救济的形式主要包括行政复议、行政诉讼和国家赔偿，刑事诉讼自身也包含一定的警察行为侵权救济机能。这些都构成了内部警察行为与外部警察行为的重要区别。

因为警察行为法的领域主要是对警察与社会、警察与公民之间的关系作调整，本书此后所讨论的警察行为，一般情况下均特指外部警察行为。

2. 羁束性警察行为和裁量性警察行为

从警察行为在法律上的自由度出发，可以分为羁束性警察行为和裁量性警察行为。所谓羁束性警察行为，是指法律已经对某一警察行为的行使条件、形式与程度等设定了唯一的选项，警察主体在作出警察行为时只能依次进行，没有自由裁量的空间。所谓裁量性警察行为，是指法律没有完全限定警察行为的行使条件、形式或程度，其中存在法律允许的选择范围，警察主体可以依据有关法律原则、法律规则和现实条件，在一定范围内作出妥当的抉择。

羁束性警察行为和裁量性警察行为的区分，在理论上可以是非常纯粹的。这里我们需要区分两个关键的法律概念：判断和裁量。所谓判断（Beurteilung），是指法律概念本身存在不确定性，需要依据法律方法获得当前情境下最确切的解释，对现实情境是否落入某一法律概念的含义范围作出结论的过程。所谓裁量（Ermessen），此处是指狭义上的裁量，亦即法律规则明确表述了多种可选行为或措施，或者明确允许在规定的措施类型内选择某一程度的措施，有关主体依法作出选择的过程。判断问题上的相对自由空间可被称为"判断余地"（Beurteilungsspielraum），裁量问题上相对自由的空间可被称为"裁量余地"（Ermessensspielraum）；此外学理上尚有所谓"决定余地"（Entscheidungsspielraum）者，我们将之分别归入判断或裁量之中。在区分判断和裁量的前提下，我们将所谓的"要件裁量"归入判断之中，而仅仅针对"措施裁量"或"结果裁量"建构裁量性警察行为的内涵，由此可以保证理论上区分的纯粹性。即要么法律只允许一种行为方案；要么允许不止一种行为方案，理论上可以排除中间状态。不过，需要注意的是，这两个状态之间也存在相互转化的可能性，例如，在确定且固定的"裁量缩减为零"（即从整个法律系统出发排除了原本可以存在的其它裁量选项）的情形下，裁量性警察行为也会转化为羁束性警察行为。

在我国的警察法中，羁束性警察行为虽然为数也不少，但相对于裁量性警察行为而言尚属少数，因为它已经完全限定了唯一选项，只能从法律规定十分明确而唯一的情形中寻找。例如，《治安管理处罚法》第 109 条第 2 款规定："担保人不履行担保义务，致使被担保人逃避行政拘留处罚的执行的，由公安机关对其处三千元以下罚款。"此处的处罚措施就仅仅体现了一定程度的羁束性，但保留了额度裁量。又如，《治安管理处罚法》第 111 条规定："行政拘留的处罚决定被撤销，或者行政拘留处罚开始执行的，公安机关收取的保证金应当及时退还交纳人。"此处退还保证金的行为才是真正羁束性的行为。

裁量性警察行为主要包括以下几类行为：①决定裁量，即法律明确规定警察机关可以选择为或不为的情形，例如我国《人民警察法》第 10 条规定："遇有拒捕、暴乱、越狱、抢夺枪支或者其他暴力行为的紧急情况，公安机关的人民警察依照国家有关规定可以使用武器。"此处公安机关的人民警察并不是必须使用武器，而是视情形而定是否使用武器，法律仅仅是给出了允许使用武器的授权。②措施裁量，法律明确规定了若干可选措施，公安机关应从中选择某一种措施的情形，例如我国《治安管理处罚法》第 66 条第 2 款规定："在公共场所拉客招嫖的，处五日以下拘留或者五百元以下罚款。"③额度裁量，法律明确规定了警察主体应当作为，而且规定了应选择的措施，但允许警察主体自行斟酌选择合适的额度，如《治安管理处罚法》第 61 条规定："协助组织或者运送他人偷越国（边）境的，处十日以上十五日以下拘留，并处一千元以上五千元以下罚款。"此处的处罚措施虽然有两项，但均为法律所明确限定，公安机关仅在额度上有裁量余地。④混合裁量，即同时涉及以上一种或两种裁量余地的裁量，例如《治安管理处罚法》第 36 条规定："擅自进入铁路防护网或者火车来临时在铁路线路上行走坐卧、抢越铁路，影响行车安全的，处警告或者二百元以下罚款。"此处即同时涉及措施裁量和额度裁量。

羁束性警察行为和裁量性警察行为的最重要区别，是其行为标准及要求的不同。对于羁束性警察行为而言，主要涉及的行为标准仅仅是合法性标准，仅需要严格依照法律文本的字面规定行动；而对于裁量性警察行为而言，涉及的行为标准包括合法性标准和合理性标准，此时就需要考虑警察法上的众多原则，特别是比例原则，以求行为的选择尽可能满足合法性和合理性的要求。此种要求与标准的区别也反映在救济方面。例如，当某一警察行为同时属于行政行为的前提下，在行政诉讼中，2015 年实施的《行政诉讼法》对羁束性警察行为可以根据具体情况不同而判决撤销、确认违法、驳回诉讼请求等；对裁量性行政行为，如果存在明显不当的情形，还可以判决变更。因此，这一警察行为的分类具有相当丰富的法律意义。

3. 依职权警察行为和依申请警察行为

从警察行为的启动条件出发，可以分为依职权警察行为和依申请警察行为。依职权警察行为无需警察机关以外的公民、法人或其他组织提出申请即可进行，大部分警察行为属于依职权警察行为，如逮捕、通缉、使用武器、治安处罚、行政检查等；其中一些行为可以由公民的申请所启动，但不以公民的申请为必然的启动条件，如处理治安纠纷、侦查刑事犯罪。依申请警察行为则须公民提出申请方可进行，最重要的例子是由警察主体负责的行政许可及一部分行政确认事项，例如居住证的办理。尽管公安机关可以采取"上门服务"的方式，但在目前的制度下，还需要相对人先提出申请方可办理。有些行为可能分别包含依职权和依申请的警察行为，例如政府信息公开，既包括依职权主动公开的内容，也包括依相对人申请公开的内容。

依职权警察行为和依申请警察行为划分的意义在于二者的启动条件不同，法理要求也有所区别，这一区别主要体现在依申请警察行为方面。依申请警察行为要求警察机关遵循谦抑性的原则，尊重公民、法人或其他组织的自由，不积极代替公民作出决定或安排，但是，只要相对人提出申请，警察机关就必须严格按照法定的程序审查申请、作出决定或答复。依申请警察行为中通常包含较少计划裁量的空间；依职权警察行为中则存在大范围的计划裁量，对于并非特别迫切的警察任务和履职要求，警察机关可以通过一定的计划安排其实现的时间和次序。

4. 抽象警察行为和具体警察行为

从警察行为的作用时间和范围出发，可以分为抽象警察行为和具体警察行为。抽象警察行为是指针对不特定对象作出的、可以在一定时间范围内反复适用或持续生效的警察行为，典型的例子如制定行政规章。具体警察行为是指针对特定对象作出的、缺乏效力范围上的延伸性的警察行为，大部分的警察行为，如处罚、许可、采取强制措施、进行户口登记、传唤等，均属具体警察行为。2014 年《行政诉讼法》修订以后，对于行政行为而言，法律上已经统一使用"行政行为"的概念，舍弃了此前从法律规范上区分抽象行政行为和具体行政行为的做法，但并不妨碍理论上依然存在此种区分。修订后的《行政诉讼法》第 53 条第 1 款规定："公民、法人或者其他组织认为行政行为所依据的国务院部门和地方人民政府及其部门制定的规范性文件不合法，在对行政行为提起诉讼时，可以一并请求对该规范性文件进行审查。"只要《行政诉讼法》中对规范性文件仍然采取附带性审查而非可直接起诉和审查的立场，只要此种规范性文件和行政机关针对个案所作的决定或命令仍然在救济渠道上存在区别对待，从理论上进行区分就有必要；警察行为的类型划分亦是如此。

抽象警察行为和具体警察行为的区分，也是警察行为分类中的一项重点内容。在国外，抽象警察行为和具体警察行为所需要经历的法定程序及接受的外部审查是不一样的。例如，在德国，对于抽象行为不服者，应当提起规范审查之诉；而对于具体行为不服者，可以提起撤销之诉或给付之诉等。抽象警察行为在我国所受的司法审查范围及深度均比具体警察行为要狭窄。根据 2014 年修订的《行政诉讼法》，对于行政机关制定的行政法规、规章，人民法院均不能作审查；仅可以在针对具体行政行为的行政诉讼中一并审查规范性文件。抽象警察行为和具体警察行为所需要遵循的法定程序也是有差异的。在我国，《立法法》《规章制定程序条例》《法规规章备案条例》等已经规定了制定行政法规、规章的程序，而不少部门和地方也出台了规章或规范性文件制定程序，例如《国家民委制定规章和规范性文件的规定》《北京市行政规范性文件备案监督办法》《浙江省行政规范性文件管理办法》《湖南省行政程序规定》等。对于警察抽象行为而言，主要是受《立法法》《规章制定程序条例》《法规规章备案条例》调整。具体警察行为的法定程序要求较此分散得多，散见于《行政处罚法》《行政许可法》《行政强制法》《消防法》

《道路交通安全法》《人民警察使用警械和武器条例》等众多法律、法规、规章中，尤其是集中体现于《公安机关办理行政案件程序规定》和《公安机关办理刑事案件程序规定》中。最后，二者的法律效果也有明显的区别，抽象警察行为的效果，除非遭遇"日落条款"（法律明确规定一定时间后失效）或被废止、撤销、宣告无效等，理论上可以持续生效、反复适用；具体警察行为的法律效果则呈现出仅此一次的表征，但仍然有辐射部分可以持续影响当事人未来的权利义务，例如某公民曾因违反治安管理遭受行政处罚，这一违法记录可能会对公民未来的权益造成众多影响。但行政处罚在此一次即执行完毕，这种需要在其他法律关系中讨论的影响与抽象警察行为本身的持续生效、对所有规范效力范围内的相对人适用是存在本质区别的。

　　需要注意的是，此处"抽象"与"具体"的界限并非截然分明。表面上看，制定规章、制定规范性文件、发布具有普遍约束力的决定或命令，均带有抽象警察行为的表征。但是，这其中的一部分警察行为，例如制定规范性文件的行为，有可能实际上归属于具体警察行为，因为其适用范围确定、针对的对象缺乏不特定性。在类似的行政行为领域，国内已有不少否认规范性文件抽象性的先例；[1]国际上更是自不待言。因此，对抽象警察行为和具体警察行为的辨别就甚为必要，特别是要避免通过抽象行为的方式作出实质上属于具体行为的举措。

　　抽象警察行为与具体警察行为的区分标准，如果参考抽象行政行为和具体行政行为，则主要有时间标准和对象范围标准。从时间标准上进行区分，抽象警察行为是面向未来生效，其作用时间理论上可以无限长；具体警察行为的作用时间则较短，一般仅为法律规定的特定期限，甚至瞬间完成（例如部分行政强制措施）。具体警察行为的直接或间接影响的时间可能很长，但与法律作用本身应当加以区别，如果没有其他以具体警察行为之法律后果为要素的法律关系或以具体警察行为之法律后果为要件的法律判断，具体警察行

　　〔1〕　例见青海省高级人民法院判决的陈卫、马海龙、陈有卜、陈云、陈军诉海东市人民政府土地行政复议一案的二审判决书〔（2013）青行终字第17号〕。本案中，民和回族土族自治县人民政府（以下简称民和县政府）张贴了《关于在川垣新区修建县人民医院房屋征收的通告》（下称《通告》），原告就这一《通告》提起行政诉讼，审理中这一《通告》是具体行政行为还是抽象行政行为成为案件焦点。青海省高级人民法院经审理认为，判断行政机关作出的行政行为是具体行政行为还是抽象行政行为，可以从行政行为针对的对象是否特定、能否反复适用及能否直接进入执行程序等方面进行综合考虑，《通告》符合具体行政行为的特征，并判决被上诉人败诉。

为的作用时间均受到严格的限定。从对象范围标准上进行区分，抽象警察行为是面向不特定对象生效，具体警察行为是面向特定对象生效，而且通常为数量非常有限的特定对象。但是，如果以面向不特定对象为形式，实际上是针对若干特定对象作出的行为，在诉讼中就有可能被认定为具体行为。为使二者的区分更加周全，我们需要同时从时间标准和对象范围标准进行辨别，严格限定抽象警察行为的范围，使更多的警察行为能够与更直接的、更充分的司法救济相衔接。

5. 授益性警察行为和负担性警察行为

从警察行为对相对人造成的影响后果出发，可以分为授益性警察行为和负担性警察行为。所谓授益性警察行为，是指警察行为的结果对其指向的公民、法人或其他组织造成某种法理上有利的结果，包括获得权利、减轻负担、免除责任或获得法律上的其它利益。负担性警察行为，是指警察行为的结果对其指向的公民、法人或其他组织造成某种法理上不利的结果，包括设定义务、增加负担、施加责任、削减权利、限制自由等。此处的法理上有利或不利，系仅就法理上权利义务变动情形而言，至于它们是否在事实上对当事人有利，另当别论。

授益性警察行为和负担性警察行为区分的基础在于二者的正当性基础及约束原则不同。负担性警察行为是对相对人权益的损害，其正当性基础需要严格地依赖于由权利让渡和社会契约而形成的主权者意志，即负担性警察行为需要严格依据和遵守法律规定，遵守"法无授权不可为"的原则。授益性警察行为则不完全如此，它的正当性基础也包括人道主义关怀和直接的人权保障价值，并且不需要依托社会契约之类的正当化渠道，在一定程度上可以积极作为。例如，在法律尚未明文规定警察的救助权时，警察仍然能够在一定程度上主动、积极地救助陷于危难的群众。也就是说，警察"做好事"不完全需要法律上的依据和授权。但是，如果涉及相当有限的公共资源的分配问题，则也需要严格依据和遵守法律。

授益性警察行为和负担性警察行为需要不同程度上遵循正当程序要求。负担性警察行为侧重于自然公正方面，即任何人不得做自己的法官，给予任何人法律上不利的处理时，应当事先告知并听取其陈述和申辩。授益性警察行为则侧重于对利害关系人的告知和参与，尤其涉及资源分配的情形。例如，公安机关作出特种行业经营的许可，从正当程序的要求出发，就应当考虑附近利益相关居民的意见；如果存在与之竞争的申请者，则也应当给予竞争方公平的参与机会和知情权。不过，整体上看，在我国现行的法律制度中，负担性警察行为的程序公正要求在制度化方面推进得更远，而授益性警察行为的程序公正要求还有待进一步建设。

在理论上，也有可能产生"授益-负担"混合性的警察行为，即一项警察行为同时包含授益与负担两方面的内容，例如附义务的许可或附奖励的负担。但是，至少在具体警察行为的层面上，主要是授益或负担还是比较容易区分的。在行政法学上，授益性行政行为与负担性行政行为的区分一般不用于抽象行政行为，在警察法学中，抽象警察行为的性质主要是授益性还是负担性，在某些法律规范中可能比较模糊，对此，我们应当将其视为混合性的警察行为，或者对抽象警察行为不适用此种划分。

6. 要式警察行为和非要式警察行为

从警察行为的形式要求出发，可以分为要式警察行为和非要式警察行为。所谓要式警察行为，是指法律为之规定了必要形式的警察行为；反之则是非要式警察行为。此处的"形式"传统上主要指的是书面形式，部分情况下也包括电子形式，主要指警察行为作出的外观形式特征，并不是行为构造意义上的"形式"。

但是，当我们将警察行为的概念提升了广度和高度以后，对形式的理解也应随之扩展。民法学和行政法学主要将书面、口头一类进行意识表示的形式当作要式的"式"，是与它们在 Akt 或 Geschaft 的层次上理解"行为"概念密切相关的。因为这一层次上的"行为"概念，其核心是意思表示（Willenserklamng），即对法律关系产生、变更或消灭的意志通过某种方式表示出来。这种设定明显不完全适用于更广层面上的"行为"概念。在更广阔的层面上，行为的形式是多种多样的，只要法律规定了以某种形式作出此种行为，都应当视为其必须遵循的形式要求，包括书面、口头、规范动作、网络公示、标准化告知（如"米兰达警告"）等，都应当作为要式的"式"对待。

在概念扩展以后，要式警察行为的范围也大大扩展。原先的要式行为主要指需要通过书面形式作出的行为，在扩展的设定下，形式性要素扩张，大量的警察行为都因为包含某种必要的外观形式要素而成为要式警察行为。绝大部分的行政处罚、行政许可、使用武器或警械的强制措施、传唤、刑事拘留、逮捕等都是要式行为，需要严格遵守法律规定的外观形式要求。

7. 和平警察行为与武力警察行为

基于警察行为的特殊性，从警察行为是否包含武力性内容出发，可以分为和平警察行为与武力警察行为。所谓武力警察行为，是指警察机关或人员使用武力限制相关人员的人身自由、移动其位置或对其进行杀伤的行为。这是警察行为非常独特的一种分类方式。此种分类方式的意义在于，武力警察行为需要严格的授权，遵守更加严格的规范要求，并且在使用武器的情况下，一般需要履行事后报告手续。不仅如此，武力警察行为起作用的方式更多的是事实行为，或者是强制行为中的事实行为部分，与主要通过法律行为形式起作用的和平警察行为存在一系列法理性质上的区别，其法律调整方法也存在内在的差异。

首先，武力警察行为并没有撤销的可能性，作出行为时就需要尤为慎重，这就是为什么不少武力警察行为需要符合更严格的法定条件的原因。其次，武力警察行为的作出，通常是在情势比较紧急的情况下作出的，很多情况事前不能预见、无法事先审批，因此它的法律调整机制是事前与事后相结合的方式，尤其对于警察使用武器的行为，普遍地需要进行事后报告。再次，武力警察行为由于情势紧急，部分情况下并不能施加绝对精确的合法性约束，无法追求杀伤与保护的精确最佳比例控制，只能保证某些不可逾越的底线，而让警察主体能够有效地采取武力行动以应对迫切的需要。如果一味为防止滥用武力而施加过于严苛的约束或不确定的事后追责风险，使得人民警察在需要使用武力时也不愿意使用武器或警械，就会给人民群众的生命财产安全造成很大的隐患。最后，因为大部分武力警察行为需要使用一定的器械，这些器械能够造成非常强大的杀伤后果，对其进行专门规范极为必要，我国对此专门制定了《人民警察使用警械和武器条例》。总之，从理论上掌握好武力警察行为与和平警察行为的区别，有助于我们在制度建设上更有针对性地对两种行为作出规范。

8. 单方警察行为和双方警察行为

最后，在行政法学中，有部分学者曾提出单方行政行为和双（多）方行政行为的区别，警察行为中是否也需要作出此种区分呢？从目前的实践上看，似无太大必要，因为警察主体通过合同的方式作出行政行为的情形，在我国尚属罕见；而政府采购等公法上的合同行为乃至一些纯粹的行政私法行为已有专门的法律进行调整。不过，从未来的发展趋势看，将来的警察行为不一定是由警察主体单方面作出，也有可能经由警察主体和相对人的合意进行，这取决于我国的警务改革推进的方向和深度。

在国外，双方警察行为的例子是存在的，例如在欧美一些国家，部分警察服务是可以出租或购买的，而且价格不菲。公民、法人、其他组织乃至外国人，都可以购买警车护送、警察巡逻等服务。在市场经济发达的国家里，不仅警车、通讯、监狱等可以交给私人生产、政府采购，而且就连警察也都是由"私人生产"（私立高等学校培养）、政府采购的。[1] 从这一角度看，我们也有必要为双方乃至多方警察行为留下理论上的空间。所谓双方警察行为，就是指警察主体在法律允许的范围内与其他法律主体基于意思表示一致而作出的维护秩序、保护安全的行为。它有可能在一定程度上脱离警察行为的公共性要求，因此应当将其看作一种特殊的警察行为，并且至少在目前阶段，还未得到正式确认和发展。

（三）警察行为的类型组合与发展空间

以上前六类警察行为的类型组合，将产生丰富的警察行为划分结果。理论上六种二分法生成的类型组合共有 64 组，如果默认为外部警察行为则有 32 组；排除理论上不可能的组合（如"授益性警察行为+武力警察行为"或"抽象警察行为+非要式警察行为"），余下的组合数量仍相当可观。以具体警察行为中若干较为典型的分类为例，我们可以从中窥见警察行为法的整个疆域：

1. 依申请警察行为-授益性警察行为-具体警察行为-非要式警察行为-和平警察行为：典型如依申请进行的调解。此类行为一般不需要遵守严格的法律形式约束，也不需要专门的法律授权，仅仅需要遵守一些基本的法律原则及禁止性规定即可。这是警察行为法中法理约束相对比较宽松的领域，也是警察增强服务意识、提供更多公共服务的可开拓地带，在法律上，此类行为的决定余地和裁量余地一般均较宽裕。在我国的警察行政活动领域中，存在大量此种行为，特别是依职权进行的调解、调处及排忧解难的行为，在较为宽泛的"行为"层面都属于这一类型组合。法律对此种组合的调控也比较宽松，甚至并不要求所有行动都有明确的法律授权，在一定范围内，警察主体

---

〔1〕　参见岳世平："西方国家公共物品供给制度改革及其启示"，载《国家行政学院学报》2006年第5期。

可以在不违背法律规定的框架下权宜处理。

2. 依申请警察行为-授益性警察行为-具体警察行为-要式警察行为-和平警察行为：典型如行政许可。警察权在治安管理等方面也拥有相当广泛的行政许可权力。有研究曾对此进行了专门的梳理，单是公安行政许可就有四十余项（不含备案与登记），种类覆盖消防、特种行业管理、出入境、治安管理、政治权利行使等多个方面。许多行政确认行为也可以归属于此类，例如户籍登记。这一类行为已经成为警察法中重要的行为类型，需要严格遵守相关法律法规的规定，在许多情况下也受信赖保护原则的拘束。

3. 依职权警察行为-授益性警察行为-具体警察行为-非要式警察行为-和平警察行为：典型如经当事人同意改变物权法律关系状态的救助。这种行为具备高度的灵活性，一般情况下也属于"柔性"执法的范围，如果我们对"行为"概念的理解不限于 Akt 或 Geschaft 层次上的命令、决定等狭义内涵，像依职权的行政指导等行为也都可以算在这一分类以内。它是警察灵活行使其职权、积极服务于公共利益、以最低成本解决社会问题的重要行为类型。

4. 依职权警察行为-负担性警察行为-具体警察行为-要式警察行为-和平警察行为：典型如除警告以外的行政处罚。行政调查程序中的带至公安机关继续盘问、刑事司法程序中的拘传、逮捕等行为也属于此类，此种强制性的行为在实践中经常为和平进行，但部分情况下也包含着使用武力的可能性，容易转化为武力警察行为。这类行为由于会给相对人造成法律上的负担，甚至剥夺部分权利、限制人身自由，往往受到严格的法律保留限制，以及需要符合正当程序的要求。

5. 依职权警察行为-负担性警察行为-具体警察行为-要式警察行为-武力警察行为：典型如人民警察使用武器或警械。此类行为相当鲜明地体现了警察法学的部门法特色，它们也受到广泛的社会关注，有可能引发人身伤亡的重大法律后果。此类行为往往需要经历严格的司法审查，但由于实际上往往是面对紧急情势作出的，只能在极其有限的时空内作出反应，相应的规范控制密度也是极其有限的，因此如何优化此种行为的法律约束与调控，就对立法质量提出了极高的要求。

6. 依职权警察行为-负担性警察行为-具体警察行为-非要式警察行为-和平警察行为：典型如现场管制时的口头命令。这类行为通常较授益性的同类行为限制更严格，但较要式行为更宽松，而且具有临机处变的特点，往往法律上不会对此作出非常具体的限制。这是警察行为中相当有特色的一部分，其合法性与合理性在相当程度上依赖于具体的情境，需要结合临机处变原则、比例原则等要求进行分析。

此外，一些不常见的组合在理论上也可能存在，但实践中运用较少，这部分内容可能成为警察法学的扩展空间，例如：依职权警察行为-授益性警察行为-具体警察行为-要式警察行为-和平警察行为。这种行为较少存在，是因为警察任务主要是预防和制止违法犯罪行为、保障公共安全，授益性的警察行为较少，一般仅存在于依职权的救助、帮助行为（非要式）和依申请的许可行为方面，而依职权与要式的授益性行为则相当罕见。近年来，随着警察公共服务的开展和110报警服务台实践的推广，警察职责范围内的依职权、要式、授益的行为也并非全无存在的空间，但尚未得到法律的明确肯认和规范，此种行为能否获得正式的法律承认，需要在法律上对警察的职能进行清晰的认识，尤其是警察的积极公共服务职能应当到达何种范围。

由此，我们可以获得警察行为的一个谱系，其中每一种行为都有独特的法理特征及不同方向的法律约束原则。在这种谱系中，大量的行为类型组合还没有被充分开发，这一方面是由于行政行为本身的发展历史所导致，另一方面也是由于警察行政行为的特殊性所导致。从传统的视角看，警察行政行为大多数是高权性的负担行政行为，这很大程度上塑造了它的基本形象。但从服务型政府和中国警察权发展的独特路径看，中国警察权在授益性与和平性的一面进行了大量的探索，像110报警服务台一类的制度建设独具特色，各种基层公安组织也承载着丰富的社区公共服务职能，在这些积极的给付型行政之中，大量的法理空间仍然有待理论研究进行深入探索。

二、警察行为的形式

法律行为的形式，通常是指引起同一类法律关系变动效果的意思表示的集合。由此，警察行为的形式，是指能够引起同一类法律关系变动效果的某些警察行为的集合。例如，在行政法领域，使相对人承受公法责任的，为行政处罚，在警察行政法中，也可以称为警察处罚；使相对人恢复受限制的权利或自由的，为行政许可；对相对人施加临时性的公法义务，为行政命令；等等。

警察行为是否可以有不同于行政行为的形式？这是一个非常有意义的基

础性理论问题。这个问题的意义不仅在于在现成的行政行为和刑事司法措施之外是否需要另建一套体系，更在于已经有了"警察措施"的概念及警察行为类型时，是否还需要进一步将警察行为形式化。对此，我们首先需要了解，研究警察行为形式的意义何在、警察行为形式特殊性的法理基础何在，才能进一步研究警察行为是否可以另辟蹊径。这种法理思辨，对于一个完整的理论体系构建而言，是十分有必要的。

（一）研究警察行为形式的意义

警察行为的形式，就其概念而言，关键在于法律关系变动效果。警察行为形式的研究，必须密切注意法律关系的后果，而警察措施的研究，则更多地关注行为程序及范围、条件与幅度上的控制。这一点使得警察行为的形式与警察措施存在很大的区别：警察行为，正如法律行为、行政行为、诉讼行为等概念一样，聚焦于法理方面的变化，特别是法律关系上的变化，而不是十分关注事实方面的变化。虽然这一点在国内的行政行为研究中有所弱化，但就行政行为的源头——法律行为而言，国内的研究始终没有离开这一焦点，它始终担当着刻画动态法理过程的关键角色。正是基于这一点，警察行为形式与警察措施之间就可以形成富有意义的理论分工，在警察行为的总体概念下分别侧重处理法律面和事实面，形成警察行为的有机整体。不仅如此，警察措施侧重于秩序控制和恢复，并不完全覆盖所有的警察行为，例如行政许可；而所有的警察行为都需要某种法律形式。因此，警察行为的各种具体形式与警察措施，实属两种不同维度、不同面向的划分，并不能混为一谈。

由此，警察行为的形式不仅与警察措施有别，也与行政行为的形式有可能存在一定的差异。如前所述，本书是在比较宽泛的层面、比较高的概念层次上使用"行为"一词，如果这种概念直接用于表述警察行为，则警察行为的内容就并非自然而然地聚焦于法律关系的变动；如果要将警察行为的形式研究聚焦于法律关系的变动，则需要选取行为的法律面，提炼出在警察活动领域若干常见的法律关系变化形式，此种变化可以跨越传统上认为的行政与刑事司法之区分，而统一为承载某种国家意志的表达方式。

从这个角度上看，警察行为研究之意义，在于研究国家意志在警察领域的有效表达与转化形态。自由意志的定在即为法，[1]国家意志在警察领域的

---

[1]　参见［德］黑格尔：《法哲学原理》，范扬、张企泰译，商务印书馆1979年版，第86页。

有效表达形式，即为警察法中承认的形式。至于此种形式是截然划分为行政与刑事司法两大部分，还是统一为一个体系，仍然是可以不断探索与商榷的。当前的主流划分，可以说某种程度上是历史的结果，并不等于是必然的真理。从历史上看，警察法学的理论资源和基本概念，如警察、警察权（Polizeigee-wat）、警察国（Polizeistaat）等，曾经一开始就自成一系，但后来逐渐被其他学科转变和吸收，反而形成了对其他学科的法理结构与思维方式的路径依赖。虽然如今"警察"的概念已经较之前大有不同，但也仍然保留了此前警察概念的特点，没有完全落入当前法学部门划分的体系之中。同样的高权行为，在类似的维持治安、保护秩序的职能范围内，被人为划分出行政与刑事司法两大领域，并且使用两套不同的话语体系，并不一定就是最为适合的处理方式。但是，如果考虑使用整合的体系，统一使用"警察行为"概念进行观察，则由于警察行为的范围较之行政行为的范围在领域上更为宽广，我们必须考虑警察行为包含了不同于行政行为的形式，至少对于警察刑事法中存在的一些难以为传统行政行为形式体系所包含的行为形式，警察行为法的体系需要加以包容。

（二）警察行为形式的法理构造

在法理的领域，相应于秩序保障及危险预防之警察任务，一系列法律关系的变动形式得到国家法的认可与支持。主要的变动形式包括：

1. 创设义务

创设义务，是警察活动领域最为常见的法律关系变动形式之一。警察主体根据维护秩序、预防危险或恢复正常社会生活状态的需要，可以临时性或永久性地对相对人施加某些作为或不作为义务，并通过国家强制力为后盾迫使其遵守。在警察行政法及警察刑事法领域的各种命令，不分具体行为与抽象行为、属于行政或刑事执法，均属此列。就更广泛的行为概念而言，命令可以以多种形式存在。在警察法领域，命令非常多见，形式也丰富多彩，通过交通指挥手势指挥交通、禁止携带违禁物品的人员进入某些场所、使用警戒带表示禁止进入等，甚至交通信号灯的亮起与变化，都属于某种警察命令。部分强制措施中也包含命令，如命令驾驶员停车接受检查，命令正在行走的嫌疑人停下接受盘问，刑事传唤和治安传唤，都是比较典型的例子。大量的抽象行政行为，也是以命令的方式颁布施行的，例如公安部的规章，往往是以"第××号令"的方式颁行。此外，部分行政处罚行为中也包含行政命令，如限期出境。行政处罚时对相对人的违法行为责令改正、限期改正的行为，理论上也应属于行政处罚中的行政命令，相关的通知书均是一种命令的形式。除命令以外，还有其他方式创设的义务，如不用命令形式发布的规范性文件，也属于一种常见的义务创设方式，但受到《立法法》等宪法性法律的明确限制。

义务的创设可以统一称之为"命令"；对于不用命令形式发布的规范性文件，在国外公法上也可以属于"法规命令"（Rechtsverordnung）。命令作为警察行为的常见形式，有着丰富的法理内涵，对此下一部分将作专门分析。

2. 赋予权利或解除限制

在警察法领域，权利的赋予虽无义务的创设常见，也是一种较为常见的法律关系变动形式。这主要是由于授益性警察行为在当代警察法领域的广泛存在。行政许可是权利赋予的最主要形式，但因对行政许可的性质有不同的理解，它也可以被解读为对一般限制的解除，即为公共利益的需要对自然人或法人本有的自由或权利作出一般性限制，待其满足某种资格或能力要求后解除此种限制。[1]若自此种观点理解之，则权利的赋予与限制的解除在一定程度上实难截然区分，因为如何分辨一项权利是否属于人原有的天然权利，实属法哲学上未有定论的主题。人天然而具备某些不可剥夺的权利和自由，是一项理论假定，尤其是采取社会契约论证路径的必需假定，但无论是这个假定本身，还是天然权利与自由的具体范围，都是可以商榷的。因此，我们在此不作严格的区分，将权利的赋予或限制的解除作为一种法律关系变动的方式看待。

但是，这样会带来一个新的问题：行政、刑事处罚或强制措施的解除，也属于限制的解除，是否应当属于同一种法律关系变动方式？例如，刑满释放、假释、依法释放接受继续盘问或传唤的相对人、释放被行政拘留的相对人、解除对疑似感染传染病的人员的隔离措施等，也属于对限制的解除。这种解除与前面所言的行政许可等不能相提并论，因为它们在法理上不被看作一个独立的行为，而是一个完整行为的组成部分，是这一行为在执行阶段到执行终了阶段中的某一环节。

---

〔1〕 参见胡建淼：《行政法学》，法律出版社 2015 年版，第 263 页。

因此，权利的赋予或限制的解除，其典型的表现就是行政许可。此外，如果跳出行政行为与刑事司法行为两分法的窠臼，在国家行为的层面上，当部分地区或特殊情势下面临反恐、锄奸、剿匪等特殊需要时，也有可能对民众授予更充分的自我防卫权（或恢复其自我防卫的权利），同样可以被看作此种法律关系变动形态，这也可以被看作是一种许可，但属于特殊的许可。由此，此种法律关系变动形态可以概括为"许可"，作为警察行为较为前沿的形式，有着值得探索的法理内涵，对此下一部分将作专门分析。

3. 限制自由或剥夺权利

限制自由或剥夺权利，通常被认为是处罚，包括行政处罚或刑事处罚（刑事处罚中警察行为只能完成一部分前期工作，即侦查）。实际上，强制措施一定程度上也有此种特点，但不以处罚的形式体现，因为不具备责任因素。例如，对在发病期间影响公共安全的精神病人采取强制措施限制其人身自由，即非一种处罚，而又包含了此种法律关系的变动形态。在处罚与强制的区分中，最重要的因素是责任因素。以是否具备责任的认定和追究为标准，可以对此种法律关系变动进行更深入的区分，具备则为处罚（包括强制执行中的执行罚），不具备则为强制。

由于警察行政行为的高权特点，基于秩序维护与危险预防之警察任务的需要，处罚与强制在警察行为形式中极为常见，对此下一部分将作详细分析。

4. 形成约定权利或义务

前述权利义务关系的变动，均是在高权条件下通过单方面的各种意思表示及实施行为进行的。如果行为并非由单方面的意思表示作出，而是双方经由意思表示一致形成约定权利义务关系，则法律关系的变动过程及结果都大有不同。在民法领域，此种法律关系变动的方式主要是合同；在行政法领域中，主要为行政合同，2014年修订的《行政诉讼法》在受案范围中也正式承认了此种合同。在警察法领域中，这种约定的权利义务关系并不常见，除政府采购合同外寥寥无几。

一种值得注意的现象是所谓的"假契约"，包括公安机关与相对人签订的各种责任书。在一段时期内，基层公安机关相当一部分工作是找相对人签订各式各样的责任书、例如夜间摊点治安责任书、消防安全责任书、娱乐场所管理责任书，等等，不一而足；而在公安机关内部则是层层签订执法目标责任书，推行执法责任制。所有这些活动都借助了合同的外在形式，但又与一般的契约不同，甚至与典型的行政契约也不太一样。[1]有学者认为，这些协议也是行政契约的一种特殊形态；另外一些学者则认为它们并非契约。[2]对于此种责任书或协议书，我们可以认为，尽管签订时动机不一，仍然存在一定的合意，虽然没有明确的民事或行政法律后果，其效力也未得到司法的正式承认，它们依然可以被看作是未来有潜力的一种警察行为形式。下一部分将对此进行专门分析。

5. 确认事实或法律地位

确认行为也是警察行为的一种常见的法律关系变动方式。需要注意的是，在此处权利义务关系本身没有发生根本性质的变化，但却获得了合法性上的加强或削弱，而这种合法性要件的变动对于相关权利的正常行使或义务的顺畅履行是非常关键的。在警察法领域，确认行为是相当常见的，例如户口登记、户口迁徙、死亡登记、交通事故责任认定等，都是确认行为。它们往往作为其他许多民事行为与行政行为的前提，对于几乎每一个公民的生活都必不可少。

确认行为部分可诉、部分不可诉，司法实践中有一些相当典型的案例，下一部分对此将进行专门分析。

以上几种法律关系变动形式是警察行为的常见形式。如果从广义法律关系变动考虑，警察行为还可以有更多的形式。传统民法理论认为权利和义务是法律关系内容界定的最小单位，但由于社会现实生活关系的复杂多样，权利和义务这一对概念日益无法涵摄所有的事实状态和法律地位，很难概括法律关系中主体之间的利益或法律状态，所以，权利与义务并非法律关系的全部，仅仅是其核心而已。[3]学界日益认识到，法律关系不仅仅是宽泛的权利义务关系，而是在广义权利（Berechtigung）和广义义务或法律上的负担（Belastung）下面展开为一系列的积极要素和消极要素。以拉伦茨的广义权利义务框架为例，前者包括权利（Recht，一译法权）、权能（Befugnisse）、权

---

〔1〕 参见余凌云："行政法上的假契约现象——以警察法上各类责任书为考察对象"，载《法学研究》2001 年第 5 期。

〔2〕 参见余凌云："行政法上的假契约现象——以警察法上各类责任书为考察对象"，载《法学研究》2001 年第 5 期

〔3〕 参见韩光明："论民事法律关系的内容构建：一个基本概念的范式分析"，载《比较法研究》2009 年第 5 期。

限（Zuständigkeit）、取得期待（Erwerbsaussichten）等；后者包括法律义务（Rechtspflicht）、法律上的拘束（rechtliche Gebundenheit）、职责（Obliegenheiten）、负担（Lasten）等。[1]它们共同构成了法律关系内容方面层次丰富、内涵精致的图谱。[2]从以上法律关系内容出发，警察行为将有更丰富的形式，但鉴于目前国内基础理论研究及法律实践均未在此方面深入推进，此一领域尚有待学界作出突破性的探索。

（三）警察行为的具体形式

1. 命令

命令形式的警察行为，也可以称为警察命令，是指警察主体通过各种方式要求一定范围内的相对人在一定的时空范围内为或不为一定行为的意思表示。我国警察法中的命令丰富多样，方式不一，包括口头命令、书面命令、标志命令、手势命令和电子信号命令等。

口头命令是警察行政法中常见的行政命令形式，常常包含在其他行政行为之中。盘问、继续盘问、治安传唤、刑事传唤、讯问、停车检查等警察措施中都包含口头命令。口头命令的效力一般是即时性的，也有少数口头命令规定了明确的时限。口头命令一经作出即具有法律效力，除语言不通、发音不明等特殊情况需要进行再命令外，相对人负有配合义务，否则将可能面临警察主体依法实施的强制措施或其它措施。

警察行为中有时也使用书面命令。通常书面命令都表现为某种格式令状，如责令改正通知书、限期改正通知书、限期整改通知书、停止某种违反行为的通知书、通缉令等。此类书面命令部分可以伴随行政处罚依法作出，部分可以依法独立作出。在抽象警察行为中，书面命令还经常成为规范性文件乃至规章的法律形式出现，此种书面命令较为特殊，通常没有固定的时间限制，其施加的义务将一直生效，但需要受《立法法》的拘束。

标志也是警察法中常见的命令形式，常见于警察行政法。警察行政活动中使用的属于行政命令的标志相当广泛，仅交通警察领域，就包括禁令标志（含各种禁行、禁停、禁转、限速、限重标志及锥形交通标等）、分流标志、

---

〔1〕　参见申卫星，"对民事法律关系内容构成的反思"，载《比较法研究》2004年第1期。

〔2〕　参见苏宇："略论警察法律关系的内容构造"，载《广西高等警察专科学校学报》2015年第4期。

避让标志、绕行标志、交通标线等；此外在日常警务活动中，常见的包含命令的标志还包括警戒带、警戒线、警戒区、交通卡标志等。并非所有标志都属于命令。警告标志、警示标志、指路标志等本身是一种提醒或帮助，并非赋予义务，因此也不属于命令。

电子信号命令主要是各种交通信号灯，例如公路交通中的红灯本身就表示一种禁止性的命令，绿灯实际上也可以看作是一种通行的命令，因为机动车逢绿灯无故不行驶亦属违反交通规则。此外，大型文体活动中警察主体设置的各类带有禁止行为或要求行为之含义的电子信号指示装置也可以被看作是一种电子信号命令。

因此，命令形式的警察行为在警察法中相当广泛而分散，也难以存在统一的法律规定；而且，基于现在行政与刑事相区分、立法与执行相区分的法律部门设置状况，警察命令的法律后果、审查标准及监督程序也大相径庭，只能分别依照命令所归属的具体警察措施所依据的法规范进行调整。原则上，警察命令一经作出，即对一定范围内的相对人施加了作为或不作为的义务（通常为临时性的义务），违反警察命令的相对人将受到程度不同的法律制裁。

2. 许可

许可形式的警察行为，也可以称为警察许可，是指警察主体通过法律规定的决定形式，对解除相对人在行为资格方面的部分限制所作出的意思表示。通常警察许可指的是行政许可，即根据相对人申请依法作出的允许相对人在符合一定条件的前提下恢复某种行为资格的意思表示，或赋予符合特定条件的某些申请者以某种特殊行为资格的意思表示。在某些特殊情况下，在国家行为而非行政行为的层面上，在特殊情形下，警察许可也可以不是行政许可，甚至可以是依职权作出的决定。这些情形包括反恐、阅兵、战时通讯、紧急状态下维持秩序等。例如，阅兵期间允许一定范围内的人员通行戒严地带，反恐工作中允许民众组织起来自卫乃至有组织地围捕恐怖分子，都是警察许可的特殊例子。

警察许可由此可以分为行政许可和特殊许可。对于行政许可，警察主体要严格依据《行政许可法》作出各种处理决定；对于特殊许可，则需要考虑《宪法》及《突发事件应对法》《中华人民共和国反分裂国家法》《国家安全法》或《反恐怖主义法》等相应专门立法的要求。

（1）警察许可中的行政许可。警察许可中的行政许可，典型的总计约三十余项，包括建筑工程消防设计审核、消防验收、公众聚集场所开业使用前消防安全检查、群众性活动安全检查、中国公民因私出国护照、大陆居民往来台湾/港澳地区通行证、签注、台湾居民来大陆定居审批、多次来往大陆签注、户口准迁证、边境管理区通行证、机动车驾驶证、民用爆炸物品购买许可证等。其中，涉及消防安全的4项，涉及出入境的5项，涉及爆炸物、枪支及其它危险物品的11项，涉及其他特种行业的6项，涉及交通管理的2项（含机动车驾驶证），这些是主要的警察行政许可项目。[1]其他一些本质上属于行政确认或备案登记的事项也被列入行政许可项目，但我们在分析其法律本质时需要予以辨别。

　　警察行政许可基本上属于《行政许可法》第12条规定的"（一）直接涉及国家安全、公共安全……以及直接关系人身健康、生命财产安全等特定活动，需要按照法定条件予以批准的事项""（三）提供公众服务并且直接关系公共利益的职业、行业，需要确定具备特殊信誉、特殊条件或者特殊技能等资格、资质的事项"及"（四）直接关系公共安全、人身健康、生命财产安全的重要设备、设施、产品、物品，需要按照技术标准、技术规范，通过检验、检测、检疫等方式进行审定的事项"。根据《行政许可法》，规章无权设定这些行政许可，这些行政许可只能由法律、行政法规及地方性法规设定。公安部门负责的是行政许可的实施，包括受理、审查、决定以及监督检查等，此种实施行为正是警察行政许可的内容。这些行政许可起到提前控制的作用，更为侧重警察主体的危险预防职能。

　　作为行政行为的许可，与作为国家行为的许可，在法律原则层面最重要的区别，就是是否受到信赖保护原则的约束。警察许可中的行政许可，作为典型的依申请的授益性行政行为，受《行政许可法》中的信赖保护原则约束。《行政许可法》第8条第1款规定："公民、法人或者其他组织依法取得的行政许可受法律保护，行政机关不得擅自改变已经生效的行政许可。"此款所规定的保护方式是存续保护，体现了行政行为的确定力。《行政许可法》第8条第2款规定："行政许可所依据的法律、法规、规章修改或者废止，或者准予行政许可所依据的客观情况发生重大变化的，为了公共利益的需要，行政机

---

　　〔1〕　参见孟昭阳、高文英主编：《行政法与行政诉讼法学》，中国人民公安大学出版社2012年版，第182~192页。

关可以依法变更或者撤回已经生效的行政许可。由此给公民、法人或者其他组织造成财产损失的，行政机关应当依法给予补偿。"此款规定的保护方式是财产保护，是信赖保护原则的实质性内容，体现着行政法治的精神。

根据《行政许可法》规定，行政许可由具有行政许可权的行政机关在其法定职权范围内实施。从《行政许可法》上看，警察主体实施行政许可，并没有层级上的限制；各专门立法则对行政许可的实施机关有所规定。例如，2006年的《民用爆炸物品安全管理条例》第21条规定："民用爆炸物品使用单位申请购买民用爆炸物品的，应当向所在地县级人民政府公安机关提出购买申请……"县级人民政府公安机关是警察许可实施的重要主体。受理、审查和决定行政许可的程序，除依据《行政许可法》外，还需要遵照相关专门立法的规定，在很多方面都受到法律的严格羁束。部分涉及公共利益的重大行政许可事项，或者法律、法规、规章规定需要听证的事项，还需要进行听证，这些事务属于较为专业的法制业务，尤其对重大行政许可的公开听证及审查决定，需要较高的法律素养。

（2）警察许可中的特殊许可。警察许可中的特殊许可，主要是出于特殊情势需要，在国家行为层面上通过口头或书面形式准许相对人作出常规状态下无权作出的行为，或在发布一般禁止命令后准予某些特殊人员在一定范围内可以免于禁止的行为。在法理上，此种许可所授予的与其说是权利或自由，不如说是一种特权（privilege），因为这是常规状态下所有人都不会具备的权利或自由，在法律上的地位也较为特殊，不受《行政许可法》的一般规则与原则的约束，例如反恐怖活动中对于限制通行的道路或区域特许部分人员通过或进入，即属此例。此种特殊许可需要专门的法律规定加以调整。

3. 处罚

处罚形式的警察行为，是警察行为中最为常见的类型之一。严格地说，警察行为中的处罚主要是行政处罚，因为刑事处罚并不是警察行为自身能独立完成的，需要经过人民检察院和人民法院。当然，如果从功能意义而非组织意义上理解警察权，则刑事处罚是典型的一种警察行为，但其在法理基础、处罚程序、救济途径、法律依据、证明标准等众多方面都与行政处罚有着巨大的差异。这些区别很大程度上是由历史原因造成的。许多国家一度只存在刑罚，在现代国家兴起以后，这些刑罚即在国家警察权的名义之下进行。当"行政权"概念于法国大革命期间正式出现并兴起后，行政处罚才逐渐发展成为与刑罚相并列又相衔接的一种独立的法律责任实现形态。

即便如此，即使行政权与刑事司法权力中间存在着人为的区隔，行政处罚与刑罚也存在着千丝万缕的联系，也存在着不可忽视的制度衔接。在国外的制度发展史上，"行政刑法"一直是一个备受争议的问题，行政处罚与刑事处罚是一元化还是二元化处理更为合适，至今未有定论。从学术史上考察，行政犯与刑事犯之区分起源于罗马法时代自然犯与法定犯的区别，即罗马法所谓"mala in se"与"mala prohibita"的观念，认为刑事犯是属于自然犯，也就是指一个实质上违反社会伦理道德的违法行为，因侵害公共秩序、善良风俗，为一般社会正义所不容者；而行政犯乃属法定犯的性质，其行为在本质上并不违反伦理道德，但是为了因应情势的需要，或贯彻行政措施的目的，对于违反行政义务者，加以处罚。[1] 20 世纪初，随着各国行政权的不断扩张，出现了大量的行政立法现象以及与之相对应的行政违法行为，郭特希密特（J. Goldschmidt，一译戈德施密特）对之进行了深入研究，认为行政与司法是并立的，应该有不同的目的与领域，并以此理论区分司法刑法与行政刑法，认为违反司法刑法的行为即刑事不法，系对法律的违反；违反行政刑法的行为即行政不法，系一种行政违反。前者属于违反基于伦理的刑法规范，而后者只具有形式上的要素，只是违反行政意思而应加以处罚的行为。[2] 部分国家对此统一到刑法中，但区分轻罪与重罪。我国治安处罚与刑罚的两分法，也深受西方法制史的影响，迄今为止，《治安管理处罚法》从总体原则到具体规则、从基本精神到法理构造，都深受刑法学的影响，而与行政法学亦有一定联系，导致治安处罚成为警察行为中相对自成一体的一个领域。

与刑罚不同，治安处罚整体上被包含在警察行为之内，是警察主体独立、完整地作出的行为。因此，警察主体实际上在此过程中独立完成了调查、追究与裁断等过程，而且无须经历严格的外部分权制约，直至行为作出以后，相对人往往才有可能寻求法律救济。因此，治安处罚成为警察主体行使治安职权、履行治安职责的重要手段，也是一种独立的警察措施。但治安处罚中又可能包含现场管制、盘问、继续盘问、使用警械等警察措施，因此这一行

〔1〕 参见韩忠谟："行政犯之法律性质及其理论基础"，载《台湾大学法学论丛》1980 年第 1 期，转引自姜涛："行政犯与二元化犯罪模式"，载《中国刑事法杂志》2010 年第 12 期。
〔2〕 参见刘军："刑法与行政法的一体化建构——兼论行政刑法理论的解释功能"，载《当代法学》2008 年第 4 期。

为过程实际上可以是多重警察措施的组合体，对此下一节将有详细分析。

治安处罚在狭义行为的层面上表现为一个意思表示，即处罚的决定；在广义行为的层面上表现为由一系列相关警察措施组成的过程，自立案阶段起至处罚决定的执行，均在这个过程之中。在我国，这一过程既受《治安管理处罚法》又受《行政处罚法》的调整。理论上看，《治安管理处罚法》是特别法，《行政处罚法》是一般法，在适用上《治安管理处罚法》优先。《治安管理处罚法》第3条也规定："治安管理处罚的程序，适用本法的规定；本法没有规定的，适用《行政处罚法》的有关规定。"但实际上，《行政处罚法》规定的处罚法定原则、教育与处罚相结合原则、有限范围内一事不再罚、告知程序、听取陈述与申辩、说明理由等要求，对于治安处罚均为适用。《治安管理处罚法》则重点强调了治安处罚的管辖分工、法律适用、特殊原则与程序要求，并且就不同的违反治安管理的行为规定了具体的罚则。该法中建立的治安调解、财物处理等制度，对治安案件的办理也起到了非常重要的作用。

处罚行为一经作出，在法理上相当于宣告了相对人的行政法律责任，部分责任可以由相对人主动实现（如缴纳罚款），大部分责任由公权力主体负责强制实现（如警告、行政拘留、没收违法所得、没收非法财物、暂扣或者吊销许可证、暂扣或者吊销执照、责令停产停业等）。需要注意的是，部分处罚（如责令停产停业）在形式上与命令相近，有学者认为可能与行政命令难以形成明显的区分，这主要是对处罚的法理属性认识不够深入所致。处罚所变动的法律关系内容是对权利和自由的限制或剥夺，而其本质是法律责任的确定与实现，这与以施加义务为本质的命令是不同的。命令仅仅是起到控制或直接恢复秩序的作用，并不以加以超过直接恢复秩序之需要的惩戒措施促使相对人以后遵守秩序，而处罚则有此作用，带有使违法人遭受额外惩戒的谴责性要素。因此，责令停产停业作为一种处罚，实际上对相对人的损害要超出作为命令的责令停止违法行为，也不一定需要通过其停产停业达到停止继续产生损害的目的。这一法律关系变动的实质，是在警察执法中理解行政处罚的关键。

4. 强制

强制形式的警察行为，是警察行为中最具特色的部分。它包括行政执法过程中的强制与刑事司法过程中的强制，行政执法过程中的强制包括行政强制措施和行政强制执行，刑事司法过程中的强制主要是《刑事诉讼法》规定的强制措施。此外，人民警察依法使用警械和武器的行为，也属于强制行为，它是一类独特的、跨越行政执法与刑事执法的强制行为，至今尚未得到充分清晰的法理定位。

在法理上，强制行为实际上可以被认为是双重行为，它既包括一个有关剥夺他人权利、限制他人人身自由、限制他人物上权利或改变某物的法律形态的决定，也包括一个限制他人人身自由、破坏他人财物或改变某物的事实形态的决定。试举一例：某醉酒者持刀面向路人挥舞，人民警察上前将其制服并夺下手中刀，将其约束起来，这里就同时包含了法律层面的决定（限制其人身自由及其对刀的所有权之行使）和事实层面的实施行为；有时即使是表面上看起来仅有事实行为的强制措施也包含了法律上的决定，因此强制行为总是具备这种双重性，这也使得它的地位一定程度上和普通的行政决定、命令区分开来。这种特征在行政强制行为方面体现得较为突出，因此行政强制行为同时具有法律行为和事实行为的某些特征，在国外的一些公法学教材中也与其它行政行为相区别而单列。

警察行为中的强制行为相当广泛，也经常和其它行为（尤其是命令、处罚）相互交织，从而形成了一种不完全与其它行为相并列的独特逻辑维度；再加上刑事与行政的混合、强制措施与强制执行的交织，使得强制行为的法理构造异常复杂，其所需要遵守的法律也相当分散，但主要还是《行政强制法》《刑事诉讼法》《治安管理处罚法》《人民警察法》以及《人民警察使用警械和武器条例》这几部主要的法律法规。其中，比较成型的警察强制措施包括《行政强制法》中的查封、扣押，《刑事诉讼法》中的（刑事）传唤、拘传、拘留、逮捕、取保候审、监视居住、搜查、检查、查封、扣押，《治安管理处罚法》中的（治安）传唤、检查，《人民警察法》中的盘问、检查、继续盘问，《人民警察使用警械和武器条例》中的使用警械、使用武器等。其中，查封、扣押、检查、使用警械、使用武器、传唤均是跨越行政领域和刑事领域的强制措施，拘留则比较特殊，既可以是刑事领域的强制措施，也可以是行政领域对行政处罚的强制执行。

由于强制行为可能涉及公民的重大切身权益，法律对强制行为的设定和实施都规定了异常严格的条件。在设定权问题上，在刑事强制方面，我国刑事诉讼法已经完成法典化，刑事诉讼中的强制措施只由《刑事诉讼法》设定；在行政强制方面，《行政强制法》第 10 条和第 11 条作出了非常严格的规定。

原则上，行政强制措施由法律设定。尚未制定法律，且属于国务院行政管理职权事项的，行政法规可以设定除限制人身自由、冻结存款、汇款和应当由法律规定的行政强制措施以外的其他行政强制措施。尚未制定法律、行政法规，且属于地方性事务的，地方性法规可以设定查封、扣押的行政强制措施。法律、法规以外的其他规范性文件均不得设定行政强制措施。在行政强制执行方面，只有法律才能设定行政强制执行。无论刑事还是行政强制行为，其实施都需要严格遵守法定的权限和程序，理论上并不存在很大的裁量余地，但如果存在裁量余地，则必须遵守比例原则的要求；对于实施的前提，则存在一定的判断余地。这两种余地是警察行使强制权时最为需要关注的问题，对于行政强制措施尤其如此。对于判断何为"紧急情形"（《人民警察使用警械和武器条例》第9条）、何为"违法行为情节显著轻微或者没有明显社会危害的"（《行政强制法》第16条）、何为"有违法犯罪嫌疑"（《人民警察法》第9条）等，警察主体需要结合警察法的一般原则及具体情境，以专业、理性、客观的态度作出负责任的判断。

需要注意的一个特殊问题是，对于人民警察徒手制服、使用警械、使用武器的强制行为，能否适用《行政强制法》的规定，在很大程度上还有待进一步研讨。《行政强制法》在立法时对于即时强制的规定不足以包含这些即时性的武力行为。《行政强制法》第2条第2款规定："行政强制措施，是指行政机关在行政管理过程中，为制止违法行为、防止证据损毁、避免危害发生、控制危险扩大等情形，依法对公民的人身自由实施暂时性限制，或者对公民、法人或者其他组织的财物实施暂时性控制的行为。"但使用武器或非约束性警械似乎并不适用"暂时性限制人身自由"的界定。即便认为使用武器或非约束性警械属于即时强制，《行政强制法》第19条有关即时强制措施的专门规定也不适用，因为《行政强制法》第19条规定："情况紧急，需要当场实施行政强制措施的，行政执法人员应当在二十四小时内向行政机关负责人报告，并补办批准手续。行政机关负责人认为不应当采取行政强制措施的，应当立即解除。"可见其中规定的措施是可以被事后解除的强制措施，适用于持续限制人身自由、转移物品占有或限制物品处分权的措施，但即时性的武力制服或驱逐措施无法被事后解除；此外《行政强制法》也未提供充分的其他例外规定。再者，如果认为此种措施实属限制人身自由的强制措施，则必须适用《行政强制法》第20条，但第20条中所要求的告知、通知、期限、解除等方面的规定对于此种即时性的武力制服或驱逐行为客观上又不可能适用,法律适用上又将陷入矛盾。可见,《行政强制法》并没有充分考虑使用武器或制服性、驱逐性警械的情形,实践中遇有人民警察使用武器或警械的也几乎只能由《人民警察法》或《人民警察使用警械和武器条例》调整,而对于徒手制服相对人的强制行为,则仍然存在较多的疑问和空白,需要立法或司法解释作出进一步的补充和完善。

5. 确认

确认形式的警察行为,是警察行为中涉及面最广泛、相对人范围最大的一种行为。在警察行为中,确认行为主要包括户口登记、为已批准的户口迁移办理手续、死亡登记(注销户口)、交通事故责任认定等,部分地区(如深圳特区)还包括居住证的审核发放等。部分行为如户口登记甚至可能涉及每一个中国公民的合法权益。

确认行为与许可行为在外观上有时较易混淆,像居住证的发放,属于确认行为还是许可行为,即有争议。从法理上看,如果一项权益为每一个符合客观条件的公民所当然享有,行政主体只是确认公民的信息符合事实,此项行为即是行政确认,因其并未创设新的权益;反之则为行政许可。也有学者指出,行政许可与行政确认的区别是广泛的,在行为的意思、针对的事项、申请人的目的、法律效果、行为性质、内容及方式等方面存在区别。[1]其中最为关键的两个方面,是法律效果及行为性质。在法律效果方面,行政确认与行政许可的主要区别,在于"行政确认在效力上发生是否有效的问题,未被认可的行为或地位将发生无效的结果而不适用法律制裁;而在行政许可制度中,未经许可而从事的行为将发生违法的后果,当事人应受到法律制裁。"[2]在行为性质方面,"行政确认属于确认性或宣示性行政行为,它仅表明现有的状态而不以法律关系状态的变更为目的;而行政许可则属于形成性行政行为,以法律关系的产生、变更或消灭为目的。行政确认只能是一种羁束行为;而行政许可尽管一般也属于羁束行为,但在特许或附负担许可中,也可以存在自由裁量的情形。"[3]这两个标准可以大致区别行政确认与行政许可,虽然未必绝

---

〔1〕　参见杨解君:"整合视野下的行政许可定位分析",载《江海学刊》2001年第4期。

〔2〕　杨解君:"整合视野下的行政许可定位分析",载《江海学刊》2001年第4期。

〔3〕　杨解君:"整合视野下的行政许可定位分析",载《江海学刊》2001年第4期。

对成立（例如有学者认为婚姻登记就兼有行政许可及行政确认的属性[1]），但对于警察许可与警察确认行为而言，可以起到相当有效的区分作用。在警察法领域内，确认行为并非"合法/违法"判断的界线，而是"有效/无效"判断的界限，一般均属于羁束行为，但确认的内容可以存在一定的判断余地，如交通责任事故的认定。

需要注意的是，部分法理上曾经广受认可的行政确认行为一度在司法实践中不可诉，只能在诉讼中作为证据被审查，这是它与其他警察行为的重要区别。例如，对于交通事故责任认定书，在法理上经常被认为属于行政确认行为，早期也曾进入行政诉讼，但其后部分法院的实践一度明确指出，这是一种不可诉的行为。[2]2005年《全国人民代表大会常务委员会法制工作委员会关于交通事故责任认定行为是否属于具体行政行为，可否纳入行政诉讼受案范围的意见》（法工办复字〔2005〕1号）明确指出："根据道路交通安全法第七十三条的规定，公安机关交通管理部门制作的交通事故认定书，作为处理交通事故案件的证据使用。因此，交通事故责任认定行为不属于具体行政行为，不能向人民法院提起行政诉讼。如果当事人对交通事故认定书牵连的民事赔偿不服的，可以向人民法院提起民事诉讼。"无论在此回复中抑或司法审判中，有关主体均回避将交通事故责任认定行为归属于"行政确认"，以避免产生理论认识上的混淆。但在《行政诉讼法》修订以后，交通事故责任认定行为在部分地区重新进入行政诉讼。基于努力让人民群众在每一个司法案件中都感受到公平正义、"有权利必有救济"的宗旨，本书认为，除部分特例以外，其它法理上承认的行政确认行为，一般均属于可诉的行政行为。

确认行为不产生新的权利义务关系，但却能使某些权利义务关系在法律上正式发生效力；不消灭原有的权利义务关系，但能使实际上已经消灭的权利义务关系在法律上得到承认。在法律上，它往往发挥着不亚于行政许可的

---

〔1〕 参见孙凌："婚姻登记的法律属性辨析——由《中华人民共和国婚姻法》第八条引发的思考"，载《宁夏社会科学》2010年第3期。

〔2〕 参见：①宋福生与天津市交通管理局河东支队行政纠纷上诉案，天津市第二中级人民法院行政裁定书，（2015）二中行终字第（177）号；②王东岳、孙建秀与南京市公安局交通管理局高速公路第二大队行政纠纷上诉案，江苏省南京市中级人民法院行政裁定书，（2015）宁行诉终字第123号；③高双锋与禹州市公安局行政纠纷上诉案，河南省许昌市中级人民法院行政裁定书，（2015）许行终字第6号等。

作用，但因其一般属于羁束性行政行为，法律上一般不产生较丰富的争议，但户籍登记问题仍然需要法制进一步给出明确的指导和充分的救济途径。

在刑事法领域，也存在广泛的确认行为，一般体现为各种登记或认定，如对被刑事拘留人员的信息登记。这些行为一般不存在直接的可诉性，如果出现错误，往往需要通过行政管理途径加以纠正，或在刑事诉讼过程中接受司法审查，对于给被确认人造成的损害，依法进行国家赔偿或补偿。

以上几种行为形式，即为警察行为的主要形式，也是警察法领域法律关系变动的基本形式。为完成某一法律目的，仅仅依凭法律上的形式是不足的，还需要依托事实上的行动，特别是在警察法领域，需要大量的事实行动来达到立即恢复秩序、控制与消除危险的目的，这就需要有丰富的警察措施。

【本节引导问题参考答案】

1. 警察行为的类型和形式是有一定区别的。所谓警察行为的类型，是指警察行为依据其某一突出的法理特性、按照一定逻辑进行整体划分而组成的完全集合；所谓警察行为的形式，是指对具有同一种或几种外部作用特征和内容的警察行为进行归纳，并就此提出一般性法律要求的不完全集合。警察行为的类型通常采取二分法或三分法，对所有的警察行为进行划分，由于界定标准要求周延性，划分结果对所有的警察行为产生存在非此即彼的关系，一种警察行为可以在多种分类中取得不同的定位（可以同时归属于几种有着不同划分标准的类型），但在每一种分类方式中只能处于非此即彼的一类。警察行为的形式则为数众多，而且由于界定标准不要求周延性，仅仅涵盖警察行为的局部范围；一种警察行为可以不属于任何既有的形式，但理论上一般不能同时属于多种不同的形式。此外，亦可以从警察行为的法理结构及法律效果特征上区别警察行为的类型和形式。

2. 警察行为研究之意义，在于研究国家意志在警察领域的有效表达与转化形态。国家意志在警察领域的不同表达形态对应于警察行为的不同形式，产生了不同的法律效果类型，这有助于对警察行为的法律效果进行分门别类的研究，深入梳理警察行为的法律关系。

第三节　警察措施

【引导问题】
警察措施从法理上可以划分为哪些类型和层次？

一、警察措施的含义

警察措施，是指警察主体的有关工作人员在执法过程中，在一定的时空范围内进行的某种相对独立的事实性的举动。警察措施可以没有直接的相对人，也可以不引起法律关系变动，其范围相当宽广。在美国警察法上，警察措施（police measure）是使用较为灵活的概念，相对于侧重法律效果的行为概念系统，措施概念系统或许更适合于警察法领域的研究与实践。本书中使用的警察措施概念，不完全等同于美国警察法或其它国家警察法上的警察措施，而是根据中国警察法制概括的警察措施。此处的警察主体，系指广义上的警察主体，亦即行使广义上警察权的国家机关，并不仅仅限于人民政府的公安部门和国家安全部门。

对于理解警察措施的含义，以下几点是需要特别注意的：

第一，警察措施不包含特定的法律效果，仅仅是指某种相对独立的举动。它可以是拘留、逮捕、检查、盘问，也可以是通缉、追捕、使用警械、使用武器，甚至可以是单纯的巡逻、蹲守、警戒等。单纯就法理内涵而言，警察措施概念的内涵较之警察行为要单薄一些，引发的问题更为分散，也更为丰富。

第二，警察措施仅限于执法过程，警察行政立法不属于警察措施。在国外，一般谈及警察措施不会涉及立法，因为警察部门本身不具有立法权；在我国，警察机关虽有一定程度的行政立法权，但此种规定本身与一般情况下通常理解的警察措施相去甚远，因此不归诸警察措施之列。

第三，警察措施是一种事实性的举动，通常较多地存在于命令、处罚和强制的行为形式之中。一般而言，许可和确认过程中纯粹以书面或口头形式作出的决定，因不直接产生对外的事实后果，不归诸警察措施之列。

第四，警察措施经常是警察主体通过警察人员有意识、有目的地作出的举动。未通过警察人员作出的行为，如交通信号灯标志的闪烁、安防系统的响应、信息采集设备的自动采集，则不属于警察措施。但是，设定相关的交通信号灯标志、安装和设置安防系统、安装和设置信息采集设备等行为，则属于警察措施。在警察措施概念中增添这一点区别并非有意使之变得更为复杂，而是为了使这一概念能够更好地服务于法律实践。因为对警察措施的讨论主要集中于合法或违法，而不是像警察行为形式那样同时也涉及成立或不成立、有效或无效，而合法性判断应当针对人的行为作出。当然，以命令或处罚形式存在的警察措施也存在有效或无效的问题，但这一点使用警察行为形式进行分析即已足够，无必要使内容本已相当广泛的警察措施概念流于不必要的宽泛之中。

第五，警察措施应当是对外产生一定事实作用或法律效果的举动。如果仅仅是内部行为，不宜列入警察措施之列，因为其救济途径、处理程序等法律要点都与典型的警察措施存在较大区别。

警察措施在警察行为法中较为突出，它通常是成型的一套举动，如盘问与继续盘问，其相关程序有专门的法律规定。对警察措施进行类型化、定型化，是警察行为法治的重要路径。

二、警察措施的类型与层次

警察措施的类型非常丰富。按照警察措施所归属的部门法领域，可以分为行政措施与刑事措施；按照警察措施是否包含直接使用武力的内容，可以分为武力措施与非武力措施；按照警察措施是否涉及法律关系变动，可以分为法律行为形式的警察措施（下称法律措施）、混合行为形式的警察措施（下称混合措施）及事实行为形式的警察措施（下称事实措施）等。

警察措施的层次也并不完全一致。从警察措施的整体看，警察措施可以分为三个层次：第一层次的警察措施，是一个完整的行政行为、刑事诉讼行为或国家行为，可以包含多种具体的警察措施；第二层次的警察措施，是上述行为的某一阶段；第三层次，是由个别的举动构成的、最为具体的警察措施。警察措施之间可以存在包含与被包含的关系，也可以通过组合形成一个整体。

（一）警察措施的类型

1. 行政措施与刑事措施

按照部门法的传统划分方式，警察措施可以被分为行政措施与刑事措施。警察措施中的行政措施，是指警察措施中基于行政法的授权而作出、由行政法所调整的措施；警察措施中的刑事措施，是指警察措施中基于刑法或刑事诉讼法的授权而作出、由刑法或刑事诉讼法所调整的措施。此种二分法对应的是传统的部门法划分，在警察领域则是警察行政法与警察刑事法的划分。此种划分在今天仍然具有非常重要的现实意义，因为我国的整个立法体系正是基于这样一种部门划分而建立的。《行政诉讼法》和《刑事诉讼法》的边界，在今天仍然较为清晰。《最高人民法院关于执行〈中华人民共和国行政诉讼法〉若干问题的解释》第 1 条第 2 款规定："公民、法人或者其他组织对下列行为不服提起诉讼的，不属于人民法院行政诉讼的受案范围：……（二）公安、国家安全等机关依照刑事诉讼法的明确授权实施的行为……"此条规定是当前行政法与刑事诉讼法在司法实践中划分界限的最重要规定，也是行政措施与刑事措施二分的现实基础。

目前典型的警察行政措施包括《治安管理处罚法》中的警告、罚款、行政拘留、吊销许可证照、限期出境、驱逐出境、收缴、追缴（退还）、拍卖、责令监护人严加管教、保护性约束措施、调查、传唤、强制传唤、询问查证、要求被询问人自行书写、通知到公安机关提供证言、检查、鉴定、移送、决定暂缓执行等，《消防法》中的消防设计审核、消防验收、采取防火措施、消防安全检查、调动指挥专职消防队、赶赴火灾现场、救助遇险人员、排除险情、扑灭火灾、使用水源、截断电力、可燃气体和可燃液体的输送、限制用火用电、划定警戒区、实行局部交通管制、利用临近建筑物和有关设施、拆除或者破损毗邻火灾现场的建筑物、构筑物或者设施等，调动有关单位协助灭火救援、组织人员、调集所需物资支援灭火等，《道路交通安全法》和《中华人民共和国道路交通安全法实施条例》中的增设、调换、更新限制性的道路交通信号、设置警示灯、警示标志或者安全防护设施、指挥交通、采取安全措施、疏导交通、组织抢救受伤人员、采取措施、尽快恢复交通、勘验、检查、收集证据、扣留事故车辆、检验、制作交通事故认定书、调解、施划停车泊位、设置人行横道、过街天桥或者过街地下通道、设置声响提示装置、开启示警灯和危险报警闪光灯、修建临时通道、封闭道路中断交通、设置警告标志和安全防护设施等，以及其他各种规范警察行政权运行的相关立法中所规定的措施。行政措施所引起的警察主体违法侵害相对人权益的情况，相对人可以通过行政复议、行政诉讼或国家赔偿等途径寻求救济，或依照特别法规定寻求其他救济。

典型的刑事措施则较为集中，包括《刑事诉讼法》中规定的保护措施、侦查、拘传、取保候审、监视居住、逮捕、责令遵守规定、传讯、拘留、讯问、录音或者录像、勘验、检查、强制检查、解剖、侦查实验、搜查、查封、扣押、鉴定、技术侦查、隐匿身份侦查、控制下交付、通缉，等等。这些措施由刑事诉讼法授权，也由刑事诉讼法所调整，如果其间出现警察主体违法侵害相对人权益的情况，相对人无法提起行政诉讼，只能依法请求国家赔偿或补偿，或依照特别法规定寻求其他救济。

一个可能引起争议的部分是《人民警察使用警械和武器条例》中规定的措施属于行政措施抑或刑事措施。笔者认为，《人民警察使用警械和武器条例》中规定的措施主要属于行政措施。这是因为区分行政措施与刑事措施的理论标志是部门法划分，但具有实际意义的决定性标志却是救济途径的不同。《人民警察使用警械和武器条例》中所规定的使用警械和武器的相关措施，从本质上来看，是警察行使行政权所采取的措施，其中大部分属于警察行使行政职权所采取的措施，仅有一小部分即刑拘、逮捕、讯问或追捕犯罪嫌疑人过程中使用警械或武器的措施在理论上可能属于刑事措施。不过，《刑事诉讼法》虽然有提及"追捕"，但却未明确对此进行授权；虽然对讯问、逮捕、刑事拘留等进行授权，却未对使用警械和武器作授权。换言之，如果在刑事诉讼过程中（尤其是侦查过程中）使用了警械和武器，这并非基于刑事诉讼法的授权，而是基于《人民警察使用警械和武器条例》的授权，并不应当排除在行政诉讼的受案范围之外。当然，实践中对"基于刑事诉讼法的授权"的解释可能有些宽泛，但这并不排除在严格的法理视角中，这些措施并不能算是基于刑事诉讼法的授权，仍应看作是行政措施。

2. 武力措施与非武力措施

按照警察措施是否包含直接对人使用武力的内容，警察措施可以被分为武力措施与非武力措施。其中武力措施包括使用警械、使用武器、强制传唤、拘传、强制检查、带至公安机关继续盘问、逮捕、拘留等；非武力措施包括讯问、盘问、询问、勘验、取保候审、传唤、限期出境、交通指挥等。所有直接对人使用武力的措施，均需要专门的法律授权和严格的法律审查，而且一旦违法将触发《国家赔偿法》中规定的侵害人身权的赔偿，法律后果较为严厉。

武力措施是警察措施中的一大特色，体现了警察执法的重要特性。从理论上看，武力措施必须接受比非武力措施更严格的限制与审查，但是我国法律规范对武力措施的规定较为简单。就以比较重要的警察使用武器或警械看，仅有《人民警察法》的原则性规定及一个行政法规（《人民警察使用警械和武器条例》）。1995 年施行的《人民警察法》的规定极为简单，甚至没有就约束性警械和驱逐性警械等作出必要的区分；《人民警察使用警械和武器条例》的规定也并不十分精细，以至于民警使用武器的条件判断至今仍然在法律上并非十分清晰，在庆安枪击案等事件中引发过重要争议。[1]甚至法律对警械与武器都没有进行明确的界定，对于什么是警械、什么是武器、武器与警械如何区分，也没有清晰的法律标准，只有规范性文件给出过一些参考性的标准。《人民警察使用警械和武器条例》第 3 条规定："本条例所称警械，是指人民警察按照规定装备的警棍、催泪弹、高压水枪、特种防暴枪、手铐、脚镣、警绳等警用器械；所称武器，是指人民警察按照规定装备的枪支、弹药等致命性警用武器。"这一规定采取的是列举方式，特种防暴枪和枪支的区别何在？《枪支管理法》所规定的"枪支"与《人民警察使用警械和武器条例》所规定的"枪支"范围是否不同？弹药除了手榴弹等典型的武器外，是否不能单独发挥作用的弹药也都能算作武器？大量的规定有待在法律层面进一步细化。此外，强制传唤、拘传、强制检查、约束等在法律上也只有非常简单的授权规定，这都是警察措施在法律上未尽规范、未尽成型的体现。即使是像带至公安机关继续盘问这样有比较明确专门规定的警察措施，其中可能包含的武力措施部分也是语焉不详，"带至"是否只能徒手带至？能否使用约束性警械？能否使用制服性警械？这些问题都有待进一步的规范。

〔1〕 5 月 2 日，在黑龙江庆安县火车站候车室，庆安县农民徐纯合在与庆安火车站派出所民警发生冲突后，被民警开枪击倒身亡。参见中国网报道："央视全程高清还原庆安枪击案 开枪民警称感觉很委屈"，载 http://www.china.com.cn/legal/2015-06/01/content_35705030.htm，最后访问日期：2015年 10 月 7 日。另参见新浪网专题： "黑龙江庆安枪击案"，载 http://news.sina.com.cn/c/z/qaqja2015/，最后访问日期：2015 年 10 月 7 日。

非武力措施则不直接对人产生物理性的限制、攻击或杀伤，但由于警察措施的自身特点，一般会对人产生间接性的影响，或对物造成物理性的改变。前者例如讯问、盘问、询问、勘验、取保候审、传唤、限期出境、交通指挥等，后者例如设置各种标志、排除险情、截断电力、扑灭火灾等。其中，对物措施的规范性较之武力措施整体上要相对偏弱一些，许多措施留下了较大的裁量余地与判断余地，但均应遵守比例原则进行。

3. 法律措施、混合措施与事实措施

按照警察措施是否包含法律性后果或事实性后果，警察措施可以被分为法律措施、混合措施与事实措施。法律措施是仅包含法律性后果的措施，常见于命令形式的警察措施中，如交通信号灯、消防设计审核、消防验收、限期出境等，这些措施可能会造成人或物的转移或改变，但并不是其直接作用的结果，而是因为措施生效促使其他主体作出相应的行为，或再由有关公权力主体的强制执行加以保障。与之相比，事实措施是仅包含事实性后果的措施，如扑灭火灾、勘验、追捕、盘问等，它们也可能在采取以后引起进一步的法律决定，但本身并不包含法律后果。

大部分警察措施是混合措施，既包括法律性后果，也包括事实性后果。警察措施最常见的法律性后果是限制人身自由，包括拘传、拘留、强制传唤、强制检查、继续盘问、驱逐出境等，均包含了对人身自由的限制；此外也有施加义务的警察措施，如调动专职消防队、指挥交通；有暂时中止合同履行的警察措施，如限制用电、截断电力；有征用或准征用性质的措施，对他人的财产权构成一定限制，如拆除或者破损毗邻火灾现场的建筑物、使用水源，以及《人民警察法》第 13 条第 2 款规定的"优先使用机关、团体、企业事业组织和个人的交通工具、通信工具、场地和建筑物"等。这些措施的法律后果或许与命令、处罚、许可相比较为隐蔽，但仍然不可忽视。

除以上三种划分方式外，警察措施还可以作多种划分，如按照警察措施作用的对象，划分为对人措施与对物措施；按照警察措施的作出主体，区分为各部门的独立措施与多部门的联合措施；按照措施的效力持续时间，区分为临时性措施与持续性措施等，各有其法律意义。

(二) 警察措施的层次

与警察措施的类型相比，警察措施的层次也是一个同样值得关注的理论问题。警察措施跨越了多个层次,从完整的一种警察行为到行为的某个阶段,从行为阶段的某个环节到具体的个别举动,都可能成为一项警察措施,呈现"大措施包含中措施、中措施包含小措施"的样态。

1. 第一层次:完整行为

第一层次的警察措施,就是一个完整的警察行为,包括行政命令、处罚、强制、确认等,也包括刑事侦查行为。对于这种最大层次的措施,已经有若干专门的立法加以调整,包括《行政处罚法》《治安管理处罚法》《行政强制法》《刑事诉讼法》等。它的法理意义与警察行为部分重合,故不必单独再作分析。

2. 第二层次:行为阶段

第二层次的警察措施,是作为警察行为某个阶段的措施,如《治安管理处罚法》中的调查,或者《刑事诉讼法》中的技术侦查、隐匿身份侦查。此外,阶段中可能细分为若干小的阶段或环节,这也可能对应于一种警察措施。例如,《道路交通安全法》中的收集证据,相对于整个调查环节而言,是一个更为细分的阶段,属于第二层次中的细分层次。对此,法律上一般作出原则性的要求,必须注意不能违反权限上的前提及一般性的行为规范、法律原则。

3. 第三层次:个别举动

第三层次的警察措施,是警察机关及其工作人员在执法过程中作出的属于警察措施的个别举动,它们往往从属于某个执法行为及行为阶段、环节,例如《道路交通安全法》中的扣留事故车辆相对于收集证据环节即是个别举动。就我国当前的情形而言,这一层次的警察措施最富研讨价值,也最具实践意义。

在英美的警察法体系中,警察措施包括逮捕(arrest)、搜查(search)、扣留(detain)等,严格而言,都是调查或侦查行为的某个阶段。但是,它们对警察措施的规范,是深入到每一个具体举动的,如美国在开始讯问前(一般为宣告逮捕时)的"米兰达警告"。与此相比,我国大量个别举动层次的警察措施尚未得到很好的规范化,而仅仅是由法律给予一个一般性的授权以及原则性的限制。当然,这也并非全然为弊端,因为它保留了必要的判断余地和裁量余地,能使警察执法有着充分的灵活性,但也需要在规范性方面加以平衡。

警察措施的层次区别,决定了它们在授权基础、判定和审查等方面都有着不同的法理特质,引起不同的制度设计与贯彻落实的要求。

三、警察措施的授权基础

不同层次的警察措施，有着不同的授权基础。从理论上看，警察措施的层次越是具体，授权基础要求越精细，典型如追捕；而在某一类行为或阶段上，通常只需要有宽泛的授权即可进行，典型如调查。实际上，法律对警察措施的授权基础，在第一、第三层次上较为精细，而在第二层次上较为宽泛，这是有一定的法理根据的。此外，不同种类警察措施的授权基础也有很大的区别。因此，对警察措施的授权基础，应当分层次、分种类探讨。

（一）不同层次警察措施的授权基础

1. 第一层次警察措施的授权基础

第一层次警察措施的授权基础，主要是对行为主体进行授权，如侦查权、处罚权、强制权等。对于不同类型的行为，各种警察主体获得的法律授权是不同的。这些授权往往附带着整套行为程序的规范要求，但就授权本身而言，最值得关注的就是权力行使的方式、范围、条件与程度。这一层次的授权直接决定了整个警察执法乃至政府内部分工的大格局，因此法律规定相当精致，经常是通过专门立法的专门规定进行授权，并且在行政处罚、许可、强制等领域采取了设定权与实施权分置、严格控制设定权限的法律体制。即使是中华人民共和国公安部，也只能在极其有限的范围内，通过规章设定警告或者一定数量罚款的行政处罚，而不享有行政许可和行政强制的设定权，更不享有刑事措施的设定权，但公安部门享有处罚、许可、强制等多种行政和刑事措施的实施权。至于未形式化警察行为，我们将在下一节探讨。

2. 第二层次警察措施的授权基础

第二层次警察措施的授权基础较为宽泛，主要也是对行为主体进行授权，部分情况下涉及行为条件的授权。对于行政调查或刑事侦查中的阶段或环节，法律一般不进行具体的制度设计，仅规定相关行为或措施的权属，以及一般性的行为原则。

3. 第三层次警察措施的授权基础

第三层次警察措施的授权基础最为具体，有时直接授权到某一层级的公安机关或其它警察行政机关、机构，而且部分地直接规定了细致的行为前提及权限。例如，对于使用保护性约束措施的情形，《治安管理处罚法》第15

条第 2 款规定:"醉酒的人在醉酒状态中,对本人有危险或者对他人的人身、财产或者公共安全有威胁的,应当对其采取保护性措施约束至酒醒。"结合该法对主体的授权,这就同时规定了行权的主体、前提、对象和时限。

如果警察主体某一项具体的举动在这一层次上未获得明确的授权,就要从前两个层次的警察措施授权进行解释,看能否获得上位的授权基础支持,否则在行政法的领域内,须寻求行政应急性原则的支持。如果既无上位警察措施的明确授权基础,又无行政应急性原则的支持,则不能认为某一负担性的警察措施合法,即使其出发点是为了公共利益。

(二)若干常见警察措施种类的授权基础

1. 限制人身自由的警察措施

对于限制人身自由的警察措施,包括行政拘留处罚、行政强制措施、刑事拘留、逮捕、监视居住、取保候审等,都有着极为严格的授权基础。《行政强制法》和《刑事诉讼法》对此作了统一的规定。在刑事领域,只有《刑事诉讼法》才能规定限制人身自由的措施;在行政领域,只有法律才能规定限制人身自由的处罚或强制措施。2015 年修订的《立法法》第 8 条规定:"下列事项只能制定法律:……(五)对公民政治权利的剥夺、限制人身自由的强制措施和处罚;……"这就从宪法性法律的高度给出了根本性的规定:只有法律才能对限制人身自由的警察措施进行授权。

这甚至排除法律以下的行政法规、规章等不能就此作出一定程度上的具体规定。《行政处罚法》和《行政许可法》中都有具体化条款,但《行政强制法》中并不存在。例如,《行政处罚法》第 12 条第 1 款规定:"国务院部、委员会制定的规章可以在法律、行政法规规定的给予行政处罚的行为、种类和幅度的范围内作出具体规定。"《行政许可法》第 16 条规定:"行政法规可以在法律设定的行政许可事项范围内,对实施该行政许可作出具体规定。地方性法规可以在法律、行政法规设定的行政许可事项范围内,对实施该行政许可作出具体规定。规章可以在上位法设定的行政许可事项范围内,对实施该行政许可作出具体规定。法规、规章对实施上位法设定的行政许可作出的具体规定,不得增设行政许可;对行政许可条件作出的具体规定,不得增设违反上位法的其他条件。"但《行政强制法》仅第 11 条第 1 款规定:"法律对行政强制措施的对象、条件、种类作了规定的,行政法规、地方性法规不得作出扩大规定。"此处仅见禁止性规定，而且从一般法理出发，不能由此种禁止性规定上反推出授权性规定。因此，限制人身自由的警察措施，其授权基础十分严格，但具体种类也相当广泛，包括《刑事诉讼法》中的强制检查、拘留、拘传、取保候审、监视居住、逮捕，《人民警察法》第 8 条中的强行带离、第 9 条中的继续盘问、第 11 条中的使用警械（含约束性警械）、第 17 条中的强行驱散和强行带离现场，《治安管理处罚法》中的行政拘留处罚、强制性教育措施、强制传唤，《中华人民共和国禁毒法》（以下简称《禁毒法》）中的强制隔离戒毒，《道路交通安全法》中的约束、强制检测，《突发事件应对法》第 50 条中的强制隔离、"相应的强制性措施"，《中华人民共和国未成年人保护法》中的收容教养，《中华人民共和国精神卫生法》第 28 条中的送诊、第 35 条中的采取措施实施住院治疗，《全国人民代表大会常务委员会关于严禁卖淫嫖娼的决定》中的收容教育（"强制集中进行法律、道德教育和生产劳动"），《集会游行示威法》中的强行驱散、强行带离、强行遣回原地，《中华人民共和国海关法》中的扣留，《戒严法》中的宵禁、逮捕、拘留、强行带离，等等。这些措施绝大部分是授权仅由公安机关实施。当然，由于部分立法时间较早，对这些措施没有进行详细的规定，仍应在后续的立法中加以完善，同时，这也并不意味着这些措施的采用可以被任意解释，它们的动用仍将受到严格的司法审查。

2. 给予其它处罚的警察措施

除限制人身自由的处罚外，给予其它处罚的警察措施较为集中地由《治安管理处罚法》规定；但《治安管理处罚法》的规定远非处罚措施的全部。法律（如《道路交通安全法》《消防法》《禁毒法》《出境入境管理法》等）、部分行政法规（如《中华人民共和国出境入境边防检查条例》等）、部分地方性法规（如《山东省沿海船舶边防治安管理条例》等）、部分地方政府规章（如《上海市沿海边防治安管理办法》等）及部分部门规章（如《公安机关鉴定人登记管理办法》等）均对给予其他处罚的警察措施进行了授权，绝大部分此种处罚措施的内容为罚款，其它也包括警告、责令停产停业、责令停止施工、责令停止使用、吊销相应资质或资格等。处罚措施及与处罚相关的调查、强制等措施，都可以被包括进同一个处罚行为内。

这些处罚措施的授权，需要严格依据处罚行为的授权进行，主要依据《行政处罚法》《治安管理处罚法》《道路交通安全法》《消防法》等法律进行。根据《行政处罚法》的规定，行政处罚的设定权限依据须遵从如下要求：①法律：法律可以设定各种行政处罚。限制人身自由的行政处罚，只能由法律设定。[1]这不仅是《行政处罚法》的规定，更是《立法法》的要求。②行政法规：行政法规可以设定除限制人身自由以外的行政处罚。法律对违法行为已经作出行政处罚规定，行政法规需要作出具体规定的，必须在法律规定的给予行政处罚的行为、种类和幅度的范围内规定。[2]③地方性法规：地方性法规可以设定除限制人身自由、吊销企业营业执照以外的行政处罚。法律、行政法规对违法行为已经作出行政处罚规定，地方性法规需要作出具体规定的，必须在法律、行政法规规定的给予行政处罚的行为、种类和幅度的范围内规定。[3]④部门规章：国务院部、委员会制定的规章可以在法律、行政法规规定的给予行政处罚的行为、种类和幅度的范围内作出具体规定。尚未制定法律、行政法规的，前款规定的国务院部、委员会制定的规章对违反行政管理秩序的行为，可以设定警告或者一定数量罚款的行政处罚。罚款的限额由国务院规定。国务院可以授权具有行政处罚权的直属机构依照前面的规定，规定行政处罚。[4]需要注意的是，这些直属机构制定的规范性文件，在性质上并不属于部门规章，但在国务院授权的基础上，依然有权设定警告或一定数量罚款的行政处罚。⑤地方政府规章：省、自治区、直辖市人民政府和省、自治区人民政府所在地的市人民政府以及经国务院批准的较大的市人民政府制定的规章可以在法律、法规规定的给予行政处罚的行为、种类和幅度的范围内作出具体规定。尚未制定法律、法规的，前款规定的人民政府制定的规章对违反行政管理秩序的行为，可以设定警告或者一定数量罚款的行政处罚。罚款的限额由省、自治区、直辖市人民代表大会常务委员会规定。[5]⑥其他规范性文件除以上法律依据外，其他规范性文件不得设定行政处罚。[6]也就是说，未能进入规章之列的政府规范性文件，一般都不能设定行政处罚。

公安机关实施行政处罚的措施，除需要严格依照《行政处罚法》的规定，

---

[1]《行政处罚法》第9条、《立法法》第8条。

[2]《行政处罚法》第10条。

[3]《行政处罚法》第11条。

[4]《行政处罚法》第12条。

[5]《行政处罚法》第13条。

[6]《行政处罚法》第14条。

也需要依照《公安机关办理行政案件程序规定》进行。因为《公安机关办理行政案件程序规定》主要就是针对行政处罚，尤其是治安管理处罚程序作出的，而且是针对处罚措施所制定的较为成型的程序。此外，如果特别法有专门的规定，也需要遵循专门的规定。

3. 进行调动、指挥的警察措施

在警察法中，公安机关及其他警察机关面向相对人进行调动、指挥的警察措施也为数不少。例如，《消防法》第45条第2款、第3款规定："火灾现场总指挥根据扑救火灾的需要，有权决定下列事项：（一）使用各种水源；（二）截断电力、可燃气体和可燃液体的输送，限制用火用电；（三）划定警戒区，实行局部交通管制；（四）利用临近建筑物和有关设施；（五）为了抢救人员和重要物资，防止火势蔓延，拆除或者破损毗邻火灾现场的建筑物、构筑物或者设施等；（六）调动供水、供电、供气、通信、医疗救护、交通运输、环境保护等有关单位协助灭火救援。根据扑救火灾的紧急需要，有关地方人民政府应当组织人员、调集所需物资支援灭火。"此处就包括了大量有关调动和指挥的概括性授权。又如《中华人民共和国集会游行示威法实施条例》第18条规定："负责维持交通秩序和社会秩序的人民警察，由主管公安机关指派的现场负责人统一指挥。人民警察现场负责人应当同集会、游行、示威的负责人保持联系。"第19条又规定："游行队伍在行进中遇有前方路段临时发生自然灾害事故、交通事故及其他治安灾害事故，或者游行队伍之间、游行队伍与围观群众之间发生严重冲突和混乱，以及突然发生其他不可预料的情况，致使游行队伍不能按照许可的路线行进时，人民警察现场负责人有权临时决定改变游行队伍的行进路线。"这都是面向相对人进行调动、指挥的警察措施，本质上属于警察命令。

这些措施需要法律的明确授权，但通常法律的授权属于概括性授权，对法律前提的判断及采取措施的裁量空间都预留了较大的灵活度。因为需要警察机关及人民警察进行具体指挥时，除部分未采取信号系统的交通道口外，一般是遇到了比较特殊的情况，如火灾、大型群众活动、集会游行示威等。在此种情况下，警察经常有权作出调动、指挥等措施，依法作出警察命令，但如因此给相对人的合法权益造成损失，或消耗了其它有关单位的资材，国家应当给予赔偿或适当的补偿。除《国家赔偿法》以外，《消防法》《人民警察法》等也作出了明确的规定。

四、警察措施的认定与审查

警察措施对国家安全、公共秩序的维持及公民的人身、财产安全有着重要的意义，但也有可能因滥用权力而造成对公民、法人或其它组织合法权益的侵犯。在此种情形下，我们就需要考虑警察措施的认定、审查与救济问题。

（一）警察措施的认定

警察措施需要先从法律上定性，才能进行进一步的审查和救济。因为法律上的救济途径呈现出相当明显的多样性，包括申诉、信访、行政复议、行政诉讼、民事诉讼、刑事诉讼（公诉和自诉)、国家赔偿等，需要首先对警察措施进行性质上的认定，才能确定适用何种救济途径。像法国行政行为理论的提出最初就是为了区分法律救济途径一样，这也是警察措施划分理论最为根本的法律意义。

从目前我国的法律救济框架看，警察措施的认定可以大致从行政措施与刑事措施着手，然后再对行政措施与刑事措施中的不同措施作进一步的区分。行政措施所引起的警察主体违法侵害相对人权益的情况，相对人可以通过行政复议、行政诉讼或国家赔偿等途径寻求救济，或依照特别法规定寻求其他救济。刑事措施所引起的警察主体违法侵害相对人权益的情况，相对人无法提起行政诉讼，只能依法请求国家赔偿或补偿，或依照特别法规定寻求其他救济。

1. 行政措施

如前所述，警察措施中的行政措施，是指警察措施中基于行政法的授权而作出、由行政法所调整的措施；警察措施中的刑事措施，是指警察措施中基于刑法或刑事诉讼法的授权而作出、由刑法或刑事诉讼法所调整的措施。在此，刑事措施的定义和范围是相对比较明朗的，但行政措施就要进行深入的细分和认定。一般情况下，行政措施可以被依法提起行政复议和行政诉讼，还可以进行信访（第一种情况)；在少数情况下，部分行政措施可以被依法提起申诉或通过其他专门的救济渠道进行救济（第二种情况)，也有一些行政措施不能被提起行政复议或行政诉讼等（第三种情况)，需要区别对待。

第一种情况是比较普遍的情形。《行政复议法》第 2 条规定："公民、法人或者其他组织认为具体行政行为侵犯其合法权益，向行政机关提出行政复议申请，行政机关受理行政复议申请、作出行政复议决定，适用本法。"第 6 条列举了 11 种受案范围，其中包含兜底条款。《行政诉讼法》第 2 条规定："公民、法人或者其他组织认为行政机关和行政机关工作人员的行政行为侵犯其合法权益，有权依照本法向人民法院提起诉讼。前款所称行政行为，包括法律、法规、规章授权的组织作出的行政行为。"第 12 条列举了 12 种受案范围，也包含兜底条款。这使得大部分的行政措施可以通过行政复议和行政诉讼途径来获得救济。

第二种情形是法律上有特别规定的情形，例如《监狱法》第 21 条第 1 款规定："罪犯对生效的判决不服的，可以提出申诉。"又如《集会游行示威法》第 31 条规定："当事人对公安机关依照本法第二十八条第二款或者第三十条的规定给予的拘留处罚决定不服的，可以自接到处罚决定通知之日起五日内，向上一级公安机关提出申诉，上一级公安机关应当自接到申诉之日起五日内作出裁决；对上一级公安机关裁决不服的，可以自接到裁决通知之日起五日内，向人民法院提起诉讼。"此种情形在警察法中为数不多。

第三种情形是不能被提起行政复议或行政诉讼的情形，主要是不能被提起行政诉讼的情形。不能被提起行政复议的情形，《行政复议法》中未明确列举，主要是针对国家行为、规范性文件以外的行政立法行为、行政机关对行政机关工作人员的奖惩任免等决定、行政指导行为、公安机关根据《刑事诉讼法》明确授权作出的行为等。《行政诉讼法》的排除范围比《行政复议法》要广，这也决定了我们在认定行政措施之后要再进行进一步的细分。《行政诉讼法》第 13 条规定："人民法院不受理公民、法人或者其他组织对下列事项提起的诉讼：（一）国防、外交等国家行为；（二）行政法规、规章或者行政机关制定、发布的具有普遍约束力的决定、命令；（三）行政机关对行政机关工作人员的奖惩、任免等决定；（四）法律规定由行政机关最终裁决的行政行为。"2000 年《最高人民法院关于执行〈中华人民共和国行政诉讼法〉若干问题的解释》第 1 条第 2 款增加了五类排除在受案范围以外的案件类型，包括调解行为、法律规定的仲裁行为、根据《刑事诉讼法》明确授权作出的行为、不具有强制力的行政指导行为等。这些排除范围至今仍然适用。行政复议和行政诉讼排除范围中最重要的区别是所谓的复议终局行为，即只能选择行政复议而不能起诉的行为，在这方面法律有明文规定的如《出境入境管理法》第 64 条规定："外国人对依照本法规定对其实施的继续盘问、拘留审查、限制活动范围、遣送出境措施不服的，可以依法申请行政复议，该行政复议决定为最终决定。其他境外人员对依照本法规定对其实施的遣送出境措施不服，申请行政复议的，适用前款规定。"这就是一个典型的例子。

此外，对于一部分在运用警察措施的过程中出现的个人行为，我们还有可能报案，请求提起刑事诉讼；如果出现涉嫌侮辱罪等情形，也可以依法提起自诉。

2. 刑事措施

刑事措施的定义相对比较明确，范围也相对清晰，即警察机关根据《刑事诉讼法》授权所采取的措施，如果从广义上的警察法来理解，根据《刑法》授权采取的执行性措施，也属于刑事措施。这些措施包括技术侦查、通缉、刑事拘留、传唤、拘传、逮捕、询问、讯问、搜查、扣押、鉴定、调取证据、执行刑罚等。这些措施如果给当事人造成了人身权或财产权方面的损失，当事人可以依法提起国家赔偿请求。

刑事措施与行政措施可能存在理论上的交叉和转化，例如在治安案件和刑事案件中都可能适用询问、传唤、拘传（强制传唤）、扣押、鉴定等，要区分行政措施还是刑事措施，理论上只能看立案性质和使用措施时所凭借的名义，尤其是所使用法律文书的名义。不过，对此有学者认为："刑事传唤和行政传唤、刑事讯问和行政询问、刑事强制和行政强制、刑事搜查和行政检查、刑事扣押和行政扣押、刑事执行和行政执行等执法行为，在使用目的和手段内容上也并无本质差别。将具有相同法律特质的警察执法行为人为割裂开来，分别放到行政和刑事两个领域中去，适用不同的标准，给予不同的要求，不利于立法规制和执法规范的统一。"[1]从理论上看，对十分相似的警察措施作出此种人为割裂，确实不是很适宜；但刑事与行政二分的立法框架已经决定了我们在理论体系上也必须存在此种分割，否则无法将理论与实践结合起来。

（二）警察措施的审查

对警察措施进行审查，不仅要确认其法律属性是否定性恰当，更要判断警察措施的使用前提、使用对象、使用程序和负担程度是否合法、得当。

---

〔1〕 孙卫华："警察执法行为体系的审视与重构"，载《中国人民公安大学学报（社会科学版）》2013 年第 3 期。

1. 使用前提

几乎所有警察措施都有法律上的使用前提，不能随意运用。一般而言，理论上运用警察措施的前提是存在危险或风险，例如运用约束性保护措施的前提是醉酒者带来的危险，使用监视居住或逮捕措施是犯罪嫌疑人存在各种可能使刑事诉讼无法正常进行的风险，消防火灾现场总指挥决定截断电力是出于顾虑火灾灾情可能扩大的危险等。运用各种警察措施的具体法律前提，需要对具体的法律规定作深入的理解和严格的判断，这是警察执法需要非常重视的基础性学习内容。

警察措施的使用前提包括警察措施使用的时间前提、空间前提、法益前提、证据前提和状态判断前提，其中最主要的前提是状态判断前提。例如，《公安机关适用继续盘问规定》第 8 条规定："对有违法犯罪嫌疑的人员当场盘问、检查后，不能排除其违法犯罪嫌疑，且具有下列情形之一的，人民警察可以将其带至公安机关继续盘问：（一）被害人、证人控告或者指认其有犯罪行为的；（二）有正在实施违反治安管理或者犯罪行为嫌疑的；（三）有违反治安管理或者犯罪嫌疑且身份不明的；（四）携带的物品可能是违反治安管理或者犯罪的赃物的。"这些前提总体上来看是状态判断前提，但其中又镶嵌着其他类型的法律前提，例如"被害人、证人控告或者指认"属于证据前提，"正在"属于时间前提。又如《人民警察使用警械和武器条例》第 7 条和第 9 条所规定的人民警察使用警械或武器的前提，整体上也是状态判断前提，其中镶嵌着时间前提；第 10 条所规定的不得使用武器的前提，其中有空间前提（"群众聚集的场所或者存放大量易燃、易爆、剧毒、放射性等危险物品的场所"），也有法益前提（"但是不使用武器予以制止，将发生更为严重危害后果的"，此处"更为严重危害后果"就包括了对法益的判断）。

因此，警察措施是否合法、得当，首先需要人民警察对法律前提中所包含的不同事实状态有一个比较正确乃至十分精确的判断，尽管某些国家的警察法可能存在法律上容许的警察失误（police law of mistake），但这种失误也必须有合理的证据支持，且不能越出一定的常人理性之边界。我国在《国家赔偿法》中对行政措施采取违法归责原则，对刑事措施采取违法归责原则和严格归责原则，即使对此不追究有关办案民警的责任，从理论上而言对警察失误的允许范围也更小。这要求警察法上对"嫌疑""危险""危及""需要当场制止"等概念进行深入的系统研究。通常而言，对这些情形的判断需要是常人理性的基础上加上专业理性的判断，对于警察措施使用前提能够作出让社会公众及法律专业人士信服的判断和说明。

2. 使用对象

警察措施的使用对象一般而言是制造危险的相对人，部分情况下也包括造成危险或妨碍的物品，或需要受到保护的其他公众。出于比例原则的要求，警察措施的使用对象往往存在范围上的限制，只能针对危害源或风险源本身，不能任意扩大。

3. 使用程序

警察措施的使用程序由一般的行为法规定（如《行政处罚法》《行政强制法》《行政许可法》《刑事诉讼法》《人民警察法》《公安机关办理行政案件程序规定》《公安机关办理刑事案件程序规定》等）和专门的行为法规定（如《人民警察使用警械与武器条例》《消防法》《治安管理处罚法》等）构成。个别地方如湖南省、山东省、大连市、汕头市等已有本地区的行政程序规定者，还需要遵从本地区的一般行政程序规定。

4. 负担程度

警察措施的使用要考虑比例原则，考虑到警察措施对相对人造成的负担程度。在一些发达国家，比例原则不仅仅是警察行政法上的原则，也是警察刑事法上的原则。警察措施给相对人造成的负担不应当超过必要的限度，不能在正常的客观条件情况下超过此警察措施所能取得的公共利益。有权机关在审查使用武器、使用警械、行政拘留处罚、逮捕等问题时，需要尤其注意这一问题。

【本节引导问题参考答案】

警察措施的类型非常丰富。按照警察措施所归属的部门法领域，可以分为行政措施与刑事措施；按照警察措施是否包含直接使用武力的内容，可以分为武力措施与非武力措施；按照警察措施是否涉及法律关系变动，可以分为法律行为形式的警察措施（下称法律措施）、混合行为形式的警察措施（下称混合措施）及事实行为形式的警察措施（下称事实措施）等。

从警察措施的整体看，警察措施可以分为三个层次：第一层次的警察措施，是一个完整的行政行为、刑事诉讼行为或国家行为，可以包含多种具体的警察措施；第二层次的警察措施，是上述行为的某一阶段；第三层次，是由个别的举动构成的、最为具体的警察措施。警察措施之间可以存在包含与被包含的关系，也可以通过组合形成一个整体。

第四节　未形式化警察行为

【引导问题】

1. 为什么要研究未形式化警察行为？
2. 未形式化警察行为需要遵循哪些原则？

一、未形式化警察行为的概念与性质

未形式化警察行为，指的是在法理及法律制度上尚未成型、缺乏一般性理论内涵或实务规定的警察行为。类似的概念是"未形式化行政行为"（informelles verwaltungshandeln）。未形式化警察行为在我国警察法上广泛存在，但对于何为"形式化"，学界尚缺乏明确的共识。通常对于"未形式化"的认识标准包括学理标准和制度标准，学理上主要看学界主流是否对此类行为已经作出了广为接受的系统归纳与概括，即使立法上未予正式的、系统的认可，也可以作为一种行为形式看待，如行政法上的行政给付、行政确认、行政征收等；制度上主要看是否存在专门性的系统立法，如行政法上的行政处罚、行政许可、行政强制等。此外，部分专门性的行政调解也凭借国家工商行政管理局《合同争议行政调解办法》及《新疆维吾尔自治区著作权纠纷行政调解办法》及相关学理论述等而可以归入形式化行政行为之列。对于警察行为而言，行政法领域上的形式化行政行为及刑事诉讼法领域上的各种法定措施均可认为是形式化警察行为，除此以外的行为都可以归入未形式化警察行为之列。

未形式化警察行为具有以下特性：

1. 非系统性

未形式化警察行为在法律中的存在是不成系统的，不像行政处罚、行政强制、行政许可等行为一样有着专门的、系统的法律规定。部分学者在研究形式化行政行为时甚至认为"行政行为在实际中反复适用逐渐固定化，理论上归纳、总结得以定型化，最终法律明确规定下来予以制度化的行政行为，

为型式化行政行为。在实践中已产生，但尚未被法制化，为未型式化行政行为。法制化，是区分型式化与未型式化的唯一标准。"〔1〕笔者不赞同此认识。大陆法系国家的法有着鲜明的"法学家法"特征，与此相比，在中国，"法学家法"的特征也在相当程度上存在。法理上的广泛共识及定型，就足以对一种行为产生比较确定的认知和规范，如行政确认，不一定必须有专门立法才能成为形式化的行为。因此，此处的非系统性是包括了制度上和法理上的双重非系统性。

2. 灵活性

由于未形式化警察行为在法律中的存在是不成系统的，它的规定往往比较简单，也往往带有较高的灵活性，要求警察主体妥当地行使自由裁量权。

3. 非常规性

随着法治建设的不断推进，警察主体的各种行为日益形式化。在我国，中国特色社会主义法律体系已经形成，大部分的警察行为在法律上已经得到系统的、专门的规定，常规情形下的主要行为均已形式化，部分非常规性的行为、重要性不大或重要性虽大但未被法学界充分认识的行为尚未被形式化，这是它的一个特点。

未形式化警察行为在实践中主要包括信息披露、警察救助、日常走访、面向公众的模拟演练、安装和设置监控系统、调集救火人力物力资源等。它们可以属于某一类型的行为或措施，但却没有比较成熟的法律形式。

二、未形式化警察行为的法律调整方式

未形式化警察行为在法律上的调整方式较为灵活，因为缺乏形式化警察行为那样系统、细致的规定，未形式化警察行为所依据的法律条款不一定能提供足够的保障和约束，更多地需要依托公法的一般原则及法律价值来进行调整。

调整未形式化警察行为，需要依据警察法的基本原则，既包括本书中前面章节所界定的警察法的一般原则——人权保障原则、法治原则、正当程序原则、责任原则、比例原则，在某些情况下也可能包括本书中前面章节所界定的警察法的专属原则——武装强制性原则、先导基础性原则、适时有效原

---

〔1〕 李傲："未型式化行政行为初探"，载《法学评论》1999 年第 3 期。

则、专群结合原则、国际警务执法合作原则。在此，人权保障原则、法治原则和比例原则尤为重要，它们决定了未形式化警察行为的行使是否合乎法律的精神与价值，是否尽可能合理、适当，而满足了警察法治的要求。

调整未形式化警察行为，需要在立法上和理论上推动未形式化警察行为向形式化警察行为转变。未形式化警察行为在当前的未形式化，不等于在将来不能通过某种途径被形式化。实际上，随着社会发展，部分未形式化行政行为的形式化将显得非常重要，如信息社会背景中的信息披露行为、建设服务型政府背景下的警察救助行为、公民隐私意识不断成熟的背景下的安装与设置监控系统之行为等。这些行为都需要通过专门而系统的法律规范加以调整。

调整未形式化警察行为，需要充分运用司法审查中的行政不当审查标准。"明显不当"是2014年新修订的《行政诉讼法》所增加的审查标准，较之过去的"行政处罚显失公正"，已经显著扩展了行政诉讼的合理性审查范围。对于合法性层面相对较容易满足的未形式化警察行为而言，调整未形式化警察行为，就要充分借助行政合理性审查，限制未形式化警察行为的滥用。

调整未形式化警察行为，要对未来的警察业务与科技发展有科学的预期。未形式化警察行为的发展不是静态的，随着科技的发展，警察活动的方式不断更新，未形式化警察行为有可能也会随之不断革新，这就需要在制度上和理论上对此有科学的预期，及时作出具有一定提前量的约束和规范。

【本节引导问题参考答案】

1. 这一问题的答案是开放性的，可以根据你自己的理解来回答这一问题。不过，无论采取何种立场，都需要注意到，研究未形式化警察行为的关键原因在于警察行为的形式化程度在一段时期内看总是有限的，需要通过未形式化警察行为的规范化作为补充。

2. 调整未形式化警察行为，需要在立法上和理论上推动未形式化警察行为向形式化警察行为转变；需要充分运用司法审查中的行政不当审查标准；要对未来的警察业务与科技发展有科学的预期。你还可以进一步提出你想到的合理的见解，例如充分运用法律原则、运用价值秩序思维等。

第五节　警察行为的法律效力

【引导问题】

1. 警察行为有哪些法律效力？
2. 为什么说警察行为的先定效力是一种假定的效力？

一、警察行为法律效力概述

警察行为的法律效力，是指警察行为作出后在法律上获得的规范评价。这种规范评价主要聚焦于法律是否认可法律关系或法律状态的产生、变化与消灭。有效的警察行为将有效地引起一个或若干个法律关系或法律状态产生、变化或消灭，具备法律上的约束力；无效的警察行为则否。不仅如此，有效的警察行为还将给某种法律关系或法律状态赋予特别的规范内涵，使之具备优位性（一定程度上的优先性），以及相当程度上的效力先定性（公定力）和不可争性（确定力）。

根据法律对警察行为认可的程度不同，警察行为的效力状况也有所区别。不是所有的警察行为都具有优先性；也不是所有的警察行为都具备同等程度上的先定性和不可争性。它们的具体法律效力需要依靠具体法律规范依据甚至具体的情势或处境来确定。

二、警察行为的先定效力

警察行为的先定效力（先定力），是指警察机关一旦作出警察行为，警察行为将被推定为有效，在未经法律程序宣告无效或被依法撤销、变更、废止以前，任何其他组织和个人都不能否定警察行为的效力。

警察行为的先定效力是一种假定性的效力，这种假定的来源是法律上的推定，即不论此种行为实际上是否有效、是否合法，一旦作出，只要具备形式上或外观上的合法性，即被推定合法有效，所有其它的主体都必须认可与服从。这一点与行政行为的先定力在理论上是相似的，但警察行为的先定效力并不限于行政法的范围，也包括刑事法的范围。

警察行为的先定效力，在理论和实践中直接保障了警察机关的令行禁止，保证了警察行为的权威。在此之外，警察行为先定效力关涉到的具体法律问题，主要包括公民抵抗权问题、起诉是否停止执行问题及其他行政机关的尊重程度问题。

我国法律不承认所谓的公民抵抗权问题，即使是在警察机关系统的内部，根据《人民警察法》的有关规定，人民警察也承担着更鲜明的先服从义务。《公务员法》第 54 条规定："公务员执行公务时，认为上级的决定或者命令有错误的，可以向上级提出改正或者撤销该决定或者命令的意见；上级不改变该决定或者命令，或者要求立即执行的，公务员应当执行该决定或者命令，执行的后果由上级负责，公务员不承担责任；但是，公务员执行明显违法的决定或者命令的，应当依法承担相应的责任。"《人民警察法》第 32 条则规定："人民警察必须执行上级的决定和命令。人民警察认为决定和命令有错误的，可以按照规定提出意见，但不得中止或者改变决定和命令的执行；提出的意见不被采纳时，必须服从决定和命令；执行决定和命令的后果由作出决定和命令的上级负责。"可见，《人民警察法》中的规定对先服从义务的强调更为彻底。

对于起诉（或申请其他救济）是否停止执行的问题，警察法也比其他部门法更为严格。在警察法领域，起诉不停止执行是常态，而行政拘留由于牵涉到人身自由的重要权益，成为一个特殊的例外，但这个例外并不是对先定效力的否定。2014 年修订的《行政诉讼法》第 56 条规定："诉讼期间，不停止行政行为的执行。但有下列情形之一的，裁定停止执行：（一）被告认为需要停止执行的；（二）原告或者利害关系人申请停止执行，人民法院认为该行政行为的执行会造成难以弥补的损失，并且停止执行不损害国家利益、社会公共利益的；（三）人民法院认为该行政行为的执行会给国家利益、社会公共利益造成重大损害的；（四）法律、法规规定停止执行的。当事人对停止执行或者不停止执行的裁定不服的，可以申请复议一次。"《治安管理处罚法》第 107 条规定："被处罚人不服行政拘留处罚决定，申请行政复议、提起行政诉讼的，可以向公安机关提出暂缓执行行政拘留的申请。公安机关认为暂缓执行行政拘留不致发生社会危险的，由被处罚人或者其近亲属提出符合本法第一百零八条规定条件的担保人，或者按每日行政拘留二百元的标准交纳保证金，行政拘留的处罚决定暂缓执行。"因为这一暂缓执行的决定是由公安机关自身作出的，所以并不会否定其法律上的先定效力，易言之，如果公安机关自身不决定暂缓，其它组织和个人是无法挑战其效力的。因此，这并不损害警察法上警察行为先定力的严格性。

对于其他行政机关和组织对警察行为的尊重程度问题，在警察行为经过法定程序被撤销、废止、解除、确认无效或确认违法等否定性处理以前，法理上其他行政机关和组织应当对警察行为给予完全的尊重，不得在后续的行政行为或刑事司法程序中对此加以否认或无视。

三、警察行为的确定效力

警察行为的确定效力（确定力），是指警察行为一旦作出，就不能随意变更或撤销。警察机关确需变更或撤销警察行为的，需要严格依照法律程序进行，并依法对需要赔偿或补偿的相对人作出赔偿或补偿。相对人如果需要变更或撤销警察行为，也必须在法定的复议或诉讼等救济期间通过法定程序进行，一旦法定期间已过，便不能再对警察行为有所争议，故就相对人而言又称"不可争力"。

警察行为的确定效力针对的是警察机关自身及相对人，它不是一种推定的法律效力，而是一种不需要依靠假定的法律效力，直接体现了警察行为的高权性。它对于保证秩序的稳定性、保障相对人权益及社会关系的确定性，有着不可替代的意义。但是，过强的警察行为确定力将不利于应对灵活而复杂的形势，也不利于相对人权益的保护，因此对警察行为的确定效力，应当在理论上对其尺度有精细的把握。

警察行为的确定效力是否存在某种理论尺度？这一问题是警察法学理论需要深入思考的。当前的公法学理论讨论到确定力的时候，往往仅谈论确定力之有无，而不探讨其程度，这是失之粗放的。一项行为在法律上存在确定力的程度，取决于其变动的难度。如果法律给予一个行政主体或警察主体过于宽泛的授权，以至于此主体得以几乎自由地撤销或变更其行为，则实际上此行为亦未必有多大的确定力。如根据警察行为的变动（撤销、变更、废止）等难度来确定警察行为的确定力，则在规范上可视乎程序、主体及变动警察行为之实体依据的限制以确定理论上的确定力。目前警察行为的确定力与一般行政行为没有实质性的差异。

四、警察行为的优位效力

警察行为的优位效力（优先力），是指警察行为有优先于其它主体的行为得到实施、优先行使其权利或权力的效力。警察行为的优位效力不是否定其它主体的行为，也不是否定其它主体的权利义务，而只是使警察主体的行为在一定条件下得到优先实施，警察主体的权利义务关系在一定条件下优先变动。例如，《人民警察法》第13条规定："公安机关的人民警察因履行职责的紧急需要、经出示相应证件，可以优先乘坐公共交通工具，遇交通阻碍时，优先通行。公安机关因侦查犯罪的需要，必要时，按照国家有关规定，可以优先使用机关、团体、企业事业组织和个人的交通工具、通信工具、场地和建筑物，用后应当及时归还，并支付适当费用；造成损失的，应当赔偿。"第1款的规定就是一种典型的优位效力。公民乘坐公共交通工具的权利并没有被剥夺，道路通行权也未被剥夺，只是人民警察有权优先行使其权利。第2款表面上用的是"优先"的概念，实际上却是优先权与行政征用并存。公民、法人或其他组织的物权虽未被永久性转移或限制，但实际上发生了转移占有的情形，人民警察原本并未取得此种使用权，但却临时使用了原属于公民、法人或其他组织的物品，这种法律作用就并不仅仅是优先权的体现，而且是包含了行政征用所带来的法律作用在内。但是，在人民警察和其他公民、法人或其他组织原本都有权使用某种场地（如公共广场）或建筑物时，人民警察为行使职权需要优先使用，这就又是典型的优位效力。

除此以外，警察行为还会相对于其他行政行为存在一定的优位效力，这是由于警察权的特殊性造成的，尤其是在反恐、消防救灾、安全保卫等情形下会体现出这样的优位效力。例如，在消防的情况下，根据《消防法》第45条，火灾现场总指挥有权决定的事项，就包含了可能对其它行政机关发生优位效力的事项。例如，火灾现场总指挥有权决定"限制用火用电"，有权决定"利用临近建筑物和有关设施"，有权决定"实行局部交通管制"，还有权决定"调动供水、供电、供气、通信、医疗救护、交通运输、环境保护等有关单位协助灭火救援。"这些警察措施都有可能构成对其它行政机关有关行为的优位效力，因为警察权在此所旨在保护的价值乃是紧迫而重大的法益。

警察行为的优位效力，还体现在警察行为的直接执行力上。在不少情况下，警察行为作出可以由警察机关自己执行，甚至是即时执行（例如警察即时强制和当场处罚的情形），这也是由于警察任务和警察行为所面临的情境要求决定的。这种直接执行力，本质上是出于防范迫切危险、保护重大法益的需要，在法理上加强了公定力和优先力，在许多情况下，警察即时强制也能够优先于其它行政机关的行政行为而得以实施。

总而言之，警察行为具备先定效力、确定效力和优位效力。警察行为法律效力的特殊性体现在每一方面，而尤其体现在优位效力上。警察行为的法律效力较之其他行政行为和民事法律行为在总体上获得了更强的法理设定，也正因为警察行为具备这样强的优位效力，对它的行使程序及事后审查也往往比其他行政行为和民事法律行为更为严格，在使用警械或武器等直接有关生命权、身体权的场合下更是如此。这就要求警察法学对警察违法的预防与控制提出严格的要求，避免作出警察行为的随意、武断、简单粗暴甚至以公谋私等情形。

【本节引导问题参考答案】

1. 有效的警察行为将有效地引起一个或若干个法律关系或法律状态产生、变化或消灭，具备法律上的约束力；无效的警察行为则否。不仅如此，有效的警察行为还将给某种法律关系或法律状态赋予特别的规范内涵，使之具备优位性（一定程度上的优先性），以及相当程度上的效力先定性（公定力）和不可争性（确定力）。

2. 警察行为的先定效力是一种假定性的效力，这种假定的来源是法律上的推定，即不论此种行为实际上是否有效、是否合法，一旦作出，只要具备形式上或外观上的合法性，即被推定合法有效，所有其它的主体都必须认可与服从。这是由于行政法律关系的稳定性需求与公共利益优先的法理假定导致的。

【本章思考题】

1. 什么是警察行为？如何理解它的定位？
2. 警察行为包括哪些类型和形式？
3. 警察行为的类型和形式有何区别？
4. 警察行为与警察措施是什么关系？
5. 警察许可包含哪些内容？

6. 警察强制包含哪些内容？警察使用警械和武器的措施由何种法律规范进行调节？

7. 警察确认是否可诉？为什么？

8. 警察行为具备何种法律效力？

9. 警察行为的先定力主要包括哪些内容？

10. 警察行为的优位效力如何体现？

【本章参考文献】

1. 高文英主编：《警察行政法学》，中国人民公安大学出版社 2015 年版。

2. 孟昭阳、高文英主编：《行政法与行政诉讼法学》，中国人民公安大学出版社 2012 年版。

3. ［德］维尔纳·弗卢梅：《法律行为论》，迟颖译，商务印书馆 2012 年版。

4. 姜明安主编：《行政法与行政诉讼法学》（第六版），北京大学出版社、高等教育出版社 2015 年版。

5. 胡建淼：《行政法学》，法律出版社 2015 年版。

6. 罗豪才、湛中乐主编：《行政法学》，北京大学出版社 2012 年版。

7. 翁岳生编：《行政法》，中国法制出版社 2009 年版。

8. ［日］南博方：《行政法》，杨建顺译，中国人民大学出版社 2009 年版。

---- 本章扩展阅读 ----

为什么新的《行政诉讼法》不再采取"具体行政行为"而采取"行政行为"的表述？

中国行政法（释义）学的本土生成
——以"行政行为"概念为中心的考察[1]
（节选，注释略）
陈越峰

改革开放、重建法制以来，中国的"行政行为"概念最早由王名扬教授在第一部统编教材——《行政法概要》中提出。王名扬教授在编写"行政行

---

[1] 参见陈越峰："中国行政法（释义）学的本土生成 ——以'行政行为'概念为中心的考察"，载《清华法学》2015 年第 1 期。

为"这一章时，参考了过去在武大教书时的讲稿和法国的行政法学。一定程度上接续了"民国行政法学"、连通了"外国行政法学"……对此，应松年曾指出，这本书是中国行政法学的奠基之作，其中最有价值的是王名扬写的"行政行为"一章，它对行政行为的定义和分类沿袭至今。

这本统编教材将"行政行为"作为"国家行政机关实施行政管理活动的总称"，并指出"它是国际公认的研究行政法学的专用词，实际上是行政管理活动的代称"。王名扬先生援引了我国《宪法》第 89 条、第 90 条，综合研究我国关于国家行政管理的各种法律规定，指出行政行为应包括国家行政机关的"抽象的行为"和"具体的行为"。"国家机关在实行行政管理时合法制定的普遍性的规则，称为行政管理法规。……制定行政管理法规的行为是抽象的行政行为""作为行政法学研究对象的行政措施，是指行政机关在进行行政管理活动时，对于具体事件所作的单方面的处理，是具体的行政行为。行政措施作为具体的行政行为，与行政管理法规不同；作为单方面的行政行为，与行政契约不同。"

……

实际上，我国改革开放之后的第一本行政法教材，系西南政法学院国家与法的理论教研室于 1982 年 4 月编印的《中华人民共和国行政法概论》。在贺善征教授署名的《中华人民共和国行政法概论》讲稿总则（1~6 章）第五章"我国行政机关的管理活动"的第二节"行政管理活动的法的形式"部分，已有"抽象–具体"行政行为的论述："资产阶级国家把行政命令也分抽象的行政行为和具体的行政行为。也有的法学书说命令是指抽象的行政行为。抽象的行政行为叫行政规章（基于一般法律关系），行政规程（则）（基于特别的权力关系）。具体的行政行为叫行政处分。"

……

从时间线来排列看，作为法学概念的"行政行为""具体的行政行为"形成在前，《行政诉讼法》上的"行政行为""具体行政行为"等法律概念出现在后。因此，行政行为的"抽象–具体"分类，并不是学者在行政诉讼法上有了"具体行政行为"概念之后，从逻辑对称的角度提出了"抽象行政行为"这一概念，从而形成的。

……

"行政行为""具体行政行为"作为法律概念在《行政诉讼法》中确立，

是否受到前述研究成果的直接影响，笔者没有最直接的证据。但是，包括王名扬（顾问）、罗豪才（副组长）和应松年（副组长）等行政法学者在内的行政立法研究组承担了《行政诉讼法》的立法研究和起草工作，并于1988年8月完成《行政诉讼法》试拟稿的起草，提交全国人大常委会法制工作委员会。……有充分的理由认为，作为法律概念的"（具体）行政行为"来源于法学教材中的法学概念。法学概念成为法律概念，意味着学说不再只是理论阐述和比较法上的借鉴，它已落地成为中国实定法上的规范。抽象行政行为尽管没有成为法律概念，但是《行政诉讼法》第13条的排除列举中，第（二）项是"行政法规、规章或者行政机关制定、发布的具有普遍约束力的决定、命令"。这一项被认为是学理上"抽象行政行为"的一种表述。

　　……

　　行政诉讼法立法之初，最高人民法院制定《关于贯彻执行〈中华人民共和国行政诉讼法〉若干问题的意见》（以下简称《若干意见》）的过程中，"在参考当时的法学教材并征求了法学界意见的基础上，试图通过对具体行政行为下定义的方式解决受案范围问题。"

　　……

　　由于"抽象-具体"难以截然区分，在两可的情况下，容易使披着"抽象"外衣的"具体"行政行为获得了"免诉金牌"。因此，研究者在关于受案范围的研究，以及对行政行为可诉性的研究方面，集中了很多"精力"和"火力"。……尽管如此，关于（具体）行政行为的理论作业，还是未能为行政行为的可诉性问题，特别是"具体-抽象"的区分问题，画上圆满的句号。

　　……

　　尽管进行了很多的解释上的努力，也提出了一些标准，但仍然不能令人非常满意。为了强化对当事人诉权的保护，最高人民法院于2000年公布实施《关于执行〈中华人民共和国行政诉讼法〉若干问题的解释》（以下简称《若干解释》），废止了《若干意见》。

　　《若干解释》舍弃了"具体行政行为"概念，用"行政行为"概念，然后加排除性列举，规定受案范围……

　　……

　　在上述关于可诉行政行为界定的判例中，法院抛弃了形式性的学说框架，直接面对法律概念进行认定标准的建构，采用的是一种实质主义的解释框架。

判例的最新发展显示，"抽象行政行为"这一学说概念在确定行政诉讼受案范围的成文法解释方面已经基本没有意义，法院在对是或不是（具体）行政行为的判断中，不再以形式作为判断标准，而是看其内容，从权利义务的角度进行实质判断。当适用者对"具体行政行为"的认识"破茧成蝶"时，研究者"苦心经营"多年的"抽象-具体"之茧似乎已完成了历史使命。

　　……

　　前述最高人民法院行政审判庭判决或案例已经显示出清晰的释义思路，没有必要再在这一问题上消耗过多的理论资源。有学者系统研究可诉的"行政行为"，批评了抽象—具体的分类，提出以行政行为是否直接对相对人的权利义务产生法律效果为标准，将其分为行政规范行为和行政处理行为，进而确定后者的可诉性。最新修订的《行政诉讼法》（2014），将第2条、第5条的"具体行政行为"修改为"行政行为"，从而使"行政行为"的可诉性、可审查性的讨论不必建立在"抽象-具体"分类的基础上。

第七章
警察执法程序

【内容提要】

通过本章的学习，要求掌握警察执法程序的含义、种类，掌握不同类型警察执法行为的程序，理解其中包含的程序正义、最低正当程序的程序原则以及警察行政执法程序和刑事执法程序及其区别。通过本章的学习，树立程序正义的意识，保证警察执法程序的正当性。

【重点提示】

1. 警察执法程序的概念
2. 警察执法程序的种类
3. 警察行政执法程序
4. 警察刑事执法程序
5. 警察执法程序的衔接

【引导案例】

案例 1　2015 年 7 月 7 日 15 时 16 分左右，曹某驾驶机动车停靠在江东北路的机动车道上，停车时间约 10 分钟，江东北路全线禁止停车，该路段设置有禁止停车的禁令标志。交管局巡逻警察发现曹某的违法行为，以其违反禁止停车的禁令标志为由对其进行处罚。曹某认为执勤的交通警察为一人执法，未向其出示证件，程序违法。经法院审理查明交管局巡逻民警在执法时，骑行有执法标志的车辆，着警察制服并佩有警察标志。[1]

案例 2   某甲以在某县人民法院门口拉横幅展示文字、图片资料的形式，表达其对土地被征收过程中相关行政行为的意见，引致几十名群众聚集在威远县人民法院门口围观，该行为严重影响某县人民法院正常的办公秩序，被当地公安机关依法强制传唤，但没有依法补办相关审批手续，且其询问笔录中未记载通知上诉人家属的相关情况。经查某甲符合被强制传唤的法定条件，且被传唤后，其家属到派出所了解情况时已经实际得知了上诉人在公安机关接受调查的事实。[2]

【引导问题】

1. 什么是警察执法程序？如何具体落实执法程序规定的步骤？
2. 警察强制传唤过程中的程序瑕疵，是否影响行政处罚决定。

警察执法程序，是警察主体行使警察权力、履行警察法定职责、实施警察行为时应当遵守的步骤、顺序、形式、方法和时限。严格遵守程序是对警察执法的基本要求，是保证警察公正执法的根本。人民警察在执法时应当对执法程序有充分的把握，同时应当学习如何将程序的每个步骤完成在实际操作层面。例如在引导案例 1 中，对于警察表明身份这一程序的具体表现，法官给出了如下判决：《人民警察法》第 23 条规定，"人民警察必须按照规定着装，佩带人民警察标志或者持有人民警察证件，保持警容严整，举止端庄。"在卷视频证据显示，交通警察在执法时，骑行有执法标志的车辆，着警察制服并佩有警察标志，能够表明执法者身份，其虽然未主动向上诉人出示证件，

---

〔1〕 案例来源参见江苏省南京市中级人民法院［2015］宁行终字第 449 号行政判决书。载 http://wenshu. court. gov. cn/content/content? DocID＝5dff407b-531f-4213-bd19-869e6c05428c，最后访问日期：2017 年 1 月 16 日。

〔2〕 案例来源载 http://www. itslaw. com/detail? judgementId＝499d4a75-5ec6-40e7-a01e-c407cec37c6a&area＝1&index＝15&sortType＝1&count＝4141&conditions＝searchWord%2B 执法程序%2B1%2B 执法程序 &conditions＝keyword%2B30823%2B3%2B 公安，最后访问日期：2017 年 2 月 3 日。

但不影响执法活动的合法性。[1]

引导案例 2 涉及的问题是警察在执法中履行程序有瑕疵是否一定影响案件的处理结果，根据本案的实际情况人民法院作出判决：首先，确认了警察执法的程序违法，实施强制传唤后，没有依法补办相关手续，不能证明公安机关依法通知了被传唤人家属，故确认警察在作出行政处罚过程中的强制传唤、告知被传唤人家属等执法程序违法；其次，人民法院还认为该部分执法程序违法对当事人的合法权益无实质性影响，因此不支持当事人撤销公安机关行政处罚的主张。[2]

这两个引导案例一方面说明了警察执法程序的重要性，作为执法主体严格遵守执法程序，不仅仅是因为程序对结果公正的保证价值，更多地还应当看到程序自身的价值，上述两个案例中虽然人民法院均没有支持当事人的诉讼请求，但是由于没有严格按照程序执法引发当事人申请行政复议、行政诉讼同时也导致当事人对案件处理结果不认可，增加了执法成本，影响了警察执法的社会效果；另一方面，还应当看到警察执法程序的瑕疵，如果不影响案件实体处理结果，在一定程度上，警察执法的结果依然可以得到法院的维持。

"权利法案的大多数规定都是程序性条款。这一事实绝不是无意义的。正是程序决定了法治与恣意的人治之间的基本区别。"[3]警察是在国家范围内可以使用暴力维护国家安全和社会秩序的治安行政和刑事司法力量，规范警察权的要义在于实现警察权与公民权利的平衡。随着社会的发展，专业的深化，分工的精细，越来越多的领域需要通过设计精良的程序以实现对过程的控制，进而保证结果的公正公平。严格按程序执法能提升社会公众对公安机关及其人民警察执法的认可程度以规范警察权的行使和保护公众的合法权益的统一。警察权的行使，涉及对公民个人自由与权利的限制，只有经过法定程序才能保证警察权行使的正当性。另一方面，随着法治的发展，法律程序自身的价值以及其控制社会风险和人们行为过程的价值，也越来越受到重视。

---

〔1〕 案例来源参见江苏省南京市中级人民法院［2015］宁行终字第 449 号行政判决书。载 http://wenshu. court. gov. cn/content/content？DocID＝5dff407b－531f－4213－bd19－869e6c05428c，最后访问日期：2017 年 1 月 16 日

〔2〕 郭正辉与威远县公安局行政处罚一案二审行政判决书，载 http：//www. itslaw. com，最后访问日期：2017 年 2 月 7 日。

〔3〕 季卫东："法律程序的意义——对中国法制建设的另一种思考"，载《中国社会科学》1993 年第 1 期。

第一节　警察执法程序的概念与分类

一、警察执法程序的概念

警察执法程序，一般是指警察主体行使警察权力、履行警察法定职责、实施警察行为时应当遵守的步骤、顺序、形式、方法和时限。这表明：（1）警察执法程序是警察主体行使警察权力，实施警察行为时应当遵守的程序；（2）警察执法程序包括警察行政执法程序和警察刑事执法程序；（3）警察执法程序的构成要素包括：方式、步骤、时间和顺序。方式是指警察执法完成某一行为的方法及行为结果的表现形式，如以口头还是书面方式作出；步骤是指完成某一行为所需要经历的阶段，如启动、实施和终结三个阶段；时间，是完成警察执法行为的期限；顺序，指完成警察执法行为所必经的步骤间的先后次序；（4）警察执法程序是一种法律程序，这意味着警察主体及其人民警察在行使警察权力时必须遵守相应的程序，具有规范性、强制性。如果违反法定程序，则应依法承担相应的法律责任；（5）规范警察执法程序的目的是要保证警察权力合理有效地行使，保护行政相对人以及犯罪嫌疑人的合法权益。

二、警察执法程序的种类

从不同角度对警察执法行为分类研究，可以使我们更加深入地了解警察执法的程序。

1. 从警察执法程序规范的内容的角度，可以将警察执法程序分为警察行政执法程序和警察刑事执法程序。警察行政执法程序，是指警察行使治安行政管理权力，实施警察行政行为时应当遵守的程序；警察刑事执法程序，是指警察办理刑事案件，实施警察刑事执法行为时应当遵守的程序。警察行政执法程序和刑事执法程序同为规范警察执法行为的程序，两种程序互相衔接，互相配合，规范警察执法行为，保证警察公正执法和保护相对人合法权益。

2. 根据警察执法程序规范的警察行为的不同，警察执法程序可以分为警察行政立案程序、警察行政调查程序、警察行政许可程序、警察行政强制程序、警察行政处罚程序、警察刑事立案程序、刑事调查程序、刑事强制措施程序等。这是从警察实施的具体执法行为的角度进行的划分，我国现行相关警察法律法规对不同警察行为实施的具体程序都作出了明确的规定，细分警察执法行为并为其设定相应的程序，一方面可以从立法及研究的角度为不同的警察执法行为设定更加合理的执法程序，另一方面也可以为执法的警察提供相对可行的、具体的操作程序。

三、警察执法程序的意义

随着我国"依法治国，建设社会主义法治国家"的深入，人们也越来越认识到程序对整个法治进程的重要性及其对规范警察主体行为、保障相对人合法权益的重要作用。首先，应当制定一系列相对完善的程序制度，并通过相应程序的遵守培养人民警察及其相对人"程序正义""正当程序"的基本观念；其次，制定与执行良好的执法程序，可以推进警察法律体系的完善，提升警察法治意识；再次，现代警察程序制度，特别是行政执法程序，赋予了相对人更多的程序权利，如听证程序的确立、处罚说明理由的要求，听取相对人陈述和申辩制度的规定，这样就提升了执法结果的可接受性，降低了后续的执行成本；最后，强调警察执法程序，对于保证相对人的合法权益，防止警察权力的滥用具有十分重要的作用。特别是在强大的行政权面前，个人处于相对弱小的地位，极易受到强大的行政权的侵犯。为行政权的行使规定一套严格的程序，并且规定违反程序的行政行为非法、无效，这对于避免公安机关的专断，保护相对人的合法权益无疑具有重要的作用；同时，强调警察执法程序，对于公安机关来讲，则有助于其按照制定的程序办事，在提高执法效率的同时，保证执法的公正性。

第二节　警察执法基本程序

通常我们认为一般的法律程序均包括步骤、顺序、方式、时限等几个基本要素，本节论述的警察执法程序是基于现行的法律规范对警察行政执法程序和警察刑事执法程序的规定，对其基本执法程序要求进行的原则性和基础性的概括。

现行规范警察行政执法程序的法律规范性文件主要是《公安机关办理行政案件程序规定》，这是统一规定公安机关办理行政案件程序的部门规章，但是由于其效力等级较低，而在行政执法领域又有相对较多的法律法规以及地方性法规，如果它们对实施相应行政行为的程序作出了明确的规定，那么公安机关及其人民警察在办理行政案件时应当按照《立法法》规定的相应原则选择适用。这些法律主要包括《行政处罚法》《行政许可法》《行政强制法》《治安管理处罚法》《道路交通安全法》《消防法》以及《出境入境管理法》《居民身份证法》等与警察行政执法相关的法律。

现行规范警察刑事执法主要的法律依据是《刑事诉讼法》《公安机关办理刑事案件程序规定》，同样由于《公安机关办理刑事案件程序规定》的效力等级相对较低，公安机关人民警察在办理刑事案件时应当依照《立法法》的规定，正确选择适用具体的法律规范。

一、警察执法基本程序概述

本节是依照公安机关人民警察办理行政和刑事案件应当遵守的相应法律规范以及人民警察执法的实际情况，对人民警察执法的基本程序进行概括性总结。人民警察在办理具体案件时应当根据行政、刑事执法的不同以及具体案件的不同，依照相应的法律规定细化具体的执法程序。

（一）发现、接受案件

这是警察执法的第一个步骤，其意义在于执法的人民警察主动发现、接受相关人员的报案并经过相应的审查，确定其可以作为行政或者刑事案件进行处理，这是警察执法的开始。

发现与接受案件是警察执法的开始，提高案件的发现率是保证警察履行职责的基础环节之一。发现与接受案件是人民警察启动其执法行为的两种方式，前者是人民警察在执法活动中主动发现可能违法或犯罪案件，同时，公安机关的人民警察应当依照相关法律法规的规定接受人民群众的报案、求助和投诉，并依法作出相应的处理；人民警察在执勤过程中发现当事人的行为涉嫌行政违法或者刑事犯罪而主动进行调查的过程。

1. 接警

依照《公安机关执法细则》的要求，公安机关及其各部门、民警对所有报警、求助和投诉，都应当接受并问明情况。所以公安机关及其人民警察应当对当事人提出的报警、求助、投诉进行询问，不能置之不理，并根据不同的情况作出相应的处理。这是人民警察执法程序的最初环节。接警人员应当依照相应的规定根据不同的情况，向不同的部门下达处警的指令。

2. 发现案件

如果说接警是公安机关及其人民警察基于当事人的报案等而开始的执法程序，那么发现案件是公安机关及其人民警察主动执法程序的开始，这是人民警察打击违法惩治犯罪的法定职责所要求的。

（二）处警及现场处置

这是人民警察执法的第二个步骤，是指人民警察根据110报警服务台及相关部门下达的处警指令或者针对其现场发现的情形进行处置的过程。依照《公安机关执法细则》的规定，公安机关及其人民警察处警及现场处置应当遵守以下程序：及时到达现场——视音频记录——报告情况——表明身份——判断警情——制止违法犯罪[1]——控制现场——救治伤员——调查取证——现场处结——后续处理。

（三）立案

公安机关及其人民警察对于接受的报案、投诉和求助以及其自行发现的警情都必须进行处理。经过初步调查，对于不需要立案处理的情况，人民警察可以依照《公安机关执法细则》的要求进行处理；对于符合相应立案条件的情形，则应当予以立案（接受案件）进行进一步处理。立案是公安机关及其人民警察在接受或者发现案件后，通过审查或者初查有关材料，对符合立案条件应当继续侦（调）查处理的情形决定接受案件进行侦（调）查的过程。这里立案包括刑事立案和接受行政案件。

1. 刑事立案

公安机关及其人民警察经过审查对符合以下情况的应当刑事立案：①认为有犯罪事实；②达到刑事案件立案标准；③属于本单位管辖。对犯罪地和犯罪嫌疑人均不明，但符合第①、②项条件的，发现或者接受案件的公安机关应当先立案侦查；查明犯罪地或者犯罪嫌疑人后则按规定移送至有管辖权的部门处理。刑事立案应当按照《公安机关办理刑事案件程序规定》及《公安机关执法细则》具体要求的程序操作并制作相应的法律文书。具体程序包

---

[1] 具体现场处置的措施和手段参见《公安机关执法细则》关于现场处置部分的具体规定。

括呈批——决定——通知、报告。[1]

2. 接受行政案件

接受行政案件，是指公安机关对接受以及发现的案件、110 报警服务台指令以及其他行政主管部门、司法机关移送的案件进行受理并予以处理的过程。依照《公安机关执法细则》的具体要求受理行政案件的具体程序与刑事立案基本相当。

（四）侦查与调查

侦查，依照《刑事诉讼法》的规定，"是指公安机关、人民检察院在办理案件过程中，依照法律进行的专门调查工作和有关的强制性措施"。[2]公安机关对已经立案的刑事案件，应当进行侦查，收集、调取犯罪嫌疑人有罪或者无罪、罪轻或者罪重的证据材料。《刑事诉讼法》规定的专门调查工作包括勘验、检查、搜查、扣押和调取证据、鉴定、辨认、查询、冻结、讯问犯罪嫌疑人、讯问证人、被害人、通缉等，刑事强制措施包括拘传、取保候审、监视居住、拘留、逮捕。

调查，依照《公安机关办理行政案件程序规定》是公安机关及其人民警察 "依照法定程序，收集能够证实违法嫌疑人是否违法、违法情节轻重的证据"[3]的过程。对于行政案件的调查，《公安机关办理行政案件程序规定》规定可以采取询问、勘验、检查、扣押、先行登记保存、抽样取证、鉴定、检测、检验、辨认、听证等措施，以保证公安机关及其人民警察能够全面、及时地收集案件证据。

（五）处理

处理，是指查处案件的公安机关及其人民警察对经过调查或者侦查的行政案件和刑事案件形成相应的处理意见。警察执法程序中的处理通常包括警察行政处罚、刑事案件的移送起诉、撤销案件或者免于行政处罚或者转其他行政主体处理等方式。

（六）监督与救济

监督与救济包括对警察执法整个过程的监督以及事后从当事人的角度对

---

[1] 参见《公安机关执法细则》中关于刑事立案部分的具体规定。

[2] 《刑事诉讼法》第106条第（一）项。

[3] 《公安机关办理行政案件程序规定》第24条第1款。

警察执法过程提起的审查程序。前者主要是上级对下级、专门的监督部门以及检察院对公安机关及其人民警察执法过程实施的监督；而法律意义上的救济则通常由当事人发起，包括行政诉讼、国家赔偿诉讼以及当事人依照法律规定进行的申诉、控告和信访等。

我国现行法律规范对于公安机关及其人民警察办理的行政案件和刑事案件设计了不同的监督与救济程序。对于行政案件，法定的救济制度包括行政复议、行政诉讼等；刑事案件侦查终结并移送审查起诉后，如果认为人民检察院作出的不起诉决定有错误的，可以申请人民检察院复议，如果意见不被接受，可以向上一级人民检察院提请复核[1]。

二、警察行政执法程序

警察行政执法程序，是警察实施行政行为时应当遵守的步骤、顺序、方式和时限。警察行政行为，是警察行政主体行使相关行政职权、履行相关行政职责时做出的具有行政法意义的行为。[2] 目前基本得到理论和实践认可的警察行政行为包括行政命令、行政许可、行政确认、行政检查、行政处罚和行政强制等，我国现行相关的法律法规也对警察行政主体实施上述行政行为的程序作出了相对明确的规定。根据上述几种主要的警察行政行为启动方式的不同，这里将其分为依职权的警察行政行为和依申请的警察行政行为，并分别对其程序进行论述。

（一）警察行政案件的管辖

警察行政案件的管辖是确定行政案件由哪个行政主体办理的制度，是警察行政权力在警察行政主体内部的一种划分。警察行政主体只能处理自己拥有管辖权的案件，对于自己没有管辖权的案件应当按照《公安机关办理行政案件程序规定》的相关要求在先期处置后移送有管辖权的警察行政主体。依照目前相关法律法规的规定，警察行政主体管辖权的确定主要遵守违法行为地管辖和违法行为人居住地管辖的基本原则。

一般警察行政案件管辖权的划分通常从地域管辖、专门管辖、指定管辖三方面进行规范。至于级别管辖，根据警察行政主体的规定，县级或者相当

---

〔1〕　《刑事诉讼法》第 195 条。
〔2〕　参见高文英主编：《警察行政法》，中国政法大学出版社 2016 年版，第 108 页。

于县级的公安机关在自己的管辖范围内拥有行政主体资格，所以除法律有特别规定以外，通常县级或者相当于县级公安机关的警察行政主体都拥有一般行政案件的管辖权。例外的情况如《行政处罚法》第16条规定"国务院或者经国务院授权的省、自治区、直辖市人民政府可以决定一个行政机关行使有关行政机关的行政处罚权，但限制人身自由的行政处罚权只能由公安机关行使"，依照此条规定县级及以上公安机关交通管理部门就不具有裁决行政拘留处罚的权力，针对交通违法行为人的行政拘留处罚就只能由公安机关裁决并实施。

针对警察行政执法的管辖权问题，《公安机关办理行政案件程序规定》中只明确了相关行政案件的管辖权。[1]因此对于除行政案件以外的其他警察行政行为，应当遵守相应法律法规确定的管辖权。如《行政许可法》第22条规定"行政许可由具有行政许可权的行政机关在其法定职权范围内实施"，第26条规定"行政许可需要行政机关内设的多个机构办理的，该行政机关应当确定一个机构统一受理行政许可申请，统一送达行政许可决定。"再如《危险化学品安全管理条例》第6条第（二）项规定"公安机关负责危险化学品的公共安全管理，核发剧毒化学品购买许可证、剧毒化学品道路运输通行证，并负责危险化学品运输车辆的道路交通安全管理"，这都是对警察行政执法管辖权的规定。

1. 地域管辖

地域管辖，一般是指按照行政区划对警察行政案件管辖权的划分。依照《行政处罚法》和《公安机关办理行政案件程序规定》的规定，一般情况下，行政案件由违法行为地发生地的公安机关管辖，这是行政案件地域管辖的基本原则，该原则的确定有利于公安机关调查取证，及时作出处理决定。违法行为地是指违法行为实施地、结果发生地、销赃地等与违法活动有关的一切场所。对于地域管辖中如何选择具体的管辖地的问题，公安部于2016年7月发布的《公安机关执法细则》作出了明确规定[2]。在这一章里《公安机关

---

〔1〕《公安机关办理行政案件程序规定》第2条：本规定所称行政案件，是指公安机关依照法律、法规和规章的规定对违法行为人决定行政处罚以及强制隔离戒毒、收容教育等处理措施的案件。本规定所称公安机关，是指县级以上公安机关、公安派出所、依法具有独立执法主体资格的公安机关业务部门以及出入境边防检查站。

〔2〕《公安机关执法细则》（公通字【2016】18号）第45-01地域管辖的规定。

执法细则》针对不同类型的违法行为为办理案件的警察行政主体规定了确定管辖权的不同情形。

2. 专门管辖

专门管辖是指发生在区域内的行政案件由专门的公安机关管辖的规定。依照《公安机关办理行政案件程序规定》、国务院《关于长江港航公安管理体制改革有关问题的批复》、公安部《关于森林公安机关执行〈中华人民共和国治安管理处罚法〉有关问题的批复》以及《海关行政处罚实施条例》规定涉及了铁路公安机关、交通公安机关、民航公安机关、国有林区的森林公安机关以及海关缉私部门对相应案件的管辖权。[1]

3. 指定管辖

指定管辖是指当依照前述规定确定的管辖权发生冲突时（包括积极的冲突和消极的冲突），如何确定管辖权的规定。几个公安机关发生管辖权争议的，可以协商确定管辖，协商不成的，报请共同的上一级公安机关指定管辖，指定管辖不受违法行为发生地或者违法行为人居住地的管辖原则的限制。

（二）依职权警察行政行为的程序

依职权的警察行政行为以警察行政命令、行政处罚、行政强制为典型，依据相关法律对警察作出这些行政行为程序的规定，依职权的警察行政行为应当遵守以下程序要求：

1. 表明身份

这是警察行政行为成立的基本要件，也是警察执法行为的开始。表明身份在警察执法程序中有两重要求：一是表明警察人员所服务的警察机构具有警察执法主体资格，二是表明执法的警察是具有合格执法资格的公职人员。表明身份在警察执法程序中的意义在于表明警察机构以及办案人民警察的执法权限，另一方面也便于当事人对警察执法的监督。

2. 告知

告知是正当程序的基本要求之一，也是警察执法正当性的基础所在。警察行政执法程序中的告知应当本着容易使相对人知悉、留存证据的方式进行，告知的内容应包括作出警察行政行为的主体、职权、行政行为内容、依据、相对人的权利、义务及相应的责任等。在没有告知及告知对象、内容错误或

---

[1]《公安机关执法细则》（公通字【2016】18 号）第 45-02 专门管辖的规定。

瑕疵的情况下，根据不同情形，承担责任的主体及方式应当不同。[1]如《治安管理处罚法》第82条规定："需要传唤违反治安管理行为人接受调查的，经公安机关办案部门负责人批准，使用传唤证传唤。对现场发现的违反治安管理行为人，人民警察经出示工作证件，可以口头传唤，但应当在询问笔录中注明。公安机关应当将传唤的原因和依据告知被传唤人。对无正当理由不接受传唤或者逃避传唤的人，可以强制传唤。"

3. 调查并收集证据

警察行政执法程序中的调查是警察行政主体依法履行职责，根据不同案件的需要依法查明相关事实，并收集相关证据的过程。调查是警察执法的重要环节，调查的主要任务是核实材料，收集证据，查明事实。如常见的警察行政处罚，就要求人民警察对行政案件进行调查时，应当合法、及时、客观、全面地收集、调取证据材料，并予以审查、核实。警察行政调查应当按照《公安机关办理行政案件程序规定》以及《最高人民法院关于行政诉讼证据若干问题的规定》的规定的证据标准收集证据。

4. 作出决定并制作法律文书

行政决定，是警察行政主体在案件涉及的情形调查清楚后，依法作出的采取行政强制措施、下达行政命令或者给予行政处罚等决定并依法制作相应法律文书的过程。制作相应的法律文书是警察行政行为要求的合法要件，相关法律的样式及制作应当遵守《公安行政法律文书式样》《公安行政复议法律文书（式样）》以及《公安国家赔偿法律文书（式样）》规定制作。

5. 送达

这里的送达是指警察行政行为的送达，即警察行政主体将有关的行政决定和在行政过程中形成的行政意向告知或明示警察行政相对人并使行政相对人予以受领的法律行为。[2]送达是警察行政程序中重要程序之一，没有送达的行政行为不能产生法律上的效力。依照《公安机关办理行政案件程序规定》，警察行政行为的送达应当遵守以下规定：

（1）依照简易程序作出当场处罚决定的，应当将决定书当场交付被处罚人，并由被处罚人在备案的决定书上签名或者捺指印；被处罚人拒绝的，由

---

〔1〕 参见阎铁毅、王国聚："论行政行为的告知"，载《法学杂志》2014年第1期。

〔2〕 参见田瑶："论行政行为的送达"，载《政法论坛》2011年第5期。

办案人民警察在备案的决定书上注明。

（2）除简易程序作出当场处罚决定外，作出的行政处罚决定和其他行政处理决定，应当在宣告后将决定书当场交付被处理人，并由被处理人在附卷的决定书上签名或者捺指印；被处理人拒绝的，由办案人民警察在附卷的决定书上注明。

（3）被处理人不在场的，公安机关应当在作出决定的七日内将决定书送达被处理人，治安管理处罚决定应当在二日内送达。送达法律文书应当首先采取直接送达方式，交给受送达人本人；受送达人不在的，可以交付其成年家属、所在单位的负责人员或者其居住地居（村）民委员会代收。受送达人本人或者代收人拒绝接收或者拒绝签名和捺指印的，送达人可以邀请其邻居或者其他见证人到场，说明情况，也可以对拒收情况进行录音录像，把文书留在受送达人处，在附卷的法律文书上注明拒绝的事由、送达日期，由送达人、见证人签名或者捺指印。

（4）无法直接送达的，委托其他公安机关代为送达，或者邮寄送达。

（5）经采取上述送达方式仍无法送达的，可以公告送达。公告的范围和方式应当便于公民知晓，公告期限不得少于六十日。

另外，《公安机关办理行政案件程序规定》第144条规定"对违法行为事实清楚，证据确实充分，依法应当予以行政处罚，因违法行为人逃跑等原因无法履行告知义务的，公安机关可以采取公告方式予以告知。自公告之日起七日内，违法嫌疑人未提出申辩的，可以依法作出行政处罚决定。"这是对公告送达的特别规定。

（三）依申请警察行政行为的程序

依申请的警察行政行为，是指必须基于行政相对人的申请而启动的警察行政行为，其中警察行政许可和部分警察行政确认是典型的依申请的警察行政行为。相对于依职权的警察行政行为，依申请的警察行政行为更强调警察行政行为是由行政相对人启动，因此在警察执法过程中应当更加注重公正地考量相对人的各种条件，公平地行使权力。依照现行相关法律的规定，依申请的警察行政行为应当遵守以下程序：

1. *启动*

这里的启动是指警察行政相对人提出申请行政许可或者行政确认等，与依职权警察行政行为实施程序的区别在于依申请的警察行政行为只能由行政相对人启动。

2. 受理

对于警察行政相对人提出的申请，警察行政机关必须受理，受理不等于一定按照相对人的申请实施行政行为，它只意味着警察行政主体必须接受当事人的申请并依法作出相应的决定。

3. 审核

审核是警察行政主体依照相关法律法规规定的条件对行政相对人在申请中提交的相关证明文件进行审核的过程，对于某些需要特定技能或者技术的，警察行政主体可以依法进行考试，只有符合条件且考试合格的申请人才能获得相应的许可。在警察行政执法行为中最常见、涉及范围最为广泛的依申请的警察行政行为是机动车驾驶许可的实施。警察行政主体实施行政许可行为首先应当对申请人是否符合相关法律规定的申请条件进行审核，对于符合条件予以受理并进入下一个程序；如果申请人的申请条件不符合法律规定，则警察行政主体应当书面告知当事人不接受其申请的理由。

4. 决定

决定是警察行政主体作出准许或者不准许申请人实施申请事项或者作出是否给予相关证明的决定的过程。警察行政主体必须严格遵守相关法律法规规定作出相应的决定。

5. 送达

依申请警察行政行为的送达与依职权的警察行政行为的送达遵守相同的规定和要求。

三、警察刑事执法程序

警察刑事执法是指公安机关及人民警察为了有效打击违法犯罪活动，预防和控制犯罪行为，依照法律规定的程序和职权而实施的立案、侦查、刑事强制措施以及刑罚执行等法律行为。警察刑事执法应遵守《刑事诉讼法》《公安机关办理刑事案件程序规定》规定的程序执行。

（一）警察刑事执法的管辖[1]

相对行政案件的管辖，警察刑事执法的管辖是指公安机关与其他司法机关以及各级公安机关之间受理刑事案件的分工，包括职能管辖、地域管辖、级别管辖和专门管辖。

1. 职能管辖

职能管辖是公安机关与人民检察院、人民法院等其他司法机关按照职能划分受理刑事案件的权限。依照《刑事诉讼法》第18条的规定："刑事案件的侦查由公安机关进行，法律另有规定的除外。贪污贿赂犯罪，国家工作人员的渎职犯罪，国家机关工作人员利用职权实施的非法拘禁、刑讯逼供、报复陷害、非法搜查的侵犯公民人身权利的犯罪以及侵犯公民民主权利的犯罪，由人民检察院立案侦查。对于国家机关工作人员利用职权实施的其他重大的犯罪案件，需要由人民检察院直接受理的时候，经省级以上人民检察院决定，可以由人民检察院立案侦查。自诉案件，由人民法院直接受理。"这是《刑事诉讼法》对公安机关、人民检察院和人民法院办理刑事案件的管辖分工。

2. 地域管辖

地域管辖，是指不同地区公安机关对刑事案件管辖权的分工。与行政案件的管辖分工一样，刑事案件的地域管辖分工以犯罪地公安机关管辖为基本原则，同时还规定了由犯罪嫌疑人居住地公安机关管辖更为适宜的，可以由犯罪嫌疑人居住地的公安机关管辖。

依照《公安机关办理刑事案件程序规定》和最高人民法院《关于执行〈中华人民共和国刑事诉讼法〉若干问题的解释》的规定，刑事案件由犯罪地公安机关管辖。犯罪地包括犯罪行为发生地和犯罪结果发生地。其中犯罪行为发生地，包括犯罪行为的实施地以及预备地、开始地、途经地、结束地等与犯罪行为有关的地点；犯罪行为有连续、持续或者继续状态的，犯罪行为连续、持续或者继续实施的地方都属于犯罪行为发生地；犯罪结果发生地，包括犯罪对象被侵害地、犯罪所得的实际取得地、藏匿地、转移地、使用地、销售地。行驶中的交通工具上发生的刑事案件，由交通工具最初停靠地公安机关管辖；必要时，交通工具始发地、途经地、到达地的公安机关也可以管

---

[1]《公安机关执法细则》第13章管辖的规定。

辖。[1]

3. 级别管辖

级别管辖，是指上下级公安机关之间刑事案件管辖权的划分，不同级别公安机关之间的管辖分工，主要是根据案件的性质、犯罪行为的社会危害程度等进行的划分。目前一般的刑事案件主要由县级公安机关立案侦查，地（市）级以上的公安机关负责一些重大刑事案件的侦查或者协调、指导工作。

设区的市一级以上公安机关负责重大的危害国家安全犯罪、恐怖活动犯罪、涉外犯罪、经济犯罪、集团犯罪案件的侦查。涉外犯罪案件包括外国人犯罪的案件和其他涉及外国人或者需要与外国交涉的刑事案件；下级公安机关认为案情重大需要上级公安机关侦查的刑事案件，可以请求上一级公安机关管辖；上级公安机关认为有必要的，可以侦查下级公安机关管辖的刑事案件。

4. 专门管辖[2]

专门管辖，是指专门公安机关根据实际情况和特定管辖区域对侦查权所做的划分。依照现行法律规定，专门公安机关主要有铁路、交通、民航、森林等公安机关，这些公安机关按照各自的职责和分工负责相应刑事案件的立案侦查。

管辖是公安机关行使刑事案件侦查权的基础，拥有管辖权意味着拥有某类刑事案件的侦查权，从法律规定的层面则根据不同公安机关的具体情形规定了其拥有的管辖权。除了前述一般情况下关于管辖权的划分外，《公安机关执法细则》还规定了对协商管辖、指定管辖和对管辖异议的处理；对与人民检察院互涉的案件、与军队互涉的案件、与监狱互涉的案件管辖权的具体问题进行了规定。考虑到某些刑事案件的特殊情形，《公安机关执法细则》还对伤害案件、拐卖妇女儿童案件、经济犯罪案件、毒品犯罪案件、网络犯罪案件、侵犯知识产权犯罪案件、恐怖活动犯罪案件、黑社会性质组织犯罪案件以及流动性、团伙性、跨区域性犯罪案件的管辖权问题作出了具体规定。[3]

---

〔1〕《公安机关执法细则》13-02 地域管辖的规定。
〔2〕《公安机关执法细则》13-04 专门管辖的规定。
〔3〕《公安机关执法细则》13-07 几种案件的管辖。

5. 派出所管辖权的特别规定

公安派出所办理辖区内发生的因果关系明显、案情简单、无需专业侦查手段和跨县、市进行侦查的下列刑事案件：（1）犯罪嫌疑人被公安派出所民警当场抓获的；（2）群众将犯罪嫌疑人扭送到公安派出所的；（3）犯罪嫌疑人到公安派出所投案的；（4）公安派出所民警获取线索可直接破案的；（5）其他案情简单、公安派出所有能力侦办的刑事案件。这些案件在办理过程中，如果发现需要开展专门侦查工作的线索，应当及时将案件移交刑侦部门或者其他专业部门办理。

（二）警察刑事执法程序

警察刑事执法程序，即公安机关及其人民警察在对刑事案件的侦查过程中应当遵守的基本步骤、顺序、时限等。依照《刑事诉讼法》《公安机关办理刑事案件程序规定》以及《公安机关执法细则》的规定，公安机关及其人民警察侦查刑事案件应当遵守以下程序规定：

1. 受案

受案，是指办理刑事案件的公安机关及其人民警察依法接受公民扭送、报案、控告、举报或者犯罪嫌疑人自首的侦查活动，包括接待、登记和受理三个环节。公安机关及其人民警察接受刑事案件的主要来源包括三类：一是报案、控告、举报、犯罪嫌疑人自首或者扭送犯罪嫌疑人的；二是110报警服务台指令；三是行政执法机关或者其他公安机关、司法机关移送的案件。

2. 立案

立案，是指办理刑事案件的公安机关及其人民警察，对于受理的案件，经过审查，认为有犯罪事实存在，应当追究刑事责任并属于自己管辖时，依照法定程序，决定立为刑事案件进行侦查的活动。立案的程序包括三个环节即呈批、决定和通知环节。

3. 侦查

我国《刑事诉讼法》规定，侦查是指"公安机关、人民检察院在办理案件过程中，依照法律进行的专门调查工作和有关的强制性措施"[1]。因此公安机关及其人民警察对于刑事案件的侦查，就是指公安机关对已经立案的刑事案件开展侦查行为，收集、调取犯罪嫌疑人有罪或者无罪、罪轻或者罪重

---

〔1〕《刑事诉讼法》第106条第（一）项。

的证据材料的活动。[1]依照我国《刑事诉讼法》的规定，侦查是办理刑事案件的一个独立的阶段，侦查权只能由法定的侦查机关实施，侦查行为包括专门的调查工作和有关的强制性措施，侦查的目的是收集犯罪嫌疑人有罪或者无罪、罪轻或者罪重的证据材料。

（1）公安机关及其人民警察的专门调查工作

依照我国《刑事诉讼法》和《公安机关办理刑事案件程序规定》的规定，公安机关及其人民警察可以采取以下行为对相应案件进行侦查，公安机关及其人民警察实施专门的调查行为、讯问犯罪嫌疑人应当遵守《刑事诉讼法》《公安机关办理刑事案件程序规定》以及《公安机关执法细则》规定的程序和要求。

①讯问犯罪嫌疑人，是侦查人员依照法定程序，以言词方式向犯罪嫌疑人查问案件事实和其他与案件有关情况的侦查方式；

②询问证人、被害人，是侦查人员依照法定程序，以言词方式向证人、被害人调查了解案件情况的侦查行为；

③勘验、检查，是侦查人员对与犯罪有关的场所、物品、人身或者尸体进行实地查看、寻找和检验，以发现和收集犯罪活动所留下的各种痕迹和物品的侦查措施；

④搜查，是侦查人员对犯罪嫌疑人以及可能隐藏犯罪证据的人的身体、物品、住处和其他有关地方进行强制性搜寻、检查的侦查活动；

⑤查封、扣押，是指侦查人员对在勘查、搜查中发现的可以用以证明犯罪嫌疑人有罪或者无罪的物品和文件，依法予以提取、留置、封存的侦查措施；

⑥查询、冻结，查询是侦查人员向银行或者其他金融机构、邮政部门了解犯罪嫌疑人的存款、汇款、证券和证券交易结算资金、投资权益、股权的具体情况的侦查行为。冻结，是指公安机关依法停止犯罪嫌疑人对存款、汇款、证券和证券交易结算资金、投资权益、股权等行使权利的活动；

⑦鉴定，是指公安机关为了解决案件中的某些专门性问题，指派或者聘请有专门知识的人进行鉴别和判断的侦查活动；

---

〔1〕《刑事诉讼法》第113条的规定："公安机关对已经立案的刑事案件，应当进行侦查，收集、调取犯罪嫌疑人有罪或者无罪、罪轻或者罪重的证据材料。对现行犯或者重大嫌疑分子可以依法先行拘留，对符合逮捕条件的犯罪嫌疑人，应当依法逮捕。"

⑧辨认，是指侦查机关在办理刑事案件过程中，为了查明案件真实情况，让被害人、犯罪嫌疑人或者证人对与犯罪有关的物品、文件、尸体、场所或者犯罪嫌疑人进行辨别，作出判断的侦查活动；

⑨技术侦查，是指公安机关及其人民警察为了侦破特定犯罪行为的需要，根据国家有关规定，经过严格审批，运用技术侦查措施的活动。技术手段通常包括电子侦听、电话监听、电子监控、秘密拍照、录像、进行邮件检查等秘密的专门技术手段；

⑩通缉，是指公安机关对应当逮捕的在逃犯罪嫌疑人或者被采取强制措施的犯罪嫌疑人、被告人、罪犯，通令缉拿归案的侦查措施。

（2）刑事强制措施

警察执法中的刑事强制措施，是指公安机关及其人民警察为了查明案情，保证刑事诉讼的顺利进行，依法对犯罪嫌疑人、被告人所采取的在一定期限内暂时限制或者剥夺其人身自由的法定强制方法。

①拘传，是指公安机关为了使犯罪嫌疑人及时到案接受讯问，对经合法传唤无正当理由拒不到案，或者根据案件情况应当强制到案的犯罪嫌疑人所采取的强制措施。

②取保候审，是指公安机关为了防止犯罪嫌疑人逃避侦查，责令犯罪嫌疑人提出保证人或者交纳保证金，担保其不逃避或者妨碍侦查并且随传随到的强制措施。

③监视居住，是指公安机关为了查明案情、保证刑事诉讼活动的顺利进行，依法将犯罪嫌疑人的活动区域限制在住所内并监视其行为，以防止其逃避侦查的强制措施。

④拘留，是指公安机关依法对现行犯或者重大嫌疑人员采取的在一定期限内剥夺其人身自由的强制措施。

⑤逮捕，是指公安机关对犯罪嫌疑人采取的、防止其继续犯罪或者逃避、阻碍刑事诉讼活动的顺利进行，而依法暂时剥夺其人身自由的强制措施。

4. 侦查终结

侦查终结，是指公安机关在办理刑事案件过程中，经过一系列的侦查活动后，认为案件事实已经查清并取得了充分、确实的证据，按照有关法律规定，足以认定犯罪嫌疑人是否犯罪、所犯何罪，而终止继续侦查行为。对于侦查终结的案件，公安机关对于犯罪事实清楚，证据确实、充分，犯罪性质和罪名认定正确，法律手续完备，依法应当追究刑事责任的案件，应当移送人民检察院审查起诉；经过侦查，公安机关发现所立案件有以下情形的，应当撤销案件：[1]一是没有犯罪事实；二是情节显著轻微、危害不大，不认为是犯罪的；三是犯罪已过追溯时效期限；四是犯罪嫌疑人死亡的；五是经济犯罪案件，经立案侦查，对犯罪嫌疑人解除强制措施后十二个月，仍不能移送审查起诉或者依法做其他处理的；六是其他依法不追究刑事责任的。

5. 补充侦查

补充侦查，是指人民检察院在审查起诉过程中，对公安机关立案侦查的案件，认为主要事实不清、证据不足或者有遗漏罪行，需要退回公安机关或者人民检察院自己做进一步调查、补充证据的一种诉讼活动。

第三节　警察执法程序的衔接

执法，即国家机关对法律的执行。从广义上，行政执法与刑事司法都属于执行法律的活动，只不过两者在实施的主体、程序、法律依据等方面存在着明显的区别。行政执法的主体主要是各级各类行政机关及其公职人员；而刑事司法活动则是专指拥有刑事司法权的国家机关依法查处刑事犯罪案件、追究刑事责任的专门活动，其主体主要包括公安机关、人民法院和人民检察院。尽管行政执法与刑事司法有着根本性的差异，但两者均是国家实现统治的重要职能方式，相互之间存在紧密的联系和内在的一致性，从而决定着两者之间的衔接关系。[2]

我国《公安机关组织管理条例》明确"人民警察是武装性质的国家治安行政力量和刑事司法力量，承担依法预防、制止和惩治违法犯罪活动，保护人民，服务经济社会发展，维护国家安全，维护社会治安秩序的职责"，[3]因此在我国，公安机关及其人民警察同时承担治安行政和刑事司法的双重职责。同时，《治安管理处罚法》规定"扰乱公共秩序，妨害公共安全，侵犯人身权利、财产权利，妨害社会管理，具有社会危害性，依照《中华人民共和国刑

---

〔1〕《公安机关执法细则》26-05 撤销案件规定。

〔2〕参见周佑勇、刘艳红："行政执法与刑事司法相衔接的程序机制研究"，载《东南大学学报（哲学社会科学版）》2008 年第 1 期。

〔3〕《公安机关组织管理条例总则》第 2 条。

法》的规定构成犯罪的，依法追究刑事责任；尚不够刑事处罚的，由公安机关依照本法给予治安管理处罚。"[1]而我国《刑法》则规定"一切危害国家主权、领土完整和安全，分裂国家、颠覆人民民主专政的政权和推翻社会主义制度，破坏社会秩序和经济秩序，侵犯国有财产或者劳动群众集体所有的财产，侵犯公民私人所有的财产，侵犯公民的人身权利、民主权利和其他权利，以及其他危害社会的行为，依照法律应当受刑罚处罚的，都是犯罪，但是情节显著轻微危害不大的，不认为是犯罪""对于犯罪情节轻微不需要判处刑罚的，可以免予刑事处罚，但是可以根据案件的不同情况，予以训诫或者责令具结悔过、赔礼道歉、赔偿损失，或者由主管部门予以行政处罚或者行政处分"[2]，从这两个条文的规定可以看出，在我国治安违法和刑事犯罪在一定程度上是基于对当事人行为的情节及危害程度的判断而有所区分，如故意伤害、盗窃行为与故意伤害罪和盗窃罪的区别与衔接。

根据警察执法的具体情形，警察执法程序的衔接可以分为警察行政执法与刑事执法的衔接、公检法三机关刑事执法的衔接、公安机关与执行机关的衔接以及公安机关与其他行政执法机关的衔接。

一、行政执法与刑事执法的衔接

根据公安机关执法的实务，公安机关及其人民警察往往通过接报警、自行发现或者接 110 指令开始对相关案件的处理。在初期处理阶段，一是公安机关及其人民警察应当首先对现场进行处置；二是部分案件公安机关必须经过对案件的初步筛查才能确定作为行政还是刑事案件办理；三是部分案件开始是以行政案件立案进行处理，但是随着对案件调查的深入，发现行为人的行为有犯罪嫌疑的就立为刑事案件进行侦查；四是一些案件开始作为刑事案件立案侦查，但是随着对案件的侦查，发现行为人的行为不构成犯罪，但是应当作为行政案件进行处理，于是该案件转为行政案件进行处理；五是公安机关依法调查或者侦查的行政与刑事案件在作出处罚决定后，对案件涉及的相关人员、财物需要公安机关予以相应的处理或者执行。这些情形，都存在着不同类型的行政与刑事案件的互相转化，在办理案件的程序方面则需要有

---

[1]《治安管理处罚法》第2条。
[2]《刑法》第13条、第37条。

良好的衔接。

　　警察执法行政与刑事程序的衔接，是指公安机关及其人民警察在其执法活动中根据对案件调查的情况，将开始着手处理的案件确定为行政案件、行政案件与刑事案件、刑事案件与行政案件以及公安机关与相关的执行机关在适用程序过程中相互转化及衔接机制。警察执法程序的衔接机制对整个警察执法的重要意义是警察执法的范围与特点决定的，良好的衔接程序是保障警察公正执法，实现打击违法犯罪行为与保障公民合法权益平衡的根本保障。

　　根据警察执法程序的具体规范，警察执法程序的衔接包括具体操作步骤与顺序的衔接以及证据的转化与衔接，即公安机关应该移送哪些案件、如何移送案件、刑事司法机关如何受理案件、如何处理案件、在移送的过程中如何处理证据的衔接问题等。具体可以分为：（1）步骤与顺序的衔接，是指在警察执法过程中，根据接受处理案件过程的不同，根据现场处置的具体情况，将现场处置的具体步骤与行政或者刑事执法程序良好地衔接，保证警察执法过程的连续和完整性；（2）强制措施的衔接，是指在警察执法过程中，根据对案件的调查和具体处置的情况，在行政程序和刑事程序转化过程涉及的行政和刑事强制措施的衔接；（3）证据衔接，是指警察执法过程中，由于行政执法和刑事执法证据规则的不同，当案件的性质转化，不同阶段取得的证据也需要相应的转化与衔接。

　　依据《公安机关执法细则》规定的执法程序，公安机关及其人民警察执法一般经过接处警、现场处置、盘问检查，然后根据案件不同的情况确定是否构成行政和刑事案件进行处理。

　　（一）警察执法程序的衔接

　　1. 立案的衔接

　　依照《公安机关执法细则》规定，公安机关各办案部门、警种对任何一种来源的案件都应当立即接受。公安机关在受理案件过程中应当制作询问笔录、接受证据、制作《受案登记表》和《受案回执》，并对接受的相关材料进行审查或者调查，确定是否有违法犯罪事实、是否达到刑事案件立案标准、是否属于本单位管辖，对于有犯罪事实、达到了刑事立案标准并且属于受案单位管辖的，公安机关应当立为刑事案件进行处理。如果犯罪地和犯罪嫌疑人均不明，但符合有犯罪事实、达到刑事立案标准的，发现或者接受案件的公安机关应当先立案侦查；对于没有犯罪事实、犯罪事实显著轻微，不需要追究刑事责任，或者具有其他依法不追究刑事责任情形的，公安机关依法不予立为刑事案件；对于暂时无法确定为刑事案件或者行政案件的，可以按照行政案件办理。在办理过程中，认为涉嫌构成犯罪的，应当转为刑事案件办理。

2. 销案后的衔接

已经刑事立案，但经过侦查符合销案条件的[1]，公安机关在依法撤销案件或者对犯罪嫌疑人终止侦查后，对犯罪嫌疑人需要行政处罚或者其他行政处理的，转为行政案件办理；应当由其他行政执法机关追究行政法律责任的，应当及时将案件移送同级行政执法机关。对查封、扣押的财物及其孳息、文件，或者冻结的财产，除按法律和有关规定另行处理的以外，应当在三日内解除查封、扣押、冻结。

（二）警察执法证据的衔接与转化

在证据法学领域，关于证据的概念一直是个争议的话题，其中比较有代表性的学说是"材料说"和"事实说"。2012 年我国《刑事诉讼法》进行修订，其第 48 条第 1 款规定："可以用于证明案件事实的材料，都是证据。"2012 年 12 月 3 日公安部部长办公会议通过的《公安机关办理行政案件程序规定》第 23 条则直接使用了《刑事诉讼法》中对证据的界定，即"可以用于证明案件事实的材料，都是证据。"因此，警察执法的证据就是可以证明案件事实的材料，包括警察行政执法和刑事执法证据。根据警察执法实务以及程序的衔接，警察执法证据的衔接包括以下情形：

1. 警察行政执法证据与刑事执法证据的衔接

警察行政执法证据与刑事执法证据的衔接，是指公安机关及其人民警察在刑事执法过程中应当如何看待和处理警察行政主体在行政执法过程中取得

---

[1] （1）《公安机关执法细则》26-05 撤销案件规定，经过侦查，发现所立案件具有下列情形之一的，应当撤销案件：①没有犯罪事实的；②情节显著轻微、危害不大，不认为是犯罪的；③犯罪已过追诉时效期限的；④犯罪嫌疑人死亡的；⑤经济犯罪案件，经立案侦查，对犯罪嫌疑人解除强制措施后十二个月，仍不能移送审查起诉或者依法作其他处理的；⑥其他依法不追究刑事责任的。（2）参见《公安机关办理刑事案件程序规定》第 183 条第 2 款：经过侦查，发现有犯罪事实需要追究刑事责任，但不是被立案侦查的犯罪嫌疑人实施的，或者共同犯罪案件中部分犯罪嫌疑人不够刑事处罚的，应当对有关犯罪嫌疑人终止侦查，并对该案件继续侦查。

的证据问题。根据《刑事诉讼法》第 52 条第 2 款的规定"行政执法和查办案件过程中收集的物证、书证、视听资料、电子数据等证据材料，在刑事诉讼中可以作为证据使用"；2012 年 11 月 5 日《最高人民法院关于适用〈中华人民共和国刑事诉讼法〉的解释》颁行，其中第 65 条规定："行政机关在行政执法和查办案件过程中收集的物证、书证、视听资料、电子数据等证据材料，在刑事诉讼中可以作为证据使用；经法庭查证属实，且收集程序符合有关法律、行政法规规定的，可以作为定案的根据"。上述法律规定表明：

（1）警察行政执法中收集的物证、书证、视听资料、电子证据的，具有刑事证据的资格；

（2）上述证据如果要作为定案的根据必须按照刑事执法证据审查的基本要求，进行法庭查证；

（3）可以作为刑事执法证据使用的在警察行政执法阶段取得的证据材料，应当符合警察行政法所规定的证据取得程序和要求。

2. 警察刑事执法证据与行政执法证据的衔接

警察刑事执法证据与行政执法证据的衔接，是指公安机关及其人民警察在处理刑事案件转为行政案件处理的情形时，在行政处理阶段，如何对待和适用警察在刑事执法阶段获取的证据问题。根据《公安机关办理行政案件程序规定》第 29 条规定，"刑事案件转为行政案件办理的，刑事案件办理过程中收集的证据材料，可以作为行政案件的证据使用。"基于此，警察刑事执法过程取得的与案件相关的证据，可以直接作为警察行政执法的证据使用。因为警察刑事执法相对于警察行政执法的证据具有基本相同的证据种类、比行政执法更严格的证明标准和取证程序的要求。

二、公检法三机关刑事执法的衔接

依照《刑事诉讼法》的规定，在我国一起刑事案件的处理包括刑事侦查、提起公诉以及审判三个环节，三项职权则分别由公安机关、检察机关和人民法院分别承担（其中检察机关承担一部分刑事案件的侦查工作），人民法院、人民检察院和公安机关进行刑事诉讼，应当分工负责，互相配合、互相制约，以保证准确有效地执行法律。[1]具体来讲，"对刑事案件的侦查、拘留、执行

---

[1]《刑事诉讼法》第 7 条。

逮捕、预审，由公安机关负责；检察、批准逮捕、检察机关直接受理的案件的侦查、提起公诉，由人民检察院负责；审判由人民法院负责。除法律特别规定的以外，其他任何机关、团体和个人都无权行使这些权力。"[1]因此刑事执法的过程中，公检法三机关之间的关系是分工负责，互相配合、互相制约的关系。

（一）警察执法与检察机关的衔接

1. 案件侦查程序的衔接

依照《刑事诉讼法》对公检法三机关办理刑事案件的分工，检察机关负责"检察、批准逮捕、检察机关直接受理的案件的侦查、提起公诉"，因此公安机关及其人民警察在侦办刑事案件过程中侦查程序的衔接主要表现在刑事拘留与逮捕等刑事强制措施的衔接上。

（1）逮捕由人民检察院审查批准。

刑事拘留和逮捕都是《刑事诉讼法》规定的刑事强制措施，依照《公安机关办理刑事案件程序规定》，对被拘留的犯罪嫌疑人，经过审查认为需要逮捕的，应当在拘留后的三日以内，提请人民检察院审查批准。在特殊情况下，经县级以上公安机关负责人批准，提请审查批准逮捕的时间可以延长一日至四日；公安机关要求逮捕犯罪嫌疑人的时候，应当写出提请批准逮捕书，连同案卷材料、证据，一并移送同级人民检察院审查批准。必要的时候，人民检察院可以派人参加公安机关对于重大案件的讨论。对于人民检察院未批准逮捕的，公安机关应当解除或者变更刑事强制措施。

（2）移送审查起诉。

公安机关对于侦查终结的案件，依照相关程序的规定，对于案件事实清楚，证据确实、充分，犯罪性质和罪名认定正确，法律手续完备，依法应当追究刑事责任的应当制作《起诉意见书》移送人民检察院提起公诉，办理案件的公安机关应当留存《起诉意见书》复印件和移交单据。[2]

（3）补充侦查。

①补充侦查的要求。

补充侦查，是人民检察院审查起诉过程中，对公安机关立案侦查的案件，

---

〔1〕《刑事诉讼法》第3条第1款，同时其第4条还规定，国家安全机关依照法律规定，办理危害国家安全的刑事案件，行使与公安机关相同的职权。

〔2〕《公安机关执法细则》第38章侦查终结部分的规定。

认为主要事实不清、证据不足或者尚有遗漏罪行，需要退回公安机关进一步调查、补充证据的活动。移送人民检察院审查起诉的案件，人民检察院退回公安机关补充侦查的，公安机关接到人民检察院退回补充侦查的法律文书后，应当按照补充侦查提纲在一个月内补充侦查完毕，补充侦查以二次为限。

②补充侦查后的处理。

对人民检察院退回补充侦查的案件，根据不同情况，报县级以上公安机关负责人批准，分别作如下处理：原认定犯罪事实清楚，证据不够充分的，应当在补充证据后，制作《补充侦查报告书》，移送人民检察院审查；对无法补充的证据，应当作出说明；在补充侦查过程中，发现新的同案犯或者新的罪行，需要追究刑事责任的，应当重新制作《起诉意见书》，移送人民检察院审查；发现原认定的犯罪事实有重大变化，不应当追究刑事责任的，应当重新提出处理意见，并将处理结果通知退查的人民检察院；原认定犯罪事实清楚，证据确实、充分，人民检察院退回补充侦查不当的，应当说明理由，移送人民检察院审查。

（4）协助人民检察院补充侦查。

人民检察院自行补充侦查有两种情形：一是在审查起诉过程中补充侦查；二是在法定审判过程中需要补充侦查。人民检察院自行补充侦查，需要公安机关协助的，公安机关应当协助。

（5）依人民检察院要求收集并提供证据材料。

对于人民检察院在审查起诉过程中，要求公安机关提供法庭审判所必需的证据材料的，公安机关应当及时收集和提供，如果确实无法收集到，应当及时以书面的形式向人民检察院说明。

（6）对人民检察院决定不起诉的处理。

《刑事诉讼法》第15条规定了不追究刑事责任的情形，并且规定已经追究的，应当撤销案件，或者不起诉，或者终止审理，或者宣告无罪。[1]因此，对于公安机关移送检察院公诉的案件，如果检察院作出不起诉的决定，办理

---

〔1〕《刑事诉讼法》第15条：有下列情形之一的，不追究刑事责任，已经追究的，应当撤销案件，或者不起诉，或者终止审理，或者宣告无罪：（一）情节显著轻微、危害不大，不认为是犯罪的；（二）犯罪已过追诉时效期限的；（三）经特赦令免除刑罚的；（四）依照刑法告诉才处理的犯罪，没有告诉或者撤回告诉的；（五）犯罪嫌疑人、被告人死亡的；（六）其他法律规定免予追究刑事责任的。

案件的公安机关应当在收到人民警察院《不起诉决定书》后，立即释放犯罪嫌疑人，并将释放和其他处理情况书面通知人民检察院。

（二）证据的衔接

我国《刑事诉讼法》第113条规定，公安机关对已经立案的刑事案件，应当进行侦查，收集、调取犯罪嫌疑人有罪或者无罪、罪轻或者罪重的证据材料。因此公安机关对证据的收集和调取，是整个程序的开端。在警察刑事执法过程中，与检察机关在证据方面的衔接表现在以下几个方面：

1. 共同的证据种类、证明标准

依照《刑事诉讼法》第50条的规定，审判人员、检察人员、侦查人员必须依照法定程序，收集能够证实犯罪嫌疑人、被告人有罪或者无罪、犯罪情节轻重的各种证据。在办理刑事案件的过程中，公安机关、检察机关以及人民法院在法定的刑事程序按照各自的法定职责，在不同的阶段收集、审查、查明相关的证据，以确定犯罪嫌疑人有罪或者无罪、罪轻还是罪重。因此公安机关、检察机关以及人民法院收集、审查、确认证据的过程，只是办理刑事案件不同阶段，三机关遵守共同的证据要求，包括证据种类、证据审查的要求、证明标准等。特别是十八届四中全会提出，推进以审判为中心的诉讼制度改革，这就要求保证庭审在查明事实、认定证据、保护诉权、公正裁判中发挥决定性作用，在审判中加强对证据的审核，做到任何裁决的做出均以事实为根据，以证据为支撑。刑事诉讼中证据的收集、固定、保存、审查、运用必须依法进行，且必须经过庭审调查程序的检验，控辩双方经过充分的举证、质证和辩论，法庭对证据的证据能力及证明力进行实质审查后，方可认定进而作为裁判的根据。

2. 证据的移送

向人民检察院移送证据。公安机关在侦查终结移送案件时，对查封、扣押的犯罪嫌疑人的财物及其孳息、文件或者冻结的财产，作为证据使用的，应当随案移送，并制作随案移送清单一式两份，一份留存，一份交人民检察院。对于实物不宜移送的，应当将其清单、照片或者其他证明文件随案移送。待人民法院作出生效判决后，按照人民法院的通知，上缴国库或者依法予以返还，并向人民法院送交回执。人民法院未作出处理的，应当征求人民法院意见，并根据人民法院的决定依法作出处理。

三、公安机关与执行机关的衔接

在警察执法程序中，无论是行政处罚还是刑罚都涉及执行的问题，因此都涉及办理案件的公安机关与执行机关的衔接。目前涉及行政处罚与刑罚执行规定的法律规范主要有《治安管理处罚法》《行政处罚法》《行政强制法》《刑事诉讼法》和《监狱法》。

（一）警察行政处罚执行中的衔接

依照《治安管理处罚法》《行政处罚法》和《行政强制法》的规定，警察行政处罚需要与相关执行机关衔接的处罚主要是罚款处罚。受到罚款处罚的人应当自收到处罚决定书之日起十五日内，到指定的银行缴纳罚款。处于方便当事人缴纳罚款的考虑，对于一些特殊情形，法律规定可以由人民警察当场收缴，并在规定的期限内交到所属的公安机关，再由公安机关缴付至指定的银行。[1]

（二）刑罚执行中的衔接

我国目前涉及刑罚执行的法律法规主要有《刑法》《刑事诉讼法》《监狱法》等，在相关法律规范中涉及刑罚执行衔接程序的主要有：

1. 死刑的执行

对被判处死刑的罪犯，公安机关应当依据人民法院执行死刑的命令，将罪犯交由人民法院执行。

2. 有期徒刑的执行

监狱是国家的刑罚执行机关。依照《刑法》和《刑事诉讼法》的规定，被判处死刑缓期二年执行、无期徒刑、有期徒刑的罪犯，在监狱内执行刑罚。

3. 管教所执行

对未成年犯，公安机关接到人民法院生效的判处无期徒刑、有期徒刑的

---

〔1〕《治安管理处罚法》第104条规定，受到罚款处罚的人应当自收到处罚决定书之日起十五日内，到指定的银行缴纳罚款。但是，有下列情形之一的，人民警察可以当场收缴罚款：（一）被处五十元以下罚款，被处罚人对罚款无异议的；（二）在边远、水上、交通不便地区，公安机关及其人民警察依照本法的规定作出罚款决定后，被处罚人向指定的银行缴纳罚款确有困难，经被处罚人提出的；（三）被处罚人在当地没有固定住所，不当场收缴事后难以执行的。《道路交通安全法》第108条规定，当事人应当自收到罚款的行政处罚决定书之日起十五日内，到指定的银行缴纳罚款。对行人、乘车人和非机动车驾驶人的罚款，当事人无异议的，可以当场予以收缴罚款。

判决书、裁定书以及执行通知书后，应当在一个月内将罪犯送交未成年犯管教所执行。

4. 在看守所执行

对被判处有期徒刑的罪犯，在被交付执行刑罚前，剩余刑期在三个月以下的，由看守所根据人民法院的判决代为执行；被判处拘役的罪犯，由看守所执行。

5. 交社区矫正机构执行

对被判处管制、宣告缓刑、假释或者暂予监外执行的罪犯，已被羁押的，由看守所交付社区矫正机构执行。

6. 交公安派出所执行

对被判处剥夺政治权利的罪犯，交由罪犯居住地的公安派出所负责执行。

四、公安机关与其他行政执法机关的衔接

2001 年《行政执法机关移送涉嫌犯罪案件的规定》由国务院第 42 次常务会议通过并施行，其第 2 条规定："本规定所称行政执法机关，是指依照法律、法规或者规章的规定，对破坏社会主义市场经济秩序、妨害社会管理秩序以及其他违法行为具有行政处罚权的行政机关，以及法律、法规授权的具有管理公共事务职能、在法定授权范围内实施行政处罚的组织。"因此，这里的程序衔接是指作为办理刑事案件的公安机关与其他办理行政案件的行政机关之间涉及相关程序的衔接。

公安机关与其他行政执法机关在警察执法程序中的衔接表现为：行政执法机关在依法查处违法行为过程中，发现违法事实涉及的物品数量、金额、违法事实的情节、违法事实造成的后果等，符合法律规定，涉嫌构成犯罪，依法需要追究刑事责任的，应当及时向同级公安机关移送。公安机关对于其他行政机关在办理行政案件中认为可能构成犯罪而移送公安机关处理的案件，依法应当予以接受并进行审查，然后再根据不同的情况予以处理。

公安机关应当自接受行政执法机关移送的涉嫌犯罪案件之日起 3 日内，依照《刑法》《刑事诉讼法》以及最高人民法院、最高人民检察院关于立案标准和公安部关于公安机关办理刑事案件程序的规定，对所移送的案件进行审查。认为有犯罪事实，需要追究刑事责任，依法决定立案的，应当书面通知移送案件的行政执法机关；认为没有犯罪事实，或者犯罪事实显著轻微，

不需要追究刑事责任，依法不予立案的，应当说明理由，并书面通知移送案件的行政执法机关，相应退回案卷材料。[1]

【本章思考题】

1. 试述警察执法程序及其意义
2. 如何理解正当法律程序
3. 警察行政执法程序的种类及主要内容
4. 试述警察刑事执法程序
5. 如何理解警察行政和刑事执法程序的衔接

············ 知 识 拓 展 ············

警察行政执法程序与正当法律程序

"程序，从法律学的角度来看，主要体现为按照一定的顺序、方式和手续来作出决定的相互关系。其普遍形态是：按照某种标准和条件整理争论点，公平地听取各方意见，在使当事人可以理解或认可的情况下作出决定。但是要注意，程序不能简单地还原为决定过程，因为程序还包含着决定成立的前提，存在着左右当事人在程序完成之后的行为态度的契机，并且保留着客观评价决定过程的可能性。另一方面，程序没有预设的真理标准。程序通过促进意见疏通、加强理性思考、扩大选择范围、排除外部干扰来保证决定的成立和正确性。"[2]法律程序的运行往往产生一个实体的法律结果，因此在法律上程序往往与实体相对，是指按照一定的方式、步骤、时间和顺序作出法律决定的过程，程序关心的是作出实体决定的过程，而实体更关心的是决定的内容。由于私法领域活动实行意思自治原则，民事主体双方之间并不存在支配与被支配关系，法律一般不对其活动程序作出强行性规定，而更多地强调意思自治。但在公权力领域，由于公权力具有强制性，如果滥用极易侵犯公民的权利。因此，法律往往对公权力行使的程序作出明确规定，以确保权力行使的理性、公正，保证公民、法人和其他组织的合法权益。合理的程序设

---

〔1〕《行政执法机关移送涉嫌犯罪案件的规定》第8条。
〔2〕季卫东："程序比较论"，载《比较法研究》1993年第1期。

计使得行政机关作出的决定更容易得到认可，在通过程序作出决定的过程中也使得人们的不满情绪和想法得以宣泄；而合理的立法程序还可以最大限度地保证社会利益的公平分配以及人们法治理念的培养。据此就法律程序规范的对象而言，主要是公权力。与现代国家权力被分立为立法权、行政权和司法权相对应，现代法律程序也主要有立法程序、行政程序和司法程序。"缺乏程序要件的法制是难以协调运行的，硬要推行之，则极易与古代法家的严刑峻法同构化。其结果，往往是'治法'存、法治亡。因此，程序应当成为中国今后法制建设乃至社会发展的一个真正的焦点。"〔1〕在季卫东教授对程序所作的描述〔2〕中，既有对程序的技术含义分析，即决定者按照某种标准和条件整理争点，作出决定；又有对程序规范权力公正运行含义的价值追求，即决定者"公平听取意见，在使当事人可以理解或者认可的情况下"作出决定。因此，季卫东教授所描述的法律程序实质是一种正当法律程序，即法律程序不仅仅是形式上是法律规定的，而且在实质上要满足公正、公平的要求，从而构成正当法律程序。正当的法律程序恰恰是对法律程序的基本要求，是现代行政执法的核心。正当法律程序实质是现代法律程序的要求，其核心要素在于要求不仅最终的实体结果应当是公正的，而且产生实体结果的过程也应当是公正的。

一般认为正当法律程序的规则源于1215年英国国王签署的《自由大宪章》，其第39条规定："任何自由人未经其同等地位人的合法判决或国家法律的判决，不得被逮捕、入狱、剥夺财产、流放以及其他任何伤害，也不得剥夺其受法律保护的权利。"〔3〕在随后的爱德华三世时代，1354年英国国会通过的第28条法令即《自由令》第三章规定："未经法律的正当程序进行答辩，对任何财产或身份的拥有者一律不得剥夺其土地或住所，不得逮捕或监禁，不得剥夺其继承权和生命。"〔4〕这条规定首次以法令形式表述了正当法律程序

---

〔1〕 季卫东："法律程序的意义——对中国法制建设的另一种思考"，载《中国社会科学》1993年第1期。

〔2〕 参见季卫东：《法律程序的意义》，中国法制出版社2012年版。

〔3〕 39. No freeman shall be taken, or imprisoned, or disseized, or outlawed, or exiled, or in any way harmed--nor will we go upon or send upon him--save by the lawful judgment of his peers or by the law of the land. 载 teachingamericanhistong. ong/librany/document/magna-canta/#doe-tabs-full，最后访问日期：2017年5月10日。

〔4〕 ［英］丹宁勋爵：《法律的正当程序》，刘庸安等译，法律出版社2011年版，第5页。

原则，并扩大了正当程序的适用范围。1679 年，议会中反对国王的辉格党人为了保障自己不受国王任意逮捕，提出并通过了《人身保护法》，这个被认为是英国重要的宪法性文件的法律共有 20 条，其中有近 2/3 的内容为程序性规定。[1]

在美国，正当法律程序是一项宪法原则，联邦宪法修正案第 5 条和第 14 条分别规定联邦和州未经正当法律程序不得剥夺任何人的生命、自由和财产，"无论何人，除非根据大陪审团的报告或起诉，不得受判处死罪或者其他不名誉罪行之审判，惟发生在陆、海军中或发生在战时或出现公共危险时服现役的民兵中的案件，不在此限。任何人不得因同一罪行而两次遭受生命或身体的危害；不得在任何刑事案件中被迫自证其罪；不经正当法律程序，不得被剥夺生命、自由和财产。不给予公平赔偿，私有财产不得充作公用"，[2]这条规定适用于联邦政府机关。1868 年通过的美国宪法第 14 条修正案规定："凡在合众国出生或归化合众国并受其管辖的人，均为合众国的和他们居住的州的公民。任何一州，都不得制定或实施限制合众国公民的特权或豁免权的任何法律；不经正当法律程序，不得剥夺任何人的生命、自由或财产；对于在其管辖下的任何人，亦不得拒绝给予平等法律保护。"这条规定适用于各州政府机关。美国宪法第 5、14 条修正案所包含的"不经正当法律程序，不得剥夺任何人的生命、自由和财产"的内容被称为"正当程序条款"。根据美国法院的解释，"正当程序"包括两方面的含义：其一，正当程序是一个实体法规则，称为实体的正当法律程序。在这个意义上，正当法律程序要求国会所制定的法律必须符合公平与正义；其二，正当程序是一个程序法规则，称为程序上的正当法律程序。这个意义上的正当程序要求一切权力在行使剥夺人的

---

〔1〕　参见张莹、许玉祥："英国 1679 年《人身保护法》及其启示"，载《法制与社会》2007 年第 9 期。

〔2〕　No person shall be held to answer for a capital, or otherwise infamous crime, unless on presentment or indictment of a Grand Jury, except in cases arising in the land or naval forces, or in the Militia, when in actual service in time of War or public danger; nor shall any person be subject for the same offense to be twice put in jeopardy of life or limb; nor shall be compelled in any criminal case to be a witness against himself, nor be deprived of life, liberty, or property, without due process of law; nor shall private property be taken for public use, without just compensation. 载 http://zh. wikipedia. org/wiki/% E7% BE% 8E% E5% 9C% 8B% E6% 86% B2% E6%B3%95%E7%AC%AC%E4%BA%94%E4%BF%AE%E6%AD%A3%E6%A1%88。

生命、自由或财产时，必须听取当事人的意见，当事人具有要求听证的权利。[1]

　　由此可以看出，正当法律程序旨在限制政府专制，它不但是一个程序原则，也是法治、社会正义和基本价值的核心。正当法律程序的要求在英国体现为普通法上的自然公正原则。自然公正原则"在英国普通法上包括两个最基本的程序规则：（1）任何人或团体在行使权力可能使别人受到不利影响时应当听取对方意见。每一个人都有为自己辩护和防卫的权利。（2）任何人或团体不能作为自己案件的法官。"正当法律程序作为一项法律原则的适用领域在英国、美国等国家最初主要是在司法，特别是刑事审判领域，随着行政权的扩张，逐步扩展到行政权力领域，成为行政程序应当遵循的最基本的原则。在德国、日本等传统上重实体轻程序的国家，随着第二次世界大战后新宪法的颁布，公民与行政之间的关系发生了根本性的变化，所有国家机关都有义务尊重公民作为人的尊严，包括行政机关。公民由过去行政的客体转变为独立的主体，有权直接参与行政权的运作，行政程序法得以应运而生，正当法律程序成为行政机关行使行政权的基本原则和要求。

---

　　〔1〕　参见王名扬：《美国行政法》，法律出版社 1995 年版。

第八章
警察执法证据

【内容提要】

证据是法律程序的灵魂，离开证据的证明作用，任何精巧的法律程序都将会变得毫无意义。本章在介绍证据的概念、分类和种类的基础上，以警察执法为视角，从警察行政执法和警察刑事执法，警察行政执法证据与刑事执法证据的衔接三个方面阐述警察执法中的证据问题。

【重点提示】

1. 证据的概念和特点
2. 证据的种类
3. 警察行政执法证据的规则
4. 警察刑事侦查执法证据规则

第一节　警察执法证据制度概述

【引导案例】[1]

某日晚6时，某市某区发生一起凶杀案。被害人是区政府工作人员李某的岳父和妻子。犯罪分子杀人后纵火焚尸未果。公安机关在现场勘查时，收

---

[1] 参见王新清主编：《刑事诉讼法》，中国人民大学出版社 2008 年版，第 96~97 页。

集到了一把带血的斧子，经查斧子是被害人家的。杀人犯同时取走了被害人家中的现金和存折，共计金额 20 000 元。李某的妻子自戴的进口手表及李某的岳父衣服口袋里的钱都没有被拿走。一个超市工作人员向公安机关反映，他在案发当天傍晚 5 点左右看见李某身穿黄色绒衣。公安机关从现场烧残的衣物中找到了一件袖头已被烧坏、前襟布满大量喷溅状血迹的黄色绒衣，于是李某作案的嫌疑就产生了。公安机关以李某为中心进行了一系列侦查活动，收集到下列几方面证据。

一是关于作案时间的证据：（1）证人甲证明，案发当日晚 6 点 35 分左右，看见李某从其岳父家走出，并与甲说了两句话；（2）被害人的单位和邻居证明，二个被害人是 5 点钟下班，6 点前先后到李某岳父家的；（3）李某所在单位同事证明，李某当日晚 7 点 10 分到单位值夜班，白天没有上班。

二是关于作案手段的证据：（1）经鉴定发现，在现场发现的带血的斧子上有李某的血指纹、掌纹；（2）根据死者伤口形状认定，斧子是杀人凶器；（3）李某的指甲里有人血残迹，经鉴定与二被害人血型相同；（4）李某当日穿的棉裤、黄色绒衣上有大量喷溅状血迹。

三是关于没有其他人进入犯罪现场的证据。现场勘查发现，作案现场为一单独宅院，当天下了小雨，院里除了李某与二被害人的新鲜脚印外，没有别人的新鲜脚印。

四是关于犯罪结果的证据：（1）经对二被害人尸体检验，证实二被害人皆因斧子砍、砸而亡；（2）在李某的单位办公桌抽屉里发现了其岳父的存折，内存 15 700 元。

五是关于犯罪后心理态度的证据：（1）李某在被捕前曾向公安机关说，6 日晚 6 点多钟他从其岳父家里出来，到区一家商店买了 5 个刮脸刀片，然后到单位值夜班了；（2）该商店值班经理证明，商店 6 日晚 6 点准时关门，李某 6 点多钟不可能到商店买刮脸刀片。

六是关于犯罪动机的证据：（1）超市工作人员反映，近来李某与该店出纳员韩某来往频繁；（2）在李某给韩某的信中以及李某的日记中，流露出怨恨其妻、岳父并伺机杀死他们与韩某结婚的犯罪动机；（3）经找出纳员韩某谈话，得知韩某多次引诱他，二人最终发展成情人关系。韩某一直逼李某与她结婚。

由于被告人李某在被捕前后除向公安机关讲了一些假话外，拒不交代自己所犯的罪行，被害人已经死亡，更无其他人目睹案件事实，本案没有直接证据可资利用，法院经过反复研究，认为本案间接证据确实、充分，足以认定被告人犯有杀人罪，因而判处被告人死刑，立即执行。

【引导问题】

1. 什么是证据？证据应当具有哪些的基本属性？
2. 证据如何分类？包括哪些种类？
3. 从本案来看，影响行为认定的最关键问题是什么？

一、证据的概念和分类

（一）证据的概念与基本属性

所谓证据是指那些通过一定的形式表现出来，能够证明案件事实的材料。通常情况下，证据可以从广义或狭义两个层次进行解释。广义的证据是指用来或可能用来认定案件事实的一切根据和凭据；狭义的证据则是指经过查证属实的证据。由于警察权的双重属性，警察执法证据可以分为警察行政执法证据和警察刑事执法证据（刑事诉讼中的证据），无论警察行政执法还是警察刑事执法，在警察执法实务中，证据通常都是指认定案件事实的客观依据，没有证据就无法认定案件事实，更无法追究违法犯罪嫌疑人的法律责任。因此，在警察执法活动中，证据是极其重要的，没有证据治安行政处罚和刑事诉讼既不能开始，也无法进行。

证据之所以能够证明案件事实，之所以在警察执法中有如此重要的作用，是因为它具有证明力，即根据证据能够查清以前发生且警察并不知晓的案件事实。证据之所以有证明力，是因为它具有下述三种属性。

1. 客观性

证据的客观性是指证据都是客观存在的，不是主观想象和捏造的，它不以人们的意志为转移。证据的客观性包括证据形式的客观性和证据内容的客观性两个方面。证据形式的客观性，是指证据的存在及表现形式是人们看得见、摸得着的。比如被告人用匕首杀死了人，作为证据的匕首就是客观存在的，不因为公安司法人员认为有就有，也不因为公安司法人员认为无就无；证据内容的客观性，是指证据所反映或包含的内容是真实可靠和确凿无疑的。

相反，一切未经证实的猜想、判断，就不是客观存在的，不能作为证据。

证据的客观性既是证据的本质属性，也是审查判断证据的基本标准。在警察执法中强调证据具有客观性，有助于揭示案件的事实真相，防止警察执法人员凭主观臆断或想象办案而出现主观片面性。

2. 关联性

证据的关联性是指证据必须同作为证明对象的特定事实存在某种客观联系，并因此对证明具有实际意义。证据对待证事实有无证明力及其证明力的大小，取决于证据与待证事实有无关联以及关联的紧密程度。质言之，作为证据的客观事实都与案件事实有着一定的关系，不是毫不相干的。证据的关联性也是客观存在的，不是人为臆造的。警察执法实践中，证据的关联性表现为正、反两个方面。正方面的关联性表现为肯定违法犯罪事实发生或肯定某人是违法犯罪人。比如，证人亲眼看见被告人开车撞人后逃逸的事实；犯罪分子使用的凶器以及在犯罪现场留下脚印的事实。反方面的关联性表现为否定违法犯罪事实发生或否定某人是违法犯罪人。在这种情况下，作为证据的客观事实与案件事实的联系有时并不明显，有时是有条件的，因此极易被人们所忽视。比如，麻某卖淫嫖娼案件中，医院证明麻某是处女的诊断证明。[1]

如果我们把证据的客观性看作是证明活动的前提和基础，那么，证据的关联性就可以看作是证明活动的桥梁和纽带。在警察执法中强调证据关联性，有助于警察在办理案件时认真仔细地进行勘验、检查、辨认和鉴定，有针对性地去收集证据，排除不相关证据的干扰，查明事实。

---

[1] 2001年1月8日晚，陕西省泾阳县蒋路乡派出所民警与聘用司机来到该乡一家美容美发店，将正在看电视的19岁少女麻旦旦带回派出所讯问，要求其承认有卖淫行为。麻旦旦被非法讯问23小时后，1月9日，泾阳县公安局出具了一份《治安管理处罚裁决书》，该裁决书以"嫖娼"为由决定对麻旦旦拘留15天。少女麻旦旦在裁决书中被写成了"男"，时间也写成一个月后的2月9日。为证明清白，麻旦旦自己去医院做了检查，证明自己还是处女。2月9日，咸阳市公安局有关人员将麻旦旦带到医院，医院再次证明麻旦旦是处女，咸阳市公安局遂撤销了泾阳县公安局的错误裁决。此后，麻旦旦将泾阳县、咸阳市两级公安局告上法院，要求赔偿精神损失费500万元。5月19日，咸阳市秦都区法院一审判决赔偿74元。2001年12月11日二审法院，陕西省咸阳市中级人民法院审判庭经过审理判令，泾阳县公安局支付麻旦旦违法限制人身自由两天的赔偿金74.66元，加上医疗费、交通费、住宿费以及180天的误工费共9135元整。同时法院驳回麻旦旦要求的500万元精神伤害赔偿和公安局在媒体上公开道歉等诉讼请求。法院审理认为，麻旦旦请求精神损害赔偿不符合国家赔偿法规定，请求公安机关在媒体上公开赔礼道歉也没有事实依据。

3. 合法性

证据的合法性，是指证据必须是依照法律的要求和法定程序所取得的事实材料，包括证据的形式应当符合法律的要求，以及证据的提供、收集和审查，必须符合法定程序。学界一般认为，证据的合法性主要体现在四个方面：一是收集、运用证据的主体要合法；二是证据的收集程序要合法；三是证据必须符合法定形式；四是证据必须经法定程序查证属实。《最高人民法院关于行政诉讼证据若干问题的规定》（以下简称《行政诉讼证据若干规定》）第55条就规定了："法庭应当根据案件的具体情况，从以下方面审查证据的合法性：①证据是否符合法定形式；②证据的取得是否符合法律、法规、司法解释和规章的要求；③是否有影响证据效力的其他违法情形。"

与证据合法性相对应的是非法证据。在警察执法领域，非法证据通常有以下三种类型：一是不合法主体收集或提供的证据；二是取证方式违反法定程序取得的证据；三是不符合法定形式的证据。证据的合法性是证据客观性和关联性的重要保证。在警察执法中强调证据的合法性，有助于办案人员严格遵守法定程序和要求，减少非法证据的发生。

（二）证据的分类

从不同的角度，依据一定标准，可以对证据进行不同种类的划分。证据种类的划分虽属学理性的，但对警察执法司法实践有很重要的指导意义。国内外学者们对证据的分类是多种多样的，下述四种对警察执法司法实践有重要的指导意义。

1. 有罪（违法）证据与无罪（违法）证据

划分有罪（违法）证据与无罪（违法）证据的标准是：证据所证明的案件事实是肯定犯罪（违法）还是否定犯罪（违法）。有罪（违法）证据是指证明犯罪（违法）事实发生或犯罪（违法）嫌疑人、被告人有罪（违法）的证据；无罪（违法）证据是指证明犯罪（违法）事实没有发生或者犯罪（违法）嫌疑人、被告人没有犯罪（违法）的证据。将证据划分为有罪（违法）证据与无罪（违法）证据，其目的在于提醒办案人员全面收集和运用证据，不能只重视有罪（违法）证据而忽视无罪（违法）证据，只有全面收集有罪（违法）证据和无罪（违法）证据，才能保证办案的客观与公正。

有罪（违法）证据与无罪（违法）证据的分类，在《刑事诉讼法》和

《治安管理处罚法》中已有反映。《刑事诉讼法》第 50 条规定"审判人员、检察人员、侦查人员必须依照法定程序，收集能够证实犯罪嫌疑人、被告人有罪或者无罪、犯罪情节轻重的各种证据。"《治安管理处罚法》第 79 条规定"公安机关及其人民警察对治安案件的调查，应当依法进行。严禁刑讯逼供或者采用威胁、引诱、欺骗等非法手段收集证据。以非法手段收集的证据不得作为处罚的依据。"

2. 原始证据与传来证据

划分原始证据与传来证据的标准是：证据是否直接来源于案件事实。原始证据是指那些直接来源于案件事实的证据，也称"第一手的材料或事实"。原始证据是案件事实（行为）直接造成的，它以由案件事实直接作用的物质或人脑的反映为表现形式。譬如盗窃犯在现场撬砸钱柜留下的痕迹；多次发送淫秽、侮辱信息干扰他人正常生活的违法行为人留下的短信等。传来证据是指那些间接来源于案件事实的证据，通常称"第二手或第二手以上之材料或事实"。例如，物证的复制品、照片、书证的副本、未亲自感受案件事实发生而听他人传说的证人提供的证人证言等。

将证据划分为原始证据与传来证据，其意义在于使公安机关及其人民警察充分了解证据与案件事实的联系有直接和间接之分，从而正确把握原始证据与传来证据的特点与作用，慎重使用传来证据。

3. 直接证据与间接证据

划分直接证据和间接证据的标准是：证据与案件主要事实之间的关系。这里的案件主要事实是指犯罪（违法）嫌疑人、被告人是谁，以及他是否实施了被指控的犯罪（违法）。直接证据是指那些能够单独说明案件主要事实的证据，或者说直接证据是那些通过它就可以使人们了解到犯罪（违法）嫌疑人、被告人是谁以及他是否实施了被指控的犯罪的证据。例如，犯罪（违法）嫌疑人、被告人对自己犯罪（违法）所作的供述；与犯罪（违法）分子有过面对面接触的被害人指认某人犯罪（违法）的陈述；目睹犯罪发生全过程的证人提供的某些证人证言等。间接证据是那些不能单独说明案件主要事实，而需要与其他证据结合才能说明案件主要事实的证据。比如犯罪现场留下的凶器、脚印、血迹、尸体，某人家中放置的赃物等，都不能单独说明犯罪嫌疑人、被告人是谁以及他们实施了什么性质的犯罪。

将证据划分为直接证据和间接证据，其目的主要在于让公安司法人员清楚认识间接证据的特点、作用，学会在无法收集到直接证据的情况下，运用间接证据认定案件主要事实。

4. 言词证据与实物证据

划分言词证据与实物证据的标准是证据的表现形式。凡是表现为物品或者痕迹的证据是实物证据，如物证、书证都是实物证据。勘验、检查笔录虽是公安机关及其人民警察在勘验、检查现场时人为制作的，但由于它是对现场勘查情况的机械性记述，不含有人的主观因素，因此也属实物证据。实物证据与案件事实的联系不是一目了然的，因而容易被人伪造，在收集它们的时候也可能出现收集错误。

言词证据是指表现为人的叙述的证据，包括：证人证言、被害人陈述、犯罪（违法）嫌疑人、被告人供述和辩解、鉴定意见。言词证据形象、直观，容易辨别出它与案件事实的联系，但由于它是对感受到的案件事实的陈述，因而其形成过程比较复杂，要受感受阶段、记忆阶段和表达阶段等诸多因素的影响，其内容很容易失实。

二、证据的种类

证据的种类是根据证据的表现形式对证据所作的分类。《刑事诉讼法》第48条规定，证据有下列八种："物证；书证；证人证言；被害人陈述；犯罪嫌疑人、被告人供述和辩解；鉴定意见；勘验、检查、辨认、侦查实验等笔录；视听资料、电子证据。"《行政诉讼法》第33条规定，"证据包括：书证；物证；视听资料；电子数据；证人证言；当事人的陈述；鉴定意见；勘验笔录、现场笔录。"同时规定，"以上证据经法庭审查属实，才能作为认定案件事实的根据。"

（一）物证

1. 物证的概念和特点

物证是指能够证明案件真实情况的一切物品和痕迹。物证在警察执法中运用最为广泛，其表现形式是多种多样的，它可以是有生物，也可以是无生物；可以是物品，也可以是各种物质痕迹。物证是以其本身所具有的物质特征来证明案件真实情况的，这是物证区别于其他证据的特征。物质特征分为内部特征和外部特征，内部特征包括物理结构、化学成分、本质属性等，外部特征包括形状、数量、重量、存在的位置等。物证可以其上述任何一个或数个物质特征来证明案件真实情况。

2. 物证的作用和提供

几乎每个警察执法案件都有物证。物证在警察执法中有以下几点作用：（1）物证是侦破案件的线索和向导。比如，在刑事侦查实践中，很多案件侦查都是从某一物证比如一具尸体、一摊血迹、一行脚印开始的，根据这些物证，可以判断作案人的身份特征，有助于缩小侦查范围，从而发现犯罪嫌疑人。（2）物证是鉴别其他证据尤其是言词证据真伪的有力手段。物证具有相对的稳定性，其对案件的证明作用不易受到人们主观因素的影响。因此，其他证据是否具有客观性，是否符合案件的实际情况，往往需要用物证加以鉴别。

在警察执法实践中，如无特殊情况，物证应当提供原物。提供原物确有困难的，可以提供与原物核对无误的复制件或者证明该物证的照片、录像等其他证据。原物为数量较多的种类物的，提供其中的一部分。

（二）书证

1. 书证的概念和特点

书证是以文字、图画、符号所记载的内容证明案件真实情况的书面材料或其他物品。例如，犯罪分子有关犯罪动机和犯罪过程的日记；诬告、陷害案件中犯罪（违法）嫌疑人、被告人提交给公安机关的诬告信等。执法实践中，不论书证书写或刻画于何种物品上，凡是以其记载的内容证明案件真实情况的都是书证。

书证与物证相比，两者有以下相同点：一是物证、书证都是以物质形式表现出来的证据，同属于实物证据。二是在某些情况下，物证、书证可以有同一个载体。例如涂改的单据或账册，如以其涂改前后的内容证明犯罪分子贪污数额的，它是书证；如以其笔迹（痕迹）特征证明此项涂改系某犯罪嫌疑人、被告人所为，它又是物证。

物证与书证的区别在于：一是物证是以其物质特征来证明案件事实，书证则以其记载的内容来证明案件事实，二者的证明方法不同；二是在某些情况下，书证可以直接证明案件主要事实，例如犯罪（违法）分子作案后写的记载违法犯罪活动的日记、遗书等是直接证据，而物证无论在何时均不能直接证明案件主要事实，它只能是间接证据。

2. 书证的类型和提供要求

按照不同的标准，书证可以分为不同类型。以警察行政执法中常见的几种书证为例。一是按照书证的制作主体，可将书证分为公文性书证和非公文性书证。前者如公安机关的治安处罚裁决书，后者如公民个人制作的文书；二是按照书证的内容，书证可以分为处分性书证和报道性书证。前者能够发生、变更、消灭一定的法律关系，如治安处罚裁决书，后者仅指记载具有某种意义事实的书证，如医院的诊断书；三是按照书证的形式不同，书证可以分为原本、正本、副本、复印件和节录本。其中原本是文书制作人最初制作的文书，是正本和副本的最初源流；正本是照原文全文抄录印制并对外具有与原本统一效力的文件；节录本仅指摘抄原文或正本文件部分内容的书证。此外按照书证内容的表现方式在外形特征上的不同，还可以将书证分为文字书证、符号书证、图形书证等。

执法实践中，如无特殊情况，书证应当提供原件（书证原件包括原本、正本和副本）。对于下列书证，应当认定其证明效力：一是经公证证明的文书；二是一方当事人提供的由有关国家机关、社会团体在其职权范围内制作的公文书证；三是书证原件以及和书证原件核对无误的复印件、副本、节录本、照片。

（三）证人证言

1. 证人证言的概念和应当符合的要求

证人证言是指了解案件有关情况的人民法院、检察院或公安机关所作的有可能证明案件事实情况的陈述。证人证言虽然作为法定的证据形式之一，但目前《刑事诉讼法》和《行政诉讼法》对证人证言的形式和内容均未作具体规定。从执法实际情况来看，证人一般是口头向办案人员陈述其所了解到的事实，办案人员通过制作询问证人笔录的形式，对其证言加以固定。经过询问，证人可以在口头陈述的基础上书写证言。证人向警察或者司法人员陈述的案件事实，可以是自己亲自感受到的，也可以是听他人转述的。证人在陈述经他人转述的证言时，必须说明来源。

证人证言作为警察执法实践中应用很广泛的一种证据，由于证人证言的主观性强，容易受各种因素的影响而出现不真实的情况，因此，证人证言必须经过认真查证才能使用。通常而言，证人证言应当符合以下要求：一是证人不可以由他人随便替代；二是证人证言是对案件事实的客观陈述，不需要也不能对所述事实进行分析评价；三是证人证言有很强的主观性，必须结合其他证据进行严格审查核实，否则不能作为定案的根据；四是证人证言要依法取得。《最高人民法院关于适用〈中华人民共和国刑事诉讼法〉的解释》第 78 条规定"证人当庭作出的证言，经控辩双方质证、法庭查证属实的，应当作为定案的根据。证人当庭作出的证言与其庭前证言矛盾，证人能够作出合理解释，并有相关证据印证的，应当采信其庭审证言；不能作出合理解释，而其庭前证言有相关证据印证的，可以采信其庭前证言。经人民法院通知，证人没有正当理由拒绝出庭或者出庭后拒绝作证，法庭对其证言的真实性无法确认的，该证人证言不得作为定案的根据。"

2. 证人资格和证人保护

证人是与案件事实和诉讼结果均无直接利害关系的人。在执法实践中，证人应当符合下列要求：一是知道案件情况。知道案件情况是证人的首要条件，因此，证人不能更换和代替；二是自然人。机关、团体和企事业单位（法人）虽然也可以以单位的名义提供有关案情的证明，但不将其作为证人证言对待，而作为书证处理；三是具备辨别是非和正确表达的能力。凡是同时具备辨别是非和正确表达的能力，即使生理上、精神上有某种缺陷或者年幼，均可做证人，否则不能做证人。执法实践中，对于证人能否辨别是非，能否正确表达，应当进行审查，必要时还需做司法鉴定。

证人作为了解案件事实的人往往具有不可替换性，因此，针对司法实践中证人经常受到威胁和伤害的情况，就需要对证人进行必要的保护。保护证人的安全是公安机关人民警察的义务。根据《刑事诉讼法》第 61 条的规定"人民法院、人民检察院和公安机关应当保障证人及其近亲属的安全。对证人及其近亲属进行威胁、侮辱、殴打或者打击报复，构成犯罪的，依法追究刑事责任；尚不够刑事处罚的，依法给予治安管理处罚。"

（四）鉴定意见

1. 鉴定意见的概念和特点

鉴定意见是指经委托或指派，鉴定人运用科学技术或专门知识，对一定的客体进行检验、分析、检测、鉴别后提出的看法和主张。鉴定意见作为刑事诉讼和行政诉讼的证据种类之一，在警察执法实践中比较常见的鉴定意见包括：医学鉴定、文书鉴定、技术鉴定、会计鉴定、化学鉴定、物理鉴定等。

鉴定意见以书面形式为主，以口头形式作为说明或补充。鉴定意见应由鉴定人签名，并由鉴定部门对鉴定人的身份予以盖章证明。

由于鉴定意见是鉴定人就鉴定材料鉴定后提出的一种意见，其内容不仅包括鉴定人就鉴定材料所观察到的事实，而且包括针对观察到的事实作出的判断性看法或主张。因此，警察执法实践中，鉴定人往往由公安机关指定或者聘请，再加上回避制度的制约，通常而言，鉴定意见的客观性一般比较强。但是，由于它仅仅是鉴定人的一种看法或主张，对鉴定意见也必须经过查证属实，才能作为定案根据。

2. 鉴定意见异议的救济措施

受聘请或被指派从事鉴定活动的人叫鉴定人。鉴定人在诉讼程序中也叫诉讼参与人，享有一定的与鉴定活动有关的诉讼权利，也必须遵守与鉴定活动相关的诉讼义务。[1]在公安行政诉讼中，当事人对鉴定意见有异议，经法庭许可后一般应先申请鉴定部门复查，确有重新鉴定必要的，也可以向法庭申请重新鉴定。通常而言，经当事人协商后由法庭指定的鉴定部门做出的鉴定意见，一般不再进行重新鉴定。但有下列情形之一的，原告或者第三人可以向法庭提出书面申请，请求对被告公安机关在行政程序中采纳的鉴定意见重新鉴定：一是有适当的证据或者理由表明公安机关作出的行政行为据以认定的案件事实可能有错误的；二是因客观情况发生变化，致使公安机关作出的行政行为据以认定的案件事实的鉴定意见丧失合理基础，公安机关仍以该鉴定结论作为认定案件事实的根据而拒不重新鉴定的。

（五）视听资料

视听资料是指利用现代的技术手段，通过录音录像反映出来的音像和图像，或者以电子设备所存储的资料来证明案件事实的材料。视听资料的表现形式主要是录音带、录像带、电影胶卷、微型胶卷、传真资料等。视听资料是伴随现代科学技术发展而产生的一种证据形式。我国1979年颁布的《刑事诉讼法》没有将视听资料作为一种独立的证据形式加以规定，但自20世纪80

---

〔1〕　相关的诉讼权利主要体现在：查阅勘验笔录、现场笔录等与鉴定活动有关的案件材料；咨询当事人和证人；请求付给鉴定费用和报酬；在受专门知识限制或鉴定设备、手段不具备条件而难以做出鉴定结论时，可以拒绝鉴定。相关的诉讼义务主要体现在：遵守鉴定纪律；对鉴定内容负责；不作虚假鉴定；提交鉴定意见书，在法庭审查证据时如实回答有关人员提出的询问等，鉴定人作虚假鉴定应负法律责任。

年代初期以来，视听资料在我国的司法实践中被广泛运用。1996 年，视听资料作为一种独立形式的证据，被修改后的《刑事诉讼法》所确定。

与其他种类的证据相比较，视听资料有以下特点：一是直感性比较强。视听资料以录音、录像为表现形式，它所反映的案件事实很多时候给人一种身临其境的感觉，仿佛亲耳听到某种声音，亲眼看到某种情景。其他任何证据均不可能像它一样给人以生动的感受。二是科技含量比较高。视听资料的形成、取得或者审查判断均需要一定的技术设备和技术手段。没有相应的技术，就无法在刑事诉讼和行政诉讼中运用它。三是容易被伪造。随着科学技术的发展，录音、录像可以被人们轻而易举地剪辑、拼接或进行其他形式的修改，这给伪造视听资料大开方便之门。因此执法实践中，视听资料不能因为它的科技含量高而忽视对它的审查判断。

（六）电子数据

1. 电子数据的概念和特征

电子数据是指通过电子信息设备生成、处理、存储、传输的证明案件情况的编码及其痕迹。作为一种利用现代电子科技、计算机技术而形成的新证据形式，其内涵和外延、特征和功能都有待司法实践进一步的总结和检验。根据司法实践，电子数据作为证据的一种类型，与其他证据形式相比具有以下特征：一是电子数据是以电子形式为载体的证据形式。所谓电子形式，是指由介质、磁性物、光学设备、计算机内存或类似设备生成、传输、存储、复制、读取的任一信息的存在形式。二是电子数据是以特定的数据为内容而发挥证明作用的证据形式。所谓特定数据，是指可以被电子形式识别、计量、运算的数字、编码或者符号等信息。三是电子数据要借助具备自动处理数据功能的系统，如计算机、网络设备、通信设备、自动化控制设备等，才能被使用而进入诉讼领域。

电子数据证据是现代科技发展对证据制度的一个贡献。从国外的立法实践看，越来越多的国家将电子数据作为一种独立的证据种类在法律中加以规定，如加拿大《统一电子证据法》、美国《统一计算机信息交易法》和《统一电子交易法》、新加坡《电子商务法》等基本上都把电子数据（电子证据）作为一个独立的证据种类，对其审查标准及电子签名和电子认证进行了相应的规定。2012 年再次修订的《刑事诉讼法》《民事诉讼法》将电子数据作为新增加的证据形式，新修订的《行政诉讼法》也将电子数据同物证、书证、视听资料等其他七种传统的法定证据种类并列为一种独立的证据类型，这是立法上的一次突破：一方面体现了三大诉讼法在证据类型上的统一，另一方面也是和国际接轨的需要。

2. 电子数据与其他相关证据的区别

与证人证言、当事人陈述不同，电子数据一旦形成，就成为存在于人的意识之外的客观事物，它同书证、物证、视听资料一样，都是独立于人的主观意识的客观实体。

（1）与书证的区别。书证是以文字、图形、符号表示的思想内容证明案件情况的书面材料，一般而言，它存在于普通载体上。书证与电子数据本是不需要区分的，但当它以电子形式表现时，就与电子数据发生了联系。以电子形式表现的书证通常被称为电子书证。电子书证也是书证，而不是电子数据，原因在于电子书证与书证发挥证明作用的机理是同样的，而电子书证与电子数据发挥证明作用的角度却是完全不同的。电子书证凭借电子载体上的文字、图形、符号表示的思想内容证明案件情况，是直观的，人们可以以此相互交流。而电子数据发挥证明作用的数字、编码、符号及其痕迹，不是直接反映思想内容的，人们是看不懂的，需要破译、解读或鉴定才能发挥证明作用。

（2）与物证的区别。物证是指以其物质属性、外部特征、存在状况来证明案件事实的实物和痕迹。物证具有较强的客观性，这是物证与书面证据、视听资料、电子数据等有形证据的区别。电子数据虽然同物证一样，都以特定的物质形态证明案情。二者的区别在于：电子数据只存在于网络、计算机内存和其他电子信息设备等虚拟空间，而物证则多存在于现实世界；电子数据的数字、编码或者符号等信息及其痕迹，是人们按照一定技术规则有目的的人为设计的，而物证则是凭物质自身的属性、特征和存在状况证明案情的，物证内容本身没有人为的因素。电子空间里可能存在电子物证，但电子物证也是物证而不能是电子数据。区分电子物证与电子数据的关键在于，存在于电子空间的这些发挥证明作用的物质，是不是按照一定技术规则有目的的人为设计编制的，而且这些人为编制的数字、编码、符号等信息及其痕迹是可以生成、运算、传输、存储、复制、显现的，如果是的话，那么它们就是电子数据，相反就是电子物证。

（3）与视听资料的区别。视听资料是一种通过影像和声音来表现，以视觉和听觉来直接感知的证据。根据载体的性质，可以将视听资料分为录音资料、录像资料两大类，实践中较为常见的是录音资料。电子数据与视听资料同是以电子形式存在的证据，都是依靠计算机及类似设备生成、传输、显现的证据内容而发挥证据作用的。二者的区别在于：电子数据的证据内容是隐蔽的，需要破译、解读或鉴定；而视听资料的证据内容则是直观的、生动形象的，人们可以直接听懂或看清楚所反映的有关情况。也可以说，电子数据存在于视听资料的背后。当电子数据这些数字、编码依靠电子信息设备外化成具有思想内容的直观的可视可听的声音和影像时，就形成了视听资料。

3. 确立电子数据证据类型的意义

三大诉讼法均将电子数据证据作为一种独立的证据类型。确立电子数据证据类型的意义体现在：电子数据证据作为信息时代的产物，具有不同于传统证据的属性，应该从传统的证据中独立出来，形成自己的证明规则和证明体系。三大诉讼法的规定不仅是诉讼证据理论的进步，也有助于司法实践对证据的判断取舍，从而正确地审理诉讼案件。

随着计算机的应用日益普及，电子政务逐步成为一种重要的行政方式，[1]电子数据证据将成为越来越重要的一种证据形式，立法者不应对此视若不见。确定电子数据作为独立的证据类型，不仅有利于形成完善的证明规则体系，也有利于解决电子数据证据在其他证据种类归属中引起的证明冲突，是立法前瞻性与稳定性的需要。

第二节　警察行政执法证据

【引导案例】[2]

某市市民余某于 2004 年 3 月收到《公安交通管理行政处罚决定书》，被

---

〔1〕　这在相关立法上也有所反映。例如，《行政许可法》第 29 条第 3 款："行政许可申请可以通过信函、电报、电传、传真、电子数据交换和电子邮件等方式提出。"第 33 条："行政机关应当建立和完善有关制度，推行电子政务，在行政机关的网站上公布行政许可事项，方便申请人采取数据电文等方式提出行政许可申请；应当与其他行政机关共享有关行政许可信息，提高办事效率。"第 61 条第 3 款："行政机关应当创造条件，实现与被许可人、其他有关行政机关的计算机档案系统互联，核查被许可人从事行政许可事项活动情况。"

〔2〕　案例来源参见《北京青年报》2004 年 12 月 04 日。

告知因其一次交通违章而被罚款 100 元，处罚证据乃是另一市民李某根据该市公安局 2003 年 7 月发出的《关于奖励市民拍摄交通违章的通告》所拍摄的余某交通违章照片。余某认为公安机关不能以市民拍摄的照片为证据进行处罚，于是向该市某区人民法院提起行政诉讼，状告公安交通部门违法，要求撤销公安交通部门的行政处罚决定。2004 年 12 月 2 日，该市中级人民法院作出终审判决：驳回余某的诉讼请求，同时又以调查取证是行政处罚权的组成部分而不能委托公民行使为由，认定李某拍摄的余某违章照片不能"直接"作为行政处罚证据。

【引导问题】

1. 公民拍摄的"违章照片"能否作为证据使用？
2. 如何评价市民"拍违"举措？

一、警察行政执法证据的基本概念

（一）警察行政执法证据的概念和特点

1. 警察行政执法证据的概念

警察行政执法证据即行政证据，是指用来证明警察行政案件事实的材料。具体而言，是指警察机关依法收集和当事人收集并提交警察机关的用于证明警察行政案件事实的材料。证据制度是警察行政程序法的重要内容，警察行政程序在一定程度上应当围绕证据调查收集、质证和认证展开。由于我国尚未出台统一的行政程序法，行政程序的证据制度散见于大量的单行法律法规之中，综合相关行政程序法律规定，行政程序中的证据形式主要有七种类型：物证；书证；被侵害人陈述和其他证人证言；违法嫌疑人的陈述和申辩；鉴定意见；勘验、检查、辨认笔录，现场笔录；视听资料、电子数据。[1]此外，由于证据在警察行政执法中的重要性，我国《公安机关办理行政案件程序规定》第四章第 23 条至第 31 条专门对公安行政证据制度作出规定。

2. 警察行政执法证据的主要特点

警察行政执法证据作为警察在行政执法过程中，由当事人提交的或警察

---

[1]《行政诉讼法》第 33 条、《公安机关办理行政案件程序规定》（2012 年 12 月修订）第 23 条。

机关依法收集的用来证明治安行政案件事实存在与否的材料，除了具有证据的一般特征外，在警察处理治安行政事务中大多需要具有技术性和行业性。技术性体现在：警察行政执法活动在很大程度上是技术执法，例如，公安交通事故的责任认定等，技术性的行政执法事务只能用技术性的事实材料予以证明；行业性主要体现在：由于警察行政事务涉及社会生活的多个方面，因此需要设立不同的警察行政执法业务部门进行具体执法权分工，由这些不同的业务部门管理不同的警察行政事务。例如，公安消防部门、公安网络安全部门、公安交通部门等，这些不同行业的行政事务只能由不同专业的材料予以证明，因此警察行政证据具有行业性。

（二）警察行政执法证据与行政诉讼证据的关系

1. 警察行政执法证据与行政诉讼证据的联系

警察行政执法证据与行政诉讼证据的联系，主要与警察行政执法和行政诉讼的关系有关。警察行政诉讼的对象，主要是警察行政执法活动中的行政行为，具体而言，主要是警察行政行为的合法性，也就是说，警察行政执法程序与行政诉讼程序具有承接关系。作为行政诉讼审查对象的警察行政行为是在行政程序中发生的，而在行政执法程序中，警察机关要运用证据来认定相对人的行为性质，并在此基础上作出相应的行政行为。发生行政诉讼后，这些警察行政执法证据又会被法院用来证明警察行政行为的合法性。因为法院不会无视作出行政行为的行政程序的存在而全面收集调查证据，否则，一方面会造成行政诉讼效率低下，另一方面也会造成以司法权代替警察权，从而侵犯了警察权。

2. 警察行政执法证据与行政诉讼证据的区别

（1）运用证据主体的性质不同。

警察行政执法证据主要是由警察机关收集和运用的，属于警察行政权的一部分。而行政诉讼证据的收集和运用主要是由法院进行的，属于司法审判权的一部分，对于行政诉讼证据的收集、审查和判断只能由作为行政诉讼活动指挥者和裁判者的法院来行使。

在警察行政诉讼过程中，法院收集、调查的证据大体上可以分为两类：一类是进入警察行政诉讼程序之后，由法院自行收集的证据，如法院向原告和证人收集的证据；另一类是与警察行政证据有承接关系，由法院收集或由被告公安机关提交的证据。这些证据基本上来自警察行政执法程序，是被告公安机关在行政执法活动中收集并作为警察行政行为依据的证据。前一类属于行政诉讼证据，后一类既属于行政诉讼证据，也属于警察行政执法证据，两者具有同一性。

（2）运用证据的阶段不同。

依据依法行政的基本原则和"先取证，后裁决"的程序规则，警察行政执法证据只能发生在警察行政执法程序中，也就是说，发生在行政诉讼程序之前。警察机关对行政证据的收集和运用应当在警察行政行为作出之前，行政行为作出后，警察机关如果还收集调查证据，说明警察行政行为是在没有证据或者证据不充分的情况下作出的，这属于典型的行政程序违法。可见，警察行政执法证据的收集是有严格的阶段限制的。行政诉讼证据的收集、提供一般是发生在从法院立案到第一审结束前的这一阶段。在行政诉讼程序以前法院无权也没有可能去收集调查证据。前后阶段不同，反映了行政权与司法权的性质不同。

（3）运用证据的目的不同。

警察行政执法证据的调查和运用，目的是为警察机关作出警察行政行为提供依据。例如，证明行政相对人有违反治安管理行为，公安机关依据这些证据材料依法作出治安处罚。警察行政诉讼证据的收集和运用，一方面是为查明被诉警察行政行为是否合法提供依据，另一方面也是为了证明行政诉讼程序问题，如原告是否在法定期限内起诉，审判人员是否应当回避，被告的主体资格等问题。目的不同是由警察行政权与司法权的法定职权范围所决定的。警察机关和法院都不应当超出自己的职权范围收集和运用证据。

正确认识和处理警察行政执法证据与行政诉讼证据的联系和区别，有利于正确理解我国警察权与审判权的关系，正确理解警察行政执法程序与行政诉讼程序的关系，从而有利于警察机关和法院在各自的职权范围内更好地运用证据。

二、警察行政执法证据的收集

警察机关通过一定的行为、采取必要的方法获取和汇集证据的活动，称为收集证据。警察在收集行政执法证据时，严格遵守收集证据的规则十分重要，如取证的方式不合法，那么收集到的证据将丧失证明力。警察机关收集

证据规则涉及收集证据的主体、程序、范围、回避、非法证据的效力和复议
中的证据运用等。

（一）警察行政执法证据收集的一般规则

调查取证是正确处理案件的前提，因此，能够收集到证据以及收集到的
证据的质量对案件来说至关重要，这就要求调查取证除必须遵循依法、公正、
客观、全面、及时等基本规则外，还要遵守一定的程序规则。

1. 调查取证的主体

行政执法证据的收集与行政诉讼不同，在行政程序中，行政主体既承担
对自己的主张提供证据的责任，同时又承担对案件事实加以证明的责任。因
此，调查取证的主体是行政机关，不包括公民、组织。《公安机关办理行政案
件程序规定》第 24 条第 1 款和第 25 条第 1 款规定，"公安机关必须依照法定
程序，收集能够证实违法嫌疑人是否违法、违法情节轻重的证据。""公安机
关向有关单位和个人收集、调取证据时，应当告知其必须如实提供证据，并
告知其伪造、隐匿、毁灭证据、提供虚假证词应当承担的法律责任。"

调查取证时执法人员不得少于两人，同时要表明身份和出示证件。《公安
机关办理行政案件程序规定》第 40 条规定，"在调查取证时，人民警察不得
少于二人，并表明执法身份。"让相对人知道对方是执法人员，有利于采取相
应的配合行为，协助执法人员完成执法工作。向相对人表明执法身份后，如
果相对人妨碍执行公务，行政机关就可追究其相应的法律责任。

2. 收集证据的范围

警察机关应当全面收集和调取案件事实的证据。以治安处罚案件为例，
公安机关需要调查的案件事实包括：（1）违法嫌疑人的基本情况；（2）违法
行为是否存在；（3）违法行为是否为违法嫌疑人实施；（4）实施违法行为的
时间、地点、手段、后果以及其他情节；（5）违法嫌疑人有无法定从重、从
轻、减轻以及不予行政处罚的情形；（6）与案件有关的其他事实。行政机关
调查取证时，还应当防止泄露工作秘密。

3. 收集证据的方式

通常而言，警察行政执法中收集证据的方法可以分为现场调查和非现场
调查两大类。现场调查是指以案发地点为中心，围绕案件事实所进行的调查
访问和必要的现场勘验、检查，是查破案件最基本、最常用的方法。非现场

调查是指在现场以外所进行的调查，包括传唤后的询问、检测、鉴定、辨认等。警察机关在行政执法时应结合具体案情，选择适当的调查取证方式，但在调查取证时应该采用对相对人损害最小的方式，禁止以违法手段收集证据。

警察行政程序应对以下证据材料适用非法性排除：一是不合法主体收集或提供的证据。二是非任意性自白。《公安机关办理行政案件程序规定》第24条第2款规定，"严禁刑讯逼供和以威胁、欺骗等非法方法收集证据。采用刑讯逼供等非法方法收集的违法嫌疑人的陈述和申辩以及采用暴力、威胁等非法方法收集的被侵害人陈述、其他证人证言，不能作为定案的根据。"三是非法搜查、扣押取得的证据。《公安机关办理行政案件程序规定》第42条规定，"办理行政案件时，可以依法采取下列行政强制措施：（一）对物品、设施、场所采取扣押、扣留、临时查封、查封、先行登记保存、抽样取证等强制措施；（二）对违法嫌疑人采取保护性约束措施、继续盘问、强制传唤、强制检测、拘留审查、限制活动范围等强制措施。"第43条规定，"实施行政强制措施应当遵守下列规定：（一）实施前须依法向公安机关负责人报告并经批准；（二）通知当事人到场，当场告知当事人采取行政强制措施的理由、依据以及当事人依法享有的权利、救济途径。当事人不到场的，邀请见证人到场，并在现场笔录中注明；（三）听取当事人的陈述和申辩；（四）制作现场笔录，由当事人和办案人民警察签名或者盖章，当事人拒绝的，在笔录中注明。当事人不在场的，由见证人和办案人民警察在笔录上签名或者盖章；（五）实施限制公民人身自由的行政强制措施的，应当当场告知当事人家属实施强制措施的公安机关、理由、地点和期限；无法当场告知的，应当在实施强制措施后立即通过电话、短信、传真等方式通知；身份不明、拒不提供家属联系方式或者因自然灾害等不可抗力导致无法通知的，可以不予通知。告知、通知家属情况或者无法通知家属的原因应当在询问笔录中注明。（六）法律、法规规定的其他程序。检查时实施行政强制措施的，制作检查笔录，不再制作现场笔录。"行政机关在办理行政案件时，可以依法采取强制措施，但必须遵守法定程序，采取非法搜查、扣押取得的证据，不得作为定案的根据。四是通过秘密手段取得的证据。五是以利诱、欺诈、暴力、胁迫等手段取得的证据等。

（二）警察行政复议案件收集证据的规则

公民、法人和其他组织认为警察行政行为侵犯自己的合法权益，可以依法申请行政复议。警察行政复议案件中被申请人和申请人收集和提供的证据，除应当遵守行政执法证据的一般规则外，还要符合行政复议案件证据的规则，遵守规定的时限。

1. 提交证据责任的分配

（1）被申请人。警察行政复议案件中的被申请人主要是公安机关。公安机关作出行政行为必须严格遵守"先取证、后裁决"的原则。这种"先取证、后裁决"的行政程序规则决定了公安机关在作出行政行为之前，应当已取得充分的事实依据和法律依据，否则必然是违反法定程序或滥用职权。当公安机关因行政行为与相对一方当事人发生争议而进入行政复议程序后，作为被申请人一方的公安机关应当提交作出行政行为时所依据的事实和法律依据，以证明其所作出的行政行为不仅是合法的，也是合理的。如果没有证据证明行政行为的合法性，则可以从法律上推断该行政行为的不合法性，以防止公民、法人和其他组织的合法利益遭受违法行政行为的损害。

被申请人提交证据的范围限于其作出行政行为的全部案卷证据，而不是主要证据。被申请人作出的行政行为是否构成证据不足，其审查的主体是行政复议机关而不是被申请人。如果规定被申请人可以只提供主要证据材料，则意味着允许被申请人在提交证据的时候，对其作出行政行为所依据的证据进行筛选。若被申请人经过筛选向行政复议机关提供了主要证据，而行政复议机关却认为其提供的证据不是主要证据，要求其补充提供，这会带来一系列的问题，将会导致行政复议程序和举证责任负担上的混乱。

在警察行政复议中，被申请人主要应提供六方面的证据材料：第一，作出警察行政行为的事实根据。第二，适用法律和其他规范性文件的依据。第三，作出警察行政行为符合法定程序的证据；包括有关通知书、告知书、笔录、送达回执等。第四，关于是否滥用职权的证据；滥用职权即违反权力目的而行使权力，行政机关应当根据法律并结合行政实践解释其行使权力的目的。第五，关于警察行政行为适当的证据。根据《行政复议法》第28条规定，行政行为明显不当的，复议机关可以决定撤销或变更。第六，对于不履行或者拖延履行法定职责的，被申请人应提供存在合法事由或者正当理由的证据。

（2）申请人。在警察行政复议案件中，申请人是指与警察行政行为有利害关系的公民、法人和其他组织。申请人应当向复议机关提交其符合申请条件的相关证据。申请人在提出复议申请书的同时，必须一并提供证据证明其申请符合以下四个条件：第一，申请人合格；第二，有明确的被申请人；第三，有具体的复议请求和事实依据；第四，属于受理复议机关管辖。申请人应当向复议机关提交其符合申请条件的相关证据，也称申请人的初步证明责任。

申请人承担了初步证明责任，证明成功的结果是启动复议程序。复议过程中，申请人并不对警察行政行为的合法性与合理性承担结果意义上的举证责任，其举证责任仅是行为意义上的，如果不能完成举证，不一定导致败诉，也不免除被申请人的举证责任。

（3）第三人。第三人有提供证据的权利。警察行政复议中的第三人在复议中不承担举证责任，其在复议中始终辅助一方当事人，并以一方当事人的主张为转移。就其目的而言，第三人提供证据无外乎证明申请人或者被申请人的主张是否成立。在申请人负举证责任的情况下，第三人提供的证据能够证明申请人的主张是成立的，则可以免除申请人的举证责任；在被申请人负举证责任的情况下，根据行政复议证据规则，即使第三人提供的证据能够证明被申请人的主张是成立的，仍然不能免除被申请人的举证责任。[1]

2. 提交证据的要求

（1）提交证据的一般要求。被申请人在向复议机关提交证据之前，应按法定证据种类作出相应的证据归类整理并附有证据清单。包括：其一，对证据材料的分类编号。被申请人应按法定证据种类作出相应的证据归类整理。对于归入同类的数个不同证据，被申请人还应按照相关标准（如主要案件事实顺序）对其进行编号，这样就形成了初步的证据目录。其二，有证据材料的来源、证明对象和内容的说明。证据材料来源的标注有助于解决证据的来源与获取手段是否合法的问题，并为申请人、第三人的反驳提供线索。证明对象和内容的说明有利于复议机关初步审查其证据资格问题。其三，有证据材料密级和保密事由的说明。被申请人提交的证据材料不同于申请人提交的证据材料之处在于其可能涉及国家秘密或者其他依照规定应当保密的证据。被申请人对于属于国家秘密的证据材料必须依法标明密级，并在向复议机关

---

〔1〕 参见甘文：《行政诉讼证据司法解释之评论——理由、观点与问题》，中国法制出版社 2003 年版，第 24 页。

提交时对保密理由以书面方式作出清楚明白的说明，同时提供相关证据佐证其说明理由。标明有密级的证据材料不得公开质证。其四，加盖提交人的印章并注明提交的日期。为了使复议机关明辨被申请人提交证据的过程的真实性、合法性，被申请人应当对每一份证据材料加盖印章，并在证据清单上进行盖章，同时附上证据提交复议机关的日期。

（2）提交证据的特殊要求。主要包括：其一，种类物的提交方法。提交的原物为数量较多的种类物的，可以提交其中的一部分。法律上的物，以是否有独立特征或者是否被权利人指定而特定化为标准，可以划分为特定物与种类物。种类物，是指具有共同特征，可以品种、规格或者度量衡来计算和确定，无须具体指定的物。例如，同一型号的手机等。种类物在价值上或者功能上具有可以进行分割而无损其物的属性，故一部分种类物可以替代全部种类物而无损其证据效力。例如，公安机关查获相对人贩卖的盗版光盘，对于盗版光盘来说，在这种条件下属于种类物。如果相对人对公安机关收缴其光盘的行政行为不服，并提起行政复议时，作为被申请人的公安机关在提供证据时无须把查获的全部盗版光盘提交法庭，而只需提供其中一部分即可。其二，不能提供原物时适用的规则。原物被依法拍卖、返还或者体积较大提交确有困难以及原物遗失、损毁不能提交时，当事人应当提交该扣押、封存、调取、先行登记保存该原物的照片、录像、清单、处理凭证，并附有遗失、损毁的情况说明。当事人提供原物不能时，必须提供相应证据证明"提供原物确有困难"，复议机关根据警察行政执法实践和裁判经验予以认定。其三，视听资料的提交要求。提交录音、录像等视听资料证据的同时，应当附有记载该视听资料内容的文字说明。这也是对当事人提交证据的一种规范化要求。很多视听资料是要通过听觉进行分析和鉴别的，在录音、（有声）录像中都会存在可供听觉识别的信息。由于人对听觉信息的识别和记忆强度有限，同时各种不同的音频文件也具有各不相同的音质和音色，这使得行政复议机关和当事人都很难在复议质证过程中充分识别和理解该内容。为了更好地体现录音、录像等视听资料的证明力，让录音、录像等视听资料的提交者附带提供记载有该视听资料内容的文字说明，便是一种最优的选择。其四，提交行政行为依据的要求。公安机关作出行政行为所依据的规范性文件，如果属于法律、行政法规、自治条例、单行条例、地方性法规、行政规章和地方政府规章的范围，公安机关可免除提供义务，复议机关可以直接认定。对于规章以下的规范性文件，有必要让公安机关承担提供规范性文件文本的责任，如果无正当理由逾期不提供的，复议机关可推定该被申请警察行政行为没有相应的法律依据。另外，公安机关应当提交该规范性文件的正式文本。这与书证提供时原始证据优先的原理是一致的。其五，提交相应的法律文书。在行政复议中，公安机关作为被申请人一般提交的是行政案件办案文书，但不排除提交刑事案件办案文书。因为公安机关兼具行政管理职能与刑事侦查职能。在公安机关办理刑事案件中，可能会发现犯罪嫌疑人存在违法行为，但不够刑事处罚，公安机关一般会作出行政行为予以处理。如果被处理人对公安机关作出的行政行为不服提起行政复议，公安机关应当提交其在行政程序中制作的法律文书，由于这一类行政案件是由刑事案件转变而来，复议机关对行政行为审查时必然要涉及先前的刑事案件，所以被申请人应当提交作出行政行为前，与适用刑事办案程序相应的法律文书。

3. 补充证据的规则

行政复议是事后监督方式，通过对被申请行政行为的案卷审查来审查行政行为的合法性与合理性。因此，行政复议审查的重点应是原行政程序中的证据和法律依据。这种审查方式被称为案卷主义审查模式。但是，绝对的案卷主义审查模式忽略和拒绝了在案卷事实依据背后可能存在的证据，不能从根本上有效解决当事人之间存在的行政争议，从而使得复议审查的功能大打折扣。因此，行政复议机关在对据以作出被申请行政行为的案卷进行审查时，还必须关注复议时双方当事人提供的非案卷证据，并结合实际情况赋予申请人、第三人、被申请人必要的补证的权利，最终达成行政复议彻底解决行政争议的结果。

原则上，复议机关要求当事人补充证据的情形包括：一是当事人提供的证据不足以充分证明其提出的主张；二是复议机关发现当事人只提供对自己有利的证据，而没有提供对自己不利的证据；三是当事人虽然掌握了证据，但出于种种原因未向复议机关提供或者全部提供；四是当事人提供的证据有瑕疵；五是当事人在复议过程中追加申请请求；六是某项证据的成立，要有其他证据的佐证，而当事人并未提供这类证据等。

4. 提交证据时限

（1）被申请人提交证据的时限。被申请人公安机关应当在收到行政复议申请书副本、行政复议申请笔录复印件或者传真件以及行政复议答复通知书之日起 10 日内，向复议机关提交当初作出行政行为的全部证据、依据和其他有关材料。

被申请人延期提交证据必须有不可抗力或者其他正当事由。不可抗力是被申请人不可抗拒的外来力量，是不受被申请人意志左右、支配的自然现象和社会现象。其他正当理由，是指在不可抗力之外的，非属于被申请人在客观上能够控制的客观现象而造成的无法在法定举证期限内举证的事由。例如，证人失踪、重要书证仍需鉴定等。此类事件难以构成不可抗力，但在客观上限制了被申请人在法定期限内提供相关证据，因此也应归于正当事由之内。出现其他正当事由情况时，同不可抗力一样，须对被申请人延期提交证据直接发生影响，如果虽然有其他正当事由无法提供证据，但这个正当事由不影响被申请人在法定举证期限内向复议机关提交证据的，被申请人仍然需要在法定举证期限之内提交证据。被申请人必须在收到行政复议申请书副本或者行政复议申请笔录复印件、传真件之日起 7 日内向复议机关提出延期提交的书面申请。复议机关准许被申请人延期提交证据的，被申请人应当在该正当事由消除后 10 日内提交。被申请人延期提交证据的期限内，行政复议机关中止行政复议案件的审查，如《公安机关办理行政复议案件程序规定》第 62 条第 1 款第 8 项规定的"其他应当中止行政复议的情形"。并应当制作《行政复议中止决定书》，送达申请人、第三人和被申请人。行政复议中止的原因消除后，行政复议机关应当及时恢复行政复议。

（2）申请人和第三人提交证据时限。申请人、第三人应当在申请行政复议时一并提交相关证据。申请人和第三人逾期提交证据或者不予补充证据的，视为放弃提交证据的权利。

对于申请人、第三人在申请行政复议时是否应当遵循一定的举证期限，一直存在疑问。有一种观点认为，行政复议审查的是行政行为的合法性与合理性，而不是审查申请人、第三人是否存在违法行为。因此，对申请人、第三人的提交证据期限不应当加以限制。只要申请人和第三人提出的证据能够证明被申请的行政行为是违法的，复议机关就应当作为定案的根据。另一种观点认为，在行政程序中，公民、法人或者其他组织作为行政相对人相对于行政机关而言是弱者；在行政复议程序中，公民、法人或者其他组织作为申请人、第三人应当比被申请人享有更多的行政复议中的权利。通常而言，申请人和第三人延期提供证据需要正当理由，延期提供证据的期限是"在行政复议决定作出前或者行政复议机关指定的期间内"。

三、警察行政执法证据的审查

在警察行政执法中，办案民警承担着对法律事实予以认定的责任，这种对当事人及证人提供的证据和收集的证据进行分析、研究，按照一定的原则、方法鉴别真伪，确立证据的证明力，从而认定案件事实的活动，称为证据的审查。

(一) 证据审查的内容

1. 合法性审查的内容

证据的合法性，又称证据的法律性，是指证据的形式以及证据的收集和运用必须符合法律的规定。审查内容有：(1) 证据是否符合法定形式。警察行政执法证据采取证据法定形式原则。审查证据是否符合法定形式时，办案机关和办案人员首先应当明确其是否属于法定证据之一。不属于这几种证据的原则上不能作为定案证据。(2) 证据程序的合法性。审查证据程序的合法性主要是审查证据的收集是否符合法定程序，而是否符合法定程序直接影响着证据内容的真实性和证据的可采性。途径主要有：其一，审查法律文书；其二，通过向当事人、证人了解情况，发现刑讯逼供或诱供、骗供的线索，被申请人有无自行向申请人和证人收集证据的行为等。(3) 证据运用的合法性。审查判断证据运用的合法性，包括证据必须经过查证属实，才能作为定案的根据；证人证言必须经过质证；用作证据的鉴定结论必须告知双方当事人，并告知当事人有申请补充鉴定或重新鉴定的权利；证据应当公开出示，并由当事人互相质证等。(4) 证据取得手段或方式的合法性。证据取得手段或方式要符合有关规定。取得证据不符合有关规定的手段或方式，如采用偷拍、偷录、窃听等手段，获取侵害他人合法权益的证据材料；以利诱、欺诈、胁迫、暴力等不正当手段获取证据资料。违反法律禁止性规定或者侵犯他人合法权益的方法获得的证据，都不能作为认定案件事实的依据。

2. 真实性审查的内容

证据的真实性，是指证据的真实可靠程度，又被称为可靠性。在实践中，对证据真实性的判断往往遵循两大法则，即矛盾法则和经验法则。矛盾法则的判断相对简单，非此即彼。所谓经验法则，是指从生活经验中归纳出来的判断事物的一般知识。

（1）证据形成的原因。办案民警通过了解证据形成的原因，根据证据之间的因果关系，运用逻辑推理、科学技术手段以及生活常识推断出证据与案件事实之间所存在的联系的客观性和必然性。例如，证人证言是在什么情况条件下作出的，是在证人自愿的基础上，还是在证人被胁迫、利诱或威胁的前提下；办案机关及其办案人员所采集到的书证是否是自然手写成的，还是打印或复制后的产物；视听资料的采集是在当事人同意的条件下，还是采用偷拍等手段等。

（2）发现和收集证据的客观环境。"客观环境"包括光线、天气、地形、温度、湿度等，它们既是形成证据的客观条件，也是发现证据的影响因素。例如，同一案件证人在白天和黑天所作的陈述有可能完全相反，因为客观天气情况会对证人对事实作出的判断有影响。

（3）证据的形式。证据是否为原件、原物，复制件、复制品与原件、原物是否相符。审查复制件、复制品与原件或者原物是否相符，其重点是审查其信息来源和转传方式。需要注意的是，在审查证据真实性时，存在难度最大的是视听资料的审查，以及有学者提出的电子证据的审查。《最高人民法院关于民事诉讼证据的若干规定》及其他一些立法中虽然对视听资料、电子证据的真实性规则有所规定，但规定都较为原则、抽象。而国外在电子证据立法方面已积累了一定经验，应该借鉴国外的立法经验，在今后制定的证据法中对电子证据作出规定。

（4）证人与当事人的关系。审查证人与当事人的关系，主要是审查证人与当事人是否有利害关系。而查明利害关系主要应查明证人和提供证据的人与当事人是何种关系；所提供的证明是对当事人有利的证明，还是不利的证明；证据是否有明显的倾向性，等等。

3. 关联性审查内容

证据的关联性审查，就是要排除那些与本案无关的证据进入实质性审查程序。

（1）证据是否与本案有关。办案民警在审查证据时只要与案件有关的证据都应进行审查。只要与案件事实之间具有某种联系，有可能起到证明作用的证据材料，就具有证据的关联性，反之，则不具有证据的关联性。凡是与案件事实无关联的证据材料，应确定为不可采信的证据材料。

（2）证据是否与本案待证事实有关。这里需要注意两个问题：第一，关联性涉及证据的内容或者实体问题，而不是该证据提出的形式或者方法。第二，关联性强的则证明力大，证据的能力强；关联性弱的则证明力小，证据的能力也弱。

（3）单个证据相互间是否具有逻辑关系。一般来说，直接联系的证明价值高于间接联系，因果联系的证明价值高于非因果联系，内部联系的证明价值高于外部联系，必然联系的证明价值高于非必然联系。

（4）其他证据与需要证明的案件事实的联系。这里的其他证据主要包括品格证据和过去行为证据。所谓品格证据，是指将一个人的人品、人格、名誉等作为证据。所谓过去行为证据，是指将一个人过去实施的某一行为作为证明现在发生的某一案件事实的证据。需要说明的是，品格证据可以认定具有关联性，但是并不一定就具有证明力。这类证据即使具有关联性，也仅仅是作为加强或削弱当事人陈述、被侵害人陈述、证人证言等言词性证据证明力的证据使用，而不能直接作为认定某一案件事实的定案根据。

（二）证据审查中的质证

在警察行政执法中，质证活动的主要目的是遴选出符合证据三性——客观性、关联性、合法性的证据材料，以便警察机关对案件事实作出正确的认定。

1. 质证的方式和范围

证据一般都要经过质证程序，才能作为定案的根据，而且应当遵循公开质证、直接质证和全部质证的规则。但全部质证和公开质证存在例外情况，这主要是从保守机密、保护人权的角度考虑的。涉及国家机密、商业秘密或个人隐私的证据，不采取公开质证的方式。对于那些不宜让对方知晓具体内容的证据，应当由警察机关依职权审查核实后直接予以认定，即免予质证。警察机关依职权对质证活动进行指挥和指导，在尊重当事人处分权和辩论权的基础上可根据质证情况行使释明权。质证的方式主要有交叉询问，但禁止诱导性询问。在质证过程中，禁止当事人采用威胁、侮辱等语言或者方式。

2. 证人和执法人员参与的质证

证人出面作证的方式，应当以当事人提供和请求证人出面作证为主，在必要时，警察机关也可依职权要求证人履行出面作证的义务。证人因年迈体弱或者行动不便无法出面作证的，为了保障证人自身的生命健康的权利，经听证或者复议机关准许，可以提交书面证言。证人出面作证的程序规则有：一是证人出面作证时，应当出示证明其身份的证件。身份审查制度是从证人自身的身份上保障证据来源的合法及合理性。二是告知证人诚实作证的法律义务和作伪证的法律责任。为了督促证人诚实作证，法律对于作伪证设定了相应的不利后果。根据规定，证人、鉴定人作伪证的，依法追究其法律责任。三是证人不得旁听质证。在执法实践中，有时会出现几个证人证言之间相互矛盾的地方，为了查明针对同一案件事实而存在的不同证言，办案民警有必要安排证人出面对质，以便有效地解决问题。

3. 鉴定人和专业人士参与的质证

（1）鉴定人出面接受询问。鉴定人出面接受询问可以由当事人申请。当事人要求鉴定人出面接受询问的，鉴定人应当出面接受询问，这是当事人质证权利的体现。在警察行政执法中，办案人员不能以证人证言、鉴定意见、现场笔录和勘验笔录等文书证据来替代证人、鉴定人、现场笔录制作人和勘验人员的亲自出面质证。鉴定人出面接受询问的义务与证人出面接受询问的义务，在实质上是相同的。虽然鉴定人不是案件事实的亲历者，但两者在证明作用上具有相似的功能，所以很多国家和地区的证据规则均在鉴定人质证规则上准用了证人规则。

（2）鉴定人出面接受质询的具体程序。一是办案人员应当对出面说明和对质的鉴定人身份予以确认，以保障鉴定人身份上的合法性。二是办案人员还应当告知其如实说明鉴定情况的法律义务和故意作虚假说明的法律责任。当事人可以申请专业人员就专门性问题进行说明。这里"专业人员"又被称为专家证人，其向警察机关提供的意见被称为"专家证言"。在警察行政机关办理行政案件过程中，对行政行为涉及的专门性问题，当事人可以向听证或者公开听取意见的主持人申请由专业人员进行说明，并且在必要的时候，质证主持人可以组织专业人员进行对质。

四、警察行政执法证据的认定

所谓证据的认定，是指办案人员对证据的审查和核实，认定证据有无证明力和证明力的大小，从而认定案件事实，作出公正处理结果的一种活动。证明案件事实的证据应当确实、充分。有无确实、充分的证据直接决定了所办理案件的质量，也直接体现出办案机关的执法理念。根据相关规定，办案民警进行证据认定时应当遵循以下规则。

（一）证据不足和非法证据排除规则

1. 证据不足的标准

（1）据以定案的关键证据不确实。关键证据在案件的证实过程中具有十分重要的作用。它往往会与其他证据形成一个证据链，如果据以定案的关键证据不确实，往往也就会造成对于其他证据的认定问题，给案件事实的认定带来很大的困难。所以，在此情况下就可以认定该案件的证据不足，不能定案。

（2）主要违法事实没有必要的证据证明。违法事实是要有证据加以证实才能确定的，否则是没有法律意义的，或者执法机关的认定本身是违法的。执法机关在办案中对于主要的违法事实必须要以合法的证据加以证实，这也是据以定案的必要条件，否则就属于证据不足。

（3）据以定案的证据与待证事实之间、证据与证据之间存在重大矛盾无法排除。

2. 非法证据排除规则

不能作为认定案件事实根据的证据大多属于非法证据，应当予以排除。

（1）严重违反法定程序收集的证据。严重违反法定程序收集的证据，会影响证据的真实性和客观性。例如，应当有两名以上的调查人员却只有一名，应当回避却没有回避等情形下收集的证据，就属于严重违反程序收集的证据。根据法治原则的要求，只有合法取得的证据才能作为办案机关定案的根据，所有违反法定程序收集而来的证据，一概不应被采纳。但是，也有的学者认为，只有严重违反法定程序收集而来的证据，才是无效的证据。

（2）以利诱、欺诈、胁迫等违法方法获得的证据。以利诱、欺诈、胁迫、暴力等违法方法获得的证据，不能作为认定案件的依据。在行政程序中诱惑取证也大量存在，例如，某地工商行政管理人员在整顿市场秩序行动中，通过"暗访"发现有人在出售淫秽光盘，就化装成客户与对方讨价还价，后将交易地点通知了公安局，公安局遂派便衣警察隐伏在交易地点后将其当场抓获。办案人员在办理行政案件过程中，不能只注重结果而忽视了程序上的正义。

（3）以偷拍、偷录、窃听等侵犯当事人合法权益行为获得的证据。以损害相对方的合法权益为代价的偷拍、偷录，就其本质而言是一种侵权行为，基于侵权行为而收集的证据，理应排除在定案证据之外。在办案过程中还需要明确的是，非法证据与合法但可能涉及他人隐私的证据之间的不同。只要未侵害他人的合法权益，也未违反法律的禁止性规定，当事人所取得的录音资料、录像资料，经过查证属实可以作为定案的依据。

（4）当事人无正当理由超出法定期限提交的证据。当事人提交的证据应在法定的期限内提出，逾期不提供的要承担证据不予采纳的法律后果。也就是说，如果没有正当理由，超过法定期限提交的证据，不能作为认定案情的证据。超期限排除是各国诉讼程序中的一项证据排除规则，也为我国民事诉讼程序和行政诉讼程序所采纳。例如，美国《联邦证据规则》第403条规定，虽然某些证据具有关联性，但是若其证明价值实质上因不适当拖延、浪费时间等仍可排除该证据。

（5）在中华人民共和国领域以外或者在中华人民共和国香港特别行政区、澳门特别行政区或者台湾地区形成的，未办理法定证明手续的证据。这里的法定手续，是指我国领域以外形成的证据应当说明其来源，经所在国公证机关证明，并经中华人民共和国驻该国使领馆的认定，或者履行中华人民共和国与证据所在国订立的有关条约中规定的证明手续。在我国香港特别行政区、澳门特别行政区和台湾地区形成的证据，应当具有按照有关规定办理的证明手续。在上述地区形成的证据如果没有办理相关的手续，不能作为定案的根据。

（6）当事人无正当理由拒不提交原件、原物，又无其他证据印证，且对方当事人不予认可的复制件或复制品。需要注意的一点是，办案人员在办理行政案件过程中收集证据时，当事人在原件或原物无法提供的情况下，是允许其提供代替物的。但是当事人必须合理说明或提供证据证明阻碍其提交原始证据的原因，办案人员要对其说明记录在案。为了防止当事人随便找来替代物敷衍了事，办案人员须要求当事人对替代物的可替代性加以证明，只有这样的证据才可以具备证据的资格，否则行政机关有权不予采纳。

（7）被当事人或者他人进行处理或毁损而无法辨明真伪的证据。在认定证据时，不是只要证据被处理或毁损就一概否定其证明力，对于那些毁损不是很严重的证据、虽然经过了处理但仍不严重影响认定案件事实的证据，办案机关仍应予以采纳。只有当证据被毁损或处理后完全失去了其本来面目，没有任何证明力的情况下才不予采纳和认定。

（8）证人根据其经历所作的判断、推测或者评论。证人陈述的情况，可以是亲自听到的或看到的，也可以是别人听到或看到而转告的。但转告的情况，必须说明来源，说不出来源的，或者是道听途说的消息，不能作为证人证言适用。另外，证言的内容不包括证人的判断意见，如证人的猜测、估计或想象等。因为证人所了解的案件情况往往是有限的，如不同其他证据结合分析是很难作出正确判断的。意见证据法则是英美证据法的一项著名的法则，即反对由非专业的人员以意见或判断结论的形式提供证言。一般来说，普通证人只能叙述自己直接了解的实质性事实，而不能对此发表意见。证人的判断、推测或者评论显然不符合这一要求。

（二）不能单独作为定案根据的证据

行政机关收集到的某一证据具有证明资格，但是单纯依靠该单一证据又无法全面去认定案件事实，这时就要适用证据的补强规则。

1. 未成年人所作的与其年龄、智力状况不相适应的证言

从我国已有的证据规则看，对于未成年人的证言不是一概地予以否定，只是对于那些证言所涉及的内容与未成年人的年龄和智力状况不相适应时，才需要其他证据加以辅证。行政执法中，办案民警需要综合多种条件和因素与提供证言的未成年人结合起来加以考虑。

2. 证人与一方当事人有亲属关系或者其他密切关系所作的对该当事人有利的证言，或者与一方当事人有利害关系所作的对该当事人不利的证言

由于利害关系证人所作出的证言，其证明力在形式上就低于无利害关系人的证人证言，所以造成办案过程中凡是遇到此类案件就必须加以辅证才可以认定案件事实。当然，这里的利害关系人包括与当事人有亲属关系或其他密切关系的证人，也包括与当事人有不利关系的证人，他们会作出对当事人不利的证言。对于这两类证言的分析过程是一样的，都要加以辅证。

3. 难以识别是否经过修改的书证、视听资料和电子数据

目前的通行做法是，对该类证据的审查坚持的是证据完整性的审查，包括对该类证据本身内容上的完整性审查以及其所依赖的设备在信息生成过程中的完整性审查。如果两方面的完整性能够得到确信，则该类证据就会得到确信。如果该类证据经过质证后仍处于真伪不明的状态，可以根据证明责任

的分配原则，由对该类证据承担证明责任的当事人承担不利的法律后果。

4. 需要与原件、原物核对而无法核对的复制件

参照《行政诉讼法》的规定，行政机关在办理行政案件时也需对当事人提交的证据的复印件或复制品进行初步的审查。在处理案件过程中，对证据质证后仍不能确定其真伪的证据，由负有证明责任的一方当事人承担不利后果。

5. 经一方当事人或者他人改动，对方当事人不予认可的证据

对于改动后的证据，如果对方当事人不予认可，那么办案机关就不能用这个证据单独予以定案。

（三）无须证明事项

行政案件的案件事实包括应当加以证明的案件事实和无须加以证明的案件事实。以下案件事实，办案机关可以直接予以认定：

1. 自然规律和科学定理

办案机关在办理行政案件时，为了节约办案成本和提高办案效率，对于能够用自然规律和科学定理认定的事实，就无须再履行成本昂贵的证明程序了。实践已经无数次证明了该事实，为我们提供了足以直接加以认定的理由。

2. 自然规律或者科学定理确认的事实

凡是建立在自然规律和科学定理上的事实，都可以直接予以认定，而不需要其他证据加以证明。

3. 已经依法证明的事实

对于有争议的某一案件事实已经被某一生效的法律文书所证明和确认的，可以被直接认定。根据行政行为的效力理论，一个生效的行政行为本身具有公定力、确定力和执行力的法律效力。参照法院的审判实务可以知道，生效行政行为的法律效力，对于法院来说也只能把其当成一个既成事实，并纳入认定事实的依据范围。鉴于法院的这种引证行为，办案民警对于生效行政行为认定的事实，可以作为认定案件事实的直接证据，而不再需要其他证据的证明。

4. 按照法律规定，根据已知事实推定出的另一事实

根据法律推定，从一个已知事实推定出的另一个事实可以免证，其原因在于法律推定本身具有严密的逻辑结构。例如，公安机关在处理一起交通事故时，由于当事人已经逃离现场，从而造成了现场的变动和相关证据的灭失。

在此情况之下，公安机关根本无法凭借已有的证据去彻底查明案件的事实，导致案件无法解决。依据法律推定的规则，公安机关完全就可以推定逃逸的当事人负有全部的责任。

5. 根据日常生活经验法则推定的事实

根据日常生活经验而得出的推定结论，绝大多数情况反映了事物发展的真实性。当然，由于受到事物发展规律中偶然性的影响，推定过程中可能会有少数情况与客观事实不符，但从概率上而言，这只是极偶然的情形，并不影响推定规则的广泛适用。经验虽然没有逻辑规则那种严密，但它是逻辑规则的一种通俗化的表现形式。由于日常生活领域内的经验法则为一般人所知晓，所以也就无需证明了。[1]

五、警察行政执法证据的保全

这是指警察机关及其办案人员在警察行政执法中，为防止证据灭失或事后难以取证，依职权采取调查收集或固定保全证据的行为。根据《公安机关办理行政案件程序规定》第七章第 91 条至第 98 条的规定，警察行政执法中的证据保全主要内容包括以下几类：

（一）证据保全的方法

1. 扣押或扣留

根据《公安机关办理行政案件程序规定》第 91 条的规定，"对下列物品，经公安机关负责人批准，可以依法扣押或者扣留：（1）与治安案件、违反出境入境管理的案件有关的需要作为证据的物品；（2）道路交通安全法律、法规规定适用扣留的车辆、机动车驾驶证；（3）其他法律、法规规定适用扣押或者扣留的物品。"但对下列物品，"不得扣押或者扣留：（1）与案件无关的物品；（2）公民个人及其所扶养家属的生活必需品；（3）被侵害人或者善意第三人合法占有的财产。"

值得注意的是，对公民个人及其所扶养家属的生活必需品、被侵害人或者善意第三人合法占有的财产虽然不能扣押或扣留，但应当予以登记，写明登记财物的名称、规格、数量、特征，并由占有人签名或者捺指印。必要时，

---

〔1〕 最高法《民诉法意见》（已失效）第 75 条、最高法《民诉证据规定》第 9 条的规定，其中对无须证明的事实有详细的列举。

可以进行拍照。但是，与案件有关必须鉴定的，可以依法扣押，结束后应当立即解除。

根据《公安机关办理行政案件程序规定》第96条的规定，"扣押、扣留的期限为30日，情况复杂的，经县级以上公安机关负责人批准，可以延长30日，法律、行政法规另有规定的除外。延长扣押、扣留、查封期限的，应当及时书面告知当事人，并说明理由。对物品需要进行鉴定的，鉴定期间不计入扣押、扣留、查封期间，但应当将鉴定的期间书面告知当事人。"

2. 查封

根据《公安机关办理行政案件程序规定》第92条第1款、第2款的规定，"公安机关在办理下列行政案件时，对专门用于从事无证经营活动的场所、设施、物品，经公安机关负责人批准，可以依法查封。但对与违法行为无关的场所、设施，公民个人及其扶养家属的生活必需品不得查封：（1）擅自经营按照国家规定需要由公安机关许可的行业的；（2）依照《娱乐场所管理条例》可以由公安机关采取取缔措施的；（3）法律、法规规定适用查封的其他公安行政案件。对有关单位或者个人经通知不及时消除消防安全隐患可能严重威胁公共安全的，公安机关消防机构应当对危险部位或者场所采取临时查封措施。"

值得注意的是，其一，如果场所、设施、物品已被其他国家机关依法查封的，公安机关不得重复查封。其二，与扣押或扣留同样，查封期限为30日，情况复杂经县级以上公安机关负责人批准可以延长30日，对物品需要进行鉴定的，鉴定期间不计入查封期间。

3. 抽样取证

根据《公安机关办理行政案件程序规定》第93条的规定，"收集证据时，经公安机关办案部门负责人批准，可以采取抽样取证的方法。抽样取证应当采取随机的方式，抽取样品的数量以能够认定本品的品质特征为限。抽样取证时，应当对抽样取证的现场、被抽样物品及被抽取的样品进行拍照或者对抽样过程进行录像。对抽取的样品应当及时进行检验。经检验，能够作为证据使用的，应当依法扣押、先行登记保存或者登记；不属于证据的，应当及时返还样品。样品有减损的，应当予以补偿。"

4. 先行登记保存

根据《公安机关办理行政案件程序规定》第94条的规定，"在证据可能灭失或者以后难以取得的情况下，经公安机关办案部门负责人批准，可以先行登记保存。先行登记保存期间，证据持有人及其他人员不得损毁或者转移证据。对先行登记保存的证据，应当在 7 日内作出处理决定。逾期不作出处理决定的，视为自动解除。"

（二）证据保全的决定与解除

1. 证据保全的决定

根据《公安机关办理行政案件程序规定》第 95 条第 1 款的规定，"实施扣押、扣留、查封、抽样取证、先行登记保存等证据保全措施时，应当会同当事人查点清楚，制作并当场交付证据保全决定书。必要时，应当对采取证据保全措施的证据进行拍照或者对采取证据保全的过程进行录像。证据保全决定书应当载明下列事项：（1）当事人的姓名或者名称、地址；（2）抽样取证、先行登记保存、扣押、扣留、查封的理由、依据和期限；（3）申请行政复议或者提起行政诉讼的途径和期限；（4）作出决定的公安机关的名称、印章和日期。"

此外，"证据保全决定书应当附清单，载明被采取证据保全措施的场所、设施、物品的名称、规格、数量、特征等，由办案人民警察和当事人签名后，一份交当事人，一份附卷。有见证人的，还应当由见证人签名。当事人或者见证人拒绝签名的，办案人民警察应当在证据保全清单上注明。对可以作为证据使用的录音带、录像带、电子数据存储介质，在扣押时应当予以检查，记明案由、内容以及录取和复制的时间、地点等，并妥为保管。"

2. 证据保全决定的解除

根据《公安机关办理行政案件程序规定》第 97 条的规定，"有下列情形之一的，公安机关应当及时作出解除证据保全决定：（1）当事人没有违法行为的；（2）被采取证据保全的场所、设施、物品与违法行为无关的；（3）已经作出处理决定，不再需要采取证据保全措施的；（4）采取证据保全措施的期限已经届满的；（5）被临时查封的危险部位和场所的火灾隐患已经消除的；（6）其他不再需要采取证据保全措施的。解除证据保全措施的，应当立即退还财物，并由当事人签名确认。"

值得注意的是，"行政案件变更管辖时，与案件有关的财物及其孳息应当随案移交，并书面告知当事人。移交时，由接收人、移交人当面查点清楚，

并在交接单据上共同签名。"〔1〕

六、警察行政执法中证据中的证明

证明就是根据已知事实推断未知事实的活动,〔2〕广义上所有查明案件事实的活动，都属于证明范畴。警察行政执法活动中的证明，是指执法机关和办案人员按照法定的程序和标准，运用已知的证据和事实来认定案件事实的活动。证明通常包括：证明对象、证明标准和证明责任三部分内容。

（一）警察行政执法中的证明对象

1. 证明对象的含义

警察行政执法中的证明对象，简单而言，就是与警察行政执法有关的，为作出警察行政行为需要运用证据证明的法律事实。证明对象在警察行政执法中居于重要地位，它可以使执法的调查人员明确必须收集证据予以证明的事实范围，从而自觉主动、有目的、有步骤地收集、审查、运用证据，准确及时地查明警察行政执法所需要的事实。明确证明对象的意义在于：既可以避免疏漏执法中必须查明的事实，也可以不为与执法无关或枝节的问题所纠缠，可以说证明对象是整个警察行政执法活动调查收集证据的出发点。

2. 证明对象的范围

在通常情况下，警察行政执法的证明对象主要有以下四个方面：

（1）行为主体事实。即当事人与执法活动有关的信息，包括姓名、年龄、性别、身份、责任能力等个人情况；单位的名称、性质、经营范围等情况。《治安管理处罚法》第12条规定："已满十四周岁不满十八周岁的人违反治安管理的，从轻或者减轻处罚；不满十四周岁的人违反治安管理的，不予处罚，但是应当责令其监护人严加管教。"第13条规定："精神病人在不能辨认或者不能控制自己行为的时候违反治安管理的，不予处罚，但是应当责令其监护人严加看管和治疗。间歇性的精神病人在精神正常的时候违反治安管理的，应当给予处罚。"

---

〔1〕《公安机关办理行政案件程序规定》第98条。

〔2〕根据《现代汉语词典》中的解释，证明是指"用可靠的材料来表明或断定人或事物的真实性"。参见中国社会科学院语言研究所词典编辑室：《现代汉语词典（第六版）》，商务印书馆2012年版，第1663页。

（2）行为事实。即行为主体是否实施了法律肯定或否定的行为，以及如何实施的事实，包括实施的时间、地点、手段、方式、过程等。《治安管理处罚法》根据违法行为侵害的客体，规定了扰乱公共秩序、妨害公共安全、侵犯人身权利、财产权利以及妨害社会管理四类治安违法行为，共计151种违法行为，每类客体的构成要件不同。

（3）结果事实。即行为主体实施的行为是否造成了结果，什么样的结果，是否有损害发生，损害的大小等。《治安管理处罚法》第19条规定，"违反治安管理有下列情形之一的，减轻处罚或者不予处罚：一是情节特别轻微的；二是主动消除或者减轻违法后果，并取得被侵害人谅解的；三是出于他人胁迫或者诱骗的；四是主动投案，向公安机关如实陈述自己的违法行为的；五是有立功表现的。"第20条规定，"违反治安管理有下列情形之一的，从重处罚：一是有较严重后果的；二是教唆、胁迫、诱骗他人违反治安管理的；三是对报案人、控告人、举报人、证人打击报复的；四是六个月内曾受过治安管理处罚的。"

（4）程序性事实。程序性事实是指警察行政执法中，由相关法律法规规定的涉及当事人程序性权利义务的事实。程序性事实主要是执法相对人参与执法的事实，主要包括：一是管辖权事实以及与管辖权有关的事实。如一个人违反警察行政管理，应该由哪个警察机关管辖；二是程序形式事实。如当事人在申请警察行政许可时，其申请材料是否符合法定形式，是否齐全完整等；三是程序步骤事实。如《治安管理处罚法》第82条第1款规定："需要传唤违反治安管理行为人接受调查的，经公安机关办案部门负责人批准，使用传唤证传唤。对现场发现的违反治安管理行为的人，人民警察经出示工作证件，可以口头传唤，但应当在询问笔录中注明。"办理传唤证就成为传唤此类人员的前置步骤。四是程序时限事实。如《治安管理处罚法》第83条第1款规定："对违反治安管理行为人，公安机关传唤后应当及时询问查证，询问查证的时间不得超过八小时；情况复杂，依照本法规定可能适用行政拘留处罚的，询问查证的时间不得超过二十四小时。"

3. 两种主要警察行政行为的证明对象

（1）警察行政处罚的证明对象。根据《公安机关办理行政案件程序规定》第38条的规定，警察行政处罚需要证明的对象包括："一是违法嫌疑人的基本情况；二是违法行为是否存在；三是违法行为是否为违法嫌疑人实施；

四是实施违法行为的时间、地点、手段、后果以及其他情节；五是违法嫌疑人有无法定从重、从轻、减轻以及不予行政处罚的情形；六是与案件有关的其他事实。"

（2）警察行政许可的证明对象。根据《公安机关行政许可工作规定》的规定，证明对象可以分为实体性事实和程序性事实。实体性条件包括申请人的资格、资金、组织机构和人员、场地条件是否符合警察行政许可法律规范要求；程序性条件包括申请的资料、形式、方式、时限、前置程序等。如《公安机关行政许可工作规定》第 10 条规定，"受理机关接到申请后应就下列事项进行初步审查：（一）申请事项是否属于依法需要取得行政许可的事项；（二）申请事项是否属于本机关管辖；申请材料是否齐全和符合法定形式，内容填写是否正确。"

（二）警察行政执法中的证明标准

警察行政执法中的证明标准，是指在警察行政执法程序中，利用证据对行政事实或争议事实加以证明所要达到的程度。笔者认为，在警察行政执法过程中，对于证明标准应当根据不同类型的案件作以下分类：

1. 排除合理怀疑标准

在警察行政执法中，排除合理怀疑标准的适用主要体现在以下方面：（1）限制公民人身自由的治安行政拘留案件；（2）吊销营业执照、责令停产停业和处以较大数额罚款等应当适用听证程序的行政处罚案件；（3）程序性案件事实的认定。在任何行政程序中，都会涉及对程序性案件事实的认定，由于程序性案件事实证明起来难度不大，同时为了让执法主体严格依程序行政，采用排除合理怀疑标准是完全必要的，也是可行的。

以上三类案件中，前两类属于关涉行政相对人切身利益的案件，处理稍有不慎，将会对相对人的人身和财产造成重大的、难以弥补的伤害和损失；第三类属于程序性事实，法律法规对相关程序已经作出了明确的规定，警察机关及其办案人员在行使行政权力时必须遵照执行，不应存在含糊的余地。

2. 清楚而有说服力标准[1]

清楚而有说服力标准又称清楚的、明确的和令人信服的标准，该标准是比较严格的占优势的盖然性标准。在警察行政执法中，适用该证明标准的案

---

[1]　参见周士逵、冯之东："行政证据制度的证明标准"，载《甘肃行政学院学报》2008 年第 1 期。

件主要是：一般的治安行政处罚案件；行政机关不予许可、确认的行政许可、行政确认等案件。行政许可、行政确认等行政行为本身是授益性行政行为，但是当行政机关对相对人提供的相关材料进行审查或调查后认为不应当许可或确认时，对于相对人来说，这实质上是其应当得到的利益而没有得到，具有一定的损益性。因此，行政机关必须拿出"清楚而有说服力"的证据以使相对人心服口服。

3. 占优势的盖然性标准

占优势的盖然性，是指一方当事人证据的证明力及其证明的案件事实比另一方当事人更具有可能性，相应的主张成立的理由更为充分。在警察行政执法中，适用占优势的盖然性标准的案件应主要是行政司法案件和授益性的行政案件。

4. 合理根据的证明标准

在警察行政执法中，适用合理根据证明标准的案件主要是警察行政强制案件。警察机关在行政执法过程中，常常发现违法嫌疑人或者涉及本案处理的财产、证据等，如果不及时采取相应的行政强制措施，就可能造成违法嫌疑人逃跑、证据灭失等难以挽回的后果，在如此紧急的情况之下，办案机关很难做到采用具有较高证明标准的证据。

（三）警察行政执法中的证明责任

证明责任通常有两个层面的含义：一是指提供证据的责任，二是指说服责任。只提供证据而不去证明自己的主张，不视为承担了证明责任。警察行政程序不同于行政诉讼程序，警察行政程序的证明责任分配也不同于行政诉讼程序证明责任的分配。

1. 行政执法证明责任分配的一般原则

行政执法证明责任分配的一般原则是，主张权利者应对该权利成立的事实负举证责任，对方当事人对权利受妨碍或消灭的事实负举证责任。这种证明责任分配原则类似于民事诉讼中的"谁主张、谁举证"。但是因为行政相对人在技术上、经济上处于弱势地位，无法有效地收集证据和承担举证责任，此时相对人可以要求有关行政机关依职权调查取证，以弥补相对人提供证据的不足，但这并不意味着举证责任就转移到了行政机关身上。

不同性质的行政行为，依据法律规定在行政执法的不同阶段，待证事实是否成立的证明义务由不同的行政执法参与者承担。例如，向行政机关主张权利的待证事实的证明义务主要由行政相对人或利害关系人承担；而由行政相对人承担义务的行政行为依据的事实则主要由行政机关及其执法人员调查收集证据予以证明，行政相对人根据法律规定承担相应证明义务。但是，在行政执法作出行政行为阶段，证明对象即待证事实是否存在是由行政机关承担证明义务的。前者如行政许可能否成立首先要由申请人证明申请是否成立；后者如行政处罚的违法事实是否存在应由行政机关调查收集证据证明是否成立；纳税人依法应交纳多少税款先由纳税人举证证明，最后由行政机关认定。但所有行政执法，行政机关最终无论是作出行政许可，还是作出行政处罚、行政征收等具体行政行为，具体行政行为所依据的事实是否成立，行政机关有最终的决定权。

2. 警察行政执法中证明责任的分配[1]

警察行政执法是一项艰巨且复杂的任务，它涉及面广，种类繁多。不同的警察行政执法类型之间在举证责任的问题上都会存在差异。从宏观上来讲，笔者认为，警察行政执法的证明责任分配如下：

（1）以办案机关承担为原则，以当事人承担为例外。警察机关在行政管理领域具有主导性和主动性，这也决定了证据主要由警察机关收集且证明责任主要由警察机关承担。相反，如果由相对人承担主要证明责任，则只会因相对人举证困难而使其承担更大的败诉风险。

（2）由相对人合理分担证明责任。这种情形仅限于裁决类警察行政行为，警察行政裁决主要解决民事纠纷，宜采用与民事诉讼法相类似的证明责任，即"谁主张、谁举证"的证明责任分配方式。故证明责任由双方当事人共同承担；警察机关则相对独立，主要扮演被说服者及裁决者的角色。

（3）由相对人承担相对的、有限的证明责任。具体情形包括：一是对于涉及公共安全的行政行为，相对人负有相对积极的证明责任。二是对于已采取先行行为的行政强制行为，相对人负有积极的证明责任。例如，对于已被采取查封或扣押措施的行政相对人，应当及时、主动地接受调查。至于该相对人是否违法，该具体行政行为是否合法，则由行政主体承担证明责任。

---

[1]　参见肖萍："论行政程序中证明责任的分配规则"，载《法学论坛》2010年第2期。

第三节　警察刑事证据

我国警察刑事执法主要体现在刑事诉讼过程中的立案侦查阶段，警察侦查活动实质上就是一个收集证据的过程，因此刑事证据制度对警察刑事执法非常重要。证据之所以在警察刑事执法或者说刑事诉讼中有如此重要的作用，是因为它具有证明力，即根据证据能够查清以前发生且司法人员并不知晓的案件事实。证明活动是一项复杂的诉讼活动，它包括收集证据、审查判断证据、推定认定案件事实等。我国《公安机关办理刑事案件程序规定》第五章第 56 条至第 73 条专门对公安机关刑事证据制度作出规定。

一、警察刑事证据基本概念

(一) 刑事证据的基本含义

警察刑事证据也称刑事证据，是指公安机关办理刑事案件过程中依法收集和当事人收集并提交公安机关的用于证明刑事案件事实的材料。我国刑事诉讼法对刑事证据的概念以及表现形式作了规定。根据这些规定，所谓刑事证据是指那些通过一定的形式表现出来，能够证明案件事实的材料。刑事证据作为认定案件事实的客观依据，没有证据就无法认定案件事实，更无法追究犯罪嫌疑人的刑事责任从而对被告人定罪量刑。

(二) 证明责任与举证责任

1. 证明责任

在警察刑事执法中，证明责任是指公安机关所负有的收集并运用证据查清、阐明和确 (认) 定案件事实的责任。根据《刑事诉讼法》的规定，人民法院、人民检察院、公安机关和国家安全机关，它们在刑事诉讼中均负有证明责任。如检察机关如认为需要追究犯罪嫌疑人的刑事责任，在作出提起公诉的决定时，必须具备犯罪事实已经查清，证据确实、充分之条件，否则，法院对公诉的案件审判后，可能作出事实不清、证据不足、指控的犯罪不能成立的无罪判决。法院对案件作出判决、裁定，必须要具备案件事实清楚，证据确实、充分之条件，否则，一审判决、裁定可能被二审法院撤销。终审判决、裁定可能被法定之机关提起审判监督程序，对案件进行再审。

根据《刑事诉讼法》的规定，审判人员、检察人员和侦查人员必须依照法定程序，收集能够证明犯罪嫌疑人、被告人有罪或者无罪、犯罪情节轻重的各种证据。在公诉案件中，公安机关对于自己立案侦查的案件侦查终结后，认为应当移送起诉的，必须做到事实、情节清楚，证据确实、充分，否则，检察机关对其审查后可能退回公安机关补充侦查。

2. 举证责任

刑事诉讼中的举证责任，是指刑事诉讼中有关机关、当事人所负有的向法院提供证据以说明其诉讼主张成立的责任。如果负有举证责任的一方没有完全承担这个责任，它的诉讼主张就不会被法院接受，可能因此承担败诉的法律后果。举证责任是存在于审判阶段的法律责任。如果有责任提供证据的一方不能提供证据，或者提供的证据不能证明其诉讼主张，一般将承担败诉的法律后果。根据我国《刑事诉讼法》的规定，承担举证责任的机关和当事人包括：

（1）公诉机关。《刑事诉讼法》第 49 条规定："公诉案件中被告人有罪的举证责任由人民检察院承担。"如果公诉机关提不出证据证明被告人构成犯罪，根据我国《刑事诉讼法》第 195 条第（三）项的规定，法院将作出证据不足、指控的犯罪不能成立的无罪判决。

（2）自诉人。我国《刑事诉讼法》第 49 条规定："自诉案件中被告人有罪的举证责任由自诉人承担。"如果自诉人提起的自诉案件主要事实不清，或者没有一定的证据证明被告人有罪，法院则不会受理。

（3）公诉被害人。公诉被害人一般不承担被告人有罪的举证责任。但如果他提出了与公诉机关不同的诉讼主张（控诉意见），则要就这个诉讼主张承担相应的举证责任，否则，他的这些意见不会被法院采纳。

（4）被告人。我国《刑事诉讼法》第 50 条规定的"不得强迫任何人证实自己有罪"，但是在下列特殊情况下，被告人负有举证责任：一是自诉案件中提起反诉的被告人，对反诉主张的案件事实负举证责任。二是"巨额财产来源不明"案件中的被告人，在一定条件下承担举证责任。

（5）附带民事诉讼原告。附带民事诉讼的原告在审判过程中有权提出赔偿的诉讼请求，并对这个诉讼请求有责任举出证据予以说明。

3. 证明责任与举证责任的异同

举证责任与证明责任是两个既有联系又有区别的概念。举证责任与证明责任的联系是很紧密的：首先，两者都是在查明案件事实过程中的责任，都需要运用证据来完成；其次，如果承担责任的主体在实践中没有完成证明或者举证，都要承担一定的法律后果。证明责任与举证责任有以下区别：一是证明责任只能由公安司法机关承担，而举证责任可以由司法机关承担，也可以由当事人承担；二是在侦查、起诉和审判阶段，都有证明责任，而举证责任只存在于审判阶段；三是在刑事诉讼中，举证责任一般由控诉方承担，而证明责任则由在不同诉讼阶段上对案件有处置权的司法机关承担。

（三）证明对象与证明要求

1. 证明对象

证明对象是指需要用证据加以证明的案件事实。明确证明对象便于公安机关及其它司法机关和有关当事人依法收集证据和提供证据，及时查明案件事实。由于我国《刑事诉讼法》未对证明对象的具体内容作出规定，因此《最高人民法院关于适用〈中华人民共和国刑事诉讼法〉的解释》第 64 条和《公安机关办理刑事案件程序规定》第 65 条都对证明对象作了具体规定。根据这些规定，需要运用证据证明的案件事实包括：（1）犯罪嫌疑人、被告人、被害人的身份；（2）被指控的犯罪行为是否存在；（3）被指控的行为是否为犯罪嫌疑人、被告人所为；（4）犯罪嫌疑人、被告人有无刑事责任能力，有无罪过，有无实施犯罪的动机、目的；（5）实施犯罪的时间、地点、手段、后果以及案件起因等；（6）犯罪嫌疑人、被告人在共同犯罪中的地位、作用；（7）被告人有无从重、从轻、减轻、免除处罚情节；（8）有关附带民事诉讼、涉案财物处理的事实；（9）有关管辖、回避、延期审理等的程序事实；（10）其他与定罪量刑有关的事实。

2. 证明要求

证明要求也称证明任务，指刑事诉讼中证明案件事实所要达到的程度或标准。由于不同规定、程序的内容和条件不同，其证明活动不同，证明要求也应有所不同，不可能是统一的。例如，人民法院对被告人作有罪判决的证明要求与法院决定开庭审理的证明要求是不相同的。根据我国《刑事诉讼法》第 53 条第 2 款的规定，法院作有罪判决时的证明要求是："（1）定罪量刑的事实都有证据证明；（2）据以定案的证据均经法定程序查证属实；（3）综合全案证据，对所认定事实已排除合理怀疑。"达不到这三项证明要求的，就无法确定事实是否清楚，证据是否确实、充分，因而也不能对被告人定罪量刑。人民法院对检察机关提起公诉案件审查后，如认为起诉书中有明确的指控犯罪事实的，应当决定开庭审判。与此相适应，作出开庭审判决定的证明要求是：起诉书中有明确的指控犯罪事实。至于公诉机关提起公诉所依据的证据是否属实，正是审判所要解决的问题，这里则不需予以证明。

二、警察刑事证据收集和运用规则

我国《刑事诉讼法》第53条规定了收集证据和运用证据的原则。根据这条法律的规定，警察收集和运用证据应注意以下环节：

（一）重调查研究

刑事诉讼法要求重调查研究，是由收集证据、审查判断证据的规律性所决定的。调查研究是对收集证据、审查判断证据等证明活动的高度概括，在警察刑事执法中，重调查研究是为了让公安司法人员走出公安司法机关，到犯罪现场以及其他存在证据的地方了解案件情况，掌握证据材料，然后再分析判断，探求案件的事实真相，防止出现偏听偏信等危害公正处理案件的现象发生。

通常而言，案件发生立案后，尽管有当事人提供的证据，但基于个人的利害关系，他们往往不可能向司法机关全面地举证，况且，有很多证据单靠当事人是无法收集到的，如果公安司法人员不去收集证据，仅凭举报人、控告人或者当事人举证，难以认定案件事实。

重视调查研究不仅是侦查人员、也是公诉人员和审判人员应当遵守的原则。比如，审判人员在审理公诉案件时也并非只被动地在法庭上审查公诉方、辩护方提出的事实和证据，在合议庭对证据有疑问的时候，为了审查这些证据，他们可以依其职权进行勘验、检查、扣押和鉴定。

（二）严禁刑讯逼供

刑讯逼供是一种非法的收集证据的方法，通常是指对犯罪嫌疑人、被告人施以肉刑或变相肉刑以逼取口供的野蛮行为。我国《刑事诉讼法》第50条明确规定要严禁刑讯逼供，此外我国《刑法》第247条也规定，司法工作人员对犯罪嫌疑人、被告人实行刑讯逼供的，处三年以下有期徒刑或者拘役，以肉刑致人伤残、死亡的，以故意伤害罪、故意杀人罪从重处罚。

警察刑事执法中强调严禁刑讯逼供意义重大：一是刑讯逼供会造成犯罪嫌疑人"乱供"，使得犯罪嫌疑人的供述真假难辨，从而导致错案的发生。二是刑讯逼供对犯罪嫌疑人来说是一种"法外制裁"，它严重侵害了被刑讯者的人身权利，破坏了宪法规定的保护公民基本权利的原则。三是刑讯逼供会严重损害公安机关及人民警察的形象，破坏了民主和法制建设。

应当注意的是，警察刑事执法中除了严禁刑讯逼供外，还要严禁用威胁、引诱、欺骗等其他非法方法收集证据。《最高人民法院关于适用〈中华人民共和国刑事诉讼法〉的解释》中明确指出，经审理，确认或者不能排除存在《刑事诉讼法》第54条规定的以非法方法收集证据情形的，对有关证据应当排除。此外，最高人民检察院《人民检察院刑事诉讼规则（试行）》中也有类似的规定。

（三）重证据不轻信口供

口供是犯罪嫌疑人、被告人供述和辩解的俗称。重证据不轻信口供，是指公安、司法机关在处理刑事案件时，要首先依据能够查明案件真实情况的证据，把证据作为认定案件事实的客观基础，对于犯罪嫌疑人、被告人的供述和辩解，要慎重对待，既不能完全不信，也不能盲目相信。为了防止公安司法人员轻信口供，我国《刑事诉讼法》明确规定：对一切案件的判处都要重证据，不轻信口供。人民法院在审判案件时，只有被告人供述，没有其他证据的，不能认定被告人有罪和处以刑罚，没有被告人供述，证据充分、确实的，可以认定被告人有罪和处以刑罚。

重证据不轻信口供在警察刑事执法中的意义，主要体现在：一是有利于公安机关及其办案人员全面收集证据，客观公正地认定案件事实。刑事案件是发生在过去的事情，公安办案人员没有亲见亲闻案件事实，如不重视证据，轻信口供会使公安办案人员放弃收集物证、书证等其他证据，不利于客观全面的认定案件事实。二是有利于防止或者减少刑讯逼供现象的发生或者泛滥。轻信口供，一方面会使公安机关及其办案人员为了获得犯罪嫌疑人、被告人的口供而采取非法的收集证据的方法，忽视其他证据的收集；另一方面也会助长公安机关及其办案人员的主观主义思想和主观片面性，妨碍客观公正地处理案件。

重证据不轻信口供，并不否定推理和判断在证明活动中的作用。但相对于证据而言，推理和判断是第二位的。证据是推理和判断的基础，又是推理和判断的归宿。没有证据做基础，推理和判断不是无法进行，就是偏离方向。推理和判断是否正确，也需证据来检验。

三、警察刑事证据的收集和审查判断

（一）警察刑事证据的收集

1. 刑事证据收集的含义

收集证据是法律规定的有关机关和人员为了发现和取得证据而进行的执法活动。收集证据是查明案件事实的前提，也是证明活动的基础环节。刑事证据的收集在刑事案件的侦查阶段、起诉阶段和审判阶段都可以进行，其任务是发现证据和取得证据，为司法机关认定案件事实提供坚实的基础和可靠的根据。根据《刑事诉讼法》《中华人民共和国律师法》和其他有关规定，人民法院、人民检察院、公安机关、国家安全机关、监狱、军队内部的保卫机关和律师，有权收集证据。

2. 刑事证据收集的原则和途径

根据《刑事诉讼法》和《公安机关办理刑事案件程序规定》，公安机关及其办案人员收集刑事证据应当遵守下列原则：一是依照法定程序进行的原则。刑事诉讼法明确规定，审判人员、检察人员和侦查人员必须依照法定程序收集能够证实犯罪嫌疑人、被告人有罪或者无罪、犯罪情节轻重的各种证据，严禁刑讯逼供和以威胁、引诱、欺骗及其他非法的方法收集证据。二是依靠群众的原则。《刑事诉讼法》明确规定，人民法院、人民检察院和公安机关进行刑事诉讼，必须依靠群众。《刑事诉讼法》第50条规定："必须保证一切与案件有关或者了解案情的公民，有客观地、充分地提供证据的条件，除特殊情况外，可以吸收他们协助调查。"在收集证据活动中贯彻依靠群众的原则，可以提高广大公民提供线索和可疑情况的积极性，有助于及时、迅速、全面地收集各种证据。

根据司法实践经验，公安机关及其办案人员在收集证据时，除遵守上述原则外，还应符合以下基本要求：一是收集证据必须迅速、及时，以防止证据灭失；二是收集证据必须客观、全面，防止主观臆造证据和片面收集证据；三是收集证据必须深入、细致，保证不漏掉任何一项证据，使每一项证据都

有较强的证明力；四是注意运用现代科学技术手段；五是注意对收集到的证据保密，对涉及国家秘密、商业秘密和个人隐私的证据，应当保密。

根据《刑事诉讼法》的规定，公安机关及其办案人员收集证据的途径主要有：讯问犯罪嫌疑人、被告人；询问证人、被害人；勘验、检查；搜查；查封、扣押；查询、冻结；鉴定；辨认；技术侦查；通缉。此外，《刑事诉讼法》对通过上述七种途径收集证据的方法和步骤，作了明确及系统的规定。

（二）警察刑事证据的审查判断

1. 刑事证据审查判断的概念

刑事证据审查判断，是指审判、检察和侦查人员对收集到或者当事人提供的证据所进行的分析研究、鉴别真伪、查明与案件事实之间是否存在联系，从而对案件事实真相作出结论的活动。审查判断证据是证明活动中的一项重要工作，其目的是查明证据是否具备客观性、关联性，对案件事实有无证明力，能否作为定案的根据。在警察刑事执法活动中，审查判断证据与收集证据工作有密切的关系，收集证据过程中往往就伴随有审查判断证据的活动。审查判断证据之后，又可能开始新的收集证据活动。

2. 刑事证据的审查判断

刑事证据的审查判断主要涉及审查判断的重点和方法。实践经验表明，公安机关及其办案人员在刑事侦查中，对证据的审查判断重点包括以下几个方面：一是审查判断证据的来源。包括审查判断证据是如何形成的以及由谁提供、由谁收集和形成过程中是否因受到非正常因素的影响而丧失或降低其证明作用等情况。二是审查判断证据的内容。审查判断证据和案件事实有无联系，以及证据本身是否合理、有无矛盾。三是审查判断案内各种证据的关系。审查判断案内各种证据之关系，其目的是查明用以定案的证据之间是否协调一致，有无矛盾，对所认定的事实能否排除合理怀疑。审查判断案内各种证据的关系是从整体上对证据所作的比对分析。

我国《刑事诉讼法》没有对审查判断证据的方法作出具体规定。司法实践中，公安机关及其办案人员对证据的审查判断方法，主要有以下几种：一是甄别法，即对证据逐一地进行审查判断。二是比较法，即将两个以上证据放在一起进行对比分析。三是辨认法，即组织有关人员对证据进行辨认以确定其真实性，这种方法主要适用于物证和书证。四是鉴定法，即由鉴定人运用专门技术知识对某些证据进行鉴定，以查明其是否具有真实性和关联性。五是实验法，即通过进行侦查实验来检验证据的真实性和关联性。六是质证法，指在法庭上通过组织有关人员进行互相对质和询问，以查明某些证据的客观性和关联性，它通常适用于审查判断言词证据。

3. 对非法证据的审查判断与处理

我国《刑事诉讼法》第 54 条第 1 款的规定："采用刑讯逼供等非法方法收集的犯罪嫌疑人、被告人供述和采用暴力、威胁等非法方法收集的证人证言、被害人陈述，属于非法证据，应当予以排除。收集物证、书证不符合法定程序，可能严重影响司法公正的，应当予以补正或者作出合理解释；不能补正或者作出合理解释的，对该证据应当予以排除。"根据上述规定，公安机关及其人民警察在侦查阶段，发现有应当排除的非法证据的，应当依法予以排除，不得作为起诉意见的依据。

根据《刑事诉讼法》第 55 条和第 56 条的规定，人民检察院和人民法院对非法证据的审查判断与处理都具有法定职责。"人民检察院接到报案、控告、举报或者发现侦查人员以非法方法收集证据的，应当进行调查核实。对于确有以非法方法收集证据情形的，应当提出纠正意见；构成犯罪的依法追究刑事责任。""在法庭审理过程中，审判人员认为可能存在本法第五十四条规定的以非法方法收集证据情形的，应当对证据收集的合法性进行法庭调查。当事人及其辩护人、诉讼代理人有权申请人民法院对以非法方法收集的证据依法予以排除。申请排除以非法方法收集的证据的，应当提供相关线索或者材料。"

此外，在对证据收集的合法性进行法庭调查的过程中，人民检察院应当对证据收集的合法性加以证明。现有证据材料不能证明证据收集的合法性的，人民检察院可以提请人民法院通知有关侦查人员或者其他人员出庭说明情况；人民法院可以通知有关侦查人员或者其他人员出庭说明情况。有关侦查人员或者其他人员也可以要求出庭说明情况。经人民法院通知，有关人员应当出庭。

四、技术侦查证据的移送和使用

2012 年修订后的《刑事诉讼法》将技术侦查措施纳入了法律框架之内，自此技术侦查措施从幕后走到了前台，依托技术侦查的主动性、隐蔽性、高效性收集的重要材料也能成为审判人员定罪量刑的直接依据。

（一）技术侦查证据的概念和特点

技术侦查证据，是指技术侦查部门通过采取技术侦查措施，在记录监控、行踪监控、通信监控、场所监控等过程中收集的与案情有关可以用于证明案件客观事实的材料。技术侦查作为证据收集的方式之一，其采取技术侦查措施获得的证据，与一般刑事证据相比，其特点主要体现在以下几个方面：

1. 合法性

合法性主要体现在主体合法、范围合法和程序合法三个方面。

（1）主体合法。实施技术侦查措施的机关必须是法定的侦查机关，如设区的市一级以上公安机关和人民检察院等部门。实施技术侦查措施的行为主体应仅限于侦查人员或侦查人员委托协助侦查的其他人员，并且侦查人员必须依法取得法定职务和法定资格等公职身份，才能采取技术侦查措施。不具有实施资格或越权采取技术侦查措施获取的证据材料都是非法的，应予排除。

（2）范围合法。《刑事诉讼法》第 148 条第 1 款规定了采取技术侦查措施适用范围，"公安机关在立案后，对于危害国家安全犯罪、恐怖活动犯罪、黑社会性质的组织犯罪、重大毒品犯罪或者其他严重危害社会的犯罪案件，经地市级以上公安机关负责人批准后可以采取技术侦查措施"。以及人民检察院在立案后，对于重大的贪污、贿赂犯罪案件以及利用职权实施的严重侵犯公民人身权利的重大犯罪案件，经地市级以上人民检察院检察长批准，可以采取技术侦查措施，交公安机关执行。对于不属于规定中的五种犯罪案件的其他案件采取技术侦查措施收集的证据材料均是非法的，应予排除。对于采取技术侦查措施收集的与案件无关的材料，必须及时销毁，所以也应排除。

（3）程序合法。实施技术侦查措施过程中的审批、委托、终结等环节应合法。根据我国《公安机关办理刑事案件程序规定》第 256 条和《刑事诉讼法》第 149 条规定，采取技术侦查措施，必须报设区的市一级以上公安机关负责人批准；人民检察院等部门决定采取技术侦查措施，交公安机关执行的，由设区的市一级以上公安机关按照规定办理相关手续后，交负责技术侦查的部门执行；批准采取技术侦查措施的决定自签发之日起三个月以内有效。

2. 限制性

技术侦查是侦查机关借助现代科学技术手段实施的秘密收集证据的活动。由于所采取的措施属于监控类侦查措施，对公民人权具有较大的干预性，如实施场所监控干预公民的住宅安宁权，通信监控干预公民的通信自由权等，因此，实施技术侦查措施获取的特定材料在刑事诉讼活动中运用时必须加以限制。我国《刑事诉讼法》第150条规定，采取技术侦查措施收集的材料，应当严格依照有关规定存放，只能用于对犯罪的侦查、起诉和审判，不得用于其他用途。采取技术侦查措施收集的与案件无关的材料，必须及时销毁，并制作销毁记录。

3. 保密性

技术侦查手段与传统侦查手段在调查、证据提取、控制犯罪嫌疑人方面工作方式完全不同，它是依托秘密侦查开展工作，包括电子窃听、电子监控、秘密跟踪、秘密取证等专门技术手段，是国家立法机关赋予侦查机关实施特定方法手段侦查犯罪行为的权力，所以技术侦查措施涉密程度高。如果将保密的材料用作诉讼证据，侦查机关、审判机关有责任确保该证据中受隐私权保护的部分在发挥完证据效能作用后，尽快销毁，不能再以任何形式保存下来。此外，技术侦查措施在相关人员作证的处理方式上也与一般证人不同，根据《刑事诉讼法》第151条、第152条规定，使用隐匿身份侦查和控制下交付收集的材料作为证据时，可能危及隐匿身份人员的人身安全，或者可能产生其他严重后果的，应该采取不暴露有关人员身份等保护措施。[1]在司法实践中，常采取间接作证的方式来认定隐匿身份人员所获证据的合法性。

(二) 技术侦查证据的移送[2]

公安技术侦查部门作为技术侦查措施的实施机关，承担技术侦查证据材料的收集、整理、保存和移送职责。我国《刑事诉讼法》明确规定，采取其他侦查措施收集的证据不足以定案时，可以使用技术侦查措施收集的材料作为证据。因此，公安机关办案单位或者人民检察院办案单位可以依法向公安机关技术侦查部门提请技术侦查证据，并在侦查终结后将相应证据材料移送

---

〔1〕《刑事诉讼法》第151条：为了查明案情，在必要的时候，经公安机关负责人决定，可以由有关人员隐匿其身份实施侦查。但是，不得诱使他人犯罪，不得采用可能危害公共安全或者发生重大人身危险的方法。对涉及给付毒品等违禁品或者财物的犯罪活动，公安机关根据侦查犯罪的需要，可以依照规定实施控制下交付。第152条：依照本节规定采取侦查措施收集的材料在刑事诉讼中可以作为证据使用。如果使用该证据可能危及有关人员的人身安全，或者可能产生其他严重后果的，应当采取不暴露有关人员身份、技术方法等保护措施，必要的时候，可以由审判人员在庭外对证据进行核实。

〔2〕《刑事诉讼法》第二编第八节技术侦查措施（第148～152条）和《公安机关办理刑事案件程序规定》第八章第十节（第254～264条）机关规定。

人民检察院公诉部门。

技术侦查证据除了应当符合一般刑事证据的规定外，在证据的移送上还应当注意以下几点：

（1）公安技术侦查部门移送时应当制作技术侦查证据材料报告书，并附移送技术侦查证据材料清单、技术侦查证据材料及其说明材料，形成技术侦查证据材料卷，经公安机关负责人批准后移送。

（2）公安机关技术侦查部门在移送相关技术侦查证据材料时，对可能危及有关人员的人身安全，或者可能产生其他严重后果的情况，应当采取不暴露公安技侦民警身份和采取技术侦查措施使用的技术设备、技术方法、侦查方法等保护措施。

如果公安机关技术侦查部门发现对采取保护措施后仍可能暴露公安技术侦查人员身份或者采取技术侦查措施使用的技术设备、技术方法、侦查方法，以及技术侦查证据材料中涉及的国家秘密、商业秘密、个人隐私等，公安机关技术侦查部门应当对公安机关办案单位或人民检察院办案单位提出不公开使用的建议，并在移送技术侦查证据材料报告书上注明相关情况。人民检察院公诉部门应当采纳公安机关技术侦查部门不公开使用技术侦查证据材料的合理建议。

（三）技术侦查证据使用

《刑事诉讼法》和公安机关相关部门规章《公安机关办理刑事案件程序规定》明确了技术侦查证据的使用规则。为了保护技术方法、技术设备、相关特情和秘密侦查人员身份以及人身安全，对技术侦查证据的使用应当遵守下列规则：

1.技术侦查证据使用规则

（1）最后使用原则。与传统侦查手段相比，技术侦查手段具有更强的隐蔽性和危害性，如秘密搜查、诱惑侦查、卧底侦查等，这些手段可能触碰道德的底线和法律权威，以及电子窃听、电子监控、网络侦查等都会侵犯公民住宅安宁权、公民隐私权和通讯自由权等基本人身权利。此外，技术侦查的顺利开展是依托特殊的技术方法和技术设备，是在侦查对象毫不知情的情况下实施各项手段工作，因此，如果不设置使用技术侦查手段的门槛，这势必导致发生技术侦查手段滥用现象，造成技术方法、技术设备以及侦查人员暴露风险的增加，那就直接影响技术侦查手段的侦查效果和相关人员的人身安全。考虑到对公民权利以及技术侦查手段的保护，采取技术侦查措施收集的证据材料一定是在其他侦查措施收集的证据材料无法定案时在最后阶段使用。

（2）转化原则。采取技术侦查措施收集的材料，可以转换为其他侦查措施收集的或者公开调取收集的材料形式的，原则上应当进行转换。根据《公安机关办理刑事案件程序规定》，司法实践中，技术侦查证据的转换主要包括以下四种。一是通过一系列手段将技术侦查措施获取的证据材料转化为能够公开出示的证据，例如对于秘密搜查过程中发现的赃物，可以通过公开搜集的方式"重新"获取，从而具备法定的证据资格。二是将技术侦查各手段获取的技术侦查证据转化为其他法定种类的证据，如将获取的实物证据转化为言词证据。三是将特情人员提供的关键线索以刑侦人员工作记录的形式出具。四是在极个别情况下，对卧底或者特情提供的材料还可以直接以证人证言的形式向法庭出示。

（3）保护原则。对确有必要使用技术侦查措施收集的材料作为证据的，应当采取不危及有关人员的人身安全、不暴露采取技术侦查措施的侦查人员身份和使用的技术设备、侦查方法等保护措施。

2. 技术侦查证据使用法定模式

《刑事诉讼法》第152条以及《最高人民法院关于适用〈中华人民共和国刑事诉讼法〉的解释》第107条都对技术侦查证据材料庭审调查和控辩质证作了明确的规定，"采取技术侦查措施收集的证据材料，经当庭出示、辨认、质证等法庭调查程序查证属实的，可以作为定案的依据。使用前款规定的证据可能危及有关人员的人身安全，或者可能产生其他严重后果的，法庭应当采取不暴露有关人员身份、技术方法等保护措施，必要时，审判人员可以在庭外核实"。根据法律规定，技术侦查证据使用有三种规范模式可供选择：

（1）常规模式。即把采取技术侦查措施收集的人证或者物证等以通知出庭或原物出示的方式在法庭上公开示证。控辩双方通过对相关认证交叉盘问，对物证进行说明和辨认，以及法官对该类证据进行核实，最终由审判人员决定是否将其作为定案的依据。这种技术侦查材料的审查判断与常规证据调查核实程序一致，辩方的知悉权和质证权等得到充分保障。

（2）技术处理模式。如果通过采取技术侦查措施获取的材料在法庭上公开出示可能危及有关人员人身安全或者产生严重后果的，应当采取不暴露有关人员身份、技术方法保护措施。如通过技术处理，将出庭作证的证人的容貌、声音等个人特征信息屏蔽或转换，将庭审中涉及的技术侦查手段、方法、设备等不予公开或者模糊处理，但该类技术侦查材料的审查核实地点仍在法庭之上。

（3）庭外核实模式。采用这种模式的前提是法庭采取不暴露有关人员身份、技术方法等保护措施后不足以使审判人员确信这些证据材料的真实性、可靠性，无法作出判决；或即使采取保护措施还是无法防止严重后果的发生，这种情况下，需要将采取技术侦查措施获取的技术侦查材料审查隔离于法庭之外，由审判人员对该类证据材料获取的方法、过程等情况进行审查核实，包括向侦查人员询问了解相关情况，查看相关物证、书证以及其它证据材料等。

第四节 警察行政执法证据与刑事执法证据的衔接

【引导案例】[1]

2011年11月30日公安机关依法对被告人刘某住处进行了搜查，查获毒品疑似物8小包、1小瓶。经鉴定，毒品疑似物重10.307克，检出海洛因成份。公诉机关当庭出示并宣读了物证、书证、证人证言、被告人供述、鉴定意见等相关证据，认为被告人刘某的行为已构成非法持有毒品罪，犯罪事实清楚，证据确实充分，提请法院依法判处。

辩护人对公诉机关指控的罪名不持异议。但是认为本案公诉机关向法庭提交的证人张某、谷某的询问笔录缺乏合法性，二人证言形成于行政处罚阶段，根据《刑事诉讼法》第52条第2款的规定，[2]不能作为证据进入刑事诉讼领域。

法院经审理认为，被告人刘某明知是毒品海洛因而非法持有数量达10.307克，其行为构成非法持有毒品罪，公诉机关指控罪名成立，应予以支持。对于公诉机关当庭出示的证人张某、谷某二人的询问笔录，经庭审质证

---

〔1〕 案例来源：参见北大法宝网"刘×非法持有毒品案"，案件字号"吉刑初字第18号"。

〔2〕《刑事诉讼法》第52条第2款：行政机关在行政执法和查办案件过程中收集的物证、书证、视听资料、电子数据等证据材料，在刑事诉讼中可以作为证据使用。

二人证言系公安机关在查处吸毒活动中形成的言词证据，根据《刑事诉讼法》第52条第2款以及《最高人民法院关于适用〈中华人民共和国刑事诉讼法〉的解释》第63条[1]、第65条第1款的规定，在刑事诉讼中除物证、书证、视听资料、电子数据等客观性较强的证据材料外，行政机关在行政执法和查办案件过程中收集的言词类证据材料应当由侦查机关重新收集、调取，不可直接作为证据使用。由于言词证据具有较强的主观性，容易发生变化，故二人的证言，可以作为当时公安机关对二人行政处罚的依据，但不得直接作为本案的刑事诉讼证据使用。

【引导问题】

请思考行政执法证据与刑事执法证据有何区别？当前哪些行政执法证据可以直接进入刑事诉讼程序？

在2012年新《刑事诉讼法》修改之前，调查取证权仅被赋予公安机关、人民检察院、人民法院、被告人及其辩护人、法定代理人以及自诉案件的自诉人及其法定代理人与辩护人，行政执法所得之证据由于其取证主体缺乏正当性，取证过程缺少刑事程序法律规制，而往往不能直接进入刑事诉讼程序作为证据使用。2012年《刑事诉讼法》做出了一定的调整，其第52条第2款规定："行政机关在行政执法和查办案件过程中收集的物证、书证、视听资料、电子数据等证据材料，在刑事诉讼中可以作为证据使用。"这一条文明确指出可以将行政机关在行政执法过程中所获取的证据用以相应的刑事诉讼程序之中，打破了过去在基本法律体系中否定执法过程中所收集之证据的局面。随后，最高人民法院在《关于适用〈中华人民共和国刑事诉讼法〉的解释》第65条、最高人民检察院在《人民检察院刑事诉讼规则（试行）》第64条，分别对行政执法证据在刑事诉讼中的使用规则予以细化。

---

[1]《最高人民法院关于适用〈中华人民共和国刑事诉讼法〉的解释》第63条：证据未经当庭出示、辨认、质证等法庭调查程序查证属实，不得作为定案的根据，但法律和本解释另有规定的除外。第65条第1款：行政机关在行政执法和查办案件过程中收集的物证、书证、视听资料、电子数据等证据材料，在刑事诉讼中可以作为证使用；经法庭调查属实，且收集程序符合有关法律、行政法规规定的，可以作为定案的根据。

一、行政执法证据与刑事执法证据衔接的价值内涵

(一) 提升刑事诉讼效率

行政执法证据进入刑事诉讼程序后所带来诉讼效率的提升显而易见。具体表现为两方面:

1. 避免重复取证

根据一般证据分类,证据主要分为两大类,即实物证据和言词证据。实物证据通常具有稳定性,不易受外界影响而发生变化,也不会因收集程序的不同而产生不同的结果,因此将该类证据直接进入刑事诉讼程序能够减少相同证据的重复收集。同时有些简易案件事实清楚,犯罪嫌疑人主动认罪,再次收集相关证据不仅会造成司法机关重复取证,还通过反复类似讯问调查等手段加重了犯罪嫌疑人的负担。故而将行政机关在行政执法过程中收集的证据与刑事诉讼相衔接能够简化司法机关对于同一证据采集的工作,减少司法机关在办案过程中反复查证的工作,避免相关证据在行政机关做出行政行为后即遭"抛弃"。

2. 实现诉讼经济

当前我国刑事诉讼侦查机关、公诉机关和审判机关面临案件数量多、难度大、定罪量刑不确定性增强等压力,将行政执法中所获的证据引入刑事诉讼程序能够提供案件事实查明的突破口,提高相应司法机关工作效率。这主要表现在两方面:一是提高证据利用效率。司法实践中存在同一违法犯罪事实行政机关与司法机关重复查证之情形,引致该案件或违法事实中存在同样证据,许多证据材料往往经过某一机关使用后便被束之高阁。而行政机关在行政执法过程中收集的证据与刑事诉讼中所运用的证据具有共性,收集时都要严格依照法定程序在自己的职责内行使相应的职权,反复利用有其合理性。因此,构建行政执法证据与刑事证据衔接程序有助于将证明同一事实的证据反复使用,避免了证据的浪费。二是提高法庭质证的效率。行政行为不仅要注重效率原则和合理原则,同样也应当公平公正,故而行政执法机关在行政执法过程中所收集的相关事实与材料具有一定的公信力。我国历史上长期的封建君主专制制度一定程度上使得当前行政机关具有极高的权威性和强制性,社会整体通常对于政府机关具有强烈的服从度。鉴于此,行政执法机关所收

集的证据通常能够使案件当事人信服，降低其对证据合法性的质疑，能够提升法庭调查质证环节的效率。

（二）实现刑事诉讼有效证明

构建行政执法证据进入刑事诉讼之程序能增加有效证据数量，便于刑事侦查机关及时查清案件事实。部分行政行为存在不可逆之情形，行政机关在作出行政执法行为之后相关证据和事实可能会随之湮灭，给司法机关开展刑事调查造成障碍，难以追究犯罪事实。同时行政机关在行政执法过程中所收集的材料往往具备一定的完整性，能够大致勾勒出案件的基本情况，有助于侦查机关获得案件证据来源，快速掌握案情，找到案件突破口，形成较为严密的证据链，进而使得公诉机关正确提起公诉，审判机关能够确认案件事实并依据相关法律定罪量刑。因此行政执法证据进入刑事诉讼的程序性架构有利于实现刑事诉讼的有效证明，促进刑事诉讼价值与目标的达成。

（三）有助于打击专业领域犯罪

在我国，行政执法机关将案件移送司法机关启动刑事诉讼程序的现象十分普遍，如税务、知识产权、商品质量、走私等，每个案件都涉及专业领域。试举一例，办理环境污染案件要经过环境评价、监测等，内容呈现出的数据、标准等具有很强的专业性，这些都非公安机关所擅长。而环保部门有能力就相关事实开展专业调查，并进行专业的判断，其所收集的相关证据材料具有针对性和关键性。公安机关只需对这些证据材料予以审查和利用，就能够对相关专业犯罪行为进行处理，相关诉讼程序就能得到合理开展。故而加强行政机关与司法机关的合作，构建行政执法证据与刑事证据相衔接之程序有助于在现有刑事诉讼制度框架下司法机关更好地打击专业犯罪。

（四）有利于加强行政执法和刑事司法的衔接

"行政执法与刑事司法的衔接问题一直是我国法律实践中亟需解决的难题，加强行政执法与刑事司法衔接工作已成为整顿和规范社会主义市场经济秩序的迫切需要。"[1] 目前，我国的行政执法和刑事司法衔接机制已经取得了一定的成效，但还不够完善，制约着两法衔接机制发展的一个重要因素就是证据问题。证据是整个诉讼过程的关键和灵魂，在两法衔接工作中起着重要

---

〔1〕　吴高庆主编：《证据法学》，清华大学出版社 2010 年版，第 76 页。

的作用。在《刑事诉讼法》修改之前，只有一些司法解释和行政法规对两法证据衔接问题作出规定，但由于其法律位阶不够高，对证据衔接问题的规定也不够细致，导致实践中很多"有案不移""以罚代刑"现象时有发生。新《刑事诉讼法》规定了行政机关收集的证据材料可以在刑事诉讼中使用，使得两法的证据衔接有了法律依据，从而有利于加强行政执法和刑事司法之间的衔接。

二、行政执法证据与刑事执法证据的联系与区别

（一）行政执法证据与刑事执法证据的联系

事物的共性是行政执法证据进入刑事诉讼的哲学基础。虽然行政执法证据与刑事证据分别处于不同的权力运行领域，前者属于行政执法范畴，而后者属于刑事司法的范畴，但两者在作用、种类和证据特征方面具有共通之处：

1. 行政执法证据与刑事证据都具有"三性"

证据法学领域的通说认为，刑事证据具有三性，即关联性、合法性和真实性。学界对于行政执法证据是否具有"三性"研究甚少。徐继敏教授认为，证据是否具有"三性"，关键是人内心能形成一种确信，即通过一系列的证据行为从而确信该材料具有"三性"，行政证据应当满足客观性、关联性和合法性。[1]从关联性看，行政执法证据与刑事证据都与客观存在的情况有着某些逻辑关系，换言之，两种不同类型的证据都可以用来证明待证的事实情况，"提出的证据对案件中的某个实质性争议问题具有证明性（有助于认定该问题）。"[2]从合法性上看，行政执法证据与刑事证据都要求取证程序和证据表现形式符合成文立法的规定，体现了正当法律程序的价值旨归。公权力机关在收集和审查证据材料时，必须依照法律规定的要求行事，禁止主观擅断。从真实性上看，行政执法证据与刑事证据所反映或记载的内容是客观存在的，绝非来自于主观臆断或者凭空想象。两种证据必须能够反映案件的真实情况，不以公权力机关或者当事人的意志为转移。因此，行政执法证据与刑事证据在本质上都属于广义证据的范畴，都具有证据的关联性、合法性和真实性三大属性。

---

〔1〕　参见徐继敏：《行政证据制度研究》，中国法制出版社 2006 年版，第 14~19 页。

〔2〕　[美] 乔恩·R. 华尔兹：《刑事证据大全》，何家弘译，中国人民公安大学出版社 1993 年版，第 64 页。

2. 行政执法证据与刑事证据都是公权力机关认定事实的依据

对事实真相的追求与探寻是行政执法与刑事司法活动的重要组成部分。正确地认定事实是公权力机关作出裁断的必要前提。而认定事实以充分的证据为基本前提。行政执法证据是行政执法机关依照行政程序收集以便为具体行政行为提供依据的材料，刑事证据则是刑事司法机关依照刑事诉讼程序收集以用来证明案件事实的材料。在我国二元的违法犯罪处置模式下，行政违法行为与犯罪行为存在着交叉现象或者重合现象，如行政犯罪的成立要求必须同时违反特定的行政法规和触犯刑律，即行政法律法规和刑事法律都否定了该行为。从作用上看，两种证据都是公权力机关认定事实的依据和基础。

（二）行政执法证据与刑事执法证据的区别

由于行政执法与刑事司法的目的、运行模式不同，行政执法证据与刑事执法证据的差异自然是显而易见的，具体可分为形式差异和实质差异。

1. 形式差异

行政执法证据与刑事执法证据的存在形态并不完全一致。虽然行政执法证据与刑事执法证据有共同的证据存在形式，比如书证、物证、证人证言、视听资料、电子数据、鉴定意见等，但二者并不能完全一一对应。有些证据种类也不尽然相同，比如现场笔录就是行政执法活动中特有的证据种类，而被害人陈述，犯罪嫌疑人、被告人供述和辩解是刑事证据中特有的法定种类。

2. 实质差异

两种证据的收集、审查、认定程序不尽然相同。目前，我国工商、税务、质量监督等行政执法主体都可以收集证据，取证程序较为宽松，在地点、权利告知等方面并无统一的立法规范。但根据我国《刑事诉讼法》规定，收集刑事证据的主体只能是法院、检察院和公安机关及其工作人员，在"侦查"一章还对取证程序进行了严格的规范。在审查和认定程序上，两者也迥然不同。刑事证据必须要在法庭上出示，实行严格的"一证一质"制度，同时，法官决定对"非法证据"是否采纳，以充分保障当事人的诉讼权利。然而行政执法机关既是证据的收集主体，也是审查、认定的主体，并没有形成类似刑事诉讼举证、质证程序。

在证据的认定上，行政执法证据更强调效率，行政执法人员的行政决定通常要在较短的时间内做出，这也导致行政执法人员其既是证据的收集者，又是证据的审查认定者。刑事证据则应当严格遵守公开原则,所有证据应当在法庭上予以出示,经过当庭双方出庭质证才有可能作为定案的依据。因此两者相比刑事证据更具公正性。此外,两者在认定标准上也存在较大的差异。行政执法证据主要证明的是已经发生的违法事实,只需证明客观事实,因此证明标准相对较低,这一点在行政法相关法律法规上也得到了印证。例如《行政处罚法》提出行政处罚决定的标准在于"违法事实确凿并有法定依据"[1]。刑事犯罪的证明标准则相对较高。传统观点认为刑事诉讼证据的证明标准应当具有高度盖然性。此种高度盖然性必须要达到不允许相反事实存在之程度上的"充分证明犯罪",这种程度的判断才是可信的判断。[2]

三、行政执法证据与刑事执法证据的法律依据

1. 《刑事诉讼法》第 52 条第 2 款

2012 年新修订的《刑事诉讼法》第 52 条第 2 款提出:"行政机关在行政执法和查办案件过程中收集的物证、书证、视听资料、电子数据等证据材料,在刑事诉讼中可以作为证据使用,"这就意味着行政执法证据与刑事证据衔接具备法律基础。然而,在仅有该条规定的现状下两类证据的衔接方式、衔接程序等问题也都随之而来。

该条款所提出的"证据材料"是指享有行政执法权的行政机关在行政执法或查办相关案件过程中所收集的证据材料,即行政执法证据。当行政执法证据所指向的案件事实涉嫌刑事犯罪之时,这一事实已经上升为刑事诉讼案件事实,则行政执法证据也成了刑事诉讼中用以证明行政相对人违法行为的相关事实。行政执法证据只有符合刑事证据的基本概念,享有刑事领域的证据材料,两者在证明对象方面实现了重合。也即是说,在当某一行政执法案件可能触犯刑事法律规定之时,其相关的行政执法证据切合了刑事证据的概念,这是行政执法证据能够在刑事诉讼中得以运用的前提。

成为刑事证据不仅要符合证据的概念,还应当具备刑事证据的证据能力。

(1) 从客观性标准来看,行政执法证据系行政机关收集的可以用来证明

---

〔1〕《行政处罚法》第 33 条规定:"违法事实确凿并有法定依据,对公民处以 50 元以下、对法人或者其他组织处以 1000 元以下罚款或者警告的行政处罚的,可以当场作出行政处罚决定。当事人应当依照本法第 46 条、第 47 条、第 48 条的规定履行行政处罚决定。"

〔2〕参见 [日] 田口守一:《刑事诉讼法》,刘迪等译,中国政法大学出版社 2010 年版,第 272 页。

案件事实及一些争议情况的证据，同时行政执法机关收集后采用询问笔录、查封扣押等一定手段予以固定。因此行政执法证据满足证据能力的客观性。

（2）以关联性标准来衡量，行政执法证据直接来源于行政执法机关的行政执法过程，能够较为直接地证明相关违法事实。故行政执法证据符合了刑事证据能力这一标准。

（3）以合法性标准来衡量，首先，行政执法证据的收集主体为行政执法机关而非司法机关，但是《刑事诉讼法》第52条第2款允许行政执法机关所获证据可以在刑事诉讼中使用，立法上赋予了其合法的取证主体的地位。其次，行政执法机关在收集行政执法证据过程中也会受到相关行政程序法律的约束。其收集证据的过程应当合法合规，不存在取证程序和手段违法的情形。最后，根据相关行政法律法规，行政执法证据的证据形式与刑事诉讼基本相同，不会出现证据形式违法之情形。因此《刑事诉讼法》第52条第2款所称的"行政执法证据"符合了刑事证据能力合法性标准。由此可见，行政执法证据享有刑事证据能力。

2. 对"等"字的理解

新《刑事诉讼法》明确规定了四种形式的行政执法证据可以作为刑事证据使用——书证、物证、视听资料和电子数据。本款在四种证据后还附加了一个"等"字。学界与实务界对"等"字仍存在不同的理解。王尚新、李寿伟等认为"等实物证据，不包括证人证言等言词证据"。[1]对此处的"等"字，应从狭义与广义两方面来理解。从狭义的角度来理解，"等"意味着列举穷尽，即仅仅指书证、物证、视听资料和电子数据这四类证据。我国证据立法具有封闭式的倾向，在新《刑事诉讼法》中列举了八种形式的证据。一项证据要想进入刑事诉讼必须要符合这八种形式之一。从广义的角度来理解，所有的行政执法证据都可以作为刑事证据使用。《人民检察院刑事诉讼规则（试行）》实际上认可了从广义角度来进行释义，即除上述四种类型的证据外，鉴定意见、勘验、检查笔录"经过审查符合法定要求的，可以作为证据使用"，特定条件下当事人陈述和证人证言也可以作为证据使用。相比之下，最高人民法院出台的《关于适用〈中华人民共和国刑事诉讼法〉的解释》第

---

〔1〕　参见王尚新、李寿伟主编：《〈关于修改刑事诉讼法的决定〉解释与适用》，人民法院出版社2012年版，第48页。

65 条的规定依然用 "等证据材料，在刑事诉讼中可以作为证据使用" [1]，立法语言非常模糊，似乎有刻意规避详细解释之嫌。

从立法的背景解读中可以看到，立法机关实际上是区分了两类不同的证据即言词证据和实物证据。对于行政机关收集的证人证言等言词证据应当重新收集，对于物证、书证、视听资料、电子数据等实物证据是可以在刑事诉讼中作为证据使用的。[2] 其实，考察这四类证据形式，其客观真实性不会因收集主体、收集程序不同而有大的波动，比如说行政执法机关查封、扣押一批假药与公安司法机关进行查封、扣押并不会对假药产生质的影响。参与人陈述、证人证言等言词类证据则体现出明显的主观性，容易受到取证主体、程序的影响而发生变化。因此，本条款立法原意应当是指 "等" 意味着列举穷尽，可以作为刑事证据直接适用的是《刑事诉讼法》第 52 条直接规定的四种实物类行政执法证据。

四、行政执法证据与刑事执法证据衔接的流程

(一) 明确案件移送主体身份

1. 移送的机关

移送相关证据的机关毫无疑问应当是行政执法机关。这不仅包括直接行使行政执法权的行政主体，还应当包括其派出机构、法律、法规授权的具有管理公共事务职能的组织和行政机关委托的组织。上述有权开展行政执法行为的主体能否以自己的名义向司法机关移送相关涉嫌犯罪的案件？本书认为，根据行政诉讼主体相关规定，法律、法规授权的组织享有一定的独立地位，故而其可以以自己的名义予以移送。而受委托的组织和派出机构在行政执法过程中发现涉嫌犯罪之情形的，应当由主管其的或进行委托的行政执法机关予以移送。

实务中另外还会存在两种特殊情况，一是两个或者两个以上行政机关共同办理相关案件，在共同执法过程中发现该案件涉嫌犯罪。此种情况下，一般认为可以由其在调查过程中处于主导地位的行政执法机关负责移送，主导

---

〔1〕《人民检察院刑事诉讼规则（试行）》第 64 条第 2 款规定。

〔2〕 参见郎胜主编：《〈中华人民共和国刑事诉讼法〉理解与适用》，新华出版社 2012 年版，第 120 页。

地位不明确的，则由共同的上一级行政执法机关予以统一移送。另一种则是办理行政执法案件的行政机关被撤销。在行政法上，被撤销的机关的权利义务由承担其职权的行政机关进行承继，故而，此种情形下如遇涉嫌犯罪的案件，应当由继续行使其职权的行政机关整合撤销前后收集的相关证据，制作相关移送材料，负责移送至司法机关。就行政机关移送对外主体来说，应当统一移送主体名义，不应该以任何一个办公室或行政人员个人之名义予以移送，而是由经办人员署名，并加盖该机关的公章，以该机关的名义予以移送。

2. 受移送的机关

受移送的机关应当为刑事案件的侦查机关。行政执法机关在移送涉嫌犯罪案件时应当分两步确定受移送的机关。首先，应当明确主管涉嫌犯罪案件的侦查机关。享有刑事案件侦查权的机关为公安机关和检察院。其中检察院享有的是部分侦查权，即仅有涉及贪污贿赂、国家工作人员的部分犯罪等案件其享有侦查权。对此，行政执法机关应当先判断将涉嫌犯罪的案件移送至公安机关或检察院。其次，应当移动至有管辖权的侦查机关。公安机关侦查案件原则上采用犯罪地管辖，辅之以其他可调整的规则，检察院自侦案件原则上采用犯罪嫌疑人工作单位所在地人民法院管辖，根据实际情况可以调整，检察院自侦案件还涉及层级管辖，故而行政执法机关在移送相关涉嫌犯罪的案件时应当予以甄别，将案件移送至具有管辖权的侦查机关。刑事侦查机关应当明确接受移送的部门。根据《人民检察院办理行政执法机关移送涉嫌犯罪案件的规定》，行政执法机关移送的案件，由检察院的控告检察部门受理。但是公安机关并没有做出规定。对此，一般认为可以由统一的收案部门予以受理。行政机关将相关涉嫌犯罪案件移送至公安机关的专门收案部门，由收案部门进行形式审查并予以签收，再统一分配至侦查部门。

3. 被追诉人及其家属

行政执法机关在移送涉嫌犯罪的行政案件时是否也应抄送被追诉人及其家属这一问题也存在争议。站在刑事侦查机关的角度，一般认为不应对其移送，因为可能会产生侦查活动的阻碍。而站在被追诉人及其家属的立场，则认为案件的移送会引起权利义务的变化，出于人权保障的最终目标，理应抄送其一份。

（二）细化行政执法机关案件移送材料要求

行政执法证据转化为刑事证据的证据资格审查系司法机关案件侦查工作

中的一部分，是对证据的实质性认定。在行政执法机关移送涉嫌犯罪相关案件所涉材料时，也应当达到一定的标准，即是否已经收集固定、是否附上相关文书等形式性标准。鉴于当前行政执法证据与刑事证据相衔接之程序于司法实践中存在的问题，行政执法机关所移送材料的类目、标准等也应当予以统一。对此，类比现有的法律法规及规范性文件，尚未有效力层级高的法律法规对此作出规定，仅有《行政执法机关移送涉嫌犯罪案件的规定》和《人民检察院办法行政执法机关移送涉嫌犯罪案件的规定》对所移送的材料提出粗略的要求，且两者一致。[1]

第一，在材料移送方面，在当前规定上应当予以细化。除必须的涉嫌犯罪案件移送书外，对于相关调查报告内容要求可以规定的形式提出。这是由于行政执法案件查办目的、手段以及关注的重点都与刑事案件不同，其所报告的重点可能与司法机关要求存在差别。调查报告应当涵盖案件的时间、地点、涉案主体、案件调查经过、所采取的行政措施、案件情况、可能涉及的罪名等等，全面说明案件涉嫌犯罪之情况。第二，应当将涉案物品清单与证据清单相结合，将物品清单予以综合化。名称上，鉴于所涉的行政执法证据尚未具备刑事证据之资格，故而如称之为证据清单可能会引起理解上的偏差，产生概念混淆。同时，并非所有的物品都系行政执法机关所认定的行政执法证据，但是可能会有助于司法机关的侦查工作。对于这类物品也应当予以一并移送。因此，仍然可以称之为"涉案物品清单"。清单应当包含所涉物品名称、数量。对于言词证据和能够移送的物品应当随案移送，其他数量较多、体积较大或其他可能无法移送的物品应当附上相关照片、存放地点等情况说明材料。第三，所有相关的经过专业人士出具的报告都应当予以移送，同时如鉴定物或检验物可以移送的也应当一并予以移送，尤其是鉴定物系种类物的情况下，有利于司法机关后期重新鉴定查证。第四，所有移送的材料应当为原件。这是行政执法证据与刑事证据相衔接的前提。根据《刑事诉讼法》上对证据的要求，所有的证据都应当为原件。确实无法提供原件的可以移送复制件，同时附上情况说明，以便于后期司法机关的证据资格审查工作，乃至重新收集工作。

---

〔1〕 两个规定都指出，行政执法机关向公安机关移送涉嫌犯罪的案件应当有的材料为：涉嫌犯罪案件移送书、涉嫌犯罪案件情况的调查报告、涉案物品清单、有关检验报告或者鉴定结论及其他。

（三）移送期限及审限

根据《行政执法机关移送涉嫌犯罪案件的规定》之规定，行政执法机关移送涉嫌犯罪的案件的期限为 3 日。[1]但是此处 3 日仅指该行政执法机关负责人做出是否批准移送决定的时间，额外还应当加上 24 小时的移送时间。

根据现有法律法规及规范性文件的规定，公安机关审查决定是否立案的期限为 3 日，[2]而通知期限并未作出规定。可以参考《刑事诉讼法》及其相关司法解释，就审查及通知期限做出如下规定：公安机关、检察院接受行政执法机关移送的涉嫌犯罪案件的，应当自接受之日起 3 日内，对所移送的案件进行审查。认为关键材料不足，需要行政执法机关予以补充而 3 日内无法补充完毕的，经负责人或检察长同意，申请延长 3 日。做出立案或不予立案的，应当在 24 小时内书面通知相关移送机关，其中不予立案的，还应当说明理由，并相应退回案卷材料。[3]

【本章思考题】

1. 运用证据的原则是什么？
2. 证明对象主要有哪些？
3. 如何理解警察行政执法证据？有哪些规则？
4. 怎样理解刑事诉讼中的证明责任和举证责任？
5. 如何对非法证据进行审查判断？
6. 行政执法证据与刑事执法证据衔接具有何种价值内涵？
7. 行政执法证据与刑事执法证据有什么区别？
8. 如何理解《刑事诉讼法》第 52 条第 2 款中的"等"字表述？
9. 行政执法证据与刑事执法证据衔接的具体流程？

【本章参考文献】

1. ［德］克劳思·罗科信：《刑事诉讼法》，吴丽琪译，法律出版社 2003 年版。

---

〔1〕《行政执法机关移送涉嫌犯罪案件的规定》第 5 条：在行政执法人员认为需要移送涉嫌犯罪的案件至司法机关的，应当报政执法机关负责人审批。该负责人自接到报告之日起 3 日内作出批准移送或者不批准移送的决定。决定批准的，应当在 24 小时内向同级公安机关移送；决定不批准的，应当将不予批准的理由记录在案。
〔2〕《行政执法机关移送涉嫌犯罪案件的规定》第 8 条。
〔3〕《行政执法机关移送涉嫌犯罪案件的规定》第 8 条。

2. 宋英辉：《日本刑事诉讼法》，中国政法大学出版社 2000 年版。

3. ［日］田口守一：《刑事诉讼法》，刘迪等译，法律出版社 2000 年版。

4. 程味秋、杨诚、杨宇冠编：《联合国人权公约和刑事司法文献汇编》，中国法制出版社 2000 年版。

5. 王超：《警察作证制度研究》，中国人民公安大学出版社 2006 年版。

6. 汪建成、杨雄："警察作证制度的理论推演与实证分析"，载《政法论坛》2003 年第 4 期。

7. 王强、王翼飞："建立刑事诉讼警察出庭作证制度的思考"，载《南方论刊》2009 年第 6 期。

8. 庞国权、曹喆："关于建立我国警察证人制度的思考"，载《铁道警官高等专科学校学报》2006 年第 4 期。

9. 乔汉荣、邓明仁、朱春莉等："构建侦查人员出庭作证制度相关问题研究"，载《国家检察官学院学报》2004 年第 2 期。

10. 谭世贵、王琳："关于建立我国警察作证制度的思考"，载《中国刑事法杂志》2003 年第 5 期。

11. 谢佑平：《刑事程序法哲学》，中国检察出版社 2010 年版。

12. 孙远：《刑事证据能力导论》，人民法院出版社 2007 年版。

13. 罗筱琦、陈界荣：《证据方法及证据能力研究》，人民法院出版社 2006 年版。

14. 杜国栋：《论证据的完整性》，中国政法大学出版社 2012 年版。

15. 樊崇义主编：《公平正义之路——刑事诉讼法修改决定条文释义与专题解读》，中国人民公安大学出版社 2012 年版。

16. 龙宗智："进步及其局限——由证据制度调整的观察"，载《政法论坛》2012 年第 5 期。

17. 万毅："证据'转化'规则批判"，载《政治与法律》2011 年第 1 期。

18. 顾永忠："行政执法证据'在刑事诉讼中可以作为证据使用'解析"，载《法律适用》2014 年第 3 期。

19. 黄世斌："行政执法与刑事司法衔接中的证据转化问题初探——基于修正后的《刑事诉讼法》第 52 条第 2 款的思考"，载《中国刑事法杂志》2012 年第 5 期。

20. 谢治东："行政执法与刑事司法衔接机制中若干问题理论探究"，载《浙江社会科学》2011 年第 4 期。

21. 田宏杰："行政犯罪的归责程序及其证据转化——兼及行刑衔接的程序设计"，载《北京大学学报（哲学社会科学版）》2014 年第 2 期。

知识拓展

"毒树之果"[1]

"毒树之果"这一概念源于美国，简言之，就是指以非法取得的证据为线索间接获得的证据。该理论在美国的正式得以确立源于联邦最高法院对王森诉合众国一案的裁决。在该案中，法庭认为，除非政府可以清楚表明第二位证据的发现独立于"被污染的"、非法的第一位证据，否则第二位证据必须作为"毒树之果"予以排除。实际上，"毒树之果"这一词中的"毒树"指的是违法收集的刑事证据，"之果"指的是从毒树中线索获得的证据。"毒树之果"规则在美国的产生和确立是20世纪60年代民权运动兴起的必然结果。

本章拓展阅读

［英］1983年布拉西尔诉萨里警察局[2]

基本案情

原告布拉西尔女士因在酒吧里行为不检被警方拘捕，并在拘留室里被女警搜身，搜身的实质原因是怀疑她藏有毒品，但警方告诉她这是为了她的安全着想。原告不接受搜身，并在反抗过程中先后用手袋打了两名女警。事后，警方向萨里郡的保安官法庭提起诉讼，控告原告违反了《1964年警察法》，犯有两项殴打执行公务警员的罪名。原告承认殴打，但否认警员正在执行公务。保安官法庭最后裁定两项罪名成立，各罚款50磅。原告不服，法庭遂把该案件送报王座法庭，请求得到他们的法理指示。王座法庭的哥夫法官（Goff Lj）和麦奈尔法官（Mc Neill）认为警员的行为不是执行职务的行为，主张撤销原审法庭的判决。

本案的法律意义

本案的法律意义在于：进一步强调了限制公民人身自由须说明理由的原则。人身自由是公民最基本的权利，也是公民享有其他权利和自由的前提。正如丹宁勋爵（英国）在其《法律的正当程序》（杨百揆等译，法律出版社

---

[1]　参见《法制与经济》2009年2月（总第194期）
[2]　参见高文英主编：《警察行政程序案例与理论分析》，群众出版社2005年版，第12页。

1999 年版，第 109 页）中所说的"倘若一个正直的人可以受到杀人犯或盗贼的侵害，那么他的人身自由就分文不值了。每一个社会均需有保护本身不受犯罪分子危害的手段。社会必须有权逮捕、搜查、监禁那些不法分子。只要这种权力运用适当，这些手段都是自由的保护者。"权力天生具有扩张性，所以任何权力都要受到限制，否则权力就会被滥用，就会侵害公民的权利。所以权力机关在采取限制公民人身自由的行为时，必须遵守合法、正当的手段和程序，其中说明理由就是其中一项重要的原则。

在英国，警察搜身作为警察逮捕权所附带的权力之一，是指警察为获取与相关罪行有关的物证而对当事人的身体或随身物品进行搜查的行为。由于搜身涉及个人隐私与尊严，是对公民人身自由的一种限制，所以搜身权的行使必须严格遵守法律的规定，否则构成违法。英国 1679 年通过的《人身保护法》作为一部宪法性文件，其中虽然没有搜查权的实体性规范，但通过对限制或剥夺公民人身自由行为的程序上的规定，对于防止权力的滥用和保护公民人身自由起到了积极的作用，这一法律迄今仍有效。根据正当法律程序及权力正当行使要求，合法的搜身必须具备明确的、合理的理由和确有搜身必要的条件。而所谓明确、合理的理由应该是警察所真正怀疑的理由，除非是为了防止行为人伤害他人、毁灭证据、恶意毁坏财物等，否则警察均不能以笼统的理由作为搜身的理由。本案的问题在于，警察强令搜查原告的身体的目的是搜查毒品，但告知原告的理由却是"为了他们安全着想，所有被带进警局的人都要搜身"这一笼统的理由，而这种说明理由的方式恰恰缺乏了说明理由所应具有的明确性和合理性。所以应当认定警方在进行搜身时不符合"有必要"的条件，同时也不符合搜身所应遵守的正当法律程序要求，所以，该搜身行为是非法的，不属于正当执行职务行为。

对行政决定说明理由过去不是英国自然正义原则中的当然内容，甚至在法院的司法审查中似乎也不存在这样的规则。但后来人们发现"没有哪一个单独的因素比公共机构不负对决定说明理由的义务更为严重地阻碍英国行政法的发展了。"于是确立了在法律有明确规定的情况下，行政机关对作出的行政行为不说明理由，就构成法院撤销行政机关行政行为的理由之一的规则。法院也可以根据实际情况认定行政机关不说明理由是因为它没有理由，因而撤销行政机关的决定。

行政机关作出行政决定应当说明理由，该理由应当包括事实因素、法律依据以及进行自由裁量时所考虑的政策、公益、形势、习惯等因素。说明理由原则对于防止限制公民权利的警察搜身权的滥用、保障公民的各项权利自由有积极的意义。

［美］1992 年科罗纳多诉州政府案[1]

基本案情

德州一所学校的副校长，因听说一名学生试图贩卖毒品给另一学生，便对该学生进行了询问和"轻拍搜身"。但是除在该学生的钱包中发现了 300 元现金外，没有找到任何毒品。一个星期后，这名学生试图找借口离开学校。他说他必须参加祖父葬礼，但其亲戚说他祖父并没有死。副校长便传唤该男孩到他的办公室，对他轻拍搜身，只发现了几把钥匙和装有 197 元现金的钱包。然后他叫男孩脱掉裤子，但还是没有发现任何违禁物品。于是，副校长搜索了该男孩的储物柜，还是没有任何发现。最后，副校长把男孩带到他的车子旁边，命令男孩打开车子。在男孩车子的行李箱中，副校长发现了几包白色粉末和三粒豆子大小、看起来像大麻的东西。该男孩以副校长的搜索行为侵犯隐私为由，主张由此取得的证据应适用证据排除法则。德州法院最后宣示，依据蒂诺判例，搜索男孩汽车的行为违法。法院认为，一个星期前显示该名学生贩毒的资讯并不足以证明搜索行为的正当性。副校长以怀疑学生逃课为由，对学生实行"轻拍搜身"的行为才是正当的。但是，后来逐步增加入侵性搜索，包括搜索男孩的车，已经超出因逃课而对其加以搜索的合理范围了。因此，汽车内发现的毒品不能作为不利于男孩的证据。

本案的法律意义

本案的法律意义有两点：一是明确了公立学校也应适用宪法第 4 条修正案中关于公民不受不合理拘捕、搜索和扣押的基本原则，但适用标准和条件宽松；二是进一步确立了违法搜索行为而获得的证据应予排除的"非法证据排除法则"。

首先，关于宪法第 4 修正案在公立学校是否适用的问题。1791 年生效的美国宪法第 4 条修正案规定，人民保护其人身、住房、文件和财物不受无理搜查和扣押的权利不得侵犯；除非有合理的根据认为有罪，以宣誓或郑重声

---

[1]　参见高文英主编：《警察行政程序案例与理论分析》，群众出版社 2005 年版，第 22 页。

明保证，并详细开列应予搜查的地点、应予扣押的人或物，不得颁发搜查和扣押证。该项规定确立了公民不受不合理拘捕、搜索和扣押的基本原则。但长期以来，美国最高法院鉴于公立学校的特殊性质，对于该法则是否适用一直未曾表明其立场。直到 1985 年在新泽西州诉蒂诺案件中，美国最高法院才发表了他们的意见，并创造了一项新的标准。该意见是：公立学校师长也必须接受宪法第 4 条修正案的拘束。但鉴于学校的特殊环境，法院同时裁定，宪法第 4 修正案的规则在适用于学校时有稍作"修改"的必要，于是创造了如下新标准：在学校，教师不需先行取得搜索状才能进行搜索行动，而只需要搜索"在各种条件下均合理"即可。

按照上述意见和标准，本案的关键是该副校长对学生的搜索行为是否合理？最高法院认为，副校长因学生逃课而对其实行轻拍搜身是宪法允许的，属于正当行为。但该副校长随之而实施的搜索学生置物柜以及私人汽车的行为，却不被法院所支持。因为搜索学生置物柜和汽车已经明显增加了行为的侵入性，虽然学校有其特殊的性质和地位，师长搜索学生比警察搜索犯罪嫌疑人适用更为宽松的条件，但一旦触及高度入侵性搜索行为，则仍然应当符合极为严格的标准。"高度入侵性"的行为可以包括脱衣搜身、检查个人储物柜和搜索私人汽车等。而本案中，副校长的后续搜索行为显然具有高度入侵性，所以不符合宪法所要求的严格的搜索标准。

其次，是关于非法证据排除法则是否适用于公立学校的问题。通常所说的证据排除法则（the exclusionary rule）主要适用于刑事案件中，是指如果搜查行动违反宪法第 4 修正案，则因此所采取的证据不能在法庭上使用，否则，权利无法获得补救。对于公立学校是否适用证据排除法则，美国最高法院长期没有一个明确的意见，即使是 1985 年在新泽西州诉蒂诺案件中，美国最高法院也曾要求对此问题作出裁定，但由于最后认定蒂诺案件中校方的搜索行为合法，因而取得的证据便不存在排除适用的问题，所以，法院对于是否适用公立学校的问题也没有正面回答。在本案中，下级法院在充分领会了最高法院的精神后，在认定副校长的搜索行为侵犯学生隐私权、违反宪法第 4 修正案规定后，裁定副校长在学生汽车上发现的毒品不得作为不利于该学生的证据，因此明确了在公立学校非法证据排除法则的适用问题。

第九章
警察执法监督救济

【内容提要】

通过本章的学习，了解警察执法监督与救济的主要形式，掌握警察监督、警察行政复议、行政诉讼及国家赔偿等基本理论，明晰警察执法监督救济的形式和内容，通过监督促进依法行政，更好地保障公民的合法权益。

【重点提示】

1. 警察监督
2. 警察行政复议
3. 警察行政诉讼
4. 警察国家赔偿

第一节　警察监督

【引导案例】

公民甲报警称被乙用木棍打伤，在场有证人丙和丁，并有视频监控录像。某派出所民警接警后，出警到现场，未寻找甲所言的木棍，对丙进行了简单的询问，未联系丁，本案由于缺乏线索一直被搁置。公民甲认为派出所不作为，遂向某公安分局进行投诉，公安分局督察大队迅速对事件进行了调查，出具了督察意见，认定派出所在办案时存在调查取证不全面、不及时和怠于履行职责的行为，并督促某派出所采取整改措施。

【引导问题】

1. 警察外部监督包括哪些监督活动？
2. 警察内部监督包括哪些监督活动？

警察监督，即警察执法监督，指的是公民、社会组织和法律授权的机关、组织对警察机关及人民警察依法履行警察职责、行使警察职权和遵守警察纪律的情况所实施的监察和督促活动的总称。警察的活动涉及国家安全、社会稳定和公共秩序，关系到公民和社会组织的重大合法权益，因此行使警察职权的主体必须接受多方面的监督，以保障警察的权力不被滥用、警察的职责得到正确履行。从监督途径上看，警察监督可以分为警察外部监督和警察内部监督，各方主体通过目标相同、手段有别的监督渠道，多管齐下，共同致力于警察权力规范、高效而合理地运行。

一、警察外部监督

警察外部监督，指的是警察机关以外的国家和社会力量对警察机关及人民警察依法履行警察职责、行使警察职权和遵守警察纪律的情况所实施的监督。在我国，警察外部监督包括执政党、权力机关、行政机关、检察机关、审判机关、社会组织及公民个体对警察机关及人民警察所进行的监督活动。中央人民政府及地方各级人民政府对警察机关及人民警察所实施的管理和指挥活动也包含一部分外部监督的因素。

（一）执政党的监督

中国共产党作为执政党，通过政党组织对警察机关及人民警察的活动进行政治领导和政治监督。从法理方面看，我国《宪法》序言确认了中国共产党的执政党地位，同时《宪法》第5条第4款也确认"一切国家机关和武装力量、各政党和各社会团体、各企业事业组织都必须遵守宪法和法律。一切违反宪法和法律的行为，必须予以追究"。由此，执政党可以在不违反宪法和法律规定的范围内对警察机关实行多种方式的监督。

执政党对警察机关及警察人员的监督是广泛而全面的。监督的内容包括监督警察机关是否执行党的路线、方针、政策和决议以及警察人员是否遵纪守法等。监督的方式也比较全面，既可以采用召开座谈会、民意测验等非强制性的监督方式，也可以采用责令有关组织和人员汇报工作、说明情况及提交文件等具有明显强制性的监督方式。[1] 从法理上看，执政党的监督应通过政党组织及政治方式进行，以纪律监督为主，不能以党代政、直接行使法律赋予行政机关或司法机关的职权。

（二）权力机关的监督

权力机关可以依法对警察机关及人民警察进行较为全面的监督。我国《宪法》第 57 条规定："中华人民共和国全国人民代表大会是最高国家权力机关。它的常设机关是全国人民代表大会常务委员会。"第 96 条第 1 款规定："地方各级人民代表大会是地方国家权力机关。"由此，权力机关的监督，在我国就是全国人民代表大会及地方各级人民代表大会对警察机关及人民警察的活动进行的监督，这种监督也可以通过权力机关的常设机关进行。

权力机关的警察监督活动可以直接以宪法和宪法性法律作为依据。权力机关的警察监督是全方位的，权力机关也可以采用多种多样的合法手段实施警察监督。目前权力机关主要的监督手段包括：撤销有关行政机关制定的与宪法、法律相抵触的涉警行政法规、规章、决定和命令；听取和审查政府工作报告；由人大代表向警察机关提出质询案，等等。

（三）行政机关的监督

行政机关的监督包括县级以上各级人民政府的一般监督，行政监察机关、审计机关的专门监督及行政复议监督。

1. 一般监督

我国《宪法》规定了县级以上各级人民政府对公安工作的领导权或管理权，这种管理权含义较为宽泛，也包括监督的内容。例如，《宪法》第 89 条规定："国务院行使下列职权：……（十三）改变或者撤销各部、各委员会发布的不适当的命令、指示和规章；……"这应当被看作是外部监督的一种形式。在大多数情况下，县级以上各级人民政府对警察机关及人民警察的监督权和管理权很难从形式上获得清晰的区分。从功能上看，如果县级以上各级

---

〔1〕　参见李永清主编：《警察法学》，中国民主法制出版社 2008 年版，第 223 页。

人民政府纠正警察机关或人民警察的错误做法，或督促其完善组织行为或执法活动的不合法、不合理之处，都属于人民政府的一般监督。

2. 行政监察机关的监督

警察机关大部分属于行政机关，行政监察机关有权对人民警察及属于行政机关的警察机关进行监督。《人民警察法》第 42 条规定："人民警察执行职务，依法接受人民检察院和行政监察机关的监督。"《公安机关人民警察纪律条令》第 6 条第 1、2 款也规定："监察机关派驻同级公安机关监察机构可以调查下一级监察机关派驻同级公安机关监察机构管辖范围内的违法违纪案件，必要时也可以调查所辖各级监察机关派驻同级公安机关监察机构管辖范围内的违法违纪案件。监察机关派驻同级公安机关监察机构经派出它的监察机关批准，可以调查下一级公安机关领导人员的违法违纪案件。"这些规定以法律的形式确认了行政监察机关的监督权。行政监察机关的监督所依托的职权是监察权，拥有专门的监督方式，如查处违法乱纪案件、受理人民群众的检举及对警察人员不服处分的申诉进行处理等。行政监察机关的监督与执政党的纪律监督相结合，往往能够产生巨大的监督力量。

3. 审计机关的监督

在我国，审计机关的监督是一类重要的专门性监督。《宪法》第 91 条规定："国务院设立审计机关，对国务院各部门和地方各级政府的财政收支，对国家的财政金融机构和企业事业组织的财务收支，进行审计监督。审计机关在国务院总理领导下，依照法律规定独立行使审计监督权，不受其他行政机关、社会团体和个人的干涉。"第 109 条规定："县级以上的地方各级人民政府设立审计机关。地方各级审计机关依照法律规定独立行使审计监督权，对本级人民政府和上一级审计机关负责。"根据《宪法》规定，属于行政机关的警察机关处于审计监督的范围内，应接受审计监督。审计监督主要是由审计机关依法审核和稽查警察机关的财政财务收支活动和遵守财政法纪情况，对警察机关的合法、有序运作起到重要的监督作用。

4. 行政复议监督

《行政复议法》第 12 条第 1 款规定："对县级以上地方各级人民政府工作部门的具体行政行为不服的，由申请人选择，可以向该部门的本级人民政府申请行政复议，也可以向上一级主管部门申请行政复议。"县级以上地方各级人民政府由此可以通过审理行政复议案件对地方警察机关行使监督权。监督的内容既包括警察机关行政行为的合法性，也包括行政行为的合理性。公安行政复议的相关内容详见下文阐述。

（四）检察机关的监督

我国宪法将检察机关定性为法律监督机关，拥有广泛的监督权。我国警察法确认了检察机关对警务活动的监督权。《人民警察法》第42条规定："人民警察执行职务，依法接受人民检察院和行政监察机关的监督。"《公安机关办理刑事案件程序规定》第6条也规定："公安机关进行刑事诉讼，依法接受人民检察院的法律监督。"

检察机关对警察机关及人民警察的监督主要包括法纪检察、侦查监督、逮捕监督与执行监督等，主要集中于对警察机关的刑事司法活动进行监督。根据《刑事诉讼法》《人民检察院组织法》及《人民检察院刑事诉讼规则（试行）》的规定，检察机关的监督范围广泛，可以采取丰富的监督措施。此外，检察机关还对人民警察的贪污、受贿及渎职等行为进行调查，依托人民检察院查办相关案件、追究职务犯罪行为等职能，实施强有力的外部监督。

（五）审判机关的监督

我国人民法院是国家的审判机关，可以通过民事、行政与刑事诉讼，以及对国家赔偿案件的审理，对警察机关和人民警察的活动进行监督。民事诉讼监督主要针对政府合同上的违约或缔约过失情形。在我国，因为在制度层面上缺乏明确的公法合同概念，政府合同方面的争议仍通过民事诉讼解决，人民法院可以在相关诉讼中基于合同相对方的起诉对警察机关签订和履行合同的活动进行监督。通过行政诉讼进行的监督活动较为广泛。《行政诉讼法》第2条第1款规定："公民、法人或者其他组织认为行政机关和行政机关工作人员的行政行为侵犯其合法权益，有权依照本法向人民法院提起诉讼。"第12条更是列举了多种可以提起诉讼的情形。刑事诉讼方面的监督可以分为两类：一类是针对人民警察自身的犯罪行为进行审理和判决；另一类是在公诉案件的审判中对证据的充分性和犯罪是否成立进行审查，进而间接地对公安机关的侦查结果作出评价。刑事诉讼方面的监督具有法律效力，对督促公安机关提高办理刑事案件的质量有着重要的意义。

此外，公民、法人和其他组织还可以依法就警察机关及人民警察的某些不法行为提起国家赔偿诉讼，或在行政诉讼中一并提出赔偿请求。《国家赔偿法》第 2 条第 1 款规定：“国家机关和国家机关工作人员行使职权，有本法规定的侵犯公民、法人和其他组织合法权益的情形，造成损害的，受害人有依照本法取得国家赔偿的权利。”如果警察机关作为赔偿义务机关在这方面不作为，人民法院就将发挥实质性的监督作用。

（六）社会组织的监督

社会组织的外部监督作用非常广泛。来自社会组织的监督可以大致分为以下几类：①各民主党派。在我国，各民主党派的地位已经由《宪法》序言确认，它们可以通过政治协商会议制度及其他合法途径发挥监督作用。②媒体，包括报纸、杂志、广播电台、电视台、网络传媒和其他新媒体。这类监督主体的介入可以将违法乱纪的情形迅速而广泛地向公众呈现，进而推动制度内的监督活动，从而发挥着巨大的监督作用。目前媒体监督还有进一步发挥监督潜能的余地，在正确的舆论导向下可以作为外部监督的一条有力途径。③法律、法规明确认可其地位的社会团体或人民团体，如工会、共产主义青年团、妇女联合会、居民委员会、村民委员会、青年联合会、学生联合会及少年先锋队等。这类监督主体有着特定的监督范围和一定的制度支持，可以在其负责事务的范围内发挥相应的作用。④其他社会组织，例如各种非政治组织、非营利组织或民间团体，以及企业、事业单位等，可以通过人民群众共享的常规监督渠道发挥外部监督作用。

在未来，如果公众参与机制获得进一步的发展，各种社会组织也可以在一定程度上参与到警务活动中，更加直接地近距离监督警察机关和人民警察的活动。

（七）公民个体的监督

《人民警察法》第 3 条规定：“人民警察必须依靠人民的支持，保持同人民的密切联系，倾听人民的意见和建议，接受人民的监督，维护人民的利益，全心全意为人民服务。”对这一条款的理解应分为两个方面：一方面，“人民”在政治哲学及宪法学上是一个整体的政治性的概念，但人民不能作为一个统一体全部直接出场进行监督，而是通过人民代表大会行使政治权力，因此本条也属于对权力机关监督权的确认；另一方面，从“人民”在我国法律中的习惯用法看，这一条款也可以理解为人民中的具体成员有权进行警察外部监督，人民警察需要自觉遵从这种监督。此处的“人民”和本章所称“公民”

在外延上大部分是重合的。同时，《人民警察法》第44条规定："人民警察执行职务，必须自觉地接受社会和公民的监督。人民警察机关作出的与公众利益有直接有关的规定，应当向公众公布。"2005年制定的《公安机关信访工作规定》第2条也要求："各级公安机关应当畅通信访渠道，倾听人民群众的意见、建议和投诉请求，接受人民群众的监督，认真做好信访工作，努力为人民群众服务。"这就使得监督的范围扩展到整个社会公众，包括我国内部的各种群体和个体。

公民个体对警察机关和人民警察的监督形式也较为丰富，除信访外，还可以通过《宪法》第41条所规定的批评、建议、申诉、控告、检举等方式进行。不仅如此，公民个体还可以通过与社会组织的结合发挥更多的监督作用。此外，现行立法规定的听证和其他公众参与机制也是民众近距离监督警务活动的一种可选途径。

二、警察内部监督

警察内部监督，是指警察机关的上级机关对下级机关、同一警察机关的领导对干警及警察内部的专门监督机构对人民警察所进行的监督活动。警察内部监督是警察机关的自我监督，发挥着直接而关键的监督作用。警察内部监督包括一般监督、政工监督、督察监督和法制监督四种主要的监督途径。

（一）一般监督

一般监督包括警察机关的上级机关对下级机关、同一警察机关的领导对干警的监督，是在领导与管理关系中实施的监督活动。这种监督权比较广泛，和领导权、管理权有时难以清晰区分。现行立法确认了这种监督权力，《人民警察法》第43条规定："人民警察的上级机关对下级机关的执法活动进行监督，发现其作出的处理或者决定有错误的，应当予以撤销或者变更。"这是对一般监督权的明确规定。但一般监督权并不仅限于此，还包括人事、财务及执法过程等全方位的监督。

（二）政工监督

政工监督是指警察机关内部实施的以政治思想工作为中心内容的监督活动，一般由各警察机关的政治部门来具体实施监督。这种监督的依据除法律法规中对警察组织和警务活动的有关规定外，还包括《公安机关人民警察内务条令》《人民警察警徽使用管理规定》《人民警察制式服装及其标志管理规定》等。政工监督主要是一种纪律监督，可以结合一般监督和督察监督的机制，对人民警察采取行政处分措施。但相比一般监督与督察监督，政工监督从性质上看更多地应以批评、教育和帮助手段为主。

　　(三) 督察监督

　　督察监督，是指部分警察机关建立督察机构，通过督察机构对警察机关及其人民警察依法履行职责、行使职权和遵守纪律的情况进行监督。督察监督是警察监督的特色制度。《人民警察法》第47条规定："公安机关建立督察制度，对公安机关的人民警察执行法律、法规、遵守纪律的情况进行监督。"2011年修订的《公安机关督察条例》对督察监督进行了详细的规定。当前公安机关的督察制度主要包括以下几方面的内容：

　　1. 督察主体

　　专门的督察机构是督察监督的主体。《公安机关督察条例》对督察机构作了明确的规定：公安部督察委员会领导全国公安机关的督察工作，负责对公安部所属单位和下级公安机关及其人民警察依法履行职责、行使职权和遵守纪律的情况进行监督，对公安部部长负责。公安部督察机构承担公安部督察委员会办事机构职能。县级以上地方各级人民政府公安机关督察机构，负责对本级公安机关所属单位和下级公安机关及其人民警察依法履行职责、行使职权和遵守纪律的情况进行监督，对上一级公安机关督察机构和本级公安机关行政首长负责。县级以上地方各级人民政府公安机关的督察机构为执法勤务机构，由专职人员组成，实行队建制。公安部设督察长，由公安部一名副职领导成员担任。县级以上地方各级人民政府公安机关设督察长，由公安机关行政首长兼任。

　　2. 督察范围

　　督察机构对公安机关及其人民警察依法履行职责、行使职权和遵守纪律的下列事项，进行现场督察：①重要的警务部署、措施、活动的组织实施情况；②重大社会活动的秩序维护和重点地区、场所治安管理的组织实施情况；③治安突发事件的处置情况；④刑事案件、治安案件的受理、立案、侦查、调查、处罚和强制措施的实施情况；⑤治安、交通、户政、出入境、边防、消防、警卫等公安行政管理法律、法规的执行情况；⑥使用武器、警械以及警用车辆、警用标志的情况；⑦处置公民报警、请求救助和控告申诉的情况；⑧文明执勤、文明执法和遵守警容风纪规定的情况；⑨组织管理和警务保障的情况；⑩公安机关及其人民警察依法履行职责、行使职权和遵守纪律的其他情况。

3. 督察方式

从《公安机关督察条例》看，督察方式可以分为以下几类：①现场督察；②派员参加警务工作会议和重大警务活动的部署；③开展警务评议活动，听取国家机关、社会团体、企业事业组织和人民群众对公安机关及其人民警察的意见；④受理群众投诉，进行相关处置；⑤检查决定、命令及其执行情况，如督察机构对本级公安机关所属单位和下级公安机关拒不执行法律法规和上级决定、命令的，可以责令执行；对本级公安机关所属单位或者下级公安机关作出的错误决定、命令，可以决定撤销或者变更，报本级公安机关行政首长批准后执行。

4. 处置措施

从《公安机关督察条例》看，处置措施可以分为以下几类：①纠正措施，例如对违反警容风纪规定的，可以当场予以纠正；②强制措施，如对违反规定使用武器、警械以及警用车辆、警用标志的，可以扣留其武器、警械、警用车辆、警用标志；对违法违纪情节严重、影响恶劣的，以及拒绝、阻碍督察人员执行现场督察工作任务的，必要时，可以带离现场；③处分措施，如决定停止执行职务、采取禁闭措施，报本级公安机关督察长批准后执行；④移送措施，如认为公安机关人民警察需要给予处分或者降低警衔、取消警衔的，督察机构应当提出建议，移送有关部门依法处理；发现公安机关人民警察涉嫌犯罪的，移送司法机关依法处理。

督察制度作为内部警察监督的特色机制，对于确保良好的警容风纪、严格的依法履责发挥着重要的作用。

（四）法制监督

法制监督，是指警察机关对人民警察或下级警察机关的执法活动的合法性进行的专门监督。目前我国警察机关的法制监督主要包括法制审查制度、行政复议、执法质量考核评议及执法过错责任追求等制度。

1. 法制审查制度

法制审查制度，是指公安机关在办理行政和刑事案件的过程中，公安法制部门对执法办案的合法性（行政案件中也包括部分行为的合理性）进行审查，在作出行政行为或移送审查起诉等重要环节以前，发现并纠正其中的错误和缺陷的制度。法制审查制度是公安机关规范执法、规范办案的重要保障。此外，由公安法制部门、案卷管理部门或执法办案管理部门对接处警、受立案等执法办案前期活动的合法性进行审查监督，也属于法制监督的内容。

2. 行政复议制度

《行政复议法》第 12 条第 1 款规定："对县级以上地方各级人民政府工作部门的具体行政行为不服的，由申请人选择，可以向该部门的本级人民政府申请行政复议，也可以向上一级主管部门申请行政复议。"因此，公安机关等属于人民政府工作部门的警察机关，也有权通过审理行政复议案件对下一级警察机关实施法制监督。监督的内容主要是警察机关行政行为的合法性，部分情况下也包括行政行为的合理性。警察行政复议的有关内容详见本章第三节。

3. 执法质量考核评议制度

从法律上的规定看，执法质量考核评议制度适用于公安机关。《公安机关执法质量考核评议规定》集中规定了这一制度，《道路交通安全法实施条例》第 101 条、《公安机关海上执法工作规定》第 22 条等对此也作了规定。执法质量考核评议制度涵盖公安机关的所有执法活动，对公安机关的执法活动提出了全面的要求。根据有关法律规定，执法质量考核评议实行百分制，根据考核评议的内容范围，确定考核评议各项内容所占分数。考核评议结果以年度积分为准，分为优秀、达标和不达标三档。在考核过程中如发现已办结的案件或者执法活动确有错误、不适当的，应当按照《公安机关内部执法监督工作规定》及时纠正。需要追究有关领导或者直接责任人员执法责任的，依照《公安机关追究领导责任暂行规定》《公安机关人民警察执法过错责任追究规定》予以追究。执法质量考核评议制度已经成为重要的常规监督机制。

4. 执法过错责任追究制度

执法过错责任追究制度的法律渊源与执法质量考核评议制度类似。《公安机关人民警察执法过错责任追究规定》集中规定了这一制度，《公安机关办理刑事案件程序规定》《公安机关适用继续盘问规定》等对此也作出了规定。根据有关法律规定，公安机关人民警察在执行职务中，在执法过程中出现十六种违法情形应被追究责任。公安机关发生执法过错的，应当根据人民警察在办案中各自承担的职责，区分不同情况，分别追究案件审批人、审核人、办案人、鉴定人及其他直接责任人员的责任。对于发生执法过错的责任人员，应当依照有关规定，作出辞退、限期调离公安机关、停止执行职务、延期晋级/晋职、通报批评、取消评选先进的资格、离岗培训、责令作出书面检查、减发或者停发岗位津贴/奖金等处理。这一制度是一种有力的事后监督机制，对人民警察的执法活动提出了具有强制约束力的确切要求。

【本节引导问题参考答案】

1. 在我国，警察外部监督包括执政党、权力机关、行政机关、检察机关、审判机关、社会组织及公民个体对警察机关及人民警察所进行的监督活动，还可以进一步探索国际上警察外部监督包括的监督活动范围。

2. 在我国，警察内部监督包括一般监督、政工监督、督察监督和法制监督四种主要的监督途径，这在世界范围内是相当独具特色的。

第二节　警察救济

【引导案例】

李某某申请某省公安厅刑事违法扣押国家赔偿决定书[1]
最高人民法院其他（2013）法委赔字第 1 号
当事人信息
赔偿请求人：李某某。
赔偿义务机关：某省公安厅。
法定代表人：王某某，厅长。
委托代理人：吴某，某省公安厅法制总队副总队长。
复议机关：中华人民共和国公安部。
法定代表人：郭某某，部长。
委托代理人：魏某，中华人民共和国公安部法制局干部。

---

〔1〕　案件来源：中国裁判文书网，载 http://wenshu.court.gov.cn/content/content? DocID=0313f16e-def2-43d4-92d6-b52afeba506a，最后访问日期：2016 年 11 月 29 日。

委托代理人：王某，中华人民共和国公安部法制局干部。

赔偿请求人李某某申请某省公安厅违法限制人身自由、扣押财产刑事赔偿一案，不服某省公安厅 X 公刑赔字（2012）01 号刑事赔偿决定和中华人民共和国公安部（以下简称公安部）公赔复字（2013）1 号刑事赔偿复议决定，向本院赔偿委员会申请作出赔偿决定。本院赔偿委员会依法对本案进行审理，听取李某某、某省公安厅的陈述和申辩，组织双方进行质证。本案现已审理终结。

赔偿请求人李某某申请称：李某某与 X 公司因诉讼代理合同发生经济纠纷，某省公安厅违法受理该公司举报，出具虚假刑事鉴定结论，对李某某非法拘禁 23 天、刑讯逼供并扣押数百件财物，致使李某某未能取得 X 公司报酬款，同时向某市地方税务局稽查局补缴税费 100 余万元。某省公安厅非法介入经济纠纷，造成李某某人身、财产损害，应当承担刑事赔偿责任，向李某某赔偿报酬款、补缴税费、医疗费、亡妻安葬费、精神损害抚慰金及上访费等共计 9 553 552 元，并依法追究办案人员法律责任。李某某自 2004 年 6 月 16 日刑满释放后多次信访申诉，某省公安厅均不予立案，直至 2012 年 8 月 21 日才受理李某某的国家赔偿申请，且李某某于 2012 年 11 月 21 日才得知中共某省纪律检查委员会（以下简称某省纪委）案件移交函，其请求赔偿时效应自该日起算，故本案未超过法定时效。

赔偿义务机关某省公安厅答辩称：某省公安厅根据某省纪委案件移交函，对李某某涉嫌刑事犯罪一案立案侦查，对李某某采取监视居住措施，扣押其 17 件涉案财物。后某省公安厅将案件移送某市公安局继续侦查，扣押财物亦随案移送。案经人民法院依法审理，李某某因犯伪造国家机关证件罪被判处有期徒刑二年。某省公安厅在该案侦查过程中发现李某某另有漏缴税费行为，某市地方税务局稽查局据此向李某某追缴税费 1 217 170.50 元。李某某所称某省公安厅插手经济纠纷，对其非法拘禁、刑讯逼供、扣押数百件财物并无证据支持。监视居住不属于国家赔偿法规定的赔偿范围。李某某于 2012 年 8 月 21 日提出赔偿申请已超过法定时效。故请求维持 X 公刑赔字（2012）01 号刑事赔偿决定。

复议机关公安部同意某省公安厅的答辩意见并说明称：李某某于 2004 年 6 月 16 日刑满释放后，多次上访或邮寄申诉材料，但从未依照法定程序向赔偿义务机关提出国家赔偿请求，其未向赔偿义务机关、复议机关主张某省公安厅刑讯逼供，李某某涉嫌刑事犯罪一案未随案移送的其他物品已由某省纪委依法返还。故请求维持公赔复字（2013）1号复议决定。

本院赔偿委员会经审理查明：某省纪委在查办一起违法违纪案件过程中，发现涉案证人李某某利用伪造的身份证、律师证进行违法活动。2002年5月16日，某省纪委以辽纪函（2002）3号案件移交函，将李某某涉嫌犯罪一案移交某省公安厅处理。同月25日，某省公安厅以涉嫌犯职务侵占罪为由，对李某某采取监视居住强制措施，指定居住在某省武警招待所，李某某在监视居住决定书上签字。同月27日，某省公安厅立案。同月29日，某省公安厅将李某某在中国银行某市分行租用的C0069号保管箱予以冻结。同月31日，某省公安厅对李某某进行询问，李某某供认其伪造自己的身份证、西南政法学院毕业证、中国人民警官大学律师事务所工作证、律师执业证以及伪造司法局局长李成义的私人印章等事实，某省公安厅据此将李某某存放于上述保管箱内的伪造证件、印章及X公司公章、财务专用章等17件涉案财物予以扣押，李某某在扣押物品清单上签字。某省公安厅于2002年6月11日将李某某涉嫌犯罪一案移交某市公安局处理，扣押的17件涉案财物随案移送，后上述保管箱交该局继续冻结。同月17日，某省公安厅对李某某宣布解除监视居住，某市公安局以涉嫌犯伪造国家机关证件罪对李某某予以刑事拘留。同月28日，某市和平区人民检察院对李某某批准逮捕。2003年10月17日，某市和平区人民法院作出（2003）和刑初字第627号刑事判决，认定李某某利用伪造的某省涉外律师事务所、中国人民警官大学律师事务所律师执业证代理诉讼，其行为构成伪造国家机关证件罪，判处李某某有期徒刑二年。李某某不服，提出上诉。某市中级人民法院裁定驳回上诉，维持原判。2004年6月16日，李某某刑满释放。

李某某2007年3月至2010年3月期间共7次到某省公安厅信访，举报瓦房店市公安局、某市公安局违法办案，未要求某省公安厅国家赔偿。2012年8月21日，李某某向某省公安厅申请国家赔偿，某省公安厅向某省纪委了解得知，李某某涉嫌刑事犯罪一案未被移送的财物已由某省纪委直接返还给李某某亲属。2012年10月19日，某省公安厅作出X公刑赔字（2012）01号刑事赔偿决定，认为李某某的赔偿申请超过法定时效，不予赔偿。李某某不服，向公安部申请复议。2013年1月10日，公安部作出公赔复字（2013）1号复议决定，对X公刑赔字（2012）01号刑事赔偿决定予以维持，并认为监视居住不属于法定赔偿范围，某省公安厅扣押的 17 件财物已经随案移送，其余物品已由某省纪委依法返还，李某某称尚有数百件财物被某省公安厅扣押未予返还，其没有证据证实。

另查明：因某省公安厅在侦查李某某涉嫌刑事犯罪一案过程中发现李某某存在漏税行为，某市地方税务局稽查局在某省公安厅等单位的配合下，于 2002 年 7 月从李某某存放于前述银行保管箱的存折提取 1 217 170.50 元用于补缴税费。某市公安局在继续侦查李某某涉嫌刑事犯罪一案过程中，委托某省公安厅对李某某的律师执业证、收取公章的收条等涉案证据进行鉴定。某省公安厅于 2002 年 12 月出具刑事技术鉴定书，认定律师执业证上的注册日期和收条落款处的 "李某某" 签名等系李某某书写。李某某认为上述鉴定结论虚假，但未提供证据予以证明。

上述事实，有辽纪函（2002）3 号案件移交函、监视居住决定书、刑事案件立案报告表、查询通知书、冻结通知书、2002 年 5 月 31 日询问笔录、扣押物品清单、调查证据通知书、某省公安厅案件移交函、解除冻结通知书、解除监视居住决定书、拘留证、批准逮捕决定书、A 公治诉（2002）第 66 号起诉意见书、（2003）和刑初字第 627 号刑事判决书、（2003）A 刑（1）终字第 239 号刑事裁定书、刑满释放证明书、税务机关许可证明、税务处理决定书、李某某涉税情况的说明、X 公刑技（文检）（2002）209、210、220、224 号刑事技术鉴定书、关于李某某上访情况的说明、某省纪委答复函、X 公刑赔字（2012）01 号刑事赔偿决定书、公赔复字（2013）1 号刑事赔偿复议决定书以及质证笔录、谈话笔录等在案佐证。

本院赔偿委员会认为：本案争议的焦点问题为李某某 2012 年 8 月 21 日向某省公安厅提出赔偿请求是否超过法定时效。本案中，某省公安厅对李某某采取指定居所监视居住和扣押财物的职权行为发生于 2002 年 5 月，2002 年 6 月 17 日李某某被某省公安厅解除监视居住，同日被某市公安局刑事拘留，其后李某某因犯伪造国家机关证件罪被判处有期徒刑二年，于 2004 年 6 月 16 日刑满释放，其请求国家赔偿的时效依法应当自 2004 年 6 月 17 日起算，于 2006 年 6 月 16 日届满。李某某虽提出其于 2012 年 8 月 21 日向某省公安厅申请国家赔偿之前多次信访申诉，但未证明其信访申诉内容涉及某省公安厅作为赔偿义务机关的国家赔偿，本案也不存在时效中断的法定事由。李某某提出赔偿请求时效应当自 2012 年 11 月 21 日其得知某省纪委案件移交函之日起算的理由不成立。李某某于 2012 年 8 月 21 日提出赔偿请求超过法定时效，某省公安厅据此不予赔偿，符合国家赔偿法的规定。

关于李某某提出的某省公安厅非法介入李某某与他人经济纠纷，实施非法拘禁、违法扣押财产、刑讯逼供和出具虚假刑事鉴定结论等行为，造成李某某人身、财产损害，应当承担赔偿责任的主张，经查，李某某利用伪造的身份证、律师证进行违法活动，存在犯罪嫌疑，具备刑事诉讼法规定的监视居住条件，某省公安厅对其采取监视居住强制措施符合法律规定，李某某主张某省公安厅对其非法拘禁，理由不成立。李某某的行为经人民法院生效刑事判决确认构成伪造国家机关证件罪，其未经再审改判无罪而要求刑事赔偿，不符合国家赔偿法关于无罪羁押赔偿的规定。某省公安厅在李某某涉嫌刑事犯罪一案移交某市公安局侦查时，将刑事侦查期间扣押的 17 件涉案财物随案移送，符合刑事诉讼法的规定。李某某关于某省公安厅扣押数百件财物、刑讯逼供、出具虚假刑事鉴定结论等没有证据支持。由于某省公安厅不存在违法侵权行为，且李某某向某省公安厅申请国家赔偿已超过法定时效，故对李某某的赔偿请求不应予以支持。

综上，公安部作出的公赔复字（2013）1 号复议决定认定事实清楚，适用法律正确，程序合法，依法应予维持。根据《中华人民共和国国家赔偿法》第 25 条第 2 款、第 29 条、第 39 条，《最高人民法院关于人民法院赔偿委员会审理国家赔偿案件程序的规定》第 19 条第（一）项、第 20 条之规定，决定如下：

维持中华人民共和国公安部公赔复字（2013）1 号刑事赔偿复议决定。

本决定为发生法律效力的决定。

二〇一四年三月一日

【本节引导问题】

1. 警察能不能对自身的奖惩处分提起行政复议？为什么？
2. 警察自身能否在某种情况下获得国家赔偿？

"警察救济"的概念可以有两种理解：第一种理解是人民警察自身在合法权益遭受侵犯时可以通过法定渠道寻求救济；第二种理解是警察机关及人民警察在执行职务时对公民、法人或其他组织的合法权益造成侵害，公民、法人或其他组织可以依法寻求救济。本节内容主要是从后一种意义上去理解，只在个别情况下包含警察自身合法权益的救济问题。警察救济包括警察控告申诉、警察行政复议、警察行政诉讼及警察国家赔偿等，四种渠道针对警察权行使的不同领域及不同后果，分别发挥不可替代的作用。

一、警察控告申诉

（一）警察自身合法权益的申诉程序

1. 常规申诉程序

人民警察作为公务员，其合法权益受到行政机关的侵犯时，通常可以依据公务员申诉程序寻求内部救济。《公安机关人民警察纪律条令》第27条规定："处分的程序和不服处分的申诉，依照《中华人民共和国行政监察法》《中华人民共和国公务员法》《行政机关公务员处分条例》等有关法律法规的规定办理。"2007年实施的《公安机关组织管理条例》第34条也规定："公安机关人民警察对涉及本人的人事处理决定不服，或者认为有关部门及其领导人员侵犯其合法权益的，可以依法申请复核，提出申诉或者控告。"根据《行政监察法》的规定，行政机关公务员和国家行政机关任命的其他人员不服主管行政机关给予处分决定的申诉，由各级监察机关受理。监察机关对受理的不服主管行政机关处分决定的申诉，经复查认为原决定不适当的，可以建议原决定机关予以变更或者撤销；监察机关在职权范围内，也可以直接作出变更或者撤销的决定。《行政机关公务员处分条例》进一步细化了监察机关作出不同决定的前提条件。从规定上看，人民警察申诉的范围相当宽广，审查标准也包括合法性和合理性审查的广泛内容，这一渠道为人民警察依法履行职务提供了制度支持，对人民警察的合法权益提供了基本的保障。

2. 通过督察机构进行的申诉程序

人民警察除可以以公务员身份提起一般性的申诉、寻求救济外，还有特别的申诉救济途径。这些特别途径主要包括督察途径和人民检察院途径，分别在警察机关内外部起作用。

通过督察机构进行的申诉程序，主要处理人民警察不服所受的部分纪律处分的申诉。按照《公安机关督察条例》第14条的规定，公安机关人民警察对停止执行职务和禁闭决定不服的，可以在被停止执行职务或者被禁闭期间向作出决定的公安机关的上一级公安机关提出申诉。由公安部督察机构作出的停止执行职务、禁闭的决定，受理申诉的机关是公安部督察委员会……申诉期间，停止执行职务、禁闭决定不停止执行。受理申诉的公安机关认为停止执行职务、禁闭决定确有错误的，应当予以撤销，并在适当范围内为当事人消除影响，恢复名誉。

根据《公安机关督察条例实施办法》第47条的规定，公安机关及其人民警察对督察机构作出的决定不服的，可在接到督察决定书之日起三日内提出申请，督察机构应当在十日内作出复核决定。对复核决定仍不服的，可以在收到复核决定书之日起五日内向上一级公安机关督察机构提出申诉，上级督察机构应当在一个月内予以答复。申请、申诉期间督察决定不停止执行。但是经过上级督察机构复核认为原督察决定确属不当或错误的，作出督察决定的机构应当立即变更或撤销，并在适当范围内消除影响。

3. 通过人民检察院进行的申诉程序

2010年实施的《最高人民法院、最高人民检察院、公安部、国家安全部、司法部关于对司法工作人员在诉讼活动中的渎职行为加强法律监督的若干规定（试行）》第11条规定："被调查人不服人民检察院的调查结论的，可以向人民检察院提出申诉，人民检察院应当进行复查，并在十日内将复查决定反馈申诉人及其所在机关。申诉人不服人民检察院的复查决定的，可以向上一级人民检察院申请复核。上一级人民检察院应当进行复核，并在二十日内将复核决定及时反馈申诉人，通知下级人民检察院。"这一规定的涉及范围比较广泛。"本规定所称的司法工作人员，是指依法负有侦查、检察、审判、监管和判决、裁定执行职责的国家工作人员。"因此，这一规定也是对人民警察刑事司法活动的一种监督，同时也提供了一条专门的申诉途径。这一申诉途径在处理事务的范围上有严格的限制，就人民警察而言，仅限于人民检察院对司法工作人员（包括部分人民警察）在诉讼活动中的渎职行为（如刑讯逼供、非法搜查、超期羁押、体罚虐待及非法侵入他人住宅等）的调查。

（二）对警察的申诉控告程序

1. 常规的申诉控告程序

公民、法人或其它组织认为警察机关及人民警察的活动侵害其合法权益的，可以提出申诉、控告。这一权利首先由《宪法》第41条所保障，随后由相关的下位立法作了具体规定。1995 年，公安部颁布了专门的《公安机关受理控告申诉暂行规定》，后为 2005 年的《公安机关信访工作规定》所取代。

《公安机关信访工作规定》第 47 条规定："……1995 年 1 月 11 日公安部发布的《公安机关受理控告申诉暂行规定》同时废止。"仅从本条规定看，《公安机关信访工作规定》是全面规定警务活动相对人申诉、控告的规章；但是，整个《公安机关信访工作规定》的其余地方未曾言及"申诉""控告"。这意味着在没有法律、法规、规章特别规定的前提下，公安机关是通过信访机制来整合传统的申诉、控告；其他警察机关则尚未出台专门的规定。

公安机关的信访工作机制大致框架如下：①在主体方面，原则上应当确定专职机构及人员处理信访事项；各级公安机关负责人也应当阅批来信、接待来访、听取信访工作汇报、研究解决信访工作中的问题；地级、县级公安机关必须建立公安局长信访接待日制度，直接处理信访问题。②在范围方面，各级公安机关受理信访人对本级公安机关及其派出机构和民警的职务行为反映情况，提出建议、意见或者投诉请求等信访事项；对依法应当通过法定途径解决的信访事项，依照有关法律、法规的规定管辖和处理。③在受理程序方面，各级公安机关信访工作机构接到信访事项后，应当做好登记，并区分情况，在 15 日内根据不同情形分别处理：对不属于公安机关职权范围的信访事项，或者依法应当通过诉讼、仲裁、行政复议等法定途径解决的信访事项，不予受理，并告知信访人向有关机关提出或者依照法定程序提出；对属于下级公安机关管辖的信访事项，应当转送下级公安机关；属于本机关管辖的事项，予以受理，并根据所反映问题的性质、内容确定办理单位；能够当场告知是否受理的，应当当场书面告知信访人；不能当场告知的，应当自接到信访事项之日起 15 日内书面告知信访人。但是，信访人姓名（名称）、住址不清的除外。④在办案方式方面，应当听取信访人陈述事实和理由；必要时可以要求信访人、有关组织和人员说明情况，提供有关证明材料；需要进一步核实有关情况的，可以依法向其他组织和人员调查取证。对重大、复杂及疑难信访事项，应当由本级公安机关负责人组织专门力量调查处理，必要时可以依照《信访条例》的有关规定，举行公开听证。⑤在处理结果方面，信访事项应当自受理之日起 60 日内处理完毕；情况复杂的，经本级公安机关负责人批准，可以适当延长办结期限，但延长期限不得超过 30 日，并告知信访人延期理由。根据信访人投诉的事实依据和法律依据不同，分别作出支持信访人请求或不予支持请求的决定，部分场合下需要做好信访人的解释疏导工作。信访人提出的建议和意见，有利于公安机关改进工作的，应当认真研究论证并积极采纳。

2. 特殊事项的申诉

对于部分特殊事项，当事人对警察机关作出的决定不服，也可以提起专门的申诉。如《集会游行示威法》第 31 条规定："当事人对公安机关依照本法第二十八条第二款或者第三十条的规定给予的拘留处罚决定不服的，可以自接到处罚决定通知之日起五日内，向上一级公安机关提出申诉，上一级公安机关应当自接到申诉之日起五日内作出裁决；对上一级公安机关裁决不服的，可以自接到裁决通知之日起五日内，向人民法院提起诉讼。"《公安机关办理刑事案件程序规定》第 191 条规定了向公安机关提出刑事司法活动方面申诉或控告的范围：①采取强制措施法定期限届满，不予以释放、解除或者变更的；②应当退还取保候审保证金不退还的；③对与案件无关的财物采取查封、扣押、冻结措施的；④应当解除查封、扣押、冻结不解除的；⑤贪污、挪用、私分、调换、违反规定使用查封、扣押、冻结的财物的。受理申诉或者控告的公安机关应当及时进行调查核实，并在收到申诉、控告之日起三十日以内作出处理决定，书面回复申诉人、控告人。发现公安机关及其侦查人员有上述行为之一的，应当立即纠正。

根据《公安机关执法质量考核评议规定》，公安机关办理控告申诉案件，应依法处理，无推诿、拖延、敷衍等情形。由于一般的申诉案件已经被信访工作吸收，因此这一评议规定的要求不仅及于专门申诉，也及于一般的信访工作。

二、警察行政复议

警察行政复议，是指公民、法人或其他组织对警察机关或行使警察职权的法律、法规授权组织所作的行政行为不服，依法提起的行政复议。警察行政诉讼作为一种行政救济方式，同时包含行政性和司法性，在保障警察活动相对人的合法权益方面发挥着广泛而灵活的作用。

根据我国现行法律规定，警察行政复议也受《行政复议法》的调整，通常和一般行政机关的行政复议区别不大。但细究警察法中的相关规定，警察行政复议相对于一般的行政复议也呈现出若干重要特点，下面主要针对这些特点进行阐述。

(一)行政复议主体

根据《行政复议法》的规定,行政复议主体的常规设定是:对县级以上地方各级人民政府工作部门的具体行政行为不服的,由申请人选择,可以向该部门的本级人民政府申请行政复议,也可以向上一级主管部门申请行政复议;对政府工作部门依法设立的派出机构依照法律、法规或者规章规定,以自己的名义作出的具体行政行为不服的,向设立该派出机构的部门或者该部门的本级地方人民政府申请行政复议。但对于警察机关而言,各种警察机关都存在一定的特殊性:

1. 公安机关及相关机构

公安机关在复议主体方面一般遵从《行政复议法》的规定,而《公安机关办理行政复议案件程序规定》对此又作了特别的安排。《公安机关办理行政复议案件程序规定》首先遵循了《行政复议法》的一般要求,即公民、法人或者其他组织对公安机关的具体行政行为不服的,依法可以向该公安机关的本级人民政府申请行政复议,也可以向上一级主管公安机关申请行政复议。法律、法规另有规定的除外。随后就公安机关内部的复议主体作了具体安排,其要求可归纳如下:①对公安部作出的具体行政行为不服的,向公安部申请行政复议;②对地方各级公安机关作出的具体行政行为不服的,向上一级公安机关申请行政复议;③对县级以上地方各级人民政府公安机关内设的公安消防机构或交通管理机构作出的具体行政行为不服的,向该公安机关申请行政复议;④对公安交通管理机构下设的公安交通警察支队、大队(队)作出的具体行政行为不服的,可以向其上一级公安交通管理机构申请行政复议。⑤对出入境边防检查站作出的具体行政行为不服的,向出入境边防检查总站申请行政复议。⑥对公安派出所依法作出的具体行政行为不服的,向设立该公安派出所的公安机关申请行政复议。

公安机关在行政复议主体方面值得注意的两个特殊规定,一是对于部分机关可能存在两个以上的行政复议主体,例如公安边防部门。由于其可以以公安边防部门或地方公安机关的双重身份作出行政行为,对其行政复议的申请也有不同的走向。《公安机关办理行政复议案件程序规定》第 13 条规定:"对公安边防部门以自己名义作出的具体行政行为不服的,向其上一级公安边防部门申请行政复议；对公安边防部门以地方公安机关名义作出的具体行政行为不服的，向其所在地的县级以上地方人民政府公安机关申请行政复议。"二是公安机关的内设机构也可能成为复议主体。例如对公安交通管理机构下设的公安交通警察支队、大队（队）作出的具体行政行为不服的，可以向其上一级公安交通管理机构申请行政复议。这是公安机关在行政复议主体方面与一般行政机关不同的特殊之处。

2. 国家安全机关等垂直管理机关

国家安全机关属于行政机关，但很少涉及行政复议事务。在理论上，由于国家安全机关属于垂直管理机关，公民、法人或其他组织若对地方各级国家安全机关作出的行政行为不服，可以向上一级国家安全机关申请行政复议；对国家安全部作出的行政行为不服，可以向国家安全部申请行政复议。

3. 人民武装警察部队

人民武装警察部队一般不认为是典型的行政机关，目前在制度设计上尽管可能会在执行任务时作出维持秩序的命令或强制措施，但这些措施在实践中一般不被纳入行政复议的范围。

（二）行政复议程序

警察机关需要遵守《行政复议法》关于行政复议程序的一般规定。行政复议程序的一般环节包括申请、受理、审查和决定。行政复议程序的一般框架大致如下：①申请。申请期限一般为六十日；申请方式既可以是书面申请，也可以口头申请；申请人一般是合法权益受侵犯者，在特殊情况下也可以是相关公民的近亲属或法定代理人，申请人可以委托代理人代为参加行政复议。②受理。行政复议机关收到行政复议申请后，应当在五日内进行审查，对不符合本法规定的行政复议申请，决定不予受理，并书面告知申请人；对符合本法规定，但是不属于本机关受理的行政复议申请，应当告知申请人向有关行政复议机关提出；否则，自收到申请之日起即为受理。③审查。行政复议原则上采取书面审查的办法，但是申请人提出要求或者行政复议机关负责法制工作的机构认为有必要时，可以向有关组织和人员调查情况，听取申请人、被申请人和第三人的意见。审查期间具体行政行为一般不停止执行。④决定。行政复议机关负责法制工作的机构应当对被申请人作出的具体行政行为进行审查，提出意见，经行政复议机关的负责人同意或者集体讨论通过后，根据

《行政复议法》第 28 条规定的不同情形作出行政复议决定。

警察机关除遵守《行政复议法》的一般规定外，在行政复议程序方面也有专门的规定，主要也是体现在《公安机关办理行政复议案件程序规定》中。《公安机关办理行政复议案件程序规定》系统地规定了公安行政复议的申请、受理、审查和决定程序，大部分程序机制的表述和《行政复议法》相同，但部分条文也体现出公安行政复议程序的专门性，主要包括以下内容：

1. 在申请复议的条件中，对不作为的情形作了明确的规定

公民、法人或者其他组织申请公安机关履行法定职责，法律、法规、规章和其他规范性文件未规定履行期限的，公安机关在接到申请之日起六十日内不履行，公民、法人或者其他组织可以依法申请行政复议。法律、法规、规章和其他规范性文件规定了履行期限的，从其规定。申请人的合法权益正在受到侵犯或者处于其他紧急情况下请求公安机关履行法定职责，公安机关不履行的，申请人从即日起可以申请行政复议。这些规定根据公安行政执法工作的特点，对于行政不作为的救济提出了具体的界定，是公安行政复议制度的亮点。

2. 增加了对被限制人身自由的行政相对人申请行政复议的特别规定

申请人在被限制人身自由期间申请行政复议的，执行场所应当登记并在三日内将其行政复议申请书转交公安行政复议机关。这一规定针对公安机关拥有行政拘留的行政处罚措施的特殊性，保障公民的救济权即使在暂缓拘留申请未被批准的情况下仍得到有效行使。

3. 对抽象行政行为的审查和处理程序作出具体规定

公安行政复议机关对认定为不合法的规范性文件，按以下原则处理：①属于本级公安机关制定的，应当在三十日内予以废止或者作出修订；②属于下级公安机关制定的，应当在三十日内予以撤销或者责令下级公安机关在三十日内予以废止或者作出修订。不仅如此，《公安机关办理行政复议案件程序规定》还规定了相关规范性文件涉及其他行政机关时的处理方式，包括转送和商议等。

此外，《公安机关办理行政复议案件程序规定》也规定了一些技术性的细节，使得警察行政复议法制可以在《行政复议法》的基础上得以更加具体、明确地指导警察行政复议实践。

（三）审查标准

《行政复议法》规定行政复议的审查标准包括抽象行政行为的合法性及具体行政行为的合法性、合理性。具体行政行为不合法的认定标准包括主要事实不清、证据不足、适用依据错误、违反法定程序、超越或者滥用职权等情形，不合理的认定标准是具体行政行为明显不当。

在《行政复议法》的基础上，《公安机关办理行政复议案件程序规定》规定了更加明晰的审查标准，这是警察行政复议对我国行政复议法制作出的重要贡献。

1. 明确抽象行政行为的审查标准

《公安机关办理行政复议案件程序规定》除规定具体程序外，也规定了审查标准，对于肩负一定的抽象行政行为审查职能的行政复议制度而言，是一个重要的突破。在审查标准上，公安行政复议机关审查相关规范性文件是否与上位阶的规范性文件相抵触、是否与同位阶的规范性文件相矛盾以及是否属于制定机关的法定职权范围。

2. 明确具体行政行为合法性的审查标准

《公安机关办理行政复议案件程序规定》针对行政处罚决定、行政强制措施决定、行政许可和不作为等具体行政行为在合法性审查标准方面也分别作了细化。大部分的审查标准在表述上与《行政复议法》相同，但针对不同的行政行为作了更加具体的规定。例如对于行政处罚决定，要审查"量罚是否存在明显不当"；对于行政强制措施决定，要审查"是否符合法定范围和期限"；对于行政许可，要审查"是否符合法定许可范围"，等等。不仅如此，《公安机关办理行政复议案件程序规定》还对合法性审查的各个要点，如适用依据错误、违反法定程序及超越职权等逐一提出了具体的认定标准。

3. 明确具体行政行为合理性的审查标准

《公安机关办理行政复议案件程序规定》也规定了具体行政行为不当的审查标准。被申请人作出的具体行政行为与其他同类性质、情节的具体行政行为存在明显差别的，公安行政复议机关可以认定该具体行政行为明显不当。这是通过探查行政行为的内在一致性，对行政行为的合理性提出逻辑上的要求。

总体上看，由于《公安机关办理行政复议案件程序规定》的详细规定，警察行政复议有非常具体的法律依据可循，行政复议法制相对完备。自 2002实施《公安机关办理行政复议案件程序规定》至今，经历《行政复议法实施条例》的颁行，警察行政复议制度依然是行政复议领域中在制度上较为完备的一个分支。在未来，随着《行政复议法》和《行政复议法实施条例》可能的修改以及更多行政复议机制的试点和推行，警察行政复议制度也需要更进一步的发展和完善。

三、警察行政诉讼

警察行政诉讼，是指公民、法人或其他组织对警察机关或行使警察职权的法律、法规授权组织所作的行政行为不服，依法提起的行政诉讼。警察行政诉讼作为一种司法救济方式，在保障警察活动相对人的合法权益方面发挥着不可替代的重要作用。警察行政诉讼的主要法律依据是 2015 年实施的《行政诉讼法》，也需要注意最高人民法院《最高人民法院关于适用〈中华人民共和国行政诉讼法〉若干问题的解释》（下称《适用解释》）、《关于执行〈中华人民共和国行政诉讼法〉若干问题的解释》（下称《执行解释》）、《最高人民法院关于行政诉讼证据若干问题的规定》（下称《证据规定》）等重要司法解释。由于诉讼和仲裁制度在立法法上属于法律保留事项，公安部并未就警察行政诉讼作出特别规定，但警察行政诉讼仍存在一些不可忽视的特色，本书也主要针对这些特色展开阐述。

根据我国现行法律规定，警察行政诉讼的主要制度设置包括以下若干方面的内容：

（一）受案范围

行政诉讼的受案范围比较广泛。2015 年《行政诉讼法》第 12 条列举十二类受理的案件，并用"人民法院受理法律、法规规定可以提起诉讼的其他行政案件"的规定覆盖未列举的案件类型；第 13 条则排除了四类不受理的案件。《执行解释》第 1 条第 1 款确认了受案范围的广泛性："公民、法人或者其他组织对具有国家行政职权的机关和组织及其工作人员的行政行为不服，依法提起诉讼的，属于人民法院行政诉讼的受案范围。"但与此同时，第 2 款增加了五类排除在受案范围以外的案件类型，包括调解行为、法律规定的仲裁行为、不具有强制力的行政指导行为等。这些排除范围至今仍然适用。

警察行政诉讼在受案范围方面涉及较多的案件类型。警察机关拥有广泛的行政职权，也需要面对范围广泛的行政诉讼。从行政活动的形态看，警察机关的行政处罚、行政许可、行政强制措施和事实行为都可能面临行政诉讼。具体而言，在行政处罚方面，行政诉讼范围覆盖警告、罚款、拘留、没收违法所得、没收非法财务、责令停产停业、吊销许可证、限期出境和驱逐出境等，几乎覆盖所有行政处罚种类；在行政强制措施方面，在劳动教养废止以后，主要包括强制戒毒、收容教育、约束、盘问检查、查封、扣押、冻结等，范围也非常广泛；在行政许可方面，则涉及户口、迁出迁入证、暂住证、居民身份证、临时身份证、警用物品生产许可证、持枪证、爆破员作业证、机动车号牌、机动车行车执照、机动车驾驶证和特种行业开业登记备案等。此外，还包括公安不作为的案件、警察机关要求违法履行义务的案件等。范围如此广泛的行政诉讼救济既是对当事人合法权益的有力保障，也是对公安机关执法工作和应诉工作的重要挑战。

警察行政诉讼在受案范围方面也有特别的限制。属于行政机关的警察机关所作的行为并非都属于具体行政行为，相当一部分警察行为并不在行政诉讼的受案范围之列。《执行解释》第1条第2款规定："公民、法人或者其他组织对下列行为不服提起诉讼的，不属于人民法院行政诉讼的受案范围：……（二）公安、国家安全等机关依照刑事诉讼法的明确授权实施的行为；……"1991年最高人民法院还专门作出批复，指出"公安机关在侦破刑事案件中，对公民的住宅、人身进行搜查，属于刑事侦查措施。对于刑事侦查措施不服提起诉讼的，不属于行政诉讼调整范围。如果公安机关在采取上述措施时违反法定程序，可以向该公安机关或其上级机关及有关部门反映解决，人民法院不应作为行政案件受理。"[1]类似的司法解释还有若干件。因此部分警察行为并不进入刑事诉讼的受案范围。

实践中行政行为和刑事司法行为的界限并不截然分明，甚至有个别公安机关不愿参加行政诉讼，为规避行政诉讼，有时对治安违法行为故意采取刑事强制措施或刑事侦查手段，甚至将已经进入行政诉讼程序的被诉治安行政

---

〔1〕《最高人民法院行政审判庭关于公安机关未具法定立案搜查手续对公民进行住宅人身搜查被搜查人提起诉讼人民法院可否按行政案件受理问题的电话答复》。

行为转为刑事司法行为。[1]为此，最高人民法院还专门就一个案件作出批复——《最高人民法院行政庭关于如何界定公安机关的行为是刑事侦查行为还是具体行政行为请示的答复意见》，该批复指出："一、在起诉受理阶段，受诉法院在公安机关被诉行为的性质尚不能确定的情况下，作为行政案件受理并无不当。二、在一审期间，公安机关不举证或所举的证据不能证明其实施的行为系刑事诉讼法明确授权的行为，法院不宜认定其是刑事司法行为。三、对于被告在一审期间不举证而在二审期间向法庭提供了证据，按照《最高人民法院关于执行〈行政诉讼法〉若干问题的解释》第31条的规定，不能作为二审法院撤销或者变更一审裁判的根据。"由此，如果公安机关的行为没有被明确定性时，公民、法人或其他组织可以寻求行政诉讼救济。为使公安机关的正常刑事司法活动不受干扰，人民警察应当熟悉《刑事诉讼法》的授权条款及刑事司法程序的要求，并在实践中注意及时固定立案程序和侦查活动方面的证据。

此外，由于《行政诉讼法》明确规定在受案范围中对国家行为的排除，公安机关所作出的国家行为也不能通过行政诉讼途径获得救济。根据现行法律的规定，公安机关以国家名义实施的国家行为主要有：为执行戒严任务而采取的戒严措施；部分紧急状态处置行为，如公安机关为紧急处置严重危害社会治安秩序的突发事件而依法实行现场管制措施等。[2]这主要是因为这些行为通常以国家的总政策、总路线和对外政策为依据，以国内、国际重大斗争的需要为转移，法院很难也不宜对其合法性进行判断。[3]

(二) 当事人

行政诉讼的当事人包括行政诉讼一审程序原告、被告和第三人，二审程序的上诉人、被上诉人以及审判监督程序的原审当事人，此处以一审程序的当事人为例进行阐释。在警察行政诉讼中，原告为不服具体行政行为的公民、法人或其他组织，被告为警察主体，第三人为同提起诉讼的具体行政行为有利害关系的其他公民、法人或者其他组织。其中，警察行政诉讼在被告和第

---

〔1〕 参见李海霞、尹建中："公安机关双重行为与行政诉讼浅析"，载《上海公安高等专科学校学报》2002年第5期。

〔2〕 参见高文英、孟昭阳：《公安行政诉讼教程》，中国人民公安大学出版社2013年版，第70页。

〔3〕 参见高文英、孟昭阳：《公安行政诉讼教程》，中国人民公安大学出版社2013年版，第70页。

三人方面均有值得注意的地方。

　　警察行政诉讼的被告为警察主体，包括警察行政机关和法律、法规授予警察权的组织。在行政诉讼中，部分机构的法律定位与行政复议中存在差异。根据《行政复议法》第 15 条的规定，公安派出所等在行政复议中的定位是"政府工作部门依法设立的派出机构"而非"法律、法规授权的组织"，尽管在学理上公安派出所同时属于政府工作部门依法设立的派出机构和法律、法规授权的组织，但《行政复议法》更加倾向于认为它是前者。与此不同的是，在行政诉讼中，政府工作部门的派出机构没有一个独立的定位，在行政机关以外能以自己名义独立作出行政决定的行政主体，均为法律、法规授权的组织。《执行解释》又具体界定了派出机构的诉讼地位。在实践中，我们需要注意视不同情况确定被告和法律责任承担者：公安派出所或内设执法机构在没有法律、法规或者规章授权的情况下，以自己的名义作出具体行政行为，当事人不服提起诉讼的，应当以所属公安机关为被告；法律、法规或者规章授权行使行政职权的公安派出所或内设执法机构，超出法定授权范围实施行政行为，当事人不服提起诉讼的，应当以实施该行为的机构或者组织为被告；公安机关在没有法律、法规或者规章规定的情况下，授权其内设机构、派出机构或者其他组织行使行政职权的，应当视为委托。当事人不服提起诉讼的，应当以该公安机关为被告。同理，交通管理机构、消防机构和出入境管理机构等也属于法律、法规授权的组织。

　　值得注意的是部分规范性文件可能规定某机关"授权"公安机关作出行政行为，如《国家林业局关于授权森林公安机关代行行政处罚权的决定》授权森林公安机关以自己的名义作出部分行政行为。最高人民法院认为这种"授权"实质上是委托，被告为进行委托的行政机关。[1]

　　公安机关作为诉讼当事人时，可以委托诉讼代理人参加诉讼。早在《行政诉讼法》制定以前，公安部于 1986 年就发出了《公安部关于县级以上公安机关设立委托诉讼代理人的通知》（已失效），要求县级以上公安机关设立委托诉讼代理人应对民事诉讼。在《行政诉讼法》颁布以后，公安部于 1989 年 8 月又发出了《公安部关于认真做好〈行政诉讼法〉实施前准备工作的通

─────────

　　〔1〕《最高人民法院对广西壮族自治区高级人民法院〈关于覃正龙等四人不服来宾县公安局维都林场派出所林业行政处罚一案管辖问题的请示报告〉的复函》（法行函〔1991〕102 号）。

知》，要求"尽快建立健全复议、应诉机构，设置专职委托诉讼代理人"。当前有部分地方规范性文件将公安机关负责人出庭应诉的要求与设置诉讼代理人的要求结合起来，如2007年施行的《江苏省公安机关负责人出庭应诉工作暂行规定》在鼓励公安机关负责人出庭应诉的同时，规定"公安机关负责人在出庭应诉前应当做好下列准备工作：（一）确定1至2名诉讼代理人共同出庭应诉；……"等。专职委托诉讼代理人的设置是公安行政诉讼的特色，但目前的有关规定不够明晰，仍有待进一步完善。

　　警察行政诉讼的第三人为同提起诉讼的具体行政行为有利害关系的其他公民、法人或者其他组织。这种利害关系人除应追加而原告不同意追加的被告外，也包括同一具体行政行为涉及的未起诉的利害关系人。这里的利害关系人范围较为广泛，一个值得注意的重要类型是在有受害人的治安行政处罚案件中受害人既可以作为原告、也可以作为第三人参加诉讼。确认受害人的当事人资格应考虑以下条件：一是受害人的合法权益遭到其他个人或组织的不法侵害；二是受害人曾向公安机关提出请求，要求公安机关制止非法侵害或依法追究侵害人的法律责任。[1]

　　（三）诉讼程序

　　警察行政诉讼的诉讼程序与行政诉讼的一般程序并无不同，均经历起诉、受理、审理、裁判与执行等阶段，在审理过程中也都需要进行举证、质证和辩论等环节。《行政诉讼法》《执行解释》及《适用解释》对上述阶段和环节作了较为全面的规定。警察行政法中对警察机关在诉讼程序中的行为作了若干特别要求。

　　1. 界定诉讼停止或暂缓执行的情形

　　行政诉讼不停止执行的原则，在大量行政活动中得到体现。虽然有限制这一原则的一般例外规定，但具体的例外条件较为少见，警察行政诉讼则存在明确的例外。《治安管理处罚法》第107条规定："被处罚人不服行政拘留处罚决定，申请行政复议、提起行政诉讼的，可以向公安机关提出暂缓执行行政拘留的申请。公安机关认为暂缓执行行政拘留不致发生社会危险的，由被处罚人或者其近亲属提出符合本法第108条规定条件的担保人，或者按每日行政拘留二百元的标准交纳保证金，行政拘留的处罚决定暂缓执行。"由于

_____
〔1〕 参见高文英、孟昭阳：《公安行政诉讼教程》，中国人民公安大学出版社2013年版，第109页。

行政拘留作为限制人身自由的处罚，对相对人的权益影响可能相当大，公安机关在这方面必须更加谨慎。这是对相对人合法权益的重要保障，也是比例原则在警察法中的体现。

2. 要求出庭应诉

原《行政诉讼法》对行政机关出庭应诉没有硬性的规定。在警察行政法中，部分规章明确规定了警察机关在行政诉讼中出庭应诉的要求，体现了对警察行政诉讼的重视。例如 2001 年颁布的《公安机关执法质量考核评议规定》第 10 条对公安机关参与行政诉讼提出标准："对行政诉讼案件依法应诉，无拒不出庭、不提出诉讼证据和答辩意见等情形。"2007 年颁布的《公安机关海上执法工作规定》第 19 条规定："公民、法人或者其他组织认为公安边防海警作出的具体行政行为侵犯其合法权益提起行政诉讼的，由作出决定的公安边防海警依法出庭应诉。"这些要求体现出警察行政诉讼的重要性，也反映出公安机关对警察行政诉讼的重视。2015 年修订的《行政诉讼法》第 3 条第 3 款强调了"被诉行政机关负责人应当出庭应诉。不能出庭的，应当委托行政机关相应的工作人员出庭"。这对警察行政机关出庭应诉提出了新的要求。

3. 人民法院依职权调取证据

在举证环节，公安机关自身可能既是参与证明的一方，也是被调取证据的对象。依据《公安机关办理行政案件程序规定》第 38 条的规定，在行政（处罚）案件中，公安机关需要调取的证据包括：违法嫌疑人的基本情况；违法行为是否存在；违法行为是否为违法嫌疑人实施；实施违法行为的时间、地点、手段、后果以及其他情节；违法嫌疑人有无法定从重、从轻、减轻以及不予行政处罚的情形；与案件有关的其他事实。由此，由于公安机关能够主动收集与案件相关的大量证据，而且当事人很难获得部分证据，人民法院可能依照《行政诉讼法》的有关规定及《证据规定》的有关解释，向公安机关调取证据。公安机关对人民法院的合法请求应当依法予以配合。

（四）审查标准

在我国的行政诉讼中，人民法院主要审查行政行为的合法性，有时也涉及行政行为的合理性。合法性审查标准主要包括检视具体行政行为是否存在主要证据不足、适用法律、法规错误、违反法定程序、超越职权及滥用职权等情形，是否存在不履行或者拖延履行法定职责的情形，是否存在给付不作为或给付错误的情形；合理性审查主要是针对行政行为明显不当的情形，即行政行为严重违反行政合理性原则，尤其是行政处罚显失公正，而这是警察行政诉讼中经常遇到的争点。

对于行政行为明显不当的理解，主要应当考虑比例原则的要求，斟酌行政行为的充分性、必要性和均衡性。对此，警察机关可以考虑引入裁量基准来规范行政处罚的幅度，考虑精确化、明细化的行政命令来控制受影响的范围等。

（五）行政复议与行政诉讼的关系及时效问题

警察行政复议与行政诉讼的关系方面存在特别规定。在复议与诉讼的衔接方面，一般而言，行政复议与行政诉讼的关系是自由选择型，对属于人民法院受案范围的行政案件，公民、法人或者其他组织可以向上一级行政机关或者法律、法规规定的行政机关申请复议，对复议不服的，再向人民法院提起诉讼；也可以直接向人民法院提起诉讼。

值得注意的是，警察机关所作的部分行政行为可能排斥行政诉讼的管辖，属于复议终局型的案件。如《集会游行示威法》第13条规定"集会、游行、示威的负责人对主管机关不许可的决定不服的，可以自接到决定通知之日起三日内，向同级人民政府申请复议，人民政府应当自接到申请复议书之日起三日内作出决定。"这一规定不仅设置了特别短的行政复议时效，而且被认为是排除了行政诉讼的管辖。又如2012年实施的《出境入境管理法》第64条规定："外国人对依照本法规定对其实施的继续盘问、拘留审查、限制活动范围、遣送出境措施不服的，可以依法申请行政复议，该行政复议决定为最终决定。其他境外人员对依照本法规定对其实施的遣送出境措施不服，申请行政复议的，适用前款规定。"这和警察机关负责的重大公共安全职责有关，反映出由于重大公共利益的存在，导致警察救济途径呈现出一定的特殊性。

（六）司法拘留问题

2015年实施的《行政诉讼法》大幅增强了人民法院的权威。《行政诉讼法》第59条第1、2款规定："诉讼参与人或者其他人有下列行为之一的，人民法院可以根据情节轻重，予以训诫、责令具结悔过或者处一万元以下的罚款、十五日以下的拘留；构成犯罪的，依法追究刑事责任：（一）有义务协助调查、执行的人，对人民法院的协助调查决定、协助执行通知书，无故推拖、拒绝或者妨碍调查、执行的；（二）伪造、隐藏、毁灭证据或者提供虚假证明材料，妨碍人民法院审理案件的；（三）指使、贿买、胁迫他人作伪证或者威胁、阻止证人作证的；（四）隐藏、转移、变卖、毁损已被查封、扣押、冻结的财产的；（五）以欺骗、胁迫等非法手段使原告撤诉的；（六）以暴力、威胁或者其他方法阻碍人民法院工作人员执行职务，或者以哄闹、冲击法庭等方法扰乱人民法院工作秩序的；（七）对人民法院审判人员或者其他工作人员、诉讼参与人、协助调查和执行的人员恐吓、侮辱、诽谤、诬陷、殴打、围攻或者打击报复的。人民法院对有前款规定的行为之一的单位，可以对其主要负责人或者直接责任人员依照前款规定予以罚款、拘留；构成犯罪的，依法追究刑事责任。"第 96 条又规定："行政机关拒绝履行判决、裁定、调解书的，第一审人民法院可以采取下列措施：……（五）拒不履行判决、裁定、调解书，社会影响恶劣的，可以对该行政机关直接负责的主管人员和其他直接责任人员予以拘留；情节严重，构成犯罪的，依法追究刑事责任。"

这就涉及司法拘留的问题。从理论上看，如果公安机关有违反《行政诉讼法》相关规定的情形，人民法院可以通过司法警察对公安机关负责人和负直接责任的人民警察或辅警等进行司法拘留，公安机关在法律上是不能对抗此种权力的。这种拘留权力不是行政处罚，因此也不受《行政处罚法》的限制。

总体上看，这些制度安排决定了警察行政诉讼存在一些自身的特色或变化，需要我们在实践中加以特别注意。由于警察机关可能作出对相对人影响重大的决定，拥有广泛的行政处罚权力，并且同时拥有一定的行政许可与行政强制措施决定权，正式的外部救济对相对人的权益保障有着特别重要的意义。警察行政诉讼就是对相对人权益保障特别重要的一种救济途径，它的各种特殊规定，可以视为在重大公共利益和相对人的切身权益之间的特别权衡。

四、警察国家赔偿

警察国家赔偿，是指公民、法人或其他组织在警察机关或行使警察职权的法律、法规授权组织行使职权的过程中遭受一定类型的侵害，依法提出诉求，请求国家给予物质赔偿的一种救济途径。《国家赔偿法》第 2 条第 1 款规定："国家机关和国家机关工作人员行使职权，有本法规定的侵犯公民、法人和其他组织合法权益的情形，造成损害的，受害人有依照本法取得国家赔偿的权利。"

国家赔偿分为刑事赔偿和行政赔偿，它们分别具有不同的赔偿条件、范围和途径。由于警察机关同时行使行政和刑事司法职能，警察国家赔偿既包括刑事赔偿也包括行政赔偿。

（一）刑事赔偿

刑事赔偿，是指警察机关、检察机关、审判机关和监狱，在办理刑事案件和执行刑罚的过程中，侵犯公民、法人和其他组织的合法权益，造成损害的，由国家承担的赔偿。[1]

1. 刑事赔偿的范围

《国家赔偿法》第 17 条及第 18 条规定了刑事赔偿的范围。第 17 条规定："行使侦查、检察、审判职权的机关以及看守所、监狱管理机关及其工作人员在行使职权时有下列侵犯人身权情形之一的，受害人有取得赔偿的权利：（一）违反刑事诉讼法的规定对公民采取拘留措施的，或者依照刑事诉讼法规定的条件和程序对公民采取拘留措施，但是拘留时间超过刑事诉讼法规定的时限，其后决定撤销案件、不起诉或者判决宣告无罪终止追究刑事责任的；（二）对公民采取逮捕措施后，决定撤销案件、不起诉或者判决宣告无罪终止追究刑事责任的；（三）依照审判监督程序再审改判无罪，原判刑罚已经执行的；（四）刑讯逼供或者以殴打、虐待等行为或者唆使、放纵他人以殴打、虐待等行为造成公民身体伤害或者死亡的；（五）违法使用武器、警械造成公民身体伤害或者死亡的。"第 18 条规定："行使侦查、检察、审判职权的机关以及看守所、监狱管理机关及其工作人员在行使职权时有下列侵犯财产权情形之一的，受害人有取得赔偿的权利：（一）违法对财产采取查封、扣押、冻结、追缴等措施的；（二）依照审判监督程序再审改判无罪，原判罚金、没收财产已经执行的。"同时，第 19 条规定了刑事赔偿的排除范围："属于下列情形之一的，国家不承担赔偿责任：（一）因公民自己故意作虚伪供述，或者伪造其他有罪证据被羁押或者被判处刑罚的；（二）依照刑法第十七条、第十八条规定不负刑事责任的人被羁押的；（三）依照刑事诉讼法第十五条、第一百七十三条第二款、第二百七十三条第二款、第二百七十九条规定不追究刑事责

---

[1] 参见李永清主编：《警察法学》，中国民主法制出版社 2012 年版，第 260 页。

任的人被羁押的；（四）行使侦查、检察、审判职权的机关以及看守所、监狱管理机关的工作人员与行使职权无关的个人行为；（五）因公民自伤、自残等故意行为致使损害发生的；（六）法律规定的其他情形。"根据以上法律规定，警察机关可能会面临的刑事赔偿范围较为广泛；警察机关要注意合法行使刑事司法权力，尤其防止超期羁押、刑讯逼供和违法使用警械、武器。

2. 刑事赔偿的归责原则

当前《国家赔偿法》已经对全部以违法原则为基准的归责原则作了局部调整，充分体现人权保障的价值。警察机关必须认识到，刑事赔偿不一定是违法行使职权引起的，对公民采取逮捕措施后，决定撤销案件、不起诉或者判决宣告无罪终止追究刑事责任的，无论逮捕措施本身是否违法，也属于国家赔偿范围。因为采取逮捕措施和最终认定有罪的证明标准存在一定差异，逮捕措施本身合法并不意味着最终犯罪嫌疑人一定被起诉或宣告有罪。这些规定是出于慎用逮捕权力、充分保障公民人身自由的需要，值得警察机关重视。在当前《国家赔偿法》的立法设计中，国家赔偿更多地侧重救济功能，国家赔偿并不一定意味着警察机关及人民警察的失职，不能为了避免赔偿而罔顾客观事实、罗织证据致人入罪。

3. 刑事赔偿的义务机关

《国家赔偿法》第21条规定了刑事赔偿的义务机关："行使侦查、检察、审判职权的机关以及看守所、监狱管理机关及其工作人员在行使职权时侵犯公民、法人和其他组织的合法权益造成损害的，该机关为赔偿义务机关。对公民采取拘留措施，依照本法的规定应当给予国家赔偿的，作出拘留决定的机关为赔偿义务机关。对公民采取逮捕措施后决定撤销案件、不起诉或者判决宣告无罪的，作出逮捕决定的机关为赔偿义务机关。再审改判无罪的，作出原生效判决的人民法院为赔偿义务机关。二审改判无罪，以及二审发回重审后作无罪处理的，作出一审有罪判决的人民法院为赔偿义务机关。"

由此，警察机关作为赔偿义务机关的情形，该条前三款均有规定，不仅限于公安机关，也包括看守所和监狱管理机关。

4. 刑事赔偿的程序

按照《国家赔偿法》的规定，刑事赔偿的程序应当进行如下：赔偿请求人要求赔偿，应当先向赔偿义务机关提出。要求赔偿应当递交申请书，申请书应当载明法定相关事项。赔偿请求人书写申请书确有困难的，可以委托他人代书；也可以口头申请，由赔偿义务机关记入笔录。赔偿请求人不是受害人本人的，应当说明与受害人的关系，并提供相应证明。赔偿请求人当面递交申请书的，赔偿义务机关应当当场出具加盖本行政机关专用印章并注明收讫日期的书面凭证。申请材料不齐全的，赔偿义务机关应当当场或者在五日内一次性告知赔偿请求人需要补正的全部内容。赔偿义务机关应当自收到申请之日起两个月内，作出是否赔偿的决定。赔偿义务机关作出赔偿决定，应当充分听取赔偿请求人的意见，并可以与赔偿请求人就赔偿方式、赔偿项目和赔偿数额依照本法第四章的规定进行协商。赔偿义务机关决定赔偿的，应当制作赔偿决定书，并自作出决定之日起十日内送达赔偿请求人。赔偿义务机关决定不予赔偿的，应当自作出决定之日起十日内书面通知赔偿请求人，并说明不予赔偿的理由。

《国家赔偿法》还规定了刑事赔偿请求的救济机制。赔偿义务机关在规定期限内未作出是否赔偿的决定，赔偿请求人可以自期限届满之日起三十日内向赔偿义务机关的上一级机关申请复议。赔偿请求人对赔偿的方式、项目、数额有异议的，或者赔偿义务机关作出不予赔偿决定的，赔偿请求人可以自赔偿义务机关作出赔偿或者不予赔偿决定之日起三十日内，向赔偿义务机关的上一级机关申请复议。赔偿义务机关是人民法院的，赔偿请求人可以依照本条规定向其上一级人民法院赔偿委员会申请作出赔偿决定。赔偿请求人不服复议决定的，可以在收到复议决定之日起三十日内向复议机关所在地的同级人民法院赔偿委员会申请作出赔偿决定；复议机关逾期不作决定的，赔偿请求人可以自期限届满之日起三十日内向复议机关所在地的同级人民法院赔偿委员会申请作出赔偿决定。

（二）行政赔偿

1. 行政赔偿的范围与归责原则

《国家赔偿法》第 3 条规定了侵犯人身权的行政赔偿的范围："行政机关及其工作人员在行使行政职权时有下列侵犯人身权情形之一的，受害人有取得赔偿的权利：（一）违法拘留或者违法采取限制公民人身自由的行政强制措施的；（二）非法拘禁或者以其他方法非法剥夺公民人身自由的；（三）以殴打、虐待等行为或者唆使、放纵他人以殴打、虐待等行为造成公民身体伤害或者死亡的；（四）违法使用武器、警械造成公民身体伤害或者死亡的；

（五）造成公民身体伤害或者死亡的其他违法行为。"第 4 条规定了侵犯财产权的行政赔偿的范围："行政机关及其工作人员在行使行政职权时有下列侵犯财产权情形之一的，受害人有取得赔偿的权利：（一）违法实施罚款、吊销许可证和执照、责令停产停业、没收财物等行政处罚的；（二）违法对财产采取查封、扣押、冻结等行政强制措施的；（三）违法征收、征用财产的；（四）造成财产损害的其他违法行为。"但是，同时《国家赔偿法》第 5 条又规定了行政赔偿的排除范围："属于下列情形之一的，国家不承担赔偿责任：（一）行政机关工作人员与行使职权无关的个人行为；（二）因公民、法人和其他组织自己的行为致使损害发生的；（三）法律规定的其他情形。"

对于警察机关而言，由于警察机关行政职权广泛，并且拥有特殊的国家强制力，警察国家赔偿案件可能涉及大部分的行政赔偿范围，应当做好应对行政赔偿请求的充分准备。目前行政赔偿仍以违法原则为归责原则，这就要求警察机关在行使行政职权时严格遵守法律规定，保障警察任务的顺利履行，防止违法侵犯公民权益。

2. 行政赔偿的义务机关

《国家赔偿法》第 7 条、第 8 条规定了行政赔偿的义务机关。第七条规定："行政机关及其工作人员行使行政职权侵犯公民、法人和其他组织的合法权益造成损害的，该行政机关为赔偿义务机关。两个以上行政机关共同行使行政职权时侵犯公民、法人和其他组织的合法权益造成损害的，共同行使行政职权的行政机关为共同赔偿义务机关。法律、法规授权的组织在行使授予的行政权力时侵犯公民、法人和其他组织的合法权益造成损害的，被授权的组织为赔偿义务机关。受行政机关委托的组织或者个人在行使受委托的行政权力时侵犯公民、法人和其他组织的合法权益造成损害的，委托的行政机关为赔偿义务机关。赔偿义务机关被撤销的，继续行使其职权的行政机关为赔偿义务机关；没有继续行使其职权的行政机关的，撤销该赔偿义务机关的行政机关为赔偿义务机关。"第 8 条规定："经复议机关复议的，最初造成侵权行为的行政机关为赔偿义务机关，但复议机关的复议决定加重损害的，复议机关对加重的部分履行赔偿义务。"

此处比较特殊的问题是劳动教养机关，即劳动教养管理委员会。2013 年12 月 28 日，《全国人民代表大会常务委员会关于废止有关劳动教养法律规定的决定》开始实施，明确废止劳动教养制度。因为劳动教养制度被废止，劳动教养机关也随之被撤销，目前尚未有继续行使相关职权的机关，行政赔偿的义务机关应为人大常务委员会废止劳动教养制度后，决定撤销劳动教养机关的行政机关。

3. 行政赔偿的程序

《国家赔偿法》第9条至第16条规定了行政赔偿的程序，大致与刑事赔偿相似，但有几点显著的不同：①行政赔偿允许一定范围内的协商。赔偿义务机关作出赔偿决定，应当充分听取赔偿请求人的意见，并可以与赔偿请求人就赔偿方式、赔偿项目和赔偿数额依照本法第四章的规定进行协商。这是对赔偿请求人的法律主体地位的高度尊重。②可以通过诉讼方式寻求最终救济。赔偿义务机关在规定期限内未作出是否赔偿的决定，赔偿请求人可以自期限届满之日起三个月内，向人民法院提起诉讼。③部分赔偿案件的举证责任倒置。赔偿义务机关采取行政拘留或者限制人身自由的强制措施期间，被限制人身自由的人死亡或者丧失行为能力的，赔偿义务机关的行为与被限制人身自由的人的死亡或者丧失行为能力是否存在因果关系，赔偿义务机关应当提供证据。这对于防范警察机关刑讯逼供或暴力虐待相对人等情形提出了有力的制度约束。

（三）国家赔偿的实施

1. 赔偿方式

国家赔偿以支付赔偿金为主要方式，唯一的例外是在涉及侵犯财产权的赔偿中，在条件允许的情况下，返还财产或恢复原状。

2. 计算标准

国家赔偿的计算标准较为复杂。人身赔偿的主要计算标准是日平均工资标准，财产赔偿的主要计算标准是直接损失。《国家赔偿法》第33条至第36条规定了国家赔偿的详细计算标准，包括付医疗费、护理费、因误工减少的收入、因残疾而增加的必要支出和继续治疗所必需的费用、残疾赔偿金、死亡赔偿金、丧葬费、生活费等项目，依不同情形而定。

值得注意的是，当前《国家赔偿法》规定了精神损害赔偿，适用于《国家赔偿法》第3条规定的行政赔偿案件或第17条规定的刑事赔偿案件。有《国家赔偿法》第3条或者第17条规定情形之一，致人精神损害的，应当在侵权行为影响的范围内，为受害人消除影响，恢复名誉，赔礼道歉；造成严重后果的，应当支付相应的精神损害抚慰金。警察的行政处罚、行政强制措施或刑事司法活动有可能对公民造成巨大的精神损害，但目前精神损害抚慰金的计算标准尚未确定，需要尽快明确具体的计算标准。

3. 追偿

赔偿义务机关赔偿后，应当向有下列情形之一的工作人员追偿部分或者全部赔偿费用：①刑讯逼供或者以殴打、虐待等行为或者唆使、放纵他人以殴打、虐待等行为造成公民身体伤害或者死亡的，或违法使用武器、警械造成公民身体伤害或者死亡的；②在处理案件中有贪污受贿，徇私舞弊，枉法裁判行为的。对有相关规定情形的责任人员，有关机关应当依法给予处分；构成犯罪的，应当依法追究刑事责任。

由此，在当前警察国家赔偿制度中，人民警察被追偿的情形仅限于有限的侵犯人身权及渎职案件，这些案件对公民权益造成重大侵害，或对法治产生较大损害，而且人民警察的主观方面有可归责性，因此追偿费用甚至进一步依法追究刑事责任是必要的。

【本节引导问题参考答案】

1. 不能。因为这不是一个行政行为。只有当警察遭受行政行为的侵害时，才能提起行政复议。

2. 可以，在警察自身遭遇国家权力违法使用而满足《国家赔偿法》中规定的情形时，可以请求国家赔偿。

【本章思考题】

1. 警务公开的内涵是什么？
2. 警务公开的基本原则有哪些？
3. 如何评析警务公开的内容？
4. 警务公开的方式及特点是什么？
5. 警务监督包括哪些途径？它们的特点分别是什么？
6. 公安机关的督察制度主要包括哪些内容？
7. 警察救济主要包括哪些方式？
8. 警察行政复议有什么特点？
9. 警察行政诉讼有什么特点？

10. 警察国家赔偿的归责原则如何设定？为什么？

【本章参考文献】

1. 胡建淼：《行政法学》，法律出版社 2015 年版。

2. 姜明安主编：《行政法与行政诉讼法学》，北京大学出版社、高等教育出版社 2015 年版。

3. 高文英、孟昭阳主编：《公安行政诉讼教程》，中国人民公安大学出版社 2013 年版。

4. 李永清主编：《警察法学》，中国民主法制出版社 2012 年版。

5. 沈岿：《国家赔偿法》，北京大学出版社 2011 年版。

6. 师维：《警察法若干问题研究》，中国人民公安大学出版社 2012 年版。

7. 张文显主编：《法理学》，法律出版社 2007 年版。

8. 莫于川主编：《行政法与行政诉讼法学》，中国人民大学出版社 2012 年版。

9. 莫于川、林鸿潮：《中华人民共和国政府信息公开条例释义》，中国法制出版社 2008 年版。

10. 莫于川、林鸿潮：《政府信息公开条例实施指南》，中国法制出版社 2008 年版。

11. 王万华：《知情权与政府信息公开制度研究》，中国政法大学出版社 2013 年版。

12. 王少辉：《迈向阳光政府——我国政府信息公开制度研究》，武汉大学出版社 2010 年版。

13. 张超：《警务法治化建设进路研究——以警务公开为视角》，中国人民公安大学出版社 2013 年版。

14. 徐武生、高文英主编：《警察法学理论研究综述》，中国人民公安大学出版社 2013 年版。

-------------------- 本章扩展阅读 --------------------

对公安机关的侦查行为是否可以提起行政诉讼？

对于公安机关的侦查行为是否可以提起行政诉讼，学界是存在争议的。在《最高人民法院关于适用〈中华人民共和国行政诉讼法〉的解释》（以下简称《解释》）发布以前，由于《行政诉讼法》并未就这一问题作出具体规定，学界对此存在广泛的争议。《解释》施行后，由于该司法解释的第 1 条第 2 款明确排除"公安、国家安全等机关依照刑事诉讼法的明确授权实施的行为"，侦查行为中至少相当一部分行为已经被排除在行政诉讼的受案范围之外了。不过，我们是否可以据此断定侦查行为一概不纳入行政诉讼的受案范围呢？对于这个问题，学界仍存在一定的争议。

部分学者主张侦查行为在理论上可以纳入行政诉讼，因为"公安侦查行为是一种行政行为，在侦查中采取的强制措施是具体行政行为"，所以公安侦查行为具备行政可诉性。[1]此种理论立场从狭义上理解司法权，[2]并进一步主张"侦查行为除了涉及刑事诉讼以外，和其他行政行为并没有任何真正区别，侦查本身并非是诉讼，而是进入诉讼以前的行政准备工作"，因此刑讯逼供和超期羁押在本质上是行政权力对公民权利的侵犯，属于行政法上的实体违法行为，要承担行政法律责任。[3]不仅如此，论者还认为行政诉讼模式在三个方面对于监督侦查违法行为有独特的优势：行政法的基本原则可以为侦查行为提供实体法准则；侦查程序与事后行政诉讼救济相结合能保障更为有效的监督；行政赔偿有刑事赔偿所不能取代的功能，如在被告人有罪的情况下，可能出现部分违法侦查侵权无法获得赔偿、侦查机关对被告人以外的公民造成的伤害无法赔偿等。[4]这种立场的最终理论基础主要是认为侦查行为属于或包含具体行政行为外，也包括从制度实践的角度出发，认为行政诉讼能够对公民权益提供更为全面的保障，还包括防止公安机关在发生了违法行为之后，尽可能地将具体行政行为解释为刑事侦查行为以逃避司法审查的可能性。[5]

部分学者及实务工作者认为需要区分情形对待，这种观点可被称为"区分说"。有论者认为《解释》第 1 条第 2 款第（2）项把不可诉的公安行为严格限制在"依照刑事诉讼法的明确授权实施的行为"范围内，符合该规定行为，是不可诉的，否则就是可诉的，并非公安机关在刑事侦查中一切行为均

---

〔1〕 参见马怀德、解志勇："公安侦查行为行政可诉性研究"，载《求是学刊》2000 年第 3 期。

〔2〕 参见邵俊武："论刑事侦查行为的可诉性"，载《河北法学》2007 年第 10 期。

〔3〕 参见毛玮、胡汝为："论侦查违法行为的性质"，载《中山大学学报（社会科学版）》2005 年第 2 期。

〔4〕 参见毛玮、胡汝为："论侦查违法行为的性质"，载《中山大学学报（社会科学版）》2005 年第 2 期。

〔5〕 参见蒋石平："浅论对侦查行为的司法审查制度"，载《现代法学》2004 年第 2 期。

不得提起行政诉讼。如公安机关（在刑事侦查中）没收财产这一行为，因为《刑事诉讼法》根本没有这一强制措施的种类，不属于该法授权的范围，即为可诉。[1]还应注意，现实中对于假借刑事侦查之名、行干预经济纠纷之实的行为，由于已经违背了《刑事诉讼法》授权的目的，因此不应将其视为刑事侦查行为，当事人不服的，仍可对其提起公安行政诉讼。[2]在这种观点中，部分学说认为这样处理的理论基础是"根据我国现行的司法体制，刑事侦查行为被视为司法行为，在习惯上不作为行政行为对待"；另外刑事诉讼法的监督和国家赔偿法中的刑事赔偿可以对当事人提供相应的监督救济。[3]

部分学者及实务工作者认为侦查行为均不可诉。例如有论者认为，当事人对公安刑事侦查行为不服，可以向实施刑事侦查行为的机关及其上一级机关申诉，或向人民检察院申诉，请求检察监督；如果认为刑事侦查行为违法，可依国家赔偿法的规定请求国家赔偿，不能向法院提起行政诉讼。[4]更有实务工作者明确反对"公安机关实施的不符合侦查行为本质属性的行为就是行政行为，符合行政诉讼的受理要件"，认为公安机关具有刑事侦查权和行政权，在履行这两种职权时，都有可能违法；违法的刑事侦查行为也是刑事侦查行为，不是具体行政行为。[5]

在实践中，人民法院对公安机关在刑事司法活动中所作的行为进行了区分：①公安机关依照刑事诉讼法的明确授权实施的合法侦查行为，排除在行政诉讼的受案范围外；②公安机关在刑事诉讼法明确授予的职权范围内违法实施的侦查行为，也适用《解释》第1条第2款第（2）项的规定，不纳入行政诉讼的受案范围；[6]③对于公安机关在刑事诉讼法的明确授权范围外实施的侦查行为，尤其是对明知没有犯罪事实而立案侦查、滥用强制措施的行为，

---

[1]　参见李云峰："对公安机关以刑事侦查行为为名插手经济、民事纠纷行为受案问题研究——关于《解释》第1条第2款第（2）项的具体适用"，载《行政法学研究》2001年第2期。

[2]　参见高文英、孟昭阳主编：《公安行政诉讼教程》，中国人民公安大学出版社2013年版，第74页。

[3]　参见高文英、孟昭阳主编：《公安行政诉讼教程》，中国人民公安大学出版社2013年版，第74页。

[4]　参见程建锋、赵恒斌："论公安刑事侦查行为与公安具体行政行为的界定"，载《行政与法》2005年第11期，第92页。

[5]　参见黄国盛："公安侦查行为不具有可诉性"，载《人民检察》2002年第3期。

[6]　参见严惠仁："公安机关违法刑事侦查行为不属行政诉讼受案的范围"，载《西安市人民政府公报》2003年第4期。

部分法院将其纳入行政诉讼的受案范围。[1]但对于具体的受案范围边界，目前尚未有清晰的正式界定。这一问题的最终解决，需要从理论层面和实践层面进一步明确公安机关所实施的刑事侦查行为属于行政行为、司法行为或是其他类型的行为。

---

〔1〕　参见邱建民："对不服公安机关侦查行为案件的审理"，载《法学杂志》1999 年第 6 期；李云峰："对公安机关以刑事侦查行为为名插手经济、民事纠纷行为受案问题研究——关于《解释》第 1 条第 2 款第（2）项的具体适用"，载《行政法学研究》2001 年第 2 期。

警察法学专题

专题一：《中华人民共和国人民警察法》
（修订草案稿）立法建议[1]

公安部近日公布了《人民警察法》的修订草案稿，并面向社会广为征求意见。中国警察法学研究会警察法学基础理论专业委员会于 2016 年 12 月 25 日邀请多名警察法学专家、行政法学专家以及实务工作者，就此专题举行了座谈会。各位与会专家深入交流，达成多项共识。会议形成的主要立法建议如下：

一、建议以审慎态度界定警察含义、清晰划定警察范围，为《人民警察法》修订提供准确严密的逻辑起点

明确警察的含义具有重大意义。警察是制定《人民警察法》、研究警察法学的逻辑起点。警察含义确定后，警察的范围、职权、执法方式、保障与监督才能确定。目前着重于以警察的职能为着眼点定义警察。"警察"依照字面意思来看，"警者，儆戒也；察者，审视也。儆戒实为预防；而审视乃在处理之适当。是故警察者，其作用乃在事前应当预防一切危害情事之发生，而事后则当详明审察情事之是非，以为处理。"[2]简言之，警察就是事前的预防和事后的处理。何维道先生的《警察学》认为，"警察者，内政之一部，为防止危害，直接保持社会安宁之秩序，而限制人之自由之行政"，[3]这是我国最早从学理上进行考察的警察含义，其认为限制人的自由以图秩序安宁是警察的直接目的，增进公共福利只是警察的间接目的。而警察的职能是动态的，是随着社会发展情况变动的，其职能应由实定法予以规定。实定法上警察的含

---

　　〔1〕　中国警察法学研究会警察法学基础理论专业委员会建议稿，姚永贤执笔。
　　〔2〕　转引自师维："我国实定法上的警察含义——兼议我国《人民警察法》的修改"，载《河南公安高等专科学校学报》2008 年第 3 期。
　　〔3〕　转引自师维："我国实定法上的警察含义——兼议我国《人民警察法》的修改"，载《河南公安高等专科学校学报》2008 年第 3 期。

义，从现行《人民警察法》来看，采取列举式定义，虽有"定量"而无"定性"，没有对警察的含义作出明确说明。考察其立法历程，1994 年 12 月提交全国人民代表大会常务委员会审议的《人民警察法（草案）》，曾对警察有过明确的定义，"人民警察是人民民主专政政权武装性质的治安行政力量和司法力量"，但最后该条没有被审议通过，争议点在于警察的司法属性问题。[1]警察的司法属性问题一直存在争议，现在仍然不能一味回避，故急需明确。本次草案又将该问题提出，草案第 2 条第 2 款提及刑事司法职能。我国现在的警察职能多元，其权限可总结为行政执法权、刑事执法权与行政服务三大方面，如果从警察职能的角度考察警察的含义，则需要明确刑事执法权的性质，确定其为行政性质还是刑事司法性质。现在越来越多的学者开始认同刑事执法权本质为行政权，认为将警察权力统一为行政权，有利于当前实践。例如，现行的《政府信息公开条例》规定，政府信息是指"行政机关在履行职责过程中制作或者获取的，以一定形式记录、保存的信息"，[2]而最高人民法院又将履行职责限定为履行行政职责，[3]因此将公安机关的刑事执法信息排除在《政府信息公开条例》之外，人为地限制和缩小了公开范围，与建设透明政府的理念相违背。这类问题的根基就在于根深蒂固地将刑事执法认定为刑事司法行为，从而为不公开找到理由。不将警察的含义、警察的性质定义清楚，实践中就依然会出现类似问题。因此，建议本次修订将警察的性质准确界定，可以重新思考并沿用 1957 年《中华人民共和国人民警察条例》（已失效）的规定。该条例第 1 条规定："中华人民共和国人民警察属于人民，是人民民主专政的重要工具之一，是武装性质的国家治安行政力量。"

警察含义确定后，警察范围即可确定。其应当包括公安机关、国家安全机关、监狱、法院、检察院的警察，以及国家海警体系的警察。有学者指出，当下正在修订的《人民警察法》，应当成为名副其实的《人民警察法》，这部法律应该能够规范所有的人民警察，应成为囊括我国各个警察部门的基本法。现在我国警察组织按照部门来划分，除了最为庞大的公安机关人民警察，还

---

〔1〕　参见师维："我国实定法上的警察含义——兼议我国《人民警察法》的修改"，载《河南公安高等专科学校学报》2008 年第 3 期。

〔2〕　《政府信息公开条例》第 2 条。

〔3〕　详见 2014 年最高人民法院公布的政府信息公开十大典型案例之一"奚明强诉中华人民共和国公安部案"。

有属于行政体系的国家安全机关、司法行政机关的监狱和戒毒部门的警察、司法部门法院和检察院的警察,以及国家海警体系的警察。以上部门均为警察权的享有者,都是警察权的实施主体,它们所具有的基本特点、基本的组织特性都应该是一样的,因此,应当由一部统一的法律进行规定。而当前草案体现的仅为公安机关的人民警察,《人民警察法》如果只规定公安机关及其人民警察,则有违法治的统一性。因此,建议将《人民警察法》的调整对象确定为所有警察权的享有者,包括所有的警察机构和警察个人。

二、建议进一步明确《人民警察法》的基本法地位,界定其法律属性,严密衔接其他法律

首先,警察法律体系庞大,既有《治安管理处罚法》《集会游行示威法》《枪支管理法》《消防法》《出境入境管理法》《反恐怖主义法》等相关的警察任务法规,也有《公安机关组织管理条例》等警察组织法规,还有《公安机关督察条例》等警察监督法规。这些法规都是与警察相关的某一方面的特别法规,而《人民警察法》就警察机关、警察人员进行总括性规定,明确警察权的享有者、警察权的内容等基本含义,其应当是警察法律体系的母法、核心法,是规范警察权的基本法。

其次,确定《人民警察法》的法律属性,即该法是组织机构法还是人员法。我国法、检系统既有《人民法院组织法》《人民检察院组织法》,又有《中华人民共和国法官法》《中华人民共和国检察官法》,而公安机关没有警察组织法,仅有一部《公安机关组织管理条例》。因此,修法时应当明确《人民警察法》是规定组织的法,还是规定人员的法。如上所述,作为警察法律体系的基本法,目前来看,其既是规定组织的法,又是规定人员的法。这其中,一方面要明确警察机关的性质、地位、组织构成和权力,另一方面,又需明确规定警察个人的权力、义务、纪律和责任。从这个角度看,《人民警察法》是一部双重性质的法律。

最后,修订《人民警察法》时应当考虑与其他法律严密衔接。现行的《人民警察法》已经施行 20 余年,现在社会环境和法治环境均已发生较大变化,需要及时修正不合时宜的内容,补充新鲜内容。另外,要注意与《行政许可法》《行政强制法》《治安管理处罚法》《枪支管理法》等其他相关法规的有机衔接。

三、建议建立以警察权为核心，结构清晰、层次分明且内容丰富的警察权法律规范体系

这就要求在警察权理论上有所突破并形成共识。"警察权力本质上是一种政治设计，它为国家和国家的代表政府而生，因社会的安宁和秩序而存在。"〔1〕如上所述，"警察权是行政权，但其不能狭义地解释为仅在公安行政管理过程中所运用的权力，还应包括警察刑事侦查方面的权力。这种警察刑事侦查权主要体现为辅助的司法功能，不是独立司法，更多的具有执行性特点。"〔2〕刑事性不等同于司法性，功能也不能替代性质，警察刑事侦查权仍然属于行政权。作为国家权力的重要组成部分，警察权应当是由宪法和法律赋予的，国家用以维护国家安全和主权，维护社会治安秩序，预防、制止和惩治违法犯罪活动而依法实施的公权力。警察权体现的是国家意志，权力的来源和权力作用的后果也均属于国家。

此次修法还需着重解决警察权的配置。与国家权力配置类似，警察权的配置可以分为纵向和横向。"纵向配置主要关注的是公民权利与警察权力的调整，以寻找其中的平衡点。"〔3〕涉及此次修订，权力宜"放"不宜"收"，综合评判我国国情，现处于社会转型期、改革深水区，社会矛盾日益尖锐，面对复杂的国内治安形势，高发的恐怖袭击、犯罪等，现在不适宜对警察权收回，而是应当继续授权，将权力写足。多授予权力并加以规范，比不写而滥用更有利于警察依法用权。警察权的扩展和限制，必须要顾及我们所处的法治文明的时代背景。"横向配置是不同国家机构或警察组织和警察机构间分配警察权，并形成有效的监督与制约。"〔4〕从维护社会安宁秩序的角度考虑，现在我国的情况仍须沿袭中央集权制，不宜赋予地方更多警察权。草案把权力划分为中央事权、地方事权、中央和地方共同事权，修改力度引人注目。但是在中国这样的单一制国家，如何进行中央和地方的事权划分、是进行"事权"划分还是在遵循中央统一领导下进行"职权"划分，尚需谨慎论证。会

---

〔1〕 高文英：《我国社会转型期的警察权配置问题研究》，群众出版社 2012 年版，第 21 页。

〔2〕 高文英：《我国社会转型期的警察权配置问题研究》，群众出版社 2012 年版，第 21 页。

〔3〕 转引自高文英：《我国社会转型期的警察权配置问题研究》，群众出版社 2012 年版，第 24 页。

〔4〕 转引自高文英：《我国社会转型期的警察权配置问题研究》，群众出版社 2012 年版，第 24 页。

议认为，强调在遵循中央与上级集中统一领导，尊重地方和下级自主权的原则下，实行法定"职权"分工，更为合适。

四、建议协调好如下关系，以回应国家治理主体多元化、权力中心多元化、治理手段多元化等治理体系的转变

（一）公安机关和其他机关的关系

一是要处理好公安机关与其它有警察职位的机关之间的关系。如公安机关与国家安全机关、监狱、法院、检察院及海警机关等的关系，本次修法需确定各类警察的职责，捋顺公安机关与其职责划分。二是公安机关与其他一般行政机关的协助关系，公安机关的协助义务不是无限制的，如以前的协助催粮、派款和计划生育，现在的拆迁等非警务活动，该类协助带给公安机关极大被动，并且与警察任务相违背。因此，本次修法应明确提出协助义务，但是必须将其限定在警务活动范围之内。

（二）消极行政和积极行政的关系

消极行政是警察的最初职能，其运用强制手段，限制公民自由，维护国家安全和社会秩序。但是随着行政指导等积极行政、柔性执法方式的兴起，警察执法应当适当作出改变，应更注意积极行政。积极行政有助于修复"警民关系"，本次修法在大力着墨消极行政的同时，亦应适当对警察积极行政作出规定和导向。这样才符合当前建设法治国家的总体要求，亦是对国家治理体系多元化的回应。其中，草案第12条第11项"调解处理民间纠纷"的职责设定，争议较多。普遍认为，对于完全排除调解处理民间纠纷显然不现实，故可以纳入警察的职责中来，但是应当予以限定，应解释清楚民间纠纷的概念和范围，明确民警的执法边界。建议将其界定在"家庭、邻里之间易引发社会和谐稳定的琐事纠纷等方面"。

（三）组织和人员的关系

上述已提及这部法既规定警察机构，也规定警察个人。特别是涉及权力的享有和使用时，应当区分警察组织和警察个人，第一是区分权力，第二是区分行为。本次草案中总是产生混淆，不太恰当。而且从本质上来说，警察权应当是属于警察机关所享有的，其行使后果也应当由警察所在组织来承担。因此，应当明确权力的所有者是警察机关而非个人。在组织管理方面，对警察个人的义务纪律应当设定要求。

（四）实体和程序的关系

可以说，《人民警察法》既是一部实体法，也是一部程序法。草案关于实体内容规定过多，但应当同时兼顾程序。对警察权力限制的一种重要方式即为程序限制，如枪支的使用、盘查权及检查权的行使，都需要通过程序进行权力的控制。程序规定，一是建议在总则部分规定程序法定原则，并且规定违反程序的法定后果，这也是与2015年新修改的《行政诉讼法》相衔接；二是部分权力行使时应当细化，尤其是权力的启动机制，应当用程序严格限定。我国现在还没有一部行政程序法出台，本次修法应当体现出程序规制的重要性，重视程序，并力争成为本次修法的一大亮点。

五、建议采用精湛的立法技术，严格遵循立法规范，制定结构科学、用语严谨、可操作性强且有前瞻性的规范立法

（一）立法表达与规范技术

立法表达一是应当用词准确、概念明晰，坚持法言法语，不宜用政治色彩过浓的语句；二是应当严谨，尤其是在权力设定方面；三是应当具备可操作性，不可模糊规定。在立法规范方面，主要是指概括式与列举式的规范表达。"概括式的优点是对事项规定进行高度凝练，往往留有余地，具有包容性，且有利于应对变化，常表现为条文设计中的兜底条款；概括式的缺点是条文规定的内容不太明确、具体，易产生理解上的歧义，操作性差。列举式的优点是对事项的规定明确、具体，易于理解，便于操作，是一种稳妥的颇受普遍认同的立法方式；列举式的缺点是难以详尽事项的列举，存在事项的遗漏等现象在所难免。"[1]在本次修订中，对警察职责采取列举与概括兜底并行的方式；在警察使用警械和武器的情形规定中，采取列举式，但是考虑到其可能的变化，也应当设计兜底条款，需要注意的是，应该尽量对兜底条款加以限定，而不是模糊不清。

（二）时效性与前瞻性

草案中，对于落后条款应当及时予以废止。如规定的担任人民警察的条件"具有高中毕业以上文化程度"，显然已经不符合现在普遍的实际情况，应

---

〔1〕 邓国良："《人民警察法》修改应协调的几个关系之思考"，载《江西警察学院学报》2015年第6期。

及时修改。应当适当增加紧跟警务变革、警务发展的新规定。草案中已经加入了网络管制、警务信息化等内容，建议紧跟最新颁布的《网络安全法》等，加入网络执法的具体内容，进一步细化网络管制、网络执法的规定。

（三）结构安排

结构方面还可以再完善。结构应包括总则、职责和权力、组织管理、义务和纪律、警务保障、警务监督及法律责任等七部分。第一部分应包括立法目的、警察含义、性质和任务、指导思想、基本原则及管辖。第二部分应为职责和权力，分别列举。第三部分应为组织管理，涉及警察组织的设置、类型、体制及职能的定位，人员的分类管理以及相关的管理制度。第四部分为义务和纪律，本草案中忽略了这一点，应传承现行《人民警察法》中关于警察义务和纪律的内容。本次草案中规定了职责和权力，但义务和纪律是不可缺少的，从结构上来讲有必要体现，即原来法律规定有的应该保持，而且应该继续强化，这样才能体现职权和义务的平衡。第五部分应为警务保障，第六部分应为警务监督，第七部分应为法律责任。

六、对草案中部分具体条款的立法建议

（一）进一步细化公安机关及其人民警察"查验身份证件、核实有关身份信息"的规定[1]

草案第16条规定"人民警察因履行职责的需要，可以依法查验居民身份证或者其他证明身份的证件"。近年来，全国各大城市的地铁、城市轨道交通得到大力发展，已成为城市居民出行的主要交通方式。但是，由于人员密集、客流量巨大等原因，地铁场站、轨道交通枢纽等也成为反恐的重点目标和重要场所。为确保地铁及轨道交通场站的公共安全，各级公安机关均进一步加强了安检的措施和手段。其中，警察对进入地铁的人员进行随机的身份核查，是公安机关人民警察在巡逻执勤过程中，防范恐怖活动，及时发现、打击违法犯罪的重要工作手段，对加强重点目标、重要场所及城市治安秩序维护和管理，具有非常重要的意义。根据工作实际，建议将第16条修改为"人民警察因履行职责的需要或者在执法执勤过程中，可以查验居民身份证、外籍人

---

〔1〕　该部分建议来自座谈会上北京市公安局华列兵的"关于对修改完善《中华人民共和国人民警察法》（修订草案稿）的几点思考"。

员身份证件或者其他证明身份的证件等，核实有关身份信息"。明确规定警察有权查验身份，从而确保此项工作有法可依。同时，建议删除原文中的"依法"二字。目前《居民身份证法》《治安管理处罚法》等有关法律，均没有明确规定相关内容，此处的"依法"并无实际意义，《人民警察法》为直接授权。

（二）应当赋予人民警察对交通工具检查时的强制手段[1]

草案第 23 条对人民警察"交通工具栏停检察"作出了规定。但是对于"交通工具内的人员关闭交通工具的门窗拒绝接受检查"的情形，没有规定。根据实践，对于已经发生或者可能发生危害公共安全、人身安全的交通工具，其车内人员拒绝接受检查的，具有很高的潜在危险性和不可控性。草案明确了人民警察有权对交通工具实施拦停检查，为确保法律具有更大的可操作性，结合近年来全国各地相继发生的驾车冲闯检查站（卡）、拖拽执法人员，造成人员伤亡事件的经验和教训，对于驾驶交通工具危害公共安全、人身安全的行为，建议进一步明确规定现场执法警察可以对拒不接受检查的车辆及人员，采取必要的措施实施控制，从而防止发生更大的危害行为、避免造成更大的人员伤亡和财产损失，最大限度确保公共安全、人民群众和执法人员的人身安全。因此，建议在第 23 条增加一款"交通工具内的人员关闭交通工具的门窗拒绝接受检查，经警告无效的，人民警察可以采取设置障碍防止交通工具冲闯、破拆门窗等措施，强制有关人员接受检查"。

（三）关于保护性约束措施的建议[2]

对于醉酒、吸毒、精神障碍人员的处理，应当在明确正常的工作程序基础上，再对特殊情况作出规范，不宜从事后的结果倒推工作程序规定。实践中，面对暴力犯罪人员，为最大限度地保护人民群众生命、财产安全，现场执法者应当首先采取措施将嫌疑人制服、确保控制现场，防止发生更大危害后果，但在一些特殊情况下，如夜晚或者非本地嫌疑人、知情人不能提供足够信息的情况下，现场民警一般也不可能清晰地判明嫌疑人是否属于该类人

---

〔1〕 该部分建议来自座谈会上北京市公安局华列兵的"关于对修改完善《中华人民共和国人民警察法》（修订草案稿）的几点思考"。

〔2〕 该部分建议来自座谈会上北京市公安局华列兵的"关于对修改完善《中华人民共和国人民警察法》（修订草案稿）的几点思考"。

员。因此,在民警控制现场后,如发现被控制人员疑似醉酒、吸毒或精神障碍的,才应当按照规定和程序进一步开展工作。因此,建议将第 28 条第 1 款修改为"人民警察对实施危害公共安全,他人人身、财产安全违法犯罪行为或者可能自伤、自残的人员,应当采取措施予以制服";增加一款作为第 2 款"人民警察控制违法犯罪现场后,对疑似醉酒、吸毒或精神障碍的违法犯罪嫌疑人,以及其他丧失辨认或者行为控制能力的人员,可以按规定采取保护性约束措施,送至医疗机构、救助机构,或者通知其监护人、近亲属领回"。将原第 2 款调整为第 3 款。

(四) 建议明确 110 等紧急报警服务台的法律地位和法定职责

随着社会经济的发展,人民群众对公安机关的快速反应要求越来越高,接报、指挥、处置紧急警情的重要性越来越凸显,甚至成为衡量公安机关能力建设的一个重要指标。现在需要对 110 等报警服务台的地位和职责从法律上予以明确规定,同时也应当对公民滥用、恶意拨打及故意占用紧急报警电话等行为进行规制。建议《人民警察法》设定专门条款,对涉及这一领域的有关事项进行明确规定。

(五) 人员组织管理方面的完善

首先,建议增加"试用期"民警的身份和执法办案权限等内容。招录的新警,在其参加公安工作的第一年为试用期或称"见习警察",因草案第 2 条第 2 款对人民警察的概念作出定义,通过设定"授予人民警察警衔"这一限制性规定,排除了试用期警察。为保障法律规定的严谨性,保障实际工作,建议明确"试用期"人民警察的有关规定。

其次,增加"国家及人民政府应当充分保障退休人民警察的待遇"的内容。这样有利于激励在职人民警察的职业荣誉感和使命感,维护人民警察队伍的整体形象和尊严。

最后,增加人民警察院校教师地位、待遇的规定。第 54 条、第 55 条只对人民警察院校及其预备警官作出规定,却未提及人民警察院校的教师。从当前实践来看,人民警察院校教师占比较大,其性质、地位、待遇及执法权限等未明确规定,从立法体系的完整性来看,应当补充规定。

【本专题参考文献】

1. 邓国良:"《人民警察法》修改应协调的几个关系之思考",载《江西警察学院学报》2015 年第 6 期。

2. 高文英：《我国社会转型期的警察权配置问题研究》，群众出版社 2012 年版。

3. 师维："我国实定法上的警察含义——兼议我国《人民警察法》的修改"，载《河南公安高等专科学校学报》2008 年第 3 期。

【扩展阅读】

中华人民共和国人民警察法（修订草案稿）（2016 年 12 月）

第一章　总　则

第一条　（立法目的）

为了规范和保障公安机关及其人民警察依法履行职责、行使权力，加强对人民警察的监督，建设高素质的人民警察队伍，根据宪法，制定本法。

第二条　（公安机关、人民警察的概念）

本法所称公安机关是指县级以上人民政府主管公安工作及其人民警察的行政机关。

本法所称人民警察，是指公安机关中依法履行治安行政执法和刑事司法职能且被授予人民警察警衔的工作人员。

第三条　（公安机关任务）

公安机关的任务是维护国家安全和公共安全，维护社会治安秩序和社会稳定，保护公民、法人和其他组织的合法权益，保护公共财产，预防、制止、查处和惩治违法犯罪活动。

第四条　（公安事权划分）

公安机关事权划分为中央公安事权、地方公安事权以及中央和地方共同公安事权。

国家建立与事权相适应的公安机关管理体制和人民警察保障制度。

第五条　（人民警察队伍建设基本原则）

人民警察队伍建设应当坚持政治建警、素质强警、从严治警、从优待警。

人民警察必须忠于中国共产党、忠于国家、忠于人民、忠于宪法和法律。

第六条　（专群结合原则）

公安机关必须坚持专门工作与群众路线相结合，健全社会治安组织动员机制，实行社会治安群防群治，推动社会治安社会化治理。

人民警察必须保持同人民的密切联系，倾听人民的意见和建议，接受人民的监督，全心全意为人民服务。

第七条　（法治原则）

人民警察必须以宪法法律为行为准则，尊重和保障人权，严禁滥用、超越权力。

人民警察实施限制人身自由的强制措施和处罚，应当严格遵守法律规定的条件和程序。

第八条　（权力行使适度原则）

人民警察行使权力应当与已经或者可能造成的危害的性质、程度和范围相适应；有多种措施可供选择的，尽可能选择对公民、法人或者其他组织合法权益造成最小侵害的措施。

第九条　（执行职务受法律保护）

人民警察依法执行职务受法律保护，任何组织和个人应当予以支持和配合，不得干涉、拒绝和阻碍。

第十条　（国家对人民警察的权益保护）

国家保障和维护人民警察的合法权益。

第十一条　（政府保障责任）

各级人民政府应当为公安机关及其人民警察依法履行职责提供保障。

第二章　职责和权力

第十二条　（职责范围）

公安机关依法履行下列职责：

（一）预防、制止和侦查犯罪活动；

（二）羁押、监管犯罪嫌疑人和被告人，执行刑罚，执行强制医疗；

（三）维护国家安全和社会稳定，防范和打击恐怖主义；

（四）预防、制止和查处违反公安行政管理的行为；

（五）监管被行政拘留、被采取行政强制性措施限制人身自由的人，执行强制隔离戒毒；

（六）实施道路交通安全管理；

（七）监督管理消防工作；

（八）管理枪支弹药、管制器具、易燃易爆、毒害性、放射性等危险物品、物质，管理易制毒化学品；

（九）管理法律、法规、规章规定的行业和场所；

（十）管理集会、游行、示威活动；

（十一）调解处理民间纠纷；

（十二）指导、监督单位内部治安保卫工作；

（十三）指导治安保卫委员会等群众性组织的治安防范工作；

（十四）负责大型群众性活动的安全管理工作；

（十五）监督管理保安服务活动；

（十六）负责警用航空的运行、安全和管理工作；

（十七）管理户政、国籍、难民、出境入境事务，管理外国人在中国境内停留居留有关事务，管理在中国境内活动的境外非政府组织；

（十八）维护国（边）境地区、沿海和海域的治安秩序；

（十九）警卫国家规定的特定人员、目标和活动；

（二十）守卫重要的场所和设施；

（二十一）监督管理信息网络安全工作；

（二十二）开展国际执法合作，参加联合国警察维和行动；

（二十三）法律、行政法规规定的其他职责。

第十三条　（危难救助）

公安机关接到溺水、坠楼、自杀、走失、公共设施出现险情等危及公共安全、人身、财产安全的紧急求助，应当立即进行先期处置，同时通报相关部门，并积极参与救助。

人民警察在非工作时间，遇有前款规定以及职责范围内的紧急情形，应当根据现场情况采取先期处置措施，必要时及时报告，请求支持。

第十四条　（内部协助义务）

地方各级人民政府公安机关应当依法在本行政区域内履行职责。

公安机关负有互相协助的义务,因履行职责需要请求异地公安机关协作、配合的,有关公安机关应当依照规定予以协作、配合。

第十五条　(外部警务协助)

其他国家机关遇有妨碍其依法履行职责且自身不能排除的情形,请求公安机关协助的,公安机关应当在法定职责范围内提供协助。除紧急情况外,请求协助的机关应当提出书面申请。不予协助的,公安机关应当说明理由。

第十六条　(身份证件查验)

人民警察因履行职责的需要,可以依法查验居民身份证或者其他证明身份的证件。

第十七条　(行政强制与行政处罚)

公安机关对违反公安行政管理法律、行政法规的公民、法人和其他组织,依法可以实施行政强制措施、行政处罚或者法律、行政法规规定的其他措施。

公安机关依法作出行政决定后,公民、法人或者其他组织在决定的期限内不履行义务的,公安机关可以采取加处罚款或者滞纳金,拍卖或者依法处理查封、扣押的场所、设施或者财物,排除妨碍、恢复原状,以及代履行等方式强制执行。

第十八条　(传唤)

人民警察对违反公安行政管理法律、行政法规的行为人需要传唤调查的,经公安机关办案部门负责人批准,使用传唤证传唤。对现场发现的违反公安行政管理法律、行政法规的行为人,经出示工作证件,可以口头传唤,但应当在询问笔录中注明。传唤时,应当将传唤的原因、依据和地点告知被传唤人。对无正当理由拒不接受传唤或者逃避传唤的人,可以强制传唤。

人民警察传唤违法行为人后应当及时询问查证,询问查证的时间不得超过八小时;情况复杂,且可能适用行政拘留处罚或者涉嫌构成犯罪的,询问查证的时间不得超过二十四小时。

第十九条　(现场处置)

人民警察对扰乱社会治安秩序、妨害公共安全的行为人,可以根据情况予以劝阻、警告或者制止;对可能造成严重危害或者威胁的,可以采取强行驱散、强行带离现场或者法律规定的其他措施。

第二十条 （盘问检查）

人民警察对认为有违法犯罪嫌疑的人，经出示工作证件，可以当场盘问，当场检查其人身、携带的物品和使用的交通工具；对拒不配合检查的，可以强制检查。

第二十一条 （继续盘问）

人民警察对认为有违法犯罪嫌疑的人当场盘问、检查后，不能排除其违法犯罪嫌疑，且具有下列情形之一的，可以将其带至公安机关，经公安派出所或者县级以上公安机关负责人批准，进行继续盘问：

（一）被指控有犯罪行为的；

（二）有现场作案嫌疑的；

（三）有作案嫌疑且身份不明的；

（四）携带或者使用的物品有可能是违禁品或者赃物的。

继续盘问时间自被盘问人带至公安机关之时起不超过二十四小时，在特殊情况下，经县级以上公安机关负责人批准，可以延长至四十八小时，并应当留有盘问记录。对怀孕或者正在哺乳自己不满一周岁婴儿的妇女、未满十六周岁的未成年人、已满七十周岁的老年人，继续盘问时间自被盘问人带至公安机关之时起不得超过四小时。

对于批准继续盘问的，除无法通知的情形外，应当立即通知其家属或者其所在单位。对于不批准继续盘问的，应当立即释放被盘问人。

第二十二条 （检查搜查）

人民警察为履行职责需要，经出示工作证件和检查、搜查证明文件，可以对与涉嫌违法犯罪有关的场所、物品、人身进行检查或者搜查；对确有必要立即进行检查、搜查的，经出示工作证件，可以当场检查、搜查；被检查、搜查人拒不配合的，可以强制检查或者搜查。

检查或者搜查应当经县级以上公安机关负责人批准，确有必要立即进行的除外。

遇有制止违法犯罪行为、抓捕违法犯罪嫌疑人，或者保护人身、财产安全的其他紧急情形，人民警察经出示工作证件，可以进入公民住所检查、搜查或者实施救助，但事后应当及时向县级以上公安机关负责人报告。

第二十三条　（交通工具拦停检查）

人民警察对于危害公共安全、人身安全，或者认为与违法犯罪有关的交通工具，有权予以拦停检查；对于有吸食毒品或者饮酒嫌疑的驾驶人员，可以进行毒品检测或者酒精浓度测试。驾驶人员和乘客应当服从人民警察的指令。

第二十四条　（人身检查与生物信息采集）

人民警察可以检查违法犯罪嫌疑人的身体，采集其面部肖像、指纹、声纹、虹膜图像等个体识别信息和血液、唾液、尿液、毛发等生物样本。违法犯罪嫌疑人拒绝检查、采集的，可以强制检查、采集。

第二十五条　（信息收集查阅和调取）

人民警察因履行职责需要，按照国家有关规定，可以查阅、调取有关公民、法人和其他组织的相关信息，以及对公共场所、道路、网络公共空间通过技术监控方式收集信息。对获取的相关信息应当审慎保管和使用，不得用于与履行职责无关的事项。

第二十六条　（采取刑事措施）

人民警察因侦查犯罪活动的需要，可以依法采取侦查措施和刑事强制措施。

采取技术侦查措施，应当根据国家有关规定，依法履行严格的批准手续。

第二十七条　（履行职责中的优先权）

人民警察因履行职责的紧急需要，经出示工作证件，可以优先乘坐公共交通工具，遇交通阻碍时，优先通行。

人民警察因履行职责的需要，可以优先使用或者征用公民、法人和其他组织的交通工具、通信工具、场地和建筑物等物品、设施，用后应当及时归还或者恢复原状，并按照国家有关规定支付适当费用；造成损失的，应当依法给予补偿。

第二十八条　（保护性约束措施）

人民警察对实施危害公共安全、他人人身、财产安全违法犯罪行为或者可能自伤、自残的疑似醉酒人、吸毒人、精神障碍患者，以及其他丧失辨认或者行为控制能力的人，可以采取保护性约束措施，送至医疗机构、救助机构，或者通知其监护人、近亲属领回。

需要送往指定的医疗机构、救助机构加以监护的，应当报请县级以上公安机关批准。除无法通知的情形外，应当及时通知其监护人或者近亲属。

第二十九条　（交通、现场和网络管制）

县级以上人民政府公安机关，遇有自然灾害、事故灾难、公共卫生事件、社会安全事件或者发生上述灾害、灾难、事件的紧迫危险，可以在一定的区域和时间，采取设置路障、划定警戒区，限制、禁止人员、车辆的通行、停留、出入等交通管制或者现场管制措施。必要时，经省级以上人民政府公安机关批准，可以实行网络管制。

举行重大活动、大型群众性活动或者警卫国家规定的特定人员、目标时，可以采取前款措施，同时可以实施安全检查、人员审查、电子封控等措施。

第三十条　（警械使用）

人民警察遇有危害国家安全、公共安全、社会治安秩序或者人身、财产安全需要当场制止，以及以暴力方法抗拒、阻碍人民警察依法履行职责、袭击人民警察的情形，经警告无效的，可以使用驱逐性、制服性警械。

人民警察遇有违法犯罪嫌疑人、被羁押人可能实施脱逃、行凶、自杀、自伤或者其他危险行为的情形，可以使用约束性警械。

第三十一条　（武器使用）

人民警察遇有下列情形之一，经警告无效的，可以使用武器：

（一）实施严重危害国家安全、公共安全行为或者实施该行为后拒捕、逃跑的；

（二）实施危及他人生命安全行为或者实施该行为后拒捕、逃跑的；

（三）在押犯罪嫌疑人、被告人、罪犯骚乱、暴乱、行凶、脱逃，以及劫夺上述人员或者帮助实施上述行为的；

（四）国家规定的警卫、守卫、警戒对象和目标受到暴力袭击、破坏或者有受到暴力袭击、破坏的紧迫危险的；

（五）以暴力、危险方法抗拒、阻碍人民警察依法履行职责或者暴力袭击人民警察，危及人民警察生命安全的。

按照前款规定使用武器，来不及警告或者警告后可能导致更为严重危害后果的，可以直接使用武器。

　　为了拦截危及公共安全、人身安全且拒不听从人民警察停车指令的车辆,或者为了排除危及人身安全的动物的侵害,可以直接使用武器。

　　持有武器的人民警察遇有违法犯罪行为人拒不听从该人民警察保持安全距离的指令,或者接触其武器时,有权根据第一款第五项的规定使用武器。

第三十二条　　(不得使用武器情形)

　　人民警察遇有下列情形之一的,不得使用武器,但是不使用武器予以制止,将发生更为严重危害后果的除外:

　　(一)发现实施犯罪行为的人属于明显怀孕的妇女或者儿童;

　　(二)犯罪行为人处于人员聚集的场所或者存放大量易燃、易爆、剧毒、放射性等危险物品的场所。

第三十三条　　(停止使用武器情形)

　　人民警察遇有下列情形之一的,应当立即停止使用驱逐性、制服性警械或者武器:

　　(一)违法犯罪行为人停止实施违法犯罪,并服从人民警察命令的;

　　(二)违法犯罪行为人失去继续实施攻击、拒捕和逃跑能力的。

第三十四条　　(现场工具使用)

　　人民警察遇有可以使用警械、武器的情形,但未携带或者无法有效使用警械、武器的,可以使用现场足以制止违法犯罪的物品。

第三十五条　　(警械武器使用必要限度原则)

　　人民警察应当根据违法犯罪行为和违法犯罪人的危险性质、程度和紧迫性,合理判断使用警械、武器的必要限度,尽量避免或者减少人员伤亡、财产损失。

第三十六条　　(警械武器使用报告与勘验调查程序)

　　人民警察使用警械、武器,造成人员身体伤害的,应当及时予以救治,并立即向当地公安机关或者所属机关报告。

　　公安机关接到使用武器造成伤害的报告后,应当及时进行勘验调查,并及时通知当地人民检察院。

第三章　组织管理

第一节　机构管理

第三十七条　（基本原则和要求）

国家按照统一领导、分级管理、权责一致、事权明晰原则，建立统一高效、职能科学、结构合理、保障有力的公安机关管理体制。

第三十八条　（中央、地方及共同公安事权划分）

公安机关国家安全保卫、境外非政府组织管理、反恐怖主义、边防管理、出境入境管理、跨国境、跨省重大刑事案件办理、刑罚执行、国际执法合作，以及国家特定人员、目标、活动警卫等警务为中央公安事权。

地方公安事权、中央和地方共同公安事权的划分，由国务院公安部门会同有关部门确定。

第三十九条　（机构、编制和人事管理）

与公安机关事权划分相适应的机构、编制和人事管理办法，由国家另行制定。

第四十条　（应急处突专门力量）

国家建立由国务院公安部门统一管理的人民警察应急处突专门力量。

第四十一条　（职能定位）

国务院公安部门主管全国的公安工作，是全国公安工作的领导、指挥机关和中央公安事权的执行机关。

县级以上地方人民政府公安机关在上级公安机关和本级人民政府领导下，负责本行政区域的公安工作，是本行政区域公安工作的领导、指挥、执行机关。

第四十二条　（机关设置）

县级以上人民政府公安机关依照法律、行政法规规定的权限和程序设置。

县级以上人民政府公安机关依照法律、行政法规规定，可以向有关单位派驻专门机构。

第四十三条　（公安分局、派出所设置）

设区的市公安局根据工作需要设置公安分局。市、县、自治县公安局根据工作需要设置公安派出所。

公安分局、公安派出所由设置的公安机关直接管理。

公安分局和公安派出所的设立、撤销，按照规定的权限和程序审批。

第四十四条　（机构设置）

县级以上地方人民政府公安机关内部机构设置应当遵循精简、效能、合法的原则。

第四十五条　（领导职务任免）

县级以上地方人民政府公安机关正职领导职务的提名，应当事先征得上一级公安机关的同意；副职领导职务的任免，应当事先征求上一级公安机关的意见。

县级以上地方人民政府公安机关正职领导实行异地交流制度。

第四十六条　（内设机构人员任免）

公安机关内设机构警官职务、警员职务、警务技术职务的任免，由本公安机关按照干部管理权限决定或者报批。

公安分局领导成员职务以及公安派出所警官职务、警员职务、警务技术职务的任免，由派出公安分局、公安派出所的公安机关按照干部管理权限决定或者报批。

第四十七条　（警力调动使用）

公安机关应当坚持依法、规范、科学用警。

人民警察力量的调动、使用应当严格遵守规定的权限和程序。

第二节　人员管理

第四十八条　（分类管理）

国家根据人民警察的性质特点和管理需要，对人民警察实行分类管理，建立有别于其他公务员的管理制度。

国家建立专门的人民警察职务序列和职级晋升制度。

第四十九条　（衔级制度）

人民警察实行衔级制度。

国务院公安部门主管人民警察衔级工作，确定评授衔级的范围及条件。

第五十条　（着装要求）

人民警察应当按照规定着装，佩带人民警察标志，保持警容严整，举止端庄。

第五十一条　（录用条件）

录用为人民警察应当具备下列条件：

（一）年满十八周岁的公民；

（二）拥护中华人民共和国宪法；

（三）具有良好的政治、业务素质和道德品行；

（四）具有履行职责的心理素质和身体条件；

（五）具有高中毕业以上文化程度；

（六）志愿从事人民警察工作；

（七）经人民警察院校或者专门的培训机构进行初任培训，考试合格。

有下列情形之一的，不得录用为人民警察：

（一）曾因犯罪受过刑事处罚的；

（二）曾被开除公职、辞退或者限期调离的；

（三）国家规定不得录用为人民警察的其他情形。

第五十二条　（担任领导职务条件）

担任人民警察领导职务的人员，除符合本法第五十一条规定的条件外，还应当具备下列条件：

（一）具有与工作岗位相适应的专业知识；

（二）具有政法工作经验和较强的组织管理、指挥能力；

（三）具有大学专科以上学历；

（四）经人民警察院校进行任职培训，考试合格。

第五十三条　（招录培养）

国家建立符合人民警察职业特点的招录培养制度。

录用人民警察，应当实行统一招录，公开报名，分类招考，严格考核，择优录用。对于工作需要的专门人才，可以采取特殊方式招录。

对拟录用对象，录用机关应当严格考察，必要时，可以对其家庭成员和主要社会关系人有关情况进行考察。

第五十四条　（警察院校建设）

国家发展人民警察教育事业，加强人民警察院校建设。

人民警察院校承担人民警察后备人才培养、在职人民警察培训和警务研究等职能。

第五十五条　（预备警官）

人民警察院校公安专业学员实行预备警官制度。

人民警察院校公安专业学员实行警务化管理，在校期间学习、训练、生活、医疗等所需费用，由国家全部承担。

人民警察院校公安专业学员参加警务实践活动，因公致伤致残或者牺牲的，享受人民警察抚恤等待遇。

人民警察院校公安专业学员毕业录用为人民警察的，应当依照规定与录用机关签订最低服务年限协议。未录用为人民警察或者未满服务年限的，前款规定费用应当予以退还。

本条规定的具体办法，由国务院公安部门会同有关部门制定。

第五十六条　（教育培训）

公安机关对人民警察负有教育培训的责任，应当加强人民警察职业发展规划建设，有计划地进行职业教育培训，保证人民警察具备履行法定职责的知识、技能和素质。

人民警察对履行职责所需知识和技能有接受教育培训的权利和义务。

公安机关建立执法资格等级考试制度和专业技术评聘制度。

第五十七条　（警械武器使用培训）

国务院公安部门会同有关部门制定人民警察使用警械、武器的训练和考核标准。人民警察使用武器应当通过适应能力测试，并经专门训练考核合格。

对使用警械、武器造成人员伤亡的人民警察，应当及时进行心理辅导，缓解身心压力。

第五十八条　（宣誓）

担任人民警察应当进行宣誓。

第五十九条　（职业道德）

人民警察应当恪守忠诚可靠、竭诚为民，秉公执法、清正廉洁，勇于担当、甘于奉献，不畏艰险、团结协作的职业道德。

第六十条　（职业荣誉制度）

国家建立人民警察职业荣誉制度。

第六十一条　（表彰奖励）

人民警察集体或者个人在工作中表现突出，有显著成绩或者特殊贡献的，应当给予表彰奖励。对受奖励的人民警察，按照国家有关规定，可以提前晋升警衔，并给予一定的物质奖励。

第六十二条　（职业纪律）

人民警察不得有下列违纪违法行为：

（一）散布有损党和国家声誉的言论；

（二）参加非法组织，参加非法集会、游行、示威等活动，参加罢工；

（三）泄露国家秘密、警务工作秘密、商业秘密和个人隐私；

（四）弄虚作假，隐瞒案情，包庇、纵容违法犯罪活动；

（五）违反规定使用警械、武器；

（六）刑讯逼供或者体罚、虐待违法犯罪嫌疑人、被监管人；

（七）非法剥夺、限制人身自由，非法检查、搜查人身、物品、场所；

（八）敲诈勒索，索取、收受贿赂或者接受当事人及其代理人的请客送礼；

（九）违法实施处罚、采取强制措施、办理证照或者收取费用；

（十）玩忽职守，不履行法定义务；

（十一）受雇于任何个人或者组织；

（十二）从事营利性的经营活动；

（十三）其他违纪违法的行为。

第六十三条　（工时制度和休假制度）

国家建立与人民警察职业特点相适应的工时制度和休假制度。

人民警察在法定工作时间之外加班的，应当给予相应的补休；不能补休的，应当支付加班补助。

第六十四条　（服务年限与退休）

国家根据人民警察的岗位、职务，分别规定不同的服务年限和最高任职年龄。

从事基层一线执法执勤工作满二十五年或者在特殊岗位、艰苦边远地区从警满二十年的人民警察，本人自愿提出申请，经任免机关批准，可以提前退休，并享受正常退休的待遇。

第四章　保　障

第一节　警务保障

第六十五条　（上级决定和命令的执行）

人民警察在执行职务时必须执行上级的决定和命令。

人民警察对其认为违法或者违反国家有关规定的决定和命令，可以向发布决定、命令的机关及其负责人提出意见，但不得中止或者改变决定和命令的执行；提出的意见不被采纳时，必须服从决定和命令，执行决定和命令的后果由作出决定和命令的上级负责。

人民警察对明显违法或者超越法律、行政法规规定的人民警察职责范围的决定和命令，应当拒绝执行，并向作出决定和命令的上级报告。上级应当及时予以答复。

人民警察执行第三款规定的决定和命令造成损害后果，未经报告的，由作出决定和命令的上级、执行决定和命令的人民警察分别承担相应的责任；已经报告的，由作出决定和命令的上级承担责任。

第六十六条　（排除执法干扰）

任何组织和个人不得干涉人民警察的正常执法活动，不得要求人民警察实施法定职责以外的行为。

公安机关应当建立干预执法办案活动、插手具体案件处理的记录、通报和责任追究制度。

第六十七条　（公民、法人和其他组织协助执行职务）

公民、法人和其他组织协助人民警察依法执行职务的行为受法律保护。

公民、法人和其他组织协助人民警察依法执行职务有显著成绩的，给予表彰和奖励；造成自身伤亡或者财产损失的，按照国家有关规定给予抚恤或者补偿。

人民警察依法执行职务，有关公民、法人或者其他组织无正当理由拒不协助的，可以视其情节和危害后果处警告、五百元以下罚款或者十日以下拘留。

第六十八条　（妨碍执行职务的处理）

拒绝或者阻碍人民警察依法执行职务，有下列行为之一的，依法从重给予治安管理处罚；构成犯罪的，依法追究刑事责任：

（一）侮辱、谩骂、威胁、围堵、拦截正在执行职务的人民警察的；

（二）阻碍人民警察调查取证、拒不提供证据或者作伪证的；

（三）拒绝或者阻碍人民警察执行追捕、检查、搜查、救险、警卫等任务的；

（四）故意阻碍用于依法执行职务的警车和警卫车队通行的；

（五）拒绝或者阻碍人民警察执行职务的其他行为。

对正在执行职务的人民警察实施前款规定的行为，人民警察有权予以警告和采取措施制止。

第六十九条　（袭警的处理）

暴力袭击或者组织、协助、煽动暴力袭击正在执行职务的人民警察，构成犯罪的，依法从重追究刑事责任。

以报复、泄愤为目的，威胁、恐吓、故意伤害、杀害人民警察及其近亲属或者实施其他侵犯人身权利、财产权利的行为，构成违反治安管理行为的，依法从重给予治安管理处罚；构成犯罪的，依法从重追究刑事责任。

第七十条　（警用标志装备管理）

人民警察的警用标志、制式服装、警械、警用装备，由国务院公安部门统一监制，会同其他有关国家机关管理，其他组织和个人不得非法制造、买卖。

人民警察的警用标志、制式服装、警械、警用装备、证件为人民警察专用，其他组织和个人不得仿造、持有和使用。

违反前两款规定的，没收非法制造、买卖、持有、使用的人民警察警用标志、制式服装、警械、警用装备、证件，由公安机关处十五日以下拘留或者警告，可以并处违法所得五倍以下的罚款；构成犯罪的，依法追究刑事责任。

第七十一条　（经费保障）

国家建立稳定的与经济社会发展相适应的人民警察经费增长保障机制。人民警察的经费，按照事权分别列入中央和地方财政预算，予以全额保障；中央和省级人民政府对经济困难地区的警务工作给予必要的经费补助。

第七十二条　（基础设施建设与教育培训经费）

人民警察工作所必需的基础设施建设，各级人民政府应当按照事权列入基本建设规划和城乡建设总体规划，基础设施建设及其配套设施所需经费列入财政预算，予以全额保障。

人民警察教育培训经费应当由各级人民政府按照事权在财政预算中单独列项。

第七十三条　（科技强警）

国家加强科技强警建设，推广、应用先进的科技成果，建立警用装备标准体系，努力提高警务工作科技信息化水平。

第七十四条　（警力编制）

国家建立警力编制动态调整机制。

省级人民政府可以根据本地人口数量、辖区面积、社会治安形势等因素，核定承担地方公安事权的警力编制。

第七十五条　（警务辅助人员）

公安机关根据工作需要，可以使用警务辅助人员。

警务辅助人员协助人民警察依法履行职责的行为受法律保护，履行职责行为后果由所在公安机关承担。

警务辅助人员所需经费列入地方政府财政预算予以全额保障。

警务辅助人员的职责、权利、义务和管理，由国家另行规定。

第二节　职业保障

第七十六条　（保持身份权与申诉权）

人民警察非因法定事由、非经法定程序，不得被免职、降职、辞退或者处分。

人民警察对涉及本人的人事处理不服，有权按照有关法律规定提出申诉。

第七十七条　（控告权）

人民警察认为所属机关及其领导侵犯其合法权益的，可以依法向上级机关或者有关的专门机关提出控告。受理控告的机关应当按照规定及时处理。

第七十八条　（工资待遇）

国家建立符合人民警察职业和岗位特点的工资、津贴、奖金、补贴等保障制度。

第七十九条　（职业安全保障）

国家重视人民警察身心健康和职业安全保障，对在有毒、有害、危险、边远艰苦等特殊环境下工作的人民警察，提供与其工作岗位相适应的安全保护条件。

第八十条　（医疗机构救治义务）

人民警察因公受伤的，医疗机构应当无条件及时予以救治，不得拒绝或者拖延。

第八十一条　（抚恤、优待和保险保障）

人民警察因公致伤致残的，与因公致伤致残的现役军人享受国家同等标准的抚恤、优待和保险保障。

人民警察因公牺牲或者病故的，其家属与因公牺牲或者病故的现役军人家属享受国家同等标准的抚恤、优待和保险保障。人民警察被评定为烈士的，其遗属按照有关规定享受国家的抚恤、优待和保险保障。

人民警察院校学员、警务辅助人员因公致伤致残或者牺牲的，按照国家有关规定享受相应的抚恤、优待和保险保障。

第八十二条　（抚恤、医疗和特困救助基金制度）

国家根据人民警察职业特点，建立政府主导、社会志愿参与的人民警察抚恤、医疗和特困救助基金制度，鼓励公民、法人和其他组织提供捐助。

第八十三条　（近亲属受特别照顾和帮助权）

人民警察因公牺牲、致残或者病故的，国家对其近亲属在住房、医疗、教育、就业等方面提供特别照顾和帮助。具体标准和实施办法由国务院另行规定。

第八十四条　（依法履职的免责和补偿）

人民警察按照法定条件和程序履行职责、行使权力，对公民、法人或者其他组织合法权益造成损害的，不承担法律责任，由其所属机关按照国家有关规定对造成的损害给予补偿。

第五章　执法和监督

第八十五条　（严格依法履职）

人民警察应当严格按照法律、法规规定的条件、权限和程序履行职责、行使权力，不得超越权力、滥用权力，不得拒绝或者拖延履行法定职责，不得侵犯公民、法人和其他组织的合法权益。

第八十六条　（证据收集）

人民警察办理案件应当重证据，重程序，建立执法全过程记录、保存制度，全面收集能够证实违法犯罪嫌疑人是否违法犯罪、违法犯罪情节轻重的证据，严禁刑讯逼供和以威胁、引诱、欺骗等非法方法收集证据。

第八十七条　（尊重和保障人权）

人民警察在执法活动中应当尊重和保护个人的人格尊严，尊重民族的风俗习惯，严禁实施侮辱、体罚、虐待等行为。

第八十八条　（办案区域）

人民警察讯问、询问、继续盘问、辨认违法犯罪嫌疑人以及对违法犯罪嫌疑人安全检查、信息采集等执法活动，应当在专门的办案区域进行，法律另有规定的除外。

第八十九条　（执法公开）

公安机关应当尊重和依法保障公民、法人和其他组织对公安工作的知情权、参与权、表达权和监督权，增强执法透明度和公信力。

公安机关制定涉及公民、法人和其他组织权利、义务的规定，应当公开听取意见，并将听取意见的情况予以公布。

公安机关应当根据规定，主动或者依申请公开有关执法信息。

第九十条　（对报案、控告、举报的处理）

公安机关对公民、法人和其他组织的报案、控告、举报，属于职责范围内的，应当严格按照规定办理；不属于职责范围内的，应当按照规定移送主管机关处理或者告知其向有关机关报案、控告、举报。

第九十一条　（表明身份和告知）

人民警察执法时应当着制式服装或者出示工作证件表明身份，依法告知当事人执法的依据和理由，听取当事人的陈述和申辩，但法律另有规定的除外。

人民警察执法时未按照规定表明身份的，当事人有权予以拒绝。

第九十二条　（回避）

人民警察遇有可能影响其公正履行职责的情形，应当按照规定回避，当事人或者其法定代理人也有权提出回避申请。

第九十三条　（执法责任）

公安机关应当建立执法过错责任追究制度，实行办案质量终身负责制和错案责任倒查问责制。

公安机关在具有刑事司法属性的侦查人员中，实行主办侦查员制度。

第九十四条　（上级监督）

上级公安机关应当对下级机关的执法活动进行监督，发现其作出的处理措施或者决定有错误的，有权撤销、变更或者责令下级机关撤销、变更；发现其不履行法定职责的，有权责令其在一定期限内履行。

第九十五条　（外部监督）

人民警察执行职务，依法接受行政监察机关和人民检察院的监督。

对人民警察的违纪违法行为，任何公民、法人和其他组织有权依法向行政监察机关或者人民检察院检举、控告。受理检举、控告的机关应当及时查处，并将查处结果告知检举人、控告人。

对依法检举、控告的公民、法人和其他组织，任何机关和个人不得压制和打击报复。

第九十六条　（督察制度和投诉委员会）

公安机关建立督察制度，对公安机关及其人民警察履行职责、行使权力和遵守纪律情况实施监督。

公安机关设立投诉委员会，受理核查公民、法人和其他组织的投诉，依法维护投诉人和人民警察的合法权益。

第六章　法律责任

第九十七条　（行政处分与刑事责任）

人民警察有本法第六十二条所列行为之一的，应当给予行政处分；构成犯罪的，依法追究刑事责任。

第九十八条　（人事处理）

对受行政处分的人民警察，按照国家有关规定，可以延期晋升、降低或者取消警衔；对不适合继续担任人民警察的，可以限期调离或者予以辞退。

第九十九条　（停止执行职务和禁闭）

对违反纪律的人民警察，必要时可以依照规定停止执行职务，或者实施一日以上七日以下禁闭。

第一百条　（教育培训、权益保护和警务保障责任）

未依照本法规定，履行对人民警察教育培训、权益保护和警务保障责任，影响人民警察依法履行职责、行使权力，损害人民警察合法权益的，视情对主要负责人、直接负责的主管人员给予行政处分。

第一百零一条　（越权责任）

公安机关超越法律、行政法规规定的职责范围行使权力的，视情对单位主要负责人、直接负责的主管人员和其他责任人员给予行政处分；构成犯罪的，依法追究刑事责任。

第一百零二条　（行政复议、行政诉讼）

公民、法人或者其他组织认为人民警察的行政行为侵犯其合法权益的，可以依法申请行政复议或者提起行政诉讼。

第一百零三条　（国家赔偿）

人民警察在执行职务中，侵犯公民、法人或者其他组织的合法权益造成损害的，应当依据《中华人民共和国国家赔偿法》和其他有关法律、法规的规定给予赔偿。

第七章　附　则

第一百零四条　（国家安全机关、监狱、人民法院、人民检察院工作人员适用）

除法律另有规定外，本法关于人民警察的规定适用于国家安全机关、监狱以及人民法院、人民检察院中授予警衔的工作人员。

第一百零五条　（数级定义）

本法所称以上、以下，包含本数。

第一百零六条　（人民警察日）

每年 7 月 6 日定为人民警察日。

第一百零七条　（警旗、警徽、警歌）

人民警察警旗、警徽、警歌由国务院公安部门制定。

第一百零八条　（武装警察部队任务）

中国人民武装警察部队依法执行国家赋予的安全保卫任务。

第一百零九条　（施行和废止）

本法自公布之日起施行。1995 年 2 月 28 日第八届全国人民代表大会常务委员会第十二次会议通过的《中华人民共和国人民警察法》同时废止。

专题二：警察调解制度研究[1]

【内容摘要】

　　从现行法律规定和警察执法实践来看，警察参与了广泛的调解活动，其中涉及的纠纷不仅包括了治安纠纷、与治安纠纷相关的民事纠纷、普通的民事纠纷，甚至情节显著轻微、危害不大，不认为是犯罪的，以及被害人伤情达不到轻伤应当依法予以治安管理处罚的，也可以由公安机关依法予以调解处理。本文通过考察我国警察调解的法律依据和运行机制，回顾警察调解的起源与发展，分析我国警察调解的社会功能和特点，试图发现警察调解存在的问题、探索完善警察调解制度的途径。

【引导案例】

　　李某某日凌晨4时醉酒后走出宾馆到了停车场，自己在不知道怎么回事的情况下上了一辆门没有锁的车，这辆车属于王某，恰好王某因疏忽没有拔掉车门钥匙（这辆车是王某花了2万元买的二手捷达车），李某上车后就发动了车，并驾驶该车撞到了停车场的花池上，轮胎正好卡在了水井口上，导致车辆无法行动，李某下车后对该车挡风玻璃砸了一下就离开了。王某在第二天发现后报警，民警通过走访工作于3日后将嫌疑人李某抓获。李某获知消息后到公安机关与王某交谈，双方自愿达成了共识，条件为李某向王某赔偿8000元的损失，以此为由向公安机关申请治安调解，另外李某属于外籍人员，签证有效期为30日，其在华居住已有8日。

---

[1]　参见高文英："警察调解制度研究"，载《中国人民公安大学学报（社会科学版）》2008年第4期。

【引导问题】

1. 本案是否符合治安调解中因民间纠纷引起这项前提条件?

2. 公安机关依据案情,是否应该对本案进行治安调解,适合或者不适合调解的理由是什么?

调解是一种双方当事人在第三者介入的情况下,通过合意解决纠纷的方式。作为一种非诉讼解纷方式,调解的基本特征是双方当事人的合意,即是否进行调解、如何进行调解以及是否接受调解的结果都依赖双方当事人的自愿选择。警察调解作为一种典型的诉讼外纠纷解决方式,近些年来,在受案数量上呈上升趋势,警察调解案件数量的增加,在相当程度上起到了疏减讼源的作用。调解能在警察执法中广泛运用,除了调解制度自身具有的特点外,现有的社会治安状况和法制环境也是其中重要的原因之一。为了达到维护社会秩序和公共安全的目的,国家一方面赋予了警察参与调解的权力,但另一方面,对警察调解的标准、方式和程序、警察调解的监督和救济等,又缺少明确的规定,警察在是否运用调解手段、如何调解以及调解的适用范围上有很大的自由裁量权。警察调解是一种什么样的行为,如何规制警察调解权以充分发挥警察调解的功能?如何防止警察滥用调解权,警察调解制度发展趋势如何等问题,已经引起了实践部门和学界的关注。

警察调解制度关系到公民的切身利益,也是公安机关执法为民、尊重和保障人权的重要体现,相信这方面的研究成果将会引起理论界的关注,也会对警察执法实践具有重要的指导意义。

一、我国警察调解的法律依据及其运行机制

在我国,公安派出所承担了主要的警察调解职能。派出所调解的纠纷不仅有治安纠纷,也包括普通的民事纠纷,而且这些普通的民事纠纷,种类繁多。有人曾形象地说:"生活中发生的一切纠纷,都可以在派出所的值班室里被重新阅读。"[1]

---

[1] 参见左卫民等:《变革时代的纠纷解决——法学与社会学的初步考察》,北京大学出版社2007年版,第155页。

（一）警察调解的法律依据及其适用范围

民警调解的纠纷主要有两大类：一是治安纠纷及其与治安纠纷相关联的民事纠纷；二是普通的民事纠纷。由于轻伤害行为构成刑法意义的犯罪，依法应属于被害人自诉范围，但对于诉求到公安机关的经过伤残鉴定确实属于轻微伤案件，民警们也可以进行调解处理，只是将其归入治安纠纷范畴，处理程序也按治安纠纷的调解程序进行。尽管轻微伤案件作为一种刑事纠纷被纳入公安机关调解范围的案件不多，且尚有争议，但笔者认为，公安机关的这种尝试对当前诉讼法学中的刑事诉讼契约的理论问题无疑会具有重大实践意义。

1. 治安案件调解的法律依据及其主要类型

《中华人民共和国治安管理处罚法》第 9 条规定："对于因民间纠纷引起的打架斗殴或者损毁他人财物等违反治安管理行为，情节较轻的，公安机关可以调解处理。经公安机关调解，当事人达成协议的，不予处罚。经调解未达成协议或者达成协议后不履行的，公安机关应当依照本法的规定对违反治安管理行为人给与处罚，并告知当事人可以就民事争议依法向人民法院提起民事诉讼。"本条概括地规定了警察调解的适用原则、范围和法律效力。

《公安机关办理行政案件程序规定》（2012 年 12 月颁布）第 10 章对警察调解作了更加具体的规定。该章共 9 条，其中第 153 条对治安行政调解的范围作了列举和概括相结合的规定，第 154 条列举了不适用调解的情形。第 153 条规定："对于因民间纠纷引起的殴打他人、故意伤害、侮辱、诽谤、诬告陷害、故意损毁财物、干扰他人正常生活、侵犯隐私、非法侵入住宅等违反治安管理行为，情节较轻，且具有下列情形之一的，可以调解处理：（一）亲友、邻里、同事、在校学生之间因琐事发生纠纷引起的；（二）行为人的侵害行为系由被侵害人事前的过错行为引起的；（三）其他适用调解处理更易化解矛盾的。对不构成违反治安管理行为的民间纠纷，应当告知当事人向人民法院或者人民调解组织申请处理。对情节轻微、事实清楚、因果关系明确，不涉及医疗费用、物品损失或者双方当事人对医疗费用和物品损失的赔付无争议，符合治安调解条件，双方当事人同意当场调解并当场履行的治安案件，可以当场调解，并制作调解协议书。"第 154 条规定："具有下列情形之一的，不适用调解处理：（一）雇凶伤害他人的；（二）结伙斗殴或者其他寻衅滋事的；（三）多次实施违反治安管理行为的；（四）当事人明确表示不愿意调解处理的；（五）当事人在治安调解过程中又针对对方实施违反治安管理行为的；（六）调解过程中，违法嫌疑人逃跑的；（七）其他不宜调解处理的。"

涉及对法条的理解，民警在调解治安案件时具体的操作范围会有一定差异。笔者曾经调查过某市公安局（县级市）法制科的八本治安案件调解卷宗。分布的情况是：六本的案由是殴打他人，两本为故意损毁他人财物。也就是说，适用调解结案而不再予以治安处罚的治安案件基本上是集中在《治安管理处罚法》第9条所明确列举的打架斗殴或者损毁他人财物两类案件上。至于当事人之间是否具有民间纠纷所特有的密切关系则比较复杂。《公安机关办理行政案件程序规定》第153条对此规定其实是赋予了公安机关较大的自由裁量权。以笔者所调查的八本案卷为例。属于"亲友、邻里、同事、在校学生之间因琐事发生纠纷引起的"三起；属于"行为人的侵害行为系由被侵害人事前的过错行为引起的"一起，如因讨要工资与周围人发生相互殴打；属于"其他适用调解处理更易化解矛盾的"四起，如在酒吧内因付账而发生殴打的、在市场内购物因琐事与人发生冲突的以及因琐事将他人财物故意损毁的。

2. 普通的民事纠纷调解的法律依据及其主要类型

《人民警察法》第21条规定："……对公民提出解决纠纷的要求，应当给予帮助……"这一规定意味着，公安机关对民事纠纷可以进行调解，尽管这条规定仅仅算得上是一种职能定位，作为一项警察职权还缺少具体的法律规定。诉求到派出所的民事纠纷涵盖了民事纠纷的各种形式，如邻里纠纷、家庭纠纷、婚姻纠纷、宅基地使用权纠纷、房屋纠纷、继承纠纷、债务纠纷及赔偿纠纷、合同纠纷等。以笔者所调查的某派出所为例，由于其特殊的地理位置，拆迁、农村土地使用权纠纷占了派出所调解民事纠纷的80%。这些纠纷的共同特点是当事人之间仅就民事权益发生争议、尚未引发其他法律责任。此类纠纷原则上应当由当事人通过司法途径或其他渠道解决（仲裁组织、行政主管机关、社会团体）。但是当事人一旦诉求到公安机关，根据《人民警察法》的规定，人民警察就应当给予帮助，这是义务。对于这种纯粹的民事纠纷，民警们应当提供何种帮助，实践中常见的就是调解。

调解民事纠纷也分两种情况：一种是能够给予实质调解的民事纠纷，另一种是给予非实质调解的民事纠纷。所谓实质调解的民事纠纷，是指公安机关通过调解，使当事人各方的实体权益争议得以解决，从而化解矛盾。所谓非实质调解的民事纠纷，是指这类纠纷公安机关由于不便或者难以处理，而是仅作一般性劝说，帮助当事人暂时缓和矛盾，为当事人提供必要的咨询，并为当事人指明或联络解决的渠道。非实质调解的目的也是方便群众、服务群众，而且可以防止酿成治安案件和刑事案件，缓和社会矛盾，有利于社会的稳定。至于如何确定实质调解和非实质调解的范围，目前还没有划定统一的标准。在笔者所调查的派出所内，民警一般是结合当地的实际情况、警力状况及民警综合素质状况确定具体的标准。一般而言，可以进行实质调解的应当是简单的民事纠纷，对于争议标的较大、情节复杂、牵涉影响面广的民事纠纷（如合同纠纷）不宜予以实质调解。

3. 轻微伤害（轻伤）案件调解处理的法律依据及其争议

轻微伤害（轻伤）案件如果案件事实清楚，当事人自愿要求公安机关调解处理的，有的公安机关采用了调解处理的手段。《公安机关办理伤害案件规定》（［2005］年98号）第29条规定：根据《刑法》第13条及《刑事诉讼法》第15条第一项规定，对故意伤害他人致轻伤，情节显著轻微、危害不大，不认为是犯罪的，以及被害人伤情达不到轻伤的，应当依法予以治安管理处罚。第30条规定，对于因民间纠纷引起的殴打他人或者故意伤害他人身体的行为，情节较轻尚不够刑事处罚，具有下列情形之一的，经双方当事人同意，公安机关可以依法调解处理：（一）亲友、邻里或者同事之间因琐事发生纠纷，双方均有过错的；（二）未成年人、在校学生殴打他人或者故意伤害他人身体的；（三）行为人的侵害行为系由被害人事前的过错行为引起的；（四）其他适用调解处理更易化解矛盾的。第31条规定，有下列情形之一的，不得调解处理：（一）雇凶伤害他人的；（二）涉及黑社会性质组织的；（三）寻衅滋事的；（四）聚众斗殴的；（五）累犯；（六）多次伤害他人身体的；（七）其他不宜调解处理的。对于这个规定，理论界和实践部门的人认识不一，实践部门的人认为，如果当事人自愿，案件事实清楚且已经经过了鉴定部门鉴定的，由公安机关调解处理有利于稳定社会秩序，及时解决双方之间的纠纷。也有学者认为，将轻伤害（轻伤）案件调解处理是对公安部规章的误读。[1]认为轻伤害（轻伤）案件不属于《公安机关办理行政案件程序规定》第153条规

---

〔1〕　参见余凌云：《公安机关办理行政案件程序规定若干问题研究》，中国人民公安大学出版社2007年版，第143页。

定的调解范围，将该类案件调解处理没有法律依据，建议实践部门的同志不要过多涉足非警务活动。

笔者在下派期间做过一些调研，所调查的派出所一般对刑事案件是采取转移侦查部门的做法，基本上不介入刑事案件的处理。所涉及的具有刑事法律性质的案件，也是在案件可以作为违反治安管理行为处理的情况下，本着自愿原则，将其作为治安案件，按照治安案件的调解程序调解处理，并且在治安调解书上注明，不再追究加害人任何法律责任的字样。

（二）警察调解纠纷的模式及其适用的程序

按照《治安管理处罚法》和《公安机关办理行政案件程序规定》的规定，警察调解大体上有两种模式，即治安案件调解模式和非治安案件调解模式。治安案件调解模式因有法律法规的规定，有正式的调解程序，尽管这种调解程序的规定还比较原则；非治安案件调解模式因为主要是民事纠纷，法律法规没有明确的程序性规定，所以是非正式的调解程序，具体做法由民警根据具体情况和个人经验、能力来具体操作。

《公安机关办理行政案件程序规定》第155～161条的规定，主要适用于治安纠纷和轻微伤害案件的调解，基本步骤是立案-调查取证-决定调解-调解-达成协议-履行协议。调解开始时，办案人员通常首先要向双方当事人说明调解与治安处罚的关系。这种关系是：对于民间纠纷引起的打架斗殴和财产损毁，情节轻微的，如果调解能够达成协议并履行，对责任人可以不处罚。这种说明的目的在于明确双方当事人是否有调解解决的意愿。就调解解决当事人达成意愿后，办案人员向双方当事人宣布通过调查取证认定的基本事实和双方的责任，如果双方存在异议，则提出事实证据和法律依据，经过办案人员的解说，双方当事人一般能够接受办案人员的意见，于是，各方进入赔偿协商阶段。通过正式程序进行的治安调解有一个突出的特点，办案民警不仅仅以调解人员身份介入其中，而且还以行政自由裁量权的行使作为确保调解成功的基本手段，即调解不成功就依法治安处罚。

非正式程序也被称为"当场调解程序"，主要适用于普通民事纠纷。此类纠纷调解没有固定程序，不同民警调解的程序差别较大，尽管如此，也有一些共同的规律。首先，当场调解一般在派出所值班室或者纠纷现场内进行，并由值班民警负责。其次，当场调解完全遵循自愿原则。当事人之所以诉求公安机关，就是希望通过中立、权威的机构解决纠纷，因此，与治安调解相比，当场调解更符合当事人的意志。最后，调解达成协议时，只有涉及经济赔偿才制作调解书。当场调解的大量纠纷并不涉及财产利益，当事人往往只求一个"说法"，评个谁是谁非，尤其是对市场纠纷、家庭内部纠纷等，当场调解的实际作用无异于对双方进行思想教育和心理疏导。

二、我国警察调解职能的发展与正当性分析

尽管调解作为一种纠纷解决机制在我国有较长的历史，但警察调解纠纷作为一项法定职能并非始于公安机关的建立，它的发生和发展需要一定的社会条件。

（一）我国警察调解职能的起源与发展

新中国成立之初，公安机关对社会治安秩序的维护主要是通过专政的方式而不是管理的方式实现的，然而，普通公民之间的纠纷被视为"人民内部矛盾"，自然不能通过专政手段来解决。这一时期公安机关并不参与纠纷调解，纠纷的解决更多的是依靠当事人所属单位组织或者各级政权机关。到了20世纪50年代末期，随着阶级矛盾的缓和，社会经济发展问题成为当时的基本社会矛盾。为了适应经济建设的需要，公安机关的职能也发生一定的变化。在保留原有的专政职能的同时，治安管理职能的作用凸显，通过交通、户籍、消防及治安等方面的管理工作，日常社会生活趋于有序，警察调解制度正是伴随着公安机关治安管理职能的确立而逐步孕育和发展起来的。

1957年6月颁布的《人民警察条例》（已失效）第3条规定，人民警察必须遵守宪法和法律，努力为人民服务。此后，为人民服务也就一直成为公安工作的基本宗旨。在"为人民服务"思想的指导下，公安机关除了履行原有职能外，还将诸如监督公共卫生和市容整洁、查找迷失儿童和下落不明的人、预防和消灭自然灾害等也纳入了自己的职责体系。此外，维护治安案件被害人的利益也自然成为公安机关的法定职责。1957年10月22日颁布的《治安管理处罚条例》（已失效）第29条规定："因违反治安管理造成的损失或者伤害，由违反治安管理的人赔偿或者负担医疗费用；如果造成损失、伤害的是不满十八岁的人或者精神病人，由他们的家长、监护人负责赔偿或者负担医疗费用。"按照这样一种规定，因治安违法行为造成民事纠纷一律由公

安机关予以解决，而不是通过诉讼或者调解。这一时期，公安机关解决相关民事纠纷有一定的特点：一是从解决纠纷的范围来看，仅限于所办理的治安案件引发的民事纠纷，对于普通民事纠纷不予处理。二是从纠纷解决程序的启动来看，采取"不告而理"的职权式作法。在办理治安案件过程中，只要涉及民事赔偿，即使被害人没有提出要求，公安机关也必须在做出治安处罚裁决的同时一并处理。三是从纠纷解决的方式来看，采取的是命令、压制性的权威解决方式，其仰赖的是公开的警察权力。纠纷当事人既无法积极参与其中进行有效对话、协商，也无法作为裁决的主动客体。此解决机制可以概括为"权威型纠纷解决"，这种纠纷解决机制是以强制力为基本特征的。

到了 20 世纪 80 年代，随着我国经济的发展，治安管理也出现了许多新情况和新问题，随之而来的就是治安管理功能和手段的变化。1986 年 9 月 5 日修订的《治安管理处罚条例》在保护公民合法权益的功能上增加了对治安纠纷的调解程序。该条例第 5 条规定："对于因民间纠纷引起的打架斗殴或者损毁他人财物等违反治安管理行为，情节轻微的，公安机关可以调解处理。"此外，《治安管理处罚条例》第 38 条对权威解决的保障方法作了具体的补充规定，即"被裁决赔偿损失或负担医疗费用的，应当在接到裁决书后 5 日内将费用交裁决机关代转；数额较大的，可以分期交纳。拒不交纳的，由裁决机关通知其所在单位从本人工资中扣除，或者扣押财物折抵"。至此，公安机关对治安纠纷以及所关联的民事纠纷的解决采取了"双轨制"模式：首先，将治安纠纷区分为因民间纠纷引起的治安纠纷和非民间纠纷引起的治安纠纷，对由于非民间纠纷引起的治安纠纷及虽因民间纠纷引起但无法调解或者调解不成的治安纠纷，予以治安处罚，对于当事人不履行义务的，可以采取强制执行措施；对于因民间纠纷引起的治安纠纷，如果调解成功并履行了调解协议的，对违反治安管理的当事人不再予以处罚。也就是说，1986 年的《治安管理处罚条例》开始树立了一种新的"处罚交易"的观念。其次，对于所关联的民事纠纷，即损害赔偿的民事纠纷，分为"权威型纠纷解决"和"合意型纠纷解决"两种模式，[1] 前者为行政裁决，对于行政裁决"被裁决赔偿损

---

〔1〕　参见余凌云：《公安机关办理行政案件程序规定若干问题研究》，中国人民公安大学出版社 2007 年版，第 166~167 页。

失或者负担医疗费用的，应当在接到裁决书后 5 日内将费用交裁决机关代转；数额较大的，可以分期交纳。拒不交纳的，由裁决机关通知其所在单位从本人工资中扣除，或者扣押财务折抵"，当然，当事人对行政裁决不服的，也可以提起行政诉讼；后者为行政调解，行政调解过程应当遵循当事人自愿、合法的原则，因此当事人对行政调解不服的，双方就民事损害赔偿部分可以提起民事诉讼。

　　为了充分体现人民警察为人民服务的根本宗旨，也为了适应新的治安管理模式的需要，1995 年修订的《人民警察法》第三章"义务和纪律"中，第 21 条明确规定"对公民提出解决纠纷的要求，应当给予帮助"。如果说，在《人民警察法》之前，对诉求到公安机关的各类民事纠纷公安机关还要做一下区分，以甄别是否与治安纠纷相关联，对于纯粹的民事纠纷，公安机关通常采取"推"或者"转"的方式予以应付的话，在《人民警察法》之后，依法解决各类纠纷就成为公安机关的一项重要职能。由此，公安机关解决纠纷的范围也就从治安纠纷扩大到包括民事纠纷在内的所有类型的社会纠纷。但是作为一项法律制度，《人民警察法》对于公安机关解决纠纷的规定过于原则和抽象，既缺少具体程序、方式的规定，也缺少相应的法律责任。

　　为了规范公安机关执法程序，2004 年 1 月 1 日实施了《公安机关办理行政案件程序规定》。其中对于警察调解制度专章作了规定。该规定的意义在于：首先该规定以专章（第 10 章第 145～151 条）规定了公安机关办理行政案件过程中的调解程序。其次，该规定最终废除了行政裁决及其相关的强制执行程序。第 151 条规定："……对违法行为造成的损害赔偿纠纷，应当告知纠纷参与向人民法院提起民事诉讼。"与调解赔偿的规定相结合，这一规定有两层含义：一是调解赔偿达成协议的，由当事人自觉履行；二是对违法行为造成的损害赔偿纠纷，当事人可直接向法院提起诉讼，公安机关不再进行赔偿裁决与强制执行。此后，公安机关对民事纠纷的正式解决机制只有调解一种方式。

　　在 1986 年《治安管理处罚条例》有关调解规定的基础上，2004 年 1 月 1 日实施的《公安机关办理行政案件程序规定》关于警察调解的规定有一个非常重大的突破：明确了可以有条件地利用治安调解代替治安处罚。2005 年公安部出台的《公安机关办理伤害案件规定》又将"情节较轻尚不够刑事处罚"的轻微伤害案件纳入调解范围。[1]2006 年的《治安管理处罚法》第 9 条继续沿袭了 2004 年《公安机关办理行政案件程序规定》这种做法。[2]为了更好地适用相关规定，2006 年 8 月，公安部修订了《公安机关办理行政案件程序规定》。修订后的规定不仅规定了适用调解的范围，而且还对不适用调解的范围予以排除，规定了适用调解的原则和程序。2012 年 12 月公安部再次修订了《公安机关办理行政案件程序规定》，现行治安调解部分程序规定在 2006年《公安机关办理行政案件程序规定》第 10 章共 7 条的基础上，增加了两条程序性规定，并且进一步明确了治安调解的适用范围，如明确了"对情节轻微、事实清楚、因果关系明确，不涉及医疗费用、物品损失或者双方当事人对医疗费用和物品损失的赔付无争议，符合治安调解条件，双方当事人同意当场调解并当场履行的治安案件，可以当场调解，并制作调解协议书"。在不适用治安调解的范围上明确了"当事人在治安调解过程中又针对对方实施违反治安管理行为的"和"调解过程中，违法嫌疑人逃跑的"不适用治安调解的两种情形。

通过上述对警察调解职能起源、发展的考察，我们发现，从制度的层面上看，警察调解制度的发展经历了一个从无到有、从窄到宽、从权威型调解手段到合意型调解手段的一个演变过程。

（二）警察调解职能的正当性分析

警察运用调解方式解决部分治安纠纷和民事纠纷，显然与治安处罚方式和司法调解与诉讼方式存在明显的差别。它不仅在性质上不同于治安处罚，在行为模式和行为的后果上也与治安处罚和司法调解不同。众所周知，裁判公民间的民事争端本应属于司法管辖的范围，公安机关何以能够以警察权介

---

〔1〕《公安机关办理伤害案件规定》第 30 条规定："对于因民间纠纷引起的殴打他人或者故意伤害他人身体的行为，情节较轻尚不够刑事处罚，具有下列情形之一的，经双方当事人同意，公安机关可以依法调解处理：（一）亲友、邻里或者同事之间因琐事发生纠纷，双方均有过错的；（二）未成年人、在校学生殴打他人或者故意伤害他人身体的；（三）行为人的侵害行为系由被害人事前的过错行为引起的；（四）其他适用调解处理更易化解矛盾的"第 31 条规定："有下列情形之一的，不得调解处理：（一）雇凶伤害他人的；（二）涉及黑社会性质组织的；（三）寻衅滋事的；（四）聚众斗殴的；（五）累犯；（六）多次伤害他人身体的；（七）其他不宜调解处理的。"

〔2〕《治安管理处罚法》第 9 条规定："对于因民间纠纷引起的打架斗殴或者损毁他人财物等违反治安管理行为，情节较轻的，公安机关可以调解处理。经公安机关调解，当事人达成协议的，不予处罚。经调解未达成协议或者达成协议后不履行的，公安机关应当依照本法的规定对违反治安管理行为人给予处罚，并告知当事人可以就民事争议依法向人民法院提起民事诉讼。"

入民事纠纷的解决？而当民间纠纷引发的治安违法行为当事人自愿调解并履行的，为什么公安部门就不再予以处罚，这种"处罚交易"是否正当？

何谓正当性？学界有多种理论解释。有学者主张："法律之为法律，之所以得以贯彻实施，不在于它与权力、意志的联系，而在于它与人类正义的同质。强调法律之执行不在于其具有强制力，而在于它的正义感召力，在于民众的心理认同。法律规范得以实施的理由和动力绝不仅仅来自于国家的强制力，有了正当性作为其灵魂，它才有可能被人们所接受、认同与遵守，才能获得其得以产生实际效力的源泉。故聪明的立法者并不希望完全靠威胁来吓唬臣民服从。他宁愿竭力争取臣民在感情上支持他的法律。"〔1〕从这一段论述中我们可以推论出：人民群众的"合法性认同"应当是警察调解的正当性基础。

新中国成立之初，党和国家就确立了公安工作"专门机关与群众路线相结合"的基本原则。但群众路线工作的基本内容是相信群众、发动群众和依靠群众，工作目的是治安防范与打击犯罪。显然，群众路线的基本工作角度是群众对公安工作的单向的支持、帮助，而不排除防范与打击之外，公安机关还能为群众做些什么。随着社会经济、政治和人们观念领域发生了变化，人民群众已经开始不满公安工作原有的工作方式和手段，除要求执法机关合法与合理执法外，也更加注重执法机关的服务功能。执法机关的执法理念、执法方式和手段相应的发生了变化。为了更好地贯彻"专门机关与群众路线相结合"的基本原则，也是为了获得人民群众的理解和支持，20世纪90年代开始，公安机关推出了一系列服务群众的新举措，其中赋予警察调解职能便是举措之一，该举措的核心思想就是"为人民服务"。从警察调解案件的数量上看〔2〕，上述举措应当

---

〔1〕　〔英〕A. E. 泰勒：《柏拉图——生平及其著作》，谢随知苗丽田、徐鹏译，山东人民出版社 2008 年版，第 660、673 页。

〔2〕　近年来，警察调解纠纷的数量呈上升趋势。以笔者调研的某派出所为例。笔者收集了该派出所三个月登记在案的治安案件 208 件，其中以调解结案的有 79 件，占治安案件总数的 38%；民事案件 76 件，调解成功的 49 件，占受理的民事案件总数的 64.5%，可见，民警参与民事纠纷的调解成功率不低。民警参与普通民事纠纷的调解是为了更好地体现服务功能，践行"执法为民"。另外，笔者还应当做三点说明：第一，所调研的派出所民警一再告诉笔者，大量的现场调解纠纷和争议不大的一般民事调解并没有被统计和登记出来，这些细碎的调解和处理活动实际上占用了派出所有限的警力。第二，这仅是一个派出所简单的报案数据，而且还不是全部实际的工作量。笔者从其他实践部门的民警那里也了解到：警察调解手段在基层民警中运用的比较广泛，而且调解适用的范围、标准和方式，各地掌握的也有一些差别。第三，既然法律赋予了警察有条件的调解解决某些治安案件，可以进行"处罚交易"，对于诉求到公安机关的普通民事纠纷警察也应当予以帮助，那么调解作为一种执法手段是没有争议的，但问题是

是成功的。

警察调解制度的出现和发展是当代中国社会需求的产物，反映了警察权的扩大以及警察治安管理功能和方式的转变。随着社会的发展，各种新型的纠纷不断出现，对纠纷解决的专业化和效率的要求也越来越高，而传统的立法、司法与行政的分工已不再适应社会治理的基本需要。随着行政性纠纷解决机制日益受到重视，作为与人民群众关系密切且受人民群众青睐的警察调解纠纷机制也逐步发展，并且调解的范围也不断扩展。笔者认为，这种变化不应当简单地理解为警察权的扩张，而更应看到其中反映出来的警察权向服务性功能和价值取向的转化。一般而言，警察调解所特有的功能和优势主要体现在以下几个方面：

1. 警察调解将警察执法与纠纷解决（服务功能）结合起来，具有合法性和权威性。警察调解纠纷的法律地位一般是通过法律或者行政法规确立的，因此，具有职权法定性。同时警察机关拥有一定的自由裁量权和调查权，具有更强的查明事实、进行专业判断和适用法律的能力，由警察参与调解纠纷具有权威性。

2. 警察调解兼有治安管理的行政性和裁判纠纷的司法性双重属性的特点，因此警察调解机制不仅高效、及时、直接和无偿，而且比起法院以及其他司法调解，更适合处理一些常规性、多发性、社会性和群体性的新型纠纷，如拆迁等。此外，对于那些涉及标的和利益不大的民事纠纷，当事人即使没有选择警察调解途径，也不会诉诸法院。可见，警察调解在维护弱势群体利益方面的作用比司法程序更为明显和直接。

3. 警察调解纠纷的直接效果是使当事人之间的冲突得以消除，最大程度地恢复和睦关系，并使受损一方的利益能够得到合理的补偿。

4. 警察调解可以有效地避免纠纷的进一步激化，从而避免普通的民事纠纷酿成恶性治安事件甚至刑事犯罪，所以警察调解具有从纠纷解决到实现社会控制的功能。

三、警察调解中几个常见的法律问题

我国警察调解制度已经过了 30 余年的发展，在这么长的时间里积累了不

（接上页）这种类似于"司法裁判"的执法方式如何能在警察执法这个一般情况下被认为具有刚性执法特点的领域里大行其道的呢？其发生的背景和运行情况如何？这是笔者在本书中试图探讨的。

少成功的经验，但也积淀下不少没有很好解决的问题。笔者择其要者包括：

（一）警察调解制度的适用条件

根据《治安管理处罚法》第9条的规定，警察调解必须符合以下几个条件：

1. 因民间纠纷引起的违反治安管理的行为

何谓"民间纠纷"？《治安管理处罚法》对此无明确的规定。相关法律规定中涉及民间纠纷界定的，较早的见于1990年4月19日由司法部发布并施行的《民间纠纷处理办法》第3条。该条规定：民间纠纷即公民之间有关人身、财产权益和其他日常生活中发生的纠纷。2002年9月11日经司法部部长办公会议通过的《人民调解工作若干规定》第20条规定，人民调解委员会调解的民间纠纷，包括发生在公民与公民之间、公民与法人和其他社会组织之间涉及民事权利义务争议的各种纠纷。上述的"民间纠纷"应具备两个条件：一是当事人之间存在民事权益争执；二是当事人各方之间存在密切关系，如家庭成员关系、同事关系、恋爱关系及邻居关系等。如何理解《治安管理处罚法》中规定的"民间纠纷"？笔者认为，从立法精神和实践情况来看，这里的"民间纠纷"应与上述泛指的民间纠纷有所区别，是指经常往来的公民之间，由于民事权益受到侵害或者发生争执，未纳入民事案件，或没有激化为刑事犯罪，但引起了违反警察管理行为的争执。它应当具备以下特点：

（1）实施了违反了治安管理的行为且该行为应受治安处罚。这是警察运用警察权处理纠纷的基本条件，如果公民之间仅有民事权益争执，民间调解组织或法院可以按民事案件受理。

（2）纠纷发生于经常往来的公民之间。这种经常往来的公民之间可能具有血缘、地缘与业务等关系，纠纷双方当事人常为亲属、亲戚，朋友、邻里，经常交往。将警察调解因民间纠纷引发的违反治安管理行为，限制在"经常往来公民之间"，而不泛指群众、公民之间的意义在于：有利于使公安机关集中精力处理严重的违法犯罪行为，范围太宽，在实践中既不易掌握，也分散警力。

（3）纠纷的实质是民事权益。公民之间民事权益受到侵犯或发生争执，当事人没有通过其他法律的渠道解决，而实施了违反治安管理行为。

2. 属于《治安管理处罚法》规定的调解范围

《治安管理处罚法》对警察调解的范围做了原则规定，即民间纠纷引起的打架斗殴或者损毁他人财物等违反治安管理的行为,情节较轻的公安机关可以调解。

(1)何谓"打架斗殴"。打架斗殴是行为人以伤害他人身体为目的的违法行为,打架斗殴是故意所为,其后果造成他人轻微伤。警察一般要求受伤者作伤情鉴定,用以判断是否属于警察调解案件的范围,确定调解赔偿数额。

(2)何谓"他人财产"一般认为,警察调解仅限于民间纠纷引起的治安案件,而民间纠纷只能发生在公民之间,公民对法人或者其他组织造成的财产毁损不属于民间纠纷。但是,如果法人或者其他组织和行为人都向公安机关提出调解处理,是否可以套用这一条的规定?笔者认为,应当有条件地允许财产的所有人、管理人选择警察调解的方式解决与行为人之间的纠纷。这样的处理比较适应实践的需要。

3. 适用警察调解"必须是情节较轻"

从法理上讲,严重触犯法律的行为必须接受法律的制裁,所以,适用警察调解的必须具有情节轻微的特点。从心理上讲,如果一方或者双方的侵害较重,超出了人们的一般心理承受力,那么通过调解解决矛盾的可能性就会非常小。只有情节轻微的情况才会使当事人从心理上接受调解。在具体办理案件实施警察调解时,对"情节轻微"这一原则的把握,完全可以根据具体情况来认定。如可以结合双方平时的关系,看是否可以通过调解达到消除矛盾、息事宁人且不留后患的效果。如果侵害结果虽然较重,但有特定因素,如双方平时关系不错,通过调解能够达到较好效果的,也可以进行调解处理;如果双方间隙已久,隔阂已深,尽管情节轻微,侵害不重,但调解难以奏效的,也不宜采用调解处理。

4. 当事人各方有自愿接受调解的意愿

警察调解是公安机关办理治安案件的一个程序,但不是必经程序,当事人没有请求调解,或者当事人一方同意调解而另一方不同意调解的,公安机关不应当调解,即使案情被认为调解处理对当事人更加有利。对于调解过程中发生的一方或者双方要求不再调解的,或者公安机关数次通知而不参加调解的,或者一方在一定期限内通知不到的,或者经过数次调解而不能达成调解协议的,公安机关都应当终止调解。

5. 公安机关认为可以适用调解的

根据立法精神"公安机关可以调解处理",意味着"一般应该"。对于符合调解范围的治安案件，公安机关应当优先选择调解处理。如果因为怕麻烦，一味选择治安处罚，不仅不能达到警察行政管理目的，也与立法精神相违背。当事人双方自愿调解和公安机关认为可以调解，两个前提之间是相互作用关系，没有先后、主次之分。如果当事人一开始就坚持强调"公法"上的保护，则公安机关不能懈怠自己的职责，无权放弃警察行政权的行使，根本没有选择或自由裁量的余地；反之，如果公安机关认为不能调解，则当事人双方也无权结束该治安案件的行政执法程序。

（二）警察调解纠纷的种类

根据有关法律的精神和公安实践，按照各种纠纷所包含的法律责任的不同可以把警察调解纠纷的种类分为：

1. 单纯民事责任型纠纷

此类纠纷在警察执法实践中是大量存在的，如邻里纠纷、家庭纠纷、婚姻纠纷、宅基地使用权纠纷、房屋纠纷、继承纠纷、债务纠纷、赔偿纠纷及合同纠纷等。这类纠纷的共同特点是：当事人之间仅就民事权益发生争议、尚未引发其他法律责任。此类纠纷原则上应当由当事人通过司法途径或其他渠道解决（仲裁组织、行政主管机关、社会团体）。但是根据《人民警察法》的规定，全心全意为人民服务是人民警察的宗旨，帮助群众解决纠纷是人民警察的法定义务。因此，对这一类型的纠纷，公安机关应当如何对待，在实践上确实是一个比较棘手的问题。但凡是群众提出的，都予以帮助。笔者认为，帮助的方式不仅限于警察调解，还应当有其他方式，如提供指导、做双方的思想工作，帮助寻求其他法律解决途径等。

2. 责任竞合型纠纷

所谓责任竞合型纠纷，是指当事人一方或双方的行为同时触犯两个以上法律规范，引起两种以上的法律责任，如民事责任与行政责任竞合的纠纷，民事责任与刑事责任竞合的纠纷。

（1）民事责任与行政责任竞合型纠纷。所谓民事责任与行政责任竞合型纠纷，是指纠纷当事人间既涉及行政责任的承担，又涉及民事责任的承担。这类纠纷一般包括以下几种情形：一是由单纯的民间纠纷而引发行政责任，如《治安管理处罚法》第9条所规定的情形；二是因当事人行为违反公安管理法规并引发的民事责任，如交通事故引起的损害赔偿。前一种纠纷如果行为人情节轻微，依法可以仅承担民事责任，对其行政违法行为引发的治安违法则可以不予追究；后一种纠纷，则对民事部分予以调解，行政责任不能免除。

（2）民事责任与刑事责任竞合型纠纷。所谓民事责任与刑事责任竞合型纠纷，是指当事人一方由于实施了犯罪行为并引起民事责任的纠纷。对于此种类型的纠纷，公安机关能否予以调解，现行法律没有明确，目前理论界和实践部门均有较大争议。有的认为公安机关一概不能调解，有的则认为可对有条件的部分予以调解。对此，笔者认为可以区分不同情形予以不同处理。轻微刑事案件引发的民事责任根据现行法律的有关精神，公安机关是可以调解处理的，即仅对民事部分予以调解，刑事责任免予追究。

（三）警察调解的效力和后果

实践中对警察调解的效力存在着模糊认识，典型的是认为警察调解不具有任何效力。理由主要是，在警察调解中，只要双方当事人中的任何一方对警察调解不服或者不履行调解协议的，调解归于无效或者失败，公安机关就应当对行为人做出治安处罚决定，所以警察调解不具有效力。

警察调解的效力的确不同于法庭调解。由于警察调解是针对当事人的民事纠纷进行的，是在当事人自愿基础上进行的调解，因此警察调解所达成的协议，除了对因民间纠纷引起的轻微违法行为这类情况外，一般不具有法律效力。警察调解所达成的调解协议，不同于法庭调解所形成的调解书，民事调解书是有法律效力的，而警察调解所达成的调解协议是要靠当事人自觉履行，如果一方或者双方当事人反悔，公安机关是不能强制执行的，当事人有权向人民法院提起民事诉讼。所以，警察调解的效力要分两种情况：一是对于涉及损失和伤害而进行的赔偿纠纷调解，没有法律效力，调解不成或调解达成协议后当事人反悔的，有权通过司法途径向人民法院提起民事诉讼。二是对于民间纠纷引起的轻微违法行为的调解，应当具有行政法上的效力，对于调解达成协议的当事人应履行，因为对此违法行为，公安机关也可进行处罚，即一旦达不成协议或者协议不履行，公安机关保有治安行政处罚的权力。

警察调解的后果也有两种情形：一是调解达成协议，双方当事人自觉履行，当事人的民事权利义务实现。二是调解没有达成协议或者达成协议后当事人反悔的，公安机关应当告知当事人到人民法院就民事争议提起民事诉讼，而不能对所涉及的民事争议申请行政复议或者提起行政诉讼。但对于因没有达成调解协议或者达成调解协议后当事人反悔导致其治安违法行为受到处罚的，被处罚人就行政处罚行为可以申请行政复议或者行政诉讼。

【引导问题参考答案】

1. 应该定性为盗窃机动车。
2. 机动车价值较大，应该已经涉及刑事犯罪，治安调解并不适合。

专题三：警察出庭作证制度

【引导案例】

2012 年 1 月 22 日，被告人张某与王某、李某夫妇相识后被认作干女儿，并于当日应邀入住东海市长亭新村五区 21 幢 102 室王某夫妇家中。期间，王某多次与张某发生两性关系并给其财物。同年 1 月 26 日 8 时许，张某萌生窃财离开之念，遂进入王某夫妇的卧室内行窃。在被被害人李某发现后，张某持刀将李某砍死，并从卧室劫得人民币 3700 元后逃离现场。

东海市人民检察院起诉书指控：被告人张某以非法占有为目的，采用暴力手段劫取他人财物，致人死亡，后果特别严重，其行为严重触犯了《刑法》第 263 条第 5 项之规定，犯罪事实清楚，证据确实、充分，应当以抢劫罪追究其刑事责任。

在庭前会议中，辩护人申请排除被告人张某在侦查期间的有罪供述。被告人张某在 2012 年 1 月 26 日被抓获归案后，即被带往东海市公安局江南分局刑侦支队接受讯问，1 月 27 日被监视居住，2 月 28 日被送往江南区看守所羁押。张某在会见时称，其在 1 月 26 日被带往东海市公安局江南分局刑侦支队接受讯问时，遭侦查人员殴打，被迫承认犯罪事实。在监视居住期间，虽未被殴打，但遭受超长时间连续讯问。公安机关以换取外出就医为条件，要求其承认犯罪事实，但张某未答应。在进入江南区看守所后，其在夜间接受了长时间的超强度讯问，侦查人员分组对其连续讯问，迫使其承认犯罪事实，并暗示管教让其承认犯罪事实，在被迫接受一夜的讯问后，张某被迫承认了犯罪事实，但过了几天，其就否认了犯罪事实。据此，辩护人申请法庭启动非法证据排除程序，排除被告人在侦查期间的有罪供述。

法庭经审理认为，鉴于被告人在接受讯问期间身上存在明显的伤情，同时在羁押期间接受了超长时间连续讯问，而侦查人员的当庭证言不能合理解释被告人作有罪供述时同步讯问录像资料存在部分缺失的原因，法庭不能排除在被告人作出有罪供述期间，侦查人员存在非法取证的可能性，故法院将被告人在侦查期间的有罪供述予以排除。

【引导问题】

请思考侦查人员出庭作证前应作何种准备？出庭作证时应注意何种表达技巧？

一、警察出庭作证概述

（一）警察出庭作证的概念

通常情况下，警察作为普通的公民，非因履行职务而获知案件事实，应依普通证人的身份出庭作证。但是，有些情况下需要警察以职务身份出庭作证。在大部分的英美法系国家和大陆法系国家，以及我国香港特别行政区，警察出庭作证都是刑事警察日常工作内容的一部分，其业务培训中也包括如何出庭作证。然而，我国的警察出庭作证制度刚刚起步，处于初始阶段。2012 年我国在新修改的《刑事诉讼法》中正式提出了警察出庭作证的相关规定，并分别规定了三种警察出庭作证的情况：一是根据《刑事诉讼法》第 57 条第 2 款规定："现有证据材料不能证明证据收集的合法性的，人民检察院可以提请人民法院通知有关侦查人员或者其他人员出庭说明情况；人民法院可以通知有关侦查人员或者其他人员出庭说明情况。有关侦查人员或者其他人员也可以要求出庭说明情况……"二是《刑事诉讼法》第 187 条第 2 款规定："人民警察就其执行职务时目击的犯罪情况作为证人出庭作证……"三是《刑事诉讼法》第 187 条第 3 款规定："公诉人、当事人或者辩护人、诉讼代理人对鉴定意见有异议，人民法院认为鉴定人有必要出庭的，鉴定人应当出庭作证……"这里的鉴定人出庭作证，主要是指被公安、司法机关指派作鉴定的警察，在法庭上就鉴定意见接受控辩双方的质证。

警察作证，是证人出庭作证制度中的重要组成部分。关于警察出庭作证的含义，有学者指出"警察作证，是指参与侦查办案的警察证人进行的出庭作证"。[1]有学者认为警察出庭作证是指："承办案件的侦查人员以控方证人

---

〔1〕　参见汪建成、杨雄："警察作证制度的理论推演与实证分析"，载《政法论坛》2003 年第 4 期。

的身份出席法庭审判，接受控辩双方的当庭询问和质证的司法制度。"[1]还有的研究人员认为警察出庭作证，就是警察将其在侦查取证过程中所接触的事实向法庭作证。[2]本书认为，明确警察作证的概念之关键，在于明确警察作证的对象范围。因此，有必要先对警察在诉讼中作证的多种情况予以梳理，方可较为准确地归纳出警察作证的对象范围，继而明确警察作证的概念。从国内外的司法实践来看，警察在刑事诉讼中出庭作证主要有以下几种情况：

第一，警察在非履行公务的过程中知悉了案件的相关情况，对案件事实形成了先于刑事诉讼程序的印象，以一般公民的身份在法庭上就其所了解的案件事实提供证言。如：警察在下班的路上目击抢劫犯实施抢劫的事实，将其制服并扭送公安机关，事后就其目击的案件情况出庭作证。

第二，警察作为案件的当事人出庭。如在妨害公务案件中，警察受到对方的侵袭，以被害人的身份出庭证实妨害公务犯罪事实的存在。

第三，警察受公安司法机关的指派或者聘请，担任案件中的鉴定人，就鉴定意见出庭作证，接受控辩双方的质询。

第四，警察在履行非侦查任务的过程中当场目击犯罪事实的发生或者当场抓获犯罪嫌疑人，在遵循《刑事诉讼法》第28条关于回避的规定不担任案件的侦查人员后，向法庭提供证言。如执行治安管理处罚任务的警察在履行公务过程中又目睹被处罚人故意伤害的犯罪事实，事后就目睹情况出庭作证。

第五，警察因在刑事案件中从事侦查工作而知悉了案件的相关情况，就案件的侦破经过以及侦查行为和所收集证据的真实性与合法性出庭作证。

在第一种情况下，警察出庭作证与普通的刑事证人并无区别，主要差异就在于职业或者身份不同而已，警察非以职务身份出庭，就具有普通证人身份；第二种情况下，警察是以被害人的身份出庭作证的；第三种情况下，警察是以鉴定人的身份出庭作证的。在前三种情况下，警察出庭作证同普通的证人、被害人以及鉴定人出庭作证并没有本质上的区别，在我国都能够找到直接的法律依据，理论和实践中也不存在较大的争议。

在第四种情况下，由于警察是在接受侦查任务之前就了解到案件事实，

---

〔1〕　王强、王翼飞："建立刑事诉讼警察出庭作证制度的思考"，载《南方论刊》2009年第6期。

〔2〕　参见吴光升："警察出庭作证的几个前提条件辨析"，载《贵州工业大学学报（社会科学版）》2007年第1期。

根据证人优先性原则以及有关回避的规定，警察应当以普通证人的身份出庭作证，只是不能再接受该案的侦查任务，对于该种情况，我国理论和实践中也不存在较大争议。

在第五种情况下，警察因对刑事案件的侦查工作而实施了各种侦查行为并可能目击抓获经过，亲身经历被告人投案自首等实体性事实，警察的各种侦查行为如讯问、搜查、扣押、勘验等以及在此过程中所收集证据的真实性与程序上的合法性都是有待于验证、审核，尤其当辩护方在法庭上对某一证据提出质疑时，警察在侦查过程中了解的自首等实体事实对被告人定罪量刑也是至关重要的。同时，对于该种情况警察出庭的必要性和身份，我国无论理论界还是司法实践中都存在着严重分歧。实践中，警察因该种情况出庭作证也十分少见。可以说，随着刑事司法改革的不断推进以及人权保障观念的不断强化，该种情况下的警察出庭作证已经成为我国函待研究和解决的一个重要课题。

综上，结合新《刑事诉讼法》有关警察出庭作证的规定，笔者认为，警察出庭作证的情形可以概括为两类。一类是广义上的警察出庭作证，包括上述五种情况下警察出庭作证；另一类是狭义上的警察出庭作证，主要指上述第五种情况下的警察出庭作证，即承办刑事案件的警察在法庭审判过程中就案件的侦破经过以及所实施的各种侦查行为进行陈述并接受询问的一种行为。从整体制度上看，警察出庭作证制度是指刑事诉讼中刑事案件的侦查人员在人民法院开庭审判时出席法庭，接受控辩双方以及人民法院的询问，就其侦查行为的合法性以及侦查过程中所接触的案件事实和搜集到的证据向人民法院作证，以查明案件事实的司法制度。

(二) 警察出庭作证的性质

警察出庭作证与普通证人出庭作证不同。在我国，尽管公安机关与检察机关的具体分工存在较大差异，但二者从事的诉讼活动具有本质上的统一性和目标上的一致性，即二者均承担控诉职能。从这个角度看，无论是法庭传唤、还是控方或辩护方申请警察出庭作证，基于追诉犯罪的目的，警察在出庭作证过程中一般不会直接提供有益于辩护方的证言，而总是尽可能地作出指控犯罪的陈述。但是，这一情况尚不足以将警察证人与普通证人区分开，因为控方证人也可能是普通证人，也即普通证人出庭支持控诉时，与警察证人是具有相同性质的。

那么，警察作证的属性是否仅仅如此呢？答案是否定的。刑事诉讼的过程，既包括了实体法的过程，也包括了程序法的过程。警察作为侦查活动的侦查人员，是侦破案件的特殊人员。侦查活动结束后，法庭为了查明案件的真实情况，往往会因为刑事诉讼过程中某些实体性事实与程序性事实是否合法而要求侦查人员出庭作证解释。例如在侦查过程中，警察对犯罪行为的目击、收集证据的程序与手段是否合法或者对罪犯有利的自首、立功等情况，如果警察能够出现在法庭上就有关问题接受辩护方的质询，对程序性公正的实现会产生很大的影响。但在司法实践中，通常是警察不愿意出庭作证而仅仅以出具证明材料的方式提供书面证言，例如"关于被告人某某投案自首的情况说明""关于审讯情况的说明"等书面证明材料。这种情形导致的后果就是剥夺了被告人的质询权，产生程序性的不公正。

因此，警察作证应当具有双重属性。从警察和控诉之间的关系看，警察和其他控方证人一样都是为满足控方胜诉的需要，警察作证具有支持控诉的性质。但是，由于追诉机关同被追诉者之间存在赤裸裸的利害关系，以及被追诉者同追诉机关相比处于天然的弱势地位，被追诉者的合法权益的最大威胁往往来自强大的追诉机关，尤其是警察机关的侦查行为。因此，现代法治国家才建立了非法证据排除规则，从这一角度看，警察作证是基于刑事被告人针对警察的非法侦查行为提出事后性的司法审查之诉而产生，具有"被告应诉"的属性。所以，警察作证具有双重属性，既有一般性的控诉属性，又有程序性的"被告出庭应诉"的身份属性。

（三）警察出庭作证的意义

1. 有利于保证法庭的公正审判

从实体上讲，公正是法庭审判的核心价值，也是现代刑事诉讼对法庭审判活动的本质要求，而严格的证据规则、确凿无疑的证据是实现审判结果公正的最基本保障。为保障审判结果公正，在证据规则方面，英美法系国家及日本实行传闻证据排除规则，即传闻证据原则上不得在庭审中用作证据；大陆法系国家实行直接言词原则，即法庭上提出任何证据材料均应以言词方式当庭陈述。两项原则客观上均要求证人（包括警察证人）必须亲自出庭作证，以便被告人当庭质证。

　　为充分地贯彻直接言词原则的精神，保证庭审的证据质量，1996 年我国对《刑事诉讼法》也进行了重大的修改。修订后的《刑事诉讼法》第 47 条规定："证人证言必须在法庭上经过公诉人、被害人和被告人、辩护人双方讯问、质证，听取各方证人的证言并且经过查实以后，才能作为定案的根据……"，第 156 条规定："……公诉人、当事人和辩护人、诉讼代理人经审判长许可，可以对证人、鉴定人发问……""审判人员可以询问证人、鉴定人"。然而，实践中的证人特别是警察证人通常不出庭，大量案件靠书面证言甚至是不符合基本诉讼要求的书面证明材料定案，法官对警方侦查阶段行政性操作结果的照单全收，把对证据质量的把握完全建立在对警方侦查人员"无欲则刚"的人性以及对业务水平、责任心高度依赖的基础上，这是相当危险的。一旦审判实践中出现被告人提出受到刑讯逼供而当庭否认侦查机关的口供和笔录，若警察不出庭作证加以说明，被告人在自身已被限制自由的情形下也无从提出实质性的抗辩证据，法庭也无法审查侦查行为的合法性，庭审活动势必难以继续或出现错判。

　　从程序上讲，现代刑事诉讼追求"看得见的正义"之价值。为保障审判程序的公正，在对刑事被告人进行刑事指控时，任何人都有权询问或者业已询问对他不利的证人，并使对他有利的证人在与对他不利的证人相同的条件下出庭和接受询问，[1]这一在《公民权利和政治权利国际公约》第 14 条（3）（e）确立的受刑事追诉者所应享有的"最低限度权利保障"，已被各国公认为审判程序公正的一项基本要素。根据联合国人权委员会的解释，规定这一权利的根本目的在于，保证被告人在向法庭提出和询问对某有利的证人以及对于己不利的证人质证方面，拥有与检察官完全相同的权利和机会，从而确保"平等武装"原则的实现。可见，警察出庭作证，在法庭上接受控辩双方的询问和质证，不仅是满足查明案件真相的需要，而且还满足了刑事审判程序公正的需要。

　　2. 有助于塑造警察规范的取证意识和行为

　　侦查过程就是对证据的发现、提取、保全，以及通过这些证据反向逆推案件事实的过程。由于存在各种主客观因素，这个过程对证据往往会产生三

---

　　〔1〕　参见程味秋、杨诚、杨宇冠：《联合国人权公约和刑事司法文献汇编》，中国政法大学出版社 2002 年版，第 157 页。

种影响：即证据的固定、证据的污染及证据的变造。

第一，证据的固定是指通过侦查找到相关证据，基本上按其原始面目加以保存，而且通过这些证据能够认定或部分认定相应的案情。如作案工具的获得、指纹的提取、赃款赃物的查获等。第二，证据的污染是指由于客观或主观原因，证据失去原始面目无法认定或无法完全认定案件事实。这主要是指证据在提取、保存时，由于其本身属性问题受到污染（如物证由于自身属性原因而腐烂变质）或由于侦查人员的疏忽造成毁损灭失（如侦查人员由于疏忽大意或没有遵守刑侦操作规程造成物证残缺不全），以至无法起到应有的证明作用。第三，证据的变造是指由于侦查人员的主观故意，变动证据的内容或存在形式，导致无罪的人受到刑事追究或故意轻纵有罪的被告人。"污染"和"变造"均能影响证据形态并进而影响到案情的认定，但二者仍有区别，其区别主要在于"污染"是由客观因素（如证据本身属性、气候因素）或主观失误（如责任心不强、疏忽大意、没有遵守操作规程）等原因造成的；而"变造"则必定属于主观故意，其动机多种多样，多是出于贪赃枉法、栽赃陷害、上级破案压力、邀功请赏或工作失误后为逃避责任等原因。

在法庭审理中，"固定的证据"需要警察出庭证明其搜集、固定和运用程序上的合法性与适当性；"污染的证据"需要警察出庭说明丧失或部分丧失证明力的原因以及它对案情认定存在的潜在影响；"变造的证据"则需要通过证据以交叉询问等方式来否定其证据资格，当然更迫切地要求警察出庭作证。警察出庭作证客观上使案件的侦查取证过程公开于法庭，接受全方位的监督，这对于规范警察取证行为、增强警察规范的取证意识有着积极的推动作用。目前，我国警察非法取证现象在很多地方还相当普遍，警察的法庭意识、证据意识较弱，取证活动的随意性较大，取证能力不强，也还是公安队伍中存在的突出问题，亟待解决。因此，警察出庭作证具有较强的现实意义。

3. 有助于"以审判为中心"刑事诉讼格局的形成

在依法治国的进程中，法院应具有特殊的地位和作用。具体表现在：法院以法的适用为中心，是维护法律秩序的基本保障；法院以解决社会冲突为使命，是社会关系最稳定的调节器；法院的个案处置功能和终局性作用，使其成为保护公民权利的最后屏障。与国外很多国家以审判为中心，国家通过法庭来审查侦查行为的合法性相比较，我国法院对公安机关的制约相对弱化。一直以来，我国刑事诉讼上一直坚持公安机关、人民检察院与人民法院"分工负责、互相配合、互相制约"的原则，该原则通过对公检法三机关之间的法律关系进行界定，从法律上确立了中国"流水作业式"的刑事诉讼构造。在这一构造之中，公安机关相对独立，其侦查活动虽然受到检察机关的事后监督，但法院对违法侦查行为的监督力度远远不够，我国的警察不是"法庭的奴仆"，法官的司法裁判活动与侦查、起诉活动相互平衡而无法在刑事诉讼中居于中心地位，整个刑事诉讼体系没能形成"以审判为中心"的格局。在这种诉讼体系的基础上，法院难以对检警机构的追诉活动实施真正有效的司法控制，从而导致警察是否出庭的主动权完全掌握在公安机关手里。

因此，当被告人、辩护人对侦查人员取得证据材料的合法性有异议，对该证据能否在法庭上作证据使用，以及作为对被告人定罪量刑的依据提出质疑时，警方通常并不负责出庭作证，证明证据是以合法方式收集并接受对方的质证，取而代之的是两种办法：一是检察官让公安机关出具一份书面证明材料，声明在搜集证据的过程中并没有非法行为，法官只得采纳；二是搁置一旁，由法官根据自由裁量权进行裁量，证据的取舍完全取决于案件的需要，而多数情况是检警机构的案卷材料对法官的裁判结论具有决定性的影响，法院的审判只不过是对侦查结论的正确认定而已。客观上看，法院在检警机构的追诉活动完成之后，实际发挥着继续追诉的作用，即充当"第三追诉机构"的角色。这种现状与现代法治社会"以审判为中心"的诉讼理念相去甚远。

构建"以审判为中心"的诉讼格局，是司法制度改革的一项十分艰巨而复杂的任务，远不是建立了警察出庭作证制度就能迎刃而解的。但创建警察出庭作证制度毕竟有助于转变公检法三机关分段各自独立实施诉讼行为的陈旧观念，纠正"警察的诉讼活动是随侦查终结而终结"这一认识上的误区，改变检察官难以对侦查过程同步监督或指挥（导）、法院难以对检警机构的追诉活动实施真正有效的司法控制的现状，有助于树立崭新的诉讼理念，最终形成以审判为中心的，更为合理、有效的现代刑事司法体制。

二、警察出庭作证的价值功能

在法学研究过程中，"法的价值"一般有三种使用方式，产生三种不同的效果：一是在社会作用的过程中，法律发挥着保护某些价值和增加某些价值的作用；二是法律本身具备的价值评价标准；三是法律本身具有的价值因素。[1]在现代诉讼制度下，警察出庭作证的价值主要有：

（一）法治国家的必然要求

警察权力的大小以及警察权力是否受到有效的约束，是警察国家和法治国家的重大区别之一。如果一个国家的警察享有过多的特权，且警察的权力难以受到有效的司法控制，那么这个国家只能被称为警察国家，而不可能是一个法治国家。[2]目前，我们国家已经将依法治国作为基本的治国方略，社会主义法治进程取得了丰硕的成果，我们已经彻底告别了以阶级斗争为纲和"砸烂公、检、法"的无法无天的时代。但是，我们也应当看到，中国距离法治社会的目标还有一段很长的距离，而这一个突出的表现就是在刑事司法领域，警察权力受到的监督和制约有限，我国依然具有不少警察国家的典型特征。

我国警察出庭作证制度的建立，使警察出庭作证接受控辩双方的交叉询问，警察的侦查行为就会不可避免地受到法庭审判的有效检验。一旦警察的某个侦查行为被认定为非法，其通过该行为所获取的证据自然就会被法庭排除，之前的侦查行为也就付诸东流。这样，警察难以从非法取证行为中获得利益，也就会促使警察自然而然地放弃实施该非法的取证行为。如此一来，公民的合法权利和人身自由就能得到相应的保护，免遭警察公权力非法行使的侵害，而这正是法治国家的精髓之一。

（二）新型制度理念的建立

警察出庭作证制度并不是一项孤立的诉讼制度，它的建立必然会给整个刑事诉讼制度带来连锁反应，同时警察出庭作证制度在我国也是一个比较新鲜的事物，它的建立必然会给诉讼法学理论研究带来一些新的课题，给传统的刑事诉讼理论带来一些新的挑战。如警察在刑事诉讼中的地位、我国的传统证人理论、警检关系以及刑事诉讼中的司法审查、诉讼构造与庭审功能等。

传统的诉讼理论认为，检察机关掌握案件的基本情况与证据材料已经十分充分，警察没有必要出庭作证。在这种情况下，如果警察还是出庭作证，一般不会给检察机关带来实质性的帮助。但作为犯罪现场的目击者、在侦查

---

〔1〕　参见张文显主编：《法理学》，高等教育出版社1998年版 。

〔2〕　参见王超：《警察作证制度研究》，中国人民公安大学出版社2006年版，第11页。

过程中对犯罪嫌疑人进行抓捕、讯问犯罪嫌疑人口供，或者在犯罪现场进行勘验、检查、搜查、扣押等活动笔录，当在法庭上控辩双方争议的焦点是侦查阶段产生的程序性事实时，侦查人员只是出示书面证明进行说明而不在法庭上接受辩方的询问和质疑，就会难以让辩护方信服。因此，发现事实真相的最好方式就是质证，侦查人员只有以证人的身份出现在法庭上作证，接受普通证人证言规则的约束，接受控辩双方尤其是被告人及其辩护人的质证，才能实现控辩双方平等对抗。

（三）迫切的现实需要

在刑事诉讼中，为了维护司法公平正义，有利于实现实体与程序公正，起诉和辩护双方的诉讼地位平等，诉讼权利大致相同。起诉和辩护平衡的一个重要体现是，控诉方和辩护方在法庭上质证和向法院提交证据的权利和机会是平等的。被告人及其辩护人在法庭上具有向证人进行交叉询问、质证的权利，这既是世界各国衡量公正审判程序规模的重要措施，也是世界各国公认的一项基本人权。因此，"警察出庭作证对于保障被告人质证权、反询问权等程序性权利的实现是极为重要，尤其对于那些只有警察和被追诉人双方在场而获得的证据，只有通过双方的对质，才能揭露伪证，弥补被告方在取证能力上的不对等性，进而增强被告方的防御能力。"[1]

公平公正是司法的最终追求目标，而效率则是公平公正的必然要求和客观体现。"迟到的正义是非正义"，说明效率亦是公平公正的内在体现。在公平公正得到保障的前提下，只有提高效率，审判工作才能真正实现法律的"正义"。在我国的刑事审判过程中，辩护方往往辩称警察以刑讯逼供等非法取证行为为理由，当庭翻供、翻证，而我国的立法和司法解释对被告人翻供、翻证问题都没有相关具体的操作规范，再加上警察没有出庭与他们进行对质，公诉方因证据并不是自己收集，难以回应，导致实践中司法人员遇到此种情况，往往难以做出恰当的处理。有些法官对待这种情况，要么忽略，要么责备被告人认罪不诚实的态度、非理性的诡辩。还有一些法官选择休庭，进行证据的调查与核实，或者延期审理，来查清警察是否有非法取证行为，再或者由检察官撤回起诉，补充证据。这样导致案件久拖不决，有违司法效率。一旦警方能够在法庭上作证，辩护方辩护的谎言暴露或者警方非法取证行为

---

〔1〕　汪建成、杨雄："警察作证制度的理论推演与实证分析"，载《政法论坛》2003 年第 4 期。

暴露，法院在很大程度上将能够解决上述问题，而不是推迟审判的、反复的诉讼，从而大大地提高了诉讼效率。

三、国外典型国家警察出庭作证制度

警察出庭作证在许多国家早已是司法实践中的惯常现象。然而，由于文化背景、法律传统、价值取向、诉讼观念及诉讼构造等因素的影响，世界各国对证人资格的规定存在一定差别，在警察是否能作为证人出庭作证的规定与制度上也不尽一致。本书将不同类型的典型国家分成英美法系和大陆法系两类分别进行介绍。总体而言，在英美法系刑事诉讼中，证人是一个非常宽泛的概念，所有在诉讼过程中向司法机关提供口头证词的人均可称之为证人，包括被告人、被害人及鉴定人等。在英美法系国家的司法实践中，警察经常作为控方的证人出庭作证，辩护方也可以依据案件的实际情况和具体需要申请法官传唤警察出庭作证。相比而言，大陆法系传统的证据法理论和实践对证人资格限制较多，倾向于在庭审前解决证人的可信性问题，而非侧重于审理过程中的证人证言的判断。[1]

（一）英美法系国家

1. 美国警察出庭作证制度

在美国，警察出庭作证是法庭审判的必要环节，警察不得以任何理由拒绝，而且警察作证时要接受控辩双方的交叉询问。《美国联邦诉讼规则及证据规则》第 601 条规定："除该规则另有规定外，每个人都有资格作证。"[2]该规则第 605 条、第 606 条对第 601 条"本规则另有规定"的补充，规定因职务关系而排除证人资格的主体只限于法官和陪审员两类人，因此检察官及司法警察当然有证人能力，可以成为证人。换言之，在美国只要案情需要，警察就必须出庭作证，且要像普通证人一样宣誓，然后接受辩护方的询问和质证。如果宣誓后说谎，将构成伪证罪；而如果置法院的作证通知于不顾，则可能构成妨害司法罪。如大家都比较熟悉的"辛普森杀妻案"，这件看上去"证据确实充分、足以认定"的案件，却因为办案人员的出庭作证，最后发生

---

〔1〕 参见汪建成、杨雄："警察作证制度的理论推演与实证分析"，载《政法论坛》2003 年第 4 期。

〔2〕 卞建林：《证据法学》，中国政法大学出版社 2000 年版，第 114 页。

了戏剧性的变化。辩方律师充分抓住血迹证据令人生疑（现场勘查、鉴定结论）、手套证据疑云密布（非法搜查）、现场警官涉嫌种族歧视（做伪证）等侦查人员的违法、瑕疵取证行为，成功说服陪审团，最后辛普森无罪获释，反而经办案件的警官在出庭作证时由于要求保持沉默、拒绝回答辩方的质疑，最后以伪证罪被判了三年有期徒刑，狱外监管。

2. 英国警察出庭作证制度

在英国，根据《1984年警察与刑事证据法》第76条的规定："法庭应当排除被告人声称基于非法手段获得的供述，除非控诉方能够向法庭证明供述并非'非法'获得的。"[1]由于检察官并不直接取证，加上英国刑事审判实行传闻证据规则，所以要求警察以证人身份出庭证明取证的合法性非常普遍。在司法实践中，警察经常是作为控方的证人，接受控诉一方的传唤而出庭作证的。但是辩护一方根据辩护的需要也可以自行传唤某一警察出庭作证。通常情况下，控辩双方传唤警察出庭作证的目的都在于了解警察实施某一侦查行为的情况，如逮捕、搜查、扣押、讯问及现场勘验等，使法庭明确警察对某一实物证据的保全情况等。出庭的警察与其他普通证人负有同样的义务和责任。由于英国法律强调警察为支持公诉服务的观念，加上有健全的法律保证，因此实践中很少发生警察在接受法庭传唤后拒不出庭作证的情况。

（二）大陆法系国家

1. 法国警察出庭作证制度

在法国，警察作为行政机关的工作人员，在法庭上就其进行的勘验与查证作说明介绍时，应当进行证人宣誓。轻罪审判程序中，法官通常先询问检察官的证人，警察最先专家证人最后，然后询问被告人、民事当事人的证人。根据《法国刑事诉讼法典》第101条的规定："预审法官应当通过执达员或警察代理人传唤任何他人为其证言有助于查明案情的人到庭作证。"[2]换言之，在法国的刑事诉讼程序中，只要知道案件相关情况，任何人都有资格向司法机关做出陈述。在法国的司法实践中，警察是可以作为控诉方的证人出庭作证，并且是优先出庭作证。事实上，法国的警察很乐意接受法庭的通知出庭作证，这样其在侦查过程中采取的证据才能被法庭采纳。

---

〔1〕 何家弘、张卫平主编：《外国证据法选译（上卷）》，人民法院出版社2000年版，第88页。

〔2〕 余叔通、谢朝华：《法国刑事诉讼法典》，中国政法大学出版社1997年版，第52页。

2. 德国警察出庭作证制度

德国的证人资格包括两个方面：其一，通过感觉器官了解了案件情况；其二，不具备其他诉讼身份。[1]德国学者在《德国刑事诉讼法》中指出："如果警察人员以证人身份在被询问时作陈述，其虽然无法对该案有所记忆，但其所制作之所有的检举告发书状已尽力符合真实，此时依联邦最高法院之见解，则审判的刑事法官得依据该书面的以及该制作检举告发书状的警察所为之空白保证，就被告之罪责以自由心证之方式来形成确信。"[2]该论述无疑表明警察是可以以证人身份出庭作证的。此外，德国刑事审判中在贯彻"讯问本人原则"时也是有弹性的，并不绝对排除传闻证据的使用。

3. 日本警察出庭作证制度

日本属于传统意义上的大陆法系，对警察出庭作证问题一般也持赞同态度。日本《刑事诉讼法》第 143 条规定，除本法有特别规定的以外，可以将任何人作为证人进行询问。这里的特别规定主要是指享有作证豁免的人及诉讼当事人，而该法第 157 条、第 158 条规定，当事人主要是指检察官、被告人和法官，侦查人员并没有包含在内。[3]根据日本著名学者田口守一教授的观点，在日本不具有证人资格的，有三种情况：一是因享受豁免作证的人员；二是诉讼相关的人员；三是被告人。在此基础上，田口守一教授还进一步认为："司法警察职员不是当事人，可以作为证人。"[4]

(三) 国外警察出庭作证制度对我国立法的启示

在警察证人作证的制度构建上，英美法系和大陆法系都为我们提供了可供学习、借鉴的样本，对于我国立法中进一步明确警察作证义务和责任、规范警察出庭作证的程序和保证公诉有效性、保障控辩双方的公平质证权都有十分重要的启示。

首先，在界定警察证人的概念上，英美法系中证人的范围非常广泛，泛指一切向法官提供案件事实的人，警察具有当然的证人资格。只要案情需要，警察就必须作为普通证人出庭作证。在我国司法实践中，可以借鉴英美法系，

---

〔1〕 参见 [德] 克劳斯·罗科信：《刑事诉讼法》，吴丽琪译，法律出版社 2003 年版，第 240 页。

〔2〕 [德] 克劳斯·罗科信：《刑事诉讼法》，吴丽琪译，法律出版社 2003 年版，第 434 页。

〔3〕 参见宋英辉：《日本刑事诉讼法》，中国政法大学出版社 2000 年版，第 33～36 页。

〔4〕 [日] 田口守一：《刑事诉讼法》，刘迪等译，法律出版社 2000 年版，第 230 页。

对法律中证人作证的原则性规定进行具体化，最大限度地将警察的证人资格和出庭作证的义务明确下来，确保司法实践中的可操作性。

其次，规范警察证人作证程序。英美法系警察作证制度在一定程度上是出于对检警分离模式缺陷的补救。在我国，检察机关与公安机关的关系更倾向于合作，故此，可以明确警察作证前公诉机关的告知义务，以便警察出庭前能有充分的准备，从而确保在作证时警察不因自己的工作职责而影响到对案件的判断。

最后，规范对证据的保存程序。在将证据移交公诉机关前，侦查机关是保存案件证据的最主要机构。因此，警察证人提供的证据必须是他在履行侦查职责时获取、保管的证据，否则，警察将以普通证人身份作证而非警察证人这一特定概念。对于证据的采信，审判机关要充分重视证据的来源，进行处理。

四、警察出庭作证的身份

（一）警察的证人身份

身份的确立，涉及警察出庭的权利与义务。传统观点普遍认为警察是司法工作者，而证人作为诉讼参与人，两者的诉讼地位不同，这也是我国长期以来警察不出庭作证的重要原因。但在诉讼程序中，当案件到了法庭审理阶段，警察已经完成了案件的侦查任务（需要补充侦查的除外），可以从侦查阶段的侦查人员身份转变成审判阶段的证人身份，并且不存在身份竞合的情况，可以以普通证人身份出庭作证。

但是，警察出庭作证制度在我国一直发展较为缓慢。归纳起来，我国学术界与司法界反对警察以证人的身份出庭作证的理由主要有以下几种：其一，证人必须是在诉讼前了解案件情况，具有不可替代性，而警察则是在立案之后的侦查活动中才了解到案件事实，并且警察是可以替换的，所以警察不能以证人身份出庭作证。其二，证人是当事人以外第三人，并且与案件的审理结果没有法律上的直接利害关系。作为案件的侦查人员，如果出庭作证，则形成了"自侦自证"的局面，违反了法理上的"不能自我证明"，容易造成办案人员先入为主，主观臆断，影响案件的公正处理。其三，《刑事诉讼法》第28条规定认为侦查人员如果在本案中担任过证人，为案件提供过证言，那么就不能再作为侦查人员介入案件的侦查过程，这正是体现了我国《刑事诉讼法》的证人身份优先原则。

（二）警察证人与普通证人

警察以证人身份出庭作证，与普通证人之间还是存在诸多差异的。明确警察证人自身独具的特征，对警察出庭作证制度的设计是极为重要的。

第一，警察出庭作证具有职务性。警察因其工作的特殊性，参与案件是因为其职责所决定的。而普通证人参与到案件有一种偶发性，对其身份没有特殊要求，只要是达到一定年龄，有准确感知、记录、回忆相关事实的能力，并能正确表达意志的人，一般都具有证人资格。此外，在整个案件办理中，警察对案件事实的感知往往受到其职业特点、工作经验、业务技能的影响。个案事实在警察证人大脑中形成印象之后，警察证人需要在法庭上重新回忆对案件事实的详细情况，并且通过口头证言表达出来，这整个过程是在警察固有警务常识及法律知识积累的基础上完成的，不论感知、记忆、表达都会因其在警务工作中的习惯性、职业性而极具职务特色，例如抓捕情况、搜查情况和证据采集情况等，而这些都是普通证人不具有的。由此，警察以证人身份出庭作证不同于其他一般证人，有其特有的职务性。

第二，警察出庭作证的事后性。除了秘密侦查手段，如诱惑的调查，或者拘捕犯罪嫌疑人除外，在其他情况下，参与案件侦查工作的侦查人员对案件有关事实的看法，一般都是在侦查工作过程中涉及，或者是在诉讼开始之后，相对要晚于普通证人。

第三，警察出庭作证具有控诉倾向性。与普通证人一样，警察出庭作证应以客观事实向法庭作陈述，不应倾向于任何一方。然而警察证人因其打击犯罪的使命所在，事实上与检察官站在同一立场，公安机关内部往往也将成功起诉犯罪嫌疑人多少作为该单位评优的依据之一，由此造成警察在侦查过程中会更在乎收集对犯罪嫌疑人不利的证据，甚至会出现刑讯逼供、隐瞒对犯罪嫌疑人有利证据的情况。因此在案件的侦查和审判过程中，警察绝大多数情况都作为控方的证人作证，带有控诉倾向性。此外，受到被害人及其家属或是媒体舆论的影响，警察往往都会不由自主地带着倾向性作证。

五、警察出庭作证的程序

警察出庭作证程序是指警察出庭以言词方式说明自己在办案过程中调查

取证行为的合法性，并接受控辩双方的询问和交叉询问以及接受法官询问所应当遵循的方式、方法和步骤。由于新《刑事诉讼法》仅对警察出庭制度作了初步规定，并没有涉及详细的警察出庭作证程序规定，因此，本文仅在已有法律规定的基础上作适当介绍和扩展。

（一）启动程序

在《刑事诉讼法》修改之前，对于警察出庭作证的启动方式问题，我国学界大致有三种观点：第一种观点认为法院和作为控方的检察机关都有权决定警察是否出庭，而辩方只可以向法院提出申请，由法院决定警察是否需要出庭；第二种观点认为控辩双方均需要提出警察出庭作证的申请，由法官依法作出裁决并向警察发出出庭通知；第三种观点认为法院既可以根据控辩双方的申请决定警察出庭作证，也可以在认为必要时依职权要求警察出庭。

根据新《刑事诉讼法》第57条第2款规定："现有证据材料不能证明证据收集的合法性的，人民检察院可以提请人民法院通知有关侦查人员或者其他人员出庭说明情况；人民法院可以通知有关侦查人员或者其他人员出庭说明情况。有关侦查人员或者其他人员也可以要求出庭说明情况……"由此，警察出庭作证的启动方式有三种，第一种是由人民检察院提出申请的方式启动。第二种是法院可以主动决定警察出庭作证。第三种是以警察主动提出申请出庭作证的方式启动。

显然，当前《刑事诉讼法》中规定的警察出庭作证启动程序缺乏辩护方提出申请的规定。这也是未来法律再次修订的完善方向。就当前人民检察院申请警察出庭作证而言，由法庭通知有关警察出庭作证。申请警察出庭作证的人民检察院有义务将拟申请出庭作证的警察名单及对被申请出庭的警察进行当庭质证的主要问题在规定的时间内交由法庭以裁决。为了便于辩护方获得有作证义务的警察的相关信息，应由法律明确规定在检察机关提起公诉时，在移送法院的证人名单中明确列出需要出庭作证的警察，并注明其姓名、性别、年龄、职务和联系方式等详细信息。

（二）警察出庭作证的具体流程

1. 确定出庭警察在法庭上的席位

通说认为，警察出庭作证时的具体席位，要视该次警察出庭作证系控辩双方的哪一方申请而定。如果系公诉机关申请，则出庭警察就为控方证人，其在法庭上的席位位于被告人与公诉人之间，也即审判区内审判席的右前方；若出庭警察系辩方申请，则出庭警察系辩方证人，其在法庭中的席位就位于被告人与辩护人之间，也就是审判区内审判席的左前方。无论是位于审判席的左前方还是右前方，都是面向法庭，确保审判人员、公诉人、辩护人及被告人均能实现目光及语言交流。

2. 通知警察证人出庭作证

法院应以书面形式通知警察出庭作证，一经法院书面通知，除法定免证的情形外，警察证人必须按照指定的时间和地点报到，并就作证事项进行准备。同时告知警察，对拒不出庭作证的证人，应承担相应的法律责任。

3. 查明到庭警察证人身份

警察证人按照法院的通知进入法庭后，首先接受核实其身份，然后接受法官就其有无作证能力等问题进行审查，最后决定该警察证人是否具备作证能力。

4. 法庭向警察证人交代权利义务

根据我国现行的法律相关规定，法庭应向证人告知其在法庭作证时依法享有的诉讼权利，和应履行的诉讼义务。此外，警察出庭作证还需当庭签署如实作证保证书。不得因被告人曾是其讯问的对象而拒绝回答被告人当庭的发问。

5. 出庭警察的作证过程

（1）警察证人在作证时必须做到如实地、连续地提供证言，如实地回答控辩双方、法官的提问，不得作伪证，不得隐匿罪证。特殊情况下，为了保证警察充分陈述和以后不影响其工作、生活，可以允许警察证人坐在屏风后，遮挡面部作证，或者采用技术性手段，如变声、变像、视讯传输等方式进行询问。总之，法官应直接对警察证人的证言进行审查判断，以保证审判程序与裁判结果的公平、公正。

（2）控辩双方交叉询问与质证。警察证人在法庭上所提供言词证据的真实性与合法性通过控辩双方交叉询问后，才能确认其证明力，才能被法庭采纳为审判的证据。此时的法官虽不是质证主体，但其特殊的居间地位，仍具有质证的指挥权，把握着质证的深度与广度，避免造成不必要的纠缠。

（3）法庭补充询问警察证人。由于法官在审理案件之前，只限于起诉书内容的了解，随着法庭对案件事实的深入调查，法官是需要审理、裁判案件的。再加上法官在法庭上不是消极的仲裁人，而是积极的主持者、指挥者，并且拥有调查案件事实，证据的权力。所以，法官在听证的同时可以向警察证人发问，是其行使职权的一种方式。

6. 警察证人退庭

警察证人在法庭上接受控辩双方交叉询问与质证以及法官的所有提问后，可视为作证完毕。法官最后应当询问警察证人是否还有补充，如有，则恢复其正常的作证程序，如没有，则宣布作证完毕。同时，书记员将警察出庭作证时作证笔录通过法警当庭交予警察证人阅读并核对后签字，警察证人按印盖章或签字后，由法官宣布退庭。警察证人应当向法庭鞠躬，再退出审判庭。

六、警察出庭作证的保障

警察出庭作证同普通证人出庭作证一样，也可能会遇到各种阻力和危险。对许多人而言，不愿意出庭作证的一个重要原因就是害怕遭到打击报复。警察由于特殊的职务与工作环境，遭到打击报复的概率就更大，因此，建立警察出庭作证的保障机制非常必要。

（一）人身安全保障

对证人的保护，是法院应尽的职责，证人不应该因出庭作证而受到打击报复，对证人的保护应该包括事先和事后的保护、人身和财产的保护、证人及其近亲属的保护。"对于警察证人及其亲属人身安全的保护除适用普通证人的保护措施外，还应该考虑从工作任务的安排角度来保护警察证人，如在一定时期内不安排作证警察从事户外活动，以减少其危险性，或者进行工作岗位调换，但不得降低该警察各方面的待遇，且应当征得其本人的同意。"[1]

（二）经济补偿保障

虽然说警察出庭作证是一项职责，不必对其补偿"误工费"，但为了提高其出庭作证的积极性，需要对其因出庭作证而产生的交通费、饮食费与住宿费等给予补偿，并保证其在出庭作证期间的工资、奖金等正常收入不受到影响。

---

[1] 参见谭世贵、王琳："关于建立我国警察作证制度的思考"，载《中国刑事法杂志》2003 年第 5 期。

（三）职务保障

警察证人的出庭作证必须得到其所在单位的支持，为其出庭作证提供便利条件。只要警察在法庭上如实陈述，且作证所涉及的在案件侦查过程中进行的侦查行为是合法的，即使其作证在客观上产生了不利于控诉方或者有利于辩护方的结果，警察所在的单位也不能因此而对其进行行政处分，或者给予其任职上或者经济上的不公平待遇，否则，警察有权向有关部门申诉，有关部门应当依法处理。[1]

【本专题思考题】

1. 警察出庭作证的意义有哪些？
2. 警察出庭作证有哪些价值功能？
3. 警察证人与普通证人出庭作证有什么区别？
4. 警察出庭作证的流程是怎样的？
5. 警察出庭作证应受到何种保障？

---

　〔1〕　参见谭世贵、王琳："关于建立我国警察作证制度的思考"，载《中国刑事法杂志》2003 年第 5 期。

专题四：警务公开运行机制研究[1]

【引导案例】

某日，某市 110 报警平台接到报警称 A 洗脚店存在卖淫嫖娼的违法行为，民警小王、小赵出警处置，在 A 洗脚店当场发现李某（男）与孙某（女）二人未穿衣服，神色慌张，并在房间的垃圾桶内发现刚用完的避孕套，怀疑其二人有性交易嫌疑，遂将二人传唤至公安机关进行调查，并按规定通知其家属。经询问查证，李某存在嫖娼行为，公安机关对其作出治安处罚决定。李某之妻甲某坚决认为自己丈夫不可能嫖娼，遂辩称，家属有知情权，根据警务公开制度，其申请公开孙某的证言。

【引导问题】

1. 什么是警务公开？
2. 孙某的证言能否向甲公开？
3. 如何构建警务公开的运用机制？

《人民警察法》第 44 条规定，人民警察执行职务，必须自觉地接受社会和公民的监督。人民警察机关作出的与公众利益直接有关的规定，应当向公众公布。由此可见，警务公开是人民群众和社会各界监督人民警察执行职务、履行职责的一种方式。通过警务公开，能有效促进公安机关依法行政，公平、公正、规范执法，消除警察腐败，保障和维护人民群众合法权益不受侵犯。

---

〔1〕　本专题是高文英主持的"北京市警务公开法治研究"（14FXB015）的阶段性成果之一。

一、警务公开的含义

（一）警务公开的含义

关于警务公开的含义，众说纷纭。如，有学者认为警务公开中的警务应作广义理解，界定为公安机关依法履行职责所开展的工作，并接着指出，"警务公开是指公安机关的职责和工作及其运作过程等所有与警察权能有关的信息以各种适当的形式，公示于社会、社区或告知权利人"。[1]有学者认为"警务是警察机关依法履行职责所开展的工作；警务公开是将警察机关的法定职责和工作以各种不同的形式公示于社会和公众"；[2]还有的认为"警务公开指除属于国家保密以外的各项警察事务，都要向社会和群众公开，以接受监督"。[3]以上说法均显得过于宽泛，未明确指出警务公开的基本内涵与核心要义。笔者认为，警务公开须通过载体传达确定的消息，实质是信息的公开，即警务信息公开。因此，需要先厘定"警务信息"这一概念。

警务信息，从字面考察，应当是与警察事务相关的信息。对警务信息概念的把握可以从以下两个方面：

第一，从法律角度看，警务信息应限定为与履行警察法定职责、行使警察权力相关的事务信息，即警务信息必定是反映公安机关履行或不履行以及如何履行其法定职责的信息，故排除非警务活动的信息。该处的职责为公安机关的法定职责，即《人民警察法》第 6 条规定的人民警察职责，具体表现为公安机关在刑事犯罪、社会治安、交通、消防、危险品、特种行业、管理集会游行示威、户籍与出入境、国边境地区的治安、警卫、网络安全、国内保卫等领域应当履行的执法、管理、服务等法定职责。因此，该项要求排除与履行职责无关的宣传报道类信息，如公安机关内部举行的红歌比赛、运动会等活动报道类信息，对该类信息研究的意义不大。

第二，警务信息为影响到社会公共利益、公民、法人或其他组织合法权益的信息。警务信息的核心要义是社会公共利益、公民、法人或其他组织合

---

〔1〕　参见张超：《警务法治化建设进路研究——以警务公开为视角》，中国人民公安大学出版社2013 年版，第 49 页。

〔2〕　参见周路："建立警务公开的良性工作机制"，载《江西公安专科学校学报》2001 年第 1期。

〔3〕　参见陈琼芳："警务公开的实践与思考"，载《安全与健康》2003 年第 8 期。

法权益，可以说这是由公开的需求导向决定的，这才是民众关心的根本，公开的关键所在。公民、法人或其他组织需要获悉影响其权益的警务信息，从而参与到社会治理、警察管理中，维护社会公共利益，或根据警务信息来调整自己的行为，作出决策，寻求己方利益。因此，公安机关纯粹的内部管理信息应予以排除，如公安机关内部的人事培训、会议通知、食堂用餐时间等，该类信息仅对内作出，对外部的相对人不产生影响，对其进行法律规制意义不大。

综上，可将警务信息界定为公安机关依照法律法规规定，在履行治安管理、刑事司法以及其他行政管理或服务的法定职责过程中产生、制作、获取、保存的信息。警务公开即警务信息公开。此外，根据《人民警察法》第 2 条规定，人民警察包括公安机关、国家安全机关、监狱、劳动教养管理机关[1]的人民警察和人民法院、人民检察院的司法警察。因此，广义的警务公开应当包括公安机关、国家安全机关、狱政管理机关、检察机关和审判机关的相关警务信息公开。狭义的警务公开仅指公安机关的警务信息公开。因监狱警察履行职责的信息公开通常纳入狱务公开，法院、检察院的司法警察履行职责的信息公开亦通常纳入司法公开，国家安全机关的警务信息因其较多涉及保密信息，在此不做讨论。因此，本文以下论述仅指狭义的警务公开，即公安机关的警务信息公开。

（二）警务公开与相关概念的辨析

1. 警务公开与政务公开

"政务公开指整个公权力运作的活动及其信息的公开，包括各级人民政府和政府部门行使行政权的活动及其信息的公开，各级人民代表机关行使立法、审查批准预决算和对一府两院监督权的活动及其信息的公开，以及执政党依法执政活动及其信息的公开。狭义的政务公开仅指各级人民政府和政府部门行使行政权的活动及其信息的公开。"[2]警务公开与政务公开的区别体现在：

（1）从公开的主体来看，政务公开的主体是各级人民政府和政府部门、各级人民代表机关以及执政党，既包括权力机关，也包括行政机关，还包括

---

〔1〕 2013 年 12 月 28 日全国人大常委会通过了关于废止有关劳动教养法律规定的决定，至此劳动教养制度被废除，劳教管理机关也不复存在，就更谈不上劳动教养管理机关的人民警察了。

〔2〕 姜明安："论政务公开"，载《湖南社会科学》2016 年第 2 期。

执政党；而警务公开的主体仅为公安机关，是行政机关。警务公开仅是政务公开的有机组成部分。

（2）从权力公开的种类来看，警务公开涉及立法权力、行政权力运作的公开，以及执政党行使党内权力的公开；而警务公开则仅为警察权力（行政权力）的公开。

（3）从公开的内容上看，政务公开包括决策公开、立法公开、执行公开与监督公开，而警务公开更侧重执行公开或者执法公开。

可见，政务公开比警务公开的主体要广，权力形式更多，内容也更丰富。总体来说，政务公开是警务公开的上位概念。

2. 警务公开与政府信息公开

公安机关作为政府的有机组成部门，有其特殊性，即公安机关除了按照行政法律规定履行行政管理和服务职责外，还须按照刑事诉讼法的授权履行刑事司法的职能。因此，警务公开不仅要公开其履行行政职责的信息，如消防行政管理、治安行政管理、道路交通管理、出入境管理及户籍管理等，还要向社会公众或特定对象公开刑事执法信息。即公安机关履行行政管理与服务职责，以及刑事司法职能都要依法公开。按照当前各项规定来看，《政府信息公开条例》规定政府信息是指行政机关在履行职责过程中制作或者获取的，以一定形式记录、保存的信息。目前普遍认为，政府信息的公开主体是行政机关，公开的内容为行政机关在履行行政职责过程中产生的信息，此即意味着排除刑事执法信息。2014 年最高人民法院公布政府信息公开十大案例之一"奚明强诉中华人民共和国公安部案"中，明确履行刑事司法职能的信息不属于《政府信息公开条例》所规定的政府信息。2016 年 1 月，公安部印发《公安机关办理政府信息公开行政复议案件若干问题的规定》第 7 条第 2 款规定，公安机关履行刑事司法职能过程中制作或者获取的信息、党务信息，以及申请人以政府信息公开名义进行法律政策咨询，或者要求确认相关行为、文件的合法性的，不属于政府信息。由此，可以看出，实践中刑事执法信息不属于政府信息。从这个角度看，警务信息的范围要大于同级别的政府信息的范围，因此警务公开的范围要广于政府信息公开。[1]举例来说，北京市公安局警务公开，除了北京市公安局政府信息公开以外，还包括北京市公安局刑事

---

〔1〕 但是对于该种说法，现已有不同观点，后文有说明。

执法信息的公开。

（三）警务公开的发展

相较于司法公开，公安机关的警务公开起步较早，大体经过了 15 年的发展历程。1999 年，公安部印发了《关于在全国公安机关普遍实行警务公开制度的通知》，明确了四个方面 13 项公开内容。这四个方面分别为：执法依据和制度、程序，刑事执法，行政执法，警务工作纪律。同时，对警务公开的形式办法、组织领导、监督检查作出了规定。2008 年，《政府信息公开条例》施行后，公安部相继制定了《关于大力加强公安机关执法规范化建设的指导意见》《全国公安机关执法规范化建设总体安排》《执法规范化建设阶段目标和成效标准》等文件，明确要求完善执法公开制度，清理应公开未公开的执法信息，建立健全公开工作考核制度、审查制度、社会评议和责任追究制度，搭建网上执法工作平台。公开的范围不断拓展，公开的方式更加多样。2012 年，公安部制定了《公安机关执法公开规定》，在总结多年来实践经验的基础上，将执法公开主要分成两类：一类是向社会公开的内容，分为十二类应当公开和三类倡导公开的条款；另一类是向特定对象公开，强调推行网上公开办事、提供在线服务。《公安机关执法公开规定》开启了规范公开、深化公开的新阶段。

二、警务公开的背景、价值与意义

（一）新形势下警务公开的背景

当前我国正处于社会主义初级阶段，全面建设小康社会进入决定性阶段，改革进入攻坚期和深水区，社会矛盾逐步彰显，而日益觉醒并增强的公民权利意识，使得社会公众将目光投向了社会治理，尤其是对与民众关系最密切、接触最广泛、矛盾最尖锐的警察执法颇为关注。如，警民冲突时有发生，警权公信力流失。大到刑事案件的侦查，小到民警街头盘问检查，民众不理解、不配合情况时有发生，民众认为受到不公平待遇的时候，条件反射般地认为存在暗箱操作，社会公众对民警执法心存疑虑，这一现象在一定程度上促进了警务公开。又如，某些重大敏感事件频发，民众强烈呼唤警务公开。如在某些热点事件中，民众强烈呼唤公开执法视频、鉴定意见等关键信息，如若公安机关应对不及时或不力，猜忌和恶意揣测横行，借助互联网、自媒体的快速传播，很容易变成舆论炒作事件，影响社会稳定。现如今已进入"互联网+"时代，依托互联网、移动互联网，信息以前无仅有的方式大量产生和快速传播，试图闭塞信息通路、抑制信息传播已经不再可能，须顺势而为，做到信息公开。这些都对警务公开起到了大力推动作用。

此外，党的十八大以来，以习近平同志为总书记的党中央从坚持和发展中国特色社会主义全局出发提出了"四个全面"战略布局，即全面建成小康社会、全面深化改革、全面依法治国、全面从严治党。中共十八届四中全会审议通过了《中共中央关于全面推进依法治国若干重大问题的决定》，规定深入推进依法行政，加快建设职能科学、权责法定、执法严明、公开公正、廉洁高效、守法诚信的法治政府，[1]全面推进政务公开。随后，中央也发布一系列文件，积极推动政务公开。与此同时，公安改革也在稳步推进，提出了执法规范化建设，公开是促进规范执法的一剂良方。这些因素都要求积极全面推进警务公开。

（二）警务公开的价值和意义

谈到警务公开的价值，有学者指出"警务公开的价值包括正义、秩序、效益（效率）、自由和平等"。[2]笔者认为，这样的价值勾勒未免过于宏观，正义、秩序、效益、自由、平等，基本上属于自然法上的共通价值，可以说绝大部分的制度设计都能或多或少的体现这些价值。如此，便不足以体现警务公开价值的独特性。也有学者指出，"政务公开保障公民的知情权，是实现现代参与民主和协商民主的必需，是实现国家治理现代化的必需，政务公开是依法治国，建设法治国家的必需。警务公开必然也是体现了现代参与民主和协商民主、国家治理现代化、依法治国等价值。"[3]

笔者认为，警务公开的价值除了保障公民的知情权，具备上述政务公开的共通价值之外，更重要的在于规范警察权力行使，保障公民权利。相较于其他行政权力，警察权力具有法定性、强制性、特许性及单向性等特征，其最易侵犯公民合法权益；公安机关作为政府机构中与广大人民群众接触最广

---

〔1〕　参见十八届四中全会决定全文。

〔2〕　参见张超：《警务法治化建设进路研究——以警务公开为视角》，中国人民公安大学出版社2013年版，第60页。

〔3〕　姜明安："论政务公开"，载《湖南社会科学》2016年第2期。

泛、最频繁的部门，也使得公民权益被侵犯的概率显著大于其他职能部门，因此最需要对警察权力进行制约，防止其肆意扩张和侵犯公民权益。而警务公开恰好迎合了该需求，是有效的控权方式之一。尤其是对民众最关心、最影响民众权益的执法办案警务信息的公开，各级公安机关将各自的职责规范、执法依据、执法过程、执法结果、当事人的权利义务等内容公告于众，使得权力在阳光下运行，最大程度减少了暗箱操作，规范了警察权力的行使，保障了公民权利，这是警务公开的最大价值与最大贡献。

（三）警务公开的意义

当然，在全面建设法治国家、扎实稳步推进公安改革、执法规范化建设的现阶段，警务公开也体现了其当下的重大意义，具体表现在：

第一，有利于规范警察行为，以公开促规范。警务公开属于当前执法规范化的有机组成部分。以规范化要求公开，以公开促进规范化，警务公开与执法规范化建设相辅相成。警务公开尤其是执法办案公开能够形成倒逼机制，促进执法规范的加速建设。

第二，有利于促进公平公正，以公开促公正。警务公开让暗箱操作没有空间，让警察腐败无处藏身。阳光是最好的防腐剂。实践证明，建立警务公开机制，能够让每一个工作环节都晾晒在阳光之下，每一个执法行为都处在公众监督之中，从根本上杜绝警察执法不公，铲除腐败，促进警察公正执法。

第三，有利于建设和谐警民关系，以公开树公信。如前所述，警民关系有日趋紧张之势。而警务公开则为警与民的沟通提供了渠道，民众有途径可以了解到警察权的行使与运作，消除对警察工作的猜疑和误解。有利于和谐警民关系的建设，从而促进社会稳定与和谐。

三、警务公开的运行机制

（一）警务公开的依据

截至目前，笔者就警务公开的重要依据进行梳理，主要依据有法律、行政法规、部门规章、规范性文件等，按法律位阶梳理如下。

1. 法律。《人民警察法》，该法第44条规定：人民警察执行职务，必须自觉地接受社会和公民的监督。人民警察机关作出的与公众利益直接有关的规定，应当向公众公布。该条首次明确提到"向公众公布"这一概念，是警务公开的法律依据。

2. 行政法规。《政府信息公开条例》，该条例自 2008 年 5 月 1 日实施后，成为指导警务公开的重要行政法规依据。

3. 规章。①公安部规章。2000 年 6 月 1 日公安部发布施行的《公安机关人民警察内务条令》涉及对警务公开的规定，即第 28 条：公安机关执法办案和行政管理工作，除法律、法规规定不能公开的事项外，应当予以公开，并通过报刊、电台、电视台等新闻媒体和其他现代化信息传播手段以及公示栏、牌匾或者印发书面材料等形式告知群众，为群众提供方便。这是警务公开的直接部门规章依据。②地方政府规章。以北京市为例，北京市政府 2015 年 1 月 1 日施行的《北京市政府信息公开规定》，该规定也是指导北京市公安局警务公开重要的地方政府规章依据。

同时，有若干重要的规范性文件，也是警务公开工作的依据。如中共中央办公厅、国务院办公厅 2000 年印发《关于在全国乡镇政权机关全面推行政务公开制度的通知》，2005 年印发《关于进一步推行政务公开的意见》，国务院办公厅于 2008 年印发《关于施行〈中华人民共和国政府信息公开条例〉若干问题的意见》，2010 年印发《关于做好政府信息依申请公开工作的意见》，2011 年中央办公厅印发《关于深化政务公开加强政务服务的意见》，2016 年 2 月中共中央办公厅、国务院办公厅印发《关于全面推进政务公开工作的意见》，2016 年 11 月国务院办公厅印发《〈关于全面推进政务公开工作的意见〉实施细则》等，是警务公开工作的重要规范性文件。

公安部下发的若干重要的规范性文件，是警务公开工作的直接依据，分别为：①公安部 1999 年 6 月下发《关于在全国公安机关普遍实行警务公开制度的通知》，主要就警务公开的主要内容、警务公开的形式和办法、警务公开工作的组织领导、警务公开工作的监督检查等进行规定，这是第一次在全国范围内明确规定实行警务公开制度，可以说该通知是警务公开工作的主要直接依据。②公安部 2012 年 8 月下发《公安机关执法公开规定》，并于 2013 年 1 月 1 日开始施行，主要就执法公开进行了详细规定。执法包括刑事、行政执法，是公安工作的主要内容，本规定就公安机关执法公开进行详细规定，是第一部全面规定公安机关执法公开工作的规范性文件，是执法公开工作的直接依据。

此外，最高人民法院发布的《最高人民法院关于审理政府信息公开行政案件若干问题的规定》，自 2011 年 8 月 13 日起施行，这也是警务公开工作的重要依据。

（二）警务公开的基本原则

基本原则对于警务公开具有指导意义，是搭建警务公开制度的基础。从警务公开制度的理论、现有规定以及实践经验中，归纳出警务公开的基本原则如下：

第一，依法公开原则，或称为法定公开原则。现在正处于全面建设法治国家的重要时期，依法行政是全面建设法治国家的首个要义，警务公开作为行政部门的行为活动，也应当要严格遵循依法公开。具体体现为警务公开的主体法定、内容法定、程序法定、方式法定、时间法定、程序法定及救济法定。即警务公开的运作要在法律范围内，不得逾越。

第二，公开为常态，不公开为例外原则。确立该原则的主要原因为一种价值倡导，我国现在全力建设法治国家、法治政府，其中透明政府、开放政府是其中重要的组成部分。在现代民主参与和民主协商治理理念下，应当大力倡导公民参与政府治理、参与警务管理，并且主动将权力暴晒在阳光之下。因此，在构建警务公开的各项制度时，应当以此为大的原则导向，坚持公开为常态，不公开为例外，做到能公开的尽量公开，最大限度地压缩暗箱操作的空间，最大程度满足公众的知情权，保障其表达权、参与权、监督权的行使。不公开主要是指按照法律规定，涉及国家秘密、警务工作秘密、商业秘密、个人隐私以及可能妨害正常执法活动或者影响社会稳定的执法信息，不予公开。

第三，及时准确原则。警务公开的信息应当及时准确。警务公开的信息如有迟滞，则可能一是会引起特定当事人的不满，影响其权益，如著名的杜宝良的"天价罚单"事件；[1]二是有可能会引起群众性事件，波及社会稳定，如在重大敏感案件中，案件进展情况的不及时披露，可能造成民众怨声载道，对警察行为的恶意揣测横行，不利于警民关系的和谐建设。此外，警务公开的信息应当准确，否则也会影响当事人权益，如在治安管理处罚中，如果处

---

〔1〕　2005 年 5 月 23 日，杜宝良偶然查询得知，自己于 2004 年 7 月 20 日至 2005 年 5 月 23 日在驾驶小货车运菜时，在每天必经的北京市西城区真武庙头条西口被"电子眼"拍下闯禁行 105 次，被罚款 10 500 元。此前，从未有交管部门告知他有违法行为。

罚决定书中信息不准确，将不予处罚决定书错误的公开为处罚决定书，给当事人带来名誉损害，重大的信息不准确还可能导致名誉损害或者酿成更大事故。

第四，便民利民原则。警务公开应当以便利群众为原则，这也是现代建设服务政府的重要理念。警务公开的形式、地点应当便利人民群众获取警务信息，否则警务公开成为遥不可及的空中楼阁，形同虚设。只有便利群众知晓，保障信息能为民所知，能为民所用，才能够实现警务公开的目的。

（三）警务公开的主体

根据《政府信息公开条例》的规定，行政机关制作的政府信息，由制作该政府信息的行政机关负责公开；行政机关从公民、法人或者其他组织获取的政府信息，由保存该政府信息的行政机关负责公开。法律、法规对政府信息公开的权限另有规定的，从其规定。因此，政府信息公开主体的原则为谁制作谁公开，谁保存谁公开。

《公安机关执法公开规定》第14条规定，公安机关向社会公开执法信息，由制作、产生或者保存该信息的内设机构负责。必要时，应当征求政务公开主管部门、法制部门、保密部门的意见。

可以看出，二者关于公开主体规定是一致的。因此，可以将警务公开的主体理解为：由制作、产生或者保存该信息的内设机构负责，并按照"谁制作谁保存、谁审查谁负责"和"谁履职谁公开，谁制定谁公开"的原则，建立健全警务信息公开保密审查机制，明确审查的程序和责任，确保信息公开安全。

（四）警务公开的内容

1. 警务信息公开范围概述

警务公开的内容主要是公开的范围与不公开的范围。结合《政府信息公开条例》与《公安机关执法公开规定》，警务公开的范围主要包括：涉及公民、法人或者其他组织切身利益的；需要社会公众广泛知晓或者参与的；反映本行政机关机构设置、职能、办事程序等情况的；执法依据和制度、程序；刑事执法信息；行政执法信息；警务工作纪律，以及其他法律、法规和国家有关规定应当主动公开的信息。

不予公开的范围有一条"三安全一稳定"的高压线，即，警务信息的公开，不得危及国家安全、公共安全、经济安全和社会稳定。不予公开的警务信息具体有：①属于国家秘密或警务工作秘密的；②属于个人隐私或者公开可能导致对个人隐私造成不当侵害的；③属于商业秘密或者公开可能导致商业秘密被泄露的；④正在调查、讨论、审议、处理过程中的，但法律、法规另有规定的除外；⑤公开后可能会影响检查、调查、取证等执法活动或者威胁个人生命安全的；⑥法律、法规、规章规定不予公开的其他警务信息。但是，经权利人同意公开或者行政机关认为不公开可能对公共利益造成重大影响的涉及商业秘密、个人隐私的警务信息，可以予以公开。

此外，除了主动公开警务信息之外，公民、法人或者其他组织还可以根据自身生产、生活、科研等特殊需要，向各级公安机关申请获取相关警务信息。

2. 公安行政执法信息公开的边界探究

公安行政执法工作是公安工作的重要部分，公安行政执法信息属于典型的政府信息，应当按照《政府信息公开条例》及《公安机关执法公开规定》的规定，主动公开或依申请公开。《政府信息公开条例》虽无对行政执法信息的单独规定，但目前各地关于行政执法信息的不予公开有一定规定，如《江苏省政府信息公开暂行办法》中规定，与执法有关，公开后可能直接影响案件查处或者危及个人生命安全的，不公开。[1]从世界范围来看，各国也对执法信息公开的边界有所规定，如美国的《信息自由法》规定：为执法目的而收集的档案材料或者信息情报不公开。但这不是绝对的不公开，而是相对的不公开。如果公布后会出现以下六种情况，就不公开，分别为："可能干扰执法；可能剥夺某人受到公正审判或者公正裁决的权利；可能构成个人隐私的不当侵犯；可能暴露秘密情报来源；可能泄露司法调查或者起诉的技术和方法，或者可能泄露司法调查或者起诉的指导方针；可能危及任何个人的生命或者人身安全。"[2]我国公安机关行政执法类信息，涉及以下情形的可以不予公开：影响行政执法目的；危及个人生命、人身安全；可能泄露应当保密的执法技术和方法；可能会影响行政机关获得信息来源。因公安机关行政执法

---

〔1〕　其他省市也有类似规定，如《河北省政府信息公开规定》《深圳市政府信息公开规定》等，都有对执法类信息不予公开情形的规定。

〔2〕　应松年主编：《外国行政程序法汇编》，中国法制出版社 1999 年版，第 47 页。

类目繁多，不予公开的具体内容可以在司法个案中予以确定。同时，也期待《政府信息公开条例》能作出修法回应，将此不公开的例外详细列明。

3. 刑事执法信息性质探讨

关于刑事执法信息的性质，现实中普遍一致的看法为该类信息不属于政府信息，因政府信息限定履行行政职责过程中制作、获取的信息，因此将履行刑事司法职责的信息排除在政府信息公开之外。这是目前公安部门的做法，并且该做法也得到了法院的认可，查询司法案例，可发现各级法院其在判决中均认为刑事执法信息不属于政府信息，不予公开。直至 2014 年，最高法院出台典型案例认为刑事执法信息不属于政府信息。[1]但是最近有学者指出，刑事执法信息应当属于政府信息的范围，因其亦是行政机关履行职责过程中制作、获取的信息，而不应当以行政诉讼范围界定信息公开范围，将"履行职责"限定为"履行行政职责"，将刑事执法信息排除在政府信息之外，是对《政府信息公开条例》的误读。[2]并且提到，应当严守两个关键点，"第一个关键点是知情权原则，第二个关键点是公开为原则、不公开为例外"[3]，避免出现如此颠覆性的错误，笔者对此持赞同意见。现由《公安机关执法公开规定》对刑事执法信息进行规制，而未纳入《政府信息公开条例》规制，显然不利于保障广大民众的知情权，也与"公开为原则、不公开为例外"的原则相违背。由此导致两张皮现象，双头管，不统一。公安机关也易于用该信息为刑事执法信息不属于政府信息为由，规避履行信息公开义务，缩小公开范围，限制公民知情权。将刑事执法信息纳入到《政府信息公开条例》规制，可以将公安政府信息与警务信息等同，这样由一部法律规定即可，而不必再单独进行警务公开的法律规定，也解决了警务公开没有专门法律规定的问题。笔者认为，这既遵从了理论逻辑，也尊重了实践经验，一举两得。这就需要《政府信息公开条例》作出修法回应。不过，现在来看，刑事执法信息到底是否属于政府信息，并不影响其作为警务信息的公开。如下将探讨个案中的刑

---

〔1〕 2014 年最高人民法院公布的政府信息公开十大典型案例之一 "奚明强诉中华人民共和国公安部案"。

〔2〕 参见周汉华："误读与被误读——从公安机关刑事执法信息公开看《政府信息公开条例》修改"一文，该文中，周教授详细阐释了误读的演变过程、为什么会被误读等内容。

〔3〕 周汉华："误读与被误读——从公安机关刑事执法信息公开看《政府信息公开条例》修改"，载《北方法学》2016 年第 6 期。

事执法信息公开。

正如实务工作者所反映，一些申请人在个案中借申请刑事执法信息公开而试图达到调阅案卷材料的目的，与执法信息公开的目的严重不符。因此，刑事执法信息的主动公开与申请公开，也并不是一揽子公开，而应当协调公众知情权和公共利益，如保障司法独立，保证审判公平进行，不对审判法官造成预断等，对个案中公开与不予公开的范围作严格界定。因此，笔者认为，总的原则应当为，程序类的事实问题可以公开，而具有个人意见、评价、推断等色彩的意见信息不应当公开。当然，个案公开通常为社会反响较大、关注度较高的案件，该类案件容易形成舆论冲击波。对该类案件的公开，笔者有如下建议：侦查终结前，向社会公众可以公开的有：涉案人姓名、年龄、职业、婚姻状况、被何机关何时因何原因采取何种刑事强制措施，视听资料、电子证据，被害人情况。不可以向公众公开的有：涉案人先前犯罪记录、嫌疑人供述、证人的情况及证词、物证、书证、鉴定意见、勘验检查笔录等。当然这其中如果涉及国际秘密、商业秘密、个人隐私的，不得对外公开。比如需要保护被害人隐私，则不得公开被害人部分情况或者全部情况。在个案中还应当向犯罪嫌疑人或者家属公开诉讼权利义务、刑事强制措施采取、撤案、鉴定意见、移送审查起诉、办案单位名称及联系方式等情况。向控告人、被害人或者家属公开：诉讼权利义务；办案单位名称及联系方式；受案、立案、不予立案、撤案、鉴定意见、移送审查起诉，对犯罪嫌疑人采取的刑事强制措施等情况。这是目前理论层面的探讨，期待法律、法规能够进一步明确规定。

4. 过程性信息性质探讨

关于过程性信息，2010 年 11 月国务院办公厅下发的《关于做好政府信息依申请公开工作的意见》第 2 条规定，行政机关在日常工作中制作或者获取的内部管理信息以及处于讨论、研究或者审查中的过程性信息，一般不属于《政府信息公开条例》所指应公开的政府信息。最高人民法院 2014 年信息公开十大典型案例第五个案例点评中，认为过程性信息一般是指行政决定作出前行政机关内部或行政机关之间形成的研究、讨论、请示、汇报等信息。依字面意思，过程性信息就是行政机关正在讨论、研究或者审查过程中的信息。所谓"过程"，必然是指某一未完成事件的某一阶段，即某事件、行为未最终处理完毕，在该过程中所制作、获取的信息为过程性信息。其反映的是与行为的关系，相对于最终形成的行为来说为过程。有学者指出，过程性信息得以豁免的理由为"影响坦诚性、影响社会稳定、硬性公平权益"。[1]

信息从理论上可以分为三类，分别为事实信息、意见信息与行为信息。[2]事实信息和意见信息都是服务和指向于行为信息的，前者是行为主体作出行为的事实依据，后者是行为主体作出行为的意见表达，而行为信息实质上就是最终的行为主体作出的行政行为。就过程性信息而言，其既可能是事实信息、意见信息，也可能是附着于行为信息、作为行为信息的一部分而存在。过程性信息不予公开的范围：一是过程性信息中的意见信息，如尚在形成之中还没有成熟和最终形成，就要受到坦诚性原则的限制不予公开；二是过程性信息中的事实信息应予公开，因为这类信息往往是行为主体作出最终的行政行为的事实依据，其本身是客观和成熟的，并且是对行政相对人的权益有重大影响的信息，但若内含社会稳定因素或公平权益因素，则不予公开；三是附着于行为信息的过程性信息，随着过程的结束或取消，应附随行为信息一并公开或单独公开。

据笔者调研发现，实务中对于110接处警记录的申请公开，是公安机关经常受理的信息公开。在实务中，对于该信息通常认定为过程性信息，认为该案件尚未处理完毕时，该信息不属于政府信息。[3]笔者认为，110平台报警的接处警记录、处理结果，就其性质而言，均属于公安机关在履行110接处警职责过程中制作的信息。其中，接处警记录是处警行为的事实信息，接处警处理结果是附随于接处警行为的行为信息，原则上均属于应当公开的政府信息，并且该接处警行为也是因申请人报警引发，只对申请人公开也不会导致社会稳定问题和影响他人合法权益，故均应当予以公开。

上述为理论层面探讨的警务信息公开范围。目前来看，综合《政府信息公开条例》《公安机关执法公开规定》的规定，笔者认为还可从警察权行使的具体形式来进行区分，将警务信息详细分类。因此，可以分为以下三方面的公开：一是综合类警务信息公开；二是执法办案警务信息的公开；三是管理

---

〔1〕 参见杨小军："过程性政府信息的公开与不公开"，载《国家检察官学院学报》2012年第2期。

〔2〕 参见杨小军："过程性政府信息的公开与不公开"，载《国家检察官学院学报》2012年第2期。

〔3〕 例如，在"黄桂梅诉北京市公安局丰台分局信息公开案"中，一审法院认为，110接处警的信息仅为公安机关110接处警工作中的过程性信息，不属于《政府信息公开条例》规定的应公开的政府信息范围。

服务类警务信息公开。具体阐述如下。

第一，综合类警务信息。该类警务信息主要是指与警察权能相关的一般警务信息，也可以称为面向社会公众公开的警务公开。主要包括以下几方面：

（1）工作职责公开：各级公安机关的任务和职责权限，人民警察的职责、权利和义务，内设执法机构及其职能；（2）规范性文件公开：涉及公民权利义务的公安机关规范性文件；（3）窗口单位公开：窗口单位的办公地址、工作时间、联系方式、民警姓名、警号和监督举报电话；（4）职业纪律公开：公安机关人民警察纪律要求、职业道德规范；（5）投诉举报渠道公开：投诉举报电话、邮箱、地址和投诉举报的受理办理流程；（6）便民利民措施公开：公安机关的便民利民措施；（7）预警防范信息公开：安全防范预警信息；（8）重大警情信息公开：涉及公共利益、社会高度关注的重大案（事）件调查进展和处理结果，公安机关开展打击整治违法犯罪活动的重大决策；（9）辖区社会治安状况、火灾和道路交通安全形势、安全防范预警信息公开；（10）公安机关在社会公共区域设置的安全技术防范监控设备信息公开；（11）规范用财权的公开：年度财政预算、决算报告、预算执行情况等；（12）政府采购情况：政府集中采购项目的目录、标准及实施情况；（13）法律、法规、规章和其他规范性文件规定应当向社会公开的其他警务信息。

公安机关向社会公开警务信息，应当自该信息形成或变更之日起20个工作日之内进行。对公众需要即时知晓的限制交通措施、交通管制信息和现场管制信息，应当即时公开。对安全防范预警信息，可以定期公开。法律、法规、规章和其他规范性文件对公开期限另有规定的，从其规定。

第二，执法信息。执法信息公开主要是指警察行政、刑事执法等案件的警务信息公开。也可以称为是向特定对象公开的警务公开。

（1）行政执法案件的警务公开。执法依据公开：公安机关履行行政执法职责的法律法规依据、规范性文件。受案范围公开：公安机关管辖的行政案件受案范围。

向违法嫌疑人或者家属公开：诉讼权利义务，行政强制措施采取、听证、鉴定意见、调解、调解协议、处罚前告知、行政处罚决定、不予行政处罚决定、终止案件调查决定、办案单位名称及联系方式等情况。

向控告人、被害人或者家属公开：诉讼权利义务；行政案件的受案、不予调查处理、听证、鉴定意见、调解、调解协议、行政处罚决定、不予行政处罚决定、终结案件调查决定，办案单位名称及联系方式等情况。

（2）刑事案件的警务公开。执法依据公开：公安机关履行刑事执法职责的法律法规依据、规范性文件。受案范围公开：公安机关管辖的刑事案件受案范围。

向犯罪嫌疑人或者家属公开：诉讼权利义务、刑事强制措施采取、撤案、鉴定意见、移送审查起诉、办案单位名称及联系方式等情况。

向控告人、被害人或者家属公开：诉讼权利义务；办案单位名称及联系方式；刑事案件受案、立案、不予立案、撤案、鉴定意见、移送审查起诉等情况，对犯罪嫌疑人采取的刑事强制措施。

（3）行政复议案件、国家赔偿案件的警务公开。向行政复议案件、国家赔偿案件的当事人公开：诉讼权利义务、办理结果、办案单位名称及联系方式。

（4）信访、投诉案件的警务公开。向信访投诉当事人公开：当事人权利义务、办理结果、办案单位名称及联系方式。

公安机关向特定对象告知执法信息，应当依照法律、法规、规章和其他规范性文件规定的期限进行。公安机关向特定对象提供执法信息查询服务，应当自该信息形成或者变更之日起 5 个工作日内进行。法律、法规、规章和其他规范性文件对公开期限另有规定的，从其规定。

第三，行政管理服务信息公开。主要是指警察在行使除执法办案职责外的其他职责时的警务信息，同时也表现为各业务部门的信息。

（1）交通管理公开：机动车、驾驶人管理方面的规定，交通违法行为和事故处理、交通技术监控设备设置、交通限行、交通管制和现场管制措施等信息。

（2）治安管理公开：人口管理业务、特种行业管理业务、危爆物品管理业务、枪支管理业务，以及涉及治安管理的其他行政许可、非行政许可、备案类事项的办理流程等信息。

（3）出入境管理公开：出国（境）证件审批签发业务、外国人签证及居留证件审批签发业务、台湾居民来往大陆通行证及签注审批签发业务、因私出入境中介机构资格认定业务，以及涉及出入境管理的其他行政许可、非行政许可、备案类事项的办理流程等信息。

（4）消防管理公开：建设工程消防涉及审核办理情况、建设工程消防验收办理情况、公众聚集场所投入使用营业前消防安全检查办理情况、建设工程消防涉及备案办理情况、建设工程竣工验收消防备案办理情况、消防监督检查结果、火灾事故认定复核结果，以及涉及消防管理的其他行政许可、非行政许可、备案类事项的办理流程等信息。

（5）边防管理公开：申领《边境通行证》《出海船舶户口簿》《出海渔民证》业务，办理《临时入境许可》《登轮许可证》《搭靠外轮许可证》业务，以及涉及边防管理的其他行政许可、非行政许可、备案类事项的办理流程等信息。

（6）禁毒管理公开：第一类非药品类易制毒化学品购买许可业务，第一类易制毒化学品运输许可审批业务，第二、三类易制毒化学品购买备案证明业务，第二类易制毒化学品运输许可业务，第三类易制毒化学品运输备案证明业务、易制毒化学品审批办理情况，以及涉及禁毒管理的其他行政许可、非行政许可、备案类事项的办理流程等信息。

（7）监所管理公开：代购物品收费标准、取保候审、保外就医、暂予监外执行、假释、会见（探视）、请假、通信、治病等方面的规定。

（8）法律、法规、规范性文件规定的其他职能部门应公开的业务信息。

（五）警务公开的方式

警务公开多呈以下方式公开。

1. 传统方式公开

通过在公共场所和办公场所设置执法公开栏、流动宣传车、印制宣传单、设置 LED 显示屏以及电子触摸屏等方式向社会公开公安机关执法依据、制度和程序、公安机关管辖刑事案件的范围、公安机关行政执法的范围和职权、公安机关组织的专项执法行动以及公安机关及民警违法违纪进行举报、控告的途径。

2. 舆论媒体公开

①通过电台、报纸定期向社会公开辖区社会治安状况、火灾预警和道路交通安全形势、安全防范预警信息。②通过新闻发布会的形式向社会公开法律允许的范围内的群众关注程度较高的刑事案件和治安案件查处情况。③通过电视、网络，如官方微博、微信公众号等定期或不定期地向社会各界公布公安工作和队伍建设的重大措施和群众关心的社会治安热点问题。

3. 网上公开

在互联网上依托门户网站，全面搭建网上服务大厅、网上投诉大厅、网上办事大厅、网上执法告知大厅、网上新闻发言人大厅等。将公安机关能够公开的工作制度、办案流程、执法规范、便民措施、警务工作全部在网上公开，能够在网上受理、办理的事项全部在网上运转，能够在网上进行的工作全部在网上开展，最大限度地方便群众网上查询、网上投诉、网上监督、网上办事，最大限度地确保公安执法权力在阳光下运行。

4. 向特定对象的告知制度

如上文所述，公安机关公开的警务信息有一部分应向特定对象公开，如应当依照法律、法规、规章和其他规范性文件规定的方式规定的告知制度，如通过电话、手机短信、邮寄等方式及时告知或送达。

（六）警务公开的救济

公民、法人或者其他组织认为公安机关不依法履行政府信息公开义务的，可以向上级公安机关、监察机关或者警务公开工作主管部门举报。收到举报的机关应当予以调查处理。

公民、法人或者其他组织认为公安机关在警务公开工作中的具体行政行为侵犯其合法权益的，还可以依法申请行政复议或者提起行政诉讼。

【本节引导问题参考答案】

1. 警务公开是公安机关根据法律法规规定，将其在履行法定职责过程中产生、制作、获取和保存的警务信息，以法定形式公开予社会或特定对象。

2. 警务公开的内容广泛，但是在该案中，孙某的证言属于用以定案的带有个人色彩的意见信息，且涉及个人隐私，不属于应当向违法嫌疑人家属公开的警务信息，不予公开。

【本专题参考文献】

1. 陈琼芳："警务公开的实践与思考"，载《安全与健康》2003 年第 8 期。

2. 姜明安："论政务公开"，载《湖南社会科学》2016 年第 2 期。

3. 杨小军："过程性政府信息的公开与不公开"，载《国家检察官学院学报》2012 年第 2 期。

4. 应松年主编：《外国行政程序法汇编》，中国法制出版社 1999 年版。

5. 张超：《警务法治化建设进路研究——以警务公开为视角》，中国人民公安大学出版社 2013 年版。

6. 周汉华："误读与被误读——从公安机关刑事执法信息公开看《政府信息公开条例》修改"，载《北方法学》2016 年第 6 期。

7. 周路："建立警务公开的良性工作机制"，载《江西公安专科学校学报》2001 年第 1 期。

专题五：治安违法行为与犯罪行为的竞合问题研究[1]

【引导案例】

2013 年 12 月 28 日 14 时许，王某某报警称张某到他家威胁他，王某某认为张某的行为是寻衅滋事，不只是威胁。同时，张某还涉嫌非法侵入住宅。田家庄派出所经调查后，认为张某的寻衅滋事行为及非法侵入住宅行为取证有困难，且不好认定，于是作出辛（田）行罚决字（2014）0016 号公安行政处罚决定书，根据《治安管理处罚法》第 42 条第 1 项（恐吓或以其他方法威胁他人）之规定，决定对张某罚款贰佰元整。后王某某认为派出所处罚过轻，遂向人民法院提起行政诉讼。

【引导问题】

请问田家庄派出所的处罚认定有何问题？寻衅滋事以及非法侵入住宅的违反治安管理行为与寻衅滋事罪、非法侵入住宅罪如何区分？

【内容摘要】

治安违法行为与犯罪行为的矛盾规定应视为规范竞合而非规范冲突。据笔者梳理发现，法定的治安违法行为中有近半与犯罪行为的规定存在竞合，笔者将具有竞合关系的治安违法行为与犯罪行为分成三大类，即行为构成表述完全一致型的竞合、行为构成表述部分交叉型的竞合及行为构成表述类似型的竞合。针对这三种类型的竞合，传统的竞合法律适用规则不能解决问题，只有通过系统的"改革"甚至"变革"，方能有效消解本文的竞合问题。

---

〔1〕　本专题是高文英教授主持的司法部"国家法治与法学理论研究项目"：《完善治安管理处罚与刑事司法衔接》（15SFB2013）的阶段性成果之一。

新中国成立以后，在社会治安管理方面，我国分别于 1957 年、1986 年以及 2005 年发布了三部治安管理处罚规范。每部治安管理处罚规范都于第 2 条规定了治安管理处罚与刑罚适用的关系，虽表述略有差异，但大致都是规定"对于扰乱公共秩序、妨害公共安全、侵犯人身和财产权利、妨害社会管理[1]的危害社会行为，尚不够刑事处罚的，给予治安管理处罚"。这说明我国的治安管理处罚一直都是拦截违法行为步入犯罪深渊的首要堤坝，只是随着治安管理处罚规范的不断修订，这道"堤坝"不断加高拓宽，使《治安管理处罚法》与《刑法》的纠葛不断加深。其中比较突出的就是治安违法行为[2]与犯罪行为的认定问题。2006 年实施的《治安管理处罚法》使治安违法行为的规定较其之前的《治安管理处罚条例》大量增加，这也使我国当前的治安违法行为与《刑法》中的犯罪行为产生大量矛盾的规定。易言之，针对性质相同的行为，《治安管理处罚法》与《刑法》都作出了相应规定，但惩罚措施与程度却不同。于法的实施层面，这种情况常常使执法人员在执法实践中对治安违法行为是否构成犯罪难以认定。当然，这只是当前两部法律较为突出的问题。笔者认为，《治安管理处罚法》与《刑法》是各自独立的制裁体系，厘清二者各自的适用范围，消解二者之间的矛盾，有助于二者实现有机地衔接，从而使两部法律都能得到正确地适用，充分发挥其各自社会治理的功能和价值。

一、竞合还是冲突？两法矛盾规定的概念厘定

治安违法行为与犯罪行为间的关系大致可划分为三种，一是危害社会的行为轻微，根本不会到达犯罪的程度，仅由《治安管理处罚法》调整，这类行为属于纯粹的治安违法行为；二是危害社会的行为较为严重，远远超越《治安管理处罚法》的调整范围，必须由《刑法》调整方可有效实现制裁效果，此类行为则属于纯粹的犯罪行为；三是危害社会的行为不轻不重，刚好《治安管理处罚法》与《刑法》都对其作了规定，形成一个违法行为同时受两个法律规范调整的情形。在这种情形下，还存在着两种情况的进一步划分：

---

〔1〕　1957 年和 1986 年发布的《治安管理处罚条例》中没有"妨害社会管理"的规定，2005 年发布、2006 年实施的《治安管理处罚法》中增加了"妨害社会管理"的专门规定。

〔2〕　本文所称的"治安违法行为"特指《治安管理处罚法》第三章第 23 条~第 75 条所列举的"违反治安管理的行为"。

一种是治安违法行为与犯罪行为的规定界限分明并在制裁上形成了完美的衔接，而另一种是治安违法行为与犯罪行为之规定产生交叉甚至是完全一致。显然，上述治安违法行为与犯罪行为之第三种关系中的第二种情况，是笔者于文章开头所提及的两法矛盾问题。

　　针对这一问题，已有不少学者经过研究并撰文论述其解决路径。然而，就已有研究成果来看，学者们将《治安管理处罚法》与《刑法》的矛盾规定大致定位为两种概念。部分学者认为这是两法间的"规范竞合"[1]，而另一部分学者认为这是两法间的"规范冲突"[2]。那么规范竞合与规范冲突的关系究竟是怎样？二者是否等同呢？笔者认为，规范竞合与规范冲突是两个不同的法律概念，由于针对规范冲突与规范竞合的解决方式不同，错误的问题认识往往使我们难以找到有效的解决路径。因此，欲正确消解两法的矛盾规定，使其建立有机的衔接，厘定两法矛盾规定的概念是首要任务。

　　规范竞合，一般是指同一案件事实可以被多个法律规范所指涉，[3]或者可以表述为"同一事实符合数个规范之要件，致该数个规范皆得适用的现象"[4]。一般而言，规范竞合的概念有广义与狭义之分。广义的规范竞合既可以发生在同一法律部门内的不同法律规范之间，也可以发生在不同法律部门的法律规范之间。狭义的规范竞合又称法规竞合或法条竞合，仅发生在同一法律部门内，且一般专指数个刑法条文所规定的数个犯罪构成之间存在包容和重合关系，当一个犯罪行为同时符合数个法条规定的犯罪构成时，只能选择其中一个条文适用的情形。[5]规范冲突一般是指法律体系中的法律规范间相互抵触和矛盾的现象。只要不同的法律规范在行为模式和法律后果中存

---

〔1〕　参见杨新京："刑法与治安管理处罚法竞合问题研究"，载《人民检察》2007年第5期；卢国胜："治安管理处罚法与刑法的衔接及竞合研究"，载《湖北警官学院学报》2010年第2期；张淑平、裴兆斌："治安管理处罚法与刑法竞合之研究"，载《福建警察学院学报》2009年第3期；叶远鹏："轻微涉罪行为处理问题研究——以刑法与治安管理处罚法的竞合为切入点"，载《河北法学》2008年第5期。

〔2〕　参见张凯、张建斌："《治安管理处罚法》与《刑法》法条冲突问题探析"，载《法学杂志》2009年第12期；郝艳兵："刑法与治安管理处罚法的冲突与协调"，载《刑事法评论》第32卷；徐岱："刑法与治安管理处罚法的冲突论"，载《法治研究》2014年第1期；冀素芳、刘璟昱："刑法与治安管理处罚法的法条冲突与衔接"，载《天津法学》2013年第4期。

〔3〕　赵震江：《法律社会学》，北京大学出版社1998年版，第366页。

〔4〕　王泽鉴：《民法学说与判例研究》，中国政法大学出版社1998年版，第371页。

〔5〕　参见曲新久主编：《刑法学》，中国政法大学出版社2011年版，第179页。

在对峙，又因调整同一个法律关系而被联系到一起时，规范冲突就会发生。纵览古今中外，虽然法制统一是每个国家的法律人孜孜不倦的追求，但一个国家的法治多么成熟，立法技术多么先进，都会不可避免地存在"法律规范的冲突"作为必然性的规范价值冲突和或然性的立法技术缺陷。〔1〕

通过规范竞合和规范冲突的概念比较可以发现，虽然二者产生的原因是相同的，即皆因调整某个法律关系的数个法律规范间产生"管辖交叉"而致，然而事实上规范竞合的内涵范围大于规范冲突。规范竞合的后果可以分三种情况：不同法律规范的法效果相同；法效果不同但彼此不排斥；法效果不同且彼此相互排斥。〔2〕质言之，规范竞合可分为冲突性竞合和非冲突性竞合，冲突性竞合是指数个法律规范调整同一法律关系，由于法律效果不同而彼此排斥不兼容之情形；非冲突性竞合则指法律效果相同或法律效果不同但彼此可以共存的情形。然而，规范冲突仅仅表现为法律规范间效力相斥不可兼容。因此，也有学者认为法律冲突是规范竞合的下位概念，规范竞合只考虑前提而不考虑后果，法律冲突则兼顾了特定的结果。〔3〕

在我国，一个危害社会的行为同时被《治安管理处罚法》和《刑法》所指涉，其制裁效果明显是不同的。违反《治安管理处罚法》要承担行政责任，而违反《刑法》则要承担刑事责任，二者责任属性具有本质不同，且责任的轻重也明显不同。虽然制裁效果不同，但行政处罚与刑罚是否有共存的可能？笔者认为，该问题实质是论证行政处罚与刑罚是否可以并用。如果可以并用，则说明两者规范间的效力可以兼容，那么两法的矛盾规定必然属于规范竞合而非规范冲突。我国《行政处罚法》第 28 条规定："违法行为构成犯罪，人民法院判处拘役或者有期徒刑时，行政机关已经给予当事人行政拘留的，应当依法折抵相应刑期。违法行为构成犯罪，人民法院判处罚金时，行政机关已经给予当事人罚款的，应当折抵相应罚金。"此条可谓一事不二罚原则的重要体现。针对行政处罚和刑罚的并用所涉之一事不二罚问题，主流适用规则是"有限并科原则"。〔4〕持相同观点的学者认为：已经存在的行政违法责任

---

〔1〕　参见雷磊："法律规范冲突的含义、类型与思考方式"，载《法律方法》2008 年第 1 期。

〔2〕　参见［德］卡尔·拉伦茨：《法学方法论》，陈爱娥译，商务印书馆 2003 年版，第 146~147 页。

〔3〕　参见雷磊："法律规范冲突的含义、类型与思考方式"，载《法律方法》2008 年第 1 期。

〔4〕　参见张毅："'一事不二罚'在行刑交叉案件中的适用——从一例危险驾驶案切入"，载《福建警察学院学报》2014 年第 2 期。

判断及处罚并不因之后的刑事责任评价和刑罚处罚而无效，但对于人身罚和财产罚，则不应再适用。其理由在于：同质的处罚，应由严厉的吸收不严厉的，这并非是行为人的行政违法责任因被追究刑事责任而丧失，而是由于其已受到刑事处罚，对其不能再适用同质的处罚。[1]笔者亦赞同上述观点，即反对《治安管理处罚法》中的拘留与《刑法》中的有期自由罚的重复适用，或二者间的罚款与罚金的重复适用。对于两法间的其他种类处罚可视具体案情实行"有限并科"，实现制裁效果上的互补。从行政处罚的角度看，行政处罚中的某些资格罚与刑罚结合适用能起到制裁和防止危害社会行为再犯的目的。司法实践中，如果具备某种资格的个人或单位行为构成犯罪，只是处以刑罚而保留其证照，无疑是给其再犯留下机会和条件，显然是不合理的。在现行的《治安管理处罚法》中，仅第54条有"吊销公安机关发放的许可证"的规定。但是，2017年1月16日公布的《中华人民共和国治安管理处罚法（修订公开征求意见稿）》（以下简称"修订草案"）增加了"责令停产停业、吊销证照"的处罚种类，并增加了大量适用资格罚的治安违法行为。这其中亦有不少治安违法行为与犯罪行为存在关联，典型的如"非法发布、传播违法信息"的治安违法行为（修订草案第95条）与"非法利用信息网络罪"（《刑法》第287条之一）。如单位违反国家规定发布销售枪支的违法信息，情节严重构成犯罪时，《刑法》对于单位的处罚只规定判处罚金，而此时行政处罚中的"责令停产停业"或"由原发证部门吊销其有关证照"的资格罚具有刑罚所不具备的制裁效果。

综上，当一个危害社会的行为同时被《治安管理处罚法》和《刑法》规定时，虽制裁效果不同，但相互间具有不排斥的可能。因此，将治安违法行为与犯罪行为的矛盾规定视为规范竞合更为准确，有助我们正确寻找针对非冲突性竞合问题的消解路径。

二、竞合的范围梳理

《治安管理处罚法》与《刑法》的竞合规定主要集中在治安违法行为的规定上。以笔者目力所及，当前学界对二者竞合的研究成果尚存在如下几个问题：第一，对治安违法行为与相关犯罪行为的竞合现象只作简单的举例分

---

〔1〕　参见时延安："行政处罚权与刑罚权的纠葛及其厘清"，载《东方法学》2008年第4期。

析；第二，从治安违法行为的"条"而非"款"、"项"层面与相关犯罪行为进行对比分析。这种层面的对比分析往往较为粗略，难以真正展现问题，易导致提出的解决方案不具有针对性；第三，虽然是从治安违法行为的"款、项"层面与相关犯罪行为作比较研究，但列举的行为不够全面且没有依据最新的法定名称进行科学分类，无法反映两法竞合的全部问题，从而没有据此提出行之有效的竞合解决方案。2010 年 12 月，公安部在发布的《违反公安行政管理行为的名称及其适用意见》（公通字［2010］72 号）的通知中明确规范了 152 种治安违法行为的名称。为了全面地对比分析治安违法行为与犯罪行为的竞合规定，寻求竞合规定的有效消解路径，笔者将这 152 种治安违法行为与刑法最新修订的罪名中有竞合规定的部分，按照竞合程度由高到低分成三类作对比梳理。需要说明的是，由于公安部于 2017 年 1 月 16 日公布了《中华人民共和国治安管理处罚法（修订公开征求意见稿）》，除去删除的违法行为，共新增了 50 余种[1]治安违法行为。笔者将该草案中与本文相关的变动内容以表 1.1、表 2.1、表 3.1 三个表格相应列出，以期更全面地说明本文问题。

（一）完全的竞合：行为构成的表述一致

表 1

	治安违法行为名称	罪名	治安管理处罚的种类和幅度	刑罚的种类和幅度
1	非法改变计算机信息系统功能（第 29 条第 2 项）	破坏计算机信息系统罪（第 286 第 1 款）	处五日以下拘留；情节较重的，处五日以上十日以下拘留。	处五年以下有期徒刑或者拘役；后果特别严重的，处五年以上有期徒刑。
2	非法改变计算机信息系统数据和应用程序（第 29 条第 3 项）	破坏计算机信息系统罪（第 286 第 2 款）	同上	同上

---

　　〔1〕　由于正式修订的《治安管理处罚法》并未出台，同时公安部尚未规范新增违法行为的名称，故笔者此处仅统计修订草案中的最新规定，供读者参考。

	治安违法行为名称	罪名	治安管理处罚的种类和幅度	刑罚的种类和幅度
3	故意制作、传播计算机破坏性程序影响运行（第29条第4项）	破坏计算机信息系统罪（第286第3款）	同上	同上
4	非法侵入住宅（第40条第3项）	非法侵入住宅罪（第245条）	处十日以上十五日以下拘留，并处五百元以上一千元以下罚款；情节较轻的，处五日以上十日以下拘留，并处二百元以上五百元以下罚款。	处三年以下有期徒刑或者拘役。
5	故意伤害（第43条第1款）	故意伤害罪（第234条）	处五日以上十日以下拘留，并处二百元以上五百元以下罚款；情节较轻的，处五日以下拘留或者五百元以下罚款。	处三年以下有期徒刑、拘役或者管制。犯前款罪，致人重伤的，处三年以上十年以下有期徒刑；致人死亡或者以特别残忍手段致人重伤造成严重残疾的，处十年以上有期徒刑、无期徒刑或者死刑。
6	虐待（第45条第1项）	虐待罪（第260条）	处五日以下拘留或者警告。	处二年以下有期徒刑、拘役或者管制。犯前款罪，致使被害人重伤、死亡的，处二年以上七年以下有期徒刑。
7	煽动民族仇恨、民族歧视（第47条）	煽动民族仇恨、民族歧视罪（第249条）	处十日以上十五日以下拘留，可以并处一千元以下罚款。	处三年以下有期徒刑、拘役、管制或者剥夺政治权利；情节特别严重的，处三年以上十年以下有期徒刑。
8	盗窃（第49条）	盗窃罪（第264条）	处五日以上十日以下拘留，可以并处五百元以下罚款；情节较重的，	处三年以下有期徒刑、拘役或者管制，并处或者单处罚金；数额巨大或者有其他严重情节的，处三年以上十年以下有期徒刑，并

（续表）

	治安违法行为名称	罪名	治安管理处罚的种类和幅度	刑罚的种类和幅度
			处十日以上十五日以下拘留，可以并处一千元以下罚款。	处罚金；数额特别巨大或者有其他特别严重情节的，处十年以上有期徒刑或者无期徒刑，并处罚金或者没收财产。
9	诈骗（第49条）	诈骗罪（第266条）	同上	数额较大的，处三年以下有期徒刑、拘役或者管制，并处或者单处罚金；数额巨大或者有其他严重情节的，处三年以上十年以下有期徒刑，并处罚金；数额特别巨大或者有其他特别严重情节的，处十年以上有期徒刑或者无期徒刑，并处罚金或者没收财产。本法另有规定的，依照规定。
10	抢夺（第49条）	抢夺罪（第267条第1款）	同上	数额较大的，或者多次抢夺的，处三年以下有期徒刑、拘役或者管制，并处或者单处罚金；数额巨大或者有其他严重情节的，处三年以上十年以下有期徒刑，并处罚金；数额特别巨大或者有其他特别严重情节的，处十年以上有期徒刑或者无期徒刑，并处罚金或者没收财产。
11	敲诈勒索（第49条）	敲诈勒索罪（第274条）	同上	数额较大或者多次敲诈勒索的，处三年以下有期徒刑、拘役或者管制，并处或者单处罚金；数额巨大或者有其他严重情节的，处三年以上十年以下有期徒刑，并处罚金；数额特别巨大或者有其他特别严重情节的，处十年以上有期徒刑，并处罚金。

（续表）

治安违法行为名称	罪名	治安管理处罚的种类和幅度	刑罚的种类和幅度
12	故意损毁财物（第49条）[1]	故意毁坏财物罪（第275条）	同上	数额较大或者有其他严重情节的，处三年以下有期徒刑、拘役或者罚金；数额巨大或者有其他特别严重情节的，处三年以上七年以下有期徒刑。
13	招摇撞骗（第51条第1款）	招摇撞骗罪（第279条）	处五日以上十日以下拘留，可以并处五百元以下罚款；情节较轻的，处五日以下拘留或者五百元以下罚款。	处三年以下有期徒刑、拘役、管制或者剥夺政治权利；情节严重的，处三年以上十年以下有期徒刑。
14	偷越国（边）境（第62条第2款）	偷越国（边）境罪（第322条）	处五日以下拘留或者五百元以下罚款。	处一年以下有期徒刑、拘役或者管制，并处罚金。
15	引诱、容留、介绍卖淫（第67条）	引诱、容留、介绍卖淫罪（第359条第1款）	处十日以上十五日以下拘留，可以并处五千元以下罚款；情节较轻的，处五日以下拘留或者五百元以下罚款。	处五年以下有期徒刑、拘役或者管制，并处罚金；情节严重的，处五年以上有期徒刑，并处罚金。
16	组织淫秽表演（第69条第1款第2项）	组织淫秽表演罪（第365条）	处十日以上十五日以下拘留，并处五百元以上一千元以下罚款。	处三年以下有期徒刑、拘役或者管制，并处罚金；情节严重的，处三年以上十年以下有期徒刑，并处罚金。

---

〔1〕 2017 年《治安管理处罚法》修改草案将此行为置于第 60 条，并将处罚种类调整为"处警告、一千元以下罚款或五日以下拘留；情节较重的，处五日以上十日以下拘留，可以并处一千元以上三千元以下罚款"。

（续表）

	治安违法行为名称	罪名	治安管理处罚的种类和幅度	刑罚的种类和幅度
17	教唆、引诱、欺骗吸毒（第73条）	引诱、教唆、欺骗他人吸毒罪（第353条第1款）	处十日以上十五日以下拘留，并处五百元以上二千元以下罚款。	处三年以下有期徒刑、拘役或者管制，并处罚金；情节严重的，处三年以上七年以下有期徒刑，并处罚金。
18	为吸毒、赌博、卖淫、嫖娼人员通风报信（第74条）	包庇罪（第362条）	处十日以上十五日以下拘留。	处三年以下有期徒刑、拘役或者管制；情节严重的，处三年以上十年以下有期徒刑。

表1.1

19（2017修订草案新增）	组织作弊，为他人组织作弊提供作弊器材或者其他帮助（2017年《治安管理处罚法》修订草案第24条第1、2项）	组织考试作弊罪（第284条之一第1款、第2款）	处五日以下拘留，有违法所得的，并处违法所得一倍以上三倍以下罚款；没有违法所得或违法所得不足一千元的，可以并处一千元以上三千元以下罚款。情节较重的，处五日以上十日以下拘留，有违法所得的，并处违法所得三倍以上五倍以下罚款；没有违法所得或违法所得不足三千元的，可以并处三千元以上二万元以下罚款。	处三年以下有期徒刑或拘役，并处或者单处罚金；情节严重的，处三年以上七年以下有期徒刑，并处罚金。

（续表）

20 （2017 修订草案新增）	为实施考试作弊行为，向他人非法出售或者提供考试试题、答案（2017 年《治安管理处罚法》修订草案第 24 条第 3 项）	非法出售、提供试题答案罪（第 284 条之一第 3 款）	同上	同上
21 （2017 修订草案新增）	代替他人或让他人代替自己考试（2017 年《治安管理处罚法》修订草案第 24 条第 4 项）	代替考试罪（第 284 条之一第 4 款）	同上	处拘役或管制，并处或者单处罚金。
22 （2017 修订草案新增）	非法获取计算机系统数据或对计算机信息系统实施非法控制（2017 年《治安管理处罚法》修订草案第 31 条第 1 项）	非法获取计算机信息系统数据、非法控制计算机信息系统罪（第 285 条第 2 款）	处五日以上十日以下拘留；情节较重的，处十日以上十五日以下拘留。	情节严重的，处三年以下有期徒刑或拘役，并处或单处罚金。
23 （2017 修订草案新增）	提供侵入、非法控制计算机信息系统程序、工具（2017 年《治安管理处罚法》修订草案第 31 条第 5 项）	提供侵入、非法控制计算机信息系统程序、工具罪（第 285 条第 3 款）	同上	处三年以下有期徒刑或拘役，并处或单处罚金；情节特别严重的，处三年以上七年以下有期徒刑，并处罚金。
24 （2017 修订草案新增）	组织、领导传销活动（2017 年《治安管理处罚法》修订草案第 33 条）	组织、领导传销活动罪（第 224 条之一）	处十日以上十五日以下拘留。	处五年以下有期徒刑或者拘役，并处罚金；情节严重的，处五年以上有期徒刑，并处罚金。

从表 1 可知，现行《治安管理处罚法》中的治安违法行为与犯罪行为构成之表述完全一致的有 18 种，加上表 1.1 中《修订公开征求意见稿》新增的 5 种，共占治安违法行为总数的 12% 左右。由于这 23 种治安违法行为与犯罪行为的构成表述完全一致，但制裁效果却大相径庭，此二者所形成的典型规范竞合，成为执法实践中《治安管理处罚法》适用最为棘手的问题。[1]

（二）形式的竞合：行为构成的表述部分交叉

表 2

	治安违法行为名称	罪名	治安管理处罚的种类和幅度	刑罚的种类和幅度
1	聚众扰乱公共场所秩序（第23条第2款）	聚众扰乱公共场所秩序、交通秩序罪（第291条）	对首要分子处十日以上十五日以下拘留，可以并处一千元以下罚款。	对首要分子，处五年以下有期徒刑、拘役或者管制。
2	投放虚假危险物质（第25条第2项）	投放虚假危险物质罪（第291条之一）	处五日以上十日以下拘留，可以并处五百元以下罚款；情节较轻的，处五日以下拘留或者五百元以下罚款。	处五年以下有期徒刑、拘役或者管制；造成严重后果的，处五年以上有期徒刑。
3	寻衅滋事（第26条）	寻衅滋事罪（第293条）	处五日以上十日以下拘留，可以并处五百元以下罚款；情节较重的，处十日以上十五日以下拘留，可以并处一千元以下罚款。	处五年以下有期徒刑、拘役或者管制。纠集他人多次实施前款行为，严重破坏社会秩序的，处五年以上十年以下有期徒刑，可以并处罚金。

---

〔1〕　曾有学者针对《治安管理处罚法》的适用在民警群体中做过较为全面的调查问卷，调查结果显示有 42% 的民警认为实践中治安管理处罚最突出的问题发生在"违法行为的认定"阶段，且有 72% 的民警认为"认定难"的最大问题在于《治安管理处罚法》与《刑法》的规定冲突，以及《治安管理处罚法》的法律条文规定不明确。参见禹竹蕊：《走进实务的〈治安管理处罚法〉——制度反思与重构》，知识产权出版社 2012 年版，第 87 页。

（续表）

	治安违法行为名称	罪名	治安管理处罚的种类和幅度	刑罚的种类和幅度
4	强迫劳动（第40条第2项）	强迫劳动罪（第244条）	处十日以上十五日以下拘留，并处五百元以上一千元以下罚款；情节较轻的，处五日以上十日以下拘留，并处二百元以上五百元以下罚款。	处三年以下有期徒刑或者拘役，并处罚金；情节严重的，处三年以上十年以下有期徒刑，并处罚金。
5	非法搜查身体（第40条第3项）	非法搜查罪（第245条）	同上	处三年以下有期徒刑或者拘役。司法工作人员滥用职权，犯前款罪的，从重处罚。
6	诬告陷害（第42条第3项）	诬告陷害罪（第243条）	处五日以下拘留或者五百元以下罚款；情节较重的，处五日以上十日以下拘留，可以并处五百元以下罚款。	处三年以下有期徒刑、拘役或者管制；造成严重后果的，处三年以上十年以下有期徒刑。
7	威胁、侮辱、殴打、打击报复证人及其近亲属（第42条第4项）〔1〕	打击报复证人罪（第308条）	同上	处三年以下有期徒刑或者拘役；情节严重的，处三年以上七年以下有期徒刑。
8	猥亵（第44条）	强制猥亵、侮辱罪（第237条）	处五日以上十日以下拘留；猥亵智力残疾人、精神病人、不满十四周岁的人或者有其他严重情节的，处十日以上十五日以下拘留。	处五年以下有期徒刑或者拘役。聚众或者在公共场所当众犯前款罪的，或者有其他恶劣情节的，处五年以上有期徒刑。

---

〔1〕 2017年《治安管理处罚法》修改草案将此行为修改为"打击报复报案人、控告人、举报人、证人及其近亲属"的行为。

（续表）

治安违法行为名称	罪名	治安管理处罚的种类和幅度	刑罚的种类和幅度
9	强迫交易（第46条）	强迫交易罪（第226条）	处五日以上十日以下拘留，并处二百元以上五百元以下罚款；情节较轻的，处五日以下拘留或者五百元以下罚款。	处三年以下有期徒刑或者拘役，并处或者单处罚金；情节特别严重的，处三年以上七年以下有期徒刑，并处罚金。
10	刊载民族歧视、侮辱内容（第47条）[1]	出版歧视、侮辱少数民族作品罪（第250条）	处十日以上十五日以下拘留，可以并处一千元以下罚款。	对直接责任人员，处三年以下有期徒刑、拘役或者管制。
11	伪造、变造、买卖公文、证件、证明文件、印章（第52条第1项）	伪造、变造、买卖国家机关公文、证件、印章罪；伪造公司、企业、事业单位、人民团体印章罪（第280条第1款）	处十日以上十五日以下拘留，可以并处一千元以下罚款；情节较轻的，处五日以上十日以下拘留，可以并处五百元以下罚款。	处三年以下有期徒刑、拘役、管制或者剥夺政治权利，并处罚金；情节严重的，处三年以上十年以下有期徒刑，并处罚金。
12	窝藏、转移、代销赃物（第60条第3项）	掩饰、隐瞒犯罪所得、犯罪所得收益罪（第312条）	处五日以上十日以下拘留，并处二百元以上五百元以下罚款。	处三年以下有期徒刑、拘役或者管制，并处或者单处罚金；情节严重的，处三年以上七年以下有期徒刑，并处罚金。
13	制作、运输、复制、出售、出租淫秽物品（第68条）	制作、复制、出版、贩卖、传播淫秽物品牟利罪（第363条第1款）	处十日以上十五日以下拘留，可以并处三千元以下罚款；情节较轻的，处五日以下拘留或者五百元以下罚款。	处三年以下有期徒刑、拘役或者管制，并处罚金；情节严重的，处三年以上十年以下有期徒刑，并处罚金；情节特别严重的，处十年以上有期徒刑或者无期徒刑，并处罚金或者没收财产。

[1]　2017年《治安管理处罚法》修改草案将此行为规定于第68条。

（续表）

	治安违法行为名称	罪名	治安管理处罚的种类和幅度	刑罚的种类和幅度
14	组织播放淫秽音像（第69条第1款第1项）	组织播放淫秽音像制品罪（第364条第2款）	处十日以上十五日以下拘留，并处五百元以上一千元以下罚款。	处三年以下有期徒刑、拘役或者管制，并处罚金；情节严重的，处三年以上十年以下有期徒刑，并处罚金。
15	参与聚众淫乱（第69条第1款第3项）	聚众淫乱罪（第301条第1款）	同上	对首要分子或者多次参加的，处五年以下有期徒刑、拘役或者管制。

表2.1

16（2017修订草案新增）	侵犯公民个人信息（2017年《治安管理处罚法》修订草案第57条）	侵犯公民个人信息罪（第253条之一）	处十日以上十五日以下拘留，并处违法所得三倍以上五倍以下罚款；没有违法所得或违法所得不足一千元的，并处三千元以上五千元以下罚款。情节较轻的，处五日以上十日以下拘留，并处违法所得一倍以上三倍以下罚款；没有违法所得或违法所得不足一千元的，并处一千元以上三千元以下罚款。	情节严重的，处三年以下有期徒刑或者拘役，并处或者单处罚金；情节特别严重的，处三年以上七年以下有期徒刑，并处罚金。
17（2017修订草案新增）	非法使用、提供、出售窃听、窃照、跟踪定位等器材（2017年《治安管理处罚法》修订草案第75条）	非法使用窃听、窃照专用器材罪（第284条）	处五日以下拘留或五千元以下罚款；情节较重的，处五日以上十日以下拘留，并处一万元以上三万元以下罚款。	造成严重后果的，处二年以下有期徒刑、拘役或者管制。

　　表2、表2.1所梳理的17种治安违法行为，其与刑法中对应犯罪行为之竞合程度仅次于表1、表1.1中所列举的行为。表2、表2.1中的治安违法行为与犯罪行为在构成要件表述上存在部分交叉，虽不像表1、表1.1中的两种行为之构成要件表述完全一致，但亦明显属形式上的规范竞合。在执法实践中，虽然违法行为的规定与犯罪行为的规定略有不同，但制裁效果仍有很大不同，公安机关针对上述17种治安违法行为的认定往往也比较困难。

　　（三）实质的竞合：行为构成的表述部分类似

表3

	治安违法行为名称	罪名	治安管理处罚的种类和幅度	刑罚的种类和幅度
1	破坏选举秩序（第23条第1款第5项）	破坏选举罪（第256条）	处警告或者二百元以下罚款；情节较重的，处五日以上十日以下拘留，可以并处五百元以下罚款。	处三年以下有期徒刑、拘役或者剥夺政治权利。
2	聚众扰乱单位秩序（第23条第2款）	聚众扰乱社会秩序罪（第290条第1款）	对首要分子处十日以上十五日以下拘留，可以并处一千元以下罚款。	对首要分子，处三年以上七年以下有期徒刑；对其他积极参加的，处三年以下有期徒刑、拘役、管制或者剥夺政治权利。
3	聚众妨碍交通工具正常行驶（第23条第2款）	聚众扰乱公共场所秩序、交通秩序罪（第291条）	同上	对首要分子，处五年以下有期徒刑、拘役或者管制。
4	虚构事实扰乱公共秩序（第25条第1项）	编造、故意传播虚假信息罪（第291条之一第2款）	处五日以上十日以下拘留，可以并处五百元以下罚款；情节较轻的，处五日以下拘留或者五百元以下罚款。	处三年以下有期徒刑、拘役或者管制；造成严重后果的，处三年以上七年以下有期徒刑。

	治安违法行为名称	罪名	治安管理处罚的种类和幅度	刑罚的种类和幅度
5	组织、教唆、胁迫、诱骗、煽动从事邪教、会道门活动（第27条第1项）	组织、利用会道门、邪教组织、利用迷信破坏法律实施罪（第300条第1款）	处十日以上十五日以下拘留，可以并处一千元以下罚款；情节较轻的，处五日以上十日以下拘留，可以并处五百元以下罚款。	处三年以上七年以下有期徒刑，并处罚金；情节特别严重的，处七年以上有期徒刑或者无期徒刑，并处罚金或者没收财产；情节较轻的，处三年以下有期徒刑、拘役、管制或者剥夺政治权利，并处或者单处罚金。
6	利用邪教、会道门、迷信活动危害社会（第27条第1项）	组织、利用会道门、邪教组织、利用迷信致人重伤、死亡罪（第300条第2款）	同上	同上
7	故意干扰无线电业务正常进行（第28条）	扰乱无线电管理秩序罪（第288条）	处五日以上十日以下拘留；情节严重的，处十日以上十五日以下拘留。	处三年以下有期徒刑、拘役或者管制，并处或者单处罚金；情节特别严重的，处三年以上七年以下有期徒刑，并处罚金。
8	非法侵入计算机信息系统（第29条第1项）	非法获取计算机信息系统数据、非法控制计算机信息系统罪（第285条第2款）	处五日以下拘留；情节较重的，处五日以上十日以下拘留。	情节严重的，处三年以下有期徒刑或者拘役，并处或者单处罚金；情节特别严重的，处三年以上七年以下有期徒刑，并处罚金。
9	非法制造、买卖、储存、运输、邮寄、携带、使用、提供、处置危险物质（第30条）	非法制造、买卖、运输、储存危险物质罪（第125条第2款）	处十日以上十五日以下拘留；情节较轻的，处五日以上十日以下拘留。	处三年以上十年以下有期徒刑；情节严重的，处十年以上有期徒刑、无期徒刑或者死刑。

（续表）

治安违法行为名称	罪名	治安管理处罚的种类和幅度	刑罚的种类和幅度
10	非法携带枪支、弹药、管制器具（第32条第）	非法携带枪支、弹药、管制刀具、危险物品危及公共安全罪（第130条）	处五日以下拘留，可以并处五百元以下罚款；情节较轻的，处警告或者二百元以下罚款。	情节严重的，处三年以下有期徒刑、拘役或者管制。
11	盗窃、损毁公共设施（第33条第1项）	破坏广播电视设施、公用电信设施罪（第124条第1款）	处十日以上十五日以下拘留。	处三年以上七年以下有期徒刑；造成严重后果的，处七年以上有期徒刑。
12	移动、损毁边境、领土、领海标志设施（第33条第2项）	破坏界碑、界桩罪。（第323条）	同上	处三年以下有期徒刑或者拘役。
13	盗窃、损坏、擅自移动航空设施（第34条第1款）	破坏交通设施罪（第117条）	处十日以上十五日以下拘留。	尚未造成严重后果的，处三年以上十年以下有期徒刑。造成严重后果的，处十年以上有期徒刑、无期徒刑或者死刑。
14	盗窃、损毁、擅自移动铁路设施、设备、机车车辆配件、安全标志（第35条第1项）	破坏交通设施罪（第117条）	处五日以上十日以下拘留，可以并处五百元以下罚款；情节较轻的，处五日以下拘留或者五百元以下罚款。	尚未造成严重后果的，处三年以上十年以下有期徒刑。造成严重后果的，处十年以上有期徒刑、无期徒刑或者死刑。
15	在铁路线上放置障碍物（第35条第2项）	破坏交通设施罪（第117条）	同上	同上
16	故意向列车投掷物品（第35条第2项）	破坏交通设施罪（第117条）	同上	同上

	治安违法行为名称	罪名	治安管理处罚的种类和幅度	刑罚的种类和幅度
17	在铁路沿线非法挖掘坑穴、采石取沙（第35条第3项）	破坏交通设施罪（第117条）	同上	同上
18	在铁路线路上私设道口、平交过道（第35条第4项）	破坏交通设施罪（第117条）	同上	同上
19	非法限制人身自由（第40条第3项）	非法拘禁罪（第238条）	处十日以上十五日以下拘留，并处五百元以上一千元以下罚款；情节较轻的，处五日以上十日以下拘留，并处二百元以上五百元以下罚款。	处三年以下有期徒刑、拘役、管制或者剥夺政治权利。具有殴打、侮辱情节的，从重处罚。
20	胁迫、诱骗、利用他人乞讨（第41条第1款）	组织残疾人、儿童乞讨罪（第262条之一）	处十日以上十五日以下拘留，可以并处一千元以下罚款。	处三年以下有期徒刑或者拘役，并处罚金；情节严重的，处三年以上七年以下有期徒刑，并处罚金。
21	侮辱（第42条第2项）	侮辱罪（第246条）	处五日以下拘留或者五百元以下罚款；情节较重的，处五日以上十日以下拘留，可以并处五百元以下罚款。	处三年以下有期徒刑、拘役、管制或者剥夺政治权利。
22	诽谤（第42条第2项）	诽谤罪（第246条）	同上	同上
23	遗弃（第45条第2项）	遗弃罪（第261条）	处五日以下拘留或者警告。	处五年以下有期徒刑、拘役或者管制。
24	冒领、隐匿、毁弃、私自开拆、非法检查他人邮件（第48条）	侵犯通信自由罪（第252条）	处五日以下拘留或者五百元以下罚款。	处一年以下有期徒刑或者拘役。

	治安违法行为名称	罪名	治安管理处罚的种类和幅度	刑罚的种类和幅度
25	哄抢（第49条）	聚众哄抢罪（第268条）	处五日以上十日以下拘留，可以并处五百元以下罚款；情节较重的，处十日以上十五日以下拘留，可以并处一千元以下罚款。	数额较大或者有其他严重情节的，对首要分子和积极参加的，处三年以下有期徒刑、拘役或者管制，并处罚金；数额巨大或者有其他特别严重情节的，处三年以上十年以下有期徒刑，并处罚金。
26	阻碍执行职务（第50条第1款第2项）	妨害公务罪（第277条）	处警告或者二百元以下罚款；情节严重的，处五日以上十日以下拘留，可以并处五百元以下罚款。	处三年以下有期徒刑、拘役、管制或者罚金。
27	伪造、变造、倒卖有价票证、凭证（第52条第3项）	伪造、倒卖伪造的有价票证罪；倒卖车票、船票罪（第227条）	处十日以上十五日以下拘留，可以并处一千元以下罚款；情节较轻的，处五日以上十日以下拘留，可以并处五百元以下罚款。	数额较大的，处二年以下有期徒刑、拘役或者管制，并处或者单处票证价额一倍以上五倍以下罚金；数额巨大的，处二年以上七年以下有期徒刑，并处票证价额一倍以上五倍以下罚金。倒卖车票、船票，情节严重的，处三年以下有期徒刑、拘役或者管制，并处或者单处票证价额一倍以上五倍以下罚金。
28	未获公安许可擅自经营（第54条第1款第3项）	非法经营罪（第225条）	处十日以上十五日以下拘留，并处五百元以上一千元以下罚款；情节较轻的，处五日以下拘留或者五百元以下罚款。	情节严重的，处五年以下有期徒刑或者拘役，并处或者单处违法所得一倍以上五倍以下罚金；情节特别严重的，处五年以上有期徒刑，并处违法所得一倍以上五倍以下罚金或者没收财产。

（续表）

	治安违法行为名称	罪名	治安管理处罚的种类和幅度	刑罚的种类和幅度
29	煽动、策划非法集会、游行、示威（第55条）	非法集会、游行示威罪（第296条）	处十日以上十五日以下拘留。	对集会、游行、示威的负责人和直接责任人员，处五年以下有期徒刑、拘役、管制或者剥夺政治权利。
30	收购赃物、有赃物嫌疑的物品（第59条第3项）	掩饰、隐瞒犯罪所得、犯罪所得收益罪（第312条）	处五百元以上一千元以下罚款；情节严重的，处五日以上十日以下拘留，并处五百元以上一千元以下罚款。	处三年以下有期徒刑、拘役或者管制，并处或者单处罚金；情节严重的，处三年以上七年以下有期徒刑，并处罚金。
31	隐藏、转移、变卖、损毁依法扣押、查封、冻结的财物（第60条第1项）	非法处置查封、扣押、冻结的财产罪（第314条）	处五日以上十日以下拘留，并处二百元以上五百元以下罚款。	处三年以下有期徒刑、拘役或者罚金。
32	伪造、隐匿、毁灭证据（第60条第2项）	辩护人、诉讼代理人毁灭证据、伪造证据、妨害作证罪（第306条）	同上	处三年以下有期徒刑或者拘役；情节严重的，处三年以上七年以下有期徒刑。
33	提供虚假证言（第60条第2项）	伪证罪（第305条）	同上	处三年以下有期徒刑或者拘役；情节严重的，处三年以上七年以下有期徒刑。
34	协助组织、运送他人偷越国（边）境（第61条）〔1〕	组织他人偷越国（边）境罪（第318条）；运送他人偷越国（边）境罪（第321条）	处十日以上十五日以下拘留，并处一千元以上五千元以下罚款。	处二年以上七年以下有期徒刑，并处罚金；有下列情形之一的，处七年以上有期徒刑或者无期徒刑，并处罚金或者没收财产……运送他人。

〔1〕　2017年《治安管理处罚法》修改草案将此治安违法行为删除。

（续表）

	治安违法行为名称	罪名	治安管理处罚的种类和幅度	刑罚的种类和幅度
				偷越国（边）境的，处五年以下有期徒刑、拘役或者管制，并处罚金；有下列情形之一的，处五年以上十年以下有期徒刑，并处罚金……
35	为偷越国（边）境人员提供条件（第62条第1款）[1]	提供伪造、变造的出入境证件罪；出售出入境证件罪（第320条）	处五日以上十日以下拘留，并处五百元以上二千元以下罚款。	处五年以下有期徒刑，并处罚金；情节严重的，处五年以上有期徒刑，并处罚金。
36	故意损坏文物、名胜古迹（第63条第1项）	故意损毁文物罪；故意损毁名胜古迹罪；过失损毁文物罪（第324条）	处警告或者二百元以下罚款；情节较重的，处五日以上十日以下拘留，并处二百元以上五百元以下罚款。	处三年以下有期徒刑或者拘役，并处或者单处罚金；情节严重的，处三年以上十年以下有期徒刑，并处罚金。故意损毁国家保护的名胜古迹，情节严重的，处五年以下有期徒刑或者拘役，并处或者单处罚金。 过失损毁国家保护的珍贵文物或者被确定为全国重点文物保护单位、省级文物保护单位的文物，造成严重后果的，处三年以下有期徒刑或者拘役。
37	毁坏、丢弃尸骨、骨灰（第65条第1项）	盗窃、侮辱、故意毁坏尸体、尸骨、骨灰罪（第302条）	处五日以上十日以下拘留；情节严重的，处十日以上十五日以下拘留，可以并处一千元以下罚款。	处三年以下有期徒刑、拘役或者管制。

---

〔1〕 2017年《治安管理处罚法》修改草案将此治安违法行为删除。

（续表）

	治安违法行为名称	罪名	治安管理处罚的种类和幅度	刑罚的种类和幅度
38	传播淫秽信息（第68条）	传播淫秽物品罪（第364条）	处十日以上十五日以下拘留，可以并处三千元以下罚款；情节较轻的，处五日以下拘留或者五百元以下罚款。	处二年以下有期徒刑、拘役或者管制。
39	为赌博提供条件（第70条）	开设赌场罪（第303条）	处五日以下拘留或者五百元以下罚款；情节严重的，处十日以上十五日以下拘留，并处五百元以上三千元以下罚款。	处三年以下有期徒刑、拘役或者管制，并处罚金；情节严重的，处三年以上十年以下有期徒刑，并处罚金。
40	赌博（第70条）	赌博罪（第303条）	同上	处三年以下有期徒刑、拘役或者管制，并处罚金。

表3.1

41（2017年修订草案新增）	使用无线电通信设备干扰无线电业务正常进行（2017年《治安管理处罚法》修订草案第29条）	扰乱无线电管理秩序罪（第288条）	处五日以上十日以下拘留；情节较重的，处十日以上十五日以下拘留。	情节严重的，处三年以下有期徒刑、拘役或管制，并处或单处罚金；情节特别严重的，处三年以上七年以下有期徒刑，并处罚金。
42（2017年修订草案新增）	非法发布、传播违法信息（2017年《治安管理处罚法》修订草案第95条）	非法利用信息网络罪（第287条之一）	处五日以下拘留或者一千元以下罚款；情节严重的，处五日以上十五日以下拘留，并处二千元以下罚款。	情节严重的，处三年以下有期徒刑或者拘役，并处或者单处罚金。

表3、表3.1所列举的42种治安违法行为，属于行为构成表述类似，但

由于所保护的法益内涵相近而构成实质上的竞合。这种竞合与表2、表2.1中的行为相比，其列举的治安违法行为与犯罪行为更容易区分。表2与表2.1中的违法行为与犯罪行为由于行为构成的表述上存在大量交叉而制裁效果明显不同，导致规范竞合的表征较为明显。而表3、表3.1中的违法行为与犯罪行为虽在行为构成的表述上不尽相同，却因保护同一法益且法律规则中的规范性用语含义相近而形成隐性的规范竞合，也即实质上的规范竞合。

　　表1、表2及表3是将当前法定的152种治安违法行为，与《刑法》中的犯罪行为之规定存在竞合的73种，按照其与相应的犯罪行为之竞合程度不同划分成三类，占现行治安违法行为总数的48%。易言之，有近一半的治安违法行为与犯罪行为构成存在竞合。其中，两种行为构成的规定完全一致的有18种，约占治安违法行为总数的12%；两种行为构成的表述存在交叉，表面形式上明显竞合的有15种，约占治安违法行为总数的10%；两种行为构成的表述并不一致，但规范的内涵极为相似而致的竞合，约占治安违法行为总数的26%。虽然修订草案新增了50余种治安违法行为，但其中亦有五分之一的行为与刑法中的犯罪行为形成竞合。因此，将有竞合的规范进行分类，是为了针对不同的竞合类型的特点分别提出有效解决手段。

三、"改革与变革"：竞合问题的消解路径

（一）寻求"改革与变革"之路的必要性

　　笔者于上文提出，治安违法行为与犯罪行为的矛盾规定属于规范竞合，因此，"新法优于旧法"和"上位法优于下位法"的规范冲突适用规则并不能解决本文所提出的竞合问题。在我国，有关规范竞合问题的研究主要集中在狭义的法条竞合之中，也即绝大部分学者都是针对刑法规范中的法条竞合问题进行探讨，鲜有学者论及不同部门法间的规范竞合如何处置。久而久之，刑法中的法条竞合问题似乎成了规范竞合问题的全部内容，而法条竞合的处罚规则似乎也成了广义规范竞合的通用规则。通说认为，法条竞合的处罚规则是"特别法优于一般法"和"重法优于轻法"，但是，这两个适用规则主要用于解决刑法法律条文间的竞合问题，对于不同部门法间的竞合问题是否也同样适用呢？首先，就"特别法优于一般法"和"重法优于轻法"这两个规则的适用而言，有学者认为："除非法律明文规定重法优先，否则优先适用

特别法。"〔1〕也有学者认为："重法与轻法关系并非真正意义上的法条竞合，
我国刑法中所讨论的重法优于轻法原则，是在普通法与特别法竞合的情况下
适用，且在一定限度内形成对特别法优先适用的否定。"〔2〕简而言之，多数学
者认为，法条竞合时的处罚规则应遵循先适用特别法、后考虑重法的原则。
既然是优先考虑"特别法优于一般法"的处罚规则，那么就必须先分清楚谁
是普通法、谁是特别法。在刑法条文中，产生竞合的特别法与普通法比较容
易区分，而在不同的法律部门中，《治安管理处罚法》与《刑法》究竟谁特
别、谁普通呢？就此问题，笔者赞同一些学者的观点，《治安管理处罚法》与
《刑法》分属不同法律部门，二者间并不是一种平行的关系，而是保障法与部
门法的关系，不能完全适用解决法条竞合的一般原则去处理。那么何为保障
法与部门法的关系？张明楷教授很早就对此问题作过回答："我国的法律体系
是以宪法为指导、以部门法为主干、以刑法为保障的内容结构严谨、外部协
调一致、相互有机联系的法律规范的整体。刑法在法律体系中不是根本法，
也不是部门法，而是保障法，这就是刑法在法律体系中的地位，因此，刑法
就具有保障性、补充性和谦抑性，凡是能够用其他法律处理的，就用其他法律
处理，只有在其他法律不能处理或处理无效的时候，才用刑法处理。"〔3〕因此，
《治安管理处罚法》与《刑法》无法适用"特别法优于一般法"的处罚规则。
上文亦提到重法优于轻法的原则一般是在普通法与特别法竞合的情况下适用，
如果连"特别法优于一般法"的规则都不适用，更遑论"重法优于轻法"规
则能有效解决本文之问题。

　　笔者认为，治安违法行为与犯罪行为的竞合属于广义竞合的概念，对于
此种竞合，传统的竞合适用规则并不能有效解决本文所提出的问题。从《治
安管理处罚法》的修法趋势来看，随着治安违法行为的种类逐渐增加，治安
违法行为与犯罪行为的竞合将会越来越多。如果不适当"改革"甚至"变
革"两法的制裁制度，只是将研究停留在谁优先适用的层面，那么创造再多
的竞合适用规则，也只是扬汤止沸，不能解决根本问题。

　　〔1〕　黎宏、赵兰学："论法条竞合的成立范围、类型与处罚规则"，载《中国刑事法杂志》2013
年第 5 期，第 6 页。
　　〔2〕　陈兴良："法条竞合的学术演进——一个学术史的考察"，载《法律科学》2011 年第 4 期，
第 65 页。
　　〔3〕　张明楷：《刑法的基础观念》，中国检察出版社 1995 年版，第 37 页。

(二) 实然层面的"改革"：司法解释的优位与统一

上文中表 3 所列举的治安违法行为与犯罪行为之竞合关系，属于行为构成表述类似型的竞合。这种类型的竞合只是所保护的法益存在一定程度的竞合，但由于行为构成表述的区别较大，不至于让执法人员在行为认定上完全不知所措。因此，对于此种竞合往往并不需要彻底地变革，只需进一步加强和统一法律解释便可以消解。法律解释常被认为是解决规范竞合的一种有效方式。当法律规范之间产生竞合时，有权机关往往不是直接作出撤销决定，而是尽量使用解释权进行调和。有德国学者曾言："避免规范竞合的一个有效办法是解释，即通过符合欧共体法或者宪法的解释去避免竞合。只有在解释不能奏效的情况下，才需要适用竞合规则。"〔1〕法律不可能完美无缺，总会有这样或那样的不尽人意之处。实践中，法律条文的文字模糊、竞合都在所难免。而法律一旦制定就应该具有稳定性，不可朝令夕改，正是基于这样的考虑，法律解释在解决规范竞合中就显得尤为重要。当发生法律规范竞合时，并非其中之一必然无效，通过法律解释的方式可以使竞合的法律规范之间协调或融贯，从而尽量保持法律制度的内在统一。

在我国，法律解释分三种，即立法解释、行政解释和司法解释。可见，我国的立法机关、行政机关、审判机关与检察机关共享法律解释权。也正因如此，实践中这样的法律解释机制常会因"法出多门"而不仅不能很好地解决竞合，反而使规范竞合产生新的困境。典型的案例如最高人民法院民事审判庭、研究室等部门就村民征地补偿款分配纠纷问题，是否应由法院受理先后做出的复函或答复之间就存在竞合。1994 年 12 月 30 日，最高人民法院在《关于王翠兰等六人与庐山区十里乡黄土岭村六组土地征用费分配纠纷一案的复函》中认为："……土地管理法明确规定，征用土地的补偿、安置补助费，除被征用土地上属于个人的附着物和青苗的补偿费给付个人外，其余由被征地单位用于发展生产和安排就业等事业。现双方当事人为土地征用费的处理发生争议，不属于法院受理案件的范围，应向有关机关申请解决。"而 2001 年 12 月 31 日，最高人民法院研究室在《关于村民因土地补偿费、安置补助费问题与村民委员会发生纠纷人民法院应否受理问题的答复》中认为："……

---

〔1〕 ［德］汉斯·J. 沃尔夫、奥托·巴霍夫、罗尔夫·施托贝尔：《行政法》（第一卷），高家伟译，商务印书馆 2002 年版，第 279 页。

此类问题可以参照我室给广东省高级人民法院法研［2001］51 号《关于人民法院对农村集体经济所得收益分配纠纷是否受理问题的答复》办理"，即"农村集体经济组织与其成员之间因收益分配产生的纠纷，属于平等民事主体之间的纠纷。当事人起诉到人民法院，只要符合《民事诉讼法》第 108 条的规定，人民法院就应当受理。"可见，连同一法律解释主体发布的解释之间都存在如此严重的竞合问题，更遑论多个主体之间的法律解释。因此，笔者认为，欲消解《治安管理处罚法》与《刑法》的竞合适用问题，在"改革"方向上关键在于重视和加强《刑法》的司法解释。即在行为构成的表述上，进一步明确统一的立案追诉标准以及两法各自侧重保护的法益；在处罚种类和幅度上形成科学的梯度。最核心的一点，即针对同一竞合问题，以司法解释优先，并在司法解释外尽量少做或不做其他解释，以免再次造成解释上的混乱。

（三）应然层面的"变革"：制裁体系的调整

表 1 与表 2 中的治安违法行为与犯罪行为的竞合属于行为构成表述完全一致型和部分交叉型的竞合。这两类竞合在实践中较难解决，即使使用上文所提出的特殊处罚规则进行处理也未必有较好的效果。虽然统一和加强司法解释有助于界分治安违法行为与犯罪行为。但是这些办法无异于扬汤止沸，并不能解决根本的问题。笔者认为，这两类竞合的消解在于"变革"，即在立法上对整个制裁体系作调整。

《治安管理处罚法》与《刑法》同时构成限制国家公共权力、保障公民人权的两部法律，它们之间不应该有交叉、重叠的关系，而是相互衔接、协调的关系。然而笔者经过总结发现，《治安管理处罚法》中有近一半的治安违法行为都与《刑法》中的犯罪行为存在竞合。为此，立法机关应当修改这两部法律，使他们保持高度的衔接与协调。那么应当如何修改呢？首先要回答的是修改《刑法》还是《治安管理处罚法》抑或是两者同时修改？笔者认为待时机成熟，二者应当同时进行修改，且刑法体系的调整不能与我国目前宽严相济的刑事政策、刑法的谦抑精神相违背。总体设计思路是转变刑法"定罪加定量"的立法模式，依据人身罚的归属、违法行为的性质等标准构建与《治安管理处罚法》相衔接的轻罪制裁体系。

【本专题参考文献】

1. ［德］卡尔·拉伦茨：《法学方法论》，陈爱娥译，商务印书馆 2003 年版。

2. ［德］汉斯·J. 沃尔夫、奥托·巴霍夫、罗尔夫·施托贝尔：《行政法》（第一卷），高家伟译，商务印书馆 2002 年版。

3. 董和平、韩大元、李树忠：《宪法学》，法律出版社 2000 年版。

4. 王泽鉴：《民法学说与判例研究》，中国政法大学出版社 1998 年版。

5. 曲新久主编：《刑法学》，中国政法大学出版社 2011 年版。

6. 禹竹蕊：《走进实务的〈治安管理处罚法〉——制度反思与重构》，知识产权出版社 2012 年版。

7. 杨新京："刑法与治安管理处罚法竞合问题研究"，载《人民检察》2007 年第 5 期。

8. 卢国胜："治安管理处罚法与刑法的衔接及竞合研究"，载《湖北警官学院学报》2010 年第 2 期。

9. 张淑平、裴兆斌："治安管理处罚法与刑法竞合之研究"，载《福建警察学院学报》2009 年第 3 期。

10. 叶远鹏："轻微涉罪行为处理问题研究——以刑法与治安管理处罚法的竞合为切入点"，载《河北法学》2008 年第 5 期。

11. 张凯、张建斌："《治安管理处罚法》与《刑法》法条冲突问题探析"，载《法学杂志》2009 年第 12 期。

12. 郝艳兵："刑法与治安管理处罚法的冲突与协调"，载《刑事法评论》第 32 卷。

13. 徐岱："刑法与治安管理处罚法的冲突论"，载《法治研究》2014 年第 1 期。

14. 冀素芳、刘璟昱："刑法与治安管理处罚法的法条冲突与衔接"，载《天津法学》2013 年第 4 期。

15. 赵震江：《法律社会学》，北京大学出版社 1998 年版。

16. 雷磊："法律规范冲突的含义、类型与思考方式"，载《法律方法》2008 年第 1 期。

17. 刘志刚："法律规范冲突的解决方法"，载《政法论丛》2014 年第 5 期。

18. 韩大元："全国人大常委会新法能否优于全国人大旧法"，载《法学》2008 年第 10 期。

19. 薛佐文："论基本法律和法律的性质和地位"，载《西南政法大学学报》2003 年第 2 期。

专题六：公安执法规范化建设

【内容提要】

希望通过本专题的学习，学生可以熟悉公安机关执法规范化建设的历史背景、发展历程及开展执法规范化建设的意义，掌握公安机关执法规范化建设的涵义和主要内容，明确公安机关执法规范化建设的总体要求和深化公安机关执法规范化建设的具体任务。同时通过本专题学习，学生可以树立公安执法理念，了解执法规范化要求，使公安执法活动符合规范化要求。

【重要提示】

1. 执法规范化建设的涵义
2. 执法规范化建设的总体要求
3. 执法规范化建设的主要内容
4. 深化执法规范化建设

【引导案例】

2016年3月30日，海南省三亚市友谊派出所民警（身着警服，并规范着装）在查车，一名自称车主的男子要求民警出示执法证，民警回应"我的着装就是!"边说边从口袋里拿出人民警察证展示给男子看。但该男子仍拒绝配合执法，大喊"错! 错! 这个不好使。"民警要求男子交出车钥匙，配合执法，但男子坚持要求干警出示执法证。一同执法的干警说："我们有警官证还要什么执法证!"但该男子依然拒绝配合执法。双方为此僵持了近三个小时。最后，民警只好以依法传唤为由，强行将该男子制服。

【引导问题】

本事件中，公安干警们的做法是否符合执法规范化的要求？

一、公安执法规范化建设的提出背景与发展历程

（一）公安执法规范化建设提出的背景

2008 年 9 月 23 日，原国务委员、公安部党委书记、部长孟建柱在全国公安厅局长座谈会上指出："全国公安机关和广大民警要坚持以科学发展观为指导，积极适应当前公安工作面临形势的新变化，以推进公安信息化建设为载体，以加强执法规范化建设为重点，以构建和谐的警民关系为支撑，深入推进'三基'工程建设，进一步推动公安工作又好又快发展，做党的忠诚卫士和人民群众的贴心人。"并进一步强调"坚持严格、公正、文明执法，是公安工作的生命线，也是公安机关和公安民警最基本的履职要求和价值所在。各级公安机关要积极适应社会主义民主政治的要求，要严格、公正、文明执法，必须首先做到规范执法。执法不规范是影响公安机关执法公信力的突出因素"。

杨焕宁（原公安部常务副部长）在会议总结时指出：大力推进公安信息化建设、加强执法规范化建设、积极构建和谐警民关系是公安部党委在科学分析、准确判断当前客观形势变化和公安工作实际的基础上做出的重大决策，事关公安工作全局，抓住了事关公安工作和公安队伍建设长远发展的重点问题，具有很强的思想性、针对性和指导性。

全国公安厅局长座谈会后，公安部于 2008 年 11 月 12 日和 2009 年 3 月 10 日先后印发了《关于大力加强公安机关执法规范化建设的指导意见》《全国公安机关执法规范化建设总体安排》。自此，执法规范化建设在全国公安机关轰轰烈烈地展开。

（二）公安执法规范化建设的发展历程

1. 基础建设阶段（2008 年~2013 年）

2008 年 9 月，时任公安部长孟建柱提出，在公安机关全面开展执法规范化建设。为了保证执法规范化建设的顺利开展，公安部相继印发《关于大力加强公安机关执法规范化建设的指导意见》（公通字〔2008〕49 号）和《全国公安机关执法规范化建设总体安排》（公法〔2009〕175 号），规定了执法规范化建设的指导思想、工作目标、组织领导和工作要求，明确了执法规范

化建设的工作重点和责任单位。

为了推进公安机关执法规范化建设，明确建设目标，检验建设成效，公安部根据《关于大力加强公安机关执法规范化建设的指导意见》《全国公安机关执法规范化建设总体安排》和全国公安机关执法规范化建设现场会的要求，制定了《公安机关执法规范化建设阶段目标和成效标准》。要求各地公安机关对照阶段目标和成效标准，认真查找本地执法规范化建设存在的问题，采取切实有效措施，抓紧予以改进。

经过四年多的不懈努力，公安机关从解决执法突出问题入手，通过细化执法规范、提高执法主体素质、改善执法环境、加强执法管理及改进执法机制等途径，提高了公安机关执法规范化水平，执法规范化建设取得了阶段性成果。主要表现为：场所建设方面，公安部部署在全国公安机关一线办案单位开展了执法办案场所规范化改造工作，对办案区、办公区、接待区及生活区实行分别设置和管理。执法办案场所的规范化建设和应用，是公安机关执法办案工具和方式的重大变革，规范的场所设置和严格的场所管理，有效推动了民警规范执法的习惯养成。执法制度建设方面，公安部出台《公安机关执法细则》《公安机关人民警察盘查规范》《公安机关涉案财物管理若干规定》等一批基层急需的执法制度规范，为重点执法环节、执法岗位提供了明确的执法依据。执法主体建设方面，本阶段，为提高民警法律素质，公安部直接培训了1.3万余名省、市、县级公安机关负责人和执法骨干，建立了公安民警执法资格等级考试制度；监督管理方面，为从源头发现问题、解决问题，制定实施了法制员制度，在一线执法单位普遍配备了专兼职法制员，建立起保障规范执法第一道防线；充分运用信息化手段，建立起覆盖执法全流程的网上执法办案和监督系统，案件信息必须录入系统，严格按规定程序操作；改革执法质量考评制度。强化日常考评和执法检查，加大社会评价权重，增强对执法质量评价的科学性。[1]2010年下发的《公安机关执法规范化建设阶段目标和成效标准》已基本实现。

2. 巩固拓展阶段（2013年~2016年）

公安机关执法规范化经过四年多的建设，公安执法制度体系基本形成，

---

〔1〕 载 http://www.chinapeace.gov.cn/2013-11/21/content_ 9552720. htm，"公安部法制局局长解读执法规范化建设新目标"，最后访问日期：2016年12月22日。

执法办案场所面貌焕然一新，执法管理更加科学、系统。但是，面对依法治国的新形势、新任务和人民群众对公平正义的更高要求，公安机关的整体素质和执法能力还不能完全适应，执法规范化建设还存在发展不平衡、成果不巩固的问题，一些地方领导干部对执法规范化建设的长期性和重要性认识不到位，有的落实执法规范化建设任务的力度不够，公安执法制度还不够精细、全面，执法不规范、不公正、不文明等问题仍时有发生。为了解决执法规范化建设中存在的问题，为了巩固已有成果、延伸拓展已有部署、提出新的任务措施，公安部于 2013 年 8 月制定了《公安机关深化执法规范化建设工作任务和阶段目标》。上述规定的出台，标志着公安机关执法规范化建设进入到新的发展阶段。

《公安机关深化执法规范化建设工作任务和阶段目标》提出了建设"法治公安"的目标，并结合前一阶段执法规范化建设进展情况，提出深化执法规范化建设的具体目标，即基本实现执法队伍专业化、执法行为标准化、执法管理系统化和执法流程信息化，实现公安民警的执法理念进一步端正，公安机关的执法水平和执法公信力明显提高，人民群众满意度持续上升。

《公安机关深化执法规范化建设工作任务和阶段目标》针对执法中存在的突出问题，提出了深化公安执法规范化建设的 8 个方面 43 项具体措施，即深化执法能力建设，持续提高民警依法履职能力；深化执法制度建设，逐步形成执法标准体系；深化执法管理建设，显著增强发现纠正执法问题能力；深化错案预防机制建设，切实健全证据收集固定审查机制；深化执法信息化建设，不断加强监督力度、提升执法效能；深化执法办案场所使用管理建设，确保执法活动安全规范；深化执法公开建设，有效增强执法公信力；深化执法示范单位建设，全面提升执法规范化建设水平。

3. 深化建设阶段（2016 年至今）

党中央高度重视公安执法规范化建设工作，2016 年 5 月 20 日，习近平总书记主持召开中央全面深化改革领导小组会议审议通过了《关于深化公安执法规范化建设的意见》。

党的十八大以来，习近平总书记就政法机关严格执法、公正司法作出了一系列重要指示，明确要求公安机关坚持严格规范公正文明执法，在全面推进依法治国中发挥生力军作用。在中央全面深化改革领导小组的领导下，在中央司法体制改革领导小组的指导下，公安部认真总结近年来执法规范化建设的经验做法，全面检视执法工作中的问题和不足，在深入调研论证和广泛征求有关部门意见的基础上，研究形成了深化公安执法规范化建设的意见。《关于深化公安执法规范化建设的意见》明确了深化公安执法规范化建设的指导思想、总体目标、基本原则和工作要求，对深化公安执法规范化建设作出了全面系统的部署。

《关于深化公安执法规范化建设的意见》的出台标志着法治公安建设进入了一个新的阶段。[1]

二、公安执法规范化的涵义

执法规范化建设是提高公安机关执法公信力的重要措施，是公安工作的"牛鼻子"，是"三项建设"的关键。[2]但是，何谓"公安执法规范化"？理论界尚无权威解读，实务界也没有形成统一的认识，这在一定程度上制约了执法规范化建设的深入开展。

（一）主要观点阐述

目前，理论界对公安机关执法规范化的研究尚处于起步阶段，还没有形成理论体系，但已经涉及该领域的主要方面。其中，关于公安执法规范化含义的主要观点有：廖荣兴认为，警察执法规范化是指警察机关依据法律法规和内部规程办理各类案件，执行勤务所形成的基本体系，是警察必须遵循的行为准则，是依法行政、依法治警在公安工作中的具体体现，也是现代警务机制和公安队伍正规化建设的重要组成部分。[3]王庆功等在《公安机关"三项建设"导论》一书中提出，公安机关的执法规范化即是指公安机关及其人民警察的一切执法行为必须要严格按照法律、法规的明确规定依法办事，公安机关通过规范化的执法行为、执法方式和执法方法，做到有法必依、执法必严、违法必究，实现严格、公正、文明、理性执法，从而提高公安机关的

---

[1] 载 http://legal.people.com.cn/n1/2016/0928/c42510-28745163.html，"坚持以人民为中心的执法理念 不断提升公安机关依法履职能力和执法公信力——公安部负责人就深化公安执法规范化建设答记者问"，最后访问日期：2016 年 12 月 22 日。

[2] 参见 2008 年 11 月 7 日，孟建柱部长的指示。

[3] 参见廖荣兴："中外警察执法规范化建设的比较研究"，载《湖南警察学院学报》2011 年第 3 期，第 15 页。

执法公信力和执法能力。[1]姚占军、程华在"法律视角下的公安执法规范化建设"一文中提出，规范化执法就是要求执法者的一切执法行为必须严格限制在法律的框架之中，按照法律、法规明确的职权和义务依法办事，既不能超越法定职权，也不能逃避法定义务。[2]该定义从执法者的职权和义务的视角定义了规范化执法。文章进一步提出，公安执法规范化建设从广义上讲，应属于公安法制建设的范畴，而且是最终实现公安工作法治化的一个重要组成部分。从狭义上讲，公安执法规范化建设就是把执法观念所蕴含的内容通过技术性的操作，进行执法程序设计、执法活动的设计，尤其要在职权、义务、程序与责任等方面进行制度上的设计，在法定的框架内，根据现代法治理念的内涵和法律思维方式的要求予以明确和具体，并随着执法实践不断强化和完善，确保公安机关和人民警察在执法过程中做到严格、公正、文明执法，切实维护、促进和实现社会正义。[3]易继苍认为，公安机关执法规范化就是要求公安执法者的一切执法行为必须严格限制在法律的框架之内，按照法律、法规明确的职权和义务依法办事。按照法律预先设定的模式、程序、规则、轨迹，通过执法程序的设计，实现一切警察权力的行使必须要有法律的明确授权、一切警察权力的行使必须遵循法律规定的程序，一切警察权力的行使必须受到监督和制约的执法体制和运行机制，达到严格、公正、文明、理性、高效的执法目标。认为公安机关执法规范化建设是公安执法主体为了实现公正、文明、严格、高效的执法目标，在法律的框架内，对公安执法活动进行程序化与标准化建设的一项系统工程。[4]

　　除上述观点外，还有许多学者从不同的视角对公安执法规范化进行了定义，这里不再赘述。

　　（二）公安执法规范化的涵义

　　关于公安执法，学者们有着不同的理解。有学者认为，公安执法是国家

〔1〕 参见王庆功等：《公安机关"三项建设"导论》，中国人民公安大学出版社2010年版。

〔2〕 参见姚占军、程华："法律视角下的公安执法规范化建设"，载《中国人民公安大学学报（社会科学版）》2009年第1期，第94页。

〔3〕 参见姚占军、程华："法律视角下的公安执法规范化建设"，载《中国人民公安大学学报（社会科学版）》2009年第1期，第94页。

〔4〕 参见易继苍："公安机关执法规范化建设研究述评"，载《公安学刊》2011年第1期，第23页。

行政执法的重要组成部分。[1]有学者认为，公安执法是国家公安机关以及人民警察作为国家的一种武装性质的力量为了维护社会公共利益、公共秩序而依据法律规定在程序上采取主动干预社会生活、单方面限制个人权益和自由等行政行为。[2]也有学者认为，公安执法是公安机关及其人民警察在法定职权范围内执行和适用警察法规和其他有关法规的活动。

我们以为，公安执法是公安机关在法定职责范围内，依照法定职权和程序，执行和适用法律规范，维护国家安全和社会治安秩序，保护公民合法权益的活动。公安执法包括公安行政执法和公安刑事执法。全面理解公安执法应注意以下几个方面：①公安执法的主体是公安机关。公安执法的主体是以自己的名义行使职权并独立承担责任的，享有执法权的公安机关。公安机关只有在代表国家实施和适用法律时才属于公安执法主体，其进行的人事、财务及培训等行为，不是行使执法权，故不属于公安执法。公安执法是通过人民警察的具体执法行为实现的。但是，人民警察在具体执法中必须以其所代表的公安机关的名义进行。②公安执法的目的是维护国家安全和社会治安秩序，保护公民合法权益。公安机关通过执法行为保证相关公安法律规范的实施，并最终实现维护国家安全，维护社会治安秩序，保护公民的人身安全、人身自由和合法财产，保护公共财产，预防、制止和惩治违法犯罪的目的。③公安执法的内容是执行和适用法律。公安执法具体表现为执行法律和适用法律的活动。这里的"法律"做广义的理解，是公安执法活动所依据的法律、法规、规章和规范性文件的总称。④公安执法的依据为公安法律规范。公安法律规范是指宪法、法律、行政法规、地方性法规、部门规章、地方规章以及其他规范性文件中，具体规定公安机关及其人民警察权利义务及法律职责的规范，既包括公安实体法规范，也包括公安程序法规范。《人民警察法》第4条要求，人民警察必须以宪法和法律为活动准则，忠于职守，清正廉洁，纪律严明，服从命令，严格执法。人民警察依法执行职务，受法律保护。

根据《现代汉语词典》（第五版），"规范化"是指使合于一定的标准。基于词汇的原意，结合公安部出台的《关于大力加强公安机关执法规范化建

---

〔1〕 参见徐秀义、盛南光："公安执法的概念和主体"，载《公安大学学报》1994年第1期。

〔2〕 参见宁金龙："新时期警察执法理念的转变与规范化执法"，载《河北公安警察职业学院学报》2011年第4期。

设的指导意见》《全国公安机关执法规范化建设总体安排》《公安机关执法规
范化建设阶段目标和成效标准》等执法规范化建设指导性文件，我们认为，
公安执法规范化建设有狭义和广义之分。狭义的公安执法规范化，是指公安
机关及其人民警察的一切执法行为应当严格按照法律规范规定的人民警察职
责、执法程序及执法方式等进行，全面提高公安机关的执法能力和执法公信
力。广义的公安执法规范化，是指公安机关及其人民警察进行执法主体建设、
执法制度建设以及进行执法行为、执法监督等行为，应当严格按照法律、规
范的规定进行，全面提高公安机关的执法能力和执法公信力（本书后面的章
节中，采用的是广义的公安执法规范化的概念）。全面理解公安执法规范化，
应注意以下几个方面：

1. 公安执法规范化的目标是全面提高公安机关的执法能力和执法公信力

公安机关通过"三基"工程建设、"大练兵""大接访"等活动，公安队
伍的正规化建设已取得初步成效。但是，一些地方公安机关仍不同程度地存
在着执法思想不端正、执法制度不完善、执法行为不规范及执法监督不到位
等问题，伤害了群众感情，损害了群众利益，是当前影响公安机关执法公信
力的突出因素。执法规范化将有效解决上述问题，执法规范化建设必将全面
提高公安机关的执法能力和执法公信力。

2. 公安执法规范化的内容包括执法行为规范化、执法主体建设、执法制
度建设、执法监督等方面的规范化

公安执法规范化不仅包括执法行为规范化，还要求与执法行为有关的执
法主体建设、执法制度建设及执法监督等也要规范化，执法规范化建设是一
系统工程。执法主体合格是执法规范化的前提和基础；执法制度完善，把公
安执法工作全部纳入程序化、规范化与法制化轨道，才能使广大公安干警随
时有法可依，养成规范执法的习惯；及时、有效的执法监督，是保证公安机
关及其民警规范执法的重要途径。而只有各执法环节都规范了，公安执法才
能规范，公安机关的执法质量、执法效果与执法形象才能提高。而在执法主
体、执法制度、执法行为和执法监督等环节中，执法行为的规范化是核心，
其他环节的规范化都是为执法行为规范化服务的，是执法行为规范化的基础、
前提和保证。

3. 公安执法规范化的依据是法律和规范

这里的法律做广义理解，包括法律、法规和规章。执法规范化建设首先

要依法进行，只有合法了，才称得上规范。在没有法律规定的前提下，可以依据公安机关的内部规定和标准等。

根据上述对公安执法规范化的理解，我们认为公安机关执法规范化建设是公安机关为提高执法能力和执法公信力而进行的执法思想建设、执法主体建设、执法制度建设、执法行为规范化建设、执法监督体系建设和执法信息化建设的总称。

三、开展公安执法规范化建设的意义

（一）规范执法是公安机关紧跟时代步伐的要求

党的十五大明确提出，"依法治国，建设社会主义法治国家"。十七大进一步要求"坚持依法治国基本方略，树立社会主义法治理念，实现国家各项工作法治化"。十八大提出"全面推进依法治国""加快建设社会主义法治国家"。其中强调"任何组织或者个人都不得有超越宪法和法律的特权，绝不允许以言代法、以权压法、徇私枉法""让人民监督权力，让权力在阳光下运行"。

九届全国人大二次会议通过宪法修正案，将"依法治国，建设社会主义法治国家"载入根本法。十届全国人大二次会议通过宪法修正案，规定"国家尊重和保障人权"。2004 国务院印发《全面推进依法行政实施纲要》，确立了建设法治政府的目标。为深入推进依法行政，加快建设法治政府中共中央、国务院印发《法治政府建设实施纲要（2015-2020 年）》，提出依法全面履行政府职能、完善依法行政制度体系、坚持严格规范公正文明执法、强化对行政权力的制约和监督、全面提高政府工作人员法治思维和依法行政能力等法治政府建设的主要任务。

公安执法工作是国家民主法制建设的重要组成部分，执法状况的好坏直接关系到法律的实施程度。公安执法规范化建设是顺应国家民主法制建设的要求，紧跟时代发展步伐的表现。

（二）规范执法是应对当前社会形势的需要

随着经济和政治体制改革的不断深入，人们的思想观念也发生了深刻变化。百姓在基本生存权得到保障之后，对发展权、知情权及言论自由等权利更为关注，对社会民主法治建设、社会公共服务和社会管理提出了更高要求。

同时，国际安全形势在保持基本平稳的基础上，不稳定、不确定因素明显增多，传统安全威胁仍然存在，非传统安全威胁迅速扩展。境内外敌对势力往往借口执法不规范、侵犯人权而对我政治制度、司法体制进行攻击，制造社会对立，对我国家安全和社会稳定造成严重危害。严峻复杂的社会治安形势要求公安执法规范化。

当今社会，人民群众法律意识、维权意识增强，舆论监督、社会监督进一步加大。公安执法处于国家权力与公民权利的交界，执法规范与否，人民群众感受最为直接。尤其是自媒体网络传播时代，不规范、不文明的执法行为一旦被公诸网上，可能瞬间引爆舆情，对公安队伍整体形象损害极大，影响公安机关执法公信力，甚至造成政府公信力的缺失。无论是公安机关执法公信力的培育，还是公民合法权利的保护都要求公安执法要规范。

（三）规范执法是实现公正与效率的要求

建设社会主义法治国家的一个重要目标是在全社会实现公平和正义。我国是人民民主专政的社会主义国家，全体人民在国家中应当享有同等的权利和同等的机会，应当受到平等的对待。我们的警察是人民警察，行使人民赋予的权力，维护人民利益，全心全意为人民服务，维护社会公平正义是公安机关执法的价值追求。公正是指公平正直，没有偏私。公正分为实体公正和程序公正。实体公正要求办事公道，不偏私、不歧视、不专断；程序公正要求自己不做自己的法官、不单方接触当事人，要求履行告知程序等。实体公正与程序公正也是公安机关执法规范化建设的目标，执法公正需要规范执法保证。

"迟到的正义非正义"是一句非常有名的西方法谚，它强调了正义是有时效性的。效率原则要求行政机关在履行其职能时，要力争用尽可能快的时间、尽可能少的人员与尽可能低的经济耗费，办尽可能多的事，取得尽可能大的社会与经济效益。具体在公安执法中要求公安执法的各个环节应当有时间上的限制，要求组织机构精干，提高干警执法水平，避免人浮于事。这与公安机关执法规范化建设中的主体规范化建设和执法行为规范化建设的目标是一致的。

四、公安执法规范化的总体要求

根据公安部《关于大力加强公安机关执法规范化建设的指导意见》的要求，公安机关执法规范化建设的总体要求是：高举中国特色社会主义伟大旗帜，以邓小平理论和"三个代表"重要思想为指导，深入贯彻落实科学发展观，坚持依法治国基本方略，以积极适应时代发展的新要求、不断满足人民群众的新期待为出发点，以全面提高公安机关的执法能力和执法公信力为目标，以大力解决人民群众最关心、反映最强烈的执法突出问题为突破口，立足当前、着眼长远，通过深化社会主义法治理念教育、规范执法主体、完善执法制度、规范执法行为、强化执法监督及推进执法信息化建设等措施，全面推进执法规范化建设，在更大范围内、更高水平上实现执法思想端正、执法主体合格、执法制度健全、执法行为规范及执法监督有效，确保严格、公正、文明与理性执法。

五、公安执法规范化的主要内容

根据公安部印发的《关于大力加强公安机关执法规范化建设的指导意见》《全国公安机关执法规范化建设总体安排》《公安机关执法规范化建设阶段目标和成效标准》等执法规范化建设指导性文件，结合执法规范化建设研究成果，我们认为，公安执法规范化的主要内容包括：

（一）树立正确执法思想

正确的执法思想是做好执法工作的前提和基础。但是，在公安队伍中确实有一些干警执法思想不端正，存在特权思想、地方（部门）保护思想，没有认识到"为谁掌权、为谁执法、为谁服务"等问题。思想上的偏差导致行为上的失范，部分干警对待群众态度差，在工作上傲气、霸气，令群众望而生畏；有些干警漠视群众疾苦、伤害群众感情、损害群众利益；有些干警以人代法、以权代法；办关系案、人情案、油水案，不作为、乱作为等现象时有发生。所以，执法规范化首先要端正干警的执法思想，努力从思想上解决执法不规范的问题。

正确的执法思想是：以执法为民为核心，把党的事业至上、人民利益至上及宪法法律至上作为公安执法工作的出发点和落脚点，把维护社会公平正义作为公安执法工作的首要价值追求。坚持法治意识、人权意识、证据意识、程序意识与自觉接受监督意识，坚持带着对人民群众的深厚感情执法办案，坚持专门工作与群众工作相结合，努力实现理性、平和、文明与规范执法。

（二）执法主体规范化

执法主体是法律的执行者，是执法行为的实施者。执法主体合格是执法规范化的前提和保证。但是，在基层公安机关却或多或少存在着警力不足、干警怕出警、怕执法以及辅警独立执法引发严重后果等问题。上述问题的原因是多方面的，执法主体不规范是主要原因之一。

执法主体规范化要求执法主体合法、合格。"合法"要求各级公安机关和广大干警的权利和义务来源于法律、法规和规章的授权；各级公安机关和广大干警应在其法定职权范围内，依法定程序实施执法行为；依法使用辅助力量，辅警不能行使警察的执法权，不能在没有警察的带领下独立行使警察权。"合格"要求我们的干警应具备与执法岗位相适应的执法知识和执法技能。

在执法主体的规范化建设中，要切实加强对各级公安机关领导和广大民警的教育培训，不断提高领导干部和广大民警的法律素养和执法能力；建立健全全国统一的公安民警执法资格考试制度及相应的奖惩机制，确保执法主体合格；建立专门人才库，充分发挥专门人才在执法办案中的指导作用；建立优胜劣汰机制，对不适合从事公安执法工作的，坚决调离执法岗位；加强对辅助人员的管理，严禁其单独从事执法工作。通过执法主体规范化建设使公安机关从事执法工作的所有执法民警都具备所在执法岗位必需的政治素质、法律素质、业务素质、道德素质和体能素质。

（三）执法制度规范化

执法制度规范化是把公安执法行为的各环节都程序化、法制化，使广大干警养成规范执法的习惯。让民警在遇到具体执法问题时，知道该干什么、该怎么干以及干到什么程度，这既从源头上规范了执法办案工作，也能有效帮助民警化解执法风险。

公安法律体系经过几代人的努力已日臻完善，但是仍存在不足，如法律体系中存在缺位问题、立法质量粗糙问题和法律体系清理不及时等问题。这些问题的存在，极易导致公安干警违法执法、任意执法或无法可依等问题。我们应当加强执法制度的规范化建设，从源头上遏制执法随意性。

执法制度规范化要求各级公安机关和各部门、各警种要认真查找本地区、本部门及本警种执法制度上的薄弱环节和空白点，抓紧制定明确的、可操作性的执法规范，完善现行执法制度，清理整合现有法律规范，明确各执法岗位的职责要求，为执法工作提供法律上、制度上及规范上的保障和支持。

（四）执法行为规范化

公安执法行为规范化，是指公安机关及其人民警察的一切执法行为应当严格按照法律规范规定的人民警察职责、执法程序与执法方式等进行，全面贯彻理性、平和、文明、规范的执法要求，提高公安机关的执法能力和执法公信力。公安干警的执法行为是否规范，直接影响公安机关的执法质量、执法形象和执法效果。

现阶段，公安机关在执法行为上存在的问题主要有：①不作为。执法中有警不接、有案不立、压案不查，对群众控告申诉的问题不查证、不核实，或问题属实但不依法处理，被动执法、选择性执法或运动式执法等。②乱作为。有的干警由于业务不精或执法不规范等原因，执法中乱作为，如不依法调查取证，不按规定使用强制措施或侦查措施，不按规定使用武器警械，适用法律错误，不履行通知、告知程序或通知、告知不规范，法律文书使用不当等。③违法作为。有的干警执法中，知法犯法、违法作为，如暴力取证、刑讯逼供，乱罚款，辅警独立执法等。

针对执法行为存在的问题，根据公安部的统一部署，现阶段执法行为规范化建设的主要措施有：围绕各警种执法的基本环节和流程，研究制定执法基本要求和标准，便于民警了解和掌握，指导民警正确执法、规范执法和高效执法；按照"谁审批，谁负责""谁执法，谁负责"及"职权与责任相统一"的原则，进一步明确主要领导、分管领导、内设机构负责人和执法民警个人等不同层级的执法责任，进一步明确执法办案的呈报、审核、审批、执行等各个岗位、环节的责任，切实解决职权不清、责任不明及出现过错难以查究的问题；狠抓法律制度的贯彻执行，进行专项检查和经常性的执法监督，坚决纠正、有效预防不严格执行法律、不按照制度规范操作、随意执法甚至滥用执法权等问题；继续深入开展执法示范单位培养、创建工作，下大力气培养、创建不同层次的执法示范单位，使基层公安机关和广大民警身边有看得见、学得到的榜样；认真总结、及时推广执法示范单位的先进经验，并将这些先进经验和成熟做法上升为制度规范，不断推动公安机关整体执法质量和执法水平的提升。

（五）执法管理规范化

执法管理规范化，是指公安机关的领导管理、执法保障、执法监督及执法质量考评等内部管理活动依照法律规范的规定，公开、透明且规范地进行。执法管理规范化是保证公安机关和民警规范执法的重要途径，科学、精细的执法管理体系是规范执法的重要保证。

执法规范化建设开展以来，公安机关陆续出台了多项内部管理制度和指导意见，如《公安机关执法办案场所设置规范》《关于改革完善执法质量考评制度的意见》等。各地方公安机关根据规范化、正规化的需要制定了自己的内部管理规范，如《执法过错责任追究制度》《案件层级审核制度》《主办责任人制度》《学法考法制度》等。但是，公安机关的内部管理还是存在一定的问题，如执法管理机制不健全，造成执法管理缺位或职能交叉；执法管理体系不完善，造成管理活动自行、有效运转困难；执法管理规定不完善，造成领导组织、执法保障、执法监督、执法质量考评等活动无章可循、随意性大；执法管理规范不科学、指标设置不合理，影响干警工作积极性，阻碍执法规范化工作的开展等。

执法管理规范化应对执法全过程进行管理。将执法的每个环节都纳入到管理体系当中，实现对执法工作系统、稳定及全方位的管理；围绕管理的基本职能，实现执法管理体系化、系统化。努力构建管理机构配置优化，管理工作目标、标准明确，执法监督、执法考核科学、长效，责任追究严格的规范化的执法管理体系。

（六）执法工作信息化

执法工作信息化，是指将现代信息技术广泛应用于执法各环节，逐步实现执法办案的网上流程管理、网上审批、网上监督与网上考评，提高执法效率，降低执法成本，提升执法质量。

执法工作信息化是大势所趋，是实现执法规范化的重要途径和手段，是执法规范化的基础和支撑。当案件进入执法办案平台，就只能按照系统设置的程序一步一步走下去，既促进了执法公开，又避免了程序违法，同时也是避免人为因素干扰的有效手段。而网上监督和网上考评，增加了执法监督的透明度，使案件对得清清楚楚，错得明明白白，进而增加了干警的工作积极性。

根据公安部《关于进一步规范和加强公安机关执法信息化建设的指导意见》的要求，公安执法信息化建设应坚持统筹规划、统一标准、资源共享、实事求是及服务实战的原则，依托公安机关警务信息综合应用平台，具体开展执法办案信息化建设、执法监督信息化建设、执法培训信息化建设和执法信息管理建设，为实现网上执法信息录入、执法程序流转、执法活动监督及执法培训等奠定基础，切实加强对公安机关执法活动的即时性、过程性与系统管理性，全面提升公安机关执法能力、执法质量、执法效率和执法公信力。

六、公安机关执法规范化建设的深化

党的十八大以来，习近平总书记就政法机关严格执法、公正司法作出了系列重要指示，明确要求公安机关坚持严格、规范、公正、文明执法，在全面推进依法治国中发挥生力军作用。2016 年 5 月 20 日，习近平总书记主持召开中央全面深化改革领导小组会议审议通过《关于深化公安执法规范化建设的意见》（以下简称《意见》）并发表重要讲话，明确了深化公安执法规范化建设的指导思想、总体目标、基本原则和工作要求。《意见》对深化公安执法规范化建设作出了全面系统的部署，标志着法治公安建设进入了一个新的阶段。

（一）深化公安执法规范化建设的重要意义

深化公安执法规范化建设，在整个公安工作中居于全局性、基础性地位，对全面推进依法治国具有十分重要的作用。公安机关作为国家重要的行政执法和刑事司法力量，是全面推进依法治国的践行者、推动者与保障者，公安工作法治化水平直接关系国家法律的有效实施，关系社会大局稳定和人民群众切身利益，事关宪法法律权威和社会公平正义，事关政府法治形象和执法公信力。

深化公安执法规范化建设，是新形势的需要，是法治公安建设的需要。新形势、新任务与新要求迫切需要建设与之相适应的法治公安，不断增强公安机关依法履职能力。近年来，全国公安机关坚持不懈狠抓执法规范化建设，在法治观念、群众观念和执法理念、执法能力、执法质量与执法公信力等方面都有了明显提高，但是与"四个全面"战略布局的新形势新任务相比，与党和人民的新要求新期待相比，当前公安执法工作还存在很多不适应、不符合的地方，一些民警法治观念不强、执法素养不高，运用法治思维、法治方式处理新情况、新问题的能力仍需进一步提升，执法标准、操作规程与管理监督等制度机制还不够完善、严密。公安机关要在现有的基础上，在更高层次、更高水平上深化执法规范化建设，不断提升公安机关的依法履职能力和执法公信力。[1]

（二）深化公安执法规范化建设的目标

深化公安执法规范化建设应当：

1. 践行为民理念

每一名干警都要将以人民为中心的执法理念内植于心、外践于行，在每一项执法活动、每一起案件办理中，始终站在人民的立场，体现人民的意志，落实为民的要求，维护人民的利益。

2. 着力构建体系

着眼完善公安执法权力运行机制，构建完备的执法制度体系、规范的执法办案体系及系统的执法管理体系、实战的执法培训体系、有力的执法保障体系，实现执法队伍专业化、执法行为标准化、执法管理系统化、执法流程信息化。

3. 规范执法行为

围绕公安执法中的重点方面和关键环节，就规范执法依据、执法程序、执法行为和执法决策、执法监督、责任追究机制等，提出一系列加强和改进的具体措施，保证执法工作始终在法治轨道内运行。

4. 强化能力建设

抓住领导干部"关键少数"和基层一线执法主体，建立健全常态化执法教育培训机制，实行法律要求与实战应用相结合执法培训模式，不断提升运用法治思维和法治方式维护稳定、治理社会的能力。

5. 营造法治环境

在严格要求内部的同时，针对影响和制约公安执法工作的一些外部因素，就加强执法保障、创造良好执法环境等提出明确要求，支持保障公安机关依法行使职权，为公安执法工作营造良好社会氛围。

（三）深化公安执法规范化建设的原则

深化公安执法规范化建设，必须坚持党的领导，确保始终坚持正确的政治方向；坚持执法为民，遵循以人民为中心的执法理念；坚持依法推进，遵

---

〔1〕 载 http://legal.people.com.cn/n1/2016/0928/c42510-28745163.html，"坚持以人民为中心的执法理念 不断提升公安机关依法履职能力和执法公信力——公安部负责人就深化公安执法规范化建设答记者问"，最后访问日期：2016 年 12 月 22 日。

循社会主义法治原则；坚持改革创新，全面落实执法权力运行机制改革任务。保障执法质量和执法公信力不断提高。

（四）深化公安执法规范化建设的具体任务

1. 推进公安重点立法

主要包括推动维护国家安全、公共安全相关立法，推动完善公安组织管理和相关刑事及公安行政管理等方面的立法。

2. 健全依法决策机制

主要包括全面实行重大决策合法性审查和法律风险评估机制，实行法律顾问等制度。

3. 完善执法制度

主要包括细化执法标准和指引，为公安民警提供健全、完备与可操作的执法指引；落实以审判为中心的诉讼制度改革，坚持全面客观及时收集证据，进一步明确非法证据排除、瑕疵证据补强的范围、程序及标准；健全公安机关保障律师执业权利的制度措施等。

4. 改进行政管理工作

主要包括推进行政审批改革，改进行政管理模式，规范执法窗口服务等，让广大人民群众有更强实实在在的获得感。

5. 完善执法监督管理体系

主要包括强化执法质量管控，加强对受立案环节的监督；全面实行公安机关刑事案件法制部门统一审核、统一出口制度；完善责任追究制度，健全执法过错纠正和责任追究程序，实行办案质量终身负责制和错案责任倒查问责制；完善当事人权利救济机制，健全举报投诉事项的受理处置、核查督办、结果反馈工作机制；完善公安机关负责人出庭应诉制度等。

6. 深化执法信息化建设

主要包括完善省区市公安机关统一应用的执法办案信息系统，除涉及国家秘密的以外，全面实现网上办案；建立健全执法全流程记录机制，全面推行现场执法活动视音频记录制度；打造"阳光警务"，优化执法信息查询服务，建立生效行政处罚、行政复议决定文书网上公开制度等。

7. 提升执法主体依法履职能力

主要包括强化法治思维养成教育，加强对领导干部尊法学法守法用法和依法决策情况的考核监督；加强执法能力培训；深化执法资格等级考试制度，执法勤务警员实行执法资格管理制度等。

8. 加强综合保障

《意见》明确，各地党委和政府要将公安机关深化执法规范化建设纳入本地国民经济发展规划，加强组织领导，抓好贯彻落实。加强公安机关执法工作经费、装备与人力等保障；健全公安民警合法权益维护机制，保障民警依法履行职务；支持、保障公安机关依法行使职权，不得指派公安民警参与法定职责之外的非警务活动，对违法指派的依纪依法追究相关领导干部责任；落实违规过问、干预案件办理的记录、通报和责任追究制度；改革完善社会治安综合治理等考核机制等。公检法司等政法部门要互相配合、加强沟通，共同研究解决工作衔接中的问题，组织、宣传、人力资源社会保障及财政等部门要支持帮助公安机关开展工作，为公安机关依法高效履职提供必要的保障。[1]

【本节引导问题参考答案】

干警们的做法是正确的。

《人民警察法》第23条规定，人民警察必须按照规定着装，佩带人民警察标志或者持有人民警察证件，保持警容严整，举止端庄。《公安机关人民警察证使用管理规定》中明确，人民警察证是公安机关人民警察身份和依法执行职务的凭证和标志。《公安机关人民警察现场制止违法犯罪行为操作规程》第6条规定，采取处置措施前，公安民警应当表明身份并出示执法证件，情况紧急来不及出示执法证件的，应当先表明身份，并在处置过程中出示执法证件；着制式警服执行职务的，可以不出示执法证件。所以干警着制式警服无需出示执法证。

《治安管理处罚法》第82条规定，需要传唤违反治安管理行为人接受调查的，经公安机关办案部门负责人批准，使用传唤证传唤。对现场发现的违反治安管理行为人，人民警察经出示工作证件，可以口头传唤，但应当在询问笔录中注明。公安机关应当将传唤的原因和依据告知被传唤人。对无正当理

---

〔1〕　参见 http://paper.people.com.cn/rmrb/html/2016-09/28/nw.D110000renmrb_20160928_1-01.htm。

由不接受传唤或者逃避传唤的人，可以强制传唤。故三亚干警有权对该男子强制传唤。

这名涉事男子因阻碍执行职务被行政拘留 10 日。

【本专题思考与练习】

1. 公安机关执法规范化建设的要求与标准。

2. 公安机关执法规范化建设的主要内容。

3. 深化公安机关执法规范化建设的目标和具体任务。

【本专题参考文献】

1. 柯良栋主编：《警务工作转型升级的必由之路：执法规范化建设》，中国人民公安大学出版社 2011 年版。

2. 寿远景、王建：《公安机关执法规范化建设研究》，中国人民公安大学出版社 2013 年版。

3. 公安部人事训练局 公安部法制局主编：《公安机关执法规范化建设基础教程》，群众出版社 2009 年版。

4.《关于深化公安执法规范化建设的意见》。

5.《关于大力加强公安机关执法规范化建设的指导意见》。

专题七：警察执法权威与权益保障

【内容提要】

通过本章的学习，学生要掌握警察执法权威的含义，了解当前警察执法权威的生成条件，掌握警察执法权益的内容及保障警察执法权益的措施与手段。

【重要提示】

1. 警察执法权威的含义
2. 警察执法权威生成的条件
3. 警察执法权益的内容
4. 警察执法权益的保障

【引导案例】

案例1：2016年8月6日11时34分，郑州市公安局郑东分局民警崔某在会展中心展览馆处置一起伤害警情时，当事人庞某不但不配合执法，还指使其员工对民警的正当执法行为进行阻碍，并拨打警务督察支队投诉电话恶意举报民警酒后执法。警务督察支队经过现场核查、询问与酒精测试，证实崔某并无酒后执法的行为，庞某对民警酒后执法的投诉纯属其主观臆测、恶意投诉。8月7日，庞某等10人被郑东分局依法行政拘留。

案例2：2015年4月24日19时许，南阳市公安局溧河分局治安管理大队值班民警崔某、叶某带领乔某等9名辅警在处置一起打架警情时，遭到辖区白河村居民王某等村民阻拦、撕抓与殴打，导致被控制的犯罪嫌疑人王某坤无法带离现场，正常执法活动中断。经鉴定，民警崔某、辅警乔某受轻微伤。6月8日，王某等8人被依法刑事拘留。目前，案件已被移送审查起诉。

【引导问题】

1. 如何理解警察权威与警察权益？
2. 当前应当如何提升警察执法权威，保障警察合法权益？

【参考答案】

案例中所给出的情形在警察执法实际中经常发生，目前无论是警察权威还是警察执法权益都受到相对严重的侵犯。本章包括警察执法的法律权威、部门权威和个人权威。法律权威是警察执法权威的渊源、部门权威是警察执法权威的保障、个人权威是警察权威的关键、公民的法治意识是警察执法权威的基础。警察权益是基于警察执法行为或者职业需要而应当受到法律保护的相关权益，与警察执法行为密切相关。警察执法权威在一定程度上与执法权益密切相关，当警察执法具有较高权威时，其执法权益受到侵害的可能性也相对降低；反之，如果警察执法不具有较高的权威性，则其执法权益受到侵害的概率也相对较高，因此提高警察执法权威与保护警察执法权益相辅相成。现阶段，无论是提高警察执法权威，还是保护警察执法权益，从内部、外部以及主观、客观方面都需要社会各方面作出共同的努力。作为执法者的人民警察是整个过程中的重要一环。

"权威，即可以促使他人基于信赖而自发接受其规范的力量。因而权威也就是建立在正当性、合理性以及必要性的基础之上的服从的制度化。"[1]从这样的描述我们可以看出，警察执法权威是相对人乃至社会公众基于信赖而对警察执法结果的认可和服从，而公众的认可与服从权威又是建立在警察执法的正当性、合理性和必要性基础上的。

"人们服从某种权威，其内在追求就是一种正当性或者公正价值的追求，即基于内心的信念同意、认可或赞同某种价值。因此，权威的本质是内在的认同，不是基于外在的强制而形成。如果权威失去了正当性，权威本身也会失去存在的意义。"[2]警察执法权威与警察权益保障是两个不同但又相互关联的问题，警察执法权威是保障警察权益的目的，而保证警察权益则是为了保

---

〔1〕 季卫东："论法制的权威"，载《中国法学》2013 年第 1 期。
〔2〕 韩大元："论宪法权威"，载《法学》2013 年第 5 期。

证警察的执法权威。只有两者形成良性循环，才能更好地强化警察执法权威
保障警察法执法权益。

第一节　警察执法权威

一、警察执法权威概述

（一）警察执法与警察执法权威

依照《人民警察法》的规定，人民警察的任务是维护国家安全，维护社
会治安秩序，保护公民的人身安全、人身自由和合法财产，保护公共财产，
预防、制止和惩治违法犯罪活动。人民警察通过执法完成这些任务，这里的
执法就是人民警察依法行使管理职权、履行职责与实施法律的活动，在我国
警察执法包括警察行政执法和刑事执法活动。当前社会良好的公共秩序和社
会安全依赖于警察执法的权威性，而警察执法的权威则通过整个警察执法过
程来体现。

基于前述分析，我们可以认为警察执法权威是公安机关及其人民警察在
执法过程中形成的内在说服力和外在的强制力得到普遍的认可和执行，其中
内在说服力的渊源是警察执法的正当性、合理性和必要性，外在的强制力则
表现为公众对警察执法的信赖，这两个方面在警察执法过程中互为表里、互
相促进。警察执法的正当与合理，是警察执法权威生成的基础和关键，而公
众对警察执法过程与结果的信赖则对基于警察执法正当性、合理性而产生的
权威予以认可的直接表现。

（二）警察执法权威的表现形式

警察执法权威的表现形式，是指当事人或者社会公众能够感知到的警察
执法权威的外在表现，警察执法的权威主要表现在以下三个方面：即警察执
法的法律权威性、部门权威性和个人权威性。

1. 法律权威性

警察执法的法律权威性，是指警察的执法行为所产生的法律效果得到社
会的充分认可，实现社会效果和法律效果的良好统一。警察执法的法律权威
性的基础一方面是立法内容的合理性，另一方面则是警察执法是对法律规定

的严格遵守。

2. 部门权威性

部门权威性，是指承担警察执法职责的公安机关在社会公众心目中的威信和尊严，这是基于其执法的公正性，长期以来产生的人们对该部门整体的认可。

3. 个人权威性

个人权威性是与部门权威性相辅相成的，是人民警察个人因其身份在执行职务中的威信与尊严，表现为人民警察执法行为受到足够的尊重，警察执法权益不容非法侵犯。

在上述警察执法权威的三种表现形式中，法律权威性是基础，法治是对警察执法的基本要求，也是警察执法权威的源头和正当性的基础；公安机关的部门权威是警察执法公信力的直接体现，特别是在行政执法过程中，由于行政执法对象范围广、涉及事项多，在行政法学的理论和实务中都承认行政行为的公定力，因此这就要求作为警察执法主体的公安机关在社会公众心中具有较高的执法权威，这是维护良好的社会公共秩序的依托之一；人民警察的个人权威是警察执法权威的关键，说到底警察执法权威是要靠一个个具体实施执法行为的人民警察来体现，人民警察良好、公正地执行法律，是保证警察执法权威的关键所在。

（三）警察执法权威的意义

总体来讲确立警察执法权威是维护国家法律尊严，保障社会公共安全和秩序的必然要求。

1. 警察执法权威是国家法律权威的具体体现

依照《人民警察法》《刑法》《治安管理处罚法》以及《公安机关组织条例》等法律法规的规定，公安机关是武装性质的治安行政和刑事司法力量，承担打击违法犯罪、维护公共安全和公共秩序、保护公民的人身自由及合法财产安全是公安机关及其人民警察的法定职责，因此尊重人民警察执法的权威是维护国家法律尊严的根本要求。

2. 确立警察执法权威是维护国家法律权威的基本要求

无论在行政还是刑事领域，公安机关都是法律的执行机关。我国《宪法》第5条明确规定，中华人民共和国实行依法治国，建设社会主义法治国家。

一切国家机关和武装力量、各政党和各社会团体、各企业事业组织都必须遵守宪法和法律。一切违反宪法和法律的行为，必须予以追究。任何组织或者个人都不得有超越宪法和法律的特权。公安机关是《刑法》《治安管理管理处罚法》等相关法律法规的具体执行者，因此确立和维护人民警察的执法权威是维护法律权威的必然要求。作为警察执法的相对人尊重人民警察的执法权威，依照法定的程序对人民警察执法进行监督，依法保护自己的合法权益，配合人民警察执法，是尊重警察执法权威和维护法律权威的直接体现。

3. 警察执法权威是保证公共安全与秩序的根本要求

维护公共安全和秩序，保证公民的人身和财产安全是公安机关及其人民警察的法定职责，只有维护人民警察的执法权威，才能保证其良好地履行相应的职责。

二、警察执法权威的来源

（一）法律权威是警察执法权威的渊源

法律权威是警察执法权威的基础和来源。一个国家的法律权威就其外化表现而言可以体现为立法权威、执法权威和司法权威，同时在立法、执法与司法运行中，权威又对法律权威与法律信仰起着相应的积极或者消极的作用。良好的立法是警察执法权威的基础和渊源，警察是法律的具体执行者，一个国家，人们对法律尊重和信仰程度对警察执法的权威性有着重要的影响。从一定程度上讲，我们不能指望一个没有法律信仰的国家的民众对公安机关及其人民警察执法权威给予高度的认可。因此法律权威是警察执法权威的基础和来源，而法律本身的权威则与社会政治、经济、文化背景以及法律规范内容本身的正当性有着重要关联。制定良好的法律是法律权威的基础和源头，也是影响法律权威的关键因素，是警察执法权威的基础来源。

（二）公安机关的权威是警察执法权威的保障

公安机关的权威是政府权威的构成部分，从法律权威的角度看，政府权威属于执行法律的权威，政府部门具有较高权威可以增加公众对警察执法的信任。如果人们充分认可公安机关的权威，则有助于提高人们对人民警察执法的认可程度，保障警察执法权威；同时公安机关的权威性有助于人民警察获得其在突发事件及紧急状态下对事情处理结果的接受与认可。

（三）警察的个人素养是保证警察执法权威的关键

公安机关行使治安管理和刑事司法权力，必定离不开具体的执行者——人民警察，因为公安机关的执法过程最终还是得借助于现实的人来落实。法律的权威、公安机关的权威究其根本是要靠人民警察良好地执行法律来保障。人民警察作为执法角色的承载者，应当有对法律崇高的信仰、精深的专业知识和理性的处事能力等素质来实现执法的权威。

（四）公民法治意识是警察执法权威的基础

公民法治意识是依法治国、建设社会主义法治国家的基础，公民的法治意识也是一个国家执法权威生存的基础。如果在一个国家公民对于法律没有任何信仰，也没有任何法律意识，其执法者再公正的执法也很难被其公民认同；如果他们认同的是权力，执法者也难以在社会上形成执法的权威；即便是认可警察执法的权威，人们信仰的是权力而不是法律。因此一个国家公民的法律意识是确定执法权威的基础所在。警察执法也是如此，离开了公民的法律意识，离开公民对警察执行的国家法律法规的认可，警察执法权威也只能是空谈。

三、警察执法权威的生成

警察执法权威的生成，是公安机关及其人民警察通过其针对个案的执法，逐步累积起来的公安机关和人民警察、执法过程和执法处理结果都得到执法的相对人和社会公众认可的状态。从这样一个界定和累积的过程看，警察执法权威的生成主要是通过个案执法过程、执法结果得到具体相对人的认可，从而长期积累形成的，在社会公众心目中对公安机关及其人民警察执法权威性的接受与认可状态。因此，警察执法权威生成的结构就是具体的警察执法主体和相对人双方，进行形成的警察执法主体群体和警察执法相对人的群体。单个的公安机及其人民警察的执法权威与作为群体的公安机关和人民警察的执法权威是互相影响、互相促进的关系，反之亦然；单个的警察执法相对人与警察执法的相对人群体对警察指法权威的认可程度也是相互影响、相互促进的过程，同样反之亦然。因此，从警察执法权威生成的角度，作为执法者的公安机关及其人民警察应当尽量保证每个具体执法行为的过程和结果的正当性，最大限度地争取相对人对公安机关、人民警察，执法过程和执法结果的认可，形成提升警察执法权威的良性互动。

（一）生成警察执法权威的要素

1. 法律赋予公安机关的权威是警察执法权威的形式要素

作为警察执法依托的公安机关的权威是法律制度赋予公安机关的职责及其履行其法定职责所需要权力所决定。公安机关及其人民警察承担着维护公共秩序和公共安全的职责，是武装性质的治安行政和刑事司法力量，为保证公安机关能够有效地履行相关职责，警察权包含了公权力一般所具有的各种法律作用，包括警察主体对警察相对人享有的命令权、形成权和自行强制权，也包括公共利益的优先权，这些内容在警察权中都具备，而且较为发达。[1] 正是法律赋予公安机关的这些权力使得公安机关在执法过程具有了法律制度性的权威。同时，作为公安机关执法行为具体执行者的人民警察的招考、录取等制度，也是公安机关制度性权威的要求和保障。

2. 公正是警察执法权威的实质要素

公正是法律永恒追求的价值，法律的规范是社会公众与公安机关达成的契约，公正地执行法律规范的内容是警察执法得到公众认可的核心要素，也是生成警察执法权威的实质要素。换言之，社会公众之所以愿意接受警察执法的权威，正是因为警察执法的公正性。

（二）警察执法权威的生成条件

1. 警察执法规范化——公安机关权威的生成条件

公安机关执法规范化，就是要求公安执法者的一切执法行为必须严格限制在法律的框架之内，按照法律、法规明确的职权和义务依法办事。按照法律预先设定的模式、程序、规则与轨迹，通过执法程序的设计，实现一切警察权力的行使必须要有法律的明确授权，一切警察权力的行使必须遵循法律规定的程序，一切警察权力的行使必须受到监督和制约的执法体制和运行机制，达到严格、公正、文明、理性与高效的执法目标。[2] 2016 年 5 月 20 日，中央全面深化改革领导小组第 24 次会议审议通过《关于深化公安执法规范化建设的意见》，主要着眼于完善公安执法权力运行机制，构建完备的执法制度

---

〔1〕参见师维、高文英主编：《警察法学》，中国人民公安大学出版社 2014 年版，第 68 页。

〔2〕参见易继苍："公安机关执法规范化建设研究述评"，载《公安学刊（浙江警察学院学报）》2011 年第 1 期。

体系、规范的执法办案体系、系统的执法管理体系、实战的执法培训体系与有力的执法保障体系，实现执法队伍专业化及执法行为标准化、执法管理系统化及执法流程信息化，保障执法质量和执法公信力不断提高。增强执法主体依法履职能力，树立执法为民理念，严格执法监督，解决执法突出问题，努力让人民群众在每一项执法活动、每一起案件办理中都能感受到社会公平正义。

深化公安执法规范化建设，在整个公安工作中居于全局性、基础性地位，对全面推进依法治国具有十分重要的作用。公安机关作为国家重要的行政执法和刑事司法力量，是全面推进依法治国的践行者、推动者与保障者，公安工作法治化水平直接关系职责任务的依法履行和国家法律的有效实施，事关社会大局稳定和人民群众切身利益，事关宪法法律权威和社会公平正义，事关政府法治形象和执法公信力。所以警察执法的规范化是公安机关执法权威生成的根本条件之一。

2. 执法过程的公开——警察执法过程权威的生成条件

警察执法的权威公信力来源于社会公众对警察权及其实施过程和结果的信任、尊重、认同与服从。将警察执法过程公开，让警察权置于阳光下运行，满足人民群众对警察执法的知情权、表达权、参与权和监督权，让人民群众感受到公平正义，从而让人民群众对警察执法更加理解和信任。在公开透明的环境下，警察队伍的素质、能力和作风直面人民群众的监督与评判。通过执法过程的公开，人民群众可以充分了解警察执法的每一个步骤，可以亲眼看到、感知到人民警察执法过程中对执法程序的严格遵守，从而认可警察执法的权威，因此警察执法过程的公开是警察执法权威的生成条件之一。

3. 说理式执法——警察执法结果权威的生成条件

说理式执法更多地体现在警察行政执法程序中，说理式执法是公安机关基于警察行政行为说明理由制度而实施的一种执法行为，社会契约、程序正义、人权保护及行政合作是说理式执法的理论与实践基础。说理式执法正是行政执法行为透明化、公开化及理性化要求的具体体现，实行说理式执法具有增强行政相对人对具体行政行为的可接受性，增强对行政相对人合法权益的保护，增强警察行政主体的行政权力自律，增进社会和谐、维护社会稳定等功能。在警察执法过程中通过说理，让相对人更能接受警察执法的结果，降低了相对人进行行政复议和行政诉讼的概率，这样就增加了警察执法的权威。

因此警察的说理式执法是警察结果权威的生成条件之一。

第二节　警察执法权益的保障

一、警察执法权益

（一）警察执法权益的含义

权益是一个基本法律术语，通常讨论的权益是指法律权益，也称合法权益。权益包括权利和利益两个相关联的方面，其中以权利是基础，利益是权利的伴生品。在一个主权国家研究权利，通常是指的基于一国公民身份而产生的权利，并由此带来的利益。

"警察权益"问题在 20 世纪 90 年代初学界就开始探讨，随着袭警事件的不断增多，到 90 年代末，这一问题渐成为学术热点。《人民公安》2000 年第 10 期发表了一组题为"谁来保护民警的执法权益"的文章，用 9 篇文章的篇幅比较全面地探讨了警察执法权益的问题。学界对"警察权益"的热烈探讨一直持续至今。警察权益是个涵盖面比较广的概念，针对警察权益的观点，我们可以看到以下观点的不同：权益就是权利，即权力和利益，所以警察权益就是指警察应当享受的不容侵犯的权利，包括执法权益、职务权益和个人权益；[1]认为警察权益包括执法权益、职务权益与个人权益三部分。[2]认为国家赋予警察的职务权力和特别保护权利，构成了人民警察合法权益的基础。[3]因此，警察权益是基于"警察"这一特殊职业而衍生出来的所有权益，包括了警察执法权益、职务权益与个人权益。警察权益的具体内容比较多，认为警察权益是指警察个体及相关人员依法履行职责应享有的特定权利，它包括七项权利：生命健康权、司法特别保护权、人格尊严权、伤亡抚恤权、获得工作报酬权、接受教育培训权及休息休假权；[4]认为警察权益以生存权和生命健康权为基础，包括生命权、司法特别保护权、伤亡抚恤权、精神损害赔偿

〔1〕　参见张楚、李娜："基层警察的权益保障对策研究"，载《北京人民警察学院学报》2007 年第 3 期。

〔2〕　参见王梅花："论警察权益保障机制"，载《河南教育学院学报》2005 年第 5 期。

〔3〕　参见耿连海：《警察权益保护》，群众出版社 2004 年版。

〔4〕　参见刘小荣："警察权益界说"，载《铁道警官高等专科学校学报》2006 年第 3 期。

权、医疗救治权、特殊保险权、休假权；[1] "人民警察权益" 是指人民警察
履行职务时法律赋予的个体权利和利益。内容包括：一是人民警察在执法过程
中应享有的宪法赋予公民的合法权益。如生命健康权、休息权及获得劳动报
酬权等。二是在执法中享有的特殊的执法权益。如对器械、武器的使用和对
特殊装备的使用。人民警察享有的公民权益与执法权益并存。[2] 认为警察权
益是指警察依法享有的不可侵犯的权利，以及基于警察职业所享有的正当利
益。具体来说，他认为警察权益包括 9 项内容：获得履行职责应当具有的职
权和工作条件权利；非因法定事由、非经法定程序，不被免职、降职、辞退或
者处分的权利；依法获得工资报酬、享受福利、保险待遇的权利等。[3] 邢曼
媛等认为，警察权益包括执法权力和自身权利，执法权力有行政处罚权、行
政强制措施权、行政强制执行权、行政许可权、刑事强制措施权、处置突发
事件权、使用器械武器权、执法优先权、侦查权及执行刑罚权等；自身权利
分为人格权和身份权。[4]

　　基于本教材探究的警察法，这里的警察权益是基于警察执法行为或者职
业需要而应当受到法律保护的相关权益，也就是警察执法权益。

　　(二) 警察执法权益的属性

　　1. 警察权益是法定权益

　　警察因从事警察职业和执行公务的需要，其权益被赋予特定的内涵，受
到特殊的法律保护。应当看到警察权益遭受侵害与一般社会民众相比，具有
不同程度的潜在的社会负面效应。对警察权益的保护，不仅是对警察个体自
身的保护，更是对警察执法权威的维护，警察权益是国家特别赋予作为公务
员的警察享有的权益，其内容具有特定性。

　　2. 人民警察拥有公务员的所有权益

　　警察是在我国是一类武装性质的公务员，其职责在维护社会公共秩序和

---

　　[1] 参见周伟忠、李小强："论警察权益的基本内容"，载《中国人民公安大学学报》2003 年第
4 期。
　　[2] 参见田秀然、于学忠："人民警察权益保障问题的调查与分析"，载《当代法学》2011 年第
6 期。
　　[3] 参见吕绍忠："对警察权益保障若干问题的思考"，载《理论学刊》2009 年第 10 期。
　　[4] 参见邢曼媛、孟丽萍、杨玉海：《人民警察执法权力与自身权利保护》，中国人民公安大学
出版社 2005 年版。

公共安全，从法律权益的角度来讲，人民警察依然享有《公务员法》与《人民警察法》赋予其执法时拥有的全部法律权益，并受法律保护。应当注意的是，在具体的案件处理时，各个警种的警察应当依据法律对其职权的划分来划分对事务的管辖权。

3. 警察权益是基于其履行法律职责需要而产生的权益

前述已经对交警察的法定职责进行了论述，为了保证人民警察能够更好地履行其法定职责，国家通过建立、修改与完善警察法律体系赋予了人民警察执法的各种权力，警察执法权益正是基于法律赋予人民警察的执法权力而产生的法律权益。

（三）警察执法权益保护的内容

目前，学术界对于警察执法权益内涵的界定也是见仁见智，尚未形成统一的标准，这主要是因研究者自身对警察权益来源定位的不同，即对警察身份认识的不同而产生。作为国家公民，警察具有与一般公民相同的基本权利，如生命权、健康权等；作为公务员，警察具有与一般公务员相同的权利，如获得报酬权、休息权等；只有基于警察身份的特殊性，才可能会牵涉其执行职务过程中的风险与危险，进而引起对警察职业防护及保证警察执法过程中人身安全和尊严等权益的关注，并给予受到侵害的警察充分的法律救济，如警察执法中的优先权、使用警械等权力。这既是保证警察正常执法维持社会秩序的需要，又有利于树立作为国家机器的警察在社会管理中应有的权威。因此，人民警察的权益除在公安交通管理中依法享有的人身权、财产权外，还应当包括一个更重要的方面——执法的权威性。一般来讲，警察行政行为具有约束力、公定力、执行力和确定力等法律效力，这种执法的权威性不应受到任何外在非法因素的干扰。因此本书认为警察执法权益是其在依法执行公务过程中应当享有的权利，主要包括以下几个方面：第一，人民警察依法执行职务享有人身安全、名誉以及财产不受侵害的权利；第二，人民警察依法执行职务时，要求行政相对人服从和配合的权利；第三，执法权益受到侵害的人民警察有依法追究行为人法律责任的权利。

具体来讲这里确定人民警察权益的法律依据主要是《人民警察法》《行政强制法》《行政处罚法》《宪法》以及《民法通则》等法律依据。

1. 人民警察履行职权保护

对于履行职责的人民警察给予法律保护，是保证人民警察执法的基础和关键；《人民警察法》第5条规定，人民警察执行职务行为，受法律保护。这里执行职务，包括人民警察相关法律法规赋予人民警察的法定职责，也包括交通警察在非工作时间，遇有职责范围内的紧急情况时应当履行的职责。人民警察在非工作时间履行的法定职责，是《人民警察法》赋予人民警察应当履行的职责。

2. 使用警械武器的权力

这是《人民警察法》赋予人民警察的权力，依照其规定遇有拒捕、暴乱、越狱、抢夺枪支或者其他暴力行为的紧急情况，公安机关的人民警察依照国家有关规定可以使用武器；为制止严重违法犯罪活动的需要，公安机关的人民警察依照国家有关规定可以使用警械。警械武器的使用本身就存在给当事人造成一定伤害的可能性，虽然在理论上对警察使用警械、武器权力的法律属性存在争议，但是在法律规定的条件下使用警械武器是法律赋予人民警察的权力。

3. 执法防卫权

执法防卫权，是指人民警察在执行职务过程中实施的正当防卫行为。依照我国《刑法》第20条规定："为了使国家、公共利益、本人或者他人的人身、财产和其他权利免受正在进行的不法侵害，而采取的制止不法侵害的行为，对不法侵害人造成损害的，属于正当防卫，不负刑事责任。正当防卫明显超过必要限度造成重大损害的，应当负刑事责任，但是应当减轻或者免除处罚。对正在进行行凶、杀人、抢劫、强奸、绑架以及其他严重危及人身安全的暴力犯罪，采取防卫行为，造成不法侵害人伤亡的，不属于防卫过当，不负刑事责任。"这是法律确定的我国公民的对正在实施的侵害国家、本人或者他人的人身、财产和其他权利的行为的防卫权利，实施这一权利主体当然包括人民警察。

4. 警察执行职务的优先权

这是《人民警察法》赋予人民警察为了保证其执行职务而拥有的权力，即公安机关的人民警察因履行职务的紧急需要，经出示证件，可以优先乘坐公共交通工具，遇有交通阻碍时优先通行。公安机关因侦查犯罪的需要，必要时，按照国家有关规定，可以使用机关、团体、企事业单位和公民个人的交通、通讯工具、场地和建筑物。这些权力仅限于人民警察执行职务时的紧急情况，并且在使用完毕后应当立即归还，如果有损坏应当予以相应的赔偿。

5. 拒绝执行超越法律规定指令权

这是《人民警察法》赋予人民警察的一项特殊权力，这项权力是赋予执行职务的人民警察个人的权力，其目的在于保护人民警察执行职务能够有能力按照法律规定执行，避免其他行政机关和相关领导的干扰。这是对警察进行保护和保证人民警察严格、公正执法的基础所在。依照《人民警察法》的规定，人民警察对超越法律、法规规定的人民警察职责范围的指令，有权拒绝执行，并同时向上级机关报告。人民警察依法执行警务的行为，受国家法律的保护，任何组织或者个人都应当予以支持，不得非法进行干涉。

6. 休息权

应当说休息权是一项宪法权利。我国《宪法》规定"中华人民共和国的劳动者有休息的权利"，除去职业分工的不同，人民警察是当然的劳动者，因而也当然具有《宪法》所规定的休息权。休息权看上去是非常容易实现的一个基本权利，但是对于人民警察这个行业，休息权却是非常难以实现的一项权利。休息权是指劳动者在享受劳动权的过程中有为保护身体健康、提高劳动效率，根据国家法律和制度的有关规定而享有休息和休养权利，但是当警察遇到紧急突发事件时，如果身着警服、驾驶警车或者佩戴其他警用标志时即使警察本人在休息时间、事发现场不属于其本人管辖区域或者不属于本人职责范围，此时的警察个人也被视为警察整体的化身，应当担负起维护社会秩序和保障社会安全的必要的、适当的职责。同时在目前的实际执法中，警察加班也是一个基本的常态，特别是交通警察和基层派出所民警。保障警察的休息权是维护其合法权益、保护其身心健康及增强其战斗力的一个重要方面，并应通过增加警力、科学用警及完善休假制度等途径，尽量保障警察的休息权，落实警察加班的薪酬权。

7. 生命健康权

生命健康权的规定源自民法，其实是每个人在这个社会中的生命及健康的权利，这是作为一个自然人存在的基础，这对警察也不例外。生命健康权对于执法人民警察的意义在于当发生侵害警察生命健康权的行为，警察有权进行正当防卫、紧急避险并依法要求赔偿的权利。这些权利并不因为人民警察在执法过程中而失去，并且人民警察在执法中保护自己的生命健康权和公共利益，依法享有使用警械武器的权利。

8. 抚恤优待权

根据《人民警察法》第41条规定，人民警察因公致残的，与因公致残的现役军人享受国家同样的抚恤和优待。人民警察因公牺牲或者病故的，其家属与因公牺牲或者病故的现役军人家属享受国家同样的抚恤和优待。2014年4月30日民政部、最高人民法院、最高人民检察、教育部、公安部、国家安全部、司法部、财政部、交通运输部发布了《人民警察抚恤优待办法》，伤残人民警察、人民警察烈士遗属、因公牺牲人民警察遗属、病故人民警察遗属是本办法规定的抚恤优待对象，依照其规定享受抚恤优待。《人民警察抚恤优待办法》分为总则、死亡抚恤、伤残抚恤和优待、附则4章42条，其依据现行法律法规整合了各警种人民警察优抚政策，统一了人民警察优抚待遇，明确了有关抚恤标准、规范了伤亡抚恤办理等程序。

9. 名誉权

《民法通则》第101条规定，公民、法人享有名誉权，公民的人格尊严受法律保护，禁止用侮辱、诽谤等方式损害公民、法人的名誉。《人民警察法》第35条也规定，对公然侮辱正在执行职务的人民警察的行为，给予治安管理处罚，人民警察在执法中受到侮辱、诽谤的，应当依法保护自己的名誉权。对于违反《治安管理处罚法》的，可以依据《治安管理处罚法》第42条〔1〕规定予以处罚，另外也鼓励执勤民警依据我国民事法律规定向人民法院提起民事诉讼，保护自己的合法权益。

10. 申诉控告权

这是我国《公务员法》赋予人民警察的权利，依照《公务员法》的规定，公务员对涉及本人的人事处理不服的，可以向原处理机关申请复核；对复核结果不服的，可以照规定向同级公务员主管部门或者作出该人事处理的机关的上一级机关提出申诉；也可以不经复核，直接提出申诉。人民警察是

----

〔1〕《治安管理处罚法》第42条：有下列行为之一的，处五日以下拘留或者五百元以下罚款；情节较重的，处五日以上十日以下拘留，可以并处五百元以下罚款：（一）写恐吓信或者以其他方法威胁他人人身安全的；（二）公然侮辱他人或者捏造事实诽谤他人的；（三）捏造事实诬告陷害他人，企图使他人受到刑事追究或者受到治安管理处罚的；（四）对证人及其近亲属进行威胁、侮辱、殴打或者打击报复的；（五）多次发送淫秽、侮辱、恐吓或者其他信息，干扰他人正常生活的；（六）偷窥、偷拍、窃听、散布他人隐私的。

我国公务员的重要组成部分，因此，对于人民警察申诉控告权的保护，是保护人民警察执法积极性、保护其合法权益应有之意。

二、警察执法权益的保障

警察执法权益的保障是个需要长期面对的话题，应对当前的执法环境，保护警察的执法权益，既关系到警察队伍的稳定与素质等问题，也关系到警察执法权威与执法效果，更是关系到警察能否良好、公正地执法，履行维护公共安全和秩序的法定职责。

我国《公安机关组织条例》规定公安机关是人民民主专政的重要工具，人民警察是武装性质的国家治安行政力量和刑事司法力量，承担依法预防、制止和惩治违法犯罪活动，保护人民，服务经济社会发展，维护国家安全，维护社会治安秩序的职责。[1]因此，人民警察作为一个相对特殊的公务员群体，相对于一般的执法主体其主要特点表现在人民警察同时承担行政执法和刑事司法职能以及人民警察执法的暴力性。正是由于人民警察执法的特点，其执法权益更容易受到侵害。因而无论是从法律规定，还是从具体制度设计方面，都需要突出对警察执法权益的保护。

（一）我国现有法律法规保护警察执法权益的规定

我国目前关于警察执法权益的法律规范主要涉及《刑法》《治安管理处罚法》《人民警察法》以及《人民警察使用警械武器条例》，同时对于由于当事人的行为给人民警察造成的人身或者财产损害，公安机关及其人民警察可以依照《民法通则》《侵权责任法》的相关规定提起损害赔偿的民事诉讼。这些法律规范可以分为两类，一是关于追究侵犯人民警察权益法律责任的规定，二是关于人民警察执法过程中享有特殊权力的规定。前者如当事人承担的刑事、行政或者民事责任，后者如人民警察在执法过程中使用警械武器的权力。分析这些法律规定，我们可以看出追究侵害人法律责任的相关规定方面只涉及对妨碍公务行为及妨碍公务罪的处罚，但并没有对人民警察在非执行职务时受到的侵害如何追究法律责任作出规定；而对于人民警察在执法过程中使用警械武器及相关处置权力的规定，在具体操作层面则缺乏具体可供操作的具体规则，使得警察在执法过程中缺乏具体的操作规程，难以在执法过程中

[1]《公安机关组织条例》第2条。

合法、合理地使用警械、武器，实现惩治违法犯罪、保障自己执法权益的目的。

（二）关于加强与完善人民警察执法权益的保护

目前造成警察执法权益受到侵害的原因是多方面的，如何加强与完善人民警察执法权益的保护，是理论与实务界共同关注的话题。目前保护人民警察权益的相关建议比较多，但是我们也必须看到提升人民警察执法权威和保护人民警察执法权益是同一事物的两个方面，而且需要各个方面共同努力，同时也要以整个社会法治环境的提升为基础。以下是关于保护人民警察执法权益的相关建议：

1. 制定、完善保护警察执法和警察执法权益的法律法规

（1）关于在《刑法》中增加袭警罪相关规定的建议。

在《刑法》中增加关于袭警犯罪的规定是多年来各界的呼吁。目前我国处罚袭警犯罪的主要是依据《刑法》"妨害公务罪"，这样规定把警察作为一般的国家工作人员来看待，一般认为忽视了警察工作的特殊性和危险性。早在 2003 年 3 月 17 日，王午鼎等 35 位全国人大代表就曾提出议案，建议在我国刑法中单独设立袭警罪，以此凸现人民警察特殊的执法身份和地位，加大法律的威慑作用，给民警执法带来保障。[1]这样既可以通过维护执法者的合法权益来保护法律的尊严，也可以通过设立独立的刑罚给警察合法权益的保护设立最后的屏障。

纵观国外关于袭警的相关立法，其针对袭警行为单独明确规定袭警行为的定罪量刑或者是对袭警行为加重处罚，并且对执行职务的人民警察给予特殊保护。[2]

从近年来的立法实践来看，无论是《刑法》的修订还是即将进行的《人民警察法》的修订，都对设立袭警罪提出了多次的立法建议，但全国人大常委会一直没有通过这个立法建议，应当说原因是多方面的，这与我们当前警察所处的执法环境和警察在社会公众心中的形象也有一定的关联。我们期望通过自己的努力改变警察形象，提升警察权威，推动袭警罪的设立；同时也

---

〔1〕 参见 http://news.sina.com.cn/o/2015-10-20/doc-ifxivsee8825252.shtml，最后访问日期：2017 年 2 月 12 日。

〔2〕 参见张晋溪："借鉴国外立法经验推动袭警行为入罪"，载《公安研究》2015 年第 5 期。

希望通过设立袭警罪能更好地强化对人民警察权益的保护。

（2）进一步明确界定《治安管理处罚法》中关于妨碍公务的行为。

目前处理妨碍人民警察执行职务行为尚不构成犯罪的依据主要是《治安管理处罚法》第 50 条[1]的规定，这里建议明确和细化妨碍国家机关工作人员执行职务行为的具体认定，一方面便于认定和处理当事人的妨碍执行公务行为，另一方面通过相关规定的细化也可以使当事人明确哪些行为是法律所禁止的行为，实现对当事人教育的目的。明确界定阻碍执行公务行为，主要可以使行政相对人了解哪些行为属于阻碍国家机关工作人员执行公务行为，对其起到事前教育的目的；同时使行为人了解法律规定，也可以尽量避免实施阻碍国家机关工作人员执行职务的行为，还可以对这些行为的制裁提供具体的裁量标准。

（3）完善人民警察执法安全防护规定。

目前相对缺乏的是关于人民警察执法安全防护方面的规定，从立法的角度看，我们国家尚缺乏针对人民警察执法安全防护的相关法律规定。在交通警察执法领域则相继发布了《交通警察道路执勤执法工作规范》和《交通警察执法安全防护规定（试行）》，这为交通警察执法的规范和安全防护提供了依据。从保护人民警察执法权益的角度，应当加强人民警察执法的具体操作性规定，包括相关警械武器的具体操作要求，也包括人民警察执法安全防护的基本规定。

2. 建立适合警察执法需求的培训机制

从我国目前针对警察的培训而言，包括了学历教育、任职培训和专业技能培训。构建教育大培训体系，建立健全教育训练长效机制，推动初任训练与民警录用制度相结合、专业训练与警种岗位培训相结合、晋升培训与干部任职责任和晋升警衔制度相结合，实现培训与晋升、育人与用人相结合。具体来讲可以考虑：①建立健全培训制度；②设计合理的岗位培训内容；③合理的分级、分类培训；④增加警察执法安全防护意识课程内容等，对人民警

---

〔1〕《治安管理处罚法》第 50 条：有下列行为之一的，处警告或者二百元以下罚款；情节严重的，处五日以上十日以下拘留，可以并处五百元以下罚款：（一）拒不执行人民政府在紧急状态情况下依法发布的决定、命令的；（二）阻碍国家机关工作人员依法执行职务的；（三）阻碍执行紧急任务的消防车、救护车、工程抢险车、警车等车辆通行的；（四）强行冲闯公安机关设置的警戒带、警戒区的。阻碍人民警察依法执行职务的，从重处罚。

察执法进行综合训练，提升其执法的技能和防护能力。

如依据公安部最新印发的《2014-2017 年公安民警培训规划》要求，研究制定与新形势相适应的训练方案，以安全执法行为的培养为主线贯穿训练全过程，方法多样化、内容模块化，分层次分级别分专题进行科学组训，强化警察技战术训练，重视训练的对抗性、实用性和自我防护能力提升，同时兼顾个体差异化进行强训，切实提高警察实战技能及执勤执法中的人身安全防护能力。如：加强警用防护装备使用训练的同时，与查缉、防卫、射击、擒拿格斗、攀登、特殊驾驶等警务技战术科目相结合进行模块化组训，运用信息化科技手段，着重开展突发事件、群体性事件和暴力恐怖活动等应急处置的指挥与战术研究和多情景模拟演练。

3. 保障警察的警械装备配置

"工欲善其事，必先利其器"，加强人民警察警械装备配置，不仅能够有效的震慑犯罪，保障人民警察有效执法，而且也是减少人民警察遭受攻击的一项措施。2006 年 10 月公安部正式颁布了《公安单警装备配备标准》，规定了全国各级公安机关民警个人的基本装备配备。配备项目主要包括警服、警棍、手铐、催泪喷射器、强光手电、警用制式刀具、警用水壶、急救包、多功能腰带、防割手套等必配项目和枪支、对讲机、警务通、防刺服和警用装备包等选配项目共 15 种。此外公安部还颁布了《县级公安机关基本业务装备配备指导标准（试行）》，按照统筹规划、解决问题、实事求是、重点突破及重视标准实施的保障策略，切实提高县级公安机关装备配备水平。

4. 提高人民警察的职业道德规范

警察的执法权益要想不受到侵害，还应当从自身着手，提高其职业道德规范。警察的职业道德规范，是指警察在其职业活动中应该遵循的、适合自身特点的、符合社会主义道德标准的道德原则与行为准则。规范执法，遵守相应的职业道德标准，是警察执法得到人民群众的认可、提高法律和自身执法尊严、降低受相对人侵害风险的前提和基础。通过提高人民警察的职业道德，可以提高人民警察自身素质、提升人民警察在群众心目中的良好形象，对于人民警察执法权益的保护具有一定作用。

5. 提高警察执法的现场控制能力

在执法过程中，作为执法主体的人民警察都要尽可能地避免出现与相对人的冲突，并有效控制执法现场局面，提高现场处置意识。因此在执法过程当中，首先从安全角度出发考虑，思想不能麻痹大意、心理不能放松警惕。其次，交警察对执法现场的控制应当运用恰当手段，可以使用语言命令、责令或要求执法相对人保持或者做出某一行为；或者在接近执法相对人时徒手或运用警械以及其他工具对其所采取具有较强针对性的动作；或者依法使用武器，以武器的威慑力或火力的优势来限制违法犯罪嫌疑人的行为，以达到控制执法相对人的目的。最后，一旦警察权益遭到侵害，现场处置的警察应当把握一些技巧，要学会如何面对和控制无法预料的侵害行为，要把握执法的安全程序，控制执法相对人的行为，把握行为的安全要素。

当人民警察接报警准备出警处理一桩案件时，第一个要想到的是，执法对象存在伤害自己的可能性，出警的环境可能对自身有危险。为此必须对可能面对的危险作出风险评估之后，按照评估-准备（调整）-控制行动-再评估-调整-再控制行动的程序一步步接近现场。为了保证警察执法权益，人民警察在执行警务时必须对执法的现场进行有效的控制，不管执行何种任务，都应充分地考虑到危险的存在，危险可能来自执法相对人，也可能来自执法现场的环境和其他人员。当面对危险，特别是潜在的危险时，一定要做好思想准备与行动准备，通过与对方保持一定的距离，并占据适宜的位置，来控制对方的身体行为，随时防控，一旦需要使用适当的武力手段，就应当果断敏捷地采取语言命令、徒手擒拿、警械和武器使用等控制手段，来抑制对方的暴力倾向，控制对方的暴力行为。

6. 建立健全人民警察执法维权保障机构和机制

2005年，公安部通知要求全国各级公安机关建立人民警察维护权益委员会，全国公安机关民警维权工作全面启动，在成立维权机构、建立工作机制、改善警用防护装备及加强相关宣传等方面进行了多项工作。公安部警务督察局明确专人负责维护民警执法权益工作，并向各地警务督察部门下发通知，要求采取有效举措，认真贯彻落实维护民警执法权益的各项部署。

建立警察执法维权保护机构，可以及时依法协调有关部门查处暴力袭警、不实投诉和其他侵犯人民警察正当权益的案件，建全警察执法维权的机制还可以及时有效地处置警察执法维权出现的各类问题和突发事件，保护警察的执法权益。目前各地的警察维权机构已经基本建立，但是尚缺乏有效的运行机制。因此在今后应当加强维权机构运作机制的研究，以期最大限度地发挥其作用，提升人民警察执法权威，保护人民警察合法权益。

7. 努力建立良好的公共、公众的关系，加强舆论引导

积极建立与营造良好的公共、公众关系。各级公安机关都应当上转换观念，消除公众对人民警察职权理解中的误区，采取走出去、请进来的办法，采取多种形式的联谊、联动、互助、互访，警营开放、警民恳谈等社交活动，建立良好的公共、公众关系，赢得人民群众以及社会各界理解、支持。通过建立良好的公共、公众关系，进一步推进人民警察执法权益的民主化、程序化和合理化。

媒体既是党委政府的宣传喉舌，又是公众形象的代言，公安机关应当与新闻媒体建立良好的互联、互动、互通关系，通过借助新闻媒体、社会舆论的导向，大力宣传提升人民警察形象的知名度和透明度，拉近警民之间的距离，通过新闻媒体客观公正的正面宣传报道，人民群众能够进一步地了解人民警察、理解人民警察，支持人民警察的执法权益不受侵害。

在处理与媒体关系方面，建议借鉴美国警方处理与媒体关系的准则。美国警学专家认为，警方在处理与媒体的关系时最重要的一条就是泰勒所说的："千万不要等出现重大危机之后才与媒体举行首次会面。"也就是说，警方应当未雨绸缪，力求主动。在美国，大多数警察组织都制定了规范警方信息发布的书面政策，这些政策承认了记者收集信息的权利，并指示警察与媒体进行合作。

8. 建立社会支持网络，保护警察职业心理健康

建立和完善警察社会支持网络，要注意多元化。即不仅要建构非正式的来自父母、亲戚等社会关系的社会支持网络，而且要建构正式的来自于组织、社会的社会支持网络体系，包括家庭支持、组织支持和社会支持等。

【本专题参考文献】

1. 高文英主编：《警察行政法》，中国政法大学出版社 2016 年版。

2. 阎铁毅、王国聚："论行政行为的告知"，载《法学杂志》2014 年第 1 期。

3. 田瑶："论行政行为的送达"，载《政法论坛》2011 年第 9 期。

4. 周佑勇、刘艳红："行政执法与刑事司法相衔接的程序机制研究"，载《东南大学学报（哲学社会科学版）》2008 年第 1 期。

5. 季卫东："程序比较论"，载《比较法研究》1993 年第 1 期。

6. 季卫东：《法律程序的意义》，中国法制出版社 2012 年版。

7. ［英］丹宁勋爵：《法律的正当程序》，刘庸安等译，法律出版社 2011 年版。

8. 王名扬：《美国行政法》，法律出版社 1995 年版。

9. 季卫东："论法制的权威"，载《中国法学》2013 年第 1 期。

10. 韩大元："论宪法权威"，载《法学》2013 年第 5 期。

11. 师维、高文英主编：《警察法学》，中国人民公安大学出版社 2013 年版。

12. 易继苍："公安机关执法规范化建设研究述评"，载《公安学刊——浙江警察学院学报》2011 年第 1 期。

13. 张楚、李娜："基层警察的权益保障对策研究"，载《北京人民警察学院学报》2007 年第 3 期。

14. 王梅花："论警察权益保障机制"，载《河南教育学院学报》2005 年第 5 期。

15. 耿连海：《警察权益保护》，群众出版社 2004 年版。

16. 刘小荣："警察权益界说"，载《铁道警官高等专科学校学报》2006 年第 3 期。

17. 周伟忠、李小强："论警察权益的基本内容"，载《中国人民公安大学学报》2003 年第 4 期。

18. 田秀然、于学忠："人民警察权益保障问题的调查与分析"，载《当代法学》2011 年第 6 期。

19. 吕绍忠："对警察权益保障若干问题的思考"，载《理论学刊》2009 年第 10 期。

20. 邢曼媛、孟丽萍、杨玉海：《人民警察执法权力与自身权利保护》，中国人民公安大学出版社 2005 年版。

专题八：环境警察制度研究

【引导案例】

2013年9月，河北省公安厅成立环境安全保卫总队，被称为环境警察队伍。自总队成立以来即开展了为期半年的"利剑斩污"专项行动，动员和集结全警力量，向环境污染违法犯罪发起了凌厉攻势。截至2014年4月30日，全省各级公安机关充分利用人力和技术、网上和网下、公开和秘密等手段，对电力、钢铁、水泥、玻璃等重点行业进行不间断重点排查，整顿了一批污染企业。立案侦办环境污染案件628起（其中污染环境案件369起、非法处置进口固体废物案件7起、涉及环境污染领域的其他犯罪案件252起），破获517起，移送起诉87起，抓获犯罪嫌疑人857人；查处治安案件834起，处理违法人员1173人。会同行政职能部门联勤联动13 292次，查处污染企业14 994家（其中取缔4858家、关停5183家、限期整改4219家）。可谓战果显著。

【引导问题】

1. 什么是环境警察制度？
2. 环境警察的职责权限是什么？

环境警察制度是我国生态法治建设的重要组成部分，是最严格环境保护制度的具体体现之一。它对于维护国家环境秩序，保卫国家环境安全，震慑、遏制破坏环境与资源保护的违法犯罪行为具有不可替代的作用。环境警察制度就其本质来说属于历史、关系和规范的范畴。我国建立环境警察制度具有其客观必然性及独立性。环境警察制度的具体形式、具体内容以及能否发挥相应的作用有着强烈的主观性，即体现为环境警察制度的可选择性及可设计性。在此前提下我国环境警察制度必须找准其合理定位，才能切实发挥其在国家环境监管体系中无以替代的作用。

一、环境警察制度的内涵及本质

以法治视角观之，建立环境警察制度是我国生态文明建设法治保障的具体体现，构成了环境执法、环境司法的重要组成部分。

（一）环境警察制度的基本内涵

环境警察制度是指公安机关在法定职责范围内，运用警察权对在环境与资源保护领域违法行为实施制裁、对犯罪行为进行侦查的一系列法律制度的总称。对于这一制度的理解包含以下方面：①环境警察制度是环境警察权行使的制度。它是围绕着警察权在生态法治建设中的行使所确立的一系列法律制度。环境警察权是执行有关环境保护法律规范，制止、制裁环境违法行为，侦查、打击破坏环境资源保护的犯罪行为的权力。环境警察制度既包括环境警察权行使主体的制度，也包括环境警察权实施的制度；②环境警察制度是一种综合的法律制度。环境警察制度中既包含了环境警察行政执法的法律制度，也包含了环境警察打击破坏环境资源保护犯罪的刑事法律制度。而在这其中，打击破坏环境资源保护犯罪的刑事执法占据了主要部分；③环境警察制度还包含了较强的环境科学技术的内容。环境警察执法过程中不仅涉及法律问题，同时由于执法标的是有关环境问题，必然还要包含有关环境的标准、污染的指标等科学技术规范与内容。

（二）环境警察制度的本质

在制度经济学家看来，制度无非是约束和规范个人行为的各种规则。它是以执行力为保障的，同时是一种协调利益关系的机制。制度是能动的，同时也体现着历史的变迁。构建现代环境警察制度首先应对其本质有明确认识。笔者以为环境警察制度的本质应从以下三个方面进行认知：

1. 环境警察制度属于一个历史的范畴

一个制度本质上是一种历史范畴。它根源于社会的经济基础，形成于不同的历史发展过程之中。当下我国在历史发展的阶段上，仍处于工业化、城镇化进程之中，资源的约束趋紧、环境严重污染、生态系统退化的严峻形势依然困扰着我们。为建设生态文明社会，实现可持续发展，必须建立和完善最严格的环境保护制度，而环境警察制度则是最严格环境保护制度体系中的具体制度安排之一。任何制度都与当时人的利益选择密切相关，与人的行为动机存在内在联系。因此，环境警察制度是应我国当前以至未来相当长时期环境保护及生态建设这一历史时期要求的必然结果。历史的发展为环境警察制度体现其存在提供了场所。建立环境警察制度乃是历史与时代的选择。

2. 环境警察制度属于一个关系范畴

一般来说，制度对社会主体要素和客体要素的存在的整合，在本质上又体现为一个关系范畴。制度使得相关对象之间真正发生相互作用，并产生相互联系。环境警察制度中体现了环境安全保卫关系。警察机关从维护国家环境安全和环境秩序出发，运用警察权对危害环境安全、有碍环境秩序的社会成员实施制裁，保卫国家、公民环境利益。在环境安全保卫关系中，环境警察代表国家对破坏环境安全，触犯治安管理法，特别是触犯刑律的环境违法与犯罪人员依法进行制裁。在这一过程中体现了政府、企业、个人基于环境安全保卫所形成的相互关系。从法理与现实的角度看，环境安全保卫法律关系其性质主要体现为涉及环境安全的刑事法律关系及治安行政法律关系。而这种法律关系一方主体必有警察机关。体现于这种法律关系中的执法手段包含了带有明显的限制人身自由的强制性。

3. 环境警察制度属于一种规范范畴

对制度的判断中最无可争议的就是制度告诉人们能够、应该、必须做什么，或者是相反。这就道出了制度作为一个规范范畴的本质。体现于规范范畴的环境警察制度具有明确的成文性、规定性和高度的强制性。其目的是通过规定和执行规则来维护特定的环境秩序。罗尔斯认为："社会的制度形式影响着社会成员，并在很大程度上决定着他们想要成为的那种个人，以及他们所是的那种个人。"[1]在环境警察制度面前，人们的行为被规范、修正或因否定评价而受到制裁。笔者认为，一定的环境秩序状态决定于制度的规则设定与执行。

二、我国环境警察制度建立的客观性

一般地，制度的客观性体现了制度形态的历史必然性、制度内容的客观

---

〔1〕　[美]约翰·罗尔斯：《政治自由主义》，万俊人译，江苏译林出版社 2000 年版，第 285 页。

必然性及制度本身的客观独立性等方面。在此我们要探讨环境警察制度在现代社会条件下建立的客观必然性，以及相对于其他制度的客观独立性。

（一）环境警察制度建立的必然性

一个国家环境警察制度的建立是该国全社会环境保护意识发展到一定水平的必然结果。环境保护理念是一定的环境保护制度得以产生的观念先导，坚持可持续发展的思想，切实维护公民的环境权益是环境警察制度赖以产生和存在的基本价值。

1. 建立环境警察制度是应对我国发展中严峻的环境现实，积极控制和化解环境风险的需要。在现实中，由于一些企业和个人的环境违法与犯罪行为，极可能造成一定范围内的环境严重污染、生态资源受到严重破坏，环境风险加剧。而防控环境风险，除按照预防为主的原则，采取多种科学防控措施以外，加强环境执法也是其中重要举措之一，建立和实施我国的环境警察制度则是一具体体现。环境警察是为保护环境公共利益而行使权力，这对于养成企业、社会公众环境公德心与责任心也具有积极作用。

2. 建立环境警察制度是保障民生，切实维护公民环境权益的重要体现。公民的环境权益是关系到民生的基本问题。2016 年 3 月发布的国家"十三五"规划纲要中，明确了提出了加快改善生态环境，加大环境综合治理力度。强调创新环境治理理念和方式，实行最严格的环境保护制度，强化排污者主体责任，形成政府、企业、公众共治的环境治理体系，实现环境质量总体改善。通过建立环境警察制度，对于环境违法与犯罪行为实施有效打击，也是政府提供公共产品与服务的体现，有利于维护人民群众环境权益，促进社会和谐稳定。

3. 建立环境警察制度是我国环境执法现状的迫切需求。环境执法难是近年来开展查处环境污染与资源破坏案件中反映出来的普遍难题，主要表现在政府环保部门及其他资源监管部门的执法力量相对较弱，环境执法缺乏应有的震慑力。这种状况特别体现在现场执法当中。这一方面影响了我国环境保护法律法规的权威性，同时也对社会公众环境权益构成不利。建立环境警察制度，在执法上通过环境警察的介入可以在很大程度上解决这一问题。

4. 建立环境警察制度是公安执法规范化和警务专门化的具体表现。建立环境警察制度也是顺应深化公安执法规范化的要求[1]，一方面将现有法律中有关警察涉及环境保护执法的内容归拢起来由专门的执法主体来实施，保证执法质量；另一方面体现警务资源的优化组合，涉及环境与资源保护的执法由专门的警务人员来负责，并配合综合性的执法，这是警务专业化的表现。环境警察专门化，并通过建立警察执法与环境资源监察沟通协作的机制，有利于提高环保领域的执法效能。事实上，上世纪90年代欧洲国家就已开始探究警察、检察官或者是刑事法院是否应该专门化？并认为这可能会是解决环境犯罪法律实施的可行之路。[2]在我国，这一作法在当前也符合社会管理创新和警察执法创新的基本思路。

（二）环境警察制度的客观独立性

客观独立性，通常是指某一主体不易受自身以外因素的影响，有较强的独立提出和实施行为目的的能力，它反映了主体意志的行为价值的内在稳定性。这种独立性可以体现为实质上的独立和形式上的独立。

就环境警察制度而言，实质上的独立性是指环境警察在职能及业务上独立于政府的其他部门，特别是环境保护部门的执法。环境警察与环保监察虽然同为政府职能的组成部分，都是代表国家执行相关的法律、法规，体现对环境的保护，但基于不同职责和执法手段，环境警察制度体现了实质上的独立性。对此笔者还将在后面提及。

形式上的独立是指环境警察成为独立的警种，具有专门的建制。这种独立是指将警察执法中涉及环境安全保卫的权与责集中起来，独立于其他警种，由此体现了环境警务的专门化。这将有利于提高执法的质量与水平。

三、我国环境警察制度建立的主观性

制度是一种人们在明确目的的前提下建构的存在物。"不仅制度的结构包

---

[1]　2013年6月26日召开的第十二届全国人大常委会第三次会议听取了国务院关于公安机关执法规范化建设工作的报告。报告中提到力争通过三到五年的努力，基本实现执法队伍专业化、执法行为制度化、执法管理系统化、执法流程信息化，……公安机关执法水平和执法公信力显著提高；2016年5月20日，中共中央总书记、国家主席、中央军委主席、中央全面深化改革领导小组组长习近平主持召开中央全面深化改革领导小组第二十四次会议，会议审议通过了《关于深化公安执法规范化建设的意见》

[2]　European Journal of Crime, Criminal Law and Criminal Justice1994-2 Page：168.

含有重要的人格决定，而且即使是最好的制度……也常常在很大程度上依赖于相关的人。制度好似堡垒，它们得由人来精心设计并操纵。"〔1〕环境警察制度是人们对生态环境保护关系的本质和规律的有目的的创造性思维产物，其获得既依赖于这种关系的存在状态及其发展程度，也依赖于人们的认知能力。环境警察制度的具体形式、具体内容以及能否发挥相应的作用有着强烈的主观性，即体现为环境警察制度的可选择性及可设计性。

（一）现代环境警察制度的可选择性与可设计性

制度的可选择性主要是基于特定的社会发展阶段或者特定的社会关系背景，社会主体对制度的选择，也即社会主体可以根据人与社会发展的需要，对制度进行其认为合理与可行的设计。美国经济学家道格拉斯·诺斯就认为："制度是为人类设计的、构造着政治、经济和社会相互关系的一系列约束，是人类设计出来的形塑人们互动行为的一系列约束。"〔2〕西方制度经济学派大多持有制度设计的观点。制度的确立还需要得到大多数社会成员的认同，大多数社会成员的认同又进一步使制度得到自我强化。现代环境警察制度的诞生正是于社会工业化、城镇化加速过程中环境污染日趋严重之时，人们对环境安全的严重关切，要求对日益严峻的环境问题进行有效管控的制度选择。现代环境警察制度的可设计性则需要从这一制度的指导思想、基本原则、架构体系、具体内容与形式等诸方面加以考虑。

如何选择和设计中国的环境警察制度？笔者以为应首先在指导思想与基本原则上达成共识。

在我国环境警察制度选择与设计的指导思想上，应坚持从国情出发，勇于创新，注重实效。这一思想实质上包含三重意义：

一是在环境警察制度的选择与设计上立足中国国情。从总体上看，我国生态环境恶化的趋势已得到初步遏制，部分地区有所改善。但目前我国环境形势依然相当严峻不容乐观。国民的环境保护意识还较为薄弱。从体制上来看，环境警察制度的选择与设计应契合现实的体制和基本国情，不能盲目照搬国

〔1〕［英］卡尔·波普：《开放社会及其敌人》（第1卷），中国社会科学出版社1999年版，第237页。

〔2〕［美］道格拉斯·C. 诺斯：《制度、制度变迁与经济绩效》，上海三联书店1994年版，第64页。

外做法，既要体现一定前瞻性，适应我国生态文明建设的发展需要，又要脚踏实地，切实可行。

二是在制度选择与设计上应体现创新社会管理的要求。创新社会管理是一种社会管理的创造性活动，在当前的社会条件下必然存在着不同思想、意见和利益诉求的相互交织和撞击，必须依赖于开放性、自由交流、容忍不同观点的环境，更依赖于相关各方提出合理化建议并共同参与。环境警察制度的建立就是要体现上述要求，在生态文明建设中明确警察权的基本定位，建构以保卫环境安全为主旨，同时充分尊重其他管理主体，保障社会组织和个人环境权的新机制。发挥警察权在环境保护应急管理体系建设中的特殊作用，提高应对环境风险的能力，承担起环境安全保卫的职责。

三是在制度选择与设计上切实注重实际效果。所谓注重实际效果，也就是说这一机制要有独特的作用发挥。环境警察制度实施运用特有执法手段中要在治理破坏环境的违法行为，特别是在打击环境犯罪方面发挥专门作用。

在对环境警察制度进行具体选择和设计时，应当把握两个原则：一是遵守权力行使界限的原则。环境警察权的行使要在应当和必要的范围内行使。这既包括了强调警察权以维护公共秩序为限，也包括了警察权的行使不能取代环境保护部门的执法权（以环境监察权为代表）；二是尊重与保障人权原则。在环境保护领域中，警察权的行使不得损害法律保障的公民的基本权利。

在设计环境警察制度的表现形式上，笔者认为应通过全国性立法加以体现。例如，制定我国环境警察法或环境警察条例。这一方面表明环境警察制度是我国可持续发展战略中的体现国家环境治理的重要举措之一，另一方面也表明了这一制度在我国生态文明建设法治保障中的应有地位。

（二）现代环境警察制度创建中的人为障碍

尽管笔者认为在我国建立环境警察制度是大势所趋，然而在具体实施中尚存在一定人为因素和障碍需要加以探讨解决。具体来说：

1. 从观念上，人们的环境保护意识尚需进一步提高。这既包括了社会公众对于自己环境权益的认识与重视，更包括了政府官员自身环保意识的增强。只有在此氛围下，才有社会和决策层面对破坏环境资源保护的违法与犯罪行为体现执法刚性的一致需求和呼声。而"目前在市民社会中的权力结构更偏爱经济价值而非生态保护[1]"，这是我们从意识层面上需要加以面对的。

2. 从立法上，目前若从组建全国正规的环境警察队伍来说还需要有法律上的依据。现有法律不足以支持建立环境警察制度。从《中华人民共和国环境保护法》到《中华人民共和国人民警察法》都难以找到建立环境警察制度的基本法律依据。

3. 从现有环境监管体制上看，我国现行环境监管体制是统管与部门分管相结合的体制。环境警察制度的确立，环境警察队伍的组建，如何与现有体制协调？同时往往还要考虑部门利益关系。利益均衡也是设立环境警察被考虑的因素。有的时候"部门利益"甚至可能成为设立环境警察的阻碍[2]。

此外，以社会发展不同阶段社会主体的知识结构、思维方式、价值观念、情感意志等要素所规定的，以选择性、创造性为主要特征的认知能力的局限性，使得环境警察制度设计都具有相对性。例如，由于设计这一制度时所处的时间维度所限，往往不能精确预测其长期效果。难以确定制度在长时段中全部功能的发挥。而这一制度的效果常常可能会超出设计者的预料。因此，对于环境警察制度设计上存在的主观局限性必须有充分的估计。

四、我国环境警察制度的合理定位

环境问题在当今中国发展中的影响，已远远超过环境治理本身，越来越呈现为敏感的民生问题与发展问题。事实上，单纯的环境问题本身并不一定构成政治问题和政治活动，但当它同时成为社会民生和发展问题时就会演变为一种现实的政治。环境警察制度作为一项极具可操作性的法律制度，需要明确其在国家环境治理中的基本定位。

（一）现代环境警察制度在我国环境监管中的基本定位

当环境问题日益成为严重的社会问题之后，政府的环境监管作用也为人们所关注和希冀。并将环境保护这种公共产品的提供集中于政府身上。回顾以往政府对环境事务管理所发生的变化，从最初以"命令—控制"为主的管

---

[1] [英]简·汉考克：《环境人权：权力、伦理与法律》，李隼译，重庆出版社2007年版，第111页。

[2] 建立环境警察制度，必然会涉及环境保护、卫生监督、土地规划、基本建设、林业、国土资源等多个部门，甚至其他警种所管辖的范围，必然会触及一些既得利益部门，其所面临的阻力可想而知。

制手段，到 20 世纪 80 年代以后，大量以市场为导向的经济刺激手段被运用，再到 20 世纪 90 年代以来，大量的以自愿合作为基础手段的频现，政府在不断探索新的环境管制手段。在这一理论与实践的探索中，政府的传统管制手段因其局限性而日渐式微。那么是否可以认为传统的、以体现强制性为特征的环境监管手段从此淡出了呢？笔者持明确否定态度。这是因为，"当前，我国环境状况总体恶化的趋势尚未得到根本遏制，环境矛盾凸显，压力继续加大。……人民群众环境诉求不断提高，突发环境事件的数量居高不下，环境问题已成为威胁人体健康、公共安全和社会稳定的重要因素之一。……环境保护法制尚不完善，投入仍然不足，执法力量薄弱，监管能力相对滞后"。[1]要真正扭转生态环境恶化趋势，在我国现有环境监管体制内，必须组织各方面力量，运用各种有效手段去实现环境监管的任务。其中以强制性为突出特征的环境警察制度同样至关重要，为我国环境监管所不可或缺。

根据《中华人民共和国环境保护法》[2]第十条之规定，政府环境保护主管部门对环境保护工作实施统一监督管理，政府有关部门和军队环境保护部门依法对资源保护和污染防治等环境保护工作实施监督管理。这一提法意味着我国将延续"统管与分管相结合"的环境监管体制。政府各级环境行政主管部门作为环境保护监督管理中的主角任重道远，责无旁贷。而作为政府有关部门和军队环境保护部门则应在各自的职责、权限范围内发挥应有作用。在"政府有关部门"中，公安机关则是依照相关法律的规定对资源保护和污染防治等环境保护工作实施监督管理的部门之一。它借助于环境警察这一制度来实现公安机关在环境保护上的责任履行。

之所以说环境警察制度不可或缺，有两个理由：一是体系中不可或缺。学者们普遍认为当下应对我国严峻的环境形势，必须综合运用经济的、政策的、行政的、法律的等诸多手段，同时要发扬环境民主，鼓励公众积极参与到保护环境中来。环境警察制度即是法律手段的重要体现之一。同时也是实行最严格环境保护制度的具体表现。尽管当今有不少学者认为政府对环境监管应大量采用建立在自愿和多元合作基础上的环保措施，鼓励公众参与，并

---

〔1〕《国家环境保护"十二五"规划》，（环发〔2011〕42 号），2011 年 12 月 15 日印发。

〔2〕 第十二届全国人民代表大会常务委员会第八次会议于 2014 年 4 月 24 日修订通过。2015 年 1 月 1 日施行。

发挥社会支撑和制衡的作用。[1]但笔者认为，如果没有政府的强制力量作为后盾和保障，即将强制力量作为环境保护的"压舱石"，对环境违法与犯罪行为实施有效制裁，仅仅靠鼓励自愿与多元合作，以及经济刺激手段，环境监管的目标是难以达到的。对于一国环境监管体系而言，也是不完整的；二是强制手段在具体执法中的不可或缺。通过创设环境警察制度，必要时运用警察权中的行政与刑事强制措施手段，例如当遇有环境执法中紧急情况时，为排除障碍或者防范环境危害的发生和扩大，依法行使的特别权力，包括：紧急征调使用权、紧急排险权、紧急管制权等。又如对不履行法律规定义务的当事人，以及对某些环境违法犯罪嫌疑人采取强制手段，迫使其履行义务或实现法定强制目的的权力。包括行政拘留、强制扣留、约束、强制隔离、强制传唤、强制履行、查封、扣押、冻结、强制拆除、强制鉴定等。后者如刑事拘传、拘留、取保候审、监视居住、逮捕等。这些强制权力体现为具体执法手段，可以起到其他任何部门难以替代的作用。

不可或缺的基本意义是：假如缺少是不行的。从实践中来看，我国环境监管中环境警察制度的缺位也的确给我国环境执法带来不小的麻烦。社会上许多有识之士也都积极主张呼吁在我国建立环境警察队伍以解决环境执法中长期存在的"软骨症"。[2]故此，笔者认为，不应盲目夸大环境警察制度的作用，把它当作解决环境问题的灵丹妙药。同时也要认识到，在我国环境监管中应有环境警察制度的一席之地。

（二）现代环境警察制度在环境司法中的定位

环境司法，是司法的一种形态，具有司法的一般属性和规律，但也具有明显的特殊性。风险社会之中严峻的环境污染与破坏，要求环境司法活动应对生态环境领域中诸多带有特殊性与复杂性的情况，甚至包括大量涉及环境科学的问题，有针对地制裁环境犯罪或解决环境民事、行政纠纷。环境司法愈来愈为人们所关注，无论理论界还是实务部门近年来都给予了充分重视，并提出了"环境司法专门化"的观点。我国环境法学专家王树义教授对环境

〔1〕参见李挚萍：《环境法的新发展——管制与民主之互动》，人民法院出版社2006年版，第13～16页。
〔2〕参见陈丽平："全国人大代表赵林中提出建议——中国应当设立环保警察"，载《广东建设报》2009年3月10日，第A07版。

司法专门化给出的定义 是指"国家或地方设置专门的审判机关，或者现有的人民法院在其内部设置专门的审判机构或组织对环境案件进行专项审理。"[1]从这一定义中可以看出，环境司法专门化主要是指环境案件审理的专门化。在这一概念基础上，笔者认为，环境犯罪的立案侦查亦应纳入环境司法专门化的范畴。这是因为，作为环境刑事案件的审判一般要经过从立案侦查、提起公诉，再到法庭审理与判决。对涉嫌环境犯罪的立案侦查是公诉与审判的基础，也是整个司法程序的起点与源头。环境犯罪的侦查是环境刑事司法程序启动的第一步，处于最"上游"。

由于环境案件的特殊复杂性，对案件的侦查也提出了特殊要求。也即要求侦查人员必须具备必要的专业或专门性知识。甚至案件的调查、取证都区别于一般刑事案件，如在证据鉴定上往往具有较大难度等。而这些又是我国公安机关内部的现有制度、机构设置以及普通刑事警察的知识储备所难以满足的。如此，伴随环境司法审判的专门化，环境犯罪侦查的专门化，也必须纳入人们视线，成为环境司法改革与创新的组成部分。而我国环境警察制度的创设，其中的重要内容之一就是环境犯罪侦查的专门化。环境警察制度的作用发挥则重点在于打击环境犯罪行为。

由此可见，环境警察制度与环境司法有着密切的关联。环境警察制度中的主要内容，即环境犯罪侦查，构成了环境司法中独特的不可缺少的部分。

（三）现代环境警察制度在执法功能上的定位

警察权的环境保护功能是指警察权对于环境保护的作用。警察权的功能是它自身所内含的。警察权的环境保护功能在未与生态环境发生关系时处于潜在状态。潜在状态的功能是否能变为现实还受生态环境的状态及相关条件的影响。警察权的环境保护功能是在"期望"的、"潜在"的和"现实"的三个不同的功能存在形态上开展的。"期望"的功能存在于人的意识和愿望之中。也即人们意识到并希望警察权在生态环境领域中发挥保护的作用；"潜在"的功能存在于警察权的实际结构之中。即警察权的构成要素中具有生态环境保护中迫切需要的本有条件；"现实"的功能则存在于警察权在环境保护领域的实践之中。

---

〔1〕 王树义："我国环境司法专门化之必要性及可行性分析"，载《首届环境司法论坛会议论文集》，第58页。

环境警察制度的功能如何定位？决定着环境警察在职责上、执法体制、执法方式和程序如何进行设计并切实发挥作用。因此，环境警察制度在功能上的定位就显得十分重要。结合治理环境问题的现实需求，以及警察权的特质，环境警察制度应体现如下功能：

1. 协调和指引功能。作为国家环境治理的一种重要而有力的手段，环境警察制度对于环境秩序的维护是至关重要的。它会给人们特定的信息空间，有利于人们形成对自己行为的稳定的预期，通过运用环境警察制度打击环境违法犯罪，向对社会公众进行环保宣传教育，从而引导个人和组织行为。

2. 界定警察权在环境保护中的边界和行为空间。由于警察权具有突出的强制性，必须通过制度的指向提供行为的约束，从而降低执法中的不确定性和不可预见性。在环境警察制度下，警察权的行使必须止于维护国家环境安全与环境秩序，在此前提下履行相应的职责。

3. 协助功能。借助于警察权特有的执行力及应急手段，实现对政府环境保护主管部门执法协助。这一功能恰为环境保护主管部门所急需，以保障执法刚性。

4. 打击犯罪功能。运用警察权对破坏环境资源保护的犯罪行为实施侦查，实现环境刑事司法专门化的源头启动。[1] 这一功能是环境警察制度建立的主要价值所在。

5. 伦理教化功能。环境警察制度中所预设和体现的环境安全与秩序的价值观念，直接影响着社会的整体伦理状况或精神文明发展的方向及其可能性空间，对人们树立环境保护意识，形成良好的行为习惯具有重要意义。

五、我国环境警察的职责权限及主要制度

（一）环境警察的职责权限

在环境警察制度的设计上，职责权限则体现了这一制度存在的基本价值。针对我国环境与资源保护的现状，借鉴国外环境警察制度规定，结合未来的

---

〔1〕 2013 年，公安部部署各地公安机关依法严厉打击环境污染犯罪活动。截至同年 7 月，已侦破环境污染刑事案件 112 起。这其中包括了云南昆明"牛奶河"污染案、河北廊坊部分电镀厂非法排放电镀废液污染环境案、湖南株洲佳旺化工公司非法倾倒化工废液污染环境案、山东邹平乾利公司非法处置工业渣土污染环境案等四起环境污染重大案件。参见公安部公布四起环境污染重大案件，载 http://www.mps.gov.cn/n16/n1237/n1342/n803715/3840219.html。

发展，笔者认为，我国环境警察的职责应包括以下方面：

1. 侦办、查处破坏环境与资源保护的违法与犯罪行为。这是环境警察发挥作用的主要方面。涉及各种（水、气、噪声、光、土壤等）非法排放污染物的治安行政案件；侦办违法处置排放毒害性、放射性、腐蚀性等危险物质，造成环境污染、生态破坏、人员伤亡及重大财产损失的犯罪案件；查处由环境行政主管部门移送的环境违法及涉嫌犯罪的案件。

2. 为环境保护主管机关及其工作人员的正常行使职权提供协助、保障；侦办因环境保护执法引发的阻碍执行职务的犯罪案件。

3. 针对各类涉及破坏环境资源违法犯罪的情报信息进行收集、研判、上报。

4. 组织和协调做好保护环境的公安基层基础工作。结合社区警务，对社会公众进行环保宣传教育，鼓励举报涉嫌环境违法与犯罪行为。

环境警察履行职责，就其范围上来看包括了涉及土地资源保护、水资源保护、森林资源保护、草原资源保护、渔业资源保护、矿产资源保护、野生动植物资源保护、特殊区域环境保护、自然保护区保护、风景名胜区和文化遗址地保护，等等。此外，就打击环境犯罪而言，主要是指对环境犯罪的侦查环节中所承担的法定职责。我国《刑法》第六章第六节所规定的破坏环境资源保护罪中所规定的犯罪就是环境警察所要侦查的刑事犯罪。

根据上述职责，环境警察应依据人民警察法享有侦查权、行政强制权、行政处罚权等权限。在执法工具上，环境警察除配备警车、枪支、手铐等警用基本装备，还要配备随时对水、气、噪声、光、土壤进行取样化验的便携式环保检测仪器，赋予其特殊的刑事强制措施和行政强制措施权力，对涉嫌环境犯罪的嫌疑人进行刑事拘留、逮捕、移送审查起诉，对导致环境污染或者暴力抗法的人员进行拘留等行政处罚。

（二）环境警察的主要制度

在我国环境警察制度整体确立的前提下，环境警察的主要制度反映了环境警察制度运作的特殊性。

1. 案件移送制度。通过这一制度进一步明确环境保护行政主管部门在查处环境违法行为过程中，依法应给予行政拘留的处罚，或发现涉嫌构成犯罪，依法需要追究刑事责任的，应当依法向环境警察移送。环境警察按照法定程序对所移送的案件材料进行审查，作出行政拘留决定。对涉嫌环境犯罪的，作出决定立案侦查或者不予立案的决定。以《关于环境保护行政主管部门移送涉嫌环境犯罪案件的若干规定》（环发〔2007〕78号）以及《行政主管部门移送适用行政拘留环境违法案件暂行办法》（2014年12月24日，公安部、工业和信息化部、环境保护部、农业部、国家质量监督检验检疫总局以公治〔2014〕853号印发）为基础，将案件移送制度化。明确移送案件的种类、适用移送的法定情形、移送案卷的材料与要求、移送及接受移送的法定程序等。

2. 特别证据制度。证据规则在我国公安行政执法及刑事案件办理都有相应规定。但在环境违法与犯罪案件办理中，由于其特殊性，必须结合环境科学领域的特点在证据的收集、证据的鉴定、证据的效力与证明标准等方面作出专门的、科学合理的规定。即为保证案件调查和最终处理的顺利进行，公安机关在遵循现有办理行政案件和刑事案件证据规则的基础上还要依照环境案件的特别证据制度办理。

3. 协同执法制度。协同执法制度是基于环境违法犯罪的特殊性及复杂性，为及时、有效打击环境违法与犯罪，环境警察与环境保护机关及其他相关部门协作执法的制度。这一制度应具体包括：紧急案件联合调查制度。即遇到重大环境污染等紧急情况，环境保护机关与环境警察立即启动联合调查程序。由环境保护机关负责对污染物进行取样、监测，出具监测报告，调查、固定证据。对涉环境污染的责任人身份不易确定、可能逃逸、证据难保全，并可能涉嫌违反治安管理规定或者环境污染犯罪的，由环境警察依法及时调查、立案侦查；重大案件会商和督办制度。对案情重大、复杂、社会影响大的案件，由环境警察与环境保护部门联合挂牌督办，针对案件性质、复杂程度、涉及范围、可能导致的后果等情况，进行事前风险评估研判，保证依法处理。此外，环境警察对环境保护行政主管部门正在办理的涉嫌环境犯罪的案件要求提前介入调查和侦查或者要求参加案件讨论的，环境保护行政主管部门应当给予支持和配合。

【本节引导问题参考答案】

1. 环境警察制度是指公安机关在法定职责范围内，运用警察权对在环境与资源保护领域违法行为实施制裁、对犯罪行为进行侦查的一系列法律制度的总称。

2. 从本案例中可见，以河北公安厅为例，环境警察的主要职责包括侦办、查处破坏环境与资源保护的违法与犯罪行为。侦办因环境保护执法引发的阻碍执行职务的犯罪案件等。从执法中的权限来看，主要包括了刑事侦查权、行政强制权、行政处罚权等权限。

【本专题参考文献】

1. ［美］约翰·罗尔斯：《政治自由主义》，万俊人译，江苏译林出版社 2000 年版。

2. European Journal of Crime, Criminal Law and Criminal Justice 1994 (2) : 168.

3. ［英］卡尔·波普：《开放社会及其敌人》（第 1 卷），陆衡等译，中国社会科学出版社 1999 年版。

4. ［美］道格拉斯·C. 诺斯：《制度、制度变迁与经济绩效》，刘守英译，上海三联书店 1994 年版。

5. ［英］简·汉考克：《环境人权：权力、伦理与法律》，李隼译，重庆出版社 2007 年版。

6. 李挚萍：《环境法的新发展——管制与民主之互动》，人民法院出版社 2006 年版。

7. 陈丽平："全国人大代表赵林中提出建议——中国应当设立环保警察"，载《广东建设报》2009 年第 7 期。

8. 王树义："我国环境司法专门化之必要性及可行性分析"，载《首届环境司法论坛会议论文集》2009 年第 58 期。